Berlin-Brandenburgische Akademie der Wissenschaften

Berichte und Abhandlungen
Sonderband 6

Berichte und Abhandlungen

Herausgegeben von der

Berlin-Brandenburgischen Akademie der Wissenschaften

Sonderband 6

Akkulturation und Selbstbehauptung

Studien zur Entwicklungsgeschichte der Lande zwischen Elbe/Saale und Oder im späten Mittelalter

In Verbindung mit Eberhard Holtz und Michael Lindner
herausgegeben von Peter Moraw

Akademie Verlag

Die Deutsche Bibliothek – CIP-Einheitsaufnahme
Akkulturation und Selbstbehauptung :
Studien zur Entwicklungsgeschichte der Lande
zwischen Elbe/Saale und Oder im späten Mittelalter /
hrsg. von Peter Moraw ... – Berlin : Akad. Verl., 2001
(Berichte und Abhandlungen / Berlin-Brandenburgische
Akademie der Wissenschaften : Sonderband ; 6)

ISBN 3-05-003557-9

Das eingesetzte Papier ist alterungsbeständig nach DIN/ISO 9706.

Druckvorlage: Volker Manz
Druck und Bindung: Druckhaus „Thomas Müntzer", Bad Langensalza

Printed in the Federal Republic of Germany

Inhalt

Vorwort

Der vorliegende Sammelband „Akkulturation und Selbstbehauptung. Studien zur Entwicklungsgeschichte der Lande zwischen Elbe/Saale und Oder im späten Mittelalter“ enthält in der Hauptsache die überarbeiteten Beiträge zu einer von der Mittelalter-Kommission der Berlin-Brandenburgischen Akademie der Wissenschaften im Januar 2000 in Berlin veranstalteten Tagung. Sie wurde anläßlich des 300jährigen Akademiejubiläums abgehalten unter dem Titel „Ich würd ein Mönch in Doberlug. Zum entwicklungsgeschichtlichen Ort der Lande zwischen Elbe/Saale und Oder im Spätmittelalter“. Die Kommission führt unterschiedliche Tagungen intern und öffentlich durch, zuletzt ein Treffen, das der Anwendung elektronischer Datenverarbeitung bei ihren Vorhaben gewidmet war und Fachleute aus dem deutschsprachigen Raum zusammenrief. Diesmal sollten die Mitarbeiter der von der Mittelalter-Kommission betreuten Langzeitvorhaben „Die deutschen Inschriften des Mittelalters“, „Glasmalereiforschung des Corpus Vitrearum Medii Aevi“, „Monumenta Germaniae Historica. Constitutiones et acta publica imperatorum et regum“ und „Regesta Imperii. Regesten-Edition der Urkunden und Briefe Kaiser Friedrichs III. (1440–1493)“ mit solchen Erträgen ihrer Forschungs- und Editionstätigkeit zu Wort kommen, die sich einem aktuellen übergreifenden Thema aus der allgemeinen Geschichte zuordnen lassen. Dabei ist zu beachten, daß das tagtägliche Tun in den Arbeitsstellen mittel- und langfristig angelegter Grundlagenforschung dient, das heißt Einsichten und Materialien hervorbringt und bereitstellt, die auf eine Vielzahl von Fragen ganz unterschiedlichen Interessens Antwort geben sollen. Es werden auch solche Fragen sein, die erst die Zukunft – wohl im europäischen Wettbewerb – stellen wird. Die Nähe oder Ferne dieser Langzeitvorhaben zu jeder beliebigen Frage, auch zu der hier gestellten und in der Einleitung erläuterten, wird notwendigerweise unterschiedlich sein. Das wirkt sich auch in diesem Sammelband aus. So sollte ungeachtet immer wieder notwendiger Aktualisierung das Eigenrecht von Grundlagenforschung langen Atems gut erkennbar hervortreten.
Wie noch näher dargelegt wird, tritt zum „Spagat“ zwischen sich wandelnder Aktualität in der allgemeinen Geschichte und Quasi-Zeitlosigkeit in der Grundlagenforschung ein zweiter hinzu. Es ist derjenige zwischen traditionsreich und insofern – solange das Paradigma gültig bleibt – gesichert erscheinender Methodik in den Arbeitsstellen der Akademie und der Fragilität neuartigen Fragens

von außen her, das sich noch nicht einmal terminologisch in sicherer Hut weiß. Die europäische und die gesamtdeutsche Geschichte rufen zwar offenkundig nach neuen Erkenntnissen vergleichenden und damit notwendigerweise entwicklungsgeschichtlichen Forschens, aber man tastet noch nach Möglichkeiten und Grenzen solchen Handelns, sucht nach seinen Rahmenbedingungen und erst recht nach Kriterien für die Abschätzbarkeit oder gar Meßbarkeit des Entstehens und des Wirkens von Autochthonem und Fremdem in derselben Landschaft und denkt noch nach über die Berechtigung oder gar Wünschbarkeit der Analyse von zeitlichen, quantitativen oder gar qualitativen Unterschieden im Entwicklungsniveau von Landschaft zu Landschaft.

Die Arbeitsgebiete sind Kunstgeschichte, Epigraphik und historische Diplomatik mit Quellenedition, die auf politische und Verfassungsgeschichte abzielen. Frau Ulrike Hohensee (Akademienvorhaben MGH) und Herr Thomas Willich (Greifswald) haben dankenswerterweise zusätzliche Beiträge zur Verfügung gestellt, die mithelfen, den Schwerpunkt des Bandes im Gebiet einer weitausgreifend verstandenen, auch sozialgeschichtlich unterbauten Verfassungs- und Politikgeschichte zu setzen. Der Herausgeber dankt Herrn Kollegen Johannes Helmrath (Berlin) für die Zusammenfassung der Ergebnisse und den Herren Kaspar Elm (Berlin) und Rudolf Schieffer (München), ebenfalls Mitglieder der Mittelalter-Kommission der Akademie, für ihre hilfreiche Mitwirkung. Die Berlin-Brandenburgische Akademie der Wissenschaften war großzügige Gastgeberin der Tagung und hat den Druck des Buches finanziert. Er erscheint als Sonderband ihrer „Berichte und Abhandlungen". Der Akademie und allen, die mit Interesse dabei gewesen sind, gebührt Dank. Herr Dr. Eberhard Holtz und Herr Dr. Michael Lindner haben sich in Verbindung mit Herrn Volker Manz (alle Berlin) um das Zustandekommen von Tagung und Publikation große Verdienste erworben.

Peter Moraw

Abkürzungen und Siglen[1]

A 1, A 2	Urkundenoriginale
Abb.	Abbildung
Abh.	Abhandlungen (der nachfolgend verkürzt zitierten Akademien mit ihrer philosophisch-historischen oder entsprechenden Klasse)
Act.	Actus Apostolorum
AfD	Archiv für Diplomatik
AkathKR	Archiv für katholisches Kirchenrecht
AKG	Archiv für Kulturgeschichte
AÖG	Archiv für österreichische Geschichte
Ausst.	Ausstellung
AZ	Archivalische Zeitschrift
B 1, B 2	Urkundenabschriften
BBAW	Berlin-Brandenburgische Akademie der Wissenschaften
BDLG	Blätter für deutsche Landesgeschichte
bearb.	bearbeitet
c.	caput
CB	Concilium Basiliense, hg. von Johannes HALLER, 8 Bde. (1896–1936)
CD	Codex diplomaticus
CDB	Adolph Friedrich RIEDEL, Codex diplomaticus Brandenburgensis. Sammlung der Urkunden, Chroniken und sonstigen Quellenschriften für die Geschichte der Mark Brandenburg und ihrer Regenten, 4 Hauptteile 36 Bde. und 5 Registerbde. (1836–1869)
COD	Conciliorum Oecumenicorum Decreta, ed. Joseph ALBERIGO (^{3}1973)
Cop.	Copial
Cor.	Ad Corinthios epistula

[1] Die folgende Aufstellung lehnt sich an das Abkürzungs- und Sigelverzeichnis des „Deutschen Archivs für Erforschung des Mittelalters“ an. Sonstige Abkürzungen sind die nach Duden. Die deutsche Rechtschreibung (^{22}2000) gebräuchlichen.

CVMA	Corpus Vitrearum Medii Aevi
D	Druck
DA	Deutsches Archiv für Erforschung des Mittelalters
ders.	derselbe
DI	Deutsche Inschriften des Mittelalters
dies.	dieselbe
DomstiftsA	Domstiftsarchiv
EGA	Ernestinisches Gesamtarchiv
F.	Folge
FBPG	Forschungen zur Brandenburgischen u. Preußischen Geschichte
Fig.	Figur
FmSt	Frühmittelalterliche Studien
FRA	Fontes rerum Austriacarum
Fs.	Festschrift für
GBllMagd	Geschichts-Blätter für Stadt und Land Magdeburg
ges.	gesammelt
GQPS	Geschichtsquellen der Provinz Sachsen und angrenzender Gebiete
GS	Germania Sacra
GStAPK	Geheimes Staatsarchiv Preußischer Kulturbesitz Berlin-Dahlem
GWU	Geschichte in Wissenschaft und Unterricht
H.	Heft
HA	Handschriftenabteilung
HGBll	Hansische Geschichtsblätter
HStA	Hauptstaatsarchiv
HZ	Historische Zeitschrift
Isai.	Isaias
Ioh.	Evangelium secundum Iohannem
JAE	Jahrbücher der Königlichen Akademie gemeinnütziger Wissenschaften zu Erfurt
JbGFeud	Jahrbuch für Geschichte des Feudalismus
JGMOD	Jahrbuch für die Geschichte Mittel- und Ostdeutschlands
JVMGA	Jahrbücher des Vereins für Mecklenburgische Geschichte und Altertumskunde
Kat.	Katalog
KGD	Die Kunst- und Geschichts-Denkmäler des Grossherzogthums Mecklenburg-Schwerin, bearb. von Friedrich SCHLIE, 5 Bde. (1898–1902)

KreisA	Kreisarchiv
LA	Landesarchiv
Lat.	Latein
LCI	Lexikon der christlichen Ikonographie (1968–1976)
Lex.MA	Lexikon des Mittelalters (1980–1999)
LHA	Landeshauptarchiv
Loc.	Locat
LThK	Lexikon für Theologie und Kirche (^{2}1957–1967, ^{3}1993ff.)
Luc.	Evangelium secundum Lucam
MAP	Mitteilungen des Altertumsvereins zu Plauen i. Vogtl.
masch.-schr.	maschinenschriftlich
Matth.	Evangelium secundum Matthaeum
MGH	Monumenta Germaniae Historica
Constitutiones	Constitutiones et acta publica imperatorum et regum 5: 1313–1324, hg. von Jakob SCHWALM (1909–1913) 6,1: 1325–1330, hg. von Jakob SCHWALM (1914–1927) 6,2: 1331–1335, 1. Lieferung, bearb. von Ruth BORK (1989) 2. Lieferung, bearb. von Wolfgang EGGERT (1999) 3. Lieferung, bearb. von Wolfgang EGGERT (in Vorbereitung) 8: 1345–1348, hg. von Karl ZEUMER/Richard SALOMON (1910–1926) 9: 1349, bearb. von Margarete KÜHN (1974–1983) 10: 1350–1353, bearb. von Margarete KÜHN (1979–1991) 11: 1354–1356, bearb. von Wolfgang D. FRITZ (1978–1992)
DD F I	Diplomata. Die Urkunden Friedrichs I. (Friderici I. Diplomata), hg. von Heinrich APPELT u.a., 1–5 (1975–1990)
SS	Scriptores (in Folio)
SS rer. germ. N.S.	Scriptores rerum Germanicarum, Nova series
MGSL	Mitteilungen der Gesellschaft für Salzburger Landeskunde
MIÖG	Mitteilungen des Instituts für österreichische Geschichtsforschung
MittVAnhaltGA	Mitteilungen des Vereins für Anhaltische Geschichte und Altertumskunde
M.S.	Majestätssiegel
MUB	Mecklenburgisches Urkundenbuch
MVChG	Mittheilungen des Vereins für Chemnitzer Geschichte

MVGDB	Mitteilungen des Vereins für Geschichte der Deutschen in Böhmen
NASG	Neues Archiv für sächsische Geschichte (und Altertumskunde)
ND	Nachdruck
NDB	Neue Deutsche Biographie, hg. von der Historischen Kommission bei der Bayerischen Akademie der Wissenschaften (1953ff.)
NLM	Neues Lausitzisches Magazin
N.R.	Neue Reihe
N.S.	Nova Series
o. T.	ohne Titel
O.U.	Original-Urkunde
QFIAB	Quellen und Forschungen aus italienischen Archiven und Bibliotheken
r	recto
R	Regest
RBM	Regesta diplomatica nec non epistolaria Bohemiae et Moraviae 6: 1355–1358, bearb. von Bedřich MENDL (1928–1954) 7: 1358–1363, bearb. von Bedřich MENDL/Milena LINHARTOVÁ (1954–1963)
Reg.	Registrande
Regg.F.III.	Regesten Kaiser Friedrichs III. (1440–1493). Nach Archiven und Bibliotheken geordnet hg. von Heinrich KOLLER (ab H. 9 zusammen mit Paul-Joachim HEINIG) 10: Die Urkunden und Briefe aus den Archiven und Bibliotheken des Landes Thüringen, bearb. von Eberhard HOLTZ (1996) 11: Die Urkunden und Briefe aus den Archiven und Bibliotheken des Freistaates Sachsen, bearb. von Elfie-Marita EIBL (1998)
Reg. Imp.	J. F. Böhmer, Regesta Imperii 2,5: Papstregesten 911–1024, bearb. von Harald ZIMMERMANN (^{2}1998) 5,1: Die Regesten des Kaiserreichs unter Philipp, Otto IV, Friedrich II, Heinrich (VII), Conrad IV, Heinrich Raspe, Wilhelm und Richard 1198–1272. Nach der Neubearbeitung und dem Nachlasse Johann Friedrich BÖHMER's neu hg. und ergänzt von Julius FICKER 1 (1881/82, ND 1971) 7: Johann Friedrich BÖHMER, Die Urkunden Kaiser Ludwigs des Baiern, König Friedrich des Schönen und König Johanns von Böhmen nebst einer Auswahl der Briefe und Bullen der Päbste

	und anderer Urkunden welche für die Geschichte Deutschlands von 1314 bis 1347 vorzüglich wichtig sind. In Auszügen (1839). Ergänzungsheft 1–3 (1841–1865)
	8: Die Regesten des Kaiserreichs unter Kaiser Karl IV. 1346–1378. Aus dem Nachlasse Johann Friedrich BÖHMER's hg. und ergänzt von Alfons HUBER (1877, ND 1968). Ergänzungsheft 1, hg. von Alfons HUBER (1889)
	11: Die Urkunden Kaiser Sigmunds (1410–1437), verzeichnet von Wilhelm ALTMANN, 1 und 2 (1896–1900, ND 1968)
	12: Albrecht II. 1438–1439, bearb. von Günther HÖDL (1975)
	14: Ausgewählte Regesten des Kaiserreiches unter Maximilian I., bearb. von Hermann WIESFLECKER u.a. 3, 1 und 2 (1996–1998)
Rep.	Repositur
rh.	rheinisch
RhVjbll	Rheinische Vierteljahrsblätter
RQ	Römische Quartalschrift für christliche Altertumskunde und Kirchengeschichte
RS	Reichssache
RTA	Deutsche Reichstagsakten, hg. durch die Historische Kommission bei der Bayerischen Akademie der Wissenschaften
	1: Deutsche Reichstagsakten unter König Wenzel 1: 1376–1387, hg. von Julius WEIZSÄCKER (1867, ND 1956)
	8: Deutsche Reichstagsakten unter Kaiser Sigmund 2: 1421–1426, hg. von Dietrich KERLER (1883, ND 1956)
	13: Deutsche Reichstagsakten unter König Albrecht II. 1: 1438, hg. von Gustav BECKMANN (1925, ND 1957)
	14: Deutsche Reichstagsakten unter König Albrecht II. 2: 1439, hg. von Helmut WEIGEL (1935, ND 1957)
SB	Sitzungsberichte (der nachfolgend verkürzt zitierten Akademien mit ihrer philosophisch-historischen oder entsprechenden Klasse)
SBPK	Staatsbibliothek Preußischer Kulturbesitz Berlin
sc.	scilicet
S.F.	Seidenfäden
StA	Staatsarchiv
StadtA	Stadtarchiv
SuA	Sachsen und Anhalt
TD	Teildruck

Thieme-Becker	Ulrich THIEME/Felix BECKER, Allgemeines Lexikon der bildenden Künstler von der Antike bis zur Gegenwart, hg. von Hans VOLLMER (1907–1950)
TRE	Theologische Realenzyklopädie (1974ff.)
U, Urk.	Urkunde
UB	Urkundenbuch
UGAR	Urkunden Gesamtarchiv Registranden
v	verso
Vf.	Verfasser
VHKH	Veröffentlichungen der Historischen Kommission für Hessen und Waldeck
VjsHSG	Vierteljahresschrift für Heraldik, Sphragistik und Genealogie
VL	Verfasserlexikon. Die deutsche Literatur des Mittelalters (^{2}1978ff.)
VMPIG	Veröffentlichungen des Max-Planck-Instituts für Geschichte
VSWG	Vierteljahresschrift für Sozial- und Wirtschaftsgeschichte
VuF	Vorträge und Forschungen
W. A.	Wittenberger Archiv
Wichm. Jb.	Wichmann-Jahrbuch
ZfG	Zeitschrift für Geschichtswissenschaft
ZfO	Zeitschrift für Ostforschung
ZHF	Zeitschrift für historische Forschung
ZHVG	Zeitschrift des Harz-Vereins für Geschichte
ZKG	Zeitschrift für Kirchengeschichte
ZKTh	Zeitschrift für Katholische Theologie
ZRG Germ.	Zeitschrift der Savigny-Stiftung für Rechtsgeschichte Germanistische Abteilung
ZRG Kan.	Zeitschrift der Savigny-Stiftung für Rechtsgeschichte Kanonistische Abteilung
ZVGSchl	Zeitschrift des Vereins für Geschichte Schlesiens
ZVThG	Zeitschrift des Vereins für Thüringische Geschichte (und Altertumskunde)

Peter Moraw

Einleitung

Der Titel des vorliegenden Bandes „Akkulturation und Selbstbehauptung. Studien zur Entwicklungsgeschichte der Lande zwischen Elbe/Saale und Oder im späten Mittelalter" bedarf vermutlich der Erläuterung. Am einfachsten ist wohl die Mitteilung, daß diesmal vor allem das 14. und das 15. Jahrhundert angesprochen werden, in denen die Individualität der Landschaft zwischen Elbe und Saale einerseits und der Oder andererseits, insbesondere der Mark Brandenburg, wohl erstmals ganz klar hervortritt. Jedermann wußte davon, daß diese Landschaft wie ihre Nachbarregionen dem lateinischen Europa der christlichen Kirche und des christlichen, antik begründeten Bildungswesens, der monarchisch-fürstlich-adeligen Herrschaftsordnung, eines recht entwickelten Städtewesens mit stadtwirtschaftlicher Entfaltung und einer lokalen und überlokalen Agrarwirtschaft angehörte. Komplexer ist schon der Hinweis darauf, daß es sich bei jenem großen Sachgebiet, aus dem hier ein Ausschnitt geboten wird, beim Sachgebiet „Landesgeschichte in Deutschland", um den Zuständigkeitsbereich eines umfangreichen Disziplinenbündels mit reicher Tradition und reicher Produktion handelt. Landesgeschichte wurde und wird bei uns öffentlich gefördert auch und gerade unter dem Gesichtspunkt der Selbstdarstellung eines Landes. Genährt wird Landesgeschichte vom offenbar unzerstörbaren Interesse des Publikums an den einstigen Schicksalen der eigenen Lebenswelt oder einfach als Teilstück des Menschseins von heute, das mitkonstituiert ist durch Erinnerung. Immer wieder neu angestoßen wird Landesgeschichte vom Bedürfnis der allgemeinen Geschichtswissenschaft nach Kontakt mit den Realitäten, zumal wenn in höheren „Stockwerken" des Fachs allzuviel Abstraktheit wirkt. Auch daran darf man erinnern, daß eine ganze Anzahl derjenigen Modernisierungsvorgänge, die aus der Geschichtswissenschaft der Gegenwart ein insgesamt so lebendiges Fachgebiet machen, von der Landesgeschichte den Anfang genommen hat. Zweierlei vor allem bewahrt die Landesgeschichte vor dem Verdorren: die Disziplinen- und Methodenvielfalt, die von vornherein in ihr angelegt ist, und der Umgang mit langen Zeiträumen. Sich auf einige wenige Jahrzehnte zu konzentrieren und zu

spezialisieren, wie es anderswo möglich scheint, wäre ein für die Landesgeschichte ganz abwegiger Gedanke.
Eingesperrt freilich scheint Landesgeschichte räumlich zu sein, als brandenburgische, Württemberger oder rheinische Geschichte, oder einige Generationen zuvor gemäß dem dynastischen Schicksal als wittelsbachische oder welfische Geschichte. Aber es scheint nur so. Will man nämlich hier und dort Aussagen von Wert über die Vergangenheit machen, so stellt sich wie von selbst das Mittel des Vergleichs ein – ein Werkzeug, das tatsächlich die „Welt" oder in unserem Fall ein räumlich beschränktes Thema radikal aufzufrischen imstande ist. Von Fall zu Fall ist dergleichen immer schon in der Landesgeschichte gehandhabt worden. Heute aber scheint es an der Zeit zu sein, ein solches Vorgehen zu systematisieren, allgemein und lückenlos zu machen und wennmöglich auch theoretisch zu bedenken. In diese Richtungen zielen wir auch diesmal.
Der unmittelbare Anstoß für unsere Thematik ist allerdings von anderswoher, von der europäischen Geschichte gekommen. Als das politisch zusammenwachsende Europa bis in die achtziger Jahre des Jahrhunderts hinein noch westlichklein und gleichsam überschaubar war, brachte die Europäische Wissenschaftsstiftung in Straßburg einige Projekte auf den Weg, die in internationaler Zusammenarbeit – von der Gegenwart aus rückwärts visierend – aktuelle Diskussionsthemen historisch untermauern sollten. An zwei Projekten haben wir uns beteiligt, am Fragenkomplex „Die Entstehung des modernen Staates in Europa" und am Stoffgebiet „Geschichte der Universität in Europa". In beiden Fällen ging es mindestens um die Zeitspanne vom 13. bis zum 18. Jahrhundert. Wir brauchen kaum zu sagen, wie viele Hindernisse und Schwierigkeiten, aber auch produktive Denkanstöße bei Fragen dieser Art zutage getreten sind, die so umfassend noch nie erörtert worden waren.
Eine dieser Schwierigkeiten bildet das Hauptproblem des vorliegenden Bandes. Als Frage formuliert lautet dieses Problem am schlichtesten ausgedrückt etwa so: Ist dieser oder jener Tatbestand, der politisch, sozial, ökonomisch und dem Bewußtsein nach als nennenswertes historisches Phänomen überall oder fast überall in Europa konstatiert werden kann, der also vermutlich auch in Brandenburg und nördlich und südlich davon aufzufinden ist, am interessierenden Ort jeweils autochthon oder auch von Ort zu Nachbarort gleichzeitig, gleichartig und gleichrangig ins Leben getreten – oder traten solche Tatbestände irgendwo in Europa inselhaft ins Leben und verbreiteten sich von dort aus durch „Export" bzw. „Import" über den Kontinent, so daß man Ursprung und Ableitung, Früheres und Späteres, zuletzt auch Reicheres und Dürftigeres unterscheiden könnte? Diese Frage kann man an das Märchen vom Rotkäppchen ebenso stellen wie an

den Räderpflug. Sie ist schwieriger zu beantworten, als man zunächst annimmt, und ist vor allem nicht allein eine Sachfrage. Denn es mag sich, wenn das Problem gravierend ist, ganz abgesehen von den Schicksalen der Vergangenheit auch für die Gegenwart des Historikers durchaus um eine Prestigeangelegenheit und zuletzt gar um eine politische Frage handeln. Am angenehmsten und bequemsten war und ist es daher, gegenüber unserem Problem stumm zu bleiben oder einfach stillschweigend vorauszusetzen, daß seinerzeit überall alles etwa gleichzeitig, gleich intensiv, gleich funktionstüchtig, gleich ordentlich und gleich richtig und wichtig gewesen sei, ungefähr so, wie es sich in der Gegenwart oder nahen Zukunft gemäß den Wünschen von Politikern und Wählern verhalten sollte. Oder spielte sich im Europa der Vergangenheit alles so zufällig und willkürlich ab, gleichsam als Lotteriespiel, daß man ein Ob und ein Wann einzelner Phänomene von damals gar nicht ernstlich im Vergleich diskutieren könnte? So wie zuletzt gesagt war es offenbar nicht. Zu vieles spricht heute schon dagegen. Aber wie war es dann? Wehte vielleicht, um eine Metapher zu gebrauchen, im Europa der weiter zurückliegenden Vergangenheit ein eher gleichmäßiger Wind aus bestimmten Richtungen, gar langdauernd und stetig wie ein Monsun, statt daß es Böen von unkontrollierbarer Richtung und Stärke gab oder statt daß zumeist Windstille herrschte, so daß das Sprechen vom Hin und vom Her sinnlos wäre? Sollte es jene Monsune gegeben haben, so war dagegen unter Segeln, den zeitgenössischen Antriebsmitteln, anzukreuzen zwar gewiß nicht unmöglich, aber recht schwierig – und dürfte dementsprechend eher selten oder unwahrscheinlich gewesen sein. Hingegen mag man die Bewegungsrichtung gemäß dem Wind im Rücken für die übliche halten.

Wir haben jetzt nur noch einen kleinen Schritt vor uns, um zu verstehen, worum sich dieser Band bemüht. Wir sind davon überzeugt, daß sich auch das alte Deutschland in seiner ehemals recht ansehnlichen Ausdehnung wie ein kleines Europa hat verhalten müssen, das heißt mit deutlich erkennbaren Unterschieden von Landschaft zu Landschaft wie im großen Europa. Auch mit diesen unseren Unterschieden vergleichend und verstehend umzugehen, mag sich historisch lohnen. An der Mosel gab es Christengemeinden von Belang im 3. Jahrhundert, in Livland stabilisiert erst im 13. Jahrhundert. Obwohl der Erzbischof von Riga Reichsfürst war wie der Erzbischof von Trier, unterschied sich das „Alter" ihrer Tätigkeitsbereiche ungefähr um tausend Jahre. Folgenlos war das sicherlich nicht.

Aber: Die älteste Universität im nordalpinen Reich wurde im eher jugendlichen Prag eingepflanzt (1348), nicht erwuchs sie viel weiter westlich aus der Urbanität des alten Köln mit seiner jedenfalls bei uns unvergleichlich reichen geistigen und geistlichen Geschichte; Thomas von Aquin hatte dort zu Füßen Alberts des Großen gesessen. Es hat also offensichtlich Kräfte gegeben – in unserem Fall war es gewiß die große Herrscherdynastie –, die einem eher stetigen Wind, wenn er aus ziemlich festliegender Richtung geblasen hätte, haben entgegenstehen und entgegenwirken können, wenn auch wohl nur punktuell und nicht auf Dauer. Denn als die Universität zu Köln ins Leben trat (1388), nominell vierzig, realiter eher zwanzig Jahre später als in Prag, war sie für sich allein genommen größer als ihre drei weiter östlich gelegenen älteren dynastischen Schwestern (Prag, Wien und Heidelberg) zusammengenommen und war zudem deutlich „moderner" als diese. Denselben Rheinlauf, an dem das damals so „moderne" Köln liegt, haben dann aber die reisenden Engländer des frühen 19. Jahrhunderts als pittoreske und recht zurückgebliebene Landschaft wahrgenommen.

Spannend, so mag der Historiker diese Momentaufnahmen kommentieren, könnte der Versuch sein, solche Beobachtungen gemäß Raum, Zeit und Sache zu sammeln, zu klären und zu erklären und Begriffe dafür zu schaffen oder anzuwenden, zum Beispiel „zivilisatorischer Wandel", „Akkulturation", „Innovation", „Entwicklungsvorsprung" und „Entwicklungsausgleich", „Zivilisationsgefälle", „Beschleunigung" und „Zurückbleiben", „Punktuelles" und „Breitgelagertes", „fördernde und hemmende Rahmen- und Handlungsbedingungen", zuletzt auch die Rolle des Individuums in „winddurchblasener" Landschaft.

Blickt man ringsum, so kann man inzwischen, seit einem ersten Versuch von 1987,[1] vor allem in den allerletzten Jahren geradezu eine Konjunktur entsprechender Fragestellungen innerhalb und außerhalb der Geschichtswissenschaft beobachten, die man offenbar noch kaum zusammenfassend zur Kenntnis genommen hat. Sie eröffnen vielleicht – bei noch bestehenden recht erheblichen Unterschieden von Fach zu Fach – gerade innerhalb unserer Disziplin ein neues Forschungsfeld für ganz verschiedene Räume und Zeiten. In Berlin fragte Jared M. Diamond (Ernst Mayr-Lecture 1998),[2] warum sich menschliche Gesellschaften in den verschiedenen Kontinenten verschieden entwickelt hätten, und meinte, dies sei das bedeutendste Phänomen der Geschichte und ihr größtes ungelö-

1 Peter MORAW, Über Entwicklungsunterschiede und Entwicklungsausgleich im deutschen und europäischen Mittelalter. Ein Versuch, in: Hochfinanz – Wirtschaftsräume – Innovationen, Fs. Wolfgang von Stromer, hg. von Uwe BESTMANN u.a. 2 (1987) S. 583–622; wieder in DERS., Über König und Reich. Aufsätze zur deutschen Verfassungsgeschichte des späten Mittelalters, hg. von Rainer Christoph SCHWINGES (1995) S. 293–320.

2 Jared M. DIAMOND, Warum ist die Menschheitsgeschichte in den letzten 13.000 Jahren auf den einzelnen Kontinenten unterschiedlich verlaufen?, Berichte und Abhandlungen, hg. von der BBAW 6 (1998) S. 151–163.

stes Rätsel. Die europäische Expansion über die Erde, ein zweifellos gerichtetes Phänomen, wurde bald darauf als etwas Negatives wahrgenommen (im Sammelband „Das gemeinsame Haus Europa“ von 1999).[3] Der Konstanzer Arbeitskreis für mittelalterliche Geschichte befaßte sich gleichzeitig unter der Leitung von Joachim Ehlers auf zwei Tagungen mit dem entwicklungsgeschichtlichen Gegenüber Westeuropas und Deutschlands.[4] Der Aufsatzteil zur Paderborner Ausstellung „Kunst und Kultur der Karolingerzeit“ aus demselben Jahr analysierte das Phänomen des westlich induzierten Kulturwandels Westfalens im 9. Jahrhundert bis hin zur – nun positiv beurteilten – Integration dieses Raumes in die fränkisch-christliche (-westliche) Welt.[5] Ernst Schubert diskutierte gleichzeitig die Naumburger Stifterstandbilder des 13. Jahrhunderts unter dem Aspekt des damaligen „West-Ost-Gefälles der Kunst und aller Kulturphänomene“ und angesichts der Frage, wie sich „Fortschritt in der künstlerischen Entwicklung“ und künstlerische Qualität zueinander verhielten, gerade im Hinblick darauf, daß der „Naumburger Westchor ein Werk aus damals am Rhein schon vergangenem Geist“ sei, „rückwärtsgewandt und deshalb antiquiert wirkend“.[6] Matthias Werner hatte kurz zuvor über „West und Ost in der deutschen Landesgeschichte des Mittelalters“ gesprochen und „sämtliche großen monastischen Strömungen des Hochmittelalters“ (außer der Hirsauer Reform) „über die Rheinlande nach Osten vermittelt“ gesehen.[7]

Man kann die Reihe verlängern. Sehr leicht und sehr rasch wird man dabei nicht übereinkommen, nicht nur wegen der Komplexität der Materie, sondern auch angesichts des schon erwähnten Gegenwartsbezugs. Zur möglichen aktuellen Problematik dieses letzten Punktes mag man sich von einem vielleicht gar nicht so weit abliegenden analogen Phänomen belehren lassen, von jener Diskussion in der modernen Begabungsforschung, die sich mit geistigen Leistungsunterschieden beim Menschen und deren Ursachen befaßt. Nach Franz Emanuel Weinert (1999 auf der Hauptversammlung der Max-Planck-Gesellschaft) sind etwa fünf-

3 Peter DRESSENDÖRFER, Expansion und Kulturverbreitung. Ein europäisches Dilemma, in: Das gemeinsame Haus Europa. Handbuch zur europäischen Kulturgeschichte, hg. von Wulf KÖPKE u.a. (1999) S. 162–166.

4 Erscheint in der Reihe „Vorträge und Forschungen“ voraussichtlich 2001.

5 Gabriele ISENBERG, Kulturwandel einer Region. Westfalen im 9. Jahrhundert, in: 799 – Kunst und Kultur der Karolingerzeit. Karl der Große und Papst Leo III. in Paderborn. Kat. der Ausst., hg. von Christoph STIEGEMANN u.a., 1 (1999) S. 314–323.

6 Ernst SCHUBERT, Individualität und Individualisierung in der Mitte des 13. Jahrhunderts. Die Naumburger Stifterstandbilder (1999).

7 Matthias WERNER, West und Ost in der deutschen Landesgeschichte des Mittelalters, künftig in: SB Leipzig (voraussichtlich 2001).

zig Prozent der geistigen Unterschiede zwischen Menschen genetisch determiniert, also gleichsam schicksalhaft; etwa ein Viertel sei mit Hilfe der kollektiven, also ebenfalls praktisch unveränderbar vorgegebenen Umwelt und nur ein letztes Viertel mit Hilfe der individuellen, gutenteils selbstgeschaffenen Umwelt erklärbar.[8] Andere mögen die Wirkkräfte ganz anders verteilen. Überdies handelt es sich wie beim Thema „autochthone Wurzeln versus Import" und „Gleichzeitigkeit versus Ungleichzeitigkeit" jeweils älterer historischer Tatbestände um ein Bündel von Grundfragen und Grundaussagen, die die unübersehbare Fülle spezieller Analyseversuche des Fachs vielfach „überschatten", ohne daß man bisher jedenfalls bei den Historikern in jenen davon ernstlich Kenntnis nähme.

Auch die Langzeitvorhaben der Mittelalter-Kommission der Berlin-Brandenburgischen Akademie der Wissenschaften, wie sie im Vorwort kurz erwähnt worden sind, müssen sich im Wettbewerb um knappe Mittel ihren unmittelbaren und naheliegenden, daher sehr unterschiedlichen und speziellen Zwecken auf möglichst überzeugende Weise verbunden fühlen. Allerdings stehen sie gemäß der eingebürgerten Wissenschaftspraxis und auch gemäß dem im großen und ganzen akzeptierten Regionalprinzip der deutschen Wissenschaftsakademien den Landen zwischen Elbe/Saale und Oder oder zumindest deren nördlicher Hälfte in unterschiedlichem Maße räumlich nahe und weisen damit eine erste beachtenswerte Gemeinsamkeit auf. Sie haben auch mehr oder weniger intensiv einen zeitlichen Schwerpunkt im 14. und im 15. Jahrhundert. Gerade wegen ihrer ansonsten extrem unterschiedlichen Vorgehensweise und Materialbasis vermochte der Herausgeber der Verlockung nicht zu widerstehen, gleichsam von Arbeitsgebiet zu Arbeitsgebiet abzufragen und auszuprobieren, nicht nur ob die Begegnung hochspezialisierter Fachgebiete inhaltlich überhaupt möglich sei (neben gemeinsam interessierenden methodologischen Fragen), sondern ob diese Fachleute aktuell fragend herauszufordern seien – in Gestalt der Konfrontation mit unserem Hauptproblem. Ein derartiger Versuch wird wohl in unserem Fach zum ersten Mal unternommen und erfordert vielleicht einigen Mut. Wie sollte man aber – gerade im Jubiläumsjahr auf eine dreihundertjährige Geschichte nachdrücklich hingewiesen – die Jugendlichkeit der alten Dame „Akademie" anders testen oder gar erweisen wollen? Es bleibt bemerkenswert und verpflichtet den Initiator zu Dank, daß sich nach kurzer Überraschung alle Mitarbeiter – ohne Rücksicht auf den ganz unterschiedlichen Abstand ihrer Tätigkeit oder auch Ausbildung zu jener vorerst ungewohnten „Theorie" – nach ihren Kräften beteiligt haben.

[8] Franz Emanuel WEINERT, Begabung und Lernen: Zur Entwicklung geistiger Leistungsunterschiede, Max-Planck-Gesellschaft Jb. 1999 (1999) S. 35–48.

Michael Lindner

Prolog: Walther von der Vogelweide und das Land hinter der Elbe

Ich bin verlegen als ein sû:
mîn sleht hâr ist mir worden rû.
süezer sumer, wâ bist dû?
jâ sæhe ich gerner veltgebû.
ê deich lange in selher drû
beklemmet wære als ich bin nû,
ich wurde ê münch ze Toberlû.

Ich würd ein Mönch in Doberlug – mit dieser Überlegung endet die letzte Strophe in Walther von der Vogelweides eindrucksvollem Vokalspiel: *Diu werlt was gelf, rôt unde blâ* (L. 75, 25–76, 21).[1] Es überrascht, daß der Dichter das zu seiner Zeit an der östlichen, transalbingischen Peripherie des Reiches gelegene Zisterzienserstift Doberlug (*Toberlû*) kannte. Und es erstaunt nicht minder, daß er dieses Kloster, verbunden mit einer deutlichen inhaltlichen Aussage, nach der Doberlug als nicht gerade verlockender Platz erscheint, in seine Dichtung einbaute.

„*Ich würd ein Mönch in Doberlug.* Zum entwicklungsgeschichtlichen Ort der Lande zwischen Elbe/Saale und Oder im Spätmittelalter“ lautete der Titel einer von den Akademienvorhaben der Mittelalterkommisson der Berlin-Brandenburgischen Akademie der Wissenschaften (BBAW) „Deutsche Inschriften des Mittelalters“, „Glasmalereiforschung des Corpus Vitrearum Medii Aevi“, „Monumenta Germaniae Historica – Constitutiones et acta publica“ und „Regesten Kaiser Friedrichs III.“ am 20. und 21. Januar des Jahres 2000 veranstalteten Tagung. Die Anregung und geistige Inspiration zu dieser Unternehmung ging vom Vorsitzenden der Mittelalterkommission, Herrn Prof. Dr. Dr. h.c. Peter Moraw, aus. Er konzipierte die Veranstaltung in der Absicht, die Notwendigkeit, den

1 Zu Walther von der Vogelweide s. Gerhard HAHN, Walther von der Vogelweide, in: VL 10 (^{2}1998) Sp. 665–697.

Nutzen und die Leistungsfähigkeit akademisch eingebundener Quellenerschließung unter einem die Tätigkeit einzelner Arbeitsgruppen übergreifenden, theoriegeleiteten Zugriff zu befragen. Ganz besonders ist die Mitarbeit der Kollegen vom Akademienvorhaben „Deutsche Inschriften des Mittelalters", Herrn Dr. habil. Joachim Zdrenka, Frau Dr. Renate Johne und Frau Martina Voigt, hervorzuheben, die ihren Beitrag unter außerordentlich schwierigen Bedingungen geleistet haben.

*

Doberlug liegt in der Niederlausitz und gehört heute zum Bundesland Brandenburg. Es befindet sich mitten im Untersuchungsraum der erwähnten Konferenz. Walthers Diktum läßt sich durchaus entwicklungsgeschichtlich interpretieren. So schien es naheliegend, die Gedichtzeile in den Titel der Veranstaltung aufzunehmen. Walther von der Vogelweide hatte Gelegenheit, das Kloster Doberlug kennenzulernen, als er in den Jahren 1210 bis 1212 am Hofe des Markgrafen Dietrich von Meißen weilte, der seit Mai 1210 auch Markgraf der Niederlausitz (Ostmark) war.[2] Ob Walther das Zisterzienserstift aus eigener Anschauung kannte, ist nicht überliefert. Möglich ist es gleichwohl, denn die Entstehungszeit des Gedichts wird in den schneereichen Winter 1210/11 gelegt[3] – genau in jenen Zeitraum, in dem Markgraf Dietrich herausragende Plätze seines gerade erworbenen Fürstentums, das eines der sieben sächsischen Fahnlehen war, erstmals als neuer Markgraf besucht haben dürfte.[4] Auf diesem Umritt, der die Herrschaftsübernahme anschaulich in Szene setzte, könnte ihn Walther von der Vogelweide, der für seinen damaligen wettinischen Herrn auch in politischer Mission tätig war, begleitet und dabei Doberlug kennengelernt haben. Da sich zur selben Zeit auch Heinrich von Morungen am Meißner Hof aufhielt,[5] wäre dieser Zug von hoher ‚kulturpolitischer' Bedeutung für das betroffene Gebiet gewesen.

Markgraf Dietrich von der Niederlausitz (Ostmark) hatte das Kloster Doberlug nach zisterziensischer Überlieferung am 1. Mai 1165 gegründet. Er tat dies in

2 Zu Markgraf Dietrich dem Bedrängten vgl. eingehend mit der älteren Literatur Stefan PÄTZOLD, Die frühen Wettiner. Adelsfamilie und Hausüberlieferung bis 1221 (Geschichte und Politik in Sachsen 6, 1997) S. 69–84, bes. S. 75.

3 UB des Klosters Dobrilugk und seiner Besitzungen, hg. von Rudolf LEHMANN (UB zur Geschichte des Markgraftums Niederlausitz 5, 1941) S. 9 Nr. 6a mit Anm. 1; Rudolf BENTZINGER, Walther von der Vogelweide und Doberlug, in: Regionalgeschichte und Namenkunde (Sonderheft der Niederlausitzer Studien 1970) S. 60; Heinz ENDERMANN, Die Beziehungen Walthers von der Vogelweide zu Doberlug, in: Geschichte und Gegenwart des Bezirkes Cottbus (Niederlausitzer Studien 16, 1982) S. 87.

Konkurrenz zu seinen Brüdern, Markgraf Otto von Meißen, der 1162 Altzella, und Graf Dedo von Groitzsch, der wenig später (um 1168) Zschillen stiftete, um über eine seinem Rang angemessene dynastische Grablege zu verfügen. Die Anfänge Doberlugs waren mühselig: Der Auf- und Ausbau der Zisterze zog sich über Jahrzehnte hin. Noch der Klostergründer Markgraf Dietrich, der 1185 infolge einer Erkrankung starb, die er sich auf dem Mainzer Hoffest Kaiser Friedrich Barbarossas zugezogen hatte, und sein Sohn Konrad († 1175), der einer tödlichen Turnierverletzung zum Opfer fiel, wurden im Augustinerchorherrenstift St. Peter auf dem Lauterberg nahe Halle bestattet.[6] Die kolonisatorische Wirksamkeit der Zisterzienser ist im Klostergebiet nicht vor 1200 spürbar. Auch zum Aufbau einer kirchlichen Organisation kam es erst im Verlaufe des 13. Jahrhunderts.[7] Die älteste erhaltene, wenn auch gefälschte Urkunde für das Stift datiert auf das Jahr 1199; drei Jahre später (1202) ist ein Abt belegt.[8] Zum Jahre 1209 erfahren wir von einer fürstlichen Bestattung im Stift. Doberlug hatte, als Walther 1210/11 die Stiftung erwähnte, die ersten Schritte ins Leben gerade zaghaft getan.[9]

4 Markgraf Dietrich urkundete erstmals am 19. Dezember 1210 für Doberlug unweit des Klosters in Wahrenbrück (D: UB Kloster Dobrilugk [wie Anm. 3] S. 8 Nr. 6). Das würde gut zum zeitlichen Ansatz von Walthers Gedicht passen. Die Urkunde ist allerdings eine Fälschung (vgl. zum Fälschungskomplex und seinen Intentionen Rudolf LEHMANN, Die ältere Geschichte des Cistercienserklosters Dobrilugk in der Lausitz, Niederlausitzer Mitteilungen 13 [1916] S. 310–315; PÄTZOLD, Wettiner [wie Anm. 2] S. 204f. mit Anm. 159), beruht jedoch auf einer echten Vorlage, die vernichtet wurde. Es ist durchaus möglich, daß Ausstellungsort und -zeit aus dem Original in das Machwerk übernommen wurden und somit doch einen gewissen Anhalt bieten.

5 BENTZINGER, Walther von der Vogelweide (wie Anm. 3) S. 61f.; ENDERMANN, Beziehungen (wie Anm. 3) S. 84ff.

6 Todesdaten, -umstände und Begräbnisort überliefert das Chronicon Montis Sereni, ed. Ernst EHRENFEUCHTER (MGH SS 23, 1874) S. 155 und S. 159. Im Jahre 1209 wurde Elisabeth, die Frau des niederlausitzischen Markgrafen Konrad von Landsberg († 1210), in Doberlug beerdigt (ebd. S. 176).

7 Vgl. Rudolf LEHMANN, Untersuchungen zur Geschichte der kirchlichen Organisation und Verwaltung der Lausitz im Mittelalter (Studien zur katholischen Bistums- und Klostergeschichte 28, 1986) S. 5f.

8 Vgl. UB Kloster Dobrilugk (wie Anm. 3) S. 26* die Liste der Äbte und ebd. S. 2 Nr. 1 die erste überlieferte Urkunde.

9 Vgl. LEHMANN, Geschichte (wie Anm. 4) S. 194ff., S. 200, S. 289f.; Gertraud Eva SCHRAGE, Slaven und Deutsche in der Niederlausitz. Untersuchungen zur Siedlungsgeschichte im Mittelalter (Berliner Historische Studien 15, Germania Slavica 6, 1990) S. 68; PÄTZOLD, Wettiner (wie Anm. 2) S. 205f.

Die Quellen zur Frühgeschichte Doberlugs tröpfeln nur spärlich. Eine wichtige Quelle zum Gründungsgeschehen des Stifts, die unter anderen die Stiftung um das Jahr 1165 zusätzlich absichert, ist eine Wundererzählung über den heiligen Kaiser Heinrich II. Ihr historischer Kern, die Gesandtschaft des Bischofs Werner von Plozk im Jahr 1165 zu Friedrich Barbarossa nach Aachen, wo er Heiltümer Heinrichs II. vom Kaiser erhielt, und deren Rückweg über Doberlug mit dortiger Kirchengründung und Reliquienstiftung, wurde schon vor Jahrzehnten überzeugend herausgearbeitet, fand aber bei der Doberlug-Forschung keine Beachtung.[10] Daß es sich bei der Einrichtung um ein Zisterzienserkloster handelt, verlautet erst 20 Jahre nach der Stiftung anläßlich des Todes Markgraf Dietrichs 1185.[11] Diese Schweigsamkeit der Überlieferung ist ein Befund, der wieder zu Walther von der Vogelweide führt – seine Erwähnung gehört zu den frühen Belegen für die Existenz des Stifts. Die markante inhaltliche Aussage in Walthers Doberlug-Vers spricht gegen die gelegentlich geäußerte Ansicht, der Dichter habe Doberlug nur aus dem Zwang des Reimes heraus – alle Verse der letzten Strophe des Gedichts enden auf u – erwähnt. Außerhalb des ostsächsischen Raumes, wo weder Doberlug noch seine frühen Gegebenheiten bekannt waren, dürfte Walthers Anspielung kaum verstanden worden sein. Am ehesten wußten seine Zuhörer am Meißner Hofe, worauf er hinauswollte: Nicht die strenge Zucht und Ordnung der Zisterziensermönche machten Doberlug zu einem Ort, den Walther von der Vogelweide wenig anziehend fand, sondern die Unerschlossenheit und Unwirtlichkeit des Landes. Als Kaiser Heinrich II. – derselbe, der 1165 im Gepäck des Bischofs Werner von Plozk als Reliquie nach Doberlug kam – im Jahre 1005 eine Heerfahrt gegen Herzog Boleslaw von Polen unternahm, machte er Station in Doberlug und irrte danach mit seinem Heer durch menschenleere Ödnis und Sümpfe.[12] Und noch im Stiftungsjahr des Klosters wird die Gegend um Doberlug in der bereits erwähnten Wundergeschichte Heinrichs II. als *vasta solitudo* bezeichnet; der Platz, an dem die Klosterkirche errichtet wurde, war noch nicht gerodet – sondern lag *in nemore*.[13] Zu den harten äußeren Lebensbedingun-

[10] Ex aliis miraculis S. Heinrici cap. 8, ed. Georg WAITZ (MGH SS 4, 1841) S. 815. Vgl. Gerd ZIMMERMANN, Karlskanonisation und Heinrichsmirakulum. Ein Reliquienzug der Barbarossazeit von Aachen über Doberlug/Lausitz nach Plozk, Bericht des Historischen Vereins Bamberg 102 (1966) S. 127–148.

[11] Chronicon Montis Sereni (wie Anm. 6) S. 160.

[12] Thietmari Merseburgensis episcopi Chronicon, Buch 4 cap. 22, ed. Robert HOLTZMANN (MGH SS rer. Germ. N.S. 9, 1935) S. 300: *Exercitum autem nostrum* [...] *ad locum, qui Dobraluh dicitur, in pago Luzici venientem* [...]. *Hic* (sc. exercitus) [...] *per solitudines paludesque circumductus* [...].

[13] Ex aliis miraculis S. Heinrici (wie Anm. 10) S. 815, Zeile 16 und 22.

gen kam zusätzlich die Gefahr kriegerischer Einfälle in einem herrschaftlich noch kaum durchdrungenen Gebiet.[14] Die schüttere Überlieferung der Anfänge Doberlugs spiegelt fehlende kulturelle Errungenschaften wie Schriftlichkeit. Zivilisatorische Annehmlichkeiten, die Walther vertraut waren, mußte man in *Toberlû* um 1210 noch missen. Die Niederlausitz war an der Wende vom 12. zum 13. Jahrhundert eine Landschaft, die als entwicklungsgeschichtlich verspätet beschrieben werden kann.[15] Die noch kaum entfaltete Arbeitsteilung, ablesbar auch am wenig ausgeprägten Stand der Markt- und Stadtentwicklung wie der Urbanität insgesamt, ist ein weiterer Beleg dafür.[16]

Das Kloster Doberlug allerdings überwand bald die anfänglichen Schwierigkeiten, und sein erfolgreiches kolonisatorisches Wirken trug auch zur Entwicklung der Niederlausitz einiges bei. Aus einem Ort, den Walther von der Vogelweide doch lieber hatte meiden wollen, wurde ein „coenobium famosissimum", wie Jacob Grimm Jahrhunderte später festhielt.[17]

14 Im Sommer und Herbst 1179 erschütterte ein heftiger Slaweneinfall die Niederlausitz und den benachbarten Fläming (Chronicon Montis Sereni [wie Anm. 6] S. 157; vgl. W. BIEREYE, Die Wendeneinfälle der Jahre 1178, 1179, 1180 und die Herausforderung Heinrichs des Löwen zum Zweikampf durch Markgraf Dietrich von Landsberg, HZ 115 (1916) S. 311–323, der immer noch die überzeugendste Deutung des zeitlichen Ablaufs der Ereignisse bietet.). Das Gebiet um Doberlug scheint nach Ausweis der Quellen nicht direkt betroffen gewesen zu sein. Die einfallenden Pommern und Lutizen drangen bis Lübben vor und schwenkten dann westwärts nach Zinna und Jüterbog ab. Das Ausmaß der Verwüstungen und die offensichtliche Unfähigkeit der für den Schutz ihrer Gebiete verantwortlichen Herrschaftsträger, in diesem Fall des Markgrafen Dietrich von der Niederlausitz (Ostmark) und des Erzbischofs Wichmann von Magdeburg, wirksame Abwehrmaßnahmen zu organisieren, dürften auch in Doberlug mit Erschrecken zur Kenntnis genommen worden sein.

15 Vgl. Gertraud Eva SCHRAGE, Die Niederlausitzer Besitzungen des Klosters Nienburg an der Saale. Ein Beitrag zur mittelalterlichen Siedlungsgeschichte, in: Struktur und Wandel im Früh- und Hochmittelalter. Eine Bestandsaufnahme aktueller Forschungen zur Germania Slavica, hg. von Christian LÜBKE (Forschungen zur Geschichte und Kultur des östlichen Mitteleuropa 5, 1998) S. 241–254, bes. S. 251f.

16 Vgl. Winfried SCHICH, Grangien und Stadthöfe der Zisterzienserklöster im Raum östlich der mittleren Elbe bis zum 14. Jahrhundert, in: Zisterziensische Wirtschaft und Kulturlandschaft, hg. von Winfried SCHICH (Studien zur Geschichte, Kunst und Kultur der Zisterzienser 3, 1998) S. 64–98, bes. S. 81.

17 Briefwechsel der Brüder Jacob und Wilhelm Grimm mit Karl Lachmann 2, hg. von Albert LEITZMANN (1927) S. 927.

Peter Moraw

Die Mark Brandenburg im späten Mittelalter

Entwicklungsgeschichtliche Überlegungen im deutschen und europäischen Vergleich

I

Fragen an die Mark Brandenburg im späten Mittelalter[1] kann man in ganz verschiedener Weise stellen. In unserem Fall sind es Fragen und Antwortversuche aus der Distanz, Bemühungen eines Nicht-Brandenburgers, nicht der Text eines Autors, der sich über seine geliebte Heimat äußert.[2] Es handelt sich auch nicht um die einfachste Variante solchen Darlegens, um das mit einigen Freundlichkeiten bereicherte Nacherzählen der Vergangenheit. Der Untertitel des Versuchs

1 Im folgenden ist der wenig veränderte, jedoch mit Nachweisen versehene Einleitungsvortrag der Tagung abgedruckt. Er behandelt auch im Hinblick auf den Akademie-Standort Berlin diejenige Landschaft, die man – von Norden nach Süden oder auch von Süden nach Norden blickend – in der Mitte der Lande zwischen den beiden im Titel genannten Flußsystemen vorfindet. Ein verwandter Text wurde gedruckt unter dem Titel „Brandenburg im späten Mittelalter“, in: Im Dienste von Verwaltung, Archivwissenschaft und brandenburgischer Landesgeschichte. 50 Jahre Brandenburgisches Landeshauptarchiv, hg. von Klaus NEITMANN (2000) S. 83–99.

2 Johannes SCHULTZE, Die Mark Brandenburg 1–3 (1961–63); Willy HOPPE, Die Mark Brandenburg, Wettin und Magdeburg. Ausgewählte Aufsätze, hg. von Herbert LUDAT (1965); Evamaria ENGEL/Benedykt ZIENTARA, Feudalstruktur, Lehnbürgertum und Fernhandel im spätmittelalterlichen Brandenburg (Abhandlungen zur Handels- und Sozialgeschichte 7, 1967); Brandenburgische Jahrhunderte. Festgabe für Johannes Schultze, hg. von Gerd HEINRICH/Werner VOGEL (Veröffentlichungen des Vereins für Geschichte der Mark Brandenburg 35, 1971); Berlin und Brandenburg, hg. von Gerd HEINRICH (Handbuch der historischen Stätten Deutschlands 10, 1973); Lieselott ENDERS, Die Uckermark. Geschichte einer kurmärkischen Landschaft vom 12. bis zum 18. Jahrhundert (Veröffentlichungen des Brandenburgischen LHA Potsdam 28, 1992); Brandenburgische Geschichte, hg. von Ingo MATERNA/Wolfgang RIBBE (1995); Brandenburgische Landesgeschichte und Archivwissenschaft. Fs. Lieselott Enders, hg. von Friedrich BECK u.a. (Veröffentlichungen des Brandenburgischen LHA Potsdam 34, 1997); Brandenburgische Landesgeschichte heute, hg. von Lieselott ENDERS/Klaus NEITMANN (Brandenburgische historische Studien 4, 1999).

weist vielmehr darauf hin, daß es sich um ein ganz spezifisches, hoffentlich modernes wissenschaftliches Fragen handelt, eben um entwicklungsgeschichtliche Überlegungen im deutschen und europäischen Vergleich – am Beispielsfall der Mark. Darauf ist schon einleitend bei der Erläuterung des ganzen Bandes hingewiesen worden. Ein solches Fragen mag nicht überall auf Beifall stoßen, denn es ist anders, ungewohnt oder gar „gefährlich", jedenfalls unkalkulierbarer und vielleicht risikoreicher in seinen Ergebnissen für das betroffene Objekt als das übliche, in der Praxis oft oder meist isolierende landesgeschichtliche Vorgehen, dem es um das Seine geht.
Warum anders und inwiefern anders? Zunächst und vor allem liegen dem Frageansatz hypothetische, wenn auch gewiß nicht willkürliche Grundvorstellungen vom Ablauf der älteren europäischen und deutschen Geschichte zugrunde, so wie sie in diesem Band in der Einleitung dargelegt worden sind.[3] Darüber ist verständlicherweise noch keine volle Sicherheit gewonnen worden. Oder – besser gesagt – man wird darüber kaum je, wie es nun einmal das Schicksal übergreifenden Nachdenkens ist, volle Sicherheit gewinnen. Sodann werden die historischen Gegebenheiten der herangezogenen Landschaft, nun eben Brandenburgs, etwas anders als üblich geordnet, damit Antworten gefunden werden können auf Fragen, die sich aus jener europäischen und gesamtdeutschen Blickrichtung ergeben. Wenn der Vergleich die Grundlage des „Zugriffs" ist und man die Prämissen des Vergleichens ernst nimmt, so kann beim Fragenden nicht in jeder Hinsicht solche Kennerschaft gegenüber dieser Landschaft vorausgesetzt werden, wie sie jahrzehntelange Konzentration auf ein einzelnes Gebilde möglich macht. Denn man wird komparatistisches Interesse möglichst mehrfach, unter jeweils verschiedenen Bedingungen verschiedener Gegenden, zur Geltung bringen wollen. Für Hessen, Böhmen und Schlesien im Mittelalter, partiell auch für das ganze ältere Deutschland hat dies der Autor versucht.[4] Das ist und bleibt ein Risiko, wenn auch ein in unseren Augen unvermeidliches, und darüber hinaus eines, das man hoffentlich in Grenzen halten kann.

[3] Vgl. oben S. 13 mit Anm. 1.

[4] Peter MORAW, in: Hessen und Thüringen. Von den Anfängen bis zur Reformation. Eine Ausst. des Landes Hessen (1992) bes. S. 17–23; DERS., Das Mittelalter, in: Deutsche Geschichte im Osten Europas. Böhmen und Mähren, hg. von Friedrich PRINZ (1993) S. 23–178, S. 482–485, S. 495–511; DERS., Das Mittelalter, in: Deutsche Geschichte im Osten Europas. Schlesien, hg. von Norbert CONRADS (1994) S. 37–176, S. 706–719, S. 778–783; DERS., Landesgeschichtliche Spätmittelalterforschung in Hessen, Hessisches Jb. für Landesgeschichte 50 (2000) (zugleich Fünfzig Jahre Landesgeschichtsforschung in Hessen, hg. von Ulrich REULING/Winfried SPEITKAMP) S. 93–124.

Selbstverständlich bleibt es weiterhin nötig und richtig, sich um deutsche Landesgeschichte jeweils in der Heimatlandschaft zu bemühen, ohne stets an auswärtige Zusammenhänge zu denken. Das ist sogar als pflegendes Handeln geboten. So kann man wie bisher mit gutem Grund die mittelalterliche Vergangenheit der Mark seit ihrem vollen und unwiderruflichen Eintritt in die deutsche Geschichte in drei Phasen teilen, von denen wir uns hier mit der am wenigsten glanzvollen, der mittleren, beschäftigen wollen. Das kann man vorweg feststellen, damit man ein vielleicht skeptisches Endurteil einordnen kann. Diese mittlere Phase war beispielsweise durch eine Agrarkrise und durch Wüstungsprozesse negativ gekennzeichnet.[5] Zeitlich davor kann man leichter „positiv" urteilen, für die ohnehin um ihrer selbst willen spannenden Anfangs- und Aufbauphase zumal des 13. Jahrhunderts, und danach wird es wieder „positiver" werden, seit dem späten 15. Jahrhundert im Übergang zum „langen" 16. Säkulum oder als sich wohl in ganz Deutschland die Lebensumstände „verdichteten".[6]

II

Diese Bemerkungen und die dem Band vorangestellte Einleitung haben, so hoffen wir, ein Umfeld geschaffen, das es möglich macht, in unser Thema „Die Mark Brandenburg im späten Mittelalter" relativ emotionsarm einige Sonden hineinzusenken. Es handelt sich in der Tat nur um Sonden, einen anderen Anspruch zu erheben wäre unrealistisch und anmaßend. Oder anders formuliert: Man will im Vergleich zur bestehenden Literatur nichts besser machen, sondern etwas anderes tun. Es geht dabei in diesem Text um drei „Dimensionen", um die herrschaftlich-„staatliche" Dimension von außen, vom ganzen Reich her gesehen, um dieselbe Dimension aus nächster Nähe betrachtet, das heißt von der Mark aus, und um die kirchlich-bildungstechnische Dimension. Für das Umgehen mit der städtisch-ökonomischen Dimension reicht der zugemessene Raum nicht aus, die agrarische Dimension vermögen wir noch nicht recht vergleichend zu handhaben.

5 Vgl. Anm. 2, bes. ENGEL/ZIENTARA, Feudalstruktur und ENDERS, Uckermark.

6 Vgl. Eberhard SCHMIDT, Die Mark Brandenburg unter den Askaniern (1134–1320) (Mitteldeutsche Forschungen 71, 1973) und Peter MORAW, Von offener Verfassung zu gestalteter Verdichtung. Das Reich im späten Mittelalter 1250 bis 1490 (Propyläen Geschichte Deutschlands 3, 1985) S. 389ff.

1. Die herrschaftlich-„staatliche“ Dimension von außen gesehen

Die wohl wesentlichste allgemeine, zugleich sehr großräumige und angemessener Handhabung bedürftige Unterscheidung innerhalb des papstchristlichen Europa des Mittelalters dürfte eine Zweiteilung sein zwischen dem einerseits bestehenden und andererseits fehlenden mehr oder weniger direkten oder auch indirekten Kontakt zur römischen Spätantike, ohne daß man dieses Gegenüber pressen sollte. Es konnte sich auch – das ist sehr wichtig – um eine analoge oder gleichartige Nutzung naturgegebener Vorzüge, etwa des Vorzugs der Verkehrslage, handeln, bei deren Auswertung die Römer einst Meister gewesen waren. Ungünstige Rahmenbedingungen haben sie wenn möglich gemieden. Eine zweite „Kulturquelle“ vergleichbaren Ranges hat es offenkundig nicht gegeben, stattdessen eher schlichte oder als benachteiligt anzusehende heimische Verhältnisse aus der ethnischen Herkunft, die zu kultureller Expansion mit größerer Wirkung kaum befähigt waren. Im nordalpinen Europa des ganzen Mittelalters läßt sich die positive Alternative, diejenige des wie auch immer beschaffenen Kontakts zur antiken Zivilisation in der hier angesprochenen Form, in der Regel in Analogie verstehen zu höherer Bevölkerungsdichte und zu einem höheren Maß von Urbanität (gemeint sind damit nicht einfach viele Städte, sondern eher große Städte), zu einem Mehr an wirtschaftlicher Entfaltung und sozialer Differenziertheit sowie zu früheren statt späteren Daten und reicheren statt dürftigeren Fakten im kulturellen Milieu im weitesten Sinn. Dies schloß ein die Organisationsformen des Christentums, Qualität und Quantität von Schriftlichkeit und das Ausmaß der Verbreitung von mancherlei zivilisatorischen Annehmlichkeiten. Im südlichen und im westlichen Europa war am Ende des Frühmittelalters und am Beginn des Hochmittelalters noch oder schon – dieser Unterschied spielt für uns nur eine geringe Rolle – vieles davon zu verspüren, einiges in der Mitte, wenig im Norden und im Osten des Kontinents. Am Anfang lag wohl beim Blick von Westen nach Osten die Grenzzone am Rhein, dann rückte sie etwa zur Elbe-Saale vor. Die benachteiligte Hälfte Europas antwortete nach einiger Zeit, zuerst meist angestoßen durch die Christianisierung, auf jene Vorteilslagen durch Akkulturationsprozesse, wenn ihr diese nicht schon von außen auferlegt worden waren. Solche Vorgänge konnten, zumal falls sie beschleunigt auftraten, zu ansehnlichem Aufholen und schließlich zu einem gewissen Ausgleich führen, wenn auch nicht sehr rasch und im allgemeinen auch nicht vollständig.

So gesehen darf man über Europa hinweg in einem zweiten Schritt manches Wesentliche oder mehr als manches Wesentliche aus der Zivilisationsgeschichte Europas als Phasenverschiebung, als ein „Früher“ oder ein „Später“ verstehen, und wohl nach und nach auch als Intensitäts- oder gar Qualitätsunterschiede.

Man kann hoffentlich am Ende diejenige Region, für die man sich interessiert, raum-zeitlich oder auch gemäß einer Intensitäts- oder gar Qualitätsskala zuordnen und einordnen, man darf jedenfalls das Mittel des Vergleichs sinnvoll nutzen. Die Alternative, wenn man diesen Mut nicht aufbrächte, wäre oder müßte sein ein Europa der Kontaktarmut und mehr oder weniger des Nebeneinanders der Dinge. Dies würde gewiß auch ein Minus an historischer Erklärungsfähigkeit mit sich führen. Man mag dann zuletzt, jedenfalls wenn man dergleichen Mutlosigkeit oder Resignation nicht teilt, im Großen und Ganzen im hoch- und spätmittelalterlichen Europa diesseits der Alpen ein von Westen nach Osten und mehr oder weniger auch von Süden nach Norden unterschiedlich sanft geneigtes Zivilisationsgefälle vorfinden – und in seinen Erscheinungsformen und Konsequenzen zu begreifen suchen.

Vermutlich war dieses Gefälle ein mitdeterminierender Faktor der älteren Geschichte, dem dann in Gestalt des Handelns der Machtträger und in vielfältiger anderer Form Nichtdeterminiertes oder gar Unkalkulierbares gegenübertrat. Einzelne Modernisierungsschübe, wiederum beginnend mit der Christianisierung, ließen wenigstens zeitweise jenes Gefälle von einem bestimmten Maß an Dynamik begleitet sein. Diese Dynamik mag die Handelnden im benachteiligten Milieu von damals besonders herausgefordert haben. Was sie daraufhin taten, tritt dann seinerseits vielleicht schärfer konturiert als ein solches Gefälle hervor, jedenfalls was das nie ganz interesselose Begreifen der Historiker betrifft. Eigentlich ist es undenkbar, daß beispielsweise die Kenntnisnahme von auch nur einer der beiden höchstentwickelten europäischen Landschaften des Zeitalters, Oberitaliens und des weiteren Umkreises der Rheinmündung, bei intelligenten Handelnden und Helfern von anderswoher damals nicht tiefe Eindrücke hinterlassen hat. Zumindest bei einem der spätmittelalterlichen Landesherren Brandenburgs, bei Kaiser Karl IV., war das wohl sehr nachdrücklich der Fall.

An diesem nicht ganz unkritischen Punkt scheint es zweckmäßig, für jenes Gefälle ein Beispiel zu bieten – ein Beispiel, wie wir inzwischen zu wissen glauben, von vielen – und ein wohlbegründetes, auch schon anderswo zitiertes Beispiel, zugleich eines von guter Aussagekraft, weil das Objekt in den tragenden Schichten der allgemeinen ökonomisch-sozial-kulturellen Situation am Ort verankert war. Das Beispiel entstammt der Kirchengeschichte. Die Institution des Kollegiatstifts, das heißt einer fungiblen, vielfältig einsetzbaren und meist von Machtträgern eingepflanzten Gemeinschaft von Weltgeistlichen, die an einem festen Platz zu Hause waren und dafür aus der Region angemessen ausgestattet wurden, bietet eine solche Verankerung, ja läßt Ertragsfähigkeit, Rang und Anspruch dieser Region ziemlich direkt zur Geltung kommen, so wie dieses Beispiel auch das

Bestehen oder Fehlen von Wirkungsplattformen für diese Region oder aus dieser Region heraus erkennbar macht.[7] Kollegiatstifte wurden das ganze Mittelalter hindurch neu gegründet – ganz anders als Klöster der allermeisten oder aller Orden mit ihrer oft nur kurzen Blüteperiode und langen Erstarrungszeit und anders auch als Domkapitel, deren Zahl und Ort in aller Regel durch die früh festgelegte Bistumsorganisation fixiert war. Im mittelalterlichen Deutschland gab es am Ende wohl etwas mehr als 450 Stiftskirchen. Die Hälfte davon lag am Rhein und links des Rheins, zugleich die größten und reichsten und diejenigen mit den meisten Klerikerstellen und daher Wirkungschancen. Nimmt man probeweise das 15. Jahrhundert für sich, um ein für die brandenburgische Geschichte besonders wichtiges Zeitalter zu separieren, so hat sich jenes Verhältnis durch die Neugründungen des Säkulums nicht geändert. Insoweit gab es also keinen Ausgleich jener so beachtenswerten und wohl verallgemeinerungsfähigen Entwicklungsdifferenz. Das ist wichtig.

Begeben wir uns für einen Moment in das Detail hinein und studieren die für unser Fragen auch anderwärts recht aufschlußreiche spätmittelalterliche Längserstreckung Brandenburgs von West nach Ost. Das inzwischen in beiden Himmelsrichtungen verstümmelte Land von heute ist ganz anders als während der hier behandelten Periode in der Nord-Süd-Richtung ausgedehnter als von Westen nach Osten und wirkt damit gleichsam um neunzig Grad gedreht oder neu orientiert. Das muß der Historiker rückgängig machen. Die westliche mittelalterliche Altmark an der Elbe wies vier Stiftskirchen auf, die weitaus größeren östlichen Teile Mittelmark und Neumark zusammen nur zwei, und ganz ähnlich ist das Gefälle von Gründungschronologie, Ausstattung und Ausstrahlung dieser Stifte zu beurteilen.[8] Der Blick nach außen bestätigt: Innerhalb der Mauern der Stadt Köln allein befanden sich zwölf Kollegiatstifte, zumeist hohen oder sehr hohen Alters und mit reicher oder sehr reicher Ausstattung. Der Kirchenbau von St. Gereon, wenn nicht schon eine Klerikergemeinschaft am gleichen Ort, ist im Kern spätantik. Das Stift im Berliner Schloß, eine sehr wichtige Markierung herrschaftlich-staatlichen Zentralisierens in Brandenburg, stammt von 1465.

7 Peter MORAW, Über Typologie, Chronologie und Geographie der Stiftskirche im deutschen Mittelalter, in: Untersuchungen zu Kloster und Stift, hg. von Irene CRUSIUS (VMPIG 68, Studien zur GS 14, 1980) S. 9–37; Bibliographie der ehemaligen Klöster und Stifte, im Bereich des Bistums Berlin, des Bischöflichen Amtes Schwerin und angrenzender Gebiete, bearb. von Ursula CREUTZ (Mitteldeutsche Forschungen. Sonderreihe: Quellen und Darstellungen in Nachdrucken 9, 1988); Dietrich KURZE, Die Exemtion des neumärkischen Kollegiatstifts Soldin vom Jahr 1459, in: Brandenburgische Landesgeschichte und Archivwissenschaft (wie Anm. 2) S. 57–72.

8 Vgl. Berlin und Brandenburg (wie Anm. 2).

Für die herrschaftlich-„staatliche" Dimension, wie man sie von außen wahrnimmt, liefert auch der Begriff „Region" ein wichtiges Stichwort. Gesetzt nämlich den Fall, kraftvolle Ausgleichsvorgänge hätten – wie in der Tat im hohen und späten Mittelalter immer wieder in Europa geschehen – schon insofern ihre Wirkung getan, als um 1400 oder um 1500 eine gewisse territorialherrschaftliche Gleichartigkeit oder besser – wie man heute auch sagt – Chancengleichheit im ganzen Reich bestanden habe, so kann man sich eines weiteren aufschließenden Grundgedankens bedienen. Dieser Gedanke sagt aus, daß unter den vorgegebenen Kommunikations- und Verkehrsbedingungen (des Pferdes, des Segel- und Ruderschiffs, des Fußmarsches) die Region mittlerer Größe – in mehreren Tagen beritten durchquerbar – der natürliche Erfahrungs- und Handlungsraum des kontinentalen europäischen Mittelalters gewesen sei. Um für ein großes kontinentales Reich als ganzes politisch-militärisch einzutreten, das wie das deutsche Reich von damals bestenfalls in einem Monat durchmessen werden konnte, war eine besondere, gedanklich abstrahierende oder jedenfalls eine andere als auf einem „natürlichen" Erfahrungsraum bezogene Anstrengung vonnöten, vielleicht eine große Anstrengung.

Man vermag anscheinend das ganze Reich nördlich der Alpen – nach Erfahrungswerten – in vierzehn solche politische Landschaften einzuteilen,[9] denen man jeweils bestimmte gemeinsame Eigenschaften zuschreiben kann. Vor allem waren diese Landschaften in hohem Maß politisch selbsttragend und selbstregelnd beschaffen und bedurften weiträumigen Denkens und Handelns nur selten. Das heißt, sie ordneten das politische Leben friedlich oder im Konflikt im wesentlichen so, daß ein Eingreifen von außen, auch das Eingreifen des Königs (wenn er nicht mit seinen Erbländern und mit den königsnahen Landschaften selbst Angehöriger oder direkter Nachbar der Region war), normalerweise nicht benötigt wurde. Es gab für die Binnenordnung einer solchen Landschaft im wesentlichen drei Möglichkeiten: die Dominanz einer führenden Kraft, das Ringen von in der Regel zwei, selten von mehr als zwei führenden Kräften etwa gleichen Ranges, denen sich die Kleinen parteibildend zuordneten, oder die überwiegende Passivität der Landschaft, wenn sie aus lauter mittleren und kleinen, einander ungefähr die Waage haltenden Kräften bestand. Gewiß hat der König auch im 14. und 15. Jahrhundert – das arbeitet die moderne Forschung immer deutlicher heraus – durchaus auch in größerer Entfernung von „daheim" eingreifen können und hat eingegriffen. Doch geschah dies vielfach gleichsam auf Bestellung, nur für eine gewisse Zeit und kaum grundsätzlich umstülpend, eher ausbalancierend

9 Peter MORAW, Regionen und Reich im späten Mittelalter, in: Regionen und Föderalismus, hg. von Michael MATHEUS (Mainzer Vorträge 2, 1997) S. 9–29.

oder reparierend zugunsten der zuvor schon führenden Kräfte, meist auch gestützt auf eine ansehnliche regionale Macht. Natürlich zeigten sich im Zeitablauf gewisse Veränderungen dieser Landschaften, zumal zum Ende des 15. Jahrhunderts hin, als immer weniger und zugleich größer werdende Mächte immer bestimmender geworden sind. Doch kann man u.E. im Großen und Ganzen mit diesem Modell heuristisch aufschließend arbeiten – ebenso wie mit dem Modell des im Vergleich beispielhafter Fakten stofflich verankerten Zivilisationsgefälles.
Neben dieser Regionseinteilung kann man sich mehrere andere Gliederungen des ganzen nordalpinen Reiches vorstellen, nach den drei großen und wohl zunehmend vier großen deutschen Wirtschaftsgebieten, nach dem Ausmaß der Begegnung mit anderssprachigen Nachbarn – vor allem mit den zivilisatorisch überlegenen Nachbarn im Süden und Westen –, nach fürstlichen Heiratskreisen (dazu gleich) und am meisten gemäß dem vorhandenen oder fehlenden Einfluß des Kaisers. Was diesen Einfluß betrifft, so unterscheidet sich die Landschaft, der wir Brandenburg zuweisen, von ihren Nachbarregionen nur geringfügig. Sie alle waren königsfern. Es erscheint uns hier zweckmäßig, sich auf das für den gegebenen Fall womöglich plausibelste Modell des Raumverständnisses, das der vierzehn politischen Regionen, zu beschränken.
Diejenige Landschaft, von der hier die Rede ist, deren Hegemon normalerweise der Brandenburger Markgraf-Kurfürst gewesen ist, kann man „Brandenburg-Mecklenburg-Pommern" nennen. Sie grenzte an vier andere Landschaften ähnlichen Typs an, an „Niedersachsen-Nordalbingien", an „Wettiner Lande-Mittelelbe-Raum", an „Böhmen-Mähren-Schlesien-Lausitz" und an „Preußen-Livland". Den langgestreckten Süden unserer Landschaft, in West-Ost-Richtung ungefähr 300 km lang und in Süd-Nord-Richtung knapp halb so breit, machte die Markgrafschaft aus.
Wenn wir wieder ein Beispiel herausgreifen, um diese abstrakten Mitteilungen zu illustrieren, so möchten wir nicht das allzu Bekannte und Selbstverständliche, nämlich die wechselvolle Geschichte des Mit- und Gegeneinanders Brandenburgs, Mecklenburgs und Pommerns in ihrem Auf und Ab wiederholen, das eben für eine sehr ansehnliche Anzahl von Fakten ein Auf und Ab in einer gemeinsamen politischen Region gewesen ist.[10] Vielmehr sei der für die Reichsgeschichte des 14. und 15. Jahrhunderts so bezeichnende dynastische Wettbewerb der Großen und ganz Großen im Hinblick auf unsere Region ins Auge gefaßt. So weit nördlich auch diese Landschaft liegen mochte, dem Ringen der drei, zuletzt nur noch zwei königstragenden Familien des Gesamtreiches konnte sie sich nicht entziehen – auch ein Maßstab für die Kohärenz dieses Gebildes. Nach dem Aussterben der Dynastie der Askanier im Mannesstamm im Jahr 1320 vermochte

man gleichsam nicht mehr unter sich zu bleiben. Bekanntlich griff das Kaiserhaus der Wittelsbacher nach der Mark, wie später dann die Luxemburger. Die erste Antwort des luxemburgischen Gegenkönigs Karl (Erhebung 1346) auf das Vorwalten der Wittelsbacher war die Erhöhung der Regionsglieder Mecklenburg und Pommern zu Herzogtümern, um das interne Rang- und Legitimationsgefälle in der Region (zuvor handelte es sich in beiden Fällen rechtlich gesprochen nur um Herrschaften) zum Schaden der märkischen Vormacht zu verringern. Die Prüfung des gleichzeitigen fürstlichen Heiratsmarktes[11] ergibt allerdings, daß sich einfach dadurch der Abstand der Ostseefürstentümer zu den Wittelsbachern in Brandenburg und im Süden, der damals in jeder Hinsicht drittwichtigsten Dynastie im ganzen Reich, nicht hat verringern lassen. Unter den etwa zwanzig deutschen Fürstendynastien verblieb das Haus Pommern, knapp vor Mecklenburg, auf einem Mittelplatz. Erst recht verblieb es so mit dem Abstand, als die Mark luxemburgisch wurde (1373), und es blieb kaum minder so, als die Zollern kamen (1411/15). Die Zollern waren nämlich – vielleicht entgegen dem ersten Anschein – in der Zeit, von der wir sprechen, eine erstaunlich erfolgreich heiratende Familie, besonders angesichts ihrer unvergessenen Herkunft aus dem unterfürstlichen Milieu der Burggrafschaft Nürnberg; aus welchen Gründen auch immer hat man sich intern der burggräflichen Herkunft nicht geschämt. Hinter den drei Großdynastien und dem feinen Haus Brabant standen sie vor den Wettinern und erst recht vor ihren beiden nördlichen Regionsrivalen auf der Rangli-

[10] Außer Anm. 2 vgl. Ein Jahrtausend Mecklenburg und Vorpommern, Biographie einer norddeutschen Region in Einzeldarstellungen, hg. von Wolf KARGE/Peter-Joachim RAKOW/Ralf WENDT (1995); Mecklenburg und seine Nachbarn, hg. von Helge bei der WIEDEN/Tilmann SCHMIDT (Veröffentlichungen der Historischen Kommission für Mecklenburg. Reihe B: Schriften zur Mecklenburgischen Geschichte, Kultur und Landeskunde 10, 1997); Landesgeschichte in Deutschland. Bestandsaufnahme – Analyse – Perspektiven, hg. von Werner BUCHHOLZ (1998); Tausend Jahre pommersche Geschichte, hg. von Roderich SCHMIDT (Veröffentlichungen der Historischen Kommission für Pommern. Reihe 5: Forschungen zur pommerschen Geschichte 31, 1999); Deutsche Geschichte im Osten Europas. Pommern, hg. von Werner BUCHHOLZ (1999). Vgl. für die frühe Neuzeit nun den wichtigen Sammelband Die Integration des südlichen Ostseeraumes in das Alte Reich, hg. von Nils JÖRN/Michael NORTH (Quellen und Forschungen zur höchsten Gerichtsbarkeit im Alten Reich 35, 2000). Zuvor schon Bernhard DIESTELKAMP, Königsferne Regionen und Königsgerichtsbarkeit im 15. Jahrhundert, in: Wirkungen europäischer Rechtskultur. Fs. Karl Kroeschell, hg. von Gerhard KÖBLER/Hermann NEHLSEN (1997) S. 151–162.

[11] Peter MORAW, Das Heiratsverhalten im hessischen Landgrafenhaus ca. 1300 bis ca. 1500 – auch vergleichend betrachtet, in: Hundert Jahre Historische Kommission für Hessen 1897–1997, hg. von Walter HEINEMEYER 1 (Veröffentlichungen der Historischen Kommission für Hessen 61,1, 1997) S. 115–140.

ste heiratender Fürsten recht weit oben. Dieses klassische königsnahe Geschlecht, so beschaffen seit der Stauferzeit, hatte sich in fast sensationeller Weise hochgearbeitet, und dazu noch auf dem anspruchsvollsten der vier fürstlichen Heiratsmärkte im Reich, dem oberdeutschen.

Unser Einzelbeispiel, das wir jedoch wie im Fall der Kollegiatstifte als durchaus typisch verstehen, betrifft anhand der von Paul-Joachim Heinig[12] bereitgestellten Übersicht über die politische Relevanz der urkundlichen Überlieferung Kaiser Friedrichs III. (1440–1493) vom Ende des Mittelalters einen, allerdings recht bezeichnenden Nebenschauplatz der brandenburgisch-zollerschen Außenbeziehungen. Es handelt sich um das Verhältnis zu Dänemark und zu den Hansestädten Lübeck und Lüneburg, alle diese ganz knapp außerhalb der heimischen politischen Landschaft gelegen. Zwar verhielt es sich so, daß Brandenburg und seine Landesherren stets zu schwach waren, um auf dem südlich-östlich nächstliegenden der Felder spätmittelalterlicher Außenbeziehungen (bald kann man sagen: spätmittelalterlicher Außenpolitik) mitzuwirken: am Viereck Österreich, Ungarn, Polen und Böhmen, je zur Hälfte im Reich und außerhalb seiner gelegen. Dieses Feld mußte man den Habsburgern überlassen. An dem vom kaiserlichen Süden aus gesehen entlegensten „außenpolitischen" Kräftespiel rund um die Ostsee jedoch war man beteiligt, also am schwächsten und wohl auch urtümlichsten der (latein-) europäischen Systeme von damals. Die besondere Stellung des Kurfürsten Albrecht Achilles beim Kaiser, von der wir noch kurz sprechen werden, machte ihn zum kräftig mitverdienenden, ja an der Sache selbst mitwirkenden Mittelsmann für Norddeutsche und Nordeuropäer des Ostseeraumes. In Lübeck dürfte es eine brandenburgische Partei gegeben haben, und längere Zeit ehe es zum Universitätsplan für Frankfurt an der Oder gekommen war, half Albrecht Achilles dabei mit, daß Lüneburg ein dann doch nicht realisiertes Privileg für eine Fakultät der „Leges imperiales" erhielt (1471). Es sollte insgesamt gesehen wohl ein absicherndes Bündnissystem rund um Brandenburg aufgebaut werden, als dessen Nahziel der Erwerb Stettins gelten kann. Der brandenburgische Rat Albrecht von Klitzing war auch Rat des Dänenkönigs. Kurfürst Albrecht und exakt dieser Rat, zugleich Propst in Berlin, betätigten sich mit Erfolg beim Kaiser zugunsten der Rangerhöhung Holsteins zum Herzogtum. Wer weiß, was hier noch alles bewegt worden wäre, hätte sich nicht König Erich durch allzuviel Zusammenarbeit mit Karl dem Kühnen von Burgund am Kaiserhof kompromittiert.

[12] Paul-Joachim HEINIG, Kaiser Friedrich III. (1440–1493). Hof, Regierung und Politik 1–3 (Forschungen zur Kaiser- und Papstgeschichte des Mittelalters. Beihefte zu J.F. Böhmer, Reg. Imp. 17, 1997) S. 1661f. (Register).

Jedenfalls kann man daraus lernen, daß ebensosehr oder noch mehr vom Brandenburger Landesherrn zu sprechen ist als von der Mark selbst, wenn es um Politik solcher Art – aus europäischer Perspektive Politik bestenfalls mittleren Ranges – und um vermittelnde Politik ging. Wie es auch immer um die Abschöpfungsmöglichkeit der von Herr und Hof der Mark benötigten Summen angesichts von Konjunktur und Krise im Land bestellt gewesen sein mag, für solche Politik genügten die Einkünfte allemal. Es handelte sich dabei auch, wie Heinig hervorgehoben hat, um eine Spielart der Reichsinnenpolitik zwischen Kaiser und Kurfürst, deren Auswirkung auf den Zusammenhalt und das Funktionieren des Reiches insgesamt nicht unterschätzt werden darf. Angesichts des großen Bedarfs an Zusammenhalt und an Funktionieren im Reich war der Preis, den der „Makler" beanspruchte, nicht zu hoch. Umgekehrt schien das Desinteresse der Pommernherzöge am Kaiser in diesen Jahren ein immer höheres Risiko in sich zu bergen, weil damit nämlich immer klarer ein Legitimitätsdefizit verbunden war. Sich gegen den Kaiser auf die Dauer zu behaupten, wurde schwieriger, die Kurfürstenrolle mit ihrem „natürlichen" Bezug zum Kaiserhof wurde auch regionalpolitisch wichtiger. Der Markgraf-Kurfürst setzte schließlich seine Lehnshoheit über das Stettiner Land durch, die 1479 noch ausgedehnt wurde. Die Herzöge von Mecklenburg haben sich zur gleichen Zeit geschmeidiger verhalten als die Pommern.

Trotz solcher Lehren war Kurfürst Johann Cicero der einzige seines Ranges, der auf den Besuch des bekannten Reichstags von Worms von 1495 verzichtet hat, während Herzog Magnus von Mecklenburg gekommen ist.[13] Die gefestigte landschaftliche Position bedeutete noch lange nicht, daß der Hegemon eines so abgelegenen Gebiets außerhalb dessen sehr viel galt, mochte inzwischen auch die Demütigung längst vergessen sein, die der Wittelsbacher Vorgänger im Kuramt hatte hinnehmen müssen, da ihm 1356 nicht einmal ein Exemplar der Goldenen Bulle ausgehändigt worden war.

[13] Ingrid MÄNNL, Die Vertretung Kurbrandenburgs bei den Reichstagen von 1487 bis 1495, in: Aus der Arbeit des Geheimen Staatsarchivs Preußischer Kulturbesitz, hg. von Jürgen KLOOSTERHUIS (Veröffentlichungen aus den Archiven Preußischer Kulturbesitz. Arbeitsberichte 1, 1996) S. 17–46. Vgl. Johannes SCHULTZE, Die Mark und das Reich, JGMOD 3 (1954) S. 1–31.

2. Die herrschaftlich-„staatliche" Situation aus der Nähe betrachtet

Wir werfen nun aus der Nähe[14] einen Blick auf die Mark Brandenburg des späteren Mittelalters. Noch ist es schwierig, wenn auch vielleicht nicht mehr sehr lange Zeit, die innere Fortentwicklung der deutschen Territorien[15] dieser Periode vergleichend zu beurteilen, wobei der Begriff „Fortentwicklung" nicht schematisch – einlinig begriffen werden darf, sondern vielfältige individuelle Auf- und Ab-Bewegungen vor allem im Kontext der Ereignisgeschichte und übergreifender ökonomischer Einwirkungen in sich schließt; jedoch ist etwa beim Vergleich des 12./13. einerseits und des 15./16. Jahrhunderts andererseits unzweifelhaft, daß sich gewichtige Veränderungen vollzogen haben, die zu mehr „Staat" hinführten. Die unbedingt erforderliche Vorsicht und Zurückhaltung des Historikers darf nicht dazu führen, daß er das Gerichtetsein der lateineuropäischen, deutschen und endlich auch brandenburgischen Geschichte hin zu immer stärker ausgebildeten oder immer mehr intensivierten Lebensformen leugnet. Und nur darum geht es.

Manche für jene Fortentwicklung günstige Rahmenbedingungen bestanden in der Mark nicht. Sie bildete keine naturräumliche Einheit wie etwa Böhmen. Der am besten entwickelte Teil lag exzentrisch ganz im Westen, die Altmark – ähnlich wie im Hinblick auf das ganze Reich der Niederrhein situiert war, die damals weitaus „modernste" deutsche Landschaft, oder auch im Hinblick auf den weiterdauernden Verantwortungsbereich des Kaisers oder das Studium der deutschen Elitejuristen die andere Innovationslandschaft: Oberitalien. Weder das Reich noch Brandenburg haben diese Probleme des Auseinandertretens von politischem Zentrum und ökonomisch-geistiger Führungslandschaft bewältigt. Die

14 Außer in Anm. 2 Herbert HELBIG, Gesellschaft und Wirtschaft der Mark Brandenburg im Mittelalter (Veröffentlichungen der Historischen Kommission zu Berlin 41, 1973); Wolfgang PODEHL, Burg und Herrschaft in der Mark Brandenburg (Mitteldeutsche Forschungen 76, 1975); Hans K. SCHULZE, Karl IV. als Landesherr der Mark Brandenburg, JGMOD 27 (1978) S. 138–168. DERS., Die Besiedlung der Mark Brandenburg im hohen und späten Mittelalter, JGMOD 28 (1979) S. 42–178; Felix ESCHER, Brüche und Kontinuitäten in der Kulturlandschaftsentwicklung am Beispiel von Brandenburg während des Mittelalters und der frühen Neuzeit (Siedlungsforschung 13, 1995) S. 77–97. Vgl. die folgenden Anmerkungen.

15 Ernst SCHUBERT, Fürstliche Herrschaft und Territorium im späten Mittelalter (Enzyklopädie deutscher Geschichte 35, 1996); Thomas KLEIN, Die Bildung der Territorialstaaten in den Gebieten zwischen Elbe/Saale und Oder: Meißen/Sachsen, Brandenburg, Mecklenburg, in: Hochmittelalterliche Territorialstrukturen in Deutschland und Italien, hg. von Giorgio CHITTOLINI/Dietmar WILLOWEIT (Studienwoche 35. Schriften des Italienisch-Deutschen Historischen Instituts in Trient 8, 1996) S. 325–358.

Mark war ein vergleichsweise sehr ressourcenarmes Land ohne Bodenschätze, das nicht viel mehr als Zwischenhandel und Getreideernten anbot; doch so gut wie etwa beim Rhein-Main-Gebiet war die geographische Lage nicht und ebensowenig der Boden so fruchtbar wie in Niederbayern. Es fehlte auch an einem mit einem ansehnlichen Maß von kirchlicher Durchorganisation und Urbanität verbundenen hochrangigen Zivilisationsniveau und Bildungsangebot. Stabile dynastische Mittelpunktsbildung und dynastische Kontinuität in Gestalt einer ständigen Hofhaltung[16] von Rang mangelten in langen entscheidenden Jahrzehnten; diese blieb patriarchalisch-agrarisch-bescheiden, als es sie noch gab und sie wieder einsetzte. Eine sich durch Gewicht und Größe deutlich abhebende Residenzstadt trat sehr spät zutage, nachdem man lange zwischen Tangermünde und Berlin gependelt hatte. Eine beständige Grablege existierte nicht. Der Fürst war wohl in der Mark nicht wirklich zu Hause. Erst Johann Cicero (1486–1499) am Ende des Mittelalters dürfte mit Überzeugung ein Märker geworden sein. Etwas früher hatte dieser Sohn Markgraf Albrechts tieftraurig, wie vom Ende der Welt, an sein dynastisches Zuhause im fränkischen Ansbach geschrieben, er fühle sich wie „der Vogel im Flug, dem man beide Flügel abhauet“. Entsprechende Zitate ließen sich vermehren. Stark war der Import fränkischer Räte und Hofbeamter bis tief in die zweite Hälfte des 15. Jahrhunderts hinein. Kurz gesagt, die vorliegenden Daten und Fakten verweisen auf eine sehr deutliche Verspätung – ein Begriff, der die beobachtbaren Tatbestände und deren Einordnung auf den Punkt zu bringen sucht. Eine Beschleunigung trat erst – wie beinahe überall – in der zweiten Hälfte des 15. Jahrhunderts ein. Aber vieles spricht dafür, daß andere deutlich schneller vorankamen. Gewiß sind die Wettiner, vermutlich ist auch der Erzbischof von Magdeburg voraus gewesen.

Wir wenden unser Augenmerk noch kurz einem zweiten, vielleicht etwas anschaulicheren Problem zu. Seit wenigen Jahren liegt mit der Auswertung des

16 Hans SPANGENBERG, Hof- und Zentralverwaltung der Mark Brandenburg im Mittelalter (Veröffentlichungen des Vereins für Geschichte der Mark Brandenburg 7, 1908); Gerhard SCHAPPER, Die Hofordnung von 1470 und die Verwaltung am Berliner Hofe zur Zeit Kurfürst Albrechts (Veröffentlichungen des Vereins für Geschichte der Mark Brandenburg 11, 1912); Eckhard MÜLLER-MERTENS, Die landesherrliche Residenz in Berlin und Kölln 1280–1486, ZfG 36 (1988) S. 138–154; Karl-Heinz AHRENS, Residenz und Herrschaft. Studien zur Herrschaftsorganisation, Herrschaftspraxis und Residenzbildung der Markgrafen von Brandenburg im späten Mittelalter (Europäische Hochschulschriften 3,427, 1990); Wolfgang NEUGEBAUER, Residenz – Verwaltung – Repräsentation: das Berliner Schloß und seine historischen Funktionen vom 15. bis 20. Jahrhundert (Kleine Schriftenreihe der Historischen Kommission zu Berlin 1, 1999).

Taxbuches der kaiserlichen Hofkanzlei von 1471–1474 eine Quelle vor, die es erlaubt, alle politischen Kräfte im Reich für diese kurzen Jahre quantitativ und qualitativ vergleichend ins Auge zu fassen, wo sie auch geographisch und sozial zu Hause gewesen sein mögen – sofern sie nur kaiserliche Urkunden erhalten hatten.[17] Es war gerade die Zeit, als der Wandel hin zur Verdichtung des Reiches einsetzte. Die paradoxe Situation, in der sich die Mark und ihr Herr damals und schon einige Zeit zuvor befunden haben, tritt dabei klar hervor.

Das Problem bestand am deutlichsten in der Periode der Hohenzollern, also von 1415 an.[18] Denn nun waren Rang und Rolle des Kurlandes, anders als zuvor, gleichsam im linearen Gegenüber mit Rang und Rolle des Kurfürsten nicht mehr zur Deckung zu bringen, nun ohne daß sich wie in wittelsbachischer und luxemburgischer Zeit Kraftlinien in größerer Zahl so gekreuzt hätten, daß sich ein klarer Befund kaum einstellen konnte. Zur Zeit der Goldenen Bulle Kaiser Karls IV. von 1356 hatte es ganz klar zwei Klassen von Königswählern gegeben, die vier westlichen, „eigentlichen" Kurfürsten und die beiden östlichen aus Sachsen und aus Brandenburg. Nichts kann deren zweitrangige Stellung besser charakterisieren als der schon erwähnte Tatbestand, daß es dem Kaiser überflüssig erschien, den beiden ein Exemplar des Textes der Bulle, der sie doch genauso anging wie die „Kollegen", auszuhändigen. Rudolf von Sachsen-Wittenberg wollte im Prager Veitsdom beerdigt werden, so deutlich erschien ihm seine Position als die eines gehorsamen Helfers und andererseits Nutznießers kaiserlicher Gunst, und schwerlich mehr Gewicht hatte der Kaiser dem Brandenburger zugedacht. Diese Abstufung entsprach der ererbten Verfassungsgeographie des Reiches und damit zuletzt auch jenem Zivilisationsgefälle, von dem hier die Rede ist.

Nun aber hatte König Sigmund, selbst ohne männlichen Erben, die beiden letztgenannten Kurhüte nach dem Aussterben der vorherigen Familien an Wettiner und Zollern weitergereicht, an seine Verbündeten in entscheidenden frühen Jahren. Mitten[19] im königsnahen Franken, in einer Lage, die kein Herrscher irgendeiner Dynastie unbeachtet lassen konnte, hatten die Zollern ihren schon erwähnten nahezu phänomenalen Aufstieg genommen und waren weiterhin schlechthin unentbehrlich geblieben, auch dem nun regierenden Habsburgerkaiser Friedrich III. Praktisch hatten sie ein fränkisches Kurfürstentum inne, das gemäß der

[17] Wie oben Anm. 2.

[18] Außer Anm. 2 Stefan HARTMANN, Der Thronwechsel als Krise und Entwicklungschance im Beispiel des Kurfürstentums Brandenburg, in: Aus der Arbeit des Geheimen Staatsarchivs (wie Anm. 13) S. 3–15.

[19] Reinhard SEYBOTH, Cadolzburg und Ansbach als spätmittelalterliche Residenzen der Hohenzollern, Jb. für fränkische Landesforschung 49 (1989) S. 1–25.

politischen Geographie des Reiches nicht weniger einflußreich war als ein rheinisches und gewiß viel einflußreicher als ein märkisches. Sie bemühten sich demnach, die neu erworbene Position im Norden mit der so kostbaren Titulatur politisch zu verwerten, selbst wenn ihnen diese Position vorerst mancherlei finanzielle und personelle Zuschüsse abverlangte. Für die Mark und von der Mark aus gesehen bedeutete dies aber für entscheidende Jahrzehnte eine negativ veränderte Lage.

Es bedarf vielleicht an dieser Stelle der Erläuterung, welch großen Zugewinn es im Rahmen der damaligen Verfassung des Reiches bedeutete, ein Kurfürst zu sein. An erster Stelle stand das Mehr an Rang, Ruhm und Ehre, das u.a. durch wesentlich gesteigerte Chancen auf dem fürstlichen Heiratsmarkt, einem ziemlich schonungslosen Maßstab für die Geltung jedes Herrn, zum Ausdruck kam. Selbst das äußerst schwache Sachsen-Wittenberg hatte hochrangige Ehen geschlossen. Bei jeder Königswahl ließen sich neue politische Vorteile erzielen, auf dem entstehenden Reichstag drängten die Kurfürsten noch lange Zeit die Fürsten beiseite. Die Kurfürsten waren in der einen, faktisch sehr wesentlichen Hinsicht gleichsam natürliche Vertraute des Herrschers, nämlich herabvisiert aus der unveränderbar großen, wenn auch gestuften „gesellschaftlichen" Distanz der Majestät zu den Untertanen; in anderer Hinsicht waren sie Partner oder Gegner im politischen Spiel. Jedem von ihnen trug der Kaiser zum Beispiel auf, endlich bei sich eine Universität zu errichten – ein Handeln ganz aus jener, nicht aus dieser Perspektive; nicht tat er dies gegenüber den Fürsten oder den Städtern. Der Brandenburger hat als letzter erst 1506 in Frankfurt an der Oder gehorcht. Was auf solchem Feld geschah, blieb nicht ohne Widerhall im Reich. Neben dem Kaiser waren nur die Kurfürsten wahrhaft populär und sahen sich an den verschiedensten öffentlichen Orten abgebildet. Meißen nannte sich vor lauter Stolz bald Sachsen, weil dieser Name mit der Kurwürde verbunden war, oder die Historiker ergänzten den Namen: Kurpfalz und viel später Kurhessen.

In der Rolle eines Nebenlandes war Brandenburg wie gesagt praktisch bis hin zu Johann Cicero verblieben, nun angesichts der viel besser gelegenen, lebensweltlich begünstigten und deutlich wohlhabenderen Gebiete der Zollern in Franken, die gekennzeichnet waren auch durch höhere fürstliche Prachtenfaltung und eine üppigere Adelsrepräsentation. Währenddessen wurde Brandenburg vielfach von Auswärtigen verwaltet oder mitverwaltet, die sich nach Hause sehnten. Auch Österreich unter den Habsburgern und Böhmen unter den Luxemburgern hatten anfangs eine solche Phase durchgemacht. Entscheidend war, daß sie in der Mark besonders lange währte und hineindauerte in gewichtige wandlungsreiche Jahrzehnte, seit dem Ende der Askanier insgesamt gut 150 Jahre.

Das Taxbuch der kaiserlichen Kanzlei[20] stellt den krassen Gegensatz in nüchternen Zahlen vor Augen. Albrecht Achilles, der Kurfürst, war diejenige Person, die überhaupt die meisten kaiserlichen Urkunden und Briefe auf sich vereinigte (über hundert Stücke allein in drei Jahren); Brandenburg im königsfernen Norden wies eine extrem geringe Zahl solcher Gunstbeweise auf (elf). So gesehen kam es wie erwähnt in der Tat auf den Herrn, nicht auf das Land an, und wenn es schon um ein Land ging, dann war es aus guten Gründen gewiß zunächst das fränkische. Das heißt: Der Mantel des Kurfürstentums war ein gutes Stück weiter geschnitten als die schmächtige Gestalt der Mark, aber er hüllte das Land weiterhin ein – ganz ähnlich wie der Mantel des Kaisertums antik-römischer Tradition im Grunde zu weit war für die ältere deutsche Geschichte, diese Geschichte es aber ohne die Hülle dieses Mantels sehr schwer gehabt hätte, schon beim Entstehen und nicht minder beim Bestehen des Reiches.

3. Die kirchlich-bildungstechnische Dimension

Wir eilen zum dritten und letzten Punkt. Kirche und Bildung, die im Mittelalter bekanntlich stets oder sehr lange Zeit eng zusammengehörten, haben beim vergleichenden Urteil über deutsche und europäische Länder dieser Periode einen hohen Rang. Ob man in diesem Sinn eine lange oder eine kurze Geschichte von Belang hatte, wirkte sich intensiv aus. Für die Mark gilt: Erst mit der herrschaftlichen Formung seit dem 12. Jahrhundert wurde hier ein Stück Erde zum Siedlungsraum nach modernem europäischen Verständnis, indem nach und nach formende Kultur an die Stelle von wenig berührter Natur trat. Diese Formung trat spät ein im Vergleich zu anderen, westlichen und südlichen Landschaften. Diese Verspätung hatte dann auch mit anderen Verspätungen vieles zu tun.
Wir beschränken uns auf wenige Bemerkungen zu Kirchen[21] und Klöstern[22] und besprechen dann das kirchliche Bildungswesen und zwar in seiner anspruchsvollsten, die Kirche und immer deutlicher auch den „Staat" mitgestaltenden Form. Kein Raum mehr verbleibt leider, wie erwähnt, für städtische Existenz

[20] Vgl. oben Anm. 12, ebenfalls im Register.

[21] Außer wie in Anm. 2 Bruno HENNIG, Die Kirchenpolitik der älteren Hohenzollern in der Mark Brandenburg und die päpstlichen Privilegien des Jahres 1447 (Veröffentlichungen des Vereins für Geschichte der Mark Brandenburg 6, 1906); Das Bistum Brandenburg, 1 bearb. von Gustav ABB/Gottfried WENTZ, 2 bearb. von Fritz BÜNGER/Gottfried WENTZ (GS 1,1, 1929/41); Das Bistum Havelberg, bearb. von Gottfried WENTZ (GS 1,2, 1933); Herbert LUDAT, Das Lebuser Stiftsregister von 1405 (Gießener Abhandlungen zur Agrar- und Wirtschaftsforschung des europäischen Ostens 9, 1965); Peter-Michael HAHN, Kirchenschutz und Landesherrschaft in

und städtische Kultur oder auch für jüdische Existenz und Kultur. Generell ist zu sagen: Charakteristische Eigenschaften kleiner Städte haben in der Mark auch für Kirche und Bildung den Ausschlag gegeben. Berlin, die größte Stadt, wird um 1400 auf etwa 6.000 Einwohner geschätzt, kaum mehr als etwa in Wetzlar an der Lahn wohnten – in einer Reichsstadt, die in ihrem Umfeld nichts zu sagen hatte. Nürnberg oder Wien waren damals mehr als dreimal so groß, Lübeck und Danzig etwa viermal, Köln oder London siebenmal. In Florenz, Mailand und Venedig waren gegen 100.000 Menschen zu Hause, in Paris offenbar noch mehr. Die nahen Hafenplätze an der Ostsee waren – damals – nicht gleichsam der Mark vorgelagert, sondern stellten die eigentlichen städtischen Zentren der ganzen politischen Landschaft dar, Rostock und Stralsund mit jeweils über 10.000 Einwohnern, doppelt so viele wie in Berlin.

Mit der Ostsiedlung wurden die Bistümer Brandenburg und Havelberg an den namengebenden Standorten neu konstituiert, nun im Unterschied zum Altsiedelland mit Prämonstratenserkapiteln. Prämonstratenser waren Weltgeistliche, die nach einer festen Regel lebten. Es war ein recht vornehmer, überregional organisierter, vom Westen her geleiteter Orden. Dazu kam das sich aus dem polnischen Bereich herüberneigende Oder-Bistum Lebus. Andere kirchliche Bindungen der Mark kann man im Moment vernachlässigen, nicht jedoch darf man die Aussage unterlassen, daß das entscheidende kirchliche „Oberzentrum" für fast alle einschlägigen Belange Magdeburg gewesen ist, westlich und außerhalb gelegen, wie etwa vierhundert Jahre früher das nichthessische Mainz intensiv nach Hessen hineingewirkt hatte.

Zum wichtigsten frühen Orden waren die Zisterzienser geworden, besonders in Lehnin und Chorin. Die Gesamtzahl der Niederlassungen war klein. Um zu ermessen, daß dies eine vom Altsiedelland grundsätzlich verschiedene, gleichsam radikal vereinfachte Situation gewesen ist, ganz anders als etwa in Alt-Bayern, sei an das Fehlen der ältesten Schicht kirchlicher Erschließung erinnert, an die-

der Mark Brandenburg im späten 15. und frühen 16. Jahrhundert, JGMOD 28 (1979) S. 179–220; Mitteldeutsche Bistümer im Spätmittelalter, hg. von Roderich SCHMIDT (1988); Regesten der Urkunden und Aufzeichnungen im Domstiftsarchiv Brandenburg 1: 948–1487, bearb. von Wolfgang SCHÖSSLER (Veröffentlichungen des Brandenburgischen LHA Potsdam 36, 1998).

22 Außer wie in Anm. 2 Atlas zur Kirchengeschichte, hg. von Hubert JEDIN u.a., bearb. von Jochen MARTIN (1987) S. 51ff., S. 58f.; Kaspar ELM, Propugnator et defensor totius ordinis. Arnold van Monnickendam, Abt von Lehnin (1456–67) und Altenberg (1467–90), in: Vera Lex Historiae. Fs. Dietrich Kurze, hg. von Stuart JENKS u.a. (1993) S. 1–38; Kloster Chorin: Geschichte, Geist und Gegenwart (1998); Zisterziensische Wirtschaft und Kulturlandschaft, hg. von Winfried SCHICH (Studien zur Geschichte, Kunst und Kultur der Zisterzienser 3, 1998).

jenige der Benediktinerklöster und diejenige der alten Kanonikerstifte seit karolingischer und ottonischer Zeit. In ganz Bayern bestanden beispielsweise 56 Benediktinerklöster, die dem Land jene spezifische Kultur vermittelt haben, die man heute noch zu verspüren meint; Zisterzienser traten dann nur noch in die Lücken ein. In Böhmen und Mähren, die in erster Linie von Bayern aus christianisiert worden sind, vom 9. Jahrhundert an, waren es elf Benediktinerabteien. Für Hessen wäre dafür das achte Jahrhundert zu nennen, bis man dann nach Westen weiterschreitend immer tiefer ins linksrheinische Frühmittelalter hineingerät. Erst die – ökonomisch gesprochen – „Leichtgewichte" der Bettelordensniederlassungen, besonders diejenigen der Franziskaner (in der Mark 14) und der Dominikaner (in der Mark 19), die sich an die Städte wandten, schienen vom früheren 13. Jahrhundert an ein wenigstens relatives Aufholen und Gleichziehen Brandenburgs möglich zu machen. Jedoch gab es nur drei Städte in der Mark, die am Ende zwei Bettelordenskonvente nebeneinander aufwiesen: Brandenburg, Berlin-Cölln und Prenzlau.
Ein Blick auf die Geschichtskarte zeigt, daß Klöster in der Mark insgesamt wesentlich dünner gesät waren als weiter westlich und südlich und daß sich damit die Ungleichheit der Lebensverhältnisse wieder sehr augenfällig darstellt. Schon zwischen Weser und mittlerer Elbe war die Landschaft deutlich dichter besetzt als rechts der Elbe. Jenes Netzwerk von Außenbeziehungen, im Kern das Produkt des 8. Jahrhunderts, das sich beispielsweise von der Metropole Mainz über das östlich gelegene spätere Hessen ausspannte und den Personenaustausch mit der Mutterlandschaft leicht möglich machte, setzte in Brandenburg erst im 12. Jahrhundert ein. Dieser so wesentliche Teil der „Europäisierung Europas" (wenn man so sagen darf) vollzog sich damit sogar später als im südlicher gelegenen Böhmen.
Die Verlockung für den spätmittelalterlichen Landesherrn war übermächtig, in den geistlichen Institutionen Einfluß zu gewinnen und zu bewahren, hatte er doch schon an deren Gründung vielfach beträchtlichen Anteil gehabt. Dies diente der Schaffung politischer Konformität und der fürstlichen Ressourcennutzung für Personen und Sachen, auch der Abwehr fremder Interessen. Die drei brandenburgischen Bistümer haben sich nur sehr mühsam und unter großen Zugeständnissen an der Grenze zur Landsässigkeit oder schon einige Schritte darüber hinaus behaupten können. Solange die Domkanoniker ordensgebunden waren, bestand ein Hindernis. Daher war die vor der Reformation noch geglückte Aufhebung des Ordensbandes im landesherrlichen Interesse. Auch Klosterreformen sind zum Teil ähnlich „staatlich" zu beurteilen, sowie erst recht die Übernahme von Geistlichen und Ordensleuten in den herrschaftlichen Dienst. Fürstendiener

des höchsten Ranges aus diesem ganzen Milieu findet man erst im 14. Jahrhundert vor. Das spektakulärste Beispiel bietet der Lehniner Zisterzienser Dietrich von Portitz aus einer Stendaler Großbürgerfamilie, zuletzt Erzbischof von Magdeburg (gest. 1367).[23] Dietrich zählt zu dem halben Dutzend der bedeutendsten Mitarbeiter oder „Minister" Kaiser Karls IV., besonders als Finanzfachmann, und war zeitweise eine Art Generalpächter des Königreichs Böhmen (um 1360). Man möchte sehr gern wissen, woher sein Kapital stammte und wie er es gesichert oder gar verzinst hat.

Die vergleichende Frage ganz generell nach dem Heranwachsen einer fachkundigen herrschaftsnahen Elite, die der alten Adelselite mit ihrer Adelsbildung zwar weiterhin sozial und herrschaftlich nachgeordnet blieb, aber sie durch ihre Kenntnisse und Fähigkeiten ergänzte oder faktisch doch zumindest teilweise ersetzte, ist auch die Frage nach dem Weg von der Herrschaft zum Staat oder zumindest eine wichtige Teilfrage davon. Und dennoch war es an Elbe und Oder primär eine kirchliche Frage. Denn das brandenburgische 15. Jahrhundert war noch so „konservativ" beschaffen, daß Laien mit gleichartiger Ausbildung wenn überhaupt nur in verschwindend geringer Zahl zur Verfügung standen. Ganz anders verhielt sich damit schon jahrhundertelang in Südeuropa und kaum minder in Westeuropa und zaghafter, aber schon deutlich erkennbar, auch am Niederrhein. Ein Kernpunkt ist der, daß in der Mark nur wenige, wohl beängstigend wenige Pfründenpositionen in Dom- und Stiftskirchen zur Verfügung standen, die auch von solchen „staatlich" engagierten Personen hätten eingenommen werden können.

Die politische Wissenschaft des 14. Jahrhunderts und (in „konservativeren" Gegenden) auch noch des 15. Jahrhunderts war das Kirchenrecht. Man studierte es am besten in Italien und seit den siebziger Jahren des 14. Jahrhunderts (kaum schon seit 1348) in Prag, dem sich bald weitere Universitäten anschlossen, besonders nach dem Ausbruch des großen Papstschismas von 1378.[24] In der Nachbarschaft Brandenburgs waren dies in erster Linie Erfurt seit 1392, Leipzig seit 1409, Rostock seit 1419 und Greifswald seit 1456, nicht aber bestand eine Hohe Schule in einer heimischen Stadt. Dank der Arbeit von Ingrid Männl[25] wissen

23 Peter MORAW, Dietrich von Portitz, in: Lex. MA 3 (1986) Sp. 1029.

24 Die Geschichte der Universität in Europa, hg. von Walter RÜEGG 1 (1993). Jürg SCHMUTZ, Juristen für das Reich. Die deutschen Rechtsstudenten an der Universität Bologna 1265–1425. Teil 1–2 (Veröffentlichungen der Gesellschaft für Universitäts- und Wissenschaftsgeschichte 2, 2000).

25 Ingrid MÄNNL, Die gelehrten Juristen in den deutschen Territorien im späten Mittelalter (masch.-schr. Diss. Gießen 1987).

wir genauer als bei jeder anderen in diesem Text behandelten Thematik, wie die Position der Mark und ihrer Hochstifte im Vergleich zu allen anderen deutschen Fürstentümern und Hochstiften beschaffen war: im Hinblick auf die Erstnennungen, die Quantitäten, die Tätigkeitsfelder und die – vorerst nur nach akademischen Graden und Titulaturen – zu messenden Qualitäten der deutschen gelehrten Juristen.

Summarisch kann man sagen, daß die Angaben, die hier und da in diesem Versuch gemacht worden sind, in jenem vorerst am besten quantifizierbaren Bereich bestätigt werden und sich damit doch mehr oder weniger zu einem Gesamtbild zusammenschließen, dem wohl eine gewisse Plausibilität zukommt. Zuvor sollte man noch betonen, daß zuerst die nicht gut meßbare, aber vielleicht abschätzbare Position der deutschen Juristen insgesamt im Vergleich zu ihren italienischen und französischen Kollegen benannt werden muß: Der Abstand zu Lasten der Deutschen war sehr groß. Er läßt sich zeitlich formuliert eher nach Jahrhunderten als nach Generationen beziffern. Universitäten in Italien und Frankreich gab es seit dem 12. Jahrhundert oder seit 1200, und die entsprechenden französischen Kirchen waren insgesamt gesehen weitaus weniger feudalisiert als die deutschen, das heißt von Anfang an auch auf andere als Adels-, d.h. Geburtsqualifikationen ausgerichtet. In den norditalienischen Städten, die im Durchschnitt viel größer waren als die meisten deutschen Städte, war eine Laienkultur des Rechts schon im späten 12. und erst recht im 13. Jahrhundert vorhanden oder gar verbreitet.

Was sagen nun die Zahlen innerhalb Deutschlands für sich genommen aus? Die Unterschiede im Reich waren wiederum sehr groß und zwar zugunsten der Stadtkultur des Westens, Südwestens und Südens, zugunsten auch des größeren Angebots an Pfründen in denselben Gegenden und vielleicht auch schon beginnend als Ergebnis des Bedarfs einer dort (zuerst am äußeren Niederrhein) stärker verbürgerlichten und verstädterten Gesellschaft. Fast alle schriftführenden Verwaltungs„beamten" der Fürsten und des Königs waren Pfründeninhaber und genauso die meisten Professoren an den um 1500 schon recht zahlreichen, wenngleich meist kleinen deutschen Universitäten. Das Pfründenangebot von insgesamt vielleicht 1500 Kanonikerstellen an den Domstiften und von dem etwa Vierfachen bis Fünffachen an den Kollegiatstiften bildete die wichtigste Grundlage für anspruchsvolle Verwaltungs- und Geistestätigkeit im deutschen 14. und 15. Jahrhundert. Davon entfiel nur ein extrem winziger, prozentual fast nicht meßbarer Bruchteil auf die Mark, offenbar deutlich weniger, als ihrer zu vermutenden Einwohnerzahl entsprochen hätte.

Mittelalterliche Universitätsprofessoren aus Brandenburg waren Einzelgänger. Sie mögen, wenn man einmal fast unzulässig verallgemeinern darf, in anderswo schon veraltenden Sozialstrukturen aufgewachsen sein, konkret: Man war adelig. Genannt sei wenigstens der Lehrer an der Prager Juristenuniversität Nikolaus von Klitzing, damals noch „Klitzke", aus der Prignitz.[26] Sein allein Prager Studienweg war nicht die feinste Alternative, seine vielleicht untergeordnete Lehrtätigkeit an der Carolina kann nur kurz gewesen sein und ist nicht als Lebensziel aufzufassen. Im Jahr 1396 wurde er Lizentiat, 1401 war er schon Generalvikar, später Offizial des Bischofs von Brandenburg und beendete seine Laufbahn als dortiger Dompropst.

Untersuchungen, wie sie zum Beispiel für die Schlesier[27] an den Prager Universitäten vorliegen, könnten auch die märkischen Studenten an den deutschen Universitäten des 14. und 15. Jahrhunderts und an einigen ausländischen Hohen Schulen annähernd dingfest machen. Daß sich dabei Überraschungen in Richtung auf besondere Modernität ergeben würden, halten wir für sehr unwahrscheinlich. Auch den Bildungsstand zumindest des namentlich bekannten märkischen Klerus vergleichend zu untersuchen ist näherungsweise durchaus realisierbar. Wir wissen zum Beispiel, daß an den von 1368/71 bis 1419 dokumentierten beiden Prager Universitäten etwa 1100 Schlesier in der „Philosophischen" Fakultät und ungefähr 300 Landsleute die Rechtswissenschaft studiert haben, man kann sogar gewisse lokale Schwerpunkte im Land feststellen. Man könnte auch das Brandenburger und das Havelberger etwa mit dem Schweriner oder Magdeburger Domkapitel bildungstechnisch vergleichen.

Frau Männl[28] hat nach gelehrten Juristen im Dienst der deutschen Territorialherren zwischen 1250 und 1440 gesucht. Beim Bischof von Brandenburg fanden sich fünf Personen (mit dem Erstdatum 1353), beim Bischof von Havelberg zwei Personen (mit dem Erstdatum 1320) und beim Markgrafen-Kurfürsten sieben Personen (mit dem Erstdatum 1301). Die Herzöge von Mecklenburg (eine Person) und von Pommern (ohne Nachweis) – immer bis 1440 – standen dahinter deutlich zurück. Die ganze nördliche Mitte des Reiches kann man als die späteste oder allerspäteste Juristenlandschaft in ganz Deutschland bezeichnen. In der hier nicht mehr behandelten zweiten Hälfte des 15. Jahrhunderts dürfte in der

26 Peter MORAW, Die Juristenuniversität in Prag (1372–1419), verfassungs- und sozialgeschichtlich betrachtet, in: Schulen und Studium im sozialen Wandel des hohen und späten Mittelalters, hg. von Johannes FRIED (VuF 30, 1986) S. 439–486.

27 DERS., Schlesien und die mittelalterlichen Universitäten in Prag, Jb. der Schlesischen Friedrich-Wilhelms-Universität zu Breslau 34 (1993) S. 55–72.

28 Wie oben Anm. 25.

Mark ein Prozess des Aufholens und des relativen Ausgleichens eingetreten sein. Wir bieten für die Zeit davor wenige Vergleichsdaten: Der Offizial, der Chefjurist des Bischofs, trat zuerst erkennbar im deutschen Südwesten auf (Basel 1269, Chur 1273), dann im Westen (Lüttich 1279, Köln 1284), in Havelberg dagegen erstmals 1320 und in Brandenburg 1353.

In absoluten Zahlen lassen sich im genannten Zeitraum außerhalb der königstragenden Territorien mit ihren (positiven) Sonderbedingungen (also ohne Böhmen, Österreich, Bayern und Kurpfalz) aufweisen der Erzbischof von Köln mit 56 Juristen-Personen, derjenige von Mainz mit 39, der von Trier mit 35, der Bischof von Konstanz mit 32 Personen usw. Die Zahlen für die königstragenden Territorien steigen auf bis 72 (Böhmen mit den Luxemburgern), 60 (Österreich mit den Habsburgern), 34 bzw. 29 (Bayern und Kurpfalz mit den Wittelsbachern). Etwa dieselben Relationen finden sich vor, wenn man den jeweils höchsten erreichten akademischen Grad, den Rang der Studienorte und dann die Endpunkte der Karriere vergleichen würde. Bei einer anderen Untersuchung, die nur demjenigen gelehrten Personal gewidmet ist, das die deutschen Fürsten für die Reichsversammlungen von 1400 bis 1470 aufgeboten haben (ein Anteil also an der heimischen politischen Elite, den man am jeweiligen Fürstenhof als überterritorial konkurrenzfähig ansah), fand sich bis 1470 keine einzige Person aus der politischen Landschaft „Brandenburg-Mecklenburg-Pommern"; von dorther kamen auch keine entsprechend qualifizierten Diener der gleichzeitigen Könige und Kaiser.[29]

Ganz zum Schluß wird es zweckmäßig sein, an die längere Zeit vorbereitete und 1506 realisierte Gründung einer brandenburgischen Universität in Frankfurt an der Oder[30] zu erinnern. Unter vergleichender Perspektive wird man eher vorsichtig und zurückhaltend urteilen, etwas zurückhaltender als die Spezialforschung. Damals bestanden schon fünfzehn funktionierende Universitäten im Reich nördlich der Alpen, ganz abgesehen von den südalpinen. Neugründungen hatten es nach kurzem Strohfeuer im allgemeinen schwer, wenn nicht aufregende Innovationen vorlagen. Wichtiger ist die Viadrina für einen anderen Zusammenhang, als ein Hauptindiz eines neuen Zeitalters. Sie war ohne Zweifel eine Frucht des

[29] Bettina KOCH, Räte auf deutschen Reichsversammlungen. Zur Entwicklung der politischen Funktionselite im 15. Jahrhundert (Europäische Hochschulschriften 3,832, 1999).

[30] Die Oder-Universität Frankfurt. Beiträge zu ihrer Geschichte (1983); Martin KINTZINGER, Frankfurt an der Oder – eine moderne Universität?, in: Attempto – oder wie stiftet man eine Universität. Die Universitätsgründungen der sogenannten zweiten Gründungswelle im Vergleich, hg. von Sönke LORENZ (Contubernium 50, 1999).

Aufbruchs und der Beschleunigung in der staatlichen und geistigen Entwicklung Brandenburgs im letzten Drittel des 15. Jahrhunderts. Das ist eine Phase, auf die noch einmal nachdrücklich hingewiesen sei. Für sie gilt nicht mehr oder in immer geringerem Maß dasjenige, was zum Zeitalter davor, gleichsam zum „eigentlichen“ Mittelalter, hat festgestellt werden müssen. Ein zweites Motiv dieser Entfaltung, die zuerst einmal in den Rahmen des allgemeinen deutschen „Aufbruchs“ seit etwa 1470 zu stellen ist, war offenbar der Tatbestand, daß die Mark den Charakter des Nebenlandes nun hat abstreifen können und zu einem von einer eigenen fürstlichen Mitte und Räson aus formbaren oder auch schon geformten Land geworden ist. Es begann sich nun der Auswertung seiner, wenn auch weiterhin nicht erstrangigen Ressourcen intensiver zu widmen.

III

Wir kommen zum Schluß. Es heben sich nun ganz klar drei Phasen der „europäisierten“ brandenburgischen Geschichte seit dem früheren 12. Jahrhundert ab. Sie können jeweils für sich betrachtet und für sich in Deutschland und Europa vergleichend bewertet werden: Die Aufbauzeit der Askanier, die am fruchtbarsten mit dem gleichzeitigen Schicksal Meißens und Schlesiens, auch Böhmens, verglichen werden mag, dann die zweite, hier vor allem angesprochene Periode (sagen wir jetzt: eine Zeit der Krisen und des sich fortsetzenden Zurückbleibens) vom Ende der Askanier bis zum Tod Albrechts Achilles und drittens die Zeit seit etwa 1470 als neuer Aufbruch, der hier nicht mehr zur Debatte steht.

Das ist nur auf den ersten flüchtigen Blick eine dynastische Betrachtungsweise. Vielmehr sehen wir vor uns das Wirken einerseits determinierender Rahmenbedingungen aus der unwiderstehlich erscheinenden, ihre Konsequenzen gleichsam diktierenden Zivilisationsgeschichte Europas und andererseits die Leistung menschlichen Handelns wieder unter besonderen Bedingungen, hier gemäß der aristokratisch-dynastischen Vorformung der Handlungsweisen im deutschen Mittelalter. Sie liefen auf einen patriarchalischen Herrn mit Alleinherrschaftschance hinaus. Die Mark scheint schließlich eine Bühne darstellen zu wollen für kompensatorische Anstrengungen von oben – oder anders gesagt, für Anstrengungen, die unter das Gesetz von Herausforderung und Antwort gestellt waren –, wohl auch für besondere Anstrengungen. Die besondere Anstrengung wird wohl ein Hauptkennzeichen des brandenburgisch-preußischen Schicksals bleiben, bis hin zu manchen begleitenden gewaltsamen Wesenszügen. Sie scheint letztlich im Bedarf an Kompensation, im Versuch des Einholens begünstigter

Konkurrenten zu wurzeln – ein Versuch, der sich vorerst auf das binnendeutsche Mittelalter und die nahe Folgezeit bezog. Es war ein maßgeblich dynastischer Wettbewerb innerhalb des vom Rechts- und Legitimitätsdenken geprägten Alten Reiches, durchaus gebändigt noch von den Zehn Geboten.

Monika Böning

Das Kloster Sonnenkamp und seine mittelalterlichen Glasmalereien[1]

Aus der Gründungszeit des Klosters

Im Jahre 1219 gründete der Obodritenfürst Heinrich Borwin I. mit seinen Söhnen Heinrich und Nikolaus und seiner Ehefrau Adelheid zu Ehren der Gottesmutter sowie des Apostels und Evangelisten Johannes ein Jungfrauenkloster. Man soll dort, so geht aus der überlieferten Stiftungsurkunde hervor,[2] nach der Regel des Hl. Benedikt leben. Unbekannt bleibt, aus welchem Mutterkloster die Nonnen kamen.[3] Der Landesherr stattete das Kloster reich mit Ländereien aus und gab ihm auch das Dorf Parkow zum Besitz, nicht ohne zu erwähnen, daß dort das Kloster zuerst gegründet worden war.[4] Die reiche Dotierung läßt darauf schließen, daß dem Konvent neben der Sorge für die Ausbreitung des Christentums auch die Aufgabe zukam, den Interessen der Territorialherren durch Besiedlung und Rodung von gestifteten und schon bald auch von erworbenen Grundbesitz zu dienen, mithin Herrschaftsbildung und territoriale Erschließung

1 Ich widme diesen Aufsatz dem Andenken meines früh verstorbenen Studienfreundes Hans-Jürgen Rydzyck.

2 MUB 1 Nr. 254. Für Hilfe bei Übersetzung und Interpretation der Urkunden danke ich Ulrike Hohensee herzlich.

3 Die Klöster Arendsee oder auch Bergen auf Rügen wurden dafür in Anspruch genommen, vgl. Albrecht VOLKMANN, Kloster Sonnenkamp zu Neukloster in Mecklenburg, Mecklenburgische Jbb. 102 (1938) S. 46; Josef TRAEGER, St. Maria im Sonnenkamp. Ein Beitrag zur Geschichte des ehemaligen Zisterzienserinnen-Priorates Neukloster 1219–1555 ([2]1979) S. 20ff. sowie Jürgen PETERSOHN, Der südliche Ostseeraum im kirchlich-politischen Kräftespiel des Reichs, Polens und Dänemarks vom 10. bis 13. Jahrhundert (1979) S. 100 mit Anm. 11.

4 Zur Gründungsgeschichte von Sonnenkamp vgl. KGD 3 (1899) S. 445–450 sowie VOLKMANN, Sonnenkamp (wie Anm. 3) S. 44–55; Friedrich LISCH, Neukloster, Parkow und Sonnenkamp, Mecklenburgische Jbb. 33 (1868) S. 3–10 und Johann STAHLBERG, Geschichte des Kirchspiels Neukloster in Mecklenburg bis zum Ablauf des 19. Jahrhunderts (1900) S. 5ff. Zu den Klostergründungen im Bistum Schwerin vgl. auch PETERSOHN, Ostseeraum (wie Anm. 3) S. 90ff.

des Landes zu fördern.[5] Die Unterstützung des Bischofs war gewährleistet; er erweiterte und bestätigte den Besitz und machte die zweifache Aufgabe des Klosters deutlich.[6]

Nicht eindeutig läßt sich die Angliederung des Klosters an den Orden von Citeaux klären, von der in den Quellen 1254 erstmals die Rede ist. Im Hinblick auf die Glasmalereien muß jedoch unter verschiedenen Aspekten danach gefragt werden. Da die Zisterzienser als Reformorden mit strenger Disziplin das monastische Ideal der Armut und Einfachheit verwirklichen wollten, nahmen sie auch der Kunst gegenüber eine höchst asketische Haltung ein, die in Architektur und Ausstattung ihrer Kirchen sichtbar zum Ausdruck kommen sollte.[7] Darin knüpfte der Orden an die berühmte Apologia Bernhards von Clairvaux an, die dieser um 1127 für Wilhelm von St. Thierry schrieb und darin mit allem Prunk und Überfluß der Mönchskirchen scharf ins Gericht ging.[8] Unter dem Einfluß Bernhards verabschiedete das Generalkapitel eine Reihe von Vorschriften, welche die Ausstattung der Zisterzienserkirchen strengen Regelungen unterwarf. Dazu zählte insbesondere ein Farb- und Figurenverbot, das ausdrücklich auch auf die Glasmalerei angewendet wurde. *Vitreae albae fiant et sine crucibus et picturis*, so heißt es in der frühesten Statutensammlung aus der ersten Hälfte des 12. Jahrhunderts.[9] Mehrfach wurde diese Forderung wiederholt und auch darauf gedrungen, Glasmalereien, die ihr nicht entsprachen, zu entfernen. Ab 1202 erhielten die Beschlüsse eine Klausel, nach welcher die Klöster, die zunächst einem anderen Orden angehört hatten, schon vorhandene Farbverglasungen behalten durften. Inwieweit die Nonnen von Neukloster diesen Statuten verpflichtet waren, hängt davon ab, wann und in welcher Form sie sich dem Zisterzienserorden anschlossen.

5 Das geht aus den frühen Urkunden deutlich hervor, MUB 1 Nr. 254f. und Nr. 429. Zum Landesausbau im westlichen Mecklenburg vgl. Manfred HAMANN, Mecklenburgische Geschichte. Von den Anfängen bis zur Landständischen Union von 1523 (1968) S. 122ff.

6 MUB 1 Nr. 255. Eine wiederholte Bestätigung des Klosters und seiner Besitzungen erfolgte 1235, ebd. Nr. 429. Zur Echtheit der Urkunde Nr. 255 vgl. Karl SCHMALTZ, Die Begründung und Entwicklung der kirchlichen Organisation Mecklenburgs im Mittelalter, JVMGA 72 (1907) S. 168.

7 Zu Bilderverbot und Bilderreichtum im Zisterzienserorden vgl. Annegret LAABS, Malerei und Plastik im Zisterzienserorden. Zum Bildgebrauch zwischen sakralem Zeremoniell und Stiftermemoria 1250–1430 (Studien zur internationalen Architektur- und Kunstgeschichte 8, 1997) S. 10ff.

8 Sancti Bernardi Opera 3: Tractatus et opuscula, hg. von Jean LECLERCQ/H.M. ROCHAIS (1963) S. 63–108, bes. S. 95ff. Vgl. Peter DINZELBACHER, Bernhard von Clairvaux. Leben und Werk des berühmten Zisterziensers (1998) S. 81ff.

Zwar haben neuere Forschungen den außerordentlich komplexen Sachverhalt, der mit der Frage nach Inkorporation der zisterziensischen Frauenkonvente verbunden ist, genauer beleuchtet, dennoch „bietet sich das Verhältnis des Ordens zu seinen Frauenklöstern immer wieder als ein Vexierbild dar".[10] Das trifft auch für Sonnenkamp zu. Es zeigt sich, daß aufgrund der großen Anzahl von Inkorporationsanträgen in der ersten Hälfte des 13. Jahrhunderts, in die ja auch die Gründung von Sonnenkamp fällt, strengere Bedingungen zur Aufnahme von Frauenklöstern in den zisterziensischen Ordensverband gefordert wurden. Darüber hinaus erließ das Generalkapitel 1220 und erneut 1228 sowie 1251 das Verbot, weitere Frauenklöster in den Orden aufzunehmen.[11]

Aufschlußreich für Kloster Sonnenkamp ist insbesondere der Beschluß von 1228. Aus ihm geht hervor, daß von nun ab Frauenklöster zwar die Institutiones

[9] Die Beschlüsse bezüglich der Glasmalereien sind zusammengestellt bei Christopher NORTON, Table of Cistercian Legislation on Art and Architecture, in: Cistercian Art and Architecture in the British Isles, hg. von Christopher NORTON/David PARK, (1986) S. 325, S. 328, S. 344, S. 358, S. 368 und S. 378. Die Generalkapitelstatuten wurden herausgegeben von Joseph Maria CANIVEZ, Statuta capitolorum generalium Ordinis Cisterciensis ab anno 1116 ad annum 1786, 8 Bde. (1933–1941). Vgl. auch die Zusammenstellung der Bestimmungen bei Helen ZAKIN, French Cistercian Grisaille Glas (1979) S. 4ff., weiter Joseph SAUR, Der Cisterzienserorden und die deutsche Kunst des Mittelalters besonders im Hinblick auf die Generalkapitelsverordnungen, Ordo Sancti Benedicti. Studien und Mitteilungen aus dem Benediktiner- und Cistercienser-Orden 34 (1913) S. 691ff.; Hermann RÜTTIMANN, Der Bau- und Kunstbetrieb der Cistercienser unter dem Einfluß der Ordensgesetzgebung im 12. und 13. Jahrhundert (1911) S. 45.

[10] Brigitte DEGLER-SPENGLER, Zisterzienserorden und Frauenklöster. Anmerkungen zur Forschungsproblematik, in: Die Zisterzienser. Ordensleben zwischen Ideal und Wirklichkeit. Ergänzungsbd. hg. von Kaspar ELM unter Mitarbeit von Peter JORISSEN (1982) S. 213. Zum Thema vgl. weiter DIES., Die Zisterzienser und Zisterzienserinnen, die reformierten Bernhardinerinnen, die Trappisten und Trappistinnen und die Wilhelmiten in der Schweiz (Helvetia sacra 3,3, 1982) S. 507–574; DIES., Zahlreich wie die Sterne des Himmels. Zisterzienser, Dominikaner und Franziskaner vor dem Problem der Inkorporation von Frauenklöstern, Rottenburger Jb. für Kirchengeschichte 4 (1985) S. 37–50; Ernst Günther KRENIG, Mittelalterliche Frauenklöster nach den Konstitutionen von Citeaux, Analecta Sacri ordinis Cisterciensis 10 (1954) S. 1–105 und Adam WIENAND, Die Cistercienserinnen, in: Die Cistercienser. Geschichte, Geist, Kunst, hg. von Ambrosius SCHNEIDER u.a. (^{3}1986) S. 317–330 sowie Maren KUHN-REHFUS, Zisterzienserinnen in Deutschland, in: Die Zisterzienser. Ordensleben zwischen Ideal und Wirklichkeit (1980) S. 125–147.

[11] Die Beschlüsse für die Frauenklöster sind zusammengestellt und auf ihre Wirksamkeit kritisch geprüft bei DEGLER-SPENGLER, Zisterzienser in der Schweiz (wie Anm. 10) S. 521–523.

des Ordens befolgen durften, jedoch ihm gegenüber keinerlei Ansprüche hatten.[12] Nach Ausweis der Quellen scheint auch Sonnenkamp diese Möglichkeit der Ordensangliederung gewählt zu haben. Die Gründungsurkunden von 1219 legen für den Konvent die Benediktinerregel fest, die für den Zisterzienserorden verbindlich war. Darüber hinaus wird die neue Pflanzung der Autorität des Bischofs, eines Propstes und einer Priorin unterstellt. Einen Hinweis auf die Verfassung des Zisterzienserordens geben beide Urkunden nicht.[13] Gewichtig ist die oben schon erwähnte Urkunde von 1254, mit der das Generalkapitel in Citeaux dem Konvent die Gebetsgemeinschaft und die Teilhabe an allen guten Werken des Ordens gewährt.[14] Bei einer rechtlichen Zugehörigkeit zum Orden wäre ein solches Privileg völlig überflüssig gewesen. Dementsprechend ließ sich eine Inkorporation von Sonnenkamp in den Zisterzienserorden in den Statuten der Generalkapitel nicht nachweisen.[15]

Weniger eindeutig bezüglich einer rechtlich verbindlichen Inkorporation läßt sich ein päpstlicher Schutzbrief aus dem Jahre 1267 deuten.[16] Er entspricht dem großen Ordensprivileg der Zisterzienser, das jedoch als alleinige Bedingung weder hinreichend noch notwendig für einen rechtlichen Ordensanschluß ist. Da für Sonnenkamp weitere Aufnahmebedingungen – wie schriftlich fixierte Exemtion und Inkorporation – fehlen, ist das Privileg nicht ausreichend, um eine Entschei-

[12] CANIVEZ, Statuta 2 (wie Anm. 9) 1228,16; vgl. KRENIG, Frauenklöster (wie Anm. 10) S. 12f. und S. 29f. sowie DEGLER-SPENGLER, Zisterzienser in der Schweiz (wie Anm. 10) S. 540f. Mit diesen Ansprüchen waren Seelsorge und Visitation durch den Orden gemeint.

[13] MUB 1 Nr. 254f. Möglicherweise drückt sich in der Formulierung *ut sanctimonalium sub regula beati Benedicti militantium ibi collegium habeatur*, die eben auch nicht ausdrücklich einen Konvent des Benediktinerordens bezeichnet, Unschlüssigkeit bezüglich der Ordenszugehörigkeit aus. Dagegen wird 1237 in der bischöflichen Bestätigungsurkunde des mecklenburgischen Klosters Rhena die Zugehörigkeit zum Zisterzienserorden deutlich ausgesprochen: *cenobium sanctimonalium ordinis beati Benedicti in villa, que Rene dicitur*, MUB 1 Nr. 471. In den Urkunden der mecklenburgischen Zisterzienserinnenklöster Zarrenthin (Himmelspforte) und Ivenack wird der Zisterzienserorden ausdrücklich genannt, MUB 1 Nr. 612 und MUB 2 Nr. 692 sowie Nr. 691.

[14] MUB 2 Nr. 728. CANIVEZ, Statuta 2 (wie Anm. 9) 1254,41 hat das Dokument in seine Edition der Statuten übernommen. Die Identifizierung von *Novo Claustro* als Neumünster scheint ein Irrtum zu sein. Offensichtlich hatte der Konvent die Bitte um Gebetsgemeinschaft auf einem Generalkapitel in Citeaux vortragen lassen, merkwürdigerweise von einem Abt des böhmischen Klosters Welehrad in der Diözese Olmütz.

dung über Inkorporation oder Nichtinkorporation zu fällen.[17] Aus dem Schreiben geht hervor, daß die Nonnen von Sonnenkamp nach der Benediktinerregel und den Zisterzienserinstitutionen,[18] welche sie nach dem Generalkonzil angenommen hätten, lebten. Es ist sicher sinnvoll, mit dem *concilium generale* die letzte vor Ausstellung der Urkunde 1245 in Lyon tagende ökumenische Synode anzunehmen, so daß hiermit ein möglicher Terminus für eine engere Verbindung

[15] Geprüft nach der Edition von CANIVEZ (wie Anm. 9) sowie den Verzeichnissen bei Franz WINTER, Die Zisterzienser des nordöstlichen Deutschlands. Ein Beitrag zur Kirchen- und Kulturgeschichte des deutschen Mittelalters 2: Vom Auftreten der Bettelorden bis zum Ende des 13. Jahrhunderts (1871, ND 1966) S. 315–364 und Blasius HUEMER, Verzeichnis der deutschen Cistercienserinnenklöster, Studien und Mitteilungen aus dem Benediktiner- und Zisterzienserorden (1916) S. 1–47. Die seit dem Statut von 1228 schriftlich zu erfolgende Inkorporation löste offensichtlich eine Inkorporationspraxis des 12. Jahrhunderts ab, nach welcher Frauenklöster aufgrund persönlicher Beziehungen zu einer Männerzisterze, dessen Abt ihnen mündlich die Paternität zusicherte, als in den Orden aufgenommen galten. Die Ausrichtung dieser Konvente auf die Zisterzienserverfassung blieb dabei Sache des jeweiligen Abtes, die rechtliche Aufsicht jedoch lag beim Diözesanbischof. Dieser Modus galt als legitime Inkorporation und hatte noch bis in das frühe 13. Jahrhundert hinein Gültigkeit, könnte also auch für Sonnenkamp möglich gewesen sein, vgl. DEGLER-SPENGLER, Zisterzienserorden und Frauenklöster (wie Anm. 10) S. 215ff.

[16] MUB 2 Nr. 1120. Michael TANGL, Die päpstlichen Kanzleiordnungen von 1200–1500 (1894) S. 229–232. Welche Stellung dieses Privilegium commune innerhalb des Inkorporationsvorganges einnahm, wird unterschiedlich gewertet, vgl. KRENIG, Frauenklöster (wie Anm. 10) S. 18ff. und DEGLER-SPENGLER, Zisterzienser in der Schweiz (wie Anm. 10) S. 540f. und S. 544 sowie KUHN-REHFUS, Zisterzienserinnen in Deutschland (wie Anm. 10) S. 126.

[17] Dementsprechend können es inkorporierte und nicht inkorporierte Nonnenklöster besitzen. Das Privileg kann Jahre nach der Ordensaufnahme ausgestellt sein oder auch vorher. Zu den unterschiedlichen Zeitspannen zwischen Inkorporation und Privilegienerteilung vgl. KRENIG, Frauenklöster (wie Anm. 10) S. 23ff. Bemerkenswert ist allerdings, daß 1267 – übereinstimmend mit dem Ausstellungsjahr des Privilegs – der Konvent erstmals mit *Cysterciensis ordinis* bezeichnet wird, jedoch mag für diese Feststellung schon das Tragen der Zisterzienserinnentracht genügt haben. MUB 2 Nr. 1112. 1297 und 1387 wird Neukloster noch einmal mit *ordinis cisterciensis* bezeichnet, vgl. Mecklenburgische Urkunden 2: Urkunden des Klosters Neukloster, hg. von Friedrich LISCH (1841) Nr. XXXVIII und Nr. LXXXI.

[18] Nicht ganz eindeutig festgelegt ist der Begriff *institutionem Cisterciensium*, der im Ordensprivileg gebraucht wird. Offensichtlich meint er die Charta Caritatis und die Generalkapitelstatuten, vgl. Alberich ALTERMATT, Das „Patrimonium Cisterciense“, Cistercienser Chronik 93 (1986) S. 6 und S. 9 sowie DEGLER-SPENGLER, Zisterzienser in der Schweiz (wie Anm. 10) S. 510f.

zum Orden von Citeaux gewonnen ist.[19] Schon aufgrund der Urkunde von 1254 kann sie aber keine rechtlich verbindliche Inkorporation bedeutet haben. Darüber hinaus sind weder das Amt eines Pater Immediatus, das nach Ordensgepflogenheit vom Abt eines nahegelegenen Männerklosters wahrgenommen wurde, noch das Amt einer Äbtissin für Sonnenkamp nachweisbar. Beide Ämter sind aber nach der Verfassung des Ordens für ein autonomes Kloster unabdingbar.[20] Ebensowenig ließ sich in den Generalkapitelstatuten eine Inspektionsnotiz finden, mit der nach einem Aufnahmeantrag und Überprüfung der lokalen Verhältnisse über die Eingliederung entschieden worden wäre. Auch ein Eingreifen des Generalkapitels in innere Angelegenheiten des Klosters wird aus den Quellen nicht ersichtlich. Die Leitung des Konventes verblieb immer in den Händen einer Priorin und eines Propstes, sie unterlagen ausschließlich der bischöflichen Verantwortlichkeit, die in der Urkunde von 1219 festgelegt worden war. Zu Konfliktsituationen hat dieser Status offensichtlich nicht geführt.[21]

Eine regionale Ausrichtung wird auch durch die Übernahme des Patroziniums der Schweriner Diözesanheiligen St. Maria und St. Johannes – statt eines durch die zisterziensische Verfassung geforderten einfachen Marienpatroziniums[22] – bekräftigt. Die Tradition reicht zurück bis in die Zeit Heinrichs des Löwen, der 1158 zu Ehren dieser beiden Heiligen den Ratzeburger Dom ausstattete. Aufgrund des Rückbezuges auf den kaiserlichen Großvater Lothar von Supplinburg, der das Chorherrenstift in Segeberg unter das Patronat dieser Heiligengruppe ge-

19 So VOLKMANN, Sonnenkamp (wie Anm. 3) S. 45f. Solche lokalen Angelegenheiten wie Ordensaufnahmen sind in den Konzilsakten nicht einzeln genannt, vgl. Stephan KUTTNER, Die Konstitutionen des ersten Allgemeinen Konzils von Lyon, Studia et Documenta Historiae et Juris 6 (1940) S. 70–131.

20 DEGLER-SPENGLER, Zisterzienser in der Schweiz (wie Anm. 10) S. 541ff. bescheinigt dem Amt der Äbtissin große Beweiskraft für eine Inkorporation. Aber auch hier scheint es Ausnahmen gegeben zu haben, vgl. Hiltrud RISSEL, Entdeckung einer Inkorporationsurkunde für ein frühes Frauenkloster im 12. Jahrhundert, Citeaux 39 (1988) S. 51ff. Zur inneren Organisation der Frauenklöster vgl. KRENIG, Frauenklöster (wie Anm. 10) S. 22, S. 48ff. und S. 66ff.

21 Die Urkunden bestätigen das Einvernehmen zwischen Landesfürst, Bischof und der Abtei Doberan. Aufschlußreich ist auch, daß Bischof Brunward entgegen der Entscheidung des Domkapitels mit Hilfe der Mecklenburgischen Fürsten auf den Schweriner Bischofsstuhl gelangte, vgl. Wilhelm BIEREYE, Bischof Brunward von Schwerin, Mecklenburgische Jbb. 98 (1934) S. 103ff. und HAMANN, Geschichte (wie Anm. 5) S. 146. Biereye betont auch die besondere Vorliebe Brunwards für den Zisterzienserorden, weist jedoch zu Recht eine Zugehörigkeit Brunwards zum Zisterzienserorden zurück.

22 CANIVEZ, Statuta 1 (wie Anm. 9) XVIII.

stellt hatte, wird die Bevorzugung dieses Weihetitels durch den Sachsenherzog als politisch motivierte Kultförderung verstanden.[23] Im Hinblick auf die kritische Wahl Brunwards zum Bischof von Schwerin könnte man deshalb fragen, ob das Patrozinium von Sonnenkamp nicht auch ein Ausdruck für Legitimation und Stabilisierung von Machtverhältnissen sein sollte. Daß die Bestrebungen des Löwenherzogs nach kirchenpolitischer Unabhängigkeit in den Slawenländern im Bewußtsein der neuen Machthaber durchaus noch präsent waren, entnehmen wir der Bestätigungsurkunde des Bischofs, die den Hinweis enthält, Herzog Heinrich habe das Schweriner Bistum eingerichtet.[24]

Andererseits erinnert die Bezeichnung des Klosters mit dem Namen Sonnenkamp an eine im Zisterzienserorden übliche Tradition, die Klöster nicht entsprechend des Weihetitels zu nennen, sondern nach der Landschaft, in der sie errichtet wurden, oder ihnen Namen zu geben, die mit dem Gründungsanlaß in Beziehung standen.[25]

Die Zusammenschau der Fakten und Quellen ergibt, daß eine Inkorporation von Sonnenkamp in den Zisterzienserorden, die mit strengster Einhaltung zisterziensischer Gesetzgebung verbunden gewesen wäre, nicht erfolgt ist. Mit der freiwilligen Zugehörigkeit zum Zisterzienserorden entfallen aber die Visitationspflicht eines Vaterabtes und die alljährliche Anwesenheit auf dem Generalkapitel in Citeaux, zwei entscheidende Kontrollorgane zur Einhaltung von Ordensbeschlüssen. So lag es letzlich im eigenen Ermessen des Konventes, wie der Kirchenbau und seine Ausstattung gestaltet wurden. Wie wir sehen werden, durchdringen sich dabei zisterziensische Gewohnheiten mit Ansprüchen fürstlicher Herrschaftsträger.

23 PETERSOHN, Ostseeraum (wie Anm. 3) S. 56 und S. 97ff.

24 MUB 1 Nr. 255. Zur Machtstellung Heinrichs des Löwen im slawischen Territorium vgl. PETERSOHN, Ostseeraum (wie Anm. 3) S. 58ff. sowie DERS., Die Kirchenpolitik Heinrichs des Löwen in der sächsischen Slawenmark, in: Heinrich der Löwe und seine Zeit. Herrschaft und Repräsentation der Welfen 1125–1235. Kat. der Ausst. Braunschweig. 2: Essays, hg. von Jochen LUCKHARDT/Franz NIEHOFF (1995) S. 144–148.

25 RÜTTIMANN, Bau- und Kunstbetrieb (wie Anm. 9) S. 22. Lokalforscher führten den Namen, den schon die Erstgründung trug, auf den nahegelegenen Berg zurück, vgl. LISCH, Parkow (wie Anm. 4) S. 3ff. Ein Beispiel dafür ist die Gründungslegende des Klosters Marienstern, vgl. Siegfried SEIFERT, Die Geschichte des Klosters St. Marienstern 1248–1998. Ein Überblick, in: 750 Jahre Kloster St. Marienstern, Fs. (1998) S. 57. WINTER (wie Anm. 15) 1: Bis zum Auftreten der Bettelorden (1868, ND 1966) passim, erklärt häufig diese Namen bei Neugründungen.

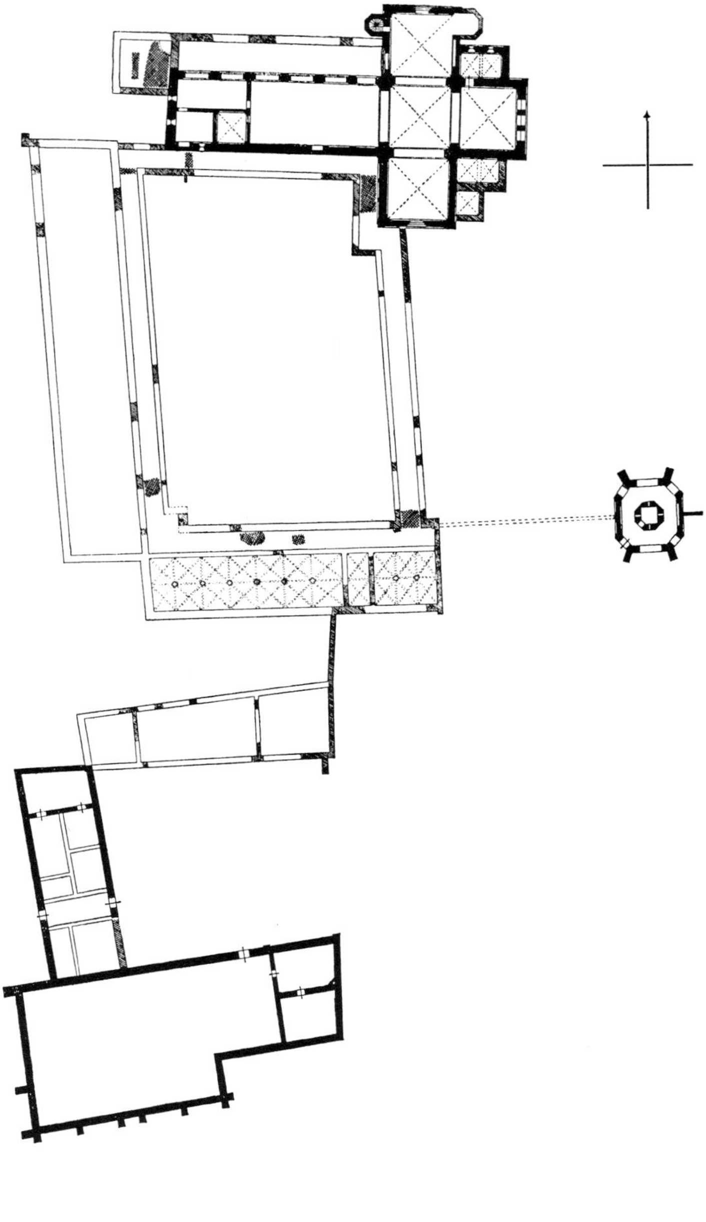

Abbildung 1
Rekonstruktionsplan Kloster Sonnenkamp nach Volkmann

Die ursprüngliche Gestalt der Klosterkirche, die durch Grabungs- und Baubefunde rekonstruiert werden konnte,[26] läßt sich als eine kreuzförmige Basilika mit allerdings nur einem nördlichen Seitenschiff beschreiben, da sich unmittelbar an die Südseite der Kirche der Kreuzgang anlehnte (s. Abb. 1). Chor und Querhaus im Osten waren flach geschlossen. Im Winkel zwischen ihnen lag nördlich und südlich je eine rechteckige, zweijochige Kapelle; die nördliche, wohl als Sakristei dienende ist heute noch erhalten, die südliche durch spitzbogige Blendnischen bezeugt. Zwei weitere äußere Querhausanbauten konnten rekonstruiert werden, im Norden eine wahrscheinlich spätgotische, gewölbte Grabkapelle mit polygonalem Ostabschluß, im Süden ein quadratischer, einjochiger Bau, dessen zeitliche Stellung ungeklärt ist.[27] Die Langschiffswände sind auf jeder Seite von acht schmalen, leicht spitzbogigen Fenstern durchbrochen. Chor- und Querschiffswände haben paarweise angeordnete Fenster, während Ost- und Westwand durch eine Dreifenstergruppe hervorgehoben werden. Ihre Blendbögen werden von Konsolen abgefangen. Eingangsportale befinden sich in beiden Querhäusern.

Das Äußere der Kirche ist vor allem durch die vier Giebel in Form eines gleichseitigen Dreiecks geprägt.[28] Geschmückt sind sie mit Opus spicatum, Rundbogenfriesen, paßförmigen Blenden und Stabwerk. Weiterer Bauschmuck beschränkt sich auf Ecklisenen, einen die gesamte Außenmauer umlaufenden Rundbogenfries auf unterschiedlich ausgebildeten Konsolen und ein einfach profiliertes Dachgesims.

Im Inneren der Kirche wird das achtjochige Langhaus durch eine Flachdecke geschlossen,[29] während Chor und Querhaus über quadratischem Grundriß gewölbt sind. Volkmann nimmt für die unterschiedliche Deckenkonstruktion eine Bauunterbrechung und Planänderung um 1227 an, veranlaßt durch den Tod des Stifters

[26] Sie wurden 1938 durch VOLKMANN, Sonnenkamp (wie Anm. 3) in seiner Greifswalder Dissertation vorgelegt. Ihr sind meine Ausführungen zur Baubeschreibung und Baugeschichte weitgehend verpflichtet, hier finden sich auch zahlreiche Abb. zum Folgenden. Der Backsteinbau der Kirche ist nur rudimentär erhalten geblieben. Er erstreckt sich heute mit einschiffigem Langhaus, östlichem Querhaus und Chor sowie einer nördlichen Kapelle im Winkel zwischen ihnen über kreuzförmigem Grundriß. Vgl. auch KGD 3 (1899) S. 450ff. sowie TRAEGER, St. Maria im Sonnenkamp (wie Anm. 3) mit zahlreichen Abb.

[27] VOLKMANN, Sonnenkamp (wie Anm. 3) S. 108 äußert die Vermutung, daß diese südliche Kapelle erst Ende des 13. Jahrhunderts entstanden sein könnte, da sie nicht der Situation am nördlichen Querhaus entsprach, gibt jedoch einer ursprünglichen Konzeption den Vorrang.

[28] Der Westgiebel ist im 19. Jahrhundert erneuert worden.

[29] In ihrer heutigen Gestalt geht sie auf eine Erneuerung des 19. Jahrhunderts zurück.

Heinrich Borwin, der seine beiden Söhne überlebt hatte und unmündige Enkel hinterließ.[30] Beim Weiterbau wurde auf die Wölbung des Langhauses verzichtet. Die Vollendung des Kirchenbaues kurz vor 1240 begründet Volkmann mit einer möglichen Weihe im Jahre 1236 und mit den Glasmalereien, von denen er annimmt, daß sie wegen einer Darstellung der Hl. Elisabeth nicht vor deren Heiligsprechung im Jahre 1235 und wegen zisterziensischer Kunstverbote, denen der Konvent bei Ordensanschluß unterlag, nicht nach 1245 entstanden sein können.

Die überlieferten Urkunden lassen jedenfalls vermuten, daß unmittelbar nach der Stiftung im Jahre 1219 mit dem Bau der Kirche und Klausur begonnen wurde.[31] Zu diesem Zeitpunkt war offensichtlich ein Konvent eingerichtet, der vermutlich schon Besitz verwaltete und dessen Propst namentlich genannt wird.[32] Der Ortswechsel legt nahe, daß man sich die Klostergebäude in Parkow kaum als monumentale und steinerne Architektur vorstellen darf, so daß auch die Notwendigkeit eines raschen Baues gegeben war. Und in der Tat wird Campus solis bereits 1222 als Versammlungsort genutzt.[33] Man muß zumindestens erwägen, daß zu diesem Zeitpunkt einige Klausurgebäude fertiggestellt waren. 1231 wird der Verkauf eines Dorfes nicht wie bei den bisherigen Handlungen auf das Kloster, sondern auf die *ecclesia nostra* bezogen.[34] Eine Priorin wird erstmals genannt und die Urkunde mit dem Konventssiegel bestätigt, das wegen der ausdrücklichen Erwähnung hier wohl tatsächlich zum ersten Mal benutzt wird. In einer nicht ganz sicher auf 1233 datierten Urkunde kommen dann auch die geistlichen Handlungen dieser Klostergemeinschaft (*tocius ecclesie*) zur Sprache: Die Nonnen nehmen den Lübecker Bürger Bernhard von Uelzen und seine Frau in ihre Gebetsgemeinschaft auf. Die innere Klosterstruktur wird differenzierter darge-

30 Der Tod des Fürsten ist belegt in: MUB 1 Nr. 336, vgl. auch KGD 4 (1901) S. 349.

31 Von den mittelalterlichen Klausurgebäuden ist heute nichts mehr erhalten, VOLKMANN, Sonnenkamp (wie Anm. 3) S. 104 und S.113ff. konnte sie jedoch aufgrund seiner Grabungsbefunde weitgehend rekonstruieren.

32 LISCH, Parkow (wie Anm. 4) S. 5f. sowie KGD 3 (1899) S. 447. Alvericus wird als erster Propst (1219–1230) von Sonnenkamp bezeichnet (MUB 1 Nr. 254f.). Fraglich muß allerdings bleiben, ob er auch schon in der Parkower Niederlassung gewirkt hat. In zwei Urkunden von 1218 (MUB 1 Nr. 239 und Nr. 244) tritt ein Propst Alvericus als Zeuge auf, sein Amt bleibt jedoch ohne Ortsbestimmung.

33 MUB 1 Nr. 282. Anlaß war die Stiftung des Antoniushospitals in Tempzin durch Fürst Heinrich Borwin.

34 Ebd. Nr. 387. Damit muß nicht notwendig ein Kirchenbau gemeint sein, der Wortlaut läßt sich eher im Sinne eines funktionierenden Konventes innerhalb der Schweriner Kirche respektive des Bistums interpretieren.

stellt, Propst, Priorin und deren Stellvertreterin, *Adelheidys suppriorissa*, werden genannt.[35] 1235 kann das Kloster beachtliche Siedlungserfolge aufweisen und zahlreiche neugegründete Dörfer sein eigen nennen, woraufhin der Bischof Kloster und Besitz bestätigt und dem Konvent den Zehnten überläßt.[36] Ein Jahr später finden sich in Sonnenkamp eine große Anzahl weltlicher und geistlicher Würdenträger ein. Der Grund für diese Versammlung war der schwerin-kamminische Kirchenstreit, über den zuvor schon in Warin verhandelt worden war.[37] Es ist durchaus möglich, daß man sich jetzt zu den Verhandlungen in Neukloster traf, um gleichzeitig die Weihe von Kloster und Kirche vorzunehmen, die weitgehend fertiggestellt gewesen sein dürften.[38]

Gewiß wird man den Grundriß und den geplanten Gewölbebau als singulär bezeichnen können. Die mecklenburgischen Kirchen dieser Zeit bieten ein ganz anderes Erscheinungsbild: Massiver Westturm, an den sich das einschiffige rechteckige Langhaus und ein eingezogener, häufig auch gewölbter Chor anschließen.[39] Das 1232 in unmittelbarer Nachbarschaft von Sonnenkamp gegründete Zisterzienser-Nonnenkloster Rühn[40] beschränkt seinen Kirchenbau ganz im Sinne asketischer Kunstvorstellungen des Ordens auf einen einzigen langgestreckten Raum ohne Gewölbe, wie überhaupt die rechteckige einschiffige Saalkirche ein bevorzugter Typ für die meistens sehr schlichten Zisterzienser-Nonnenkirchen wurde.[41] Man wird daher nicht fehlgehen, die großzügige Gesamtanlage der Klosterkirche mit dem Anspruch zweier mächtiger Stifter, des fürstlichen Landesherren und des zuständigen Bischofs, zu verbinden. Ein deutliches Zeichen dafür ist, daß die kreuzförmige Querhausbasilika im – ursprünglich geplanten – gebundenen System einen Bautypus rezipiert, der den ersten Anlagen der Bischofskirchen in Lübeck, Ratzeburg und wahrscheinlich auch Schwerin

35 Ebd. Nr. 412.

36 Ebd. Nr. 429.

37 Vgl. BIEREYE, Bischof Brunward von Schwerin (wie Anm. 21) S. 123ff.

38 MUB 1 Nr. 458. Vgl. VOLKMANN, Sonnenkamp (wie Anm. 3) S. 167. Eine Weihe der Ostteile im Jahre 1227, die Gerd BAIER, Deutsche Kunstdenkmäler. Ein Bildhandbuch. Mecklenburg-Vorpommern (²1992) S. 428 erwähnt, ist nicht nachweisbar, ebenso nicht die von Verena FRIEDRICH, Neukloster. St. Maria im Sonnenkamp (PEDA-Kunstführer 89, 1993) S. 5 genannte Altarweihe im Jahre 1236.

39 Horst ENDE, Dorfkirchen in Mecklenburg (⁴1985) S. 9ff., mit zahlreichen Abb.

40 KGD 4 (1901) S. 78ff.

41 Ernst COESTER, Die Cistercienserinnenkirchen des 12. bis 14. Jahrhunderts, in: Die Cistercienser (wie Anm. 10) S. 340 sowie S. 351ff. Ein Grund dafür ist, daß die Saalkirche die beste Möglichkeit zur Integration der Nonnenempore bot, vgl. VOLKMANN, Sonnenkamp (wie Anm. 3) S. 67f.

zugrunde lag.[42] Kein geringerer als Heinrich der Löwe war Initiator, Stifter und Förderer dieser Bauten gewesen. Für die Vermutung, daß sich der slawische Fürst Heinrich Borwin in einer Traditionslinie mit dem Sachsenherzog sah, mag man bedenken, daß er in erster Ehe mit Mathilde von Braunschweig, einer Tochter Heinrichs des Löwen, verheiratet war.[43] Jenseits rein formaler architektonischer Ableitungsversuche[44] erkennt man in dem einstmals slawischen Territorium ein historisches Umfeld, in welchem sich die Aneignung neuer Formen der Repräsentation vollzog.

Größten Einfluß auf die Klosterkirche – so Volkmann – hat die Baukunst Westfalens ausgeübt, von der letztlich auch eine ordensspezifische Determinante überlagert wird.[45] Das trifft vor allem für die Grundrißdisposition zu. Mit den flach geschlossenen, kreuzförmig angelegten Ostteilen der basilikalen Klosterkirche steht der Grundriß in reduzierter Form dem sogenannten Bernhardinischen Plan nahe.[46] Fallen – wie in Neukloster – außer einem Seitenschiff, das stets von einem Kreuzgangflügel eingenommen wird, noch die in Mönchskirchen übliche und liturgisch notwendige Vielzahl von Querhauskapellen bis auf nördlich und südlich je eine fort, so liegt ein „Reduktionstyp vor, der offenbar für Nonnenkirchen legitim war".[47] Er stellt die einfachste Form des Zisterzienserchores dar, wie ihn schon der 1138/1143 gegründete Mönchskonvent in Mariental bei Helmstedt für seinen ersten Kirchenbau in Anspruch nahm.[48] Ver-

[42] Zu diesen Kirchen, die sämtlich in der zweiten Hälfte des 12. Jahrhunderts entstanden sind, vgl. Gerd BAIER, Der Dom zu Schwerin. Großer Kunstführer (1994) S. 6ff.; Lutz WILDE, Der Dom zu Lübeck (Große Baudenkmäler 348, 1985) S. 5f. und Heinz-Dietrich GROSS, Dom und Domhof Ratzeburg ([4]1989), jeweils mit Abb. Vgl. auch Hans Josef BOEKER, Die mittelalterliche Backsteinarchitektur Norddeutschlands (1988) S. 15ff.

[43] Vgl. HAMANN, Geschichte (wie Anm. 5) S. 92.

[44] Die künstlerischen Verbindungen zum Ratzeburger Dom hat VOLKMANN, Sonnenkamp (wie Anm. 3) S. 135–186, bes. S. 158ff. näher beschrieben.

[45] Vor allem die westfälische Zisterzienser-Mönchskirche Marienfeld (erbaut von 1202–1220) mit ihrem einschiffigen, kreuzförmigen Grundriß sowie nördlich und südlich je drei Querhauskapellen, hat hier eine Vermittlerrolle gespielt, vgl. Kreis Warendorf. Bearb. von Karl HÖLKER. Mit geschichtlichen Einleitungen von Rudolf SCHULZE (Bau- und Kunstdenkmäler von Westfalen 42, 1936) S. 206ff. sowie COESTER, Cistercienserinnenkirchen (wie Anm. 41) S. 350ff. mit Anm. 17b. VOLKMANN, Sonnenkamp (wie Anm. 3) S. 146ff. und S. 171 schränkt jedoch die Abhängigkeit von zisterziensischen Bautraditionen ein. Er argumentiert, daß die nördliche Ostkapelle Zugang zum Chor hat und nicht im Sinne der zisterziensischen Choranlage mit dem Querhaus in Verbindung steht und daß die Nonnen sich erst nach Fertigstellung des Kirchenbaues 1245 dem Zisterzienserorden angeschlossen haben. Vgl. dagegen BOEKER, Backsteinarchitektur (wie Anm. 42) S. 47.

mittelt wurde den Bauherren von Neukloster diese Grundrißdisposition höchstwahrscheinlich durch die benachbarte Abtei Doberan, deren erste, 1232 geweihte Kirche als eine nur im Chor gewölbte romanische Pfeilerbasilika mit kreuzförmiger Querschiffanlage rekonstruiert werden konnte.[49] Der Fund von Formsteinen, die nur der ersten Doberaner Kirche angehören können und Fundstücken in Neukloster teilweise sehr genau gleichen, machen die Möglichkeit wahrscheinlich, daß dem Orden angehörende Bauleute zwischen Doberan und Neukloster ausgetauscht wurden.[50]
Zisterziensische Bautraditionen spiegeln sich in der portallosen Westfassade, die mit drei Lanzettenfenstern gestaltet ist,[51] ebenso wie in den viel zitierten Abkragungen, die – sicher im weitesten Sinne verstanden – in Form der von Konsolen

46 Geographisch geht sein nördlichstes Vorkommen mit der um 1185 geweihten Klosterkirche im schwedischen Alvastra (1142 von Clairvaux übernommen) noch weit über Mecklenburg hinaus. Karl-Heinz ESSER, Über den Kirchenbau des Hl. Bernhard von Clairveaux, Archiv für mittelrheinische Kirchengeschichte 5 (1953) S. 203; Wolfgang BICKEL, Die Kunst der Cistercienser, in: Die Cistercienser (wie Anm. 10) S. 214ff. Ulrich SCHRÖDER, Architektur der Zisterzienser, in: Ordensleben (wie Anm. 10) S. 316f. und Hanno HAHN, Die frühe Kirchenbaukunst der Zisterzienser (1957) S. 97ff. und S. 214ff. Zur Kritik einer Typus-Perfektion bezüglich des Bernhardinischen Planes vgl. Josef Adolf SCHMOLL GEN. EISENWERTH, Zisterzienser-Romanik. Kritische Gedanken zur jüngsten Literatur, in: Epochengrenzen und Kontinuität. Studien zur Kunstgeschichte, hg. von W. NERDINGER/Dietrich SCHUBERT (1985) S. 31–46.

47 COESTER, Cistercienserinnenkirchen (wie Anm. 41) S. 350f.

48 Die Bau- und Kunstdenkmäler des Kreises Helmstedt, bearb. von Paul Jonas MEIER (Die Bau- und Kunstdenkmäler des Herzogthums Braunschweig 1, 1896) S. 131ff.; VOLKMANN, Sonnenkamp (wie Anm. 3) S. 171; vgl. weiter Christiane SEGERS-GLOCKE, Mariental zwischen zisterziensischem Vorbild und lokaler Bautradition, in: Das Zisterzienserkloster Mariental bei Helmstedt: 1138–1988 (1988) S. 21–33, die aufgrund der Baudaten für die Chorlösung eher den Einfluß lokaler Bautradition vermutet.

49 In der Gründungsurkunde (MUB 1 Nr. 254) treten der Abt, der *cellerarius* und *camerarius* aus Doberan als Zeugen auf. Wie diese urkundliche Präsenz des Doberaner Konventes nahelegt, hat er von Anfang an den Nonnen von Sonnenkamp zisterziensische Gewohnheiten vermittelt. Zum Vorgängerbau in Doberan vgl. Adolf Friedrich LORENZ, Zisterzienser-Kloster Doberan (Das christliche Denkmal 12, 1965) S. 2ff.

50 In den Doberaner Urkunden werden für die Jahre 1257, 1282 und 1298 (MUB 1 Nr. 550; MUB 2 Nr. 793; MUB 3 Nr. 1618 und MUB 4 Nr. 2512) Angehörige des Zisterzienserordens als *magister operis* bezeichnet. Vgl. auch RÜTTIMANN, Bau- und Kunstbetrieb (wie Anm. 9) S. 25f. sowie VOLKMANN, Sonnenkamp (wie Anm. 3) S. 148.

51 BICKEL, Kunst der Cistercienser (wie Anm. 46) S. 193ff.

abgefangenen Fensterblendbögen auch in Neukloster eingesetzt werden.[52] Die Turmlosigkeit folgt der entsprechenden Vorschrift für Zisterzienserkirchen. Noch weitere für den Zisterzienserorden charakteristische Tendenzen sind am Kirchenbau von Neukloster akzentuiert. Dazu gehört die Anwendung geometrischer Methoden wie etwa das gleichseitige Dreieck der Giebel und ein System von Quadraten für den Grundriß, mathematisch aufgeteilte Proportionen sowie die Verwendung einfacher Maßverhältnisse.[53] Die Konzentration darauf bewirkt die harmonische Gestalt und die eindrucksvolle Monumentalität, die der Kirchenbau trotz seines unvollständigen Erhaltungszustandes bis heute bewahrt hat. Das Zusammenspiel von regionaler und zisterziensischer Bindung wurde auch bei anderen Zisterzienserkirchen in den Kolonisationsgebieten wirksam.[54] Ordensfremde Zielsetzungen wie Herrschaftsbildung und Landesausbau, bestimmt durch die Einflußnahme der Stifter, vermischen sich mit der programmatischen Strenge und Einfachheit, die zu den Forderungen gehört, auf die der Orden von seinem Ursprung an gegründet ist.[55]

Die Glasmalereien aus der Erbauungszeit der Klosterkirche

Voranzuschicken ist, daß die Neukloster-Scheiben nicht vor mutwilliger Zerstörung, schädlichen atmosphärischen Umwelteinflüssen, historistischer Überarbeitung und falscher Restaurierung bewahrt geblieben sind, so daß wir mit den monumentalen Standfiguren der Hll. Elisabeth, Maria Magdalena, Katharina, den Aposteln Matthias und Matthäus sowie einer kleinen Rundscheibe mit dem Kopf des Propheten Daniel und mit fünf noch nachweisbaren Ornamentmustern nur das Fragment einer ehemals viel umfangreicheren Verglasung vor Augen haben. Der Archivrat Friedrich Lisch, seit 1852 auch offiziell erster Konservator der historischen Kunstdenkmäler,[56] berichtet 1838 erstmals überhaupt von den

[52] Zu den Abkragungen vgl. HAHN, Kirchenbaukunst (wie Anm. 46) S. 113 und S. 257ff. sowie Heinrich MAGIRIUS, Die Baugeschichte des Klosters Altzella (1962) S. 63.

[53] VOLKMANN, Sonnenkamp (wie Anm. 3) S. 96 und S. 163; RÜTTIMANN, Bau- und Kunstbetrieb (wie Anm. 9) S. 37f. sowie SCHRÖDER, Architektur (wie Anm. 46) S. 315 und HAHN, Kirchenbaukunst (wie Anm. 46) S. 74ff.

[54] Exemplarisch dafür wird stets die Choriner Klosterkirche, Grablege der johanneischen Askanier, herangezogen, vgl. Bernd NICOLAI, Donatio magnifica. Chorin und die Zisterzienserarchitektur in Brandenburg, Brandenburgische Denkmalpflege 3 (1994) H. 2 S. 24ff. mit weiteren Literaturangaben.

[55] CANIVEZ, Statuta 3 (wie Anm. 9) 1297, 1.

[56] Die Erforschung und Erhaltung mecklenburgischer Kunstdenkmäler wurde entscheidend durch Lisch gefördert, vgl. Ulrich HERMANNS, Mittelalterliche Stadtkirchen Mecklenburgs. Denkmalpflege und Bauwesen im 19. Jahrhundert (1996) S. 68ff.

Scheiben. Er sah in der „ganzen nördlichen Seite des Schiffes in jedem der schmalen Fenster eine Heiligengestalt in Lebensgröße".[57] Eine Bauzeichnung von 1854 gibt diesen Standort ebenfalls wieder, zeigt jedoch das östliche Fenster vermauert (s. Abb. 2).

Abbildung 2

Viele Jahre nach seiner Inspektionsreise, im Sommer des Jahres 1854, konnte Lisch die dringend notwendige Restaurierung der Scheiben durch den Glasmaler Ernst Gillmeister bewirken.[58] Darauf gehen geringfügige Ergänzungen in den Gewändern der Figuren, umfangreichere dagegen in den Ornamentfeldern zurück.[59] Leider gingen in den Wirren des Zweiten Weltkrieges durch mechanische

57 Friedrich LISCH, Reisebericht des Herrn Archivars Lisch zu Schwerin, JVMGA 3 (1838) S. 143. Offensichtlich waren zu diesem Zeitpunkt noch acht Standfiguren vorhanden gewesen.

58 Zu Gillmeister vgl. Eva MAHN, Deutsche Glasmalerei der Romantik 1790–1850 (masch.-schr. Diss. Leipzig 1990) S. 172ff.; Monika BÖNING, in: Glasmalerei des 19. Jahrhunderts in Deutschland, Kat. der Ausst. Angermuseum Erfurt (1994), Nr. 53–56 sowie Elgin VAASSEN, Bilder auf Glas. Glasgemälde zwischen 1780 und 1870 (1997) S. 133ff. Die Restaurierungsakten befinden sich im Schweriner Archiv des Oberkirchenrates, Akte Nr. 20, Bauarbeiten der Kirche zu Neukloster 1813-1867 sowie im LHA Schwerin, Akt Dominalamt Warin.

59 Heinz MANSFELD/Walter OHLE, Die Instandsetzung der mittelalterlichen Glasmalereien in Neukloster, in: Denkmalpflege in Mecklenburg, Jb. 1951/52, S. 173–189. Ein graphisches Schema, das die Ergänzungen wiedergibt, findet sich nach S. 186.

Zerstörung der Kopf der Hl. Katharina und der untere Teil der Matthiasfigur verloren. Nach einer im Jahre 1950 erfolgten Instandsetzung erhielten die Scheiben ihren heutigen Standort in den drei östlichen Chorfenstern.[60] Die Glasmalereien zeigen ein typisches Schadensbild: Das Schwarzlot ist grau verwittert, die Glassubstanz durch kleine mehr oder minder tief eingefressene Krater geschädigt, auf der Innen- und Außenseite der Scheiben haben sich flächenhaft Korrosionsprodukte abgelagert. Die spezifische Korrosionserscheinung der Verbräunung hat weitgehend die Transparenz gemindert und zu einer erheblichen Farbverschiebung geführt.[61]

Die Ornamentscheiben

Der Vorschrift entsprechend, daß die Fenster weiß, ohne Kreuze und ohne Bilder sein sollen, entwickelte sich im Zisterzienserorden eine eigene Verglasungsform, das farblose Ornamentfenster, die Grisaille.[62] Aus dieser Vorschrift heraus und einem daraus resultierenden traditionellen Verglasungstyp für die Ordenskirchen sind gewiß auch die Ornamentscheiben in Neukloster zu verstehen. In ihrer nicht streng monochromen, sondern vielfach mit Farbgläsern durchsetzten Erscheinung unterlaufen sie jedoch das Farbverbot, wie auch die Heiligenfiguren das Bilderverbot ignorieren.[63] Inwieweit sich auch darin ein Spannungsverhältnis zwischen den konservativen Vorstellungen eines Reformordens und den Ansprüchen sich gerade erst etablierender weltlicher und geistlicher Herrschaftsinhaber zu erkennen gibt, können wir nicht sagen, da keinerlei Hinweise

60 Eine Farbabb. mit Standort und Zusammensetzung in heutiger Form bei FRIEDRICH, Neukloster (wie Anm. 38) Rückseite des Umschlags.

61 MANSFELD/OHLE, Instandsetzung (wie Anm. 59) S. 179ff. Vgl. Wolfgang MÜLLER, Versuche zur Wiederherstellung stark gedunkelter mittelalterlicher Gläser, in: Arbeitsheft 32, Bayerisches Landesamt für Denkmalpflege (1985) S. 80–81 sowie DERS., Gefährdung, in: Glasmalereien aus acht Jahrhunderten. Meisterwerke in Deutschland, Österreich und der Schweiz – ihre Gefährdung und Erhaltung, hg. von der BBAW (1997) S. 185ff.

62 Schon mehrfach waren Genese, Entwicklung und Verbreitung von Ornamentverglasungen – auch im Hinblick auf Zisterzienserfenster – Gegenstand der Forschung gewesen, vgl. Merridith Parsons LILLICH, Recent Scholarship concerning Cistercian windows, in: Studiosorum speculum. Studies in honour of Louis J. Lekai, O. Cist., (Cistercian Studies Series 41, 1993) S. 233–263. Wir können uns daher ausschließlich auf die Neukloster-Scheiben beschränken.

63 Daß die Vorschriften auf inkorporierte Frauenkonvente weniger streng angewendet wurden und Farbverglasungen darin eine Begründung finden, ist kaum vorstellbar, vgl. ebd. S. 243. Da sehr viele Frauenkonvente nach dem gleichen Modus wie Sonnenkamp organisiert waren, werden die Gründe eher darin zu suchen sein.

auf Stiftungen der Glasmalereien überliefert sind.[64] Man kann ohnehin nicht im strengen Sinne von einem Verstoß gegen die Verordnungen sprechen, da der Konvent rechtlich verbindlich nicht zum Ordensverband gehörte.[65] Zudem konnte er sich – eine Entstehung der Glasmalereien vor 1245 vorausgesetzt – auf die schon oben erwähnte Toleranzklausel berufen, die mit den Wiederholungen aus den Jahren 1220, 1237, 1240 und 1257 relevant war.

Die Ornamentscheiben in Neukloster lassen sich auf zwei Grundtypen, das abstrakte Flechtband und die Kombination von geometrischen und pflanzlichen Motiven, zurückführen. Von dem Flechtbandmuster haben sich noch zwei verschiedene Exemplare erhalten. Auf einem schraffierten Hintergrund sind gleich große Kreise so angeordnet, daß in jedem Kreismittelpunkt vier Kreise zusammenstoßen (s. Abb. 3). Über dieses aufgemalte Muster ist eine diagonal verlaufende Verbleiung in Form eines Quadratrasters gelegt.[66] Dadurch entsteht eine Zerteilung des Gesamtornamentes in eine Folge gleicher Ornamenteinheiten. Man kann das Muster also zweifach lesen, als Gewebe aus einander sich durchdringender Kreise und als Abfolge einzelner in sich geschlossener Motive.

Das zweite Muster ist ähnlich lesbar (s. Abb. 4 auf Tafel 2). Abgewinkelte Geraden bilden hier Achtecke, wiederum sich durchdringend und als Rapport verlaufend. Ein Quadratraster aus Bleistegen schneidet aus dem Ornamentnetz selbständig wirkende Formen aus, so daß die Achtecke für das Auge kaum erkennbar sind.

[64] Selbst für inkorporierte Klöster läßt sich immer wieder nachweisen, daß die Reglementierungen für Kunstwerke bei Stiftungen nicht eingehalten wurden, was offensichtlich vom Orden toleriert wurde. Allerdings gibt es auch Beispiele dafür, daß der Orden bei Stiftungen auf der Einhaltung der Vorschriften bestand. Lediglich Grabdenkmäler königlicher Personen waren davon ausgenommen, vgl. RÜTTIMANN, Bau- und Kunstbetrieb (wie Anm. 9) S. 44.

[65] Daher ist auch die Wertung der Heiligengestalten als ältestes Zeugnis figürlicher Glasmalerei in einer Zisterzienserkirche nicht angebracht, vgl. Rüdiger BECKSMANN, Deutsche Glasmalerei des Mittelalters. Voraussetzungen, Entwicklungen, Zusammenhänge (1995) Nr. 13. Seit der zweiten Hälfte des 13. Jahrhunderts scheinen sich die Bestimmungen zu lockern, da zunehmend Kunstwerke in Zisterzienserkirchen vorzufinden sind, vgl. RÜTTIMANN, Bau- und Kunstbetrieb (wie Anm. 9) S. 56. Desweiteren Friedrich KOBLER, Mittelalterliche Werke der bildenden Künste im Kloster Seligenthal, in: Ordensleben (wie Anm. 10) S. 379–393. Neuerdings auch LAABS, Malerei und Plastik (wie Anm. 7) S. 10–13.

[66] Zum Folgenden vgl. Eva FRODL-KRAFT, „Das Flechtwerk“ der frühen Zisterzienser. Versuch einer Ableitung, Wiener Jb. für Kunstgeschichte 20 (1965) S. 7–20, mit Abb. der genannten Scheiben.

Abbildung 3
Fragment einer Flechtwerkscheibe, Museum Schwerin

In dem Spiel mit wechselnden Lesarten liegt der Reiz dieser aus einfachsten geometrischen Elementen gebildeten Ornamentmuster. Die Aufteilung in mehrere geometrische Formen, die so ineinandergreifen, daß nur der Eindruck einer durchlaufenden Bandverschlingung entsteht, hat Frodl-Kraft in prägnanter Analyse als Pseudoflechtwerk bezeichnet und darauf hingewiesen, daß es sich aus der islamischen Ornamentik herleitet, deren Kenntnis sicher durch die Kreuzzüge nach Europa vermittelt wurde.

Die etwas starre und schematische Geometrisierung weist die Muster innerhalb der Entwicklung zisterziensischer Flechtwerkfenster nicht in die erste, sondern in eine jüngere Phase. Dafür spricht auch, daß es sich nicht um eine Blankverglasung handelt, sondern für die Muster die Schwarzlotzeichnung eingesetzt wird.[67] In Deutschland zählen zu dieser jüngeren Entwicklungsstufe Scheiben aus den Zisterzienserkirchen Marienstatt und Haina und aus der Deutschordens- und Grabeskirche der Hl. Elisabeth in Marburg. Sie sind um 1230/1240 entstanden und mit der Verglasung in Haina noch kurz nach 1250 bezeugt.

Diese rein geometrischen Muster dürften bis weit in das 12. Jahrhundert in die Anfänge des Ordens zurückgereicht haben, um die Mitte des 13. Jahrhunderts erscheinen sie eher altertümlich. Inwieweit sie genuin zisterziensisch sind, ob Anregungen aus der Zeit vor Ordensgründung aufgenommen wurden, etwa durch die langobardische und karolingische Flechtwerkornamentik, ist nicht geklärt. In jedem Falle kommt dem Zisterzienserorden ein großer Anteil an der Verbreitung solcher Grisaillemuster zu. Die Signatur eines Lupuldus Frater auf einer Flechtwerkscheibe in Haina belegt die ordenseigene Kontinuität, die sicher auch und vor allem bei so leicht übertragbaren streng geometrischen Formen durch Musterbücher gewährleistet wurde.[68] Im Hinblick auf die benachbarte Abtei Dobe-

67 In der Frühzeit des Ordens entstanden dagegen reine Blankverglasungen, d.h. unbemalte, nur durch das Bleinetz geformte Ornamente. Die wenigen ältesten noch erhaltenen Beispiele datieren aus dem Ende des 12. Jahrhunderts und sind in Frankreich (z.B. Pontigny), in Spanien (Santes Creus), Deutschland (Eberbach und Marienstatt) und Österreich (Heiligenkreuz) vertreten, vgl. Heinrich OIDTMANN, Die rheinischen Glasmalereien vom 12. bis zum 16. Jahrhundert 1 (1912) S. 128ff. Vgl. auch Hans WENTZEL, Die Glasmalerei der Zisterzienser in Deutschland, Bulletin des relations artistiques France-Allemagne (Sonderheft 1951) o.S. sowie ZAKIN, Cistercian Grisaille (wie Anm. 9) S. 19ff.

68 Ein Beispiel ist das bekannte Musterbuch aus der österreichischen Zisterze Rein, vgl. FRODL-KRAFT, Flechtwerk (wie Anm. 66) S. 10 und Hartmut SCHOLZ, Glasmalerei der Zisterzienser am Beispiel Marienstatt, in: Die Klosterkirche Marienstatt, hg. vom Landesamt für Denkmalpflege Rheinland-Pfalz (Denkmalpflege in Rheinland-Pfalz, Forschungsberichte 4, 1999) S. 86. Ordenseigene Werkstätten scheint es auch im Kloster Hude gegeben zu haben, vgl. RÜTTIMANN, Bau- und Kunstbetrieb (wie Anm. 9) S. 48.

ran kann man vermuten, daß auch in Sonnenkamp beide Möglichkeiten zur Verfügung standen. So macht die Ornamentverglasung gewiß eine Bindung Neuklosters an die Traditionen des Zisterzienserordens sichtbar, muß aber unter diesem Aspekt nicht notwendig ein Datierungskriterium sein.[69] Zum einen haben wir dargelegt, daß die Nonnen von Neukloster von Anfang an unter dem Einfluß des Zisterzienserordens standen, so daß ihnen dieser Verglasungstyp sehr wohl vor 1245 vermittelt worden sein kann. Zum anderen wurde auf eine der frühesten Grisailleverglasungen in der Benediktinerkirche Saint-Serge in Angers, um 1210/1220 entstanden, hingewiesen sowie auf das Fragment einer allerdings farbigen Flechtbandscheibe aus dem Benediktinerkloster Alpirsbach, die möglicherweise noch vor dem Farb- und Bilderverbot des Zisterzienserordens diesen Ornamenttypus bezeugt.[70]

Der geometrisch vegetabile Typus[71] ist in drei Exemplaren erhalten, eines davon jedoch nur als kleines Fragment, so daß sich sein Muster nicht mehr komplettieren läßt.[72] Auf einem schraffierten Grund entfalten sich in horizontaler Abfolge zentral angeordnete und in farbigen Kreisen eingeschlossene Palmettenblätter (s. Abb. 5 auf Tafel 2). Die Mitte wird durch grüne Rosetten betont. Die geometrische Wirkung des Palmettenmotivs wird verstärkt durch farbige Perlbänder,

69 Für BECKSMANN, Glasmalerei (wie Anm. 65) Nr. 13 ist das abstrakte Flechtbandmuster so typisch zisterziensisch, daß es nicht in einer Benediktinerkirche entstanden sein kann, sondern erst nach 1245, der engeren Bindung Sonnenkamps an den Zisterzienserorden.

70 Zu den Scheiben in Angers vgl. The Year 1200. A Centennial Exhibition at The Metropolitan Museum of Art (1970) 1 Nr. 216; Brigitte LYMANT, Die mittelalterlichen Glasmalereien der ehemaligen Zisterzienserkirche Altenberg (1979) S. 45 und Les vitraux du Centre et des Pays de la Loire (CVMA France, Recensement 2, 1981) S. 295ff. Weiter SCHOLZ, Marienstatt (wie Anm. 68) S. 89. Madeline H. CAVINESS, The Twelfth-Century Ornamental Windows of Saint Remi in Reims, in: Paintings on Glass: Studies in Romanesque and Gothic Monumental Art (1997) S. 179ff. hat darauf hingewiesen, daß sich in prächtig wirkenden farbigen Ornamentfenstern, die jedoch keinen Sinngehalt vermitteln, eine spezifisch benediktinische Möglichkeit künstlerischer Askese ausdrücken könnte.

71 Die Bezeichnung ist der Arbeit von LYMANT, Altenberg (wie Anm. 70) S. 46 entnommen. Lymant unterscheidet davon einen sogenannten vegetabilen Typus, bei dem pflanzliche und geometrische Ornamente nicht in zwei getrennten Systemen verlaufen, sondern sich zu einer Einheit verbinden, d.h. stilisierte Pflanzen bilden abstrakte Figurationen.

72 Es befindet sich im Schweriner Museum. Allem Anschein nach ist das Muster durch eine leider auch nur sehr bruchstückhaft überkommene Scheibe aus der Chorverglasung, die Gillmeister 1862 nach den mittelalterlichen Vorbildern angefertigt hatte, überliefert. Sie kann erst nach Sicherung bearbeitet und fotografiert werden.

die in Form eines auf die Spitze gestellten Quadrates ein zweites Ornamentsystem bilden.
Das vegetabile Ornament des zweiten Musters (s. Abb. 6 auf Tafel 2) besteht ebenfalls aus symmetrisch angeordneten Palmettenblättern, die sich polypenartig um einen kleinen, den Randborten angelegten Halbkreis winden. Sie lassen den schraffierten Hintergrund nur noch wenig in Erscheinung treten. Kaum gebändigt wird diese dynamischere Ausbreitung des Palmettenmotivs durch das darübergelegte geometrische System, das aus Rhomben mit konkav eingezogenen Seiten besteht. Die konkaven Seiten bilden ihrerseits eine weitere geometrische Form, nämlich Halbkreise, die jene kleinen überfangen. Farbig akzentuiert sind die jeweiligen Mittelpunkte der einzelnen Formen.
Charakteristisch für die beschriebenen Muster ist ein kompliziertes System von Über- und Unterschneidungen und der vielfältige Einsatz farbiger Gläser, der einer allgemeinen Entwicklung innerhalb der Grisailleverglasungen seit dem Beginn des 13. Jahrhunderts folgt.
In immer neuen Varianten hat sich der geometrisch-vegetabile Typus in einer unübersehbaren Anzahl europäischer Verglasungen durchgesetzt. Die Neukloster-Scheiben gehören im deutschen Bereich zu den frühesten Beispielen.[73] Eigentümlich ist ihnen die Blattform der stilisierten Palmette. Das Motiv diente nicht der Abbildung einer bestimmten botanischen Gattung, sondern wurde als allgemeingültige Chiffre für jede beliebige Pflanze gebraucht. Von natürlichen Formen entfernt es sich durch eine streng symmetrische Anordnung der Blätter, durch Geometrisierung und durch ornamentale Bereicherung, wenn nämlich die Blätter mit Schmuckbändern zusammengehalten und einzelne Blattrippen mit Perlmustern belegt sind. Zwar gehört die stilisierte Palmette zum Ornamentkanon des Zisterzienserordens, dessen Stilempfinden die verschleiert-vegetabile Ausprägung sehr entgegenkam.[74] Gleichermaßen wird sie in allen Kunstgattungen staufischer Zeit geradezu ein ornamentales Leitmotiv. Außerordentlich weit verbreitet nimmt sie in Form von Randborten, mit denen auch die Neukloster-Scheiben gerahmt sind, im Bereich der Glasmalerei einen festen Platz ein und

73 LYMANT, Altenberg (wie Anm. 70) S. 56f.

74 Vgl. Ellen J. BEER, Zur Buchmalerei der Zisterzienser im oberdeutschen Gebiet im 12. und 13. Jahrhundert, in: Bau- und Bildkunst im Spiegel internationaler Forschung. Fs. zum 80. Geburtstag von Prof. Dr. Edgar Lehmann, hg. vom Institut für Denkmalpflege der DDR (1989) S. 72–87 sowie Nigel F. PALMER, Die Anfänge der Handschriftenbibliothek: 1136–1221, in: Zisterzienser und ihre Bücher. Die mittelalterliche Bibliotheksgeschichte von Kloster Eberbach im Rheingau unter besonderer Berücksichtigung der in Oxford und London aufbewahrten Handschriften (1998) S. 55ff. ebenfalls mit zahlreichen Abb.

bezeugt noch bis weit in die zweite Hälfte des 13. Jahrhunderts neben gotischen, natürlichen Pflanzenformen ein Ornament romanischer Grundhaltung.[75] Gewissermaßen wurden also in Neukloster die Randborten auf den Fensterspiegel übertragen. Ein Blick auf die Abb. 6 (auf Tafel 2) und Abb. 9f. (auf Tafel 1) macht diesen Zusammenhang evident. Die Muster des geometrisch-vegetabilen Typus lösen sich also kaum aus dem Gesamtkomplex romanischer Ornamentik heraus und bleiben wohl deshalb innerhalb ornamentaler Verglasungen eine Sonderform. Sie scheinen aber dennoch nicht ganz unbeteiligt an der nachfolgenden Entwicklung hin zu botanisch bestimmbaren Blattformen gewesen zu sein. Denn eine Scheibe aus der Zisterzienserkirche Schulpforta zeigt ein Ornament mit der gleichen geometrischen Figuration wie unser zweites Beispiel, gefüllt mit immer noch stilisierten und ornamentalen Blättern, die aber als naturnah erkennbar werden.[76]

Verschiedene Möglichkeiten der Kombination von Figuren- und Ornamentscheiben haben sich vor allem in Frankreich seit dem Ende des 12. Jahrhunderts herausgebildet.[77] Die Einbettung der Figuren in Ornamentscheiben, wie es die Zeichnung von 1854 erkennen läßt (s. Abb. 2), ist im deutschsprachigen Raum gänzlich innovativ.[78] Genauer zeigt ein Vorkriegsfoto, daß die Standfigur jeweils die Mitte der einbahnigen Fenster einnimmt, begrenzt von je zwei Ornamentscheiben. Mit dieser bandförmigen, zentralen Anordnung der Figuren scheinen wir auf einen Vorläufer des wohl folgenreichsten Typus kompositer Verglasun-

[75] Vergleichbar gibt es das Palmettenornament noch in einer Scheibe der Marburger Elisabethkirche, Chor nIII, Abb. bei Monika BIERSCHENK, Glasmalereien der Elisabethkirche in Marburg. Die figürlichen Fenster um 1240 (1991) Abb. 61. Vgl. auch LYMANT, Altenberg (wie Anm. 70) S. 52. Einen Musterkatalog mit Palmettenborten bieten die Verglasungen der Kölner Kunibertkirche, vgl. OIDTMANN, Glasmalereien (wie Anm. 67) S. 72ff. und diejenigen des Straßburger Münsters, Fridtjof ZSCHOKKE, Die Romanischen Glasgemälde des Straßburger Münsters (1942) S. 107ff. Ein spätes Beispiel ist die Randborte einer Scheibe aus dem ehemaligen Benediktinerkloster Weißenburg im Elsaß, um 1280, Abb. 17 bei SCHOLZ, Marienstatt (wie Anm. 68). Zu den Randborten vgl. Eva FRODL-KRAFT, Das Margaretenfenster in Ardagger. Studien zur österreichischen Malerei in der 1. Hälfte des 13. Jahrhunderts, Wiener Jb. für Kunstgeschichte 16 (1954) S. 21ff.

[76] Die Glasmalereien in Schulpforta sind zwischen 1251 und 1268 entstanden, vgl. Edgar LEHMANN, Die Grisaille-Glasmalereien aus Schulpforta, Österreichische Zs. für Kunst- und Denkmalpflege 40 (1986) S. 135–142, Abb. 148. Noch einen Schritt weiter entwickelt kommt das Ornament in nIII, 2a vor, ebd. Abb. 147. Vgl. auch Hartmut SCHOLZ, Ornamentverglasungen der Hochgotik, in: Himmelslicht. Europäische Glasmalerei im Jahrhundert des Kölner Dombaus (1248–1349), Kat. der Ausst. (1999) Nr. 18.1–2.

[77] Ebd. S. 52ff.

gen zu treffen, den der sogenannten „band-windows“. Die Inkunabel des voll ausgebildeten Typus hat sich im Chor der Kathedrale von Tours aus den fünfziger Jahren des 13. Jahrhunderts erhalten. Lillich hat ihre Entstehung auf eine Verglasungspraxis kleinerer Kirchen und Kapellen in der Normandie zurückgeführt, aber auch in der Pariser Glasmalerei fand man zuvor zu dieser Lösung.[79] Die Gründe für die Entscheidung zu einer kompositen Verglasung sind sicher nicht nur im Streben nach Einfachheit im Sinne des zisterziensischen Ideals zu suchen. Schon mehrfach hat man auf das Zusammenspiel von Glasmalerei und Architektur hingewiesen, spiegelt sich doch in den unterschiedlichen Möglichkeiten kompositer Verglasungen ein Experimentieren, um der Entwicklung gotischer Architektur Rechnung zu tragen. Denn zum einen konnte nur ein ausreichend helles Raumlicht die filigranen Architekturschöpfungen zur Geltung bringen. Zum anderen waren die kompositionellen Möglichkeiten der Glasmalerei durch die vielteiligen schmalen und in beträchtlicher Höhe angebrachten Maßwerkfenster eingeschränkt.[80] Zwar bleibt der Kirchenbau in Neukloster romanischen Traditionen verpflichtet. Der massive Wandabschnitt zwischen den gedrungenen Arkadenbögen und den Fenstern, die tief in den Mauerkern eingeschnitten sind, hat nichts mit einem gotischen Skelettbau zu tun, für dessen Obergaden ja die „band-windows“ charakteristisch wurden. Aber die extrem schmalen und hochsitzenden Fenster eigneten sich nicht für figurenreiche kleinteilige Szenen, so daß mit der aus Standfiguren und Ornamenten kombinierten Verglasung ideologische und ästhetische Vorstellungen eine befriedigende Lösung fanden.

78 Diese Anordnung, die zudem noch durch die umlaufenden Randborten bezeugt wird, setzt die Einheitlichkeit der gesamten Verglasung voraus. Da noch eine spitzbogige Scheibe mit mittelalterlichen Ornamentgläsern erhalten ist, dazu mehrere Ornamentscheiben, deren untere Ecken durch Rosetten betont sind, ist ein ursprünglicher oberer und unterer Fensterabschluß durch Ornamentscheiben belegt.

79 Meredith Parsons LILLICH, The Band Window: A theory of Origin and Development, Gesta 9 (1970) S. 26–33 sowie DIES., The Armor of Light, Stained Glass in Western France 1250–1325 (1994) S. 63f. und S. 68f. Für die englischen Beispiele vgl. Richard MARKS, Stained Glass in England during the Middle Ages (1993) S. 124ff. und S. 148ff.

80 Über den Zusammenhang von Architektur und Glasmalerei vgl. Louis GRODECKI, Le vitrail et l’architecture au XIIe et au XIIIe siècle, Gazette des Beaux-arts 36 (1949) S. 4–24 sowie jüngst Peter KURMANN, „Architektur in Architektur“: der gläserne Bauriß der Gotik, in: Himmelslicht (wie Anm. 76) S. 36f.

Zur Ikonographie der Standfiguren

Apostel- und Prophetenfiguren haben seit den Anfängen der Glasmalerei zu deren Ausstattungsprogrammen gehört. Auch ihre typologische Gegenüberstellung im Sinne der Concordia veteris et novi Testamenti ist seit frühester Zeit bekannt.[81] Allerdings bleibt die Einordnung der singulären Rundscheibe mit dem Brustbild des Propheten Daniel in ein ikonographisches Programm gänzlich im Bereich der Spekulation (s. Abb. 7 auf Tafel 1). Da die Proportionen und die hieratische Gestaltung sowie die Gewandung mit den anderen Figuren vergleichbar sind, liegt es nahe, daß auch der Prophet ursprünglich in das Ensemble der Standfiguren gehört hat. Seine Anpassung daran geht so weit, daß er ein in Prophetenzyklen unübliches Buch statt eines traditionellen Schriftbandes mit seiner namentlichen Bezeichnung oder einer seiner Prophezeihungen in den Händen hält.[82] Bereits 1854, also vor der Restaurierung durch Gillmeister, ist in den Bauakten von einem kleinen Brustbild die Rede, so daß die Scheibe vor dieser Zeit zu der runden Form umgearbeitet wurde.[83] Anderenfalls müßte eine ursprünglich runde Scheibe in einem mit Rundmedaillons gegliederten Fenster gesessen haben. Aufgrund der schmalen Lanzetten von ca. 78 cm Breite und einem Scheibendurchmesser von knapp 50 cm kommt eigentlich nur eine Komposition übereinanderliegender Kreise in Frage, die – analog der anderen Fenster – von einer Palmettenborte gerahmt wurde.

Die beiden Apostel Matthias und Matthäus sind wenig differenziert und ohne persönlichen Ausdruck dargestellt (Abb. 8 und 9 auf Tafel 1). Ihre Kleidung scheint in Unterkleid, Tunika und Mantelpallium geteilt zu sein. Fraglich ist, ob damit eine Bedeutung, etwa als priesterliche Gewandung, verbunden ist[84] oder

81 Vgl. Artikel Propheten, in: LCI 3 (1971) Sp. 461f.

82 Beispielsweise die Propheten in der Chorverglasung der Zisterzienserkirche Heiligenkreuz in Österreich, vgl. Eva FRODL-KRAFT, Die mittelalterlichen Glasgemälde in Niederösterreich, 1: Albrechtsberg bis Klosterneuburg (CVMA Österreich 2, 1972) S. 125 ff. und Abb. 407ff.

83 Die nachträgliche Bearbeitung legt auch die starke Überschneidung des runden Rahmens durch den Nimbus nahe. Die einzelnen Glasstücke sind jedoch ausschließlich mittelalterlich.

84 Üblich für die Aposteltracht sind Tunika und Mantelpallium, vgl. Joseph BRAUN, Tracht und Attribute der Heiligen in der Deutschen Kunst (³1988) Sp. 783f. Die Dreiteilung der Gewänder trägt auch der Prophet Amos in der Chorverglasung der Stiftskirche Heiligenkreuz, sie soll auf sein Priesteramt hinweisen, vgl. FRODL-KRAFT, Niederösterreich (wie Anm. 82) S. 132. Als priesterlicher Dienst ist ja auch das Apostelamt zu verstehen, vgl. Karl Hermann SCHELKLE, Apostel (Apostelamt), in: LThK 1 (²1957) Sp. 735f.

ob der Glasmaler hier seine Vorlage mißverstanden hat. Letzteres liegt nahe, da sich diese Gewandung stereotyp bei der Magdalenenfigur wiederholt und zudem der Verlauf der Gewänder nicht eindeutig nachvollziehbar ist. Ein individuelles Attribut ist den Aposteln nicht beigegeben, obwohl bereits seit dem letzten Viertel des 12. Jahrhunderts spezifische Apostelattribute nachweisbar sind.[85] Buch und Schriftrolle, die sie in der rechten Hand halten, weisen die Jünger seit altchristlicher Zeit als die von Jesus autorisierten Verkünder des Evangeliums aus und können jedem Apostel beigegeben sein. Die traditionelle Barfüßigkeit bezieht sich auf das Herrenwort bei der Aussendung der Zwölf.[86]
In leichter Schrittstellung nach rechts, der Kopfdrehung und Blickrichtung entsprechen, präsentiert sich Matthäus. Die linke Hand hat er mit nach außen gekehrter Fläche und abgespreiztem Daumen vor der Brust erhoben, eine seit der Antike geläufige, vieldeutige, aber längst stereotyp gewordene Geste, die ganz allgemein Würde und Feierlichkeit ausdrücken soll.[87] Das lange Haar fällt über die Schultern herab, ein großer Nimbus ist mit seinem Namen beschriftet.
In fast identischer Weise ist Matthias dargestellt.[88] Aus seiner frontalen Haltung heraus dreht der Apostel den Kopf leicht zur linken Seite. Sein Nimbus ist mit Blattformen verziert, darüber steht sein Name. Die Bärtigkeit trägt wenig zu einer Individualisierung bei, sein Gesichtstypus hat sich demjenigen des Matthäus gegenüber kaum verändert. Zwar wird der Evangelist häufig als reifer Mann oder Greis charakterisiert,[89] jedoch ist ihm der Bart nicht notwendig eigen. Bartlose und bärtige Aposteltypen können aus rein kompositionellen Gründen abwechselnd dargestellt sein, und zudem kann fast jeder Apostel bärtig wie unbärtig erscheinen.[90]

85 Vgl. Richard HAMANN-MACLEAN, Der Dreikönigenschrein im Kölner Dom, Kölner Domblatt (1971) S. 67ff.

86 Matth. 10, 10.

87 Zu dieser Geste, die in spätromanischer Kunst besonders häufig anzutreffen ist, vgl. Franz RADEMACHER, Die Gustorfer Chorschranken. Das Hauptwerk der romanischen Kölner Plastik (1975) S. 133ff. Auf zeichnerische Unsicherheiten deuten die falsch gesehenen Fingerkuppen hin.

88 Ausgehend von der Einförmigkeit der Gewandung aller Figuren wird der 1950 ergänzte Unterkörper dem Original entsprechen. Ergänzungen von 1865: ein Scherben im Nimbus, der rechte Unterarm, ein Gewandstück unter dem linken Arm, die Halsborte des Untergewandes.

89 Als Greis beispielsweise im Codex Vaticanus Rossianus 181 aus dem Erfurter Peterskloster, vgl. Beate BRAUN-NIEHR, Der Codex Vaticanus Rossianus 181. Studien zur Erfurter Buchmalerei (1996) S. 47ff., Abb. 19.

90 Dazu RADEMACHER, Chorschranken (wie Anm. 87) S. 134. Vgl. auch HAMANN-MACLEAN, Dreikönigenschrein (wie Anm. 85) S. 65.

Nicht immer trifft man sie in ihrer Zwölfzahl an, so daß wir auch für Neukloster eine ursprüngliche Wiedergabe des gesamten Apostelkollegs nur vermuten können. Matthäus wäre jedoch außerhalb der Zwölfergruppe sicher durch das Evangelistensymbol gekennzeichnet. Bezeugt ist seine Verehrung im Kloster Sonnenkamp – allerdings erst 1399 – auch durch Reliquien.[91]
Matthias wurde erst nach der Himmelfahrt Christi durch das Los an Stelle des Verräters Judas zum Jünger ernannt.[92] Aus der Zwölfzahl des Kollegiums wird er noch bis in das 13. Jahrhundert hinein von Paulus verdrängt, dessen Apostelamt gleichermaßen nicht durch den Herrn selbst, sondern durch urkirchliche Anerkennung autorisiert wurde. Auch Einzeldarstellungen des Matthias sind selten, so daß möglicherweise sein Bild in den Glasmalereien auf eine unbekannte Tradition der Matthias-Verehrung zurückgeht.[93]
Die Würde der Apostel in der Kirche ist seit patristischer Zeit festgelegt. Ihnen werden die Grundlagen christlichen Lebens wie das Neue Testament und das Apostolische Glaubensbekenntnis zugeschrieben, die Ordnungen kirchlicher Gemeinschaft auf sie zurückgeführt. Nicht nur die liturgischen Texte zu den Apostelfesten, sondern auch Legenden, mit denen zahlreiche Kirchen ihre Gründung durch einen Apostel sichern wollten, drücken diesen hohen Rang aus.[94] Der Zisterzienserorden trägt ihm Rechnung, indem er den Gedenktag der Apostel als ‚festum duplex‘ begeht.[95] Vor allem gelten sie als Säulen, die den Bau der Kirche tragen, der ein Symbol für die lebendige Ecclesia ist.[96] In allen Kunstgattungen läßt sich ein breiter Strom von Aposteldarstellungen dieses Inhaltes verfolgen, monumental meistens durch einen Skulpturenzyklus innerhalb des Kirchenraumes, vornehmlich des Chores, zum Ausdruck gebracht. Da das Back-

[91] MUB 23 Nr. 13493.

[92] Act. 1, 15–26.

[93] Hauptsächlicher Kultort des Apostels war Trier, da dort um die Mitte des 11. Jahrhunderts seine Reliquien aufgefunden sein sollen. Die Überführung von Teilreliquien nach Goslar ließ auch hier eine spezielle Matthias-Verehrung entstehen. Vgl. Richard A. LIPSIUS, Die apokryphen Apostelgeschichten und Apostellegenden 2,2 (1884, ND 1976) S. 258ff.; Richard LAUFNER, Matthiasverehrung im Mittelalter, Trierer Theologische Zs. 70 (1961) S. 355–360 sowie Michael MATHEUS, Matthias, Apostel, in: Lex. MA 6 (1993) Sp. 401 und Josef ENGEMANN, Matthias, Apostel, Ikonographie, in: ebd. Sp. 401f.

[94] Johannes QUASTEN, Kirchenordnungen, in: LThK 6 ([2]1961) Sp. 238ff. sowie LIPSIUS, Apostelgeschichten (wie Anm. 93) S. 141.

[95] Bernardus KAUL, De Kalendario Cisterciensi eiusque revisione instituenda, Analecta sacri ordinis cisterciensis 5 (1949) S. 14f. sowie Gregor MÜLLER, Zur Geschichte unseres Breviers, Cistercienser Chronik 29 (1917) S. 103f., vgl. auch das Kalendarium S. 106ff.

steinmaterial kaum Möglichkeiten zu skulpturaler Ausstattung der Klosterkirche bot, können die Glasmalereien gleichsam als Vertreter von Statuen gelten. Ihr Standort über der Nonnenempore, die ja gewissermaßen einem Chorbereich der Kleriker und Mönche entspricht, ist daher eine Sonderform charakteristischer Chorausstattung mit Apostelzyklen an Chorpfeilern und Chorschranken.[97] Zweifellos sahen die Nonnen in den Aposteln auch ein Vorbild für ein religiöses Leben, das sie hinter den Klostermauern zu verwirklichen suchten. Denn die ‚vita apostolica' war innerhalb der religiösen Bewegung des 12. und 13. Jahrhunderts zum Ideal nicht nur des Mönchtums, sondern auch zahlreicher religiöser Laiengruppen geworden.[98] Ein Leben nach dem Vorbild der Apostel schloß vor allem die drei evangelischen Räte Armut, Ehelosigkeit und Gehorsam ein. Insbesondere wird die Tugend der Keuschheit, die im Stand der Ehelosigkeit und Jungfräulichkeit ihren Ausdruck findet, mit den Aposteln in Verbindung gebracht, und stets galt Johannes darin als vorbildhaft.[99] Der Apostelberufung durch Christus zugrundegelegt und dadurch auch zum Inhalt der das ganze Mittelalter hindurch vorherrschenden Idee von der Imitatio Christi geworden, wird die Jungfräulichkeit nicht nur in den kanonischen Schriften der Apostel immer wieder betont und empfohlen,[100] sondern auch häufig in ihren apokryph überlieferten Lebensgeschichten thematisiert. Aus den Matthäuslegenden gelangte die Geschichte von der Königstochter Iphigenie, die als gottgeweihte Jungfrau dem äthiopischen König Hirtakus die Ehe verweigert und darin von Matthäus unter-

96 Vgl. Günter BANDMANN, Mittelalterliche Architektur als Bedeutungsträger (^{7}1981) S. 64ff. sowie Adolf KATZENELLENBOGEN, Apostel, in: Reallexikon zur deutschen Kunstgeschichte 1 (1937) Sp. 821, vgl. auch die Analyse derartiger Apostelzyklen bei Folkhard CREMER, Die St. Nikolaus- und Heiligblut-Kirche zu Wilsnack 1383–1552. Eine Einordnung ihrer Bauformen in die Kirchenarchitektur zwischen Verden und Chorin, Doberan und Meißen im Spiegel bischöflicher und landesherrlicher Auseinandersetzung (Beiträge zur Kunstwissenschaft 63,1/2, 1996) S. 231ff.

97 Vgl. ebd. S. 237 mit Anm. 71, wo der Apostelzyklus an der Nonnenempore in der Klosterkirche zu Ebstorf in diesem Zusammenhang gesehen wird.

98 Vgl. Herbert GRUNDMANN, Religiöse Bewegungen im Mittelalter (^{4}1977) S. 13ff.

99 Matthäus BERNARDS, Speculum Virginum. Geistigkeit und Seelenleben der Frau im Hochmittelalter (1982) S. 63ff.

100 So die Perikope bei den Synoptikern von der Gleichsetzung des jungfräulichen Lebens mit dem Leben der Engel oder die Aussage in der Offenbarung des Johannes (14, 4), daß die Jungfrauen dem Lamm folgen, wohin es geht. Es ist der Apostel Paulus, der das früheste weibliche Heiligenideal, das der Jungfräulichkeit, aufgestellt hat (1. Cor. 7, 25–34). Mit dem Gleichnis von den Klugen und Törichten Jungfrauen hat das Thema bei Matthäus (25, 1–13) seinen schönsten Ausdruck gefunden. Bereits patristische Exegese brachte die Perikope mit dem Stand der gottgeweihten Jungfrauen in Verbindung, vgl. ebd. S. 44 und S. 70ff.

stützt wird, besonders gern in die narrativen Bildzyklen.[101] Und gewiß darf man in der Tugend der Keuschheit ein Motiv für das zeitgenössische Brauchtum erkennen, nach welchem sich fromme Frauen mittels des Auslosungsverfahrens einen Apostel als Schutzpatron erwählten.[102]

In diesen Rahmen fügen sich die Glasmalereien mit den Heiligengestalten der Katharina, Maria Magdalena und Elisabeth ein. Wie der um 1100 entstandene Jungfrauenspiegel bezeugt,[103] wurde im späteren Mittelalter die Keuschheit vornehmlich als frauliche Tugend herausgestellt und vor allem durch zisterziensische Spiritualität zur mystischen Brautschaft vertieft,[104] eine Vorstellung, die in Nonnenklöstern besonders gepflegt wurde. Gerade in der Entstehungszeit der Glasmalereien erhält das Motiv der zur ‚Unio mystica' strebenden Christusminne in Schriften, die aus den Visionen der großen Mystikerinnen des sächsischen Zisterzienserklosters Helfta hervorgegangen sind, ihren Niederschlag.[105]

Bei der Darstellung der alexandrinischen Königstochter Katharina (s. Abb. 10 auf Tafel 1) hat der Glasmaler sowohl aus einem Vorrat westlicher als auch byzantinischer Motive geschöpft und diese in ganz eigenartiger Weise vermischt. Entsprechend der Legende ist Katharina als jungfräuliche Königstochter mit einer Krone über dem offenen Haar und einem Szepter in der rechten Hand wiedergegeben. Die Blattkrone entspricht zeitgenössischen Darstellungen westlicher Kunst,[106] wie auch der Halskragen aus Pelz in der westlichen Kunst ein häufig verwendetes Kleidungsstück ist, um fürstliche Personen zu kennzeichnen.[107] In dem schärpenartigen Gewandstück über dem Arm, das sich deutlich von der Gleichförmigkeit der Gewänder bei allen anderen Figuren unterscheidet,

[101] LIPSIUS, Apostelgeschichten (wie Anm. 93) S. 137ff. sowie Gregor Martin LECHNER, Matthäus, in: LCI 7(1974) Sp. 598.

[102] Renate KROOS, Frühe Schrift- und Bildzeugnisse über die Hl. Elisabeth, in: Sankt Elisabeth. Fürstin, Dienerin, Heilige. Ausst. zum 750. Todestag der hl. Elisabeth. Marburg, Landgrafenschloß und Elisabethkirche (1982) S. 186.

[103] BERNARDS, Speculum Virginum (wie Anm. 99) S. 44ff. sowie S. 20f., S. 30f., S. 215.

[104] Vor allem im Kommentar zum Hohen Lied des Bernhard von Clairvaux, Sancti Bernardi Opera 1–2: Sermones super Cantica canticorum, hg. von Jean LECLERCQ/C.H. TALBOT/H.M. ROCHAIS (1957/58). Auch im Speculum virginum ist die Brautidee vorherrschend, vgl. BERNARDS, Speculum virginum (wie Anm. 99) S.185ff.

[105] Zur Helftaer Mystik vgl. Kolumban SPAHR, Gertrud v. Hackeborn, in: LThK 4 (^{2}1960) Sp. 760f.; Alfons Maria ZIMMERMANN, Gertrud v. Helfta, in: ebd. Sp. 761; Margot SCHMIDT, Mechthild v. Hackeborn, in: LThK 7 (^{2}1962) Sp. 224; DIES., Mechthild v. Magdeburg, in: ebd. Sp. 225.

[106] Peter ASSION, Katharina, in: LCI 7 (1974) Sp. 290. Kopf und Krone sind Ergänzungen von 1950, jedoch dem Original, das auf einem Vorkriegsfoto wiedergegeben wird, getreu nachgebildet.

klingt der kaiserliche Loros nach, der bei byzantinischen Prunkgewändern um die Hüfte und den linken Arm geschlungen wurde.[108] Ein Blick auf die byzantinisch beeinflußten Malereien des liturgischen Schrankes aus der Halberstädter Liebfrauenkirche legt nahe, daß wir solche Vorlagen wahrscheinlich im sächsischen Kunstkreis um Halberstadt und Magdeburg suchen müssen. Denn der Glasmaler übernimmt vom Katharinenbild des Halberstädter Schrankes das sowohl in der westlichen als auch in der östlichen Kunst höchst ungewöhnliche Attribut des Szepters[109] und auch den Halsschmuck, den Weitzmann einer westlichen Tradition zuweist. Die byzantinisierende sächsische Malerei wiederholt ihn mehrfach sowohl für männliche als auch für weibliche Personen und unterschiedslos, ob die Dargestellten dem liturgischen, hagiographischen oder profanen Bereich angehören.[110] Wenngleich dieser Schmuck kaum direkt byzantini-

[107] Beispiele finden sich auf den Scheiben der Erfurter Barfüßerkirche und des Naumburger Westchores, Abb. bei BECKSMANN, Glasmalerei (wie Anm. 65) Nr. 8 und Nr. 19.

[108] Vgl. Kurt WEITZMANN, Die Malerei des Halberstädter Schrankes und ihre Beziehung zum Osten, Zs. für Kunstgeschichte 41 (1978) S. 258–282 mit den Abb. 1, 9, 11, 12, 13 und 29 sowie DERS., Various Aspects of Byzantine Influence on the Latin Countries from the Sixth to the Twelfth Century, Dumberton Oaks Papers 20 (1966) Abb. 26 und Anna CHATZINIKOLAOU, Heilige, in: Reallexikon der byzantinischen Kunst 2 (1971) Sp. 1084–1087. Zwar ist in der westlichen Kunst das über einen Arm gelegte Mantelende eine weit verbreitete Geste, doch die Anordnung und die steife Art der Drapierung legen das byzantinische Vorbild nahe. Richtiger wiedergegeben ist das Motiv in einer Miniatur aus dem Benediktinerkloster Scheyern, vgl. Elisabeth KLEMM, Die illuminierten Handschriften des 13. Jahrhunderts deutscher Herkunft in der Bayerischen Staatsbibliothek, Text- und Tafelband (1998) Nr. 12.

[109] Die byzantinische Kirche rechnet Katharina zu den Hll. Kaiserinnen und stellt sie zwar kaiserlich gewandet, jedoch mit Kreuz und Globus in den Händen dar, vgl. Abb. 10 bei James H. STUBBLEBINE, Byzantine Influence in Thirteenth-Century Italian Panel Painting, Dumberton Oaks Papers 20 (1966) S. 85ff. Zu den Attributen vgl. ASSION, Katharina (wie Anm. 106) Sp. 290ff.

[110] Die Hl. Katharina auf dem Quedlinburger Retabel trägt diesen Halsschmuck, vgl. Renate KROOS, Das Quedlinburger Retabel, in: Das Aschaffenburger Tafelbild. Studien zur Tafelmalerei des 13. Jahrhunderts, hg. von Erwin EMMERLING/Cornelia RINGER (Arbeitshefte des Bayerischen Landesamtes für Denkmalpflege 89, 1987) S. 73, Abb. 1 und 13, ebenso Philologia und Sacerdotium auf dem Quedlinburger Knüpfteppich, vgl. Johanna FLEMMING, Der spätromanische Bildteppich der Quedlinburger Äbtissin Agnes, SuA 19 (1997) (Fs. Ernst SCHUBERT) Abb. 1, 3 und 7. Einen vergleichbaren Schmuck trägt auch der um 1210/15 entstandene Hl. Georg in einem Obergadenfenster der Chartreser Kathedrale. Willibald SAUERLÄNDER, Das Jahrhundert der großen Kathedralen. 1140–1260 (1990) S. 232f. hat die exotische Aufmachung als einen Hinweis auf die kappadokische Herkunft des Heiligen angesehen, die zudem die Faszination durch den Orient zur Zeit des vierten Kreuzzuges bezeugt.

schen Vorlagen entnommen sein dürfte,[111] lassen die Denkmäler doch eine östliche Provenienz vermuten. Möglicherweise steht er in einem Zusammenhang mit einem Rationale, das der Salzburger Bischof Gebhard (1060–1088) vom byzantinischen Kaiser in Form eines solchen kostbaren, an goldenen Ketten hängenden Brustschmuckes erhalten hatte.[112] Transfer und Transformation östlicher Motive lassen sich für den hier in Frage kommenden Zeitraum schlagwortartig mit dem ‚adventus reliquiarum de Grecia' 1205 in Halberstadt erklären, scheinen aber im Hinblick auf westliche Kreuzfahrerkünstler, die im Heiligen Land arbeiteten, vielschichtiger erfolgt zu sein.[113]

Katharinas Unterkleid und Mantel, beide mit Ornamentbordüren besetzt, unterscheiden sich nicht von der Gewandung der anderen Figuren. Der Nimbus ist unbeschriftet, die namentliche Kennzeichnung findet sich am linken Bildrand. Die Füße stecken in einfach gemusterten Schuhen.

Doch nicht ihre königliche Herkunft, die durch die Tracht hervorgehoben wird, sondern die im Mittelalter verbreitete Anschauung vom Keuschheitspatronat der Heiligen begründet ihre Verehrung in Frauenklöstern. Schon ihr Name spielt auf das Motiv der Keuschheit an. Ihre Passio berichtet vom Martyrertod, den sie in Verteidigung ihrer Jungfräulichkeit erlitt.[114] Darauf nehmen Rad, Schwert und

[111] Soweit sich das überblicken läßt, kommt er in der byzantinischen Kunst nicht vor. Dagegen gehen die Schmuckborten, mit denen die Gewänder aller Figuren geschmückt sind, letztlich auf byzantinische Muster zurück, vgl. Abb. 46, 48 und 50 bei Kurt WEITZMANN, Icon Painting in the Crusader Kingdom, Dumberton Oaks Papers 20 (1966) S. 51ff.

[112] Joseph BRAUN, Die liturgische Gewandung im Occident und Orient. Nach Ursprung und Entwicklung. Verwendung und Symbolik (1964) S. 678f. und S. 697ff. sowie BRAUN, Tracht und Attribute (wie Anm. 84) Sp. 790. Vgl. auch Klemens HONSELMANN, Das Rationale der Bischöfe (1975) S. 29ff. und Abb. 25.

[113] Das zeigt sich deutlich, wenn man die Gewandinterpretation der Katharina des Glasbildes mit derjenigen einer Katharina auf einer Sinai-Ikone vergleicht. Dem Glasmaler war die byzantinische Gewandung völlig fremd, entsprechend mißverstanden bzw. extrem westlicher Gestaltungsweise angepaßt gibt er seine Vorlage wieder; dagegen stand der Ikonenmaler, der als westlich geschulter Künstler zwar auch von byzantinischer Ikonographie abweicht, in unmittelbarem Kontakt mit der byzantinischen Kunst, vgl. WEITZMANN, Halberstädter Schrank (wie Anm. 108) S. 265 und S. 280f. und Abb. 13. Zu den Reliquien, die nach der Eroberung von Konstantinopel durch die Kreuzfahrer nach Halberstadt verbracht wurden, vgl. Hans BELTING, Zwischen Gotik und Byzanz. Gedanken zur sächsischen Buchmalerei im 13. Jahrhundert, Zs. für Kunstgeschichte 41 (1978) S. 232.

[114] Zum Folgenden vgl. Wilhelm STÜWER, Katharinenkult und Katharinenbrauchtum in Westfalen, Westfalen 20 (1935) S. 62–100, desweiteren Amato Pietro FRUTAZ, Katharina, in: LThk 6 (^{2}1961) Sp. 60f.

Tafel 1

Abb. 8 Hl. Matthias

Abb. 9 Hl. Matthäus

Abb. 10 Hl. Katharina

Abb. 7 Daniel

Tafel 2

Abb. 11 Hl. Maria Magdalena

Abb. 12 Hl. Elisabeth

Abb. 4

Abb. 5

Abb. 6

die Figur des besiegten Maxentius unter ihren Füßen Bezug, Attribute, mit denen sie in der westlichen Kunst bekannt ist. Im 14. Jahrhundert erfährt das Thema einen Höhepunkt, indem die Vorstellung von einer mystischen Vermählung der Heiligen mit dem Jesuskind in die Legende einfließt.[115]
Die Liturgie des Zisterzienserordens gedenkt der Heiligen seit 1207 durch das Brevier, seit 1215 durch die Litanei und den Meßkanon.[116] Diese Daten korrespondieren mit einem ersten allgemeinen Aufschwung ihres Kultes, wofür die Übertragung eines Katharinenpatroziniums auf den Neubau des gotischen Domes in Magdeburg ein weiteres Beispiel ist.[117] Wie so oft, werteten auch hier importierte Reliquien die Bedeutung der Heiligen auf. Die schon erwähnte Urkunde von 1399 bezeugt, daß auch in der Klosterkirche von Sonnenkamp Katharinenreliquien verehrt wurden.[118]
Maria Magdalena ist in der Gründungszeit von Kloster Sonnenkamp eine altbekannte Heilige, gebührt ihr doch durch das Ostergeschehen die Bezeichnung Apostola Apostolorum (s. Abb. 11 Tafel 2). Aus den Statuten des Zisterzienserordens geht hervor, daß 1175 ihr zu Ehren ein ‚festum duplex' eingerichtet worden ist.[119] Ihre Lebensgeschichte wird im Neuen Testament und in einer reich ausgestalteten Legendenerzählung überliefert.[120] In den Evangelien werden Maria von Magdala, Maria von Bethanien und die ungenannte Sünderin als drei verschiedene Personen genannt. Schon früh hat die abendländische Exegese begonnen, diese Frauengestalten zu einer einzigen Persönlichkeit zusammenzufassen, welche Reue und Buße, den kontemplativen Charakter der Maria von Bethanien und die Begnadigung der ersten Auferstehungszeugin in sich vereinigt. Die Darstellung auf dem Glasbild im Typus der Gewandfigur, der das Salbgefäß als Attribut beigegeben ist, berücksichtigt ausschließlich den Aspekt der biblisch-exegetischen Vita. Das bedeckte Haupt und das Salbgefäß erinnern an die reuige

115 Josef SAUER, Das Sposalizio der hl. Katharina von Alexandrien, in: Studien aus Kunst und Geschichte, Friedrich Schneider zum 70. Geburtstag gewidmet von seinen Freunden und Verehrern (1906) S. 377ff.

116 Zum ‚festum duplex' wurde das Katharinenfest im Zisterzienserorden erst 1300 befördert, vgl. Nigel F. PALMER, Heiligenverehrung – Marienverehrung, in: Zisterzienser und ihre Bücher (wie Anm. 74) S. 192.

117 Klaus NIEHR, Die mitteldeutsche Skulptur der ersten Hälfte des 13. Jahrhunderts (1992) S. 299.

118 MUB 23 Nr. 13493.

119 Vgl. die in Anm. 95 genannte Literatur.

120 Dementsprechend entsteht eine reiche Bildtradition, vgl. die Übersicht bei Marga ANSTETT-JANSSEN, Maria Magdalena, in: LCI 7 (1974) Sp. 516ff., hier auch die Literatur zum Folgenden.

Sünderin, die dem Herrn die Füße salbte und von ihm Vergebung erlangte für ihr ausschweifendes Leben.[121] Maria Magdalena ist die zeitlose Gestalt der bußfertigen Sünderin, das hervorragende Beispiel menschlicher Schuld und göttlicher Erbarmung, ein für die Frömmigkeit des Mittelalters außerordentlich wichtiger Aspekt, der ausschlaggebend für ihren Kult in Deutschland wurde. Er liegt auch der 1227 erfolgten Gründung des Magdalenen- oder Reuerinnenordens zugrunde, dessen Sorge den gefallenen Frauen galt.[122] Um die Mitte des 13. Jahrhunderts bezeugt eine Niederlassung dieses Ordens im mecklenburgischen Röbel über das Glasbild hinaus diesen Aspekt allgemeiner Bußpraxis.[123]

Als Vorbild der ‚vita contemplativa' dürfte Maria Magdalena den Nonnen ebenfalls gegolten haben. Durch die biblische Erzählung von der ungleichen Weise des Zuhörens und des Bedienens, mit welcher Maria und Martha dem Herrn Aufmerksamkeit entgegenbringen,[124] wurden die beiden bethanischen Schwestern zum Exemplum der ‚vita activa' und der ‚vita contemplativa'. Daß diese Gedanken der Zeit vertraut waren, zeigt die Abschlußminiatur des Elisabethpsalters, auf der die beiden Arten christlichen Lebens verbildlicht sind.[125]

Im Norden des Reiches sorgte ein wichtiges politisches Ereignis zusätzlich für eine Aufwertung der Hl. Büßerin. Am 22. Juli 1227, dem Tag der Hl. Magdalena, kämpften die norddeutschen Städte und Fürsten – auch die Enkel Borwins schickten ihre Kontingente – um die Unabhängigkeit von Dänemark. In der Schlacht bei Bornhöved wurde das Heer des Dänenkönigs Waldemar II. geschlagen. Geschichtsschreibung und Heiligenkult haben dieses Ereignis mit einem Wunder in Verbindung gebracht und den Sieg der norddeutschen Allianz der Fürbitte Magdalenas zugeschrieben.[126] „Die neutestamentliche Büßerin wurde zur politischen Heiligen der siegreichen Koalition von Bornhöved".[127] Es scheint aber, daß diese Politisierung der Heiligen nicht lange Bestand hatte. Daher kann zwar nicht sicher, aber doch möglich sein, daß die fürstlichen Gründer von Neukloster mit dem Glasbild an den Kult von Bornhöved anknüpfen wollten.

Zeitlich mit der Gründung Sonnenkamps eng verbunden ist die Lebensgeschichte der Hl. Elisabeth von Thüringen (s. Abb. 12 Tafel 2). Nur vier Jahre nach ih-

[121] Luc. 7, 36–50.

[122] Kaspar ELM, Magdalenerinnen, in: Lex. MA 6 (1993) Sp. 71. Der Orden richtete sich zu Anfang nach den Zisterziensergewohnheiten aus, schloß sich dann aber dem Augustinerorden an.

[123] MUB 2 Nr. 1283, vgl. auch KGD 5 (1902) S. 394f.

[124] Luc. 10, 38–42.

[125] Renate KROOS, Sog. Elisabethpsalter, in: Sankt Elisabeth (wie Anm. 102) Nr. 18, mit Abb.

rem Tod wird Elisabeth 1235 von Papst Gregor IX. in Perugia heiliggesprochen. Unmittelbar danach wird ihr Kult in den Zisterzienserorden aufgenommen.[128] Gleichzeitig verfaßt Caesarius von Heisterbach eine Vita Elisabeths und eine Predigt zur Translationsfeier. Zwischen 1236 und 1239 schrieb ein Zisterziensermönch in Zwettl eine weitere Elisabethvita. Ein Mönch aus dem Kloster Amelungsborn schreibt seine Heilung von der Fallsucht der Fürbitte Elisabeths zu. Das Ereignis wird 1234 in die Wundersammlung zur Heiligsprechung aufgenommen.[129] Die Kunde von der Heiligen verbreitet der Zisterzienser Alberich von Trois-Fontaines in seiner Chronik von 1241. Ende des 13. Jahrhunderts entsteht im Zisterzienserkloster Heilsbronn eine Elisabethbiographie.

Nach den Ausführungen zur Klostergeschichte dürfen wir davon ausgehen, daß die Standfigur Elisabeths in den Kirchenfenstern zu den frühesten Denkmälern gehört, die ihrer Person gewidmet sind. Im Gegensatz zu den anderen Figuren ist die Gestalt streng frontal dargestellt. Dieses Schema liegt auch den übrigen aus der Frühzeit ihrer Verehrung überlieferten Einzelfiguren zugrunde,[130] selbst wenn sie – wie eine Statue im Naumburger Dom – in einer Bewegungshaltung wiedergegeben sind. Wie die anderen Heiligen auch trägt Elisabeth Untergewand und Mantel, die mit Borten verziert sind. Die rechte Hand hat sie vor der Brust erhoben, in der linken hält sie ein Buch. Über dem Nimbus erscheint ihr

126 Den Wunderbericht über das himmlische Eingreifen der Heiligen überliefert Hermann Korner, Mönch im Dominikanerkloster zu Lübeck, in seiner Chronik, Die Chronica novella des Hermann Korner, hg. von Jakob SCHWALM (1895) S. 12f. und S. 154f. Dort heißt es, daß die Lübecker Krieger von den Strahlen der Sonne geblendet wurden. Sie gelobten der Heiligen des Schlachttages ein Kloster zu bauen, wenn sie durch ihre Fürbitte den Sieg der Lübecker erwirken würde. Die Bitte wurde erhört, indem die Heilige die Sonnenstrahlen auf die Dänen lenkte, und so die Schlacht zugunsten der Lübecker entschied. Die Ansicht vom wunderbaren Verlauf einer Schlacht mittels eines Eingriffs von Heiligen in den Verlauf des Kriegsgeschehens ist nicht selten in mittelalterliche Chroniken eingeflossen. Die Heiligen konnten vorübergehend die Funktion von nationalen Repräsentanten wahrnehmen, vgl. dazu František GRAUS, Der Heilige als Schlachtenhelfer. Zur Nationalisierung einer Wundererzählung in der mittelalterlichen Chronistik, in: Fs. für Helmut Beumann zum 65. Geburtstag, hg. von Kurt-Ulrich JÄSCHKE u.a. (1977) S. 330ff.

127 PETERSOHN, Ostseeraum (wie Anm. 3) S. 206ff.

128 CANIVEZ, Statuta 2 (wie Anm. 9) 1236,1 sowie WINTER, Zisterzienser 2 (wie Anm. 15) S. 32; zum Folgenden auch Ortrud REBER, Die Gestaltung des Kultes weiblicher Heiliger im Spätmittelalter. Die Verehrung der Heiligen Elisabeth, Klara, Hedwig und Brigitta (1963) S. 33 ff.

129 Nicolaus HEUTGER, Das Kloster Amelungsborn im Spiegel der zisterziensischen Ordensgeschichte (1967) S. 26ff. sowie REBER, Kult (wie Anm. 128) S. 120.

130 NIEHR, Mitteldeutsche Skulptur (wie Anm. 117) Nr. 100.

Name. Ein Kopfschleier mit blau-schwarzem Gittermuster[131] fällt bis auf die Oberarme herab. Offensichtlich trägt Elisabeth darunter noch ein weißes Tuch, daß wohl mit der in Byzanz üblichen Haube zu identifizieren ist.[132] Mit dieser Kopfbedeckung scheinen sich mehrere Vorstellungen aus ihrer Biographie zu verbinden. Als verheiratete Frau und als Witwe hat Elisabeth der Zeit entsprechend den Schleier getragen.[133] Vor allem kontrastiert die Gestalt mit Darstellungen, die auf den fürstlichen Stand der Landgräfin verweisen.[134] Vielmehr korrespondiert sie mit den zeitgenössischen Berichten, aus denen hervorgeht, daß sich Elisabeth in ihrer fürstlichen Tracht nicht wohl fühlte, daß sie den Schmuck ablegte, sich oft wie eine Bettlerin in einem ärmlichen Mantel und Kopftuch zeigte oder einen einfachen Kopfschleier nach Art der Witwen und Nonnen umlegte.[135] Auf das Detail der Schuhe, die im Gegensatz zu denjenigen von Katharina und Magdalena ungemustert sind, soll in diesem Zusammenhang hingewiesen werden. Vielleicht wollten die Nonnen Elisabeth auch bewußt ihrem eigenen Stande gemäß charakterisieren, dessen äußeres Merkmal ja das ‚velum consecratum' ist,[136] konnte man doch von ihrer Vita her leicht auf die Lebensweise einer Religiosen schließen. Auch die Vorstellung von der Tracht einer Hospitalschwe-

131 In der Glasmalerei wird dieses Muster häufig und über einen langen Zeitraum verwendet, beispielsweise ist die Augenbinde der Synagoge im Chorfenster (H I) der Marburger Elisabethkirche so gestaltet, vgl. BIERSCHENK, Marburg (wie Anm. 75) Abb. 291. Gemusterte Kopfschleier sind ein zeitübliches Motiv, vgl. Renate KROOS, Drei niedersächsische Bildhandschriften des 13. Jahrhunderts in Wien (Abh. Göttingen, 3. F., 56, 1964) S. 20.

132 In byzantinisierenden westlichen Handschriften finden sich zahlreiche Beispiele, vgl. Die Zeit der Staufer. Geschichte – Kunst – Kultur. Kat. der Ausst. 1, hg. von Reiner HAUSSHERR (1977) Nr. 728, 729, 536, des weiteren Albert BOECKLER, Deutsche Buchmalerei vorgotischer Zeit (1953) Abb. 67. Das Motiv bleibt auf dem Glasbild unklar, da es an die im 12. und 13. Jahrhundert übliche Weise, den Kopfschleier über der Brust aufliegen zu lassen, erinnert, wie es auch bei Maria Magdalena auf den Scheiben in Neukloster zu sehen ist.

133 Zur Kleidung der Heiligen auf bildlichen Wiedergaben vgl. Dieter GROSSMANN, Darstellungen der Hl. Elisabeth in Hessen, Hessische Heimat 31 (1981) S. 94ff. sowie KROOS, Bildzeugnisse (wie Anm. 102) S. 215ff.

134 Auf den Marburger Glasmalereien mit der Vita Elisabeths ist die Kleidung entsprechend der dargestellten Szenen differenziert. Als Landgräfin mit hermelingefüttertem Mantel erscheint sie beim Abschied von ihrem Gemahl, in der Ringszene und bei der Überbringung der Gebeine des toten Gemahls. In den Szenen nach der Einkleidung mit der ‚tunica grisea' trägt sie einen einfachen Mantel und einen Kopfschleier, vgl. BIERSCHENK, Marburg (wie Anm. 75) Taf. C und Taf. IV.

135 Der sog. Libellus de dictis quatuor ancillarum S. Elisabeth confectus, hg. von Albert HUYSKENS (1911) S. 22, S. 25 und S. 31.

ster, um die es sich bei der Einkleidung Elisabeths mit der ‚tunica grisea' gehandelt hat, kann in die Darstellung eingeflossen sein, obgleich die Quellen nur von einer Tunika sprechen, ohne ein Kopftuch zu erwähnen.[137] Fraglich ist, ob man den Schleier auf eine den historischen Tatsachen nicht entsprechende Zugehörigkeit Elisabeths zum Dritten Orden des Hl. Franziskus beziehen kann.[138] Eine Tradition, die diese Vorstellung mit der Einkleidung als Hospitalschwester verbindet, ist im Zisterzienserorden nachweisbar, und zwar in der bereits erwähnten Zwettler Lebensbeschreibung der Heiligen, deren Autograph im Umkreis der Kanzlei Friedrichs II. zu suchen ist.[139] Von den Bildquellen rezipiert wird sie jedoch erst im 14. Jahrhundert.[140] In jedem Falle unterstreicht der schwere Schleier die Charakterisierung Elisabeths – ganz entgegen ihrer Lebensdaten – als eine ältere Frau, die gerade bei den frühesten Darstellungen angestrebt wird. Vielleicht sollte damit Elisabeths Mütterlichkeit und Hingabe, mit der sie sich der Pflege der Armen und Kranken zugewendet hat, überzeugender als mit einem ju-

136 Ludwig HERTLING, Die professio der Kleriker und die Entstehung der drei Gelübde, ZkTh 56 (1932) S. 167f. Eine bestimmte Ordenstracht für die Frauenorden in dieser Zeit hatte sich noch nicht fest herausgebildet, zugehörig waren allerdings immer ein bis auf die Füße reichendes Kleid, ein Obergewand, und eine Kopfbedeckung, die lang auf die Schulter herabfiel, vgl. BRAUN, Tracht und Attribute (wie Anm. 84) Sp. 794f.

137 Libellus (wie Anm. 135) S. 15. GROSSMANN, Darstellungen (wie Anm. 133) S. 97 meint, daß der Kopfschleier zur ‚tunica grisea' gehöre.

138 Mehrfach wurde in der Forschung behauptet, daß Elisabeth dem Franziskanerorden angehört hat. Eine Richtigstellung hat bereits Wilhelm MAURER, Die Heilige Elisabeth im Lichte der Frömmigkeit ihrer Zeit, Theologische Literaturzeitung 7/8 (1954) S. 402–410 sowie DERS., Elisabeth von Marburg in zeitgeschichtlicher Beleuchtung, Hessisches Jb. für Landesgeschichte 8 (1958) S. 22–36 vorgenommen. Die Vereinnahmung Elisabeths als Tertiarierin wird in franziskanischen Kreisen kurz nach ihrem Tod erkennbar, vgl. REBER, Kult (wie Anm. 128) S. 251f. und S. 379 sowie Matthias WERNER, Mater hassiae – Flos Ungariae – Gloria Teutoniae. Politik und Heiligenverehrung im Nachleben der hl. Elisabeth von Thüringen, in: Politik und Heiligenverehrung im Hochmittelalter, hg. von Jürgen PETERSOHN (VuF 42, 1994) S. 449ff.

139 Vgl. Helmut BEUMANN, Kaiser Friedrich II. und die heilige Elisabeth. Zum Besuch des Kaisers in Marburg am 1. Mai 1236, in: Sankt Elisabeth (wie Anm. 102) S. 154ff.

140 Karin HAHN/Friederike WERNER, Elisabeth von Thüringen, in: LCI 6 (1974) Sp. 134, weiter BRAUN, Tracht und Attribute (wie Anm. 84) Sp. 208f. sowie Salesius ELSNER, St. Elisabeth von Thüringen. Ihre Darstellung in der bildenden Kunst, Franziskanische Studien 18 (1931) S. 226ff. KROOS, Bildzeugnisse (wie Anm. 102) S. 219 hat darauf hingewiesen, daß der Knotenstrick, mit dem in der „Almosenspende" auf dem Reliquienschrein das Gewand Elisabeths zusammengehalten wird, nicht zu einem Ordenshabit gehört, sondern ein Hinweis auf Elisabeths Franziskusverehrung ist.

gendlichen Aussehen vermittelt werden. Das Buch in der Linken kann biographisch auf den schon in der Kindheit ausgeprägten Gebetseifer verweisen, über den die Spielgefährtin Guda berichtet, ist aber als Psalter auch ein Attribut vornehmer und frommer Frauen.[141] So entspricht die Gestalt weitgehend den biographischen Zeugnissen. Lebensbeschreibungen werden gleich nach ihrem Tod 1231 im Zusammenhang mit dem Heiligsprechungsantrag verfaßt. Das außergewöhnliche Leben der Landgräfin förderte gewiß auch eine unmittelbare mündliche Überlieferung. Schon gleich nach der Kanonisation erlangten diese Quellen Verbreitung und förderten eine kultische Verehrung der Heiligen, bevor um die Mitte des 13. Jahrhunderts die Legendentradition einsetzt.[142] Wallfahrtsleben und Reliquienverehrung, Patrozinienwahl und Festkalender greifen darauf zurück und bezeugen abseits vom Entstehungsort des Kultes an Elisabeths Grab in Marburg seine Ausbreitung. Schon 1232 kommen Pilger aus der Mainzer und Würzburger Gegend, aus Worms, Köln und Utrecht an das Grab. 1233 hatte sich die Kunde von Elisabeths Wundertätigkeit und geplanter Heiligsprechung bis in die Ardennen und die Altmark ausgebreitet und schon 1235 wird sie im gesamten mitteldeutschen Raum als Heilige verehrt und um Hilfe angerufen.[143] In wechselseitiger Entsprechung dazu schlägt sich die Elisabethverehrung auch in der bildenden Kunst unmittelbar nach ihrer Heiligsprechung nieder.[144] Das Bild in den Fenstern der Klosterkirche bezeugt das ebenso wie eine Statue im Naumburger Dom, die aus baugeschichtlichen und stilistischen Gründen in das zweite Viertel des 13. Jahrhunderts datiert wird und zudem eine Reliquie birgt, die bereits einen Tag nach der Erhebung der Gebeine am 2. Mai 1236 nach Naumburg gelangt sein soll.[145]

So ist es bei der schnellen und geographisch weiten Ausbreitung der Elisabethverehrung nicht verwunderlich, daß sich auch in einem mecklenburgischen

[141] Paul Gerhard SCHMIDT, Die zeitgenössische Überlieferung zum Leben und zur Heiligsprechung der heiligen Elisabeth, in: Sankt Elisabeth (wie Anm. 102) S. 3 sowie KROOS, Bildzeugnisse (wie Anm. 102) S.187 und S. 223.

[142] Zu diesen Quellen vgl. REBER, Kult (wie Anm. 128) S. 27–47 und SCHMIDT, Überlieferung (wie Anm. 141) S. 1ff. mit weiteren Literaturangaben.

[143] Zur kultischen Verehrung vgl. REBER, Kult (wie Anm. 128) S. 68ff. sowie WERNER, Mater Hassiae (wie Anm. 138) S. 449ff.

[144] Die prominentesten Beispiele sind zweifellos die Glasmalereien mit ihrer Vita im Chor der Marburger Elisabethkirche, vgl. BIERSCHENK, Marburg (wie Anm. 75) und die Darstellungen auf ihrem Schrein, vgl. Erika DINKLER-VON SCHUBERT, Der Schrein der Hl. Elisabeth zu Marburg, Studien zur Schrein-Ikonographie (1964).

[145] Ernst SCHUBERT, Das Standbild der Hl. Elisabeth im Naumburger Dom, SuA 20 (1997) S. 319–330 sowie DERS., Der Naumburger Dom (1997) S. 185ff.

Frauenkloster schon kurz nach der Heiligsprechung – vielleicht angeregt durch Wallfahrt und Reliquienbesitz[146] – ein Zeugnis dafür findet. Es steht geographisch keineswegs isoliert da, denn ein Elisabeth-Patrozinium ist im Jahr 1237 für das Benediktinerinnenkloster Rehna in der Diözese Ratzeburg bezeugt. 1246 wird die Stiftskirche zu Bützow mit einem Elisabeth-Patrozinium urkundlich erwähnt, schon früher gab es in Bützow ein Hospital mit einer zugehörigen Kirche, die Elisabeth geweiht war.[147]

Gewiß war die Erinnerung an den außergewöhnlichen Lebensweg der Landgräfin gerade in Frauenklöstern sehr lebendig und ein ganz unmittelbares Beispiel dafür, wie die Nonnen ihre Vorstellung einer ‚vita religiosa' im täglichen Leben realisieren konnten. Schon im Libellus heißt es, daß sie *exempla*, *norma*, *forma correctiva* oder *magistra* ist. Mechthild von Magdeburg, Zisterzienserin im Kloster Helfta, spricht in einer ihrer Aufzeichnungen genau aus, daß Elisabeth den unkeuschen, hochmütigen und eitlen Frauen ein Vorbild sein soll.[148] Und keineswegs widersprachen Elisabeths Ehe und Witwenstand dem vornehmlichsten Ideal einer Klosterschwester, der Jungfräulichkeit, die als ein wesentlicher ikonographischer Inhalt für die Glasbilder gelten kann. Denn der Witwenstand versteht sich als der in Freiheit gewählte Verzicht auf eine neue Ehe nach dem Tod des Gatten. Noch zu Lebzeiten des Landgrafen hatte Elisabeth dieses Gelübde abgelegt.

Vielfach sind die Zeugnisse für das Streben Elisabeths nach Jungfräulichkeit.[149] Entsprechend frommem Brauch wählt sie sich den Apostel Johannes als den Wächter der Keuschheit zu ihrem Schutzheiligen. Er fand im Chorfenster nII und auf dem Reliquienschrein der Marburger Elisabethkirche seinen Platz neben ihr.[150] Magister Konrad trifft sie klagend darüber an, daß sie nicht jungfräulich habe bleiben können. Hagiographie und Historiographie – ausgehend von der

[146] In der schon mehrfach erwähnten Urkunde aus dem Jahr 1399 ist auch von Elisabethreliquien die Rede, MUB 23 Nr. 13493.

[147] Die Kirche wurde schon vor 1286 abgetragen, vgl. Friedrich LISCH, Über die Stiftung der Klöster zu Bützow und Rühn, JVMGA 8 (1843) S. 4f. sowie KGD 4 (1901) S. 48ff. Die urkundlichen Nachweise für die Patrozinien in MUB 1 Nr. 471 und 583. Vgl. auch WERNER, Mater Hassiae (wie Anm. 138) S. 474f.

[148] REBER, Kult (wie Anm. 128) S. 112ff.

[149] Ebd. S. 35, S. 193, S. 196ff. und S. 204ff.; HERTLING, Die professio (wie Anm. 136) S. 148f. Zum Folgenden vgl. auch BERNARDS, Speculum Virginum (wie Anm. 99) S. 42ff. sowie KROOS, Bildzeugnisse (wie Anm. 102) S. 185ff.

[150] Allerdings ist die Standfigur im Chorfenster nII bis auf wenige mittelalterliche Glasstücke im 19. Jahrhundert ergänzt worden, so daß eine Identifizierung als Johannes nicht sicher ist, vgl. BIERSCHENK, Marburg (wie Anm. 75) S. 61 und Taf. III; DINKLER-VON SCHUBERT, Schrein (wie Anm. 144) Abb. 1ff.

Vorstellung, daß Virginität die Grundlage für Heiligkeit ist – übertragen die klassischen Topoi für die Tugend der Jungfräulichkeit auf Elisabeth. Das Brautmotiv, das von Paulus formulierte Jungfrauenideal, das evangelische Gleichnis von der hundertfachen Frucht, dessen Deutung das gesamte Mittelalter hindurch die Reihenfolge der Wertschätzung der drei Stände Jungfrauen, Witwen und Eheleute festlegt, und die Gleichsetzung eines jungfräulichen Lebens mit den Engeln werden mit der thüringischen Landgräfin in Verbindung gebracht. Und später kann die Legenda aurea – wie schon Caesarius von Heisterbach – sagen, Elisabeth sei gegen ihren Willen die Ehe eingegangen.
Obwohl Elisabeth nie einem Orden angehört und sich selbst als *soror in seculo*[151] bezeichnet hatte, verbinden sie doch die Gelübde des Gehorsams, der Keuschheit und der Armut, die sie in die Hände ihres Beichtvaters und Seelenführers Konrad von Marburg abgelegt hatte[152] mit den religiösen Idealen, die auch die Nonnen zu den ihren gemacht hatten. Über diesen engeren Kreis einer Klostergemeinschaft hinaus entsprach das Leben der Landgräfin den religiösen Strömungen der Zeit, die wesentlich durch die franziskanische Armutsbewegung Impulse erhielten. Sie war gekennzeichnet durch Abkehr von Reichtum, Ehe und glanzvoller gesellschaftlicher Stellung und durch Hinwendung zu einem Leben in selbstgewählter Armut und Keuschheit, mit Buß- und Demutsübungen, Handarbeit und Dienst an Armen und Kranken.
Mit den Glasmalereien haben wir das einzige aus der Gründungszeit des Sonnenkamper Konventes überlieferte Zeugnis aktiver Heiligenverehrung und damit verbundener Spiritualität vorgestellt. Abgesehen davon, daß additiv aneinandergereihte Propheten-, Apostel- und Heiligenfiguren die Kontinuität dieser bereits in Verglasungen des 12. Jahrhunderts nachweisbaren Ikonographie bezeugen,[153] konnten die Themenbereiche aufgedeckt werden, die bei der Auswahl der dargestellten Heiligen maßgeblich waren. Zisterziensische Traditionen haben dabei ebenso eine Rolle gespielt wie die Ideale einer klösterlichen Frauengemeinschaft und aktuelle zeitgeschichtliche Ereignisse.

[151] Libellus (wie Anm. 135) S. 69.

[152] Vgl. Matthias WERNER, Die heilige Elisabeth und Konrad von Marburg, in: Sankt Elisabeth (wie Anm. 102) S. 49ff. und S. 57 sowie Werner MORITZ, Das Hospital der heiligen Elisabeth in seinem Verhältnis zum Hospitalwesen des frühen 13. Jahrhunderts, in: ebd., S. 101–116; Kaspar ELM, Die Stellung der Frau in Ordenswesen, Semireligiosentum und Häresie zur Zeit der heiligen Elisabeth, in: ebd. S. 7–28. Vgl. auch GRUNDMANN, Religiöse Bewegungen (wie Anm. 98) S. 171ff.

Stilistische Analyse

Einer stilistischen Beurteilung der Glasmalereien unter Berücksichtigung von Zeit und Ort ihrer Entstehung sind enge Grenzen gesetzt. In Mecklenburg selbst haben sich aus dem 13. Jahrhundert keine weiteren Glasmalereien erhalten.[154] Auch im geographisch weiter gefaßten Ostseeraum ist die Überlieferung so spärlich, daß ein Vergleich weder für den Entstehungsprozess und die Datierung noch für die Provenienz der Neukloster-Scheiben zu verbindlichen Aussagen führt. Unter diesen ungünstigen Voraussetzungen kann nur allgemein das stilistische Erscheinungsbild der Glasmalereien charakterisiert und eine kleine Gruppe verwandter Werke herangezogen werden.[155]

Recht altertümlich erscheint die Plazierung der Figuren im Fensterspiegel ohne die zeitübliche Rahmung durch eine Architekturkonstruktion oder ein Medail-

153 Louis GRODECKI, Romanische Glasmalerei (1977) S. 50ff. und S. 137ff. Die fünf um 1132(?) entstandenen Propheten belegen ein solches ikonographisches Programm für die Fenster der Hochschiffswand im Augsburger Dom; ein vergleichbares Programm konnte für das Straßburger Münster Ende des 12. Jahrhunderts rekonstruiert werden, vgl. BECKSMANN, Glasmalerei (wie Anm. 65) S. 19 sowie Nr. 1; ZSCHOKKE, Glasgemälde (wie Anm. 75) S. 73ff. sowie Victor BEYER/Christiane WILD-BLOCK/Fridtjof ZSCHOKKE, Les vitraux de la Cathédrale Notre-Dame des Strasbourg (CVMA France 9,1, 1986) S. 23ff. In den Verglasungen französischer Kathedralen, wie Chartres und Bourges, um nur zwei zu nennen, setzt sich dieses Programm fort, Louis GRODECKI/ Catherine BRISAC, Le vitrail gothique au XIIIe siècle (1984) S. 20ff.

154 Nicht viel besser steht es mit Kunstwerken aus anderen Gattungen in Mecklenburg. Die wenigen erhaltenen Holzplastiken des 13. Jahrhunderts haben keine den Glasmalereien vergleichbaren Stilmerkmale, vgl. ENDE, Dorfkirchen (wie Anm. 39) S. 17ff. sowie S. 43, S. 141, S. 83 und S. 137 und BAIER, Bildhandbuch (wie Anm. 38) S. 400 und S. 419. Das früheste Beispiel aus der Monumentalmalerei ist mit der stark restaurierten Ausmalung des Doberaner Beinhauses überliefert, die in das ausgehende 13. Jahrhundert datiert wird, vgl. Heinrich L. NICKEL, Mittelalterliche Wandmalereien in der DDR (1979) S. 105ff. sowie Gerd BAIER, Zu byzantinischen Stiltendenzen in der romanischen Wandmalerei Südskandinaviens und Mecklenburg-Vorpommerns, in: Wandmalereien des Hochfeudalismus im europäisch-byzantinischen Spannungsfeld (12. und 13. Jahrhundert), hg. von Heinrich L. NICKEL (Schriftenreihe der Arbeitsgruppe für Byzantinische und Osteuropäische Kunst des Mittelalters der Sektion Orient- und Altertumswissenschaften 2; Wissenschaftliche Beiträge der Martin-Luther-Universität Halle-Wittenberg 14 (H.3) 1983) S. 131–147.

155 Eine stilanalytische Untersuchung, die relevante Erkenntnisse für die kunstgeschichtliche Stellung der Glasmalereien erbringen soll, muß daher die Kunstproduktion der ersten Hälfte des 13. Jahrhunderts im größeren geographischen Umfeld Nord- und Mitteldeutschlands sowie auch Skandinaviens berücksichtigen, was einer Bearbeitung der Verglasung im CVMA-Band Mecklenburg-Vorpommern vorbehalten bleibt.

lon.[156] Traditionell sind auch die farblich zwischen rot und blau differenzierten ungemusterten Bildhintergründe; allerdings wird dieser Zweiklang als geregelte Farbverbindung erst in gotischen Verglasungen zur Norm. Leicht perspektivisch gezeichnet, bewirkt der Hintergrund weniger eine in romanischen Glasmalereien übliche Schichtung als vielmehr eine Rahmung der Figuren, wie es bei Miniaturen in der ersten Hälfte des 13. Jahrhunderts üblich ist.[157] Die extrem schmalen Gestalten werden in diese Rahmen eingezwängt, dennoch ließen sich Überschneidungen, die auch kompositionelle Schwierigkeiten des Glasmalers verraten, nicht vermeiden.[158] Die Figuren selbst sind sehr einförmig gebildet, ihre Gewandung ist kaum differenziert. Faltenform und -verlauf wiederholen sich bei jeder Gestalt aufs neue. Bestimmte Gewandmotive werden wie Versatzstücke an immer den gleichen Stellen eingesetzt. Diese Formelhaftigkeit der Figuren läßt auf eine weitgehende Abhängigkeit des Glasmalers von Vorlagen schließen, so daß ihm wohl auch wirklichkeitsnahe Körpermodellierung mittels glatter und aufgehellter Stoffpartien[159] durch Muster vermittelt wurde. Dem beschränkten Motivenvorrat entspricht eine ebenso reduzierte Farbpalette. Die Gewänder sind stets grün und weiß, nur der Prophet trägt ein hellblaues Untergewand. Der rote und blaue Hintergrund wechselt im einfachsten Rhythmus a und b. Gewandbordüren, Attribute und Randborten wie auch die Ornamentscheiben nehmen diese Farbklänge auf, nur bereichert durch purpur und gelb.

Wie in den Scheiben die romanische Ornamentik weiterlebt, haben auch die schmalen, langgestreckten Figuren mit den verhaltenen Kopfbewegungen und Handgesten sowie dem geschlossenen Umriß noch viel von der hoheitsvollen Strenge romanischer Bildwerke bewahrt. In der Überlängung der Proportionen, die ein weitgehend linearer Faltenverlauf zusätzlich betont, wird offensichtlich

[156] So stehen die ersten überlieferten Glasmalereien, die Augsburger Propheten, ohne jede Rahmung vor rechteckigem, ungemusterten Grund, vgl. GRODECKI, Romanische Glasmalerei (wie Anm. 153) S. 50ff. mit Abb. Ein weiteres Beispiel aus dem Ende des 12. Jahrhunderts ist eine Hl. Magdalena im Diözesanmuseum Klagenfurt, vgl. Elisabeth OBERHAIDACHER-HERZIG, in: Glasmalereien (wie Anm. 61) Nr. 33. Gut dokumentiert ist diese Komposition mit der Verglasung von Saint Remi in Reims, die um 1200 entstanden ist, vgl. Madeline Harrison CAVINESS, Sumptuous Arts at the Royal Abbeys in Reims and Braine (1990) Color Plates, Abb. 1ff. und Black and White Plates, Abb. 127ff.

[157] KROOS, Bildhandschriften (wie Anm. 131) Abb. 1ff.

[158] Das zeigt sich an der Armhaltung von Elisabeth und Magdalena. Beide Unterarme der Elisabethfigur gehen auf eine Ergänzung im 19. Jahrhundert zurück, der ursprüngliche Bleiriß ist aber nicht verändert worden.

[159] Sichtbar an den Beinen der Figuren.

auch eine regionale Stilausrichtung faßbar, wie sie für eine Gruppe von Holzplastiken im alten Herzogtum Schleswig noch bis um die Mitte des 13. Jahrhunderts charakteristisch ist.[160] Dagegen ist der Einfluß gotischer Portalfiguren nur schwer zu definieren.[161] Man vermißt zum einen den systematisierten, streng parallel angeordneten Faltenverlauf, wie er den um 1220/1230 entstandenen Skulpturen von Ecclesia und Synagoge am Südquerhaus des Straßburger Münsters eigen ist, die als die frühesten Zeugnisse der neuen gotischen Skulptur gelten.[162] Zum anderen ist auch die Körpersprache nicht vergleichbar. Obwohl die beiden Standfiguren gleichen Inhalts in den Fenstern der Marburger Elisabethkirche um 1240 noch von ornamentalen Elementen der spätromanischen einheimischen Kunst geprägt sind, setzen sie doch die Kenntnis dieser französischen Skulpturen sehr viel folgenreicher um.[163] Unübersehbar ist die gesteigerte Sinnlichkeit, die hier auf dem Weg zur Naturaneignung erreicht wird.
Für die Neuklosterfiguren kommt die einheimische von byzantinischen Einflüssen geprägte Kunst stärker zum Tragen. So gleichen die Apostelköpfe mit den starken Schattenpartien um Augen und Nase und den strähnigen Haaren dem aus Byzanz übernommenen Christustypus, der seit romanischer Zeit im Abendland verbreitet ist.[164] Die byzantinische Herkunft von Gewandmotiven wie die „Dach-

160 Willibald SAUERLÄNDER, in: Staufer 1 (wie Anm. 132) Nr. 463 und Abb. 265 sowie Jörn BARFOD, Holzskulptur des 13. Jahrhunderts im Herzogtum Schleswig (1986) S. 31ff.

161 Hans WENTZEL, Nordtyska Glasmalingar under 1200-och 1300-talen, Konsthistorisk Tidskrift 13 (1944) S. 17ff. und DERS., Meisterwerke der Glasmalerei (²1954) S. 27, S. 88 und Abb. 38–43, sowie BECKSMANN, Glasmalerei (wie Anm. 65) Nr. 13.

162 Willibald SAUERLÄNDER, Gotische Skulptur in Frankreich 1140-1270 (1979) S. 51 und S. 124, Abb. 132ff. sowie DERS., Staufer 1 (wie Anm. 132) Nr. 444.

163 Rüdiger BECKSMANN, Raum, Licht und Farbe. Überlegungen zur Glasmalerei in staufischer Zeit, in: Staufer 5: Vorträge und Forschungen, hg. von Rainer HAUSSHERR/Christian VÄTERLEIN (1977) S. 126 sowie BIERSCHENK, Marburg (wie Anm. 75) S. 177ff. und Taf. I (Beilage).

164 Für den Typus sei als ein Beispiel von vielen das in Mosaik ausgeführte Christusbild in der Klosterkirche von Daphni genannt, vgl. André GRABAR, Byzanz. Die Byzantinische Kunst des Mittelalters vom 8. bis zum 15. Jahrhundert (1964, ND 1976) Abb. 32; Franz RADEMACHER, Der thronende Christus der Chorschranken aus Gustorf (1964) bes. S. 24ff. und Elisabeth LUCCHESI PALLI, Das Christusbild der byzantinisch-ostchristlichen Kunst, in: LCI 1 (1968) Sp. 371ff. Vgl. auch Klaus WESSEL, Das Bild des Pantokrator, in: Polychronion, Fs. Franz Dölger, hg. von Peter WIRTH (Corpus der griechischen Urkunden des Mittelalters und der neueren Zeit. Reihe D. Beihefte 1, 1966) S. 521–535 und WEITZMANN, Byzantine Influence (wie Anm. 108) S. 4 und Abb. 1ff.

falte“ auf dem Oberarm,[165] der reversartige Umschlag auf der Schulter, die querverlaufende zwei- oder dreistrahlige Falte auf Armen und Beinen und die zickzackförmigen Säume ist unbestritten. Diese Formeln finden sich bereits um 1200 in Miniaturen mitteldeutscher Provenienz und sind in der ersten Hälfte des 13. Jahrhunderts Allgemeingut deutscher Kunstwerke.[166] Der Glasmaler jedoch transformiert sie nicht in den hartbrüchigen, eckigen Duktus der Binnenzeichnung, in den splittrigen Gesamteffekt des Zackenstils, der letztlich zum Selbstzweck des Gewandes führt.[167] Dadurch bleibt er östlichen Vorbildern enger verbunden, die trotz manierierter Falten eben auch immer Körperteile unter glatten Gewandpartien plastisch hervortreten lassen. Auf welchen Wegen und in welcher Verwandlung er mit der byzantinischen Kunst in Berührung kam, ist freilich

[165] Adolph GOLDSCHMIDT, Die Stilentwicklung der romanischen Skulptur in Sachsen, Jb. der königlich-preußischen Kunstsammlungen 21 (1900) S. 243f. hat dieses Motiv auf byzantinischen Elfenbeinen nachgewiesen und an den Gewändern der Apostel auf der Halberstädter Chorschranke analysiert. Die Anordnung des Mantels über der linken Schulter (vgl. Abb. 9, 10 und 11) ist eine in unübersehbaren Beispielen verbreitete Gewandformulierung, sicher beeinflußt von byzantinischen Christus- und Aposteldarstellungen wie auch von der charakteristischen Drapierung des Maphorions der Gottesmutter, vgl. GRABAR, Byzanz (wie Anm. 164) Abb. 22 und Abb. 33ff. sowie Wolfgang Fritz VOLBACH/Jacqueline LAFONTAINE-DOSOGNE, Byzanz und der christliche Osten (Propyläen Kunstgeschichte 3, 1968, ND 1984) Abb. 17f. und Abb. XII. In der byzantinisierenden westlichen Kunst wird das Motiv oftmals – wie auch auf den Glasmalereien – in einer so ausgeschriebenen Form eingesetzt, daß die ursprüngliche Bedeutung des auf den Oberarm herabhängenden Gewandsaumes verunklärt ist.

[166] Für byzantinische Beispiele sei auf die Abb. 19, 20 und 21 bei WEITZMANN, Halberstädter Schrank (wie Anm. 108) sowie diejenige eines Hl. Johannes aus einem griechischen Codex bei Otto DEMUS, Der „sächsische“ Zackenstil und Venedig, in: Kunst des Mittelalters in Sachsen, Fs. Wolf Schubert, hg. von Elisabeth HUTTER u. a. (1967) verwiesen. In der westlichen Kunst lassen sich die einzelnen Formeln nachweisen im Codex Vaticanus Rossianus 181 aus dem Erfurter Peterskloster, vgl. BRAUN-NIEHR, Codex Vaticanus (wie Anm. 89) Abb. 17, 19, 28 und 32 oder in Miniaturen des Cod. in scrin. 84 der Hamburger Staats- und Universitätsbibliothek, einer stark byzantinisierenden, nach dem Kalendar für Halberstadt gefertigten Handschrift, ebd. Abb. 24 und Abb. 75, beide Werke werden um 1200 datiert, außerdem in der Halberstädter Bibel (frühes 13. Jahrhundert), vgl. Beate BRAUN-NIEHR, in: Heinrich der Löwe und seine Zeit. Herrschaft und Repräsentation der Welfen 1125–1235. Kat. der Ausst. Braunschweig. 1: Kat., hg. von Jochen LUCKHARDT/Franz NIEHOFF (1995) S. 538ff. und im Brandenburger Evangelistar, Josef GÜLDEN/Edith ROTHE/Bernhard OPFERMANN, Brandenburger Evangelistar (1961) Abb. 11, 23, 40 und 47. Bezeichnenderweise hat man die stilistische Entwicklung dieser Miniaturen dahingehend charakterisiert, daß sie Eigentümlichkeiten des Zackenstils vorwegnehmen.

nicht mehr feststellbar.[168] Der schon erwähnte retardierende Habitus der Figuren läßt vermuten, daß der Glasmaler sich nicht nur an modernen, sondern auch an älteren byzantinisierenden Mustern orientiert hat.[169] Doch bleibt sein Stil in der zeitgenössischen Kunstübung eingebunden. Dafür muß insbesondere auf ein Evangelistar in der Österreichischen Nationalbibliothek in Wien verwiesen werden, für das Renate Kroos eine Datierung um 1240/50 und eine Provenienz in einem Braunschweiger Scriptorium wahrscheinlich machen konnte.[170] Die Miniaturen stehen der zweiten Haseloffreihe nahe, die den Zackenstil der thüringisch-sächsischen Malerschule in einer gemäßigteren Variante zeigen und sich dadurch von den graphisch betonten, netzartig mit Faltenmotiven überzogenen Gewandflächen des Goslarer Evangeliars ebenso unterscheiden wie von einer

167 Der Zackenstil hatte sich um die Mitte des 13. Jahrhunderts im deutschsprachigen Raum zu einer weitgehend verbindlichen Stilkonvention verbreitet. Die erste Darstellung des Stilphänomens erfolgte durch Arthur HASELOFF, Eine thüringisch-sächsische Malerschule des 13. Jahrhunderts. Studien zur deutschen Kunstgeschichte 9 (1897). Neuere Darstellungen insbesondere von Johann-Christian KLAMT, Deutsche Malerei, in: Otto von SIMSON, Das Mittelalter 2: Das hohe Mittelalter (Propyläen Kunstgeschichte 6, 1972, ND 1984) S. 260ff. und BELTING, Gotik und Byzanz (wie Anm. 113) S. 217–257 sowie Renate KROOS, Sächsische Buchmalerei 1200–1250. Ein Forschungsbericht, Zs. für Kunstgeschichte 41 (1978) S. 283–316, vgl. auch DEMUS, Zackenstil und Venedig (wie Anm. 166) S. 307ff. Die Auslöser dieses Stils hat man in den Gewandformulierungen der spätkomnenischen Kunst gesehen, vgl. WEITZMANN, Byzantine Influence (wie Anm. 108) S. 24 und fig. 41.

168 Zu der Schwierigkeit, byzantinische Vorlagen zu identifizieren vgl. KROOS, Sächsische Buchmalerei (wie Anm. 167) S. 311f. und hier Anm. 113.

169 Beispielsweise in der Art des niedersächsischen Evangeliars von 1194, von dessen Miniaturen sich nicht nur alle genannten Motive, sondern auch die Rundheit einzelner Körperteile und Falten ableiten ließe. Rainer HAUSHERR, Evangeliar, in: Staufer 1 (wie Anm. 132) Nr. 756 und Die Zeit der Staufer. Geschichte – Kunst – Kultur. Kat. der Ausst. 2: Abbildungen, hg. von Christian VÄTERLEIN (1977) Abb. 549 sowie BOECKLER, Deutsche Buchmalerei (wie Anm. 132) Abb. 65, zuletzt Barbara KLÖSSEL, Evangeliar, in: Heinrich der Löwe 1 (wie Anm. 166) S. 580ff. Auch im Hinblick auf den Halberstädter Schrank, den wir bei der ikonographischen Analyse des Katharinenbildes herangezogen hatten, würden sich solche zeitlich zurückliegenden Vorlagen erklären, da Renate Kroos im Anhang zu Kurt Weitzmanns Aufsatz (wie Anm. 108) S. 281f. gegen die übliche Spätdatierung des Schrankes in die zwanziger und dreißiger Jahre des 13. Jahrhunderts Bedenken geäußert hatte. Zur kontroversen Datierung des Schrankes vgl. auch Hans-Joachim KRAUSE, Zur Geschichte und Funktion des spätromanischen Schrankes im Halberstädter Domschatz, SuA 19 (1997) (Fs. Ernst Schubert) S. 455–494.

170 KROOS, Bildhandschriften (wie Anm. 131) bes. S. 12ff. und S. 108ff. Zum Folgenden vgl. dort die Abb. 1–14.

zeitlich späteren Stilstufe, die sich mit härteren und schärferen, mitunter etwas hölzernen Formen um die Jahrhundertmitte beispielsweise in einem Psalter der Braunschweiger Prinzessin Mechthild von Anhalt manifestiert.[171] Dieser schlichtere Faltenstil ist auch den Glasmalereien eigen. Sie schließen sich darüber hinaus durch gleiche Mittel der Gewandstilisierung enger an die Wiener Handschrift an: Kräftige Binnenzeichnung, von breiten Schattenlagen begleitet, V-Falten neben lang und straff gezogenen Linien; nur sparsam wird das Mittel abstehender Gewandzipfel und aufgebrochener Außenkonturen eingesetzt, deren Verlauf oft sehr unschematisch ist. Die formelhaft eingesetzten Dachfalten und fächerförmigen Querfalten auf Oberarmen und Unterschenkeln sind ebenso wie das Verhältnis von Faltenmotiven und glatten, die Körperlichkeit betonenden Gewandflächen bei beiden Werken vergleichbar. Die künstlerische Potenz freilich ist in Neukloster geringer, einiges davon wird man jedoch auch der monumentalen, auf Fernsicht angelegten Gattung zuschreiben müssen. Mehrfach hatte Kroos auf die Glasmalerei verwiesen[172] und für die Miniaturen ein Atelier in Anspruch genommen, das auch Glasmalereien ausführte. Man wird daher vermuten können, daß die stilistische Heimat der Neukloster-Scheiben im Umkreis dieses Ateliers zu suchen ist.

Berücksichtigen wir das Bild der Hl. Elisabeth, das nur nach ihrer Kanonisation im Jahre 1235 entstanden sein kann und somit einen Terminus post quem bezüglich der Entstehungszeit der Glasmalereien liefert, und das hypothetisch gewonnene Datum einer Kirchweihe 1236, dann legen auch die Ausführungen zum Stil der Glasmalereien eine Datierung um oder kurz nach 1240 nahe.

Werkstattmäßige Verbindungen scheint es offensichtlich zwischen den Verglasungen in Neukloster, in der Dorfkirche zu Breitenfelde im Bistum Ratzeburg

[171] Arthur HASELOFF, Die Glasmalereien in der Kirche zu Breitenfelde und die Deutsch-nordischen künstlerischen Beziehungen im 13. Jahrhundert, in: Festgabe Anton Schifferer (Veröffentlichungen der Schleswig-Holsteinischen Universitäts-Gesellschaft 37, 1931) S. 5ff.; Renate KROOS, Das Psalterium der Mechthild von Anhalt, in: Beiträge zur Kunstgeschichte. Eine Festgabe für Heinz Rudolf Rosemann, hg. von Ernst GULDAN (1960) S. 75–94, DIES., Sächsische Buchmalerei (wie Anm. 167) S. 303ff., zuletzt auch Paula VÄTH, Mechtildpsalter, in: Heinrich der Löwe 1 (wie Anm. 166) S. 365f. Aus historischen Gründen kann der Mechtild Psalter auf 1245 datiert werden. Zu dieser Stilgruppe gehört auch ein Missale im Kestner-Museum in Hannover, vgl. Barbara KLÖSSEL, Einzelblatt aus einem Missale, in: ebd. S. 214ff. In der Glasmalerei macht sich dieser Wandel der Stilsprache in einem „fast kubistisch zu nennenden zackig-splittrigen Stil" bemerkbar, den man als „hochgotischen Zakkenstil" bezeichnet hat und für den die Scheiben des Naumburger Westchores ein Beispiel sind, BECKSMANN, Glasmalerei (wie Anm. 65) Nr. 19.

[172] KROOS, Bildhandschriften (wie Anm. 131) S. 12, S. 32, S. 34, S. 73 und S. 126.

und in einigen gotländischen Kirchen gegeben zu haben.[173] In Breitenfelde trifft man auf die gleiche Tendenz zur Vereinfachung des Figurentypus und des Gewandstiles wie in Neukloster.[174] Nicht nur eine identische Farbpalette, sondern auch ein fast gleicher Vorrat an Gewandformeln beweisen die Verwandtschaft ebenso wie die charakteristische Halbtonmodellierung entlang der Konturen und in den Gesichtern. Die etwas ausgeschriebenen, unsystematisch gezackten Gewandsäume bei Matthäus und Elisabeth finden sich in Breitenfelde allenthalben wieder.[175] Die Kopftypen von Christus und Josef in der Auferstehungs- und Geburtsszene gleichen den Apostelköpfen in Neukloster, Mund- und Augenzeichnung der Figuren stimmen überein. Kompositionell vergleichbar ist das schmale rechteckige Bildfeld auf blauem, rot gerahmten Hintergrund, in das die Figuren mit vielfältigen Überschneidungen eingezwängt sind. Hinweisen kann man noch auf die identischen Ärmel- und die brettartig angebrachten Gewandborten.
Erweitern läßt sich dieser Werkstattkreis mit den Glasmalereien, die sich auf der schwedischen Insel Gotland erhalten haben. Sie sind vermutlich um die Mitte

[173] Weder zur Kirche noch zu den Glasmalereien in Breitenfelde sind Daten bekannt. HASELOFF, Breitenfelde (wie Anm. 171) S. 11ff. ordnete die Breitenfelder Fenster ikonographisch und stilistisch allgemein seiner thüringisch-sächsischen Malerschule ein, gibt für die genauere Stilbestimmung unter Rückbezug auf das Semeca-Missale etwas vage den Hinweis auf die Hamburger Carolus-Bibel von 1255 und kommt mit der Abgrenzung von der manieristischen Stilsprache in den Naumburger Glasmalereien zu einer Datierung zwischen 1240 und 1260. Für die Neukloster-Scheiben sieht er eine Verbindung zu den Marburger Standfigurenfenstern, die wir ablehnen müssen. Zu der Hamburger Bibel und zwei weiteren Handschriften aus Schleswig-Holstein vgl. Harald WOLTER VON DEM KNESEBECK, Ein unbekanntes Evangeliar aus dem Kloster Preetz und seine Stellung in der norddeutschen Kunst des 13. Jahrhunderts, Zs. für Kunstgeschichte 56 (1993) S. 335–366. Trotz geographischer Nähe lassen diese Handschriften keine Verwandtschaft mit den Neukloster-Scheiben erkennen. Die von Frank MARTIN, Die Apsisverglasung der Oberkirche von S. Francesco in Assisi. Ihre Entstehung und Stellung innerhalb der Oberkirchenausstattung (1993) S. 154f. postulierte stilistische Herkunft der Breitenfelder Scheiben vom Mechtildpsalter scheint mir – vor allem wegen der sehr holzschnittartigen Zeichnung im Codex – auf den Zeitstil und die Benutzung gleicher Vorlagen beschränkt zu bleiben.

[174] Vgl. die Abb. sämtlicher Breitenfelder Scheiben bei HASELOFF, Breitenfelde (wie Anm. 171) sowie bei Aron ANDERSSON u.a., Die Glasmalereien des Mittelalters in Skandinavien (CVMA Skandinavien, 1964) S. 79 und bei Hermann HARMS, Die Breitenfelder Kirche und ihre mittelalterliche Farbverglasung, Lauenburgische Heimat 66 (1969) S. 18–41.

[175] Besonders am Lager der Maria in der Geburt, am Mantel der Maria in der Kreuzigung und Himmelfahrt sowie am Mantel der Magdalena in der Szene mit der österlichen Erscheinung des Herrn.

des 13. Jahrhunderts entstanden und untereinander stilistisch so ähnlich, daß sie einer einzigen Werkstattgemeinschaft zugeschrieben worden sind.[176] Von der schwedischen Forschung wurde die „weitgehende technische und stilistische Verwandtschaft" mit den Neukloster-Scheiben im Detail beschrieben und als Beweis für die kontinentale Herleitung der gotländischen Glasmalereien angesehen, jedoch weder eine gemeinsame Werkstatt noch ein einziger Meister für die Zyklen in Anspruch genommen.[177] Diesem Urteil schließen wir uns an, vermuten aber, daß es für die Gruppe stilistisch verwandter Glasmalereien ein Zentrum glasmalerischer Tätigkeit gab. Über den Sitz dieses Zentrums können wir nur Vermutungen anstellen. Mecklenburg war erst dünn besiedelt, schon deshalb dürfen wir keine bedeutendere Kunstproduktion, die ja auch wirtschaftlich abgesichert sein muß, annehmen. Die Neukloster nächstgelegene Stadt Wismar war erst kurz vor 1230 unter Förderung Heinrich Borwins gegründet worden. Etwas früher – 1226 – erhält Parchim das Stadtrecht.[178] Natürlich bieten sich Städte wie Ratzeburg, Schwerin und vor allem Lübeck[179] auch schon in der ersten Hälfte des 13. Jahrhunderts als Zentren künstlerischer Tätigkeit an, aber keine einzige Glasmalerei aus dieser Zeit ist dort erhalten geblieben.

176 ANDERSSON, Glasmalereien (wie Anm. 174) S. 45ff. mit Abb. sämtlicher Scheiben. Die dennoch feststellbaren Unterschiede werden zeitlich begründet.

177 Ebd. S. 76ff. Die Scheiben in Breitenfelde werden in diese Aussage einbezogen.

178 MUB 1 Nr. 319. Zur Stadtentwicklung in Mecklenburg vgl. HAMANN, Geschichte (wie Anm. 5) S. 138ff.

179 Die von Hans WENTZEL, Lübecker Malerei und Plastik 1250–1350, Geistige Arbeit (1936) S. 9f. angenommene Lübecker Provenienz der Neukloster-Scheiben läßt sich mangels erhaltener Denkmäler in Lübeck nicht erhärten, vgl. auch ANDERSSON, Glasmalereien (wie Anm. 174) S. 80 mit Anm. 2. Auf die Bedeutung der Ostseestädte im 13. Jahrhundert als Handelszentren und damit als Umschlag- und Austauschplatz von Kunst und künstlerischen Ideen sei hier nur hingewiesen, vgl. Klaus FRIEDLAND, Gotland. Handelszentrum – Hanseursprung, in: Gotland. Tausend Jahre Kultur- und Wirtschaftsgeschichte im Ostseeraum, bearb. von Robert BOHN (Kieler Historische Studien 31, 1988) S. 57–64 sowie Heidrun OST, Mittelalterliches Kunstschaffen auf Gotland, ebd. S. 65–84.

Eva Fitz

Das Retabel aus der Schloßkapelle in Wernigerode. Ein Frühwerk des Internationalen Stils

Das Retabel aus der Schloßkapelle in Wernigerode (s. Tafel 3) befindet sich seit 1958 im Besitz des Hessischen Landesmuseums Darmstadt.[1] Es ist dort im Barocksaal zwischen dem großen Friedberger und dem Ortenberger Altar ausgestellt. Die unmittelbare Nachbarschaft zu diesen beiden bedeutenden Werken gotischer Malkunst drängt das in seiner künstlerischen Qualität nicht ganz so spektakuläre Objekt ein wenig in den Hintergrund. So konnte es nie jene Aufmerksamkeit erreichen, die seiner stilgeschichtlichen Bedeutung entsprochen hätte. Zwar wurde es in der kunstgeschichtlichen Literatur mehrfach, wenngleich nur flüchtig, erwähnt und war 1999 sogar Gegenstand einer Magisterarbeit[2] – eine genaue Bestimmung seiner künstlerischen Herkunft und seiner Datierung steht jedoch noch aus.

Das dreiflügelige Retabel mißt 1,09 m in der Höhe und 3,80 m in der Breite. Es enthält auf den Innenseiten seiner Flügel jeweils zwei Szenen aus dem Marienleben – links die Verkündigung an Maria und darüber die Anbetung der Heiligen Drei Könige, rechts die Geburt und die Darbringung Christi im Tempel. Das zentrale Bildfeld der Mitteltafel zeigt die thronende Muttergottes mit dem Jesusknaben. Beide neigen sich dem rechts vor ihnen knienden und vom hl. Petrus empfohlenen Grafen Dietrich von Wernigerode zu.[3] Die Spruchbänder künden von

1 Ursprünglich stand er wohl unter der Orgel in der Schloßkapelle, Guillielmus BUDAEUS, Des hochwürdigen Durchleuchtigsten hochgebornen Fürsten und Herrn / Herrn Alberti weiland des andern dieses Namens / in der Zahl aber des 29. Bischoffs des Stiffts Halberstadt ... (1624) S. 158, – freundlicher Hinweis von Dr. Hans Fuhrmann, Halle.

2 Christine RÖDLING, Der Wernigeroder Altar des Hessischen Landesmuseums Darmstadt (unveröff. Magisterarbeit Braunschweig 1999).

3 Zum Wappen vgl. Johann Siebmacher's großes Wappenbuch 21: Die Wappen des sächsischen Adels. Der abgestorbene Adel der Provinz Sachsen, bearb. von George Adalbert von MÜLVERSTEDT (1884, ND 1972) S. 184, Taf. 120 (dort die Fische ohne die Kronen um den Hals).

der Bitte des Grafen um Erbarmen und von dem Versprechen Jesu, ihn zu retten.[4] In den beiden Bildstreifen neben dem Mittelfeld sind jeweils zwei Szenen aus der Legende des Ritterheiligen Achatius[5] angeordnet – links oben Achatius, der zusammen mit den zehntausend Rittern und Bischof Hermolaus verurteilt wird, darunter die Kreuzigung der Märtyrer, rechts oben die Kreuzabnahme und zuletzt ihre Bestattung.[6] Die Inschrift auf dem Rahmen der Mitteltafel nennt den Todestag des Grafen Dietrich von Wernigerode am 22. Juni 1386.[7] Die Malereien auf den Außenflügeln sind weitgehend zerstört, aus den erhaltenen Resten

[4] Der Graf bittet *Jhesu chr(ist)e fili dei vivi miserere mei* und Jesus anwortet ihm *Noli timere dilette* (!) *meus ego enim remedi te.*

[5] Nach der Legende war Achatius einer der Anführer der römischen Soldaten, die unter den Kaisern Hadrian und Antoninus im Euphratgebiet gegen Rebellen kämpften. Als ihm ein Engel den Sieg verhieß, sofern er zu Christus betete, bekehrten sich mit ihm zehntausend Soldaten. Nach siegreichem Kampf erreichte die Truppe den Berg Ararat, wurde dort jedoch wegen ihres Glaubens mit Dornen gekrönt, mit spitzen Rohren durchbohrt und schließlich gekreuzigt. Die Legende soll im 12. Jahrhundert zum Ansporn für die Kreuzfahrer entstanden sein. Doch erst im 14. Jahrhundert genossen der hl. Achatius und die 10.000 Ritter breitere Verehrung, dies belegen zahlreiche damals ihnen gewidmete Altarstiftungen, Hans-Walter KRUMWIEDE, Die mittelalterlichen Kirchen- und Altarpatrozinien Niedersachsens (1960) S. 308; Renate KROOS, Drei niedersächsische Bildhandschriften des 13. Jahrhunderts in Wien (Abh. Göttingen 3. F., 56, 1964) S. 252f.

[6] Die Identifizierung der Darstellung erstmals bei Günther DENEKE, Über die Bildnisse des Grafen Dietrich, ZHVG 62 (1929) S. 206–210. Die Deutung des hl. Bischofs als den zusammen mit Achatius verurteilten Bischof Hermolaus bei Renate KROOS, Niedersächsische Bildstickereien des Mittelalters (1970) S. 97, Anm. 28 und S. 93, Anm. 570. – Die Verehrung des hl. Achatius und der zehntausend Ritter wurde durch die gräfliche Familie gefördert. Sie hatte neben anderen vermutlich auch den in der Silvestrikirche in Wernigerode befindlichen Achatiusaltar gestiftet, den Dietrichs Vater Konrad und seine Brüder 1348, 1352 und 1353 mit weiteren Einkünften und einer feierlichen Liturgie zum Fest der zehntausend Ritter ausstatteten. Auch Dietrichs Bruder Heinrich sorgte für den Altar und überschrieb ihm 1413 den Burgberg über Darlingerode, UB der Stadt Wernigerode bis zum Jahre 1460, bearb. von Eduard JACOBS (GQPS 25, 1891) Nr. 103, 109, 111, 266; Eduard JACOBS, Kirchengeräthe und Paramente, Hand- und Kunstthätigkeit. Chorschüler zu S. Silvestri in Wernigerode im Mittelalter. Das dortige Schulwesen im Mittelalter und in der frühen Reformationszeit, ZVHG 2 (1869) S. 127–162, hier S. 146.

[7] *anno domini d(omi)ni mccclxxxvi ipla* (da Wortabstände und Kürzel fehlen, wohl verschrieben für ‚ipsa', und nicht wie bislang gelesen ‚in plena' – freundlicher Hinweis von Dr. Hans Fuhrmann, Halle) *die b(eat)e marie magdalene obiit nobilis vir d(omi)n(us) dhidericus comes de wernigherode cuius a(n)i(m)a requiescat i(n) pace amen.*

geht jedoch hervor, daß hier im Zentrum der gekreuzigte Christus zwischen zwei knienden Stiftern[8] und auf den beiden Seitenstreifen jeweils übereinander fünf kleine Szenen dargestellt waren – zu erkennen sind nur noch die Motive im linken Streifen mit Szenen der Passion Christi.

Anlaß der Stiftung war die Hinrichtung des Grafen Dietrich durch die Feme, angeblich wegen Landfriedensbruches. Die Hintergründe seines Todes sind jedoch ungeklärt und werden in den zeitgenössischen Berichten parteiisch geschildert.[9] Seine Familie sah ihn jedenfalls als unschuldiges Opfer machtpolitischer Interessen, das zeigt der in seinem Nacken steckende Dolch.[10] Sie ließ ihn in gleicher Weise auf einem zweiten dreiflügeligen, allerdings nur noch fragmentarisch erhaltenen Retabel darstellen, vor Maria und dem Jesusknaben um Fürbitte flehend, begleitet von den hll. Petrus, Paulus sowie Johannes dem Täufer und dem Evangelisten.[11] Dieses Bildwerk (s. Tafel 4, untere Abb.) befand sich ursprüng-

8 Sie können wegen ihres fragmentarischen Zustandes nicht identifiziert werden, doch handelt es sich vermutlich um seine Brüder Konrad VI. († 1409) und Heinrich († 1429).

9 Vgl. hierzu RÖDLING, Der Wernigeroder Altar (wie Anm. 2) S. 12–18, die anhand des von Walther GROSSE, Starb Graf Dietrich von Wernigerode als Landfriedensbrecher oder als Opfer seiner Feinde, ZHVG 62 (1929) S. 192–206 zitierten Schrifttums beschreibt, wie sich anstelle des in den zeitgenössischen Berichten noch tendenziös geschilderten Vorfalls in der nachmittelalterlichen Geschichtsschreibung die einheitliche Version von der rechtmäßigen Hinrichtung des Raubgrafen Dietrich durchsetzt.

10 Vieles spricht dafür, daß Graf Dietrich tatsächlich von seinen Feinden ermordet wurde. Den Untersuchungen von GROSSE, Dietrich von Wernigerode (wie Anm. 9) zufolge war nämlich der Grund der Anklage, der Überfall auf die Blankenburg, den Graf Dietrich im Jahr 1378 zusammen mit Bischof Gerhard von Hildesheim unternommen hatte, längst durch eine von Halberstadt aus gedingte Sühne beigelegt worden. Auch fand die 1386, also acht Jahre später, erfolgte Verurteilung Dietrichs nicht vor einem ordentlichen Landfriedensgericht statt, sondern vor einer Gruppe ihm feindlich gesonnener Fürsten und Adliger. Bezeichnenderweise fehlten Personen, die für ihn hätten sprechen können, wie Bischof Gerhard von Hildesheim, sein Partner bei der Plünderung der Blankenburg, oder Bischof Albrecht III. von Halberstadt, der ebenfalls wohl kaum den Bruder seines Propstes Albrecht von Wernigerode zum Tode verurteilt hätte. Vgl. hierzu auch die Ausführungen von Herbert SANGE, Bischof Albrecht III. von Halberstadt, seine Herkunft, seine Laufbahn und seine Landfriedenspolitik (1932) S. 66–69.

11 Die beiden Apostelfürsten wurden von seinen Brüdern verehrt. 1393 vermachte Konrad VI. dem Petrusaltar in der Silvestrikirche 16 Schilling jährlich und 1429 stiftete Heinrich dort die Feier des Fests Pauli, UB Wernigerode (wie Anm. 6) Nr. 185, 367.

lich in der Kapelle des von Dietrichs Vater Konrad gestifteten Georgen-Hospitals in Wernigerode.[12]
Der Flügelaltar aus der Schloßkapelle ist ein typisches Werk des Internationalen Stiles. In der bisherigen Diskussion um den Altar, dessen Entstehung in Halberstadt angenommen wird, stand eindeutig die Frage nach seiner stilistischen Herkunft im Vordergrund. Paul Jonas Meier machte 1921 als erster auf die künstlerische Verwandtschaft der Marienszenen zu den Gemälden des Wildunger Altars von 1403 aufmerksam und wies den Meister dem Einflußbereich des Conrad von Soest zu. Alfred Stange führte 1935 als weiteres maßgebliches Vorbild noch den um 1420/30 entstandenen Hochaltar der Hildesheimer Lambertikirche an. Die Einordnung der Malereien in die Nachfolge Conrads von Soest und des Hildesheimer Lambertimeisters wurde bis heute von der Forschung übernommen.[13] Begründet wurde die späte Entstehung mit dem Argument, der Bruder Dietrichs, Bischof Albrecht IV. von Halberstadt (1411–1419), habe den Altar während seiner Amtszeit zur Rehabilitierung der Familienehre gestiftet. In der neueren Forschung wird die Beziehung des Wernigeroder Meisters zu Conrad von Soest differenziert: der Stil Conrads sei über das von seinem Schüler geleitete Glasmalereiatelier in Lübeck nach Hildesheim und Halberstadt vermittelt worden. Mit anderen Worten: das Wernigeroder Retabel setze den stilistischen Einfluß des Conrad von Soest voraus. Die Kenntnis des Wildunger Altares – ein Schlüsselwerk der Zeit und von stilprägender Wirkung auf die Malerei in Westfalen, Nieder- und Mitteldeutschland – sei jedoch nur auf Umwegen und mit einem deutlichen Verzug nach Halberstadt gelangt. Diese Auffassung ist typisch für die allgemein verbreitete Ansicht, der zufolge die Kunstproduktion in Halberstadt nach einem grandiosen Höhenflug im 13. Jahrhundert – man denke etwa an die Triumphkreuzgruppe im Dom oder die Chorschrankenreliefs in der Liebfrauenkirche – im Verlauf des 14. und 15. Jahrhunderts nur noch ein relativ niedriges, provinzielles Niveau erreichte. Sie soll im folgenden am Beispiel des Wernigeroder Altars und der Frage nach seiner stilgeschichtlichen Stellung erörtert werden.
Betrachten wir zuerst die Form des Retabels: Seine Mitteltafel und die Flügel sind durch aufgemalte Borten unterteilt. Diese Gliederung entspricht einem

[12] Heinrich BERGNER/Eduard JACOBS, Beschreibende Darstellung der älteren Bau- und Kunstdenkmäler des Kreises Grafschaft Wernigerode (Beschreibende Darstellung der älteren Bau- und Kunstdenkmäler der Provinz Sachsen 32, 1913) S. 156. Die anhaltende Fürsorge der gräflichen Familie für das Hospital und die Kirche ist durch weitere, zwischen 1356 und 1414 erfolgte Stiftungen belegt, UB Wernigerode (wie Anm. 6) Nr. 117, 131, 269.

westfälischen Retabeltyp, der durch die um 1370 entstandenen Altäre aus Netze und Osnabrück überliefert ist,[14] aber auch für den Wildunger Altar maßgeblich war.

Zur Begründung der motivischen Abhängigkeit des Wernigeroder Altares von dem aus Bad Wildungen wird meist auf zwei annähernd übereinstimmende Details verwiesen – auf die Verkündigungsgruppe mit der gekrönten, vor dem Lesepult knienden und mit halb erhobener Hand zu dem Engel zurückblickenden Maria[15] sowie im Bild der Epiphanie auf den Griff des jüngsten Königs, der mit

13 Bibliographie: Gustav SOMMER/Eduard JACOBS, Beschreibende Darstellung der älteren Bau- und Kunstdenkmäler der Grafschaft Wernigerode (Beschreibende Darstellung [wie Anm. 12] 7, 1883) S. 88–91 (wegen der gotischen Minuskeln der Rahmeninschrift und der Textverschreibungen in den Spruchbändern sei die Tafel zu Beginn des 15. Jahrhunderts von einem Maler italienischer Herkunft angefertigt worden); BERGNER/JACOBS, Kunstdenkmäler (wie Anm. 12) S. 223f. (der Altar sei nach dem Tod des Grafen Dietrich 1386 gegen Ende des 14. Jahrhunderts von einem Maler altkölner oder westfälischer Herkunft geschaffen worden); Paul Jonas MEIER, Werk und Wirkung des Meisters Konrad von Soest (Westfalen, Sonderheft 1, 1921) S. 26f. (guthandwerksmäßige Arbeit, über Zwischenglieder vermittelte, bereits abgeschwächte Anklänge an Conrad von Soest, um 1420); Alfred STANGE, Deutsche Malerei der Gotik 3 (1938) S. 129 (der Altar sei unter dem maßgeblichen Einfluß des Wildunger Altares des Conrad von Soest und des Hochaltares der Lambertikirche in Hildesheim um 1420/1430 entstanden); Ausstellungskatalog, Europäische Kunst um 1400 (1962) Kat. Nr. 101, Abb. 95 (dort als westfälisch [hessisch] bezeichnet und um 1400–1420 datiert); Kunst in Hessen und am Mittelrhein, Beiheft (1961/62) S. 12; Gabriele NEITZERT, Der Peter- und Paulsaltar der St. Lambertikirche in Hildesheim, Niederdeutsche Beiträge zur Kunstgeschichte 6 (1967) S. 127–166, hier S. 151–154 (der Meister des nach 1403/04 entstandenen Wernigeroder Altares stand in Kontakt mit dem Meister des Hildesheimer Lambertialtares und habe die Kenntnis der Wildunger Marienszenen von diesem, vermittelt über den Lübecker Schüler des Conrad von Soest, empfangen); Monika BÖNING, Die mittelalterlichen Glasmalereien aus der ehemaligen Dominikanerkirche in Lübeck (1994) S. 199–205 (wie Neitzert, verschiedene Details, wie die graphische Gesichtszeichnung, die Bildung der Haare, die Wiedergabe der Beinrüstung und die flüchtige Behandlung der Tütenfalten, die mit dem Hildesheimer Lambertialtar und den Glasmalereien der Lübecker Dominikanerkirche übereinstimmten, bestätigten die enge Verbindung dieser Werkstätten, deren gemeinsame Quelle die Werke des Conrad von Soest seien); RÖDLING, Wernigeroder Altar (wie Anm. 2; folgt in der stilistischen Einordnung des Retabels Neitzert und Böning, datiert es jedoch um 1420/30).

14 Abbildungen der Altäre aus Netze und Osnabrück in: Ausstellungskatalog, Westfälische Malerei des 14. Jahrhunderts (Westfalen 42, 1964) Abb. 19–42.

15 MEIER, Konrad von Soest (wie Anm. 13) S. 27; BÖNING, Glasmalereien (wie Anm. 13) S. 199; RÖDLING, Wernigeroder Altar (wie Anm. 2) S. 34f.

abgespreiztem kleinen Finger seinen Dusing berührt.[16] Zwar ist bekannt, daß Conrad von Soest häufig motivische Anregungen vor allem französischer und westfälischer Herkunft aufgriff und diese in seinen Bildern auf höchst intelligente und kultivierte Weise interpretierte.[17] Dennoch zog man die Möglichkeit, daß die beiden Motive über andere Vorbilder vermittelt wurden, nicht in Erwägung. Tatsächlich finden sich jedoch unter den erhaltenen Denkmälern der Zeit genügend Beispiele, die belegen, daß die beiden genannten Details auch schon vor 1400 bekannt und verbreitet waren. Die Geste des jüngsten Königs begegnet z.B. auf dem großen Siegel der Universität von Köln aus dem Jahr 1392.[18]

Abbildung 1
Anbetung der Könige, Siegel der Universität Köln

[16] NEITZERT, Peter- und Paulsaltar (wie Anm. 13) Anm. 115; BÖNING, Glasmalereien (wie Anm. 13) S. 199; RÖDLING, Wernigeroder Altar (wie Anm. 2) S. 65.

[17] Vgl. zuletzt Brigitte CORLEY, Conrad von Soest (1996) S. 128, S. 147 und passim, mit Literaturhinweisen.

[18] Kölnisches Stadtmuseum. Nach Hugo KEHRER, Die Heiligen Drei Könige in Literatur und Kunst (1908/09, ND 1976) S. 166, Abb. 191f. handelt es sich bei dieser Darstellung um eine lokale Variante des Französischen Schauspiel-Typus.

Die Haltung Marias hingegen geht auf ein trecenteskes Schema zurück, das über Frankreich[19] nach Westfalen und Niedersachsen gelangte. Die Komposition der ursprünglichen Bildvorlage enthielt wohl nur Maria vor dem Lesepult, Gabriel und die Lilienvase. In dieser schlichten Form ist sie jedenfalls auf einigen um 1400 entstandenen Kunstwerken überliefert – auf einem Behang aus der Georgenkapelle in Wernigerode,[20] auf einer in Perlstickerei gefertigten Tasche aus der Marktkirche in Hannover (s. Abb. 2),[21] auf einem Altarflügel aus der Aegidi-

Abbildung 2
Verkündigung an Maria, Perlstickerei, gegen 1400

19 Vgl. z. B. die Verkündigung des Jacquemart de Hesdin in den „Très Belles Heures de Jean de Berry", Brüssel, Bibl. Royale, ms. 11060-I, fol. 18. David M. ROBB, The Iconography of the Annunciation in the Fourteenth and Fifteenth Centuries, Art Bulletin 18 (1936) S. 480–526, z. B. Fig. 10, 22.

20 Um 1400, Schloßmuseum Wernigerode, KROOS, Bildstickereien (wie Anm. 6) S. 97, Kat. Nr. 111, Abb. 359.

21 Kestner-Museum Hannover, Inv. WM XX, 32 Welfenmuseum.

enkirche in Hannover[22] und auf einer Glasmalerei im Kloster Ebstorf[23]. Sie begegnet auch auf Werken Meister Bertrams und seiner Schule, von denen die frühe, um 1370 entstandene und um einen mit Rundtürmchen besetzten Baldachin bereicherte Verkündigungsgruppe der Wernigeroder Darstellung am nächsten kommt (s. Tafel 4, obere Abb.).[24] Wie die genannten Beispiele belegen, war das Motiv seit dem letzten Viertel des 14. Jahrhunderts in Niedersachsen relativ bekannt. Es geht demnach nicht auf eine Erfindung des Conrad von Soest zurück, sondern wurde auch von ihm übernommen und seiner Interpretation des Themas zugrunde gelegt.

Noch aufschlußreicher im Hinblick auf die Herkunft der Motive ist freilich die Wernigeroder Darstellung der Geburt Christi, und zwar wegen ihrer seltenen Ikonographie, die Maria beim Stillen des Kindes präsentiert. Dieses Motiv ist in Einzeldarstellungen als Typ der Maria lactans oder Madonna della Humanita bekannt, findet sich vereinzelt jedoch auch in Darstellungen der Geburt Christi.[25] Hier begegnet es schon im 13. Jahrhundert zunächst vereinzelt in Deutschland,

[22] Niedersächsisches Landesmuseum Hannover, die Malereien wurden 1943 weitgehend zerstört, sind jedoch durch alte Schwarzweiß-Aufnahmen dokumentiert. Das Retabel ist im Katalog von 1954 noch um 1400 datiert, in dem von 1992 jedoch um 1420, und zwar allein wegen der motivischen Abhängigkeit der Verkündigungsgruppe vom Wildunger Altar, Gert von der OSTEN, Katalog der Gemälde alter Meister in der Niedersächsischen Landesgalerie Hannover (1954) Kat. Nr. 227; Michael WOLFSON, Die deutschen und niederländischen Gemälde bis 1550. Kritischer Katalog mit Abbildungen aller Werke (1992) Kat. Nr. 53.

[23] Kreuzgang I, 4b, Rüdiger BECKSMANN/Ulf-Dietrich KORN, Die mittelalterlichen Glasmalereien in Lüneburg und den Heideklöstern (CVMA Deutschland 7,2, 1992) Abb. 21, S. 41.

[24] Kunstgewerbemuseum Paris. Zur Datierung vgl. Paul PIEPER, Miniaturen von Meister Bertram, Jb. der Hamburger Kunstsammlungen 12 (1967) S. 35–58. Im Ausstellungskatalog, Goldgrund und Himmelslicht. Die Kunst des Mittelalters in Hamburg (1999) Kat. Nr. 21, Abb. S. 119, werden die Pariser Tafeln ohne Begründung um 1380–90 datiert. – Vergleichbar ist ferner die Verkündigung auf dem linken Außenflügel des um 1390/1400 entstandenen Passionsaltares im Niedersächsischen Landesmuseum Hannover, WOLFSON, Gemälde (wie Anm. 22) Kat. Nr. 2, sowie die Verkündigung auf den Außenflügeln des im Hamburger Katalog neuerdings relativ spät, um 1410 datierten Harvestehuder Altars, Kat. Nr. 5, und die Verkündigung auf dem linken Außenflügel des Apokalypsen-Altares im Victoria and Albert Museum, London, Alfred LICHTWARK, Meister Bertram, tätig in Hamburg 1367–1415 (1905) Abb. S. 395.

[25] Es ist nicht im Sinne einer genrehaften Erzählung zu verstehen, sondern sieht in Maria die gütige und barmherzige Bringerin des Heils und die Mutter des Lebens, Peter MORSBACH, Geburt Jesu, in: Marienlexikon 2 (1989) S. 601.

später offenbar häufiger in Frankreich,[26] gegen Ende des 14. Jahrhunderts aber wieder – wohl vermittelt durch Vorbilder aus dem Umkreis des Jacquemart de Hesdin – auch in Niedersachsen. Es erscheint dort auf einer Miniatur des Missales, das der 1393 verstorbene Gerhard von Wevelkoven für einen Altar in der Lüneburger Johanniskirche stiftete,[27] auf dem bereits erwähnten Altarflügel aus der Aegidienkirche in Hannover,[28] auf einem Schnitzaltar in der ehemaligen Benediktinerinnen-Klosterkirche St. Marien in Bodenwerder-Kemnade,[29] auf einem Glasgemälde des Marienfensters im Dom zu Halberstadt (s. Abb. 3)[30] und auf

[26] Köln, Evangelistar von Groß Sankt-Martin, um 1230, Brüssel, Bibl. Royale, Ms. 9222, fol. 25v, Ernst Günther GRIMME, Das Evangelistar von Groß Sankt Martin (1989) Abb. S. 46; Freiburger Münster, Fenster süd XXIII, 1AB, um 1270/80, Fritz GEIGES, Der mittelalterliche Fensterschmuck des Freiburger Münsters (1931) S. 32, S. 34f., Abb. 93, 100f.; Amiens, Miniatur, um 1270/80, New York, Morgan Library, ms. 729, fol. 246v, Millard MEISS, French Painting in the Time of Jean de Berry. The Late Fourteenth Century and the Patronage of the Dukes (1967) Abb. 330; Psalter der Königin Mary, Anfang 14. Jahrhundert, London, British Library, Royal 2 BVII, fol. 148v, abgebildet auch bei GEIGES, ebd. Abb. 94; Straßburger Münster, Fenster Baie sIII, 8b, um 1340, Victor BEYER/Christiane WILD-BLOCK/Fridtjof ZSCHOKKE, Les vitraux de la Cathédrale Notre-Dame des Strasbourg (CVMA France 9,1, 1986) S. 212, Fig. 179; Frankreich, Elfenbeindyptichon, um 1340, Rijksmuseum Het Catharijnekonvent, Utrecht, Ausstellungskatalog, Die Heiligen Drei Könige – Darstellung und Verehrung (1982) Kat. Nr. 5, Abb. S. 145, Stundenbuch der Jeanne de Navarre, Pucelle-Werkstatt, fol. 50, um 1340, Standort unbekannt, MEISS, ebd. Abb. 346.

[27] Lüneburg, Ratsbücherei, Ms. Theol. I a 2°, fol. 289v, STANGE, Malerei (wie Anm. 13) Abb. 216; Helmut REINECKE, Lüneburger Buchmalerei um 1400 und der Maler der Goldenen Tafel (1937).

[28] Vgl. Anm. 22. Die Tafel ist durch je drei horizontale und vertikale Streifen in neun Bildfelder unterteilt; diese enthalten Szenen aus dem Leben Christi, fünf davon mit seiner Kindheit: Verkündigung, Heimsuchung, Geburt, Anbetung und Darbringung. Mit den Wernigeroder Darstellungen vergleichbar sind außerdem die Anbetung der Könige – hier ist Maria in übereinstimmender Haltung und der mittlere König ebenfalls mit einer bekrönten phrygischen Mütze dargestellt – sowie die Darbringung Christi – diese zeigt Maria im gleichen Gewandtyp, die Kerze haltende Frau mit dem nach rechts geneigten Kopf (sie erscheint auf der entsprechenden Wernigeroder Darstellung gleich zweimal) und das auf dem Altar stehende, sich widerstrebend aus den Armen Marias lösende Jesuskind.

[29] Das Retabel wird im Band Bremen, Niedersachsen, bearb. von Gottfried KIESOW u. a. (Gerg Dehio, Handbuch der Deutschen Kunstdenkmäler, 1977) S. 156 um 1400 datiert, im Ausstellungskatalog, Kunst und Kultur im Weserraum 800–1600 (1966) Kat. Nr. 59, um 1410–20.

[30] Fenster nord VI 4d, BÖNING, Glasmalereien (wie Anm. 13).

Abbildung 3
Geburt Christi, Glasmalerei, um 1410, Halberstadt, Dom

dem Taufbecken in der Braunschweiger Martinikirche.[31] Die nach Niedersachsen gelangte Bildvorlage scheint jedoch das französische Vorbild in einer bereits erweiterten Ikonographie enthalten zu haben. Darauf deuten die Engel, die auf den französischen Miniaturen mit der stillenden Muttergottes noch fehlen, auf den erwähnten niedersächsischen Beispielen und auch auf dem entsprechenden Bild des Wildunger Altares aber entweder zu zweit neben dem Lager Marias stehen oder als Engelswolke en camaieux im Hintergrund des Stalles schweben.

[31] Von B. Spran(g)ke, gefertigt laut Inschrift 1441, Die Inschriften der Stadt Braunschweig, bearb. von Andrea BOOCKMANN (Die Deutschen Inschriften 35, 1993) Nr. 119.

Auch dies war ein seinerzeit in der französischen Buchmalerei durchaus geläufiges Motiv.[32] Die Gestalt des Joseph hingegen, der auf den Altären aus Wernigerode (s. Tafel 3) und Bodenwerder-Kemnade den Tieren aus einem Eimer zu trinken gibt, wurde – wie eine gegen 1340 entstandene Wandmalerei im Nonnenchor der Klosterkirche Wienhausen nahelegt – aus der lokalen Bildtradition übernommen.[33]

Wenden wir uns nun der Betrachtung der stilistischen Merkmale des Retabels zu: Die Szenen spielen auf schmalen Bildbühnen vor einfarbig goldenem Grund, der Ort des Geschehens ist jeweils durch einzelne architektonische Versatzstücke definiert. Die Figuren sind feingliederig, klein und haben relativ große Köpfe. Ihre Gesichter sind oval geformt, mit flachen Augenbrauen unter einer hohen Stirn, schmaler Nase, kleinem Mund und einem Kinn mit Grübchen. Die Haare Marias sind in losen Wellen hinter die Ohren gekämmt, die Männer haben dicke, kurze und wie eine Perücke vom Kopf abstehende Locken, manche auch einen Kinnbart. Die Kleidung entspricht der seit etwa 1380 üblichen Mode, Maria trägt ein tiefes Dekolleté und die jungen Männer eng anliegende hüftlange Schecken mit Fledermausärmeln, der Graf auch Beinlinge im mi-parti. Die Gewänder sind aus weichen Wollstoffen gefertigt und umhüllen den Körper in lockerem Faltenwurf.

Zur Begründung der stilistischen Abhängigkeit des Wernigeroder Meisters von Conrad von Soest führt die Kunstliteratur neben seiner im Grundsätzlichen ähnlichen stilistischen Haltung vor allem die verwandten Gesichtstypen an sowie die gleiche unräumliche Art der Darstellung. Tatsächlich verkörpern die Gesichter mit ihren zarten, feinen Zügen, den relativ kleinen Augen, der schmalen Nase und dem spitzen Kinn dasselbe Schönheitsideal. Ähnliche Physiognomien be-

32 Vgl. die entsprechenden Darstellungen z.B. in den Très Belles Heures de Notre-Dame, Meister des Parement von Narbonne, Paris, Bibl. Nat., ms. Nouv. acq. lat 3093, fol. 2v, François BŒSPFLUG/Eberhard KÖNIG, Les <Très Belles Heures> de Jean de France, duc de Berry. Un chef-d´œuvre au sortir du Moyen Âge (1998) Abb. S. 16f., oder in den „Très Belles Heures de Jean de Berry", Brüssel, Bibl. Royale, ms. 11060-1, fol. 72, MEISS, French Painting (wie Anm. 25) Abb. 184, oder auf einer um 1370 entstandenen Miniatur eines Stundenbuches, Rouen, Bibl. Municipale, ms. 3024, Maurice VLOBERG, Les Noëls de France (1934) Abb. S. 90.

33 Wiebke MICHLER, Die Wand- und Gewölbemalereien im Nonnenchor des ehemaligen Zisterzienserinnenklosters Wienhausen (1967) S. 158. – Auf Anregungen westfälischer Malerei hingegen scheinen die Stoffmuster der Kleidung Marias hinzuweisen, denn vor allem dort kommen die beiden für die Kleider Marias verwendeten Muster häufig vor, Anke KOCH, Darstellung von Seidenstoffen in der Kölner Malerei der ersten Hälfte des 15. Jahrhunderts (1995) S. 93.

gegnen in Westfalen jedoch bereits um 1385/90,[34] ihre Verbreitung in Niedersachsen belegen der 1402 datierte Hochaltar der Göttinger Jakobikirche (s. Abb. 4) und andere verwandte Werke aus dem Umkreis dieser Werkstatt in Göt-

Abbildung 4
Jesus unter den Schriftgelehrten, Hochaltar (Außenseite des rechten Innnenflügels), 1402 Göttingen, Jakobikirche

tingen und Nikolausberg[35] sowie die kleine Tafel aus der Aegidienkirche in Hannover. Doch während hier die Gesichter bereits in jener zeittypischen weich-modellierenden Malweise ausgeführt sind, hebt der Meister des Wernigeroder Retabels die einzelnen Züge noch durch dunkel umrissene Konturen hervor. Auch die Bildung der puppenhaft zierlichen und etwas hölzern bewegten Figuren ent-

34 Auf dem Berswordt-Altar in der Dortmunder Marienkirche oder auf dem nach seiner überlieferten Inschrift im Jahr 1400 fertiggestellten Retabel der Marienkirche in Bielefeld, Friedrich JACOBS, Der Meister des Berswordt-Altares (1983); Eva PIEPER-RAPP-FRICK, Der Flügelaltar der Bielefelder Marienkirche, in: Geschichte und Kunst des Stifts und der Neustädter Kirche, hg. von Johannes ALTENBEREND (8. Sonderveröffentlichung des Historischen Vereins für die Grafschaft Ravensberg, 1993) S. 306–352.

35 Reinhard KIRCHNER, Der Jacobialtar in Göttingen (1982).

spricht eher dem Stil des ausgehenden 14. Jahrhunderts, wie ihn etwa die Trauernden auf der Tumba des Gebhard von Querfurt († 1383) verkörpern.[36] Den zeitlichen Abstand zum Wildunger Altar veranschaulicht vielleicht am deutlichsten die Gestalt des hl. Petrus, der in seiner gebogenen Haltung und mit den quer über den Oberkörper geführten Faltezügen auf ein Modell der siebziger Jahre zurückgreift.[37] Vergleichsweise altertümlich und noch ganz der von Meister Theoderich geprägten Tradition verhaftet wirkt auch die Art, wie er den Bildraum gestaltet.[38] So sind beispielsweise in den Wildunger Marienszenen die architektonischen Motive zu einer das Geschehen bergenden Raumhülle entwikkelt, auf den Wernigeroder Bildern hingegen werden sie noch wie Attribute oder Zitate behandelt und in verkleinertem Maßstab in den Hintergrund gerückt.[39]
Die Verbindung des neuen, vom Westen her eindringenden Stils mit herkömmlichen Darstellungsmethoden – der linearen Konturierung und der Verkleinerung der Bildarchitektur – ist jedoch bezeichnend für die künstlerische Situation des Retabels.
Ich fasse zusammen: Das Wernigeroder Retabel galt bislang wegen seiner motivischen und stilistischen Nähe zu den Gemälden in Bad Wildungen als Werk aus der weitläufigen Nachfolge des Conrad von Soest. Die Vergleiche haben jedoch gezeigt, daß die Form des Retabels aus Westfalen übernommen wurde und daß für die Marienszenen nicht die Bilder des Wildunger Altars vorbildlich waren, sondern vielmehr Motive französischer Herkunft, die schon seit dem letzten Viertel des 14. Jahrhunderts in Norddeutschland und Niedersachsen verbreitet waren. Auch in stilistischer Hinsicht ist das Retabel mit Conrad von Soest durch nicht viel mehr als den Zeitstil verbunden. Näher steht es dagegen verschiedenen Kunstwerken aus Göttingen und Hannover, die um 1400 entstanden sind und ebenfalls bereits die Merkmale des Internationalen Stiles aufweisen.

36 Querfurt, Burgkapelle. Vgl. Edith FRÜNDT, Sakrale Plastik (1965) Abb. 96.

37 Vgl. z.B. den Faltenwurf im Mantel des hl. Jacobus maior auf dem neuerdings überzeugend noch vor 1375/76 datierten großen Friedberger Altar, Uwe GAST, Der Große Friedberger Altar und der Stilwandel am Mittelrhein nach der Mitte des 14. Jahrhunderts (1998).

38 Gerhard SCHMIDT, Das Theoderich-Problem, Kunstchronik 30 (1977) S. 95–97.

39 In gleicher Weise attributiv gebrauchte Bildarchitekturen begegnen auch noch auf der ebenfalls bereits im Internationalen Stil ausgeführten Zehngebotetafel im Niedersächsischen Landesmuseum Hannover, die vermutlich aus Göttingen stammt. Die Kunstliteratur betont übereinstimmend den engen stilistischen Zusammenhang des Gemäldes mit dem Werk des Meisters des Göttinger Jakobikirchaltares, ist sich jedoch hinsichtlich seiner zeitlichen Entstehung nicht einig und datiert die Tafel um 1400 bzw. – wegen des stilistischen Einflusses des Conrad von Soest – um 1410, WOLFSON, Gemälde (wie Anm. 22) Kat. Nr. 38, mit ausführlicher Literaturangabe.

Als letztes bleibt nun noch der Blick auf die in der neueren Forschung betonte stilistische Verbindung des Wernigeroder Meisters zu den mit Conrad von Soest in Verbindung gebrachten Werkstätten in Lübeck, Hildesheim und Halberstadt. Die um 1400/10 entstandenen, 1942 weitgehend zerstörten Bildfenster der Lübecker Dominikanerkirche[40] enthielten in klar strukturierten Architekturprospekten oder phantasievoll geformten Großmedaillons Darstellungen von verschiedenen Heiligenlegenden – figurenreiche, jeweils in mehrere Handlungsebenen gegliederte Kompositionen mit reich ausgestatteten Bildräumen. Es waren Werke von höchstem künstlerischen Rang, die den gleichen Zeitstil und auch ähnliche Gesichtstypen wie die Wernigeroder Tafeln aufweisen, sich darüber hinaus jedoch weder in motivischer noch in stilistischer Hinsicht näher mit ihnen vergleichen lassen. Andererseits zeigen die Bilder des Retabels jedoch gerade in dieser Beziehung gewisse Übereinstimmungen mit dem Marienfenster im Halberstädter Dom und dem ehemaligen Hochaltar der Lambertikirche in Hildesheim.[41] Das Marienfenster in Halberstadt beinhaltet auf 20 Glasgemälden eine Folge aus dem Leben Marias von der Verkündigung ihrer Geburt bis zu ihrem Tod.[42] Die Szenen sind einheitlich von einer rahmenden Bildarchitektur umgeben und in räumlich gestaltete Nischen verlegt, unter jeder ist eine den Inhalt erklärende Beischrift angebracht. Die entsprechenden Szenen sind ähnlich wie auf dem Wernigeroder Altar gestaltet, und die Gesichtstypen weisen grundsätzlich verwandte Züge auf. In der Auffassung des Bildraumes, der Ausführung der Szenen und der Darstellung der Figuren sind jedoch andere neue Einflüsse verarbeitet, die dem Wernigeroder Meister noch nicht bekannt waren. Das Marienfenster muß daher später als das Retabel entstanden sein.

Ganz ähnliche Gründe sprechen auch dagegen, in dem Hildesheimer Lambertialtar ein Vorbild für die Wernigeroder Tafeln zu erkennen.[43] Seine Mitteltafel zeigt eine vielfigurige Kreuzigung, die Innenseiten seiner Flügel Szenen aus der Passion Christi, ihre Außenseiten Bilder aus der Legende der Apostel Petrus und Paulus. Es sind figurenreiche Darstellungen mit kleinen untersetzten, sanft und freundlich blickenden Gestalten, ausgestattet mit einer Fülle erzählerischer De-

[40] Die Farbverglasung ist durch teilweise kolorierte Zeichnungen aus dem 19. Jahrhundert und durch vor 1945 angefertigte Fotografien dokumentiert. Erhalten blieben lediglich einzelne Fragmente sowie 25 Scheiben aus dem Kreuzlegendenfenster, heute im St. Annen-Museum, Lübeck, BÖNING, Glasmalereien (wie Anm. 13).

[41] NEITZERT, Lambertialtar (wie Anm. 13) S. 151–154; Karl-Joachim MAERCKER, Die mittelalterliche Glasmalerei im Stendaler Dom (CVMA DDR 5, 1988) S. 55 Anm. 179; BÖNING, Glasmalereien (wie Anm. 13) S. 199–205; ROEDLING, Wernigeroder Altar (wie Anm. 2) S. 68–74.

[42] Dom, Chorumgangsfenster nord VI, vgl. Anm. 30.

tails und gekennzeichnet durch ein ausgeprägtes Interesse für die modische Vielfalt der Gewänder und prächtige, unterschiedlich gemusterte Stoffe. Den fortgeschrittenen stilistischen Merkmalen entsprechend wird das Retabel um 1420/30 datiert.[44] Mit dem Marienfenster ist es durch die Verwendung identischer Gesichtstypen und die ähnliche Bildung der Figuren verbunden, desgleichen mit dem Wernigeroder Retabel, doch ist hier der Zusammenhang weniger eng.

Die von der Forschung erkannten Berührungspunkte des Wernigeroder Altars mit dem Halberstädter Marienfenster und dem Hildesheimer Lambertialtar können mit den gemeinsamen Quellen dieser Werke erklärt werden. Der Vergleich der Malereien macht zugleich aber auch die entschieden altertümlichere stilistische Haltung des Wernigeroder Retabels deutlich. Es kann daher nicht erst um 1420/30 und später als die Glasmalereien oder der Lambertialtar, sondern muß vielmehr früher als diese entstanden sein. Selbst für die von Neitzert und Böning wegen seiner Abhängigkeit vom Wildunger Altar vertretene Datierung kurz nach 1403 fehlen die Argumente, da beide Werke – wie oben dargelegt – auf entsprechende, damals verbreitete Vorbilder zurückgreifen.

Somit spricht nichts mehr dagegen, die auch aus historischen Gründen naheliegende Folgerung anzunehmen, daß das Retabel schon bald nach dem Tod Dietrichs von Wernigerode in Auftrag gegeben wurde und bereits um 1390 oder kurze Zeit später vollendet war. Durch diese Frühdatierung erscheinen die Malereien in einem vollkommen neuen Licht. Sie können nun nämlich nicht

43 In der Lambertikirche befindet sich nur noch die Mitteltafel des Retabels, vier Tafeln (Abendmahl, Fußwaschung, Auferstehung, Pfingsten) besitzt das Herzog Anton-Ulrich Museum Braunschweig, jeweils zwei Tafeln das Roemer-Museum Hildesheim (Ölberg, Gefangennahme), das Niedersächsische Landesmuseum Hannover (Sturz des Saulus, Flucht Pauli) und das Clemens-Sels-Museum Neuß (Abschied des Saulus vom Hohen Rat, Himmelfahrt Christi), drei Tafeln befinden sich im Westfälischen Landesmuseum Münster (Petrus erweckt einen Toten, Sturz des Magiers Simon, Taufe Pauli) und eine Tafel im Germanischen Nationalmuseum Nürnberg (Weltgericht).

44 Aufschlußreich für die künstlerische Einordnung der Malereien sind vor allem die Christusszenen, die NEITZERT, Lambertialtar (wie Anm. 13) zufolge eine enge Beziehung des Meisters zur westfälischen und niedersächsischen Kunst belegen. Der von ihr vertretenen Ansicht, daß er seine Ausbildung bei dem Lübecker Schüler des Conrad von Soest erhalten habe, widersprach bislang nur Blaschke, der ein umgekehrtes Abhängigkeitsverhältnis vermutet und die Einflüsse kölnischer und lokaler niedersächsischer Malerei stärker betont, Rainer BLASCHKE, Studien zur Malerei der Lüneburger Goldenen Tafel (1976) S. 74 und S. 93. Vgl. ferner Hans Georg GMELIN in: Ausstellungskatalog, Stadt im Wandel. Kunst und Kultur des Bürgertums in Norddeutschland 1150–1650, 2 (1985) Nr. 1096 mit Abb.

mehr als epigonales, provinzielles Echo auf den Wildunger Altar betrachtet werden, sondern sie zählen vielmehr zu den frühesten Vertretern des Internationalen Stiles in Halberstadt.

Zusammenfassend lassen sich folgende Schlußfolgerungen ableiten: Nach dem Tod des Grafen Dietrich von Wernigerode ließ seine Familie zwei Retabel zu seinem Gedächtnis anfertigen.[45] Das eine davon in einer einfacheren Machart war für die Kapelle des Georgenhospitals bestimmt (s. Tafel 4, untere Abb.).[46] Es wurde im traditionellen, von der böhmischen Kunst geprägten Stil ausgeführt, der seit den siebziger Jahren die Kunstproduktion der Region dominierte. Für das andere, das in der Hauskapelle der Burg aufgestellt werden sollte, wählte man eine höhere Stillage, d.h. die Herstellung aus kostbareren Materialien – durchgehend Goldgrund und Brokatmuster für die Kleider – sowie die Ausführung im aktuellen Internationalen Stil (s. Tafel 3). In dieser Hinwendung zu der neuen eleganten, vom Westen her eindringenden Kunstrichtung offenbart sich auch die Lösung von den langjährigen Bindungen an die vom Prager Hof bestimmten künstlerischen Werte. Zugleich zeigt sich, daß die kulturelle Entwicklung im Bistum Halberstadt keineswegs rückständig verlief, sondern sich durchaus im Einklang mit der gesamteuropäischen Entwicklung befand.

[45] Nicht bekannt ist, ob eine weitere Dotation zu seinem Gedächtnis an die Familienstiftung der Grafen, das Chorherrenstift St. Georgii und Silvestri in Wernigerode, erging, wo sich auch die Grablege der Familie befand. Das Stift war 1265 von den Grafen Gebhard und Konrad von Wernigerode für zehn Chorherren an der dortigen Stadtpfarrkirche eingerichtet und mit etlichen Vikarien ausgestattet worden, 1323 wurde die von Dietrichs Vater und seinem Onkel Friedrich gestiftete Kapelle südöstlich des Chores eingeweiht, UB Wernigerode (wie Anm. 6) Nr. 68, 80 vom 10. Mai 1323 bzw. vom 17. Juni 1328; JACOBS, Kirchengeräthe (wie Anm. 6); DERS., Uebersichtliche Geschichte des Schriftthums und des Bücherwesens in der Grafschaft Wernigerode, ZHVG 6 (1873) S. 96–134, bes. S. 115. RÖDLING, Wernigeroder Altar (wie Anm. 2) S. 20–22, vermutet, daß sein Bruder Heinrich im Jahr 1403 außerdem zu seinem Gedächtnis auch noch die Theobaldikapelle in Wernigerode-Nöschenrode errichten ließ, da dort am Maria-Magdalenentag – dem Todestag Dietrichs – Seelmessen für die verstorbenen Angehörigen des Geschlechts gehalten wurden. Die Bestimmung über die Seelmessen findet sich allerdings nicht in der ersten erhaltenen Urkunde über die Kapelle, in der er die dem Kapitel von St. Silvestri an der Kapelle zustehenden Rechte festlegt, sondern erst 1419, als er die Kapelle dem Kapitel von Silvestri übereignet, UB Wernigerode (wie Anm. 6) Nr. 217 vom 9. Juli 1403, Nr. 301 vom 7. September 1419.

[46] Heute in St. Silvestri, Wernigerode.

Tafel 3

Gedächtnisretabel für Graf Dietrich von Wernigerode († 1386),
Gesamtansicht von Seitenflügeln und Mittelteil,
Darmstadt, Hessisches Landesmuseum

Tafel 4

Meister Bertram, Verkündigung an Maria, um 1370,
Paris, Musée des Arts décoratifs

Gedächtnisretabel für Graf Dietrich von Wernigerode († 1386),
Mittelteil, um 1390, Wernigerode, Silvestrikirche

Ulrich Hinz

Mittelalterliche Glasmalerei im Stift Diesdorf?

Zur Häufigkeit und Verbreitung von *glasewertern* in Rechnungsbüchern eines altmärkischen Augustiner-Chorfrauenstifts

In der Mark Brandenburg hat sich fern ihres Ursprungs eine mittelalterliche Glasmalereistiftung aus den Niederlanden erhalten, die an die St. Nikolaus-Kirche in Wilsnack vergeben wurde. Diese weist im nördlichen Querschiffenster, verteilt auf die unteren drei Zeilen und vier weitere Felder (6–8d, 14d) wappentragende Tiergestalten auf, welche die Namen acht niederländischer Geschlechter in Spruchbändern präsentieren.[1] Ihr heutiger Standort im Querschiff dokumentiert die lange Zeit rätselhafte Herkunft dieser Tafeln, die nach einer Restaurierung von 1884/89 durch das Königliche Institut für Glasmalerei in Charlottenburg[2] gesondert verwahrt und erst 1907/11 hierhin umgesetzt wurden, zusammen mit anderen Fragmenten ungewisser Provenienz.[3] Genaue Aufklärung über den Stifter brachte erst die Hinzuziehung der archivalischen Über-

1 A. A. ARKENBOUT, Frank van Borselen. Het dagelijkse leven op zijn hoven in Zeeland en het Maasmondgebied (Stichting Historische Publicaties Roterodamum 100, 1994) S. 168–192. Herman JANSE, Een nederlands gebrandschilderd glas in de Heilig Bloedkerk te Wilsnack, Bulletin. Tweemaandelijks tijdschrift voor monumentenzorg, architectuurgeschiedenis, archeologie, cultuurbeleid, musea en archieven 91,1 (1992) S. 21–26.

2 Vgl. GSTAPK Berlin, HA I, Rep. 120 E, V., Nr. 52, Vol. 4, fol. 13r–18r (Bericht des Direktors des Instituts, Heinrich Bernhard, an den Minister für Handel und Gewerbe, Otto v. Bismarck, 1889, Feb. 25) und ebd. fol. 20r und 21r–v.

3 Ebd. Vol. 10, fol. 11r–12r, 39r–v, 41r. Cornelia AMAN, Bad Wilsnack, in: Glasmalereien aus acht Jahrhunderten. Meisterwerke in Deutschland, Österreich und der Schweiz. Ihre Gefährdung und Erhaltung, hg. von der BBAW u.a. ([2]1999) S. 66. DIES., Die Glasmalereien in der Nikolaikirche in Bad Wilsnack. Untersuchung zu Stil und Ikonographie der Chorfenstergruppe. Magisterarbeit, Kunsthistorisches Institut der FU Berlin (1996), bes. S. 37–39. Karl-Joachim MAERCKER, The Stained Glass of the Heiligblutkirche in Wilsnack, in: Conservation and Preservation of Stained Glass.

lieferung. Die Edition der Rechnungen der seeländischen Herren van Voorne im Jahr 1967 wies nach, daß die Tafeln 1460/61 durch den Glasmaler Zweer van Opbueren in Den Haag gefertigt wurden.[4] Sie sind damit die ältesten überlieferten Beispiele niederländischer Glasmalerei überhaupt.

Die Rechnungen zeigen Frank van Borselen als einen der aktivsten Stifter von Glasmalereien, die wir kennen. Schon zum Jahr 1420/21 wurde noch unter dessen Vorgänger festgehalten, daß die Herren van Voorne *costumelijc* zu jeder neu- oder umgebauten Kirche ihrer Herrschaft *glas* stifteten.[5] Die Wilsnacker Tafeln zeigen neben dem Wappen des Frank van Borselen diejenigen der Ahnen des Stifters bis in die dritte Generation. Sie waren nur eine von insgesamt 64 Vergabungen, die sich über den gesamten niederländischen Raum verteilten. Wilsnack, infolge des Hostienwunders von bekannt umstrittener Anziehungskraft,[6] kam hier eine geographische, darüber hinaus auch eine dem ungewöhnlichen Umfang der Stiftung geschuldete finanzielle Ausnahmestellung zu. Unter den Fensterschenkungen des Frank van Borselen war allein die verlorene Stiftung für die Grabkapelle des Bischofs Jan van Arkel im Utrechter Dom vergleichbar, ja in den Wappendarstellungen vermutlich eng verwandt.[7]

Doch soll weder diese Besonderheit noch die stilistisch und technisch einzigartige Stellung der niederländischen Scheiben in der Mark Brandenburg zum Gegenstand dieser Ausführungen gemacht werden. Stattdessen sei auf die gesellschaftlichen Bedingungen für die Umsetzung derart zahlreicher Stiftungen durch die Herren van Voorne hingewiesen und nach vergleichbaren Beispielen

Internationale Tagung Amsterdam 1981 (1981) S. 37–48. Vgl. auch Folkhard CREMER, Die St. Nikolaus- und Heiligblut-Kirche zu Wilsnack (1383–1552) 2 Bde. (Beiträge zur Kunstwissenschaft 63, 1996). Fritz WOCHNIK, Die Pfarr- und Wallfahrtskirche St. Nikolaus zu Wilsnack im späten Mittelalter, FBPG N.F. 9 (1999) S. 1–31.

4 ARKENBOUT, Frank van Borselen (wie Anm. 1) S. 173 (Neudruck mit Ergänzungen von DERS., De heren van Voorne als opdrachtgevers van 15de eeuwse glasschilderkunst, Rotterdams Jaarbookje 7,5 [1967] S. 121–138).

5 ARKENBOUT, Frank van Borselen (wie Anm. 1) S. 169.

6 Anstelle der reichen älteren Forschung vgl. Hartmut BOOCKMANN, Der Streit um das Wilsnacker Blut. Zur Situation des deutschen Klerus in der Mitte des 15. Jahrhunderts, ZHF 9 (1982) S. 385–408. Anne-Kathrin ZIESAK, „Multa habeo vobis dicere ...“ – eine Bestandsaufnahme zur publizistischen Auseinandersetzung um das Heilige Blut von Wilsnack, Jb. für Berlin-Brandenburgische Kirchengeschichte 59 (1993) S. 208–248, jeweils mit weiteren Verweisen, und den Beitrag Olaf B. Raders im vorliegenden Band.

7 ARKENBOUT, Frank van Borselen (wie Anm. 1) S. 170f. JANSE, Gebrandschilderd glas (wie Anm. 1) S. 26.

für die Mark Brandenburg gefragt.[8] Die Herren van Voorne beauftragten selbständige Glasmaler mit den von ihnen gestifteten Tafeln und ließen sie anschließend an die auserkorenen Orte liefern, unter denen sich neben Kirchen auch 15 Profanbauten befanden. Ihre Fensterschenkungen wurden also ermöglicht durch die Existenz eines qualifizierten und lieferfähigen Spezialhandwerks, das in den Städten ihrer Umgebung angesiedelt war.[9] Gegenüber hochmittelalterlichen Klosterwerkstätten und mehr oder minder dauerhaft mit kirchlichen Hütten verbundenen, wandernden Glasmalern tritt hier die Kunstproduktion als Qualität spätmittelalterlicher Städte hervor. Idealtypisch verkörpert ist ein solches städtisch-künstlerisches Gewerbeleben in der Straßburger Werkstattgemeinschaft des Peter Hemmel von Andlau, die unter Nutzung privatrechtlicher Organisationsformen als „Gesellschaft für Glasmalerei"[10] einen sowohl ökonomisch wie produktionstechnisch motivierten Zusammenschluß auf Zeit darstellte.[11] Ein differenziertes künstlerisches Handwerksgefüge war dabei angewiesen auf ein Umfeld, welches das entsprechende wirtschaftliche Potential für eine hinreichende Auftragsvergabe und eine funktionierende Geldwirtschaft besaß[12] und so auch eine gewerbliche Glasmalereiherstellung gewährleistete. Diese Voraussetzungen bot in der Mitte des 15. Jahrhunderts ein städtischer Entwicklungsstand, den Jan von Bonsdorff am Beispiel des Ostseeraums für nordosteuropäische

8 Für ein oberdeutsches Parallelbeispiel vgl. Albert GÜMBEL, Kirchliche Stiftungen Sebald Schreyers, Mitteilungen des Vereins für die Geschichte der Stadt Nürnberg 18 (1908) S. 99–133.

9 Neben dem genannten Zweer van Opbueren, der die Mehrzahl der Arbeiten ausführte, sind in Rechnungen der Herren van Voorne noch genannt: Braem die glasemaker (1396/97), Cleyman Pietersz (1421–1424), Daniel de glasemaker (1437–1440), Jan Arentszone (Bergen op Zoom, 1461/62), Symon de glaesmaker (1467/68), Jan Jorisz (1552) sowie zwei nicht namentlich genannte Glaser (Nr. 5579, Nr. 5582), vgl. ARKENBOUT, Frank van Borselen (wie Anm. 1) S. 174–186.

10 Hartmut SCHOLZ, Die Straßburger Werkstattgemeinschaft. Ein historischer und kunsthistorischer Überblick, in: Bilder aus Licht und Farbe. Meisterwerke spätgotischer Glasmalerei. „Straßburger Fenster" in Ulm und ihr künstlerisches Umfeld. Ausstellung Ulmer Museum (o.J. [1995]) S. 13–26, hier S. 13. Vgl. auch Jean-Pierre SOSSON, Structures associatives et réalités socio-économiques dans l'artisanat d'art et du bâtiment aux Pays Bas (XIVe – XVe siècles), in: Artistes, artisans et production artistique au Moyen Age 1, Les Hommes. Colloque international Rennes, Mai 1983, hg. von Xavier BARRAT I ALTET (1986) S. 111–121.

11 Die Form des Zusammenschlusses auf Zeit mit präzisem Zweckbezug weist bereits über das Mittelalter hinaus, s. Otto von GIERKE, Das deutsche Genossenschaftsrecht 1: Rechtsgeschichte der deutschen Genossenschaft (1868, ND 1954) S. 450–457.

12 Rolf SPRANDEL, Die Handwerker in den nordwestdeutschen Städten des Spätmittelalters, HGBll 86 (1968) S. 59.

Städte mit einer Größe ab geschätzten 6.000 Einwohnern verwirklicht sieht: neben Lübeck weist von Bonsdorff die Existenz von *glasewertern* unter anderem in Rostock, Stettin, Danzig, Reval, Riga und Stockholm nach.[13]
Versucht man jedoch, entsprechende Belege für ein Glaser- und Glasmalerhandwerk aus einer der brandenburgischen Städte aufzufinden, bleibt man weitgehend erfolglos. Archivalische Nachrichten liegen nur punktuell in Hinweisen auf schlaglichtartig zu fassende Einzelgestalten vor. Nach den erschienenen Bänden des Corpus Vitrearum Medii Aevi finden sich allein ein *Jacobus fenestrarius* und der oft angeführte *Ebbert de glasewerter*, die an der Stendaler Jakobikirche und am Stendaler Dom im 15. Jahrhundert jeweils einmal belegt sind.[14] Die Armut an Quellen veranlaßte den Bearbeiter Karl-Joachim Maercker zu der Klage: „Diese Anonymität der damals künstlerisch Tätigen entspricht allgemeiner Gepflogenheit in der Altmark."[15] Daher bestehen zur Existenz von Glasmalern in Brandenburg zahlreiche noch unbeantwortete Fragen. Es muß vorerst als offen gelten, ob diese ein eher regelmäßig oder selten in den Städten anzutreffendes „Spezial-" oder „Einzel-" Handwerk waren.[16] Das Ausmaß der Präsenz von Spe-

[13] Jan von BONSDORFF, Kunstproduktion und Kunstverbreitung im Ostseeraum des Spätmittelalters (Suomen Muinaismuistoyhdistyksen Aikakauskirja 99, 1993) passim und S. 41f. Vgl. auch Franz LERNER, Geschichte des deutschen Glaserhandwerkes (²1981) S. 66f. und Karl-Joachim MAERCKER, Glasmalerei im Wirkungsbereich Meister Bertrams. Das Bildfenster im Heiligen Geiststift zu Wismar, Niederdeutsche Beiträge zur Kunstgeschichte 29 (1990) S. 34–50.

[14] Karl-Joachim MAERCKER, Die mittelalterliche Glasmalerei im Stendaler Dom (CVMA, DDR 5, Die mittelalterliche Glasmalerei in Stendal 1, 1988) S. 8 und DERS., Die mittelalterlichen Glasmalereien in der Stendaler Jakobikirche (CVMA, Deutschland 18, Die mittelalterliche Glasmalerei in Stendal 2, 1995) S. XXI und S. 5. Zu *Ebbert* vgl. Gesine SCHWARZ, Fensterstiftungen für den Blasiusdom in Braunschweig (1471/72 und 1559), Braunschweigisches Jb. für Landesgeschichte 78 (1997) S. 98. Zu Herzberg, St. Marien, liegt ein Hinweis auf einen Gregorius Frommichen vor, der 1496 ein Chorfenster geschaffen hat, s. Marina FLÜGGE, Glasmalerei in Brandenburg. Vom Mittelalter bis ins 20. Jahrhundert (Forschungen und Beiträge zur Denkmalpflege im Land Brandenburg 1, 1998) S. 139.

[15] MAERCKER, Glasmalerei im Stendaler Dom (wie Anm. 14) S. XXIV. Vgl. auch Marina FLÜGGE, Eine mittelalterliche Glasmalereiwerkstatt in Mitteldeutschland, in: Corpus Vitrearum. Akten des 16. Internationalen Kolloquiums in Bern 1991, hg. von Ellen J. BEER (1991) S. 39–42.

[16] SPRANDEL, Handwerker (wie Anm. 12) S. 58f., plädiert für „Einzelhandwerker" oder „Spezialisten". BONSDORFF, Kunstproduktion (wie Anm. 13) S. 26, schlägt den Begriff „Spezialhandwerker" vor.

zialisten ist dabei nicht nur für die Stadtgeschichte, sondern darüber hinaus auch für die Regionalgeschichte bedeutend, da die Befriedigung der Nachfrage ländlicher Kirchen und Klöster zu den zentralräumlichen Funktionen der spätmittelalterlichen Städte zählte.[17] Über die hier im Vordergrund stehende Frage nach der lokalen Produktion hinaus gilt es zusätzlich auch das Wirken von Künstlern in Rechnung zu stellen, deren Erfolg gerade an der Verbreitung ihres Œuvres zu messen ist.[18] Möglich war hier eine ausgesprochen fernräumliche Ausstrahlung, wie sie 1436/37 nach Hans Wentzel in dem Bemühen des Rates von Florenz um einen Glasmaler aus Lübeck[19] oder in dem Betrieb einer Werkstatt des Henricus Glasier de Saxonia im englischen Dartmouth im Jahr 1440 deutlich wird.[20] Der überwiegende Anteil der Arbeiten dürfte aber dort, wo eine etablierte Glasmalereiherstellung existierte, eher in einer Produktion für regionale und lokale Empfänger bestanden haben.[21]

Im folgenden soll versucht werden, für ein Beispiel aus der Altmark die Existenz eines gewerblichen Glasmalerei-Spezialhandwerks nachzuweisen sowie seine Beanspruchung durch den regionalen Interessentenkreis zu charakterisieren. Zu diesem Zweck werden die Rechnungsbücher der Pröpste des Stiftes Diesdorf zugrunde gelegt,[22] auf dessen regen Austausch mit den umliegenden Städten 1922 Gottfried Wentz hingewiesen hat, ohne allerdings Fragen der Versorgung mit

17 Wolfgang SCHMID, Kunstlandschaft – Absatzgebiet – Zentralraum. Zur Brauchbarkeit unterschiedlicher Raumkonzepte in der kunstgeographischen Forschung vornehmlich an rheinischen Beispielen, in: Figur und Raum. Mittelalterliche Holzbildwerke im historischen und kunstgeographischen Kontext. Akten des internationalen Colloquiums auf der Blomenburg bei Selent (7.–10. Oktober 1992), hg. von Uwe ALBRECHT/Jan von BONSDORFF (1994) S. 21–34, bes. S. 24–29.

18 Wolfgang SCHMID, Der Renaissancekünstler als Handwerker. Zur Bewertung künstlerischer Arbeit in Nürnberg um die Mitte des 16. Jahrhunderts, in: Wert und Bewertung von Arbeit im Mittelalter und in der frühen Neuzeit. Herwig Ebner zum 65. Geburtstag, hg. von Gerhard JARITZ/Käthe SONNLEITNER (Schriftenreihe des Instituts für Geschichte 7, 1995) S. 61–149, bes. S. 90–99.

19 Hans WENTZEL, Meisterwerke der Glasmalerei (^{2}1954) S. 53.

20 Jens RÖHRKASTEN, Handwerker aus Zentraleuropa im spätmittelalterlichen England, in: Handwerk in Europa. Vom Spätmittelalter bis zur Frühen Neuzeit, hg. von Knut SCHULZ (Schriften des Historischen Kollegs, Kolloquien 41, 1999) S. 93.

21 BONSDORFF, Kunstproduktion (wie Anm. 13) S. 146.

22 LA Magdeburg -LHA-, Außenstelle Wernigerode, Rep. Da, Amt Diesdorf, Nr. XXVa: Nr. 1–34 (Nr. 4 fehlt).

Kunstprodukten oder speziell Glasmalereien zu berücksichtigen.[23] Vor allem das altmärkische Salzwedel, innerhalb einer halben Tagesreise nordöstlich von Diesdorf gelegen, war hier von Bedeutung. Diesdorf[24] wird auf Grund seines umfangreichen Grundbesitzes als das reichste altmärkische Stift angesehen.[25] Es ist daher eine entsprechende Ausstattung der Kirche, der Propst- und der Konventsgebäude zu erwarten, wenn auch heute keinerlei Glasmalereien mehr überliefert sind.[26] Dazu, und für das hier versuchte Vorhaben wichtig, zeichnet sich Diesdorf durch seine Überlieferung aus: die Rechnungsbücher besitzen eine auch im überregionalen Vergleich ungewöhnliche Materialfülle und umfassen – mit Lükken in der Überlieferungsreihe – vom späten 14. bis in das 16. Jahrhundert einen langen Zeitraum.[27] Ihre Untersuchung scheint daher geeignet zu sein, exemplarisch einen Rahmen abzustecken, innerhalb dessen es für ein Stift der Altmark im Spätmittelalter möglich war, im Bedarfsfall auf Glasmalereiwerkstätten zuzugreifen.

[23] Gottfried WENTZ, Das Wirtschaftsleben des Klosters Diesdorf im ausgehenden Mittelalter. Ein Beitrag zur Wirtschaftsgeschichte der Altmark aus den Klosterrechnungen des 14. und 15. Jahrhunderts (1922), zu Glasern hier S. 9, Anm. 16. DERS., Das offene Land und die Hansestädte. Studien zur Wirtschaftsgeschichte des Klosters Diesdorf in der Altmark, HGBll 48 (1923) S. 61–98. DERS., Gewerbe und Kloster (Zur Wirtschaftsgeschichte des Klosters Diesdorf), FBPG 36 (1924) S. 1–13 (Glaser erwähnt auf S. 2).

[24] Vgl. zu Diesdorf: Provinz Sachsen/Anhalt, hg. von Berent SCHWINEKÖPER (Handbuch der Historischen Stätten Deutschlands 11, ^{2}1987) S. 82f. (B. SCHWINEKÖPER). Hellmut MÜLLER, Insula Sanctae Mariae: zur Frühgeschichte des Augustiner-Chorfrauenstifts Diesdorf, Aus der Altmark 66 (1986) S. 127–150. Bibliographie der ehemaligen Klöster und Stifte im Bereich des Bistums Berlin, des Bischöflichen Amtes Schwerin und angrenzender Gebiete, bearb. von Ursula CREUTZ (Mitteldeutsche Forschungen. Sonderreihe: Quellen und Darstellungen in Nachdrucken 9, 1988) S. 285–289 (mit weiterer Lit.).

[25] WENTZ, Wirtschaftsleben (wie Anm. 23). Otto KORN, Beiträge zur Geschichte des Zisterzienser-Nonnenklosters Neuendorf in der Altmark, SuA 5 (1929) S. 186. Peter SEYFRIED, Die Klosterkirche zu Diesdorf/Altmark (Große Baudenkmäler 463, ^{3}1998) S. 4.

[26] Eine Beschreibung der Diesdorfer Kirche mit Bezugnahme auf eine Restaurierung 1872 von Baurat Hubert Prejawa gibt: Jahresberichte des Altmärkischen Vereins für vaterländische Geschichte und Industrie 32 (1905) S. 127–129. Gottlieb H. F. HINTZE, Kloster und Kirche Diesdorf. Fs. zum 10. Dez. 1911 (1161–1911) (1911) S. 14, weist auf eine Darstellung des Apostels Petrus im Chorfenster I hin, die aber wohl dem 19. Jahrhundert zugehört. Zu Fensterreparaturen auf dem Nonnenchor im Jahr 1769/70 s. LHA Potsdam, Rep. 33A, Nr. 692, fol. 1r–8r.

Die Quellen

Insgesamt liegen für den Zeitraum von 1379 bis 1530 knapp 80 Jahrgänge erhaltener Ausgaberegister vor, die auch die Aufwendungen für Bauvorhaben und die Entlohnung von Handwerkern beinhalten. Die typisch hochformatigen Rechnungsbücher verzeichnen die Einnahmen des Jahres, denen in der Regel die laufenden Ausgaben, nach Wochen gesammelt, folgen. In uneinheitlicher Handhabung treten auch Sachrubriken hinzu.[28] Für das 15. Jahrhundert sind die chronologischen Listen der laufenden Ausgaben des jeweiligen Jahres ergiebig. In diesen sind die Ausgaben verzeichnet, die der Propst in Stiftsgeschäften und auf Reisen hatte, ebenso für Ankäufe aller Art auf den regionalen Märkten, mit denen das Kloster seinen Bedarf an Nahrungsmitteln und Luxusgütern deckte.[29] Auch Nachrichten über die Bezahlung von Glasarbeiten sind hier zu finden. Häufig anfallende Entlohnungen von Bauhandwerkern – etwa Zimmerleuten oder Maurern – wurden dagegen in eigens angelegten Rubriken geführt. Diese unterschiedliche Form der Rechnungsführung spiegelt die Tatsache, daß Glaser und Glasmaler jeweils nur bei aktuellem Bedarf, zum Abschluß von Bauvorha-

27 Vgl. eine Übersicht von Hüttenrechnungen bei Günther BINDING, Baubetrieb im Mittelalter. In Zusammenarbeit mit Gabriele ANNAS, Bettina JOST und Anne SCHUNICHT (1993) S. 130. Zu der Auffindung des Diesdorfer Archivs im Jahr 1859 George A. von MÜLVERSTEDT, Mittheilungen aus den ältesten Rechnungen des ehemaligen Augustiner-Jungfrauen-Klosters Disdorf bei Salzwedel, die Jahre 1379 bis 1394 betreffend. Auch als Beitrag zur Kunde mittelalterlichen Klosterlebens, Jahresberichte des Altmärkischen Vereins für vaterländische Geschichte und Industrie 18 (1875) S. 113–141, hier S. 116 (mit irrigen Datierungen von Rechnungsjahrgängen).

28 Ausgaberegister sind nicht in allen überlieferten Rechnungsbüchern vorhanden, siehe LA Magdeburg -LHA-, Amt Diesdorf (wie Anm. 22): Nr. 3 (Einnahmen 1410–11), Nr. 5 (1416–37, nur wenige Mitteilungen zu den Ausgaben), Nr. 9 (1464–1471, nur wenige Nachrichten zu Ausgaben von 1469–1471), Nr. 16 (Einnahmen, 1498–99), Nr. 17 (Fragment), Nr. 20 (Einnahmen, Anfang 16. Jh.), Nr. 26 (Einnahmen 1515–1522), Nr. 27 (Einnahmen 1515–1526), Nr. 29 (Einnahmen 1522). Zum Teil fehlen Rechnungsbücher (1452–1454, 1457–1463, 1488–1490, 1495–1498, 1502–1504, 1518–1519), zum Teil handelt es sich bei den genannten Bänden auch um gesonderte Verzeichnisse, so daß die Ausgaberegister in anderen Bänden geführt wurden. Vor 1410 liegen Ausgaberegister vor für folgende Jahre: 1379–1380, 1386–1390, 1392, 1394.

29 WENTZ, Das offene Land (wie Anm. 23) passim, bes. S. 73f., S. 82. Vgl. Nils BRÜBACH, Kauffschlag und Herrenmesse – Messen und Jahrmärkte und ihre Funktion für den Raum zwischen Weser und Elbe, in: Hanse-Städte-Bünde 1: Die sächsischen Städte zwischen Elbe und Weser um 1500. Ausst. Magdeburg 1996, hg. von Matthias PUHLE (Magdeburger Museumsschriften 4, 1996) S. 375–395.

ben oder bei starken Beschädigungen von Fenstern herangezogen wurden.[30] Dies ist so auch aus der Praxis kommunaler Baubetriebe bekannt.[31] Die *glasewerter* gehörten nicht zu den Bauhandwerkern im engeren Sinn, sondern fertigten als Spezialisten für den jeweils genau bestimmten Bedarf, der in Diesdorf entsprechend ausnahmslos nach Stücklohn bezahlt wurde.[32]
Seit 1499 liegt für die Verzeichnung der Glasarbeiten in der Rechnungsführung des Stiftes Diesdorf jedoch ein deutlicher Einschnitt vor. Nun wurde eine Rubrik dem *glasewerter* / *glasewerker* / *vinstermaker* (die Bezeichnung variiert) eingeführt, die stetig wiederkehrt. Der *glasewerter* war damit unter die Berufe eingereiht, die so regelmäßig durch das Kloster beschäftigt wurden, daß sich eine gesondert zusammengefaßte Rechnungsrubrik dauerhaft anbot. Hierfür war nicht nur ein gestiegener Bedarf oder eine vereinfachte Verfügbarkeit von Blankverglasungen in den Konventsgebäuden die Ursache. Auch die Lieferung von neuen Tafeln, die als Farbverglasungen etwa in der Form von Wappenscheiben anzusehen sind,[33] werden unter dieser Rubrik subsumiert.

[30] Vgl. etwa Floridus RÖHRIG, Das kunstgeschichtliche Material aus den Klosterneuburger Rechnungsbüchern des 14. und 15. Jahrhunderts, Jb. des Stiftes Klosterneuburg N.F. 6 (1966) S. 137–178. Auch Friedhelm BURGARD / Verena KESSEL / Johannes MÖTSCH, Die Fabrikrechnungen des Stiftes Münstermaifeld von 1336–1349, Jb. für westdeutsche Landesgeschichte 21 (1995) S. 214, S. 226. Achim BONK, Ein Jahrhundert Klostergeschichte. Die mittelalterlichen Haushaltsrechnungen des Klosters Barsinghausen, Hannoversche Geschichtsblätter N.F. 49 (1995) S. 42, S. 48. Matthias SEELIGER, Rechnungsbuch des Stifts Obernkirchen 1475–1479 (Schaumburger Studien 47, 1987) S. 52, S. 84, S. 217. Hinweise auf diese und weitere Quellen und Veröffentlichungen auf der Web-Seite *Computatio* von Otto VOLK, http://online-media.uni-marburg.de/ma_geschichte/computatio/.

[31] Gerhard FOUQUET, Bauen für die Stadt. Finanzen, Organisation und Arbeit in kommunalen Baubetrieben des Spätmittelalters. Eine vergleichende Studie vornehmlich zwischen den Städten Basel und Marburg (Städteforschung A 48, 1999) S. 349. Martin KÖRNER, Territorialerwerbungen, Herrschaftskäufe und öffentliche Aufwendungen im Hoch- und Tiefbau im alten Staat Luzern 1421–1795, in: Öffentliches Bauen in Mittelalter und Früher Neuzeit. Abrechnungen als Quellen für die Finanz-, Wirtschafts- und Sozialgeschichte des Bauwesens, hg. von Ulf DIRLMEIER u.a. (Sachüberlieferung und Geschichte 9, 1991) S. 41. Carolin GÖLDEL, Die Jahresrechnungen des Bamberger Stadtbauhofes. Bemerkungen zu einem Rechnungsbestand des 15. Jahrhunderts, ebd. S. 68.

[32] Zur Zahlungsform vgl. BINDING, Baubetrieb (wie Anm. 27) S. 151.

[33] Vgl. hierzu unten S. 125.

Häufigkeit der Entlohnung von *glasewertern*

Eine Auflistung der relevanten Diesdorfer Rechnungsnotizen[34] zeigt die regelmäßige Entlohnung von *glasewertern* für die Herstellung, den Verkauf und die Reparatur von Fenstern. Der zumeist in den Rechnungen gebrauchte Terminus *glase vinsteren* bezeichnet unterschiedslos sowohl ganze Fenster als auch einzelne Felder. Zusätzlich zu der in dem folgenden Diagramm repräsentierten Beschäftigung externer Handwerker sind im letzten Drittel des 15. Jahrhunderts auch Stiftsangehörige belegt, die Arbeiten an den Fenstern ausführten.[35] Diese *fenestrariae* zählten zu den *puellae saeculares* oder *werliken kinderen*, die in Diesdorf seit dem späten 14. Jahrhundert bis in das 16. Jahrhundert bekannt sind.[36]

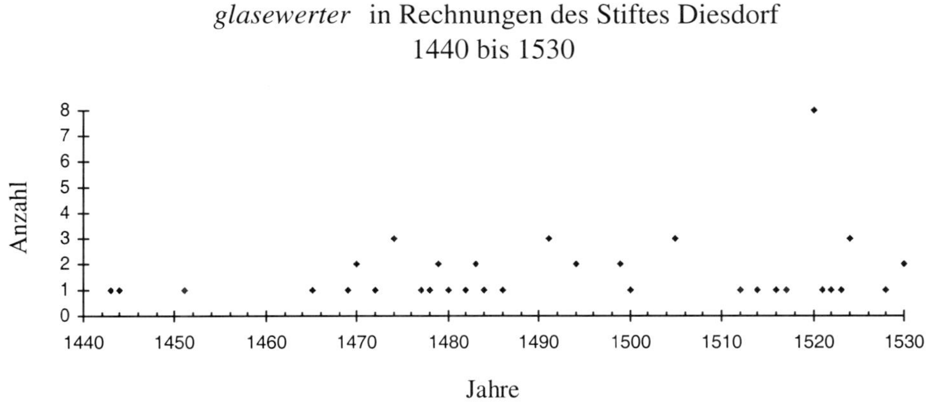

34 Siehe unten S. 124–126 (Anhang).

35 Der Propst verzeichnete in den Jahren 1479 und 1480, 1485 und 1486, 1494, 1499 und 1500 entsprechende Ausgaben, LA Magdeburg -LHA-, Amt Diesdorf (wie Anm. 22): Nr. 13, fol. 25r, fol. 64v (1480). Ebd. Nr. 2, fol. 122r. Ebd. Nr. 15, fol. 26v, fol. 71r. Ebd. Nr. 19, fol. 34v. Die Übernahme von Arbeiten an den Fenstern durch eine Konversin ist auch für das Kloster in Wienhausen belegt, SCHWARZ, Fensterstiftungen (wie Anm. 14) S. 105.

36 Konrad GRÜNDLER, Die sozialen Verhältnisse des Augustiner-Nonnenklosters Diesdorf (masch.-schr. Diss. Berlin 1924) S. 57f. Diese waren den einzelnen Nonnen des Klosters zugeordnet, übertrugen ihre Güter dem Kloster und übernahmen verschiedene Aufgaben, wofür sie durch die Nonnen versorgt und erzogen wurden. Vgl. allgemein Patricia A. QUINN, Better than the Sons of Kings. Boys and Monks in the Early Middle Ages (Studies in History and Culture 2, 1989), bes. S. 105–154.

Die Entlohnung von *glasewertern* ist in den vorliegenden Rechnungsbüchern seit 1443 nachweisbar.[37] Aus den früheren Jahren, zwischen 1379 bis 1394 und für einzelne Jahre nach 1410, sind keine Glasarbeiten belegt. Die über 50 Fundstellen von 1443 bis 1530 verteilen sich auf 32 Jahrgänge. Eine Ausnahme hinsichtlich der Häufigkeit stellt die Bezahlung von acht verschiedenen Arbeiten des Jahres 1520 dar.[38] Eine kontinuierliche Beschäftigung von *glasewertern* ist besonders zwischen 1469 und 1491 sowie zwischen 1512 und 1530 zu konstatieren. In der zweiten Hälfte des 15. Jahrhunderts gingen hiermit verschiedene Bauvorhaben einher, nach 1510 vermehrte Stiftungen.[39]

Die Bautätigkeit im Stift Diesdorf seit der Mitte des 15. Jahrhunderts betraf neben den Wirtschafts- und Wohngebäuden auch die Stiftskirche, die unter anderem von aus Braunschweig herbeigeholten Meistern neu eingedeckt wurde.[40] Propst Johann Pawe bekannte darüber hinaus im Jahr 1452, eine Stiftung über 100 Mark lüneburgischer Pfennige des Bischofs von Ratzeburg, Paridam von dem Knesebeck (1431–1440), zur Reparatur der Kirche sowie für den Fischteich und das Zehnthaus verwandt zu haben.[41] Diese 100 Mark waren ursprünglich als Leibrente zugunsten der Diesdorfer Konventualin Alheid von dem Knesebeck angelegt worden. Ihre Beanspruchung zu Bauzwecken illustriert die finanzielle Belastung des Stifts durch die Bautätigkeiten.[42] Ein im Jahr 1470 an einen *glasewerter* vergebener Auftrag schloß dabei die Einsetzung von neuen sowie die Wiederherstellung alter Fenster in der Kirche ein.[43] Da zum selben Termin einem Pleban Nikolaus 12 Schilling für die Reparatur der Orgel bezahlt wurden,

37 LA Magdeburg -LHA-, Amt Diesdorf (wie Anm. 22): Nr. 7, fol. 37v: *Item iiii mr iiii ß vor v glase venstere do*(minica) *visita*(tione) *ma*(r)*ie*. Vgl. dazu kurz zuvor eine Ausgabe von 7 Schilling *deme glawechts* [!] *knechte*, wohl für die Anlieferung, ebd. fol. 37r.

38 Ebd. Nr. 28, fol. 71v. Dazu sind hier zwei Scheiben gezählt, die der Abt von St. Michael in Lüneburg nach Diesdorf stiftete, s. dazu unten S. 113.

39 Siehe zu den Stiftungen unten S. 124–126.

40 LA Magdeburg -LHA-, Amt Diesdorf (wie Anm. 22): Nr. 7, fol. 122r.

41 CDB A 16 S. 485f., Nr. 135. Zu Paridam vgl. Gottlieb M. C. MASCH, Geschichte des Bisthums Ratzeburg (1835) S. 334–340.

42 Zur Ermöglichung solcher Unternehmungen erhielt Diesdorf auch die Unterstützung des Bischofs von Verden. Bischof Johann von Assel hatte die altmärkischen Frauenklöster noch 1455 auf eine strengere Handhabung der Klausur verpflichtet, schränkte dies im Jahr 1456 für Diesdorf, Dambeck, Crevese und Arendsee jedoch wieder ein, indem er zu Bauzwecken einen kontrollierten Zugang von *viri honesti* erlaubte, s. CDB A 16 S. 486–488, Nr. 137 und 138.

43 LA Magdeburg -LHA-, Amt Diesdorf (wie Anm. 22): Nr. 11, fol. 118v: *vj Mark vor nye glase vinsteren unde ok olde to reformeren in der kerken.*

haben in diesem Jahr offenbar umfassende Instandsetzungsarbeiten in der Kirche stattgefunden. 1499 wurde ein weiteres neues Fenster in der Kirche eingesetzt.[44] Auch Arbeiten an anderen Stiftsgebäuden werden wiederholt deutlich,[45] darunter auch die Kemenate des Propstes, die 1444 eine neue Verglasung erhielt.[46]

Art und Chronologie der Arbeiten von *glasewertern*

Aufgrund der inhaltlichen Kargheit der Quellen, die kaum mehr als den Anforderungen der Rechnungslegung genügen[47] – Angaben zur Ikonographie fehlen in den Rechnungsnotizen durchgehend, solche zum Standort häufig –, müssen als erster Anhaltspunkt die verausgabten Geldbeträge für die im Einzelfall problematische Scheidung von Glasmalereien und Blankverglasungen herangezogen werden. Nimmt man die niedrigsten überlieferten Preise für einzelne zeitgleiche Wappenscheiben in Lüneburg zum Maßstab, kommen fast alle der aufgelisteten Arbeiten in Betracht, als Farbverglasung ausgeführt worden zu sein. Als Beispiel kann eine 1465 von dem Diesdorfer Propst in Lüneburg gekaufte Fenstertafel dienen, für die das Rechnungsbuch mitteilt: *Item viii ß Curde* [Bardewyk] *vor i tafel glasevinster*.[48] Dies entsprach im Preis anderen Scheiben, die derselbe Glaser 1461–1469 und 1477–1480 für Lüneburger Auftraggeber, das Kloster Heiligental, den Rat der Stadt und das Michaeliskloster, gefertigt hat.[49] Der Preis von etwa einer halben Mark oder acht Schilling je Tafel ist seit 1465 auch in den Diesdorfer Rechnungen häufig belegt, wobei dies in lünebur-

44 Ebd. Nr. 19, fol. 48v.

45 Vgl. etwa ebd. Nr. 2, fol. 88v (zu 1493). Eine Zusammenstellung von Bauarbeiten an einem *nygen huse* und einem *kornhuise* von 1442/1451 ebd. Nr. 7, fol. 122r–131r. Weitere Aufstellungen ebd. Nr. 11, fol. 57v–63r (1473). Ebd. Nr. 12, fol. 242v–247r (1478). Ebd. Nr. 19, fol. 42r–50v (1499), fol. 98v–105v (1500), fol. 148v–154r (1501). Dazu auch für 1464 ebd. Nr. 10, fol. 22r eine Baukostenaufstellung mit dem Zusatz *in Soltwedel do de kerke gebuwet ward*.

46 Ebd. Nr. 7, fol. 46v: *Item i rh. gulden claus glasemeker vor vensteren upp myner kemme*(n)*at*(en).

47 Vgl. zu diesem Problem RÖHRIG, Klosterneuburger Rechnungsbücher (wie Anm. 30) S. 142.

48 LA Magdeburg -LHA-, Amt Diesdorf (wie Anm. 22): Nr. 9, fol. 25r. Zu Cord Bardewyk vgl. unten S. 117.

49 Maja MOLLENHAUER, Urkundenkatalog zur Lüneburger Glasmalerei von 1380–1530 (Teil einer nicht abgeschlossenen Mainzer Dissertation; Kopie im CVMA Deutschland, Freiburg i. Br.; [um 1954]) S. 46f.

gischer wie Salzwedeler Münze der Fall war.[50] Bei Produkten für einen solch niedrigen Betrag handelte es sich wohl um kleinbildliche Darstellungen oder Grisaillescheiben, die als einzelne Tafeln gekauft wurden. Diese waren nicht nur für die Diesdorfer Kirche, sondern auch für die Propst- und Konventsgebäude vorgesehen, wobei ihr Preis bis in das 16. Jahrhundert konstant blieb.[51] Eine solche einzelne Tafel hatte in der Mitte des Zeitraumes, für den wir über Diesdorfer Belege zu *glasewertern* verfügen, also um 1480, etwa den Natural-Gegenwert eines Schafs.[52]

Stiftungen

Ein eindeutigerer Beleg für eine Ausführung von Farbverglasungen als ein Preisvergleich besteht in der fallweisen Nennung von Stiftern oder Empfängern von *glase vinsteren.* Hier finden sich sowohl Stiftungen des Diesdorfer Propstes nach außerhalb als auch solche für die Diesdorfer Kirche und die Konventsgebäude selbst, die nicht vom Stifter, sondern von dem Propst bezahlt wurden. Dieser Modus wurde gewählt, um eine Qualitätskontrolle nach Anlieferung und Einsetzung der Fenster zu vereinfachen oder verschiedene Stiftungen zu koordinieren.[53] Einer solchen Stiftung konnte auch die direkte Bitte um eine akut notwendige, mehr oder weniger aufwendige Verglasung vorausgegangen sein.[54] Die Nennung von Stiftern und Empfänger in den Rechnungsnotizen macht dabei deutlich, daß es sich auch bei den schon angesprochenen Einzelscheiben nicht

[50] LA Magdeburg -LHA-, Amt Diesdorf (wie Anm. 22): Nr. 9, fol. 23v. Ebd. Nr. 12, fol. 72r. Ebd. Nr. 14, fol. 78r. Ebd. Nr. 15, fol. 78r. Ebd. Nr. 2, fol. 3r. WENTZ, Das offene Land (wie Anm. 23) S. 95ff., bietet Tabellen zur Entwicklung der Währungsverhältnisse. Die Salzwedeler Mark hatte in der zweiten Hälfte des 15. Jahrhunderts einen durchschnittlichen Wert von 83% der lüneburgischen Mark, wobei im Einzelfall jedoch auch starke Schwankungen beachtet werden müssen.

[51] WENTZ, ebd. S. 84, weist darauf hin, daß die Preise für bestimmte Waren zum Teil über lange Zeiträume konstant blieben, während die meisten sich vom Ende des 14. bis zum Ende des 15. Jahrhunderts deutlich verteuerten.

[52] Ebd. S. 84.

[53] Kurfürst Albrecht Achilles hatte zum Beispiel ein Fenster für die St. Nikolauskirche in Wilsnack gestiftet und die Ausführung (allerdings vergebens) den „pfaffen" aufgetragen, s. Johannes SCHULTZE, Die Mark Brandenburg 3: Die Mark unter Herrschaft der Hohenzollern (1415–1535) (^{2}1989) S. 159f.

[54] Vgl. etwa in Kloster Lüne, Rüdiger BECKSMANN/Ulf-Dietrich KORN, Die mittelalterlichen Glasmalereien in Lüneburg und den Heideklöstern. Unter Mitwirkung von Fritz HERZ (CVMA Deutschland 7, Niedersachsen 2, 1992) S. 268ff., Regesten Nr. 51, 52, 53 (F. HERZ).

um eine vollständig standardisierte Produktion handelte, die auf Vorrat hergestellt und verkauft wurde. Denkbar ist stattdessen etwa ein fester Typus einfacher Wappenscheiben, die in Blankverglasungen eingesetzt wurden, wie sie zeitgleich in Lüneburg etabliert sind,[55] oder andere, möglicherweise auch profane Bildinhalte, die von Fall zu Fall nur in einzelnen Bestandteilen verändert wurden und damit preiswert hergestellt werden konnten.[56] Die Stiftungen spiegeln dabei die ökonomische und soziale Verankerung Diesdorfs: fast immer standen die beteiligten Personen in verwandschaftlichen und wirtschaftlichen Beziehungen zum Stift.[57] Neben solchen Schenkungen werden in den Rechnungen noch Reparaturen verzeichnet, bei denen je nach Aufwand differenziert wird.[58] Vermutlich tiefgreifendere Arbeiten umfaßte der Auftrag an einen Glaser, Fenster *to reformeren*.[59] Hierbei sind Maßnahmen zu erwarten, in denen auch größere Bestandteile von Fenstern, besonders des Bleinetzes, ersetzt wurden.[60]

Als Beispiel für Fensterstiftungen der Diesdorfer Pröpste soll auf eine Vergabung an den Dom zu Verden a. d. Aller im Jahr 1482 hingewiesen werden.[61] Diese Stiftung von Propst Johann Verdemann fällt in den Zeitraum des Erweiterungsbaus des Doms durch Bischof Barthold von Landsberg, der von 1473 bis

55 BECKSMANN/KORN, Glasmalereien in Lüneburg (wie Anm. 54) S. LII.

56 Daniel HESS, Meister um das „mittelalterliche Hausbuch". Studien zur Hausbuchmeisterfrage (1994), bes. S. 52–57. DERS., Der Weg in die Stube. Zur Entwicklung und Verbreitung der Kabinettscheibe, in: Bilder aus Licht und Farbe (wie Anm. 10) S. 45, zur Verwendung von Genreszenen des „Mittelalterlichen Hausbuches" für solche Produkte.

57 Siehe unten S. 118ff. Neben den durch den Diesdorfer Propst abgerechneten Fenstern müssen vermutlich weitere Stiftungen angesetzt werden, die durch die Wohltäter direkt bezahlt wurden und mithin keinen Niederschlag in den Rechnungen fanden. Die Überlieferung bleibt somit ausschnitthaft. Vgl. hierzu auch SCHWARZ, Fensterstiftungen (wie Anm. 14) S. 99f.

58 Zum einen werden Glaser bezahlt, Fenster *to lappen*, womit wohl eine Ausbesserung durch Flickwerk bezeichnet wird, vgl. LA Magdeburg -LHA-, Amt Diesdorf (wie Anm. 22): Nr. 13, fol. 32r (1479). Ebd. Nr. 2, fol. 82r (1494). Ebd. Nr. 19, fol. 48v (1499) und fol. 104r (1500). Ebd. Nr. 21, fol. 48v (1505). Ebd. Nr. 25, fol. 216r (1517). Der Begriff ist auch in Lüneburg üblich, vgl. BECKSMANN/KORN, Glasmalereien in Lüneburg (wie Anm. 54) S. 260, Regest Nr. 14 (F. HERZ).

59 Der Begriff wird ansonsten auch bei Reparatur von Fässern durch den Böttcher verwandt, LA Magdeburg -LHA-, Amt Diesdorf (wie Anm. 22): Nr. 2, fol. 2r.

60 Ebd. Nr. 12, fol. 194r (1477). Ebd. Nr. 2, fol. 5r (1491).

61 Ebd. Nr. 14, fol. 33r. Vgl. auch Enno HEYKEN, Die Altäre und Vikarien im Dom zu Verden. Ein Beitrag zur Rechts-, Wirtschafts- und Sozialgeschichte eines mittelalterlichen Sakralraumes (Veröffentlichungen des Instituts für Historische Landesforschung der Universität Göttingen 29, 1990).

1490 die westlichen Joche des Langhauses hinzufügen ließ.[62] Johann Verdemann war auch Propst von St. Marien in der Altstadt Salzwedel und damit Archidiakon des Bistums Verden. Er hatte 1481 die Diözesansynode in Lüneburg besucht,[63] so daß die Kenntnis über das jeweilige Stadium des Bauvorhabens wohl vorhanden war. Möglicherweise bot sich 1482 die Gelegenheit zu einer Stiftung für eines der hierbei neugeschaffenen dreibahnigen Fenster des 15. Jahrhunderts.[64] Der Betrag von zwei rh. fl., der im Rechnungsbuch vermerkt wurde, entsprach nach Umrechnung des Propstes drei Mark, zehn Schilling und acht Pfennig Salzwedeler Münze. Der Preis betrug damit ein Mehrfaches der Kosten für eine einfache Wappenscheibe, wenn er allerdings auch weitaus bescheidener war als eine Stiftung, die der Lüneburger Rat zwei Jahre zuvor für die enorme Summe von 50 lüneburgische Mark in den Verdener Dom vergeben hatte.[65]

Johann Verdemann trat noch in weiteren Fällen als Stifter und bei der Durchführung von Bauvorhaben in Erscheinung. So ist ihm das bedeutende Propstei-Gebäude in der Altstadt Salzwedel inschriftlich zugeschrieben.[66] Darüber hinaus hat er 1474 einen spätgotischen Altar für das Benediktinerinnenkloster Dambeck und 1470 eine Andreas-Skulptur für die Kirche in Dähre gestiftet.[67] Neben seinem Archidiakonat im Bistum Verden unterhielt er auch gute Beziehungen zum Haus der Hohenzollern.[68] Nach der Übernahme der Herrschaft in der Altmark durch Kurfürst Friedrich II. verzeichnete Verdemann im Jahr 1465 für eine Reise nach Ebstorf und Lüneburg Kosten *in negotium domini marchionis*.[69]

62 Hans-Joachim KUNST, Der gotische Dom zu Verden 1274–1490, in: Dom und Bistum Verden an der Aller. Ergebnisse neuer Forschung (Rotenburger Schriften, Sonderheft 10, 1970) S. 167f.

63 LA Magdeburg -LHA-, Amt Diesdorf (wie Anm. 22): Nr. 13, fol. 118r.

64 Vgl. Urs BOECK, Der Dom zu Verden (Große Baudenkmäler 134, 1992) S. 10.

65 MOLLENHAUER, Urkundenkatalog (wie Anm. 49) S. 65. BECKSMANN/KORN, Glasmalereien in Lüneburg (wie Anm. 54) S. XXXVII.

66 Johannes F. DANNEIL, Kirchengeschichte der Stadt Salzwedel (1842) S. 22: „Johannes Verdemann prepositus erexit hanc domum Ao. MCCCCLXXIIII."

67 Wilhelm STAPEL, Der Meister des Salzwedeler Hochaltars. Nebst einem Überblick über die gotischen Schnitzaltäre der Altmark (1911) S. 32f.

68 Dies zeigt sich vor allem in wiederholten persönlichen Begegnungen mit der Markgrafenwitwe Agnes, die nach dem Tod von Friedrich d.J. von 1463 bis 1490 auf der Salzwedeler Burg residierte. 1469 weilte Agnes zu Besuch im Stift Diesdorf, LA Magdeburg -LHA-, Amt Diesdorf (wie Anm. 22): Nr. 9, fol. 7r. 1473 erhielt sie von Verdemann ein Geschenk: *Item ii rh. goldg. de maket iii mark ix ß iii d vor i apen de myne gnedige frouwe krech van Brandenborg*, ebd. Nr. 12, fol. 32r.

Unter den Nachfolgern von Johann Verdemann sind weitere Scheiben in den Jahren 1520, 1523 und 1524 von den Diesdorfer Pröpsten gestiftet worden. Anläßlich verschiedener Stiftungen des Jahres 1520 durch die Familie von Marenholtz wird in glücklicher Weise deutlich, wie die Schenkung von einzelnen Scheiben, wahrscheinlich Wappentafeln, eine beliebte Sitte wechselseitiger Versicherung und bildlicher Repräsentation verwandschaftlicher Bindungen war: eine Gewohnheit, die sich nicht nur in der schweizerischen Eidgenossenschaft oder in Oberdeutschland etabliert hatte,[70] sondern sich auch in norddeutschen Regionen verbreitete. Als Kurt von Marenholtz im Jahr 1520 Propst in Diesdorf wurde,[71] stiftete der Propst von Medingen, der Halberstädter Domdekan Johannes von Marenholtz,[72] eine Wappenscheibe in das altmärkische Stift. In den Diesdorfer Rechnungen ist diese Stiftung, vermehrt um eine Tafel des Propstes von Diesdorf, verzeichnet.[73] Mit dem Abt von St. Michael in Lüneburg, Boldewin von Marenholtz, schenkte im selben Jahr ein weiteres Mitglied der Familie zwei Scheiben an den Diesdorfer Propst und an eine Diesdorfer Stiftsdame der von dem Knesebeck.[74]

Ausgaben für zwei weitere Wappentafeln verzeichnete der Diesdorfer Propst 1520 zugunsten eines *Scriueren*.[75] Vermutlich ist diese Notiz auf eine städtische Schreibstube, mit der das Stift in engem Kontakt stand, zu beziehen. Aus Lüneburg beinhalten die überlieferten Nachrichten über die verlorenen Glasmalereien in der Neuen Ratsschreiberei keine Hinweise auf Wappenstiftungen durch die Klöster der Region, wohl aber in der Sodmeister-Körkammer.[76] Hier ist unter an-

69 Ebd. Nr. 10, fol. 55r. Vgl. zu 1450, ebd. Nr. 7, fol. 98v: *Item 300 rh guld*(en) *hebbe ick geuen mynen heren deme markgraue.*

70 Die Stadt Basel beschloß 1502 sogar, an den ausufernden gegenseitigen Fensterschenkungen unter den eidgenössischen Städten nicht mehr teilhaben zu wollen, eine Haltung, die allerdings schon bald wieder rückgängig gemacht wurde, s. FOUQUET, Bauen für die Stadt (wie Anm. 31) S. 344. Vgl. zu den Basler Glasmalereien Barbara GIESICKE, Glasmalereien des 16. und 20. Jahrhunderts im Basler Rathaus. Mit Texten von Martin ALIOTH, Ulrich BARTH und Erwin BEZLER (1994).

71 GRÜNDLER, Verhältnisse (wie Anm. 36) S. 21f.

72 Ida-Christine RIGGERT, Die Lüneburger Frauenklöster (Veröffentlichungen der Historischen Kommission für Niedersachsen und Bremen 37; Quellen und Untersuchungen zur Geschichte Niedersachsens im Mittelalter 19, 1996) S. 415f.

73 LA Magdeburg -LHA-, Amt Diesdorf (wie Anm. 22): Nr. 28, fol. 71v.

74 MOLLENHAUER, Urkundenkatalog (wie Anm. 49) S. 186.

75 LA Magdeburg -LHA-, Amt Diesdorf (wie Anm. 22): Nr. 28, fol. 71v: ... *i marka vor ii tafelen dem Scriueren.*

76 BECKSMANN/KORN, Glasmalereien in Lüneburg (wie Anm. 54) S. 128f. Vgl. zu den

derem das Wappen des Ebstorfer, zuvor Diesdorfer Propstes Matthias von dem Knesebeck belegt.[77]
1523 erhielten der Propst von Medingen zwei und der Gastmeister wohl des Heilig-Geist-Spitals in Lüneburg eine von insgesamt fünf Tafeln, für die der Diesdorfer Propst Werner (XIV.) von der Schulenburg einen *vinster maker* bezahlte.[78] Eine weitere Tafel war bestimmt für *Aleff Vaten dem bodendyck.* Mit den von Bodenteich unterhielt das Stift Diesdorf wirtschaftliche Beziehungen, darüber hinaus entstammten auch Nonnen des Konvents dieser Familie.[79] Nochmals 1524 hat der Diesdorfer Propst Werner von der Schulenburg weitere Scheiben in Auftrag gegeben. Insgesamt umfaßte dieser 16 nicht näher bezeichnete Tafeln für je acht Salzwedeler Schilling sowie zwei Arbeiten für den Propst des Klosters Arendsee, Matthäus Vincke, und Curt (I.) von der Schulenburg.[80]

Die regionale Herkunft der *glasewerter*

Die Diesdorfer Rechnungen belegen die Vergabe von Aufträgen im Um- und Hinterland des Stifts. Sie nennen im einzelnen *glasewerter* in Salzwedel und in Lüneburg, zu einer Gelegenheit in Uelzen sowie verschiedene regional nicht zuzuweisende Personen. Die Hinweise auf Salzwedel sind die bisher einzigen Belege für die Existenz eines Glaserhandwerks in der altmärkischen Stadt, die noch heute in der Marien- und der Katharinenkirche sowie in museal verwahrten Scheiben über Glasmalereien des 14. bis 16. Jahrhunderts verfügt.[81] Nur einen indirekten Fingerzeig bietet ansonsten eine städtische Urkunde des Jahres 1457.

Glasmalereien in der Hildesheimer Ratsschreiberei im Jahr 1414 Hildesheimsche Stadtrechnungen 1, hrsg. von Richard DOEBNER (UB Stadt Hildesheim 5, 1893) S. 548.

77 Zur Person vgl. CDB A22 S. 280f. Vgl. GRÜNDLER, Verhältnisse (wie Anm. 36) S. 21f. RIGGERT, Lüneburger Frauenklöster (wie Anm. 72) S. 388f.

78 LA Magdeburg -LHA-, Amt Diesdorf (wie Anm. 22): Nr. 31, fol. 62v: *Item 2,5 marcis lub. vor v wapenn, ii dem proweste van medyngk, ... i aleff Vaten dem bodendyck, i dem gestmesteren in dem hilgengeyst.* Vgl. Georg SCHMIDT, Das Geschlecht von der Schulenburg 2: Die Stammreihe (1899) S. 176f., Nr. 125.

79 1501 liehen Alverich und Günther von Bodenteich in Diesdorf Geld auf den Zehnten in Höddelsen, s. CDB A22 S. 314. 1526 war Albrecht von Bodenteich Mitglied einer kurfürstlichen Schlichtungskommission zwischen der Altstadt Salzwedel und den von dem Knesebeck, s. CDB A16 S. 361f. Vgl. Konrad GRÜNDLER, Das altmärkische Augustiner-Nonnenkloster Diesdorf und seine Insassen, SuA 1 (1925) S. 136f.

80 LA Magdeburg -LHA-, Amt Diesdorf (wie Anm. 22): Nr. 32, fol. 77v: *Item viii marcis soltw. vor xvi Tafeln. Item i marc lub. dem proueste tho der arntze. Item i marc soltw. Cord mynen broder.* Zu letzterem SCHMIDT, Geschlecht von der Schulenburg 2 (wie Anm. 78) S. 179, Nr. 127.

In dieser bezeugte der Guardian der Salzwedeler Franziskaner den Erhalt von 20 Mark von der neustädtischen Kramerzunft für ein Fenster in der Konventskirche und dessen laufende Unterhaltung.[82] Will man nicht annehmen, daß ein Konventsangehöriger eine solche Aufgabe übernahm, setzt dies das Wirken eines Glasers in der Stadt voraus. Aus den Diesdorfer Rechnungen sind im Anschluß hieran für die zweite Hälfte des 15. Jahrhunderts verschiedene *glasewerter* eindeutig nachweisbar. Der mit dem größten Betrag versehene Diesdorfer Auftrag erging 1491 an den Salzwedeler *glasewerter* Michele. Dieser erhielt insgesamt den erheblichen Betrag von 16 Mark, 14 Schilling und acht Pfennig für die Herstellung von 24 *tafelen glasevinsteren*, weitere Felder und verschiedene Reparaturarbeiten.[83] Dabei wird auch die Zusammenarbeit mit anderen Handwerken deutlich. Neben dem *glasewerter* wurden ein Kleinschmied für das *yserwerk* und der *snitker* Meister Braedworste[84] für zwei hölzerne Rahmen entlohnt. Letzteres deutet darauf hin, daß die 24 gefertigtenTafeln in zwei Holzrahmen gefaßt wurden, vermutlich als zweibahnige Fenster à sechs oder dreibahnige Fenster à vier Zeilen. Ein zweiter, einzeln abgerechneter Auftrag des Jahres 1491 kostete denselben Betrag wie die Stiftung aus dem Jahr 1482 in den Verdener Dom.[85]
1477 zahlte der Diesdorfer Propst darüber hinaus *Tobinge dem glasewrechter* aus Salzwedel eine Mark für die Reparatur von nicht näher bestimmten Fenstern.[86] Neben den aufgeführten Tobinge und Michele werden in den Diesdorfer

[81] Zu den Glasmalereien des 16. Jahrhunderts in St. Katharinen grundlegend Konrad von RABENAU, Glasfenster der Reformationszeit in der St. Katharinenkirche zu Salzwedel, in: Die mittelalterliche Glasmalerei im Stendaler Dom. Kongreßbericht des wissenschaftlichen Kolloquiums vom 17.–19. Okt. 1988 in Stendal (o.J. [1988]) S. 113–130. Zu St. Marien: Mittelalterliche Glasmalerei in der Deutschen Demokratischen Republik (1979) S. 226 (Christa RICHTER). Vgl. auch Joachim HACKBART, Das Gotteshaus in der „Alten Stadt Salzwedel", Der Heidewanderer. Heimatbeilage der Allgemeinen Zeitung der Lüneburger Heide, Uelzen, 18. August bis 1. September 1990.

[82] CDB A 14 S. 302f., Nr. 382. DANNEIL, Kirchengeschichte (wie Anm. 66), UB S. 38, Nr. 44.

[83] LA Magdeburg -LHA-, Amt Diesdorf (wie Anm. 22): Nr. 2, fol. 4r: *Item xi mrk Michele dem glasewerker vor xxiiii tafelen glasevinsteren. Item iii mark iii d dem clensmede vor dat yserwerk to den vinsteren. Item iiii ß meister braedworste vor ii holten baghen to den glasevinsteren.* Ebd. fol. 5r: *Am midweken iii mark x ß viii d Michele dem glasewrechter tho Soltwedel vor nye glasevinsteren. Item ii mark iiii ß vor olde glase vinsteren to lappen unde to reformeren.*

[84] Ebd. Nr. 2, fol. 88v (zu 1493): *Meister Symon bradworste dem snitker iiii mark v ß iiii d vor xxvi dage de dornsen to cledende unde scat tilgende des dages viii wit*(te).

[85] Ebd. Nr. 2, fol. 5r (drei Mark, zehn Schilling, acht Pfennig).

[86] Ebd. Nr. 12, fol. 194r.

Rechnungen noch ein N. Meweken (1479–1484) und Merten (1494) als Salzwedeler Glaser genannt.[87] Meweken ist unter den namentlich belegten Personen der am häufigsten beschäftigte, der sowohl für die Fertigung von neuen Fenstern als auch zur Reparatur auf dem Stiftsgelände in Erscheinung tritt. 1479 zahlte ihm der Diesdorfer Propst drei Mark für neun Tafeln, zu einem anderen Termin nochmals zehn Schilling für die Ausbesserung von Fenstern.[88] 1483 kaufte der Propst bei Meweken ein *glasevinster*,[89] 1484 lieferte derselbe wiederum neue Fenster und reparierte verschiedene weitere in Diesdorf.[90] Neben Arbeiten für die Kirche und Gebäude auf dem Stiftsareal nahm der Propst auch für weitere Bauten Glasarbeiten in Anspruch. So gab Johann Verdemann 1478 für die Fenster in dem neu erbauten Salzwedeler Stadthaus vier Mark und 14 Schilling für den Glaser, die Schmiedarbeiten und die Fensterrahmen aus.[91]

Die Fülle dieser Nachweise macht deutlich, daß in Salzwedel seit der Mitte des 15. Jahrhunderts ein differenziertes glasverarbeitendes Gewerbe existent war, wobei zwei genannten Handwerkern (Michele und Meweken) auch größere Aufträge zu Neuanfertigungen übertragen wurden, während die beiden verbleibenden (Merten und Tobinge) nach Ausweis der vorliegenden Rechnungen eher zu Reparaturarbeiten herangezogen wurden. Seit wann beziehungsweise ob zuvor mit mehr oder weniger kontinuierlich vorhandenen Glasmalereiwerkstätten in Salzwedel zu rechnen ist, muß ebenso wie eine mögliche Beteiligung an den in der Marien- und in der Katharinenkirche vorhandenen Glasmalereien des 14. Jahrhunderts offen bleiben. Einen einzigen unsicheren Anhaltspunkt stellt ein Hinweis von Wentz auf einen um die Mitte des 14. Jahrhunderts in Salzwedel belegten *pictor* dar.[92] In spätmittelalterlichen Städten war unter Glasern und Malern sowie anderen Spezialhandwerkern wie etwa Bildschnitzern oder Perlenstickern eine doppelte oder mehrfache Ausübung von Gewerben weit verbreitet.[93] In Hamburg wurden etwa 1382 drei Meister bei der Aufnahme in das

[87] Ebd. Nr. 2, fol. 84r.

[88] Ebd. Nr. 13, fol. 30v: *Item iii mark vor ix glasevinsteren vor dat huß N. meweken.* Gemeint ist ein Haus auf dem Klosterhof, für dessen Errichtung auch Zimmerleute und Maurer entlohnt wurden. Dazu fol. 32r: *Item x ß N. meweken vor de glasevinstere up dem hofe tho lappende.*

[89] Ebd. Nr. 14, fol. 78r.

[90] Ebd. Nr. 14, fol. 122r.

[91] Ebd. Nr. 12, fol. 238v. Das Kloster hatte das Grundstück im Jahr 1476 erworben, wofür es dem Rat der Stadt Salzwedel einmal 100 Mark und jährlich 1,5 Mark Schoß zahlte, s. WENTZ, Das offene Land (wie Anm. 23) S. 72f.

[92] WENTZ, Gewerbe und Kloster (wie Anm. 23) S. 1f., Anm. 5.

[93] BONSDORFF, Kunstproduktion (wie Anm. 13) S. 25f., S. 29.

Bürgerrecht als *pictores*, bei der Aufnahme in das Amt aber als *vitrarii* bezeichnet.[94] In Stockholm nennen sich zwischen 1430 und 1520 gar sechs Personen uneinheitlich sowohl als Maler als auch als Glaser.[95] Karl-Joachim Maercker setzt darüber hinaus für das erste Drittel des 15. Jahrhunderts eine Gruppe von Malern an, die im Stendaler Dom Teile des umfangreichen Glasmalereizyklus, zuvor aber in Halberstadt, Havelberg und Magdeburg auch Glas-, Tafel- und Wandmalereien ausgeführt, also auf verschiedenen Bildträgern gearbeitet hätten.[96] Ob der Mitte des 14. Jahrhunderts in Salzwedel genannte *pictor* auch als Glasmaler tätig war, sei hier dahingestellt. Ein Beleg für ein institutionell gefestigtes Glaseramt in Salzwedel liegt erst 1570 vor, als zwischen den Lüneburger und den Salzwedeler Glasern unter Hinzuziehung des Hamburger Glaser-Amtes eine Auseinandersetzung über die Dauer der Ausbildung geführt wurde, da ein Salzwedeler Meister einen Lehrjungen nach nur einem Jahr hatte ziehen lassen.[97]

Nach Salzwedel war Lüneburg, das von Rüdiger Becksmann und Ulf-Dietrich Korn detailliert als Glasmalereizentrum der zweiten Hälfte des 15. Jahrhunderts charakterisiert worden ist,[98] ein weiterer Bezugspunkt von Farbverglasungen für das Stift Diesdorf. Enge Beziehungen bestanden zwischen dem Diesdorfer Propst und dem schon erwähnten Cord Bardewyk, der in dem 1450/51 aufgeführten Lüneburger Stadthaus des altmärkischen Stifts wohnte.[99] Erstmals 1465 wurde er in den Diesdorfer Rechnungen geführt,[100] 1471 erstattete der Propst ihm anläßlich von Bautätigkeiten an dem Diesdorfer Stadthaus verschiedene

94 Heinrich REINCKE, Beiträge zur mittelalterlichen Geschichte der Malerei in Hamburg, Zeitschrift des Vereins für Hamburgische Geschichte 21 (1916) S. 125f.

95 BONSDORFF, Kunstproduktion (wie Anm. 13) S. 33.

96 MAERCKER, Glasmalerei (wie Anm. 13) S. 46f.

97 [Johannes F.] DANNEIL, Materialien zur Geschichte der Innungen in Salzwedel, Heft 5 S. 1 (StadtA Salzwedel, Abt. XII, Handwerk und Zünfte, Gilden). Jan ZIEKOW, Freiheit und Bindung des Gewerbes (Schriften zur Rechtsgeschichte 54, 1992) S. 108 und S. 162, errechnet aus normativen Quellen (in nicht genau offengelegter Weise und ohne zeitliche wie regionale Differenzierung) eine durchschnittliche Lehrzeit von Malern und Glasern von 4,1 Jahren, auf die eine Wanderschaft von durchschnittlich 2,6 Jahren folgte.

98 BECKSMANN/KORN, Glasmalereien in Lüneburg (wie Anm. 54).

99 WENTZ, Das offene Land (wie Anm. 23) S. 71f.

100 Ebd. S. 76. LA Magdeburg -LHA-, Amt Diesdorf (wie Anm. 22): Nr. 11, fol. 153r. Eine Karte Lüneburgs mit dem Diesdorfer Hof bieten Walter HAAS/Johannes CRAMER, Klosterhöfe in norddeutschen Städten, in: Stadt im Wandel 3. Kunst und Kultur des Bürgertums in Norddeutschland 1150–1650. Landesausstellung Niedersachsen 1985 in Braunschweig, hg. von Cord MECKSEPER (1985) S. 434.

Ausgaben,[101] und eine Lüneburger Schoßrolle nennt noch 1476 *Cord Bardewyg in deß prouestes huß van Distorp.*[102] Propst Johann Verdemann verband seine regelmäßigen Reisen zu den Diözesansynoden des Bischofs von Verden in Lüneburg mit einer Reihe von Einkäufen für das Stift, wiederholt dabei auch von Waren, für die Cord Bardewyk entlohnt wurde. Im Jahr 1465 bezog der Propst so eine Tafel *glasevinster* für acht Schilling.[103] Mitunter handelte es sich aber auch um andere Gegenstände, zum Beispiel eine Armbrust oder hölzerne Fensterrahmen.[104] Möglicherweise liegt hier ein Beispiel für den frühen Kunsthandel in spätmittelalterlichen norddeutschen Städten vor, der häufig in den Stadthöfen auswärtiger Klöster seinen Anfang nahm, sei es durch zu den jeweiligen Klöstern gehörende Personen oder durch sich einmietende selbständige Handwerker.[105]

Außer bei Cord Bardewyk kaufte Propst Verdemann auch bei weiteren Lüneburger *glasewertern.* So bezog er 1469 ein *glase vinster* von dem Lüneburger Meister Heinrich.[106] Dieser dürfte identisch sein mit dem vielbeschäftigten Glasmaler Heinrich Gronow, dem jüngst Gesine Schwarz die verlorenen Fenster im Nordseitenschiff des Braunschweiger Blasiusdoms zugewiesen hat[107] und von dem dazu noch Glasmalereien in dem Lüneburger Rathaus, der Johannis- und der Nikolaikirche, im Prämonstratenserkloster Heiligental und in Kloster Lüne archivalisch belegt sind.[108]

Lüneburg zuzurechnen sind auch weitere, sich seit dem Beginn des 16. Jahrhunderts in den Diesdorfer Rechnungen vermehrende Belege für Stiftungen von

[101] LA Magdeburg -LHA-, Amt Diesdorf (wie Anm. 22): Nr. 11, fol. 153r.

[102] MOLLENHAUER, Urkundenkatalog (wie Anm. 49) S. 47, Anm. 1. 1479 lebte eine *filia Bardewike* in Diesdorf als *puella saecularis* der aus Lüneburg stammenden Nonne Wunneke Soltow, s. GRÜNDLER, Augustiner-Nonnenkloster Diesdorf (wie Anm. 79) S. 130.

[103] LA Magdeburg -LHA-, Amt Diesdorf (wie Anm. 22): Nr. 10, fol. 55r. MOLLENHAUER, Urkundenkatalog (wie Anm. 49) S. 46f.

[104] LA Magdeburg -LHA-, Amt Diesdorf (wie Anm. 22): Nr. 12, fol. 193r.

[105] Vgl. Wolfgang SCHMID, Kunst und Migration. Wanderungen Kölner Maler im 15. und 16. Jahrhundert, in: Migrationsgeschichte. Zur Rekonzeptionalisierung historiographischer Traditionen für neue sozialgeschichtliche Fragestellungen, in: Migration in der Feudalgesellschaft, hg. von Gerhard JARITZ/Albert MÜLLER (Studien zur Historischen Sozialwissenschaft 8, 1988) S. 324.

[106] LA Magdeburg -LHA-, Amt Diesdorf (wie Anm. 22): Nr. 11, fol. 89v–90r: *Feria quarta tempore Synodi in luneborg exposuit praepositus ... Item xii ß vor i glasevinstere meister hinriche.*

[107] SCHWARZ, Fensterstiftungen (wie Anm. 14), bes. S. 96–100.

[108] MOLLENHAUER, Urkundenkatalog (wie Anm. 49) S. 68–71.

Scheiben. So erhielt Diesdorf im Jahr 1505 für acht lüneburgische Schilling *eyn vinsteren ludeke dassel.*[109] Hierunter ist die Stiftung wohl einer Wappenscheibe durch den Lüneburger Bürgermeister Lutke von Dassel[110] zu verstehen, die der Diesdorfer Propst nach Anlieferung und Einsetzung bezahlte. Auch in der Kirche des altmärkischen Zisterzienserinnenkonvents Kloster Neuendorf haben Wappenscheiben Lutkes von Dassel und seiner Frau Geske, geb. Stöterogge, überdauert. Diese werden auf kurz nach 1506 – dem Jahr der Heirat – datiert[111] und als eng verwandt mit dem Töbing-Fenster in Wienhausen (um 1470), den Fenstern I und nII in Ramelsloh (um 1488) und Scheibchen mit der Gregorsmesse in Ebstorf (um 1490) angesehen.[112] Die bisherige stilistische Zuweisung der Neuendorfer Scheiben nach Lüneburg, wo sie von dem Nachfolger der Werkstatt Hans von Rethems, Gerd Wulff, gearbeitet worden sein sollen,[113] erhält eine zusätzliche Stütze durch die Bezahlung des für Diesdorf tätigen Glasmalers in lüneburgischer Währung. Die Beziehung Lutkes von Dassel zum Stift Diesdorf ergab sich möglicherweise über die Lüneburger Saline. So einigten sich Curt und

[109] LA Magdeburg -LHA-, Amt Diesdorf (wie Anm. 22): Nr. 21, fol. 53v.

[110] Zur Person vgl. Irene STAHL, Lüneburger Ratslinie 1290–1605, Niedersächsisches Jb. für Landesgeschichte 59 (1987) S. 175, Nr. 249. Vgl. auch Olaf MÖRKE, Rat und Bürger in der Reformation. Soziale Gruppen und kirchlicher Wandel in den welfischen Hansestädten Lüneburg, Braunschweig und Göttingen (Veröffentlichungen des Instituts für Historische Landesforschung der Universität Göttingen 19, 1983) S. 322, Nr. 61 und S. 331, Nr. 17.

[111] Vgl. Hans-Jürgen von WITZENDORFF, Stammtafeln Lüneburger Patriziergeschlechter. Lieferung 1–15 (1954–1955) S. 124. Die Wappen wurden 1846/1847 im Zuge einer umfassenden Restaurierung der Glasmalereien unter dem Neuhaldenslebener Kreisbauinspektor Carl Askan Stüler ergänzt, s. Archiv der Evangelischen Kirche der Kirchenprovinz Sachsen, Magdeburg, Rep. A Spec. G, Nr. 6707, s. Ulrich HINZ, Quellen und Regesten zur Geschichte der Verglasung in der Zisterzienserinnenkirche Kloster Neuendorf (unpubl. Reader in der Arbeitsstelle für Glasmalereiforschung des CVMA in Potsdam 1999) Nr. 557, Nr. 559.

[112] BECKSMANN/KORN, Glasmalereien in Lüneburg (wie Anm. 54) S. LIVf. Nochmals im Jahr 1524 ist eine weitere Fensterstiftung durch Lutke von Dassel in das Kloster Lüne belegt, ebd. S. 269f. 1522 bat die Priorin des Klosters Lüne bei einer *Dasselscken* um die Stiftung eines Fensters für den Neubau einer *dornsen* im Kloster, s. ebd. S. 268f.

[113] Ebd. S. LIVf. Da Hans von Rethem testamentarisch eine Rente von zwei Mark neben anderen Empfängern auch für Kloster Diesdorf hinterlassen hat, vermutet Rüdiger Becksmann, Rethem habe für Diesdorf Glasmalereien geliefert, ebd. S. XLIX, Anm. 78. Vgl. MOLLENHAUER, Urkundenkatalog (wie Anm. 49) S. 101f. Vgl. auch Ulf-Dietrich KORN, Mittelalterliche Glasmalerei in Lüneburg und in den Heideklöstern, in: Glasmalerei im Stendaler Dom (wie Anm. 81) S. 90f.

Lutke von Dassel im Jahr 1504, also unmittelbar vor der Fensterstiftung, mit der Bruderschaft des Großen Kalands zu Salzwedel über Einkünfte aus der Sülte zu Denqueringen und zu Lüneburg,[114] aus der auch Kloster Diesdorf umfangreiche Einkünfte bezog.[115]
An die Stiftung des Lutke von Dassel schloß sich 1520 eine Doppelstiftung der Lüneburger Sülfmeister- und Ratsfamilien Sanckenstede sowie Garlop und Bromes (Brömse) an.[116] Hierbei handelte es sich vermutlich um die Schenkung von jeweils zwei zusammengehörigen Wappenscheiben. Wie im Fall Lutkes von Dassel ist auch die Familie Sanckenstede außer in Diesdorf noch mehrfach in Farbverglasungen um die Wende zum 16. Jahrhundert faßbar. Dietmar und Nikolaus Sanckenstede waren als Bürgermeister in der Farbverglasung von 1491 der Lüneburger Rathaus-Körkammer dargestellt.[117] Weitere Stiftungen von verlorenen Glasmalereien sind aus der Lüneburger Johanniskirche überliefert.[118] Eine Tochter der Familie war zudem 1487 und 1491 Nonne in Diesdorf, eine weitere, Ilsabe von Sanckenstede, heiratete im Jahr 1527 den oben genannten Lutke von Dassel.[119] Auch Johann Garlop, Lüneburger Ratsherr von 1487 bis 1505 und im Jahr 1505 als Bürgermeister belegt,[120] hatte 1511 zwei Fenster für Kloster Lüne gestiftet.[121] Zusammenfassend läßt sich festhalten, daß das Stift Diesdorf wiederholt Fensterstiftungen aus einem eng umgrenzten sozialen Seg-

[114] StadtA Salzwedel, Urkunden, Fach X, Nr. 7b b (1504, April 30). Vgl. auch ebd. Nr. 7c (1510, Juni 10): Cord von Dassel, Bürger zu Lüneburg, erhält vom Großen Kaland zu Salzwedel auf 6 Jahre gegen jährliche Abgabe von 30 Mark Pfennigen Lüneburger Währung ein Sechzehntel einer freien Pfanne auf der Sülte zu Lüneburg verliehen. Die Vereinbarung wird getroffen im Hause von Lutke von Dassel zu Lüneburg.

[115] WENTZ, Das offene Land (wie Anm. 23) S. 67f.

[116] LA Magdeburg -LHA-, Amt Diesdorf (wie Anm. 22): Nr. 28, fol. 71v: ... *Item i lub. mark vor ii tafelen tho luneborg derer Sanckenstedesken unde Bromeß. Item i lb. mark vor ii tauelen garlopp unde sanckenstede am Sondage Egidii.* Vgl. zu verwandtschaftlichen Bindungen und Einkünften der Familien Sanckenstede, Garlop, Bromes, Töbing und Dassel HERMANN VON DASSEL, Die Lütke von Töbing'sche Stiftung, in: Bericht über die Familie von Dassel 4 (1892) Anhang S. 27–30, S. 78.

[117] BECKSMANN/KORN, Glasmalereien in Lüneburg (wie Anm. 54) S. 119–123. Vgl. STAHL, Lüneburger Ratslinie (wie Anm. 110) S. 170, Nr. 208 und S. 173, Nr. 229.

[118] BECKSMANN/KORN, Glasmalereien in Lüneburg (wie Anm. 54) S. 252f.

[119] WITZENDORFF, Stammtafeln (wie Anm. 111) S. 100. Vgl. auch GRÜNDLER, Augustiner-Nonnenkloster Diesdorf (wie Anm. 79) S. 149: Um 1391 lebte eine *puella saecularis* der Familie in Diesdorf.

[120] MÖRKE, Rat und Bürger (wie Anm. 110) S. 321, Nr. 43 und S. 331, Nr. 13.

[121] BECKSMANN/KORN, Glasmalereien in Lüneburg (wie Anm. 54) S. 268, Regest Nr. 50 (F. HERZ). Zur Familie Bromes (Brömse) vgl. ebd. S. 23, Anm. 45.

ment der Stadt Lüneburg erhielt: sowohl die von Dassel, die Sanckenstede als auch die Garlop stellten dort wiederholt Bürgermeister und waren als Ratsherren vertreten, dazu auch untereinander verwandt.

Weitere, regional nicht genau zuzuordnende Stiftungen sind um 1520 auch durch Diesdorfer Nonnen belegt. Im Jahr 1521 stiftete Katharina von der Schulenburg eine Einzelscheibe.[122] Katharina war Mitglied des im frühen 16. Jahrhunderts für das Stift bedeutendsten Geschlechts, das 1519/20 und von 1522 bis 1534 mit Werner und ab 1535 mit Christoph von der Schulenburg den Propst in Diesdorf stellte und auch mit Fritz und Albrecht von der Schulenburg das Amt eines Hauptmannes der Altmark innehatte.[123] Die enge Verbindung zu der Familie von der Schulenburg manifestierte sich auch in zahlreichen Rentkäufen: eine Akte des späten 16. Jahrhunderts stellt die ausgebliebenen Forderungen des Stifts gegen verschiedene Mitglieder der Familie zusammen.[124] Unter den auftretenden Stiftern befindet sich dazu ein Mitglied der Familie von dem Berge, vermutlich Katharina von dem Berge, die von 1506 bis 1520 in Diesdorf belegt ist.[125] Vier nicht näher bezeichnete Fürstenwappen sind möglicherweise ebenfalls den Familien adliger Stiftsdamen in Diesdorf zuzuordnen.[126]

Außer Salzwedel und Lüneburg wird auch die Stadt Uelzen in einem Fall als Provenienz von Glasmalereien benannt. Offenbar existierte hier im frühen 16. Jahrhundert eine Werkstatt, da im Jahr 1520 das Stift Diesdorf den Transport verschiedener Fenster entlohnte, die ein Knecht des *venstermekers* aus Uelzen anlieferte.[127] Möglicherweise fertigte diese Werkstatt auch die zwei im Jahr 1516 von Herzog Heinrich dem Mittleren für ein zu Diesdorf gehöriges Haus in Uelzen gestifteten Scheiben.[128]

Resümee

Aus den Rechnungsbüchern des Stiftes Diesdorf ist es möglich, die kontinuierliche Arbeit von Glasern und Glasmalern seit der Mitte des 15. Jahrhunderts zu

[122] LA Magdeburg -LHA-, Amt Diesdorf (wie Anm. 22): Nr. 28, fol. 71v. GRÜNDLER, Augustiner-Nonnenkloster Diesdorf (wie Anm. 79) S. 182.

[123] Ebd. S. 180ff.

[124] LA Magdeburg -LHA-, Amt Diesdorf (wie Anm. 22), Nr. XXII: Nr. 1.

[125] GRÜNDLER, Augustiner-Nonnenkloster Diesdorf (wie Anm. 79) S. 133f.

[126] LA Magdeburg -LHA-, Amt Diesdorf (wie Anm. 22): Nr. 28, fol. 71v: *Item ii mark vor iiii vorsten wapen.*

[127] Ebd. Nr. 28, fol. 71v.

[128] Ebd. Nr. 25, fol. 157r: *Item 1 gulden vor ii vinsteren des hertogen van luneborgh to ultzes in dat huß.*

belegen. Angesichts der vielfältigen auch personellen Möglichkeiten, die sich dem Stift eröffneten, scheint die Existenz einer differenzierten handwerklichen Produktion in seinem Umfeld kaum zu bezweifeln. Zu beachten ist dabei, daß in den Jahresrechnungen, die aus der Zeit vor 1443 vorliegen, noch jeder Hinweis auf die Existenz eines Glaserhandwerks fehlt. Die Überlieferungsdichte der Rechnungen beträgt hier allerdings nur etwa 25% der Gesamtjahrgangszahl, während sie ab 1443 ungefähr 75% beträgt.

Einen Zugriff auf ein qualifiziertes Handwerk hatte Diesdorf vor allem in Salzwedel, das auch ein wirtschaftlicher Hauptbezugspunkt des Stiftes war. In Salzwedel haben offenbar spätestens seit der Mitte des 15. Jahrhunderts dauerhaft Werkstätten existiert, die für größere Neuanfertigungen, für Einzelscheiben und für Reparaturen des vorhandenen Fensterbestandes in Anspruch genommen wurden. Nach Salzwedel war das ohnehin als Glasmalereizentrum bekannte Lüneburg zweiter Hauptbezugspunkt. Aus Lüneburg erwarb man überwiegend einzelne Felder, hauptsächlich wohl Wappentafeln, die mehrheitlich Stiftungen politisch führender Familien der Hansestadt waren. Zusätzlich wird einmal auch Uelzen als Heimat einer Werkstatt genannt. Die Existenz dieses variablen Angebots ist ein Indikator für die Verbreitung von *glasewertern*, die nicht mehr nur in wenigen großen Städten anzutreffen waren und auch ein erweitertes Spektrum in Art und Qualität der Arbeiten eröffneten. Das Aufkommen kleinerer, preislich limitierter Tafeln fällt hier mit einem auch überregional zu konstatierenden Höhepunkt der Kunstproduktion in den Jahrzehnten vor und nach 1500 zusammen, die mit einem vorreformatorischen Stiftungsboom und einer verstärkten auch sozialen Repräsentation in Wappenscheiben korrelierte.[129]

Ob die für Salzwedel belegbare Existenz eines Zweiges von Spezialhandwerkern übertragbar auf andere Städte der Altmark oder der Mittelmark ist, kann für

[129] Vgl. Rüdiger BECKSMANN, Fensterstiftungen und Stifterbilder in der deutschen Glasmalerei des Mittelalters, in: Vitrea Dedicata. Das Stifterbild in der deutschen Glasmalerei des Mittelalters (1975) S. 65–85. Zu Lüneburg vgl. BECKSMANN/KORN, Glasmalereien in Lüneburg (wie Anm. 54) S. LIff. BONSDORFF, Kunstproduktion (wie Anm. 13) S. 40–46. Wolfgang SCHMID, Kölner Hansekaufleute als Stifter und Mäzene, HGBll 113 (1995) S. 127–144. Hartmut SCHOLZ, Entwurf und Ausführung. Werkstattpraxis in der Nürnberger Glasmalerei der Dürerzeit (CVMA, Deutschland Studien 1, 1991) S. 4ff. Rainer POSTEL, „Ad honorem dei". Stifter und Auftraggeber mittelalterlicher Kunst in Hamburg, in: Goldgrund und Himmelslicht. Die Kunst des Mittelalters in Hamburg (o.J. [1999]) S. 56–62. Vgl. auch Bernd MOELLER, Frömmigkeit in Deutschland um 1500, Archiv für Reformationsgeschichte 56 (1965) S. 5–31. Berndt HAMM, Von der spätmittelalterlichen reformatio zur Reformation. Der Prozeß normativer Zentrierung von Religion und Gesellschaft in Deutschland, ebd. 84 (1993) S. 7–82.

den Einzelfall noch kaum entschieden werden. Salzwedel verfügte als Hansestadt wie diejenigen niederdeutschen Städte, die der Forschung als Heimat von Maler- und Glaserämtern bekannt sind, über weitreichende Handelskontakte und eine zentrale Verkehrslage. In Hamburg etwa existierte ein Amt schon 1342,[130] in Lübeck waren Maler und Glaser 1425 als Amtsbrüder zusammengeschlossen,[131] in Lüneburg reichten sie 1497 eine gemeinsame Rolle bei dem Rat der Stadt ein.[132] Modellhafte Erklärungen von Künstler- oder Handwerkermigrationen entlang der Handelswege und befördert durch die hansische Gemeinschaft, die zur Verbreitung künstlerischer Entwicklungen und technischen Know-Hows häufig herangezogen werden, mögen also auch für Salzwedel oder brandenburgische Städte mit vergleichbaren Wirtschafts- und Handelsbeziehungen zutreffen. Hinsichtlich der Entwicklung gemeinschaftlicher Organisationsformen des Gewerbes kann am Beispiel demographisch bedeutenderer und politisch stärker repräsentierter Handwerkerzweige gelten, daß „... auch Brandenburg und die Städte der Mittelmark zumindest in einigen wichtigen Gewerben durchaus ihren Platz in den großräumigen Entwicklungszusammenhängen eingenommen haben...", wenn auch im Vergleich mit den differenzierteren oberdeutschen Verhältnissen ein Unterschied wahrnehmbar bleibt.[133] Auch hinsichtlich der Existenz, der Wanderung oder der Ansässigkeit von Spezialhandwerkern mögen die – abgesehen von dem Beispiel Salzwedel/Diesdorf – spärlichen Belege auf ähnliche Differenzen hindeuten: Die vergleichsweise gering urbanisierten Regionen der Alt- und mehr noch der Mittelmark unterliegen hier zwar chronologisch gleichlaufenden Entwicklungen, allerdings wohl von geringerer Entfaltung. Innerhalb der Hanse hat hier die Zusammengehörigkeit der Städte als förderndes Element gewirkt, die untereinander Spezialhandwerker anforderten und Regelungen zu deren Migration trafen.[134] Ein für das hier vorgestellte Beispiel wichtiger Aspekt ist auch die „Randlage" Salzwedels und Diesdorfs in der Altmark, die eine wirtschaftlich vorgegebene Teilorientierung nach Lüneburg implizierte. Das Stift Diesdorf lag in einer Region, in der sich mehrere Einflußsphären überlagerten: diejenige des nahegelegenen städtischen Hauptbezugspunktes Salzwe-

130 REINCKE, Malerei in Hamburg (wie Anm. 94) S. 124.

131 BONSDORFF, Kunstproduktion (wie Anm. 13) S. 33.

132 Ulrich SCHESCHKEWITZ, Das Zunftwesen der Stadt Lüneburg. Von den Anfängen bis zur Änderung der Stadtverfassung im Jahre 1639 (1966) S. 11.

133 Knut SCHULZ, Handwerk und Gewerbe im spätmittelalterlichen Brandenburg, in: Beiträge zur Entstehung und Entwicklung der Stadt Brandenburg im Mittelalter, hg. von Winfried SCHICH (Veröffentlichungen der Historischen Kommission zu Berlin 84, 1993) S. 198 (Zitat), S. 198f.

134 SPRANDEL, Handwerker (wie Anm. 12) S. 59f.

del in der Altmark mit einer Produktion, die bisher über den lokalen Rahmen hinaus nicht nachgewiesen ist – diesbezüglich aber auch nicht in Betracht gezogen wurde – , dazu die Fernausstrahlung des Glasmalereizentrums Lüneburg.

Anhang: Glaserrechnungen im Stift Diesdorf

Jahr	*Kosten*	*Gegenstand*	*glasewerter*	*Quelle*[a)]
1443	4 marc iiii ß	v glase venstere		Nr. 7, fol. 37r-v.
1444	1 rh. gulden	ii glasevensteren	Claus Glasemeker	Nr. 7, fol. 46v.
1451	24 ß		de glase meister	Nr. 8, fol. 54v.
1465	8 ß	i tafel glasevinster	Curde Barderwijk	Nr. 10, fol 55r.
1469	12 ß	i glasevinstere	Meister hinriche	Nr. 11, fol. 89v-90r.
1470	28 ß	glasevinsteren	Johannes Gartzen	Nr. 11, fol. 118r.
1470	5,5 mr	nye glase vinsteren ... olde to reformeren		Nr. 11, fol. 118v.
1472	1 marc	pro fenestris reformandis	dem glasewrechter	Nr. 11, fol. 27r.
1474	1 mark 3 ß	vor glase fensteren to reformerende		Nr. 12, fol. 70v.
1474	12 ß luneb.	i glasevinster		Nr. 12, fol. 70v.
1474	8 ß	i glase vinsteren		Nr. 12, fol. 72r.
1477	1 mark	finsteren to lappen unde to reformeren	Tobinge, glasewrechter to Soltwedel	Nr. 12, fol. 194r.
1478	4 mark 14 ß	vor glase vinsteren unde baghen unde dat yserwerk		Nr. 12, fol. 238v.
1479	3 mark	ix glasevinsteren	N. Meweken	Nr. 13, fol. 30v.
1479	10 ß	glasevinstere	N. Meweken	Nr. 13, fol. 32r.
1480	2 ß	glasevinsteren ... to reformeren		Nr. 13, fol. 71r.

1482	2 rh. gulden	glasevinsteren		Nr. 14, fol. 33r.
1483	14 ß	i glase vinsteren		Nr. 14, fol. 77r.
1483	8 ß	i glasevinsteren	N. Meweken	Nr. 14, fol. 78r.
1484	2 marc	nye glasevinsteren unde etlike olde to lappende unde tobeterende	Meweken tho Soltwedel	Nr. 14, fol. 122r.
1486	8 ß	i glasevinsteren		Nr. 15, fol. 78r.
1491	11 mark	xxiiii tafelen glasevinsteren	Michele dem glasewerker	Nr. 2,[b)] fol. 4r.
1491	3 mark 10 ß 8 d	nye glasevinsteren	Michele, glasewrechter tho Soltwedel	Nr. 2, fol. 5r.
1491	2 mark 4 ß	olde glase vinsteren to lappen unde to reformeren	Michele, glasewrechter tho Soltwedel	Nr. 2, fol. 5r.
1494	14 ß	ii glase vinster	Merten, glase werker to Soltwedel	Nr. 2, fol. 84r.
1494	9 ß	glase vinsteren to lappende	N.	Nr. 2, fol. 82r.
1499	1 punt	vor vinsteren to lappende	Hans van pameren (?)	Nr. 19, fol. 48v.
1499	22 ß	vor vynster to lappende	dem glasewerter	Nr. 19, fol. 48v.
1500	8 ß	vor fenster to lappende	dem glaserwerter	Nr. 19, fol. 104r.
1505	14 ß	vor de venster ... to lappende	dem glasewerker	Nr. 21, fol. 48v.
1505	4 ß	vor dat venster ... to lappende	dem glasewerker	Nr. 21, fol. 48v.
1505	8 ß lub.	eyn vinsteren	dem glasewerker	Nr. 21, fol. 53v.
1512	18 ß lun.	ii vensteren	dem glasewerker	Nr. 24, fol. 57v.
1514	8 d	2 fenster glase		Nr. 24, fol. 229v.
1516	1 gulden	ii vinsteren		Nr. 25, fol. 157r.
1517	0,5 gulden	vor vensteren to lappende	dem vinstermaker	Nr. 25, fol. 216r.
1520	xxiiii ß i marka i lub. mark i lb. mark ii mark xiii ß	vor iii tafelen ii tafelen ii tafelen ii tauelen iiii vorsten wapen vensteren	dem vinster maker	Nr. 28, fol. 71v.

1521	8 ß	1 tafele	dem vinster maker	Nr. 28, fol. 139v.
1522	2 gulden 8 ß lub.	vensteren		Nr. 30, fol. 83v.
1523	2,5 marc lun.	v wapenn	dem vinster maker	Nr. 31, fol. 62v.
1524	8 mr soltw. 1 mr lub. 1 mr soltw.	xvi tafeln	dem vinster maker	Nr. 32, fol. 77v.
1528	2 mr. soltw.		dem vinster maker	Nr. 33, fol. 75r.
1530	1 mr		dem vinster maker	Nr. 33, fol. 147v.
1530	1 punt	iii wapen	dem vinster maker	Nr. 33, fol. 147v.

a) Angegeben sind jeweils die Bände in LA Magdeburg -LHA-, Amt Diesdorf (wie Anm. 22).

b) Der Band Nr. 2 wurde bisher nach von MÜLVERSTEDT, Mittheilungen (wie Anm. 27) als Rechnungsbuch für die Jahre von 1391 bis 1394 behandelt. Es handelt sich hier aber um zusammengebundene Rechnungen von 1392–1394 und von 1491–1494. Die Teile des 14. Jahrhunderts sind: 1392 (fol. 70r–75v), 1393 (nur Einnahmen, fol. 76r–79v) und 1394 (fol. 129r–133v). Am Ende folgt fol. 134r–151v ein nicht datierter Teil vom Ende des 15. oder Anfang des 16. Jahrhunderts. Die Unterschiede sind paläographisch deutlich zu erkennen. Die Rechnungen des 14. Jahrhunderts sind in Latein, die des 15. Jahrhunderts niederdeutsch gehalten. Auch inhaltliche Gründe machen es dazu unmöglich, alle Teile auf das 14. Jahrhundert zu beziehen, vgl. etwa LA Magdeburg -LHA-, Amt Diesdorf (wie Anm. 22): Nr: 2, fol. 1r: Hier werden Ausgaben für die Memoria des Propstes Ludolf Verdemann verzeichnet. Nach GRÜNDLER, Augustiner-Nonnenkloster Diesdorf (wie Anm. 79) S. 189f., regierte dieser Propst erst von 1427–1438. Ein Anniversar ist ebd. für den Bischof von Ratzeburg, Paridam von dem Knesebeck, verzeichnet. Dieser war von 1432–1440 Bischof, s. MASCH, Ratzeburg (wie Anm. 41) S. 334–340. Daneben wird ebd. fol. 1r, für ein Haus in Salzwedel 1,5 Mark Schoß bezahlt. Dieses Haus wurde erst 1476 erworben, vgl. WENTZ, Das offene Land (wie Anm. 23) S. 72.

Renate Johne

Böhmische Einflüsse in der Stadt Brandenburg im 14. Jahrhundert

Auf einem leicht lädierten, lateinisch abgefaßten Pergamentzettel, der erst im Jahre 1878 „in dem Glaskasten mit Reliquien“[1] in der Domsakristei Brandenburg aufgefunden und später als Urkunde[2] im Domstiftsarchiv inventarisiert wurde, wird der Name eines Meisters Nikolaus als *tabernaculus*,[3] also als Tabernakelschreiner, genannt. Vollendet wurde dieser Altar bzw. das Altarretabel, hier als *archa*[4] bezeichnet, am 12. April 1375, „unter der Herrschaft“ des Bischofs Dietrich von der Schulenburg. Geweiht war der Altar – auch das erfahren wir aus dem Zettel – „zu Ehren unseres Herrn Jesus Christus, der heiligen Maria, der glorreichen Jungfrau, der heiligen Apostel Petrus und Paulus, des Andreas und des heiligen Augustinus.“[5]

1 Ernst WERNICKE, Ein böhmischer Altar im Dom zu Brandenburg a.d.H., Der Bär. Berlinische Blätter für vaterländische Geschichte und Altertumskunde 4 (1878) S. 4–7 und S. 24f., hier S. 24.

2 Urkunde 211a, gedruckt in: CDB A 8 S. 310, Nr. 305. Regest: Domstiftsarchiv Brandenburg, Bestand des Domkapitels Brandenburg, Nr. 4299. Neuerdings auch Regesten der Urkunden und Aufzeichnungen im Domstiftsarchiv Brandenburg 1: 948–1487, bearb. von Wolfgang SCHÖSSLER (1998) S. 216: Domstift (1375) 298.

3 Wohl als Berufsbezeichnung zu verstehen, vgl. Hannelore SACHS/Wolf-Dieter KUNZE, Der böhmische Altar im Dom zu Brandenburg, in: Denkmale in Berlin und in der Mark Brandenburg (1987) S. 171–187, hier S. 179. Nikolaus ist auch als Meister des Sakramentshäuschens, das sich heute noch im Brandenburger Dom befindet, wegen der stilverwandten Form anzunehmen.

4 Der Ausdruck Archa für ein Altarretabel war im Mittelalter üblich und in Böhmen bis zur Neuzeit gebräuchlich, so SACHS/KUNZE, Altar (wie Anm. 3) S. 178.

5 Gesamtwortlaut des Pergamentzettels (als Urkunde wie Anm. 2): *Anno domini millesimo trecentesimo septuagesimo quinto, xii° die mensis Aprilis hora meridiei, completa est hec archa per manus magistri Nicolai tabernaculi sub regimine honorabilium virorum et patrum, videlicet domini Theoderici di Sculenborch, episcopi Brandenburgensis et Ottonis, prepositi, Nogli dicti, et Bertrami prioris, et Thiderici sacrista de Osterode subministrante, in honore domini nostris Jhesu Christi et beate Marie virginis gloriose et beatorum apostolorum Petri et Paule, Andree et beati Augustini, regnante domino nostro Jhesu Christo, cui est honor et gloria in secula seculorum. Amen.* Eine deutsche Übersetzung gab schon Wolfgang Schössler bei: SACHS/KUNZE, Altar (wie Anm. 3) S. 186, Anm. 30.

Bemerkenswerterweise sind die hier aufgezählten Heiligen gerade im Schrein eines kostbaren Altars im Brandenburger Dom dargestellt, der sich heute im südlichen Querschiff befindet (Tafel 5). Bis zum Jahre 1552, bis kurz nach der Einführung der Reformation, war er offensichtlich der Hochaltar.[6]
Bei der Versetzung wurde er auseinandergenommen, damals gingen Schrein und Predellengehäuse vermutlich verloren. Nach dem Rekonstruktionsversuch im Jahre 1929[7] wurde er mit der umfassenden Restaurierung von 1962 bis 1974 ergänzt und soweit wie möglich der ursprüngliche Zustand wiederhergestellt.
Eine Besonderheit ist dieser Altar insofern, als er in der entwickelten Form ein Flügelaltar mit Figurenschrein zur Aufbewahrung von Reliquien und der einst zur Reliquienschau zu öffnenden Predella ist. Wahrscheinlich waren die kleinen tragbaren Haus- und Reisealtärchen aus Metall oder Elfenbein das frühe Vorbild, die es seit dem 13. Jahrhundert in dieser Form gab.[8]
Eine kurze Beschreibung des vielfältig gegliederten Objektes soll folgen, um das Thema darlegen zu können. Im Mittelteil des Altars, der Marienkrönung, die gleichzeitig als Krönung der Kirche zu verstehen ist, ist Maria als königliche Braut mit über der Brust gekreuzten Händen dargestellt, ihr zur Rechten (vom Betrachter aus gesehen) segnet sie der gekrönte Christus mit der Weltkugel in seiner Linken. Zum Mittelteil gehören vier weitere Heiligenfiguren, einzeln auf gesondertem Podest stehend, alle mit Nimbus, aber ohne Beischrift und Attribute; jedoch ist die ikonographische Tradition hilfreich. Am bevorzugten inneren

6 Es scheint mir mit ebd. S. 171–173 wahrscheinlicher, daß der Altar kurz nach der Einführung der Reformation, vielleicht auch zusätzlich wegen seiner Schadhaftigkeit, durch den sozusagen moderneren, vor allem höheren Flügelaltar von 1518 aus dem ehemaligen Kloster Lehnin, ein Geschenk des Kurfürsten, ersetzt wurde. Das Jahr 1723, das spätestens seit Paul EICHHOLZ, Die Kunstdenkmäler von Stadt und Dom Brandenburg 2,3 (1912) S. 270f. in die neuere Literatur übernommen wurde (auch noch von Marcus CANTE, Stadt Brandenburg a.d.H., 1: Dominsel – Altstadt – Neustadt [Denkmale in Brandenburg 1,1, 1994] S. 61), ist demnach nicht das Jahr der Aufstellung, sondern einer bedeutenden Restaurierung. Nach dem recherchierten Bericht von Moritz Wilhelm HEFFTER, Geschichte der Chur- und Hauptstadt Brandenburgs von den frühsten bis auf die neuesten Zeiten. Mit Benutzung des Stadt- und Stiftarchivs und anderer gedruckter und ungedruckter Urkunden (1840), ist von „neu aufgeputzt“ (S. 390) im Jahre 1722 die Rede.

7 Mitzuverdanken der Initiative von Robert NISSEN, Die Plastik in Brandenburg a.d. Havel von 1350 bis 1450, Jahrbuch für Kunstwissenschaft (1929) S. 61–99, speziell S. 64–81.

8 Dazu ebd. S. 81; SACHS/KUNZE, Altar (wie Anm. 3) S. 173f. Die Predella mußte ursprünglich an den Schmalseiten geöffnet werden können, vgl. Karl SCHULTZ, Der deutsche Altar im Spätmittelalter (1939) S. 7f., S. 69.

Platz zu Seiten der Gekrönten stehen die Titularpatrone des Domes, Petrus und Paulus, letzterer mit der hohen Stirn und dem langen Bart. Der Dom war anfangs nur dem Petrus geweiht, aber spätestens seit 1194 bestand nach den Formeln der Dekrete das Doppelpatronat. Ganz außen steht auf der Marienseite ein Bischof, höchstwahrscheinlich der hl. Augustinus, als einer der wichtigsten Heiligen der Prämonstratenser, die sich ja aus den Augustiner-Chorherren herausgebildet hatten. Die Domkrypta war zudem im Mittelalter dem hl. Augustinus geweiht. Die Prämonstratenser gehörten zu einem Reformorden, der im 12. Jahrhundert einen wesentlichen Anteil an der Christianisierung der Mark Brandenburg hatte. Der Heilige auf der Christusseite ist aufgrund der Handhaltung Andreas ohne sein nach ihm benanntes Kreuz. Die Zuordnung des Mittelteiles deckt sich damit mit den Angaben auf dem Urkundenzettel.

Die Rahmung der Mittelgruppe durch je zwei stehende Heilige hat Parallelen in der Mark, beispielsweise im Hauptaltar der Pfarrkirche St. Marien und Andreas in Rathenow mit der stehenden Gottesmutter und im weit späteren Hochaltar der St. Katharinenkirche in Brandenburg.

Unser Altar präsentiert sich heute mit den geöffneten Flügeln in seiner Festtagsseite. Die zwei Flügel, von Wimpergen gekrönt, zeigen auf goldenem Hintergrund in jeweils zwei Zonen je sieben Heilige unter Arkaden, oben die männlichen, unten die weiblichen.[9] Auf den Innenseiten sind die Figuren geschnitzt, auf den Außenseiten gemalt.

Die geschnitzten 28 Heiligenstatuetten sind durch ihre Nimben mit den Namen darüber gekennzeichnet und durch ihre Attribute zusätzlich zu identifizieren. Bei der Restaurierung des Altars im Jahre 1965 wurden die in Stoffresten noch vorhandenen, eingebundenen Reliquien mit den pergamentenen Reliquienzetteln, eben den Authentiken, den Figuren entnommen und dem Domstiftsarchiv übergeben.[10]

In der oberen Reihe der Flügel sind die zwölf Apostel dargestellt, ergänzt durch die beiden volkstümlichen Bischöfe Nikolaus und Martin. In der unteren Reihe

9 Nichts geht ohne Ausnahme: Der heilige Laurentius ist in der unteren Reihe bei einer früheren Restaurierung fälschlich durch eine gemalte weibliche Heiligenfigur ersetzt worden, dazu schon SACHS/KUNZE, Altar (wie Anm. 3) S. 174.

10 Da nur bei zwei Figuren, nämlich bei Nikolaus und Maria Magdalena, die aufgefundenen Reliquien mit den dargestellten Heiligen übereinstimmen, ist auf die Auflistung im Domstiftsarchiv Brandenburg, Bestand Domstift seit 1945 unter der Rubrik BDS 642/575: Böhmischer Altar, um 1948. 1965, zu verweisen; neuerdings auch bei Regesten der Urkunden (wie Anm. 2) S. 497–499.

stehen neben den Diakonen Vincentius und Laurentius[11] die in allen Gegenden traditionell verehrten klassischen Märtyrerinnen aus frühchristlicher Zeit.
Auf den bemalten Außenseiten der Flügel finden wir unter Maßwerkarkaden, wiederum zweizonig angeordnet, Heilige mit Nimbus und Namensbeischrift. Zwei Figuren sind jeweils einander zugeordnet, sie wenden sich in halber Drehung der Mitte zu.
Nun kommt das Entscheidende, nämlich die drei Heiligen auf einer Außenseite, die den Altar zum ‚Böhmischen Altar' machten.[12] Es handelt sich um die sonst in der Mark nicht üblichen Heiligen Wenzel und Sigismund (auch: Sigmund) in der oberen Reihe auf dem großen linken Flügel sowie um Veit in der unteren Reihe (Tafel 5). Bezeichnenderweise fehlt dafür der für Niederdeutschland typische hl. Georg.
Den drei böhmischen Heiligen war, wie gleich ausgeführt wird, Kaiser Karl IV. besonders verbunden. Auf die rein slawischen Landesheiligen Prokop, Adalbert und Ludmilla, die häufig zusammen mit den drei genannten ‚kaiserlichen' Patronen dargestellt sind, beispielsweise am Mosaik des Veitsdomes in Prag oder auf den Tafeln des Meisters Theoderich auf der Burg Karlstein, wurde in Brandenburg verzichtet. Die drei ‚kaiserlichen' Heiligen allein finden sich auch auf dem zwar 1385 in Prag gefertigten, aber für Mühlhausen am Neckar bestimmten, gemalten Altarretabel.[13]
Wenzel oder eigentlich Wenzeslaus, tschechisch Václav, war als Landespatron von Böhmen der bevorzugte Heilige Karls IV., denn durch ihn ließ sich die Luxemburger Herrschaft in Böhmen legitimieren und die Kontinuität zur Vorgängerdynastie der Přemysliden herstellen. Seine Mutter Elisabeth war ja selbst eine Přemyslidin. Als ‚letzte' dieser Dynastie fand sie wegen ihres tragischen Geschicks besonderes Interesse.
Geboren um 903 oder 907, wurde Wenzel 922 Herzog von Böhmen. Er bemühte sich um die Reformierung der Rechtsprechung und die weitere Christianisierung. Er schien deshalb der einheimischen Opposition verdächtig und wurde am 28. September 929 im Beisein seines Bruders Boleslav ermordet. Später wurde er in der von ihm gestifteten St. Veitskirche, dem späteren Dom auf dem Hradschin, beigesetzt. Karl IV., dessen eigener Taufname ‚Wenzel' war, sah in ihm sein Vorbild und nannte seinen zweiten und dritten Sohn nach ihm.

11 Vgl. Anm. 9.
12 WERNICKE, Altar (wie Anm. 1), bes. S. 4 und S. 24.
13 Die Parler und der schöne Stil 1350–1400. Europäische Kunst unter den Luxemburgern. Ein Handbuch zur Ausstellung des Schnütgen-Museums in der Kunsthalle Köln, hg. von Anton LEGNER, 3 Bde. (1978) hier 1 S. 339.

Tafel 5

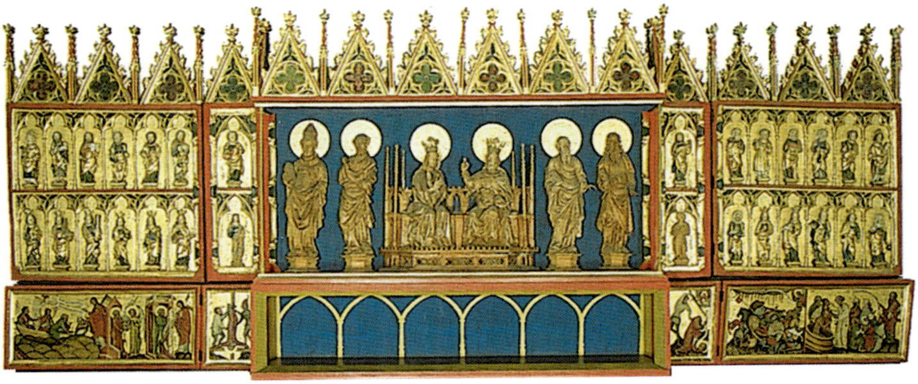

„Böhmischer Altar“ von 1375, im Dom zu Brandenburg an der Havel

St. Wenzeslaus und St. Sigismundus auf der linken Außenseite des großen Flügels

St. Vitus (Veit) und St. Franciscus auf der Außenseite des großen linken Flügels

Tafel 6

Predellenflügel, links: Fischzug des Petrus

Predellenflügel, rechts: Enthauptung des Paulus

Predellenflügel, rechts: Bekehrung des Saulus zu Paulus

Grabplatte des Bischofs Dietrich von der Schulenburg († 1393)

Aus dynastisch-religiösen Gründen belebte der Kaiser den Wenzelskult[14] und ließ von dem berühmten Dombaumeister Peter Parler die St. Wenzelskapelle im seit 1344 erweiterten Veitsdom errichten, die 1367 geweiht wurde. Bei der Weihe wurden Wenzels Helm, sein Panzerhemd und die Lanze als Reliquien aufgenommen.

Dargestellt wird der Heilige auf unserem Altar mit dem Herzogshut, im Harnisch, mit der Lanze und dem Adler-Wimpel in der Rechten und dem Schild mit dem einköpfigen, schwarzen Adler (nur halb zu sehen) in der Linken.[15] Als Wappentier steht der Adler für die Dynastie der Přemysliden wie für das mittelalterliche Reich. Er spielte aber auch im Mythos der böhmischen Heiligen eine besondere Rolle, denn auf der Flucht vor dem Vater soll der junge Vitus von einem Adler ernährt worden sein, und ein Adler verteidigte den Leichnam des Adalbert von Prag.

Als Namensbeischrift ist in gotischer Minuskel *s(anctus) wenezlaus* zu lesen. Die Buchstaben mit den Verzierungen und Serifen, besonders beim *s* und *w*, passen zeitlich in der harmonischen Ausführung zum Figurenstil und der Farbigkeit.

Neben St. Wenzel steht der gekrönte hl. Sigismund im Königsornat mit Reichsapfel und Kreuz in der erhobenen Linken und dem schräggestellten Zepter in der Rechten. Als Beischrift ist *s(anctus) seghemundus* zu erkennen.

Sigismundus war wie Wenzel eine historische Person, aber – wie so viele leider – nicht ohne Fehlverhalten. Seit 516 König der Burgunder, ließ er seinen Sohn aus erster Ehe erdrosseln. Die baldige Reue und Buße kam den von ihm wiederhergestellten und reich beschenkten Kloster St. Moritz im Kanton Wallis/Schweiz zugute. Von den Franken besiegt, wurde er 524 mit seiner Frau und sei-

14 Marie BLÁHOVÁ, Wenzel, in: Lex.MA 8 (1997) Sp. 2185–2187. Aufschlußreich zur Umbenennung vom Taufnamen Wenceslaus zum Firmnamen Carolus bei Wolfgang EGGERT, ... einen Sohn namens Wenceslaus. Beobachtungen zur Selbstbiographie Karls IV., in: Karl IV. Politik und Ideologie im 14. Jahrhundert, hg. von Evamaria ENGEL (1982) S. 171–178, besonders S. 173.

15 Auf dem Glasgemälde aus der Andreaskapelle im Domkreuzgang von Bamberg, um 1414, (heute im Diözesanmuseum Bamberg) ist Wenzeslaus schon in ähnlicher Pose und Blickrichtung dargestellt. Beliebt war er besonders im 14. Jahrhundert, wie mehrere Beispiele beweisen, u.a. die Tafelbilder des Theoderich von Prag (vgl. auch Anm. 37) von 1365, heute in der Nationalgalerie Prag, eine Statue im Veitsdom in Prag, um 1373, und in den Ausstrahlungsgebieten der böhmischen Kunst, beispielsweise auf einem Antependium in der Stadtkirche St. Marien zu Pirna in Sachsen, auf einem Retabel von 1448 in der Lorenzkirche zu Erfurt und eben auf diesem ‚Böhmischen Altar' in der Stadt Brandenburg.

nen Söhnen in einem Brunnen ertränkt. Ein Teil seiner Reliquien kam 1354 in den Prager Veitsdom.[16]

Karl IV. sah in Sigismund seinen Vorfahren auf dem burgundischen Thron, dessen Schutz er bewußt seine Dynastie und Hausmacht unterstellte: er wurde der Hauptpatron des Luxemburgischen Herrscherhauses.

Auf der unteren Seite des linken Flügels befindet sich der älteste ‚böhmische' Heilige, St. Vitus oder Veit (Tafel 5). Neben ihm ist St. Franziskus zu sehen. Dargestellt wird der sizilische Märtyrer mit dem Palmenzweig in der Rechten und einem Buch mit Schließe in der durch den roten Überwurf verdeckten linken Hand. Im allgemeinen wird er sonst im Hermelin mit Reichsapfel als Patron Böhmens abgebildet. Der Name des jugendlichen Heiligen ohne Bart *s(anctus) vitus* wird durch den Nimbus getrennt. Veit soll, mit dem Erzieher und der Amme vor dem strengen heidnischen Vater entflohen, unter Kaiser Diokletian (284–305) seine Martyrien erlitten haben. Im Kloster Corvey war später das Zentrum der Reliquienverehrung des Veit. Es schließt sich der Kreis zum hl. Wenzel, denn dieser erhielt als Herzog von Böhmen 925 einen Arm des Märtyrers als Reliquie, für die er in Prag eine Rundkirche bauen ließ, den späteren Veitsdom.

Als eifriger Sammler erwarb Karl IV. weitere Reliquien hinzu. Vom 13. bis ins 18. Jahrhundert wurde Veit im Abendland hochverehrt. Seit dem 14. Jahrhundert zählt er zu den 14 Nothelfern.[17]

Zu dem sogenannten Böhmischen Altar gehören auch die auf Goldgrund gemalten, sehr qualitätvollen Predellenflügel mit den aneinander gereihten Szenen aus dem Leben der Titularheiligen des Domes, jeweils mit Schriftbändern. Ohne auf die Einzelheiten direkt einzugehen, werden im folgenden die Szenen benannt. Die lateinischen Zitate sind der Bibel und der „Legenda aurea" entnommen, jener populären Sammlung von Heiligenlegenden, die der Dominikaner Jacobus de Voragine im 13. Jahrhundert zusammengestellt hatte.[18]

Die gotischen Minuskeln der Schriftbänder entsprechen in ihrer relativ dicht gedrängten, wie in einem Zweizeilenschema angeordneten Form mit den kurzen

[16] Jean RICHARD/Karl Heinrich KRÜGER, Sigismund, in: Lex.MA 7 (1995) Sp. 1885.

[17] Vitus, Modestus und Crescentia, in: Otto WIMMER/Hartmann MELZER, Lexikon der Namen und Heiligen, 6., von Josef GELMI bearb. und ergänzte Aufl. (1988) S. 836–838.

[18] Die erste Identifizierung aller Spruchbänder nach den Bibel- und Legenda-aurea-Stellen wird dem ehemaligen Domstiftsarchivar in Brandenburg, Walther Pachali, verdankt, vgl. Bestand Domstift Brandenburg 642/575, 1972.

Ober- und Unterlängen, mit den leicht nach rechts gebrochenen Hasten und dem langen „s“ der erschlossenen Zeit um 1375.[19]

Am linken großen Predellenflügel wird das Petrus-Thema gestaltet: der Fischzug des Petrus und seiner Gefährten (Tafel 6); im Boot sitzt der Lieblingsjünger Johannes und spricht; Petrus droht neben dem Segelboot zu versinken, aber Christus, der auf dem Meer wandelt, reicht ihm die rettende Hand; ein kostbar gekleideter Engel befreit Petrus aus dem Gefängnis, das durch ein Portal angedeutet wird; Petrus steht in einem offenen Baldachin, als er Christus mit dem Kreuz begegnet, der sich gezwungen sieht, zum zweiten Male nach Rom aufzubrechen.[20]

Die kleinen Bildchen der Seitenflügel sind jeweils an der Nahtstelle zum Mittelschrein dem Märtyrertod vorbehalten, links der Kreuzigung des Petrus, mit dem Kopf nach unten aus der apokryphen Literatur, und rechts der Enthauptung des Paulus (Tafel 6). Bei Paulus empfängt ein Engel die Seele des Verstorbenen in einem Tuch. Das Spruchband am abgeschlagenen Kopf des Paulus ist kaum noch lesbar.[21]

Auf dem rechten großen Predellenflügel beginnt die Erzählung mit der Kernszene, nämlich der Bekehrung des Saulus zu Paulus (Tafel 6). Diese Szene ist sehr

19 Dazu Rudolf M. KLOOS, Einführung in die Epigraphik des Mittelalters und der Frühen Neuzeit (Die Kunstwissenschaft, ²1992) S. 137.

20 Die Spruchbänder-Inschriften und die Namensbeischriften der Heiligen werden in dem von mir derzeit bearbeiteten Band „Die Inschriften der Stadt Brandenburg bis 1650“ bei der Darstellung des ‚böhmischen Altares‘ ausführlich kommentiert. Vorab sollen hier die lateinischen Zitate mit Übersetzung angeführt werden. Zitiert wird die Legenda aurea nach der lateinischen Ausgabe von Johann Georg Theodor GRAESSE, (³1890, ND 1969). – Schriftband bei dem im kleinen Segelboot sitzenden Johannes: *joh(anne)s dicit dominus est* – Johannes spricht: Es ist der Herr (Ioh. 21, 7); Schriftband bei dem versinkenden Petrus: *domine adiuva me petrus dicit* – Herr, hilf mir, spricht Petrus (Matth. 14, 30); Schriftband bei Christus, der auf dem Wasser geht: [*m*]*odice fidei quare dubitasti d(omi)n(u)s dicit* – Du Kleingläubiger, warum hast du gezweifelt, spricht der Herr (Matth. 14, 31); Schriftband bei dem Engel, der Petrus befreit: *ecce surge sequere me ang(e)l(u)s d(icit)* – Siehe, stehe auf, folge mir, spricht der Engel (Act. 12, 7–8); Schriftband bei Petrus im Baldachin: [*d*]*omine quo vadis dicit p(e)t(ru)s* – Herr, wohin gehst du, spricht Petrus (Legenda aurea, lat. S. 374); Schriftband bei dem kreuztragenden Christus: [*v*]*enio romam iterum crucifigi dicit d(omi)n(u)s* – Ich gehe nach Rom, damit ich zum zweiten Male gekreuzigt werde, spricht der Herr (Legenda aurea, lat. S. 374).

21 Wahrscheinlich handelt es sich nach der Legenda aurea um das letzte Wort des Paulus: *ih(esus) (x)pc* = jesus christus (Legenda aurea, lat. S. 383). Dort heißt es im Zusammenhang (in deutscher Übersetzung): ... also war er enthauptet. Da sprang das Haupt von seinem Leibe und rief mit klarer Stimme auf hebräisch „Jesus Christus“.

aktionsreich, ja turbulent dargestellt. Der stürzende Apfelschimmel des Saulus wird umrahmt von den sechs anderen, vom Pferd stürzenden Begleitern. Ein siebentes Pferd ist noch mit dem Hinterleib auf dem Rücken zu sehen. Darüber erscheint oben rechts mit Christus im Regenbogen die dunkle Wolke, aus der die Steine fallen.[22]

Es folgt nach der Bekehrungsszene die Taufe des Paulus, der unbekleidet in einem hölzernen Faß sitzt. Ohne Zäsur, nur durch die Abkehrung der Personen angedeutet, schließt sich die Predigt des Paulus vor den Juden mit den Spitzhüten an.[23]

Ausführliche Szenen der Peter- und Paulsgeschichten sind relativ selten. Es wird hier lebendig erzählt, die Altersunterschiede der zahlreichen Figuren werden herausgestellt, die Köpfe sind im Ausdruck ausgeprägt und fast schon individuell differenziert. Graziös und fast tänzerisch hebt der jugendliche Henker das erhobene Schwert bei der Enthauptung des Paulus. Dennoch agieren alle Personen trotz der rhythmischen Bewegtheit wie Silhouetten. Bei der Bekehrung des Paulus wird durch die stürzenden Pferde- und Menschenleiber versucht, Raumtiefe anzudeuten. „Die gewagte Staffelung“[24] und die Gesamtkomposition, besonders die Bevorzugung des Kreismotives, erinnern an die Reiterzüge der Parlerschule. Gerade diese Szenen und die mit der Predigt des Paulus zeigen gewisse Übereinstimmungen mit zwei Steinreliefzyklen aus dem böhmisch beeinflußten südöstlichen Kunstkreis, zum einen mit dem Fürstenportal des Wiener Stephansdomes[25] und zum anderen mit einem Tympanon der Pfarrkirche zu Striegau (Stregom) in Schlesien. Es kann so eine gemeinsame Quelle in Prag vermutet werden, denkbar sind vergleichbare Bildvorlagen und Musterbücher wie für die Fresken der Burg Karlstein. Auch italienische Vorbilder sind anzunehmen.

Die geschnitzten wie gemalten Heiligenfiguren auf dem Brandenburger Altar weisen trotz gewisser Unterschiede mit den bewegteren Personen auf den Predellenflügeln Gemeinsamkeiten in den relativ gedrungenen Proportionen, den länglich-ovalen Gesichtstypen, in den Faltenformen und der Farbigkeit auf; sie lassen einen böhmischen Meister (mit mehreren Gesellen?) rechtfertigen.[26]

22 Schriftband bei Christus in der Wolke: *[s]aule quid me persequeris dicit d(omi)n(u)s* – Saulus, was verfolgst du mich, spricht der Herr (Act. 9, 4).

23 Schriftband bei dem predigenden Paulus: *[a]ffirmans qu(onia)m hic est christus dicit sanctus paulus ap(osto)l(us)* – Daß dieser Christus ist, versichert in der Rede der Heilige Apostel Paulus (nach Act. 9, 20).

24 Edith FRÜNDT, in: Parler 2 (wie Anm. 13) S. 541–547, hier S. 546.

25 Adolf KOSEGARTEN, Zur Plastik der Fürstenportale am Wiener Stephansdom, Wiener Jahrbuch für Kunstgeschichte 24 (1965) S. 74.

Ähnlichkeiten mit den Fresken im Prager Emmaus-Kloster und auf der Burg Karlstein, mit der Buch- und Tafelmalerei und den Werken des Meisters von Wittingau sind nicht von der Hand zu weisen.[27] Die sogenannte Böhmische Tafel in der Dorfkirche Pechüle bei Bardenitz (heute Potsdam-Mittelmark) dokumentiert in zwei Zonen mit je acht Bildern der Passionsgeschichte ebenso die gleiche künstlerische Herkunft um 1380.

Mit der Erwerbung der Mark im Jahre 1373 hatte Kaiser Karl IV. in Tangermünde an der Elbe die alte Askanierburg innerhalb weniger Jahre zu einer prächtigen Nebenresidenz ausbauen lassen. Leider ist durch den Stadtbrand von 1617 davon nichts erhalten geblieben, aber durch Schriftquellen und die wenigen Funde wissen wir von den figürlichen Wandmalereien des Hauptsaales, wo der Kaiser mit den sieben Kurfürsten, seiner vierten Gemahlin, Elisabeth von Pommern, und mit den Vorfahren – als Herrscherpaare wie als Einzelbilder der königlichen Ahnen – dargestellt war.[28] Böhmische Künstler müssen sich also in größerer Anzahl in Tangermünde aufgehalten haben, einer von ihnen könnte unser Haupt-Meister des sogenannten Böhmischen Altars gewesen sein. Der in der Urkunde erwähnte Nikolaus war der Schreiner, nicht aber der Maler und Kompositeur des Ganzen, der als böhmischer Künstler namenlos bleiben muß.

Ausgeführt worden ist der Altar sicher nicht im Auftrage des Kaisers selbst,[29] eher in dem des bedeutenden Bischofs dieser Zeit, des Dietrich von der Schulenburg,[30] dessen auch in der genannten Urkunde vom 12. April 1375 gedacht wird. Karl IV. weilte zwar selbst mehrmals persönlich in der Mark und verlebte das

26 SACHS/KUNZE, Altar (wie Anm. 3) S. 179 sprechen sich hypothetisch für einen einheimischen Meister Nikolaus aus, der aber für die Malereien wie für die Plastik des Retabels auf jeden Fall böhmische Künstler aus Tangermünde herangezogen habe.

27 Ebd. S. 178 mit Anm. 23; FRÜNDT (wie Anm. 24) S. 542; Vera-Gisela EWALD/Edith FRÜNDT, Der Einfluß des böhmischen Stils auf die Bildkünste in Mecklenburg und Brandenburg im späten 14. und frühen 15. Jahrhundert, in: Karl IV. (wie Anm. 14) S. 351. Dazu auch bemerkenswert Hannelore SACHS, Böhmische Gotik in der Mark Brandenburg, Bildende Kunst (1979) H. 3 S. 125.

28 Nachweis der Quellen ebd. S. 122–126, bes. S. 124.

29 Joachim FAIT, Die Baugeschichte des Domes und seine Kunstschätze, 800 Jahre Dom zu Brandenburg, hg. von Jürgen HENKYS (1965) S. 43. Ebenso Jana PEŠINA, Katalog České umeni gotické 1350–1420 (1970) S. 28.

30 Robert SUCKALE, Die Hofkunst Kaiser Ludwigs des Bayern (1993) S. 162 spricht sich für die Stiftung durch den Bischof aus, auch für die Anfertigung durch böhmische Künstler. NISSEN, Plastik (wie Anm. 7) S. 73 möchte den Stifter im kaiserlichen Haus selbst sehen oder in einem Mann, der diesem nahesteht, ohne sich eindeutig für den Kaiser oder den Bischof zu entscheiden.

Osterfest 1374 sogar in der Bischofskirche,[31] aber zu dieser Zeit war der Altar noch nicht fertiggestellt.

Bei den jahrelangen Versuchen, das an sich reichsunmittelbare Bistum landsässig zu machen und seiner Hausmacht einzuverleiben, hatte Karl, dessen Söhne Markgrafen von Brandenburg waren, offensichtlich zurückgesteckt, denn 1376 wurde der Bischof wieder als ‚consiliarius' des Kaisers geführt.[32]

Dietrich von der Schulenburg scheint als dem kaiserlichen Hause Nahestehender den Altar selbst gestiftet zu haben zu einer Zeit, als der Umbau von Chor und Querschiff zum gotischen Dome begonnen worden war[33] und ein neuer Hochaltar nötig wurde. Auf die fremden Namensheiligen der beiden Söhne Karls und auf den Heiligen Veit wurde so bewußt am Altar Rücksicht genommen. Vielleicht fühlte sich der Kaiser wirklich geehrt und dankte dem Bischof mit der Anerkennung als ‚kaiserlicher Berater'.

Noch etwas ist zu der im Dom erhaltenen Grabplatte des 1393[34] verstorbenen Bischofs anzumerken (Tafel 6): Sie ist als Hochrelief einmal in der monumentalen Art mit den fast porträtähnlichen Zügen dem beginnenden ‚weichen Stil' zuzurechnen, zum anderen fallen einige Ungeschicklichkeiten auf, denn die Wappen und die fürbittenden Engel in den Wolken überschneiden den Schriftrand. In gotischer Minuskel lautet die Grabinschrift, oben links als Umschrift beginnend, nach einem griechischen Kreuz folgendermaßen:[35]

+ Anno·dom//ini m·ccc·no/nagesimo·tercio· sexto· k(a)l(endas)
·maii·obiit·reve(re)nd(us)·i(n)·/chr(ist)o·pater·et d(omi)n(u)s·d(omi)n(u)s·
tyderic(us)/de schulenborch·huius·ecclesie·trecesimus·tercius·ep(is)c(opus).

In deutscher Übersetzung: Am 26. April im Jahre des Herrn 1393 verstarb der in Christus verehrungswürdige Vater und Herr, Herr Dietrich von der Schulenburg, der 33. Bischof dieser Kirche.

Die Schriftbänder sind durch die Anordnung und die teilweisen Zerstörungen schwierig zu lesen und ebenso auch zu interpretieren.[36]

31 Leopold KOEHLER, Dietrich von der Schulenburg. Bischof von Brandenburg (1365–1393) (1911) S. 38. FAIT, Baugeschichte (wie Anm. 29) spricht vom „Sommer 1377"; dieser Aufenthalt ist nicht belegt und wäre nach der Fertigstellung des Altars, der durch die Urkunde feststeht.

32 Domstiftsarchiv Brandenburg, Urkunde Nr. 211, Nürnberg 1376 Mai 16; Siegel Karls IV. – Zur prägnanten Kurz-Charakteristik der Person und der Herrschaft Karls IV.: Peter MORAW, Karl IV., in: Lex.MA 5 (1991) Sp. 971–974.

33 EICHHOLZ, Kunstdenkmäler (wie Anm. 6) S. 259f.

34 NISSEN, Plastik (wie Anm. 7) S. 81 und S. 82 vermerkt falsch „1395" als Todesjahr.

35 Zur Wiedergabe aller Inschriften auf der Grabplatte des Bischofs nach den DI-Regeln sei wieder auf den zukünftigen Brandenburg-Band verwiesen (wie Anm. 20).

In rhythmisierter Form wird zusammen mit den fürbittenden Engeln in der tiefen Frömmigkeit des Mittelalters die Hilfe von Christus in der Ewigkeit für den Bischof im vollen Ornat angerufen. Einfach und schlicht ist die Grabinschrift abgefaßt, nur das Familienwappen neben dem Bischofswappen und der Löwe verweisen auf den Adel der Geburt. Die Buchstaben selbst sind, wieder besonders in den Schriftbändern, ungleichmäßig gesetzt, und der zur Verfügung stehende Raum scheint vorher nicht genug berücksichtigt worden zu sein. Es ist wahrscheinlich, daß eine zeichnerische Vorlage, vielleicht noch im Auftrage des Bischofs selbst, für die Grabplatte vorhanden war. Vermuten läßt sich beim Vergleich der Umkreis der Kunst in der Nachfolge des Theoderich von Prag (gest. 1381), des Hofmalers Karls IV. besonders in Karlstein.[37]

Ein weiteres kommt hinzu: die Flügel der Engel sind am Unterarm befestigt, eine Art, die recht selten, aber beispielsweise am Tympanon-Relief der Prager Teynkirche[38] realisiert ist – und da sind wir wieder im böhmischen Kunstkreis.

Zusammenfassend kann gesagt werden, daß sich böhmische Künstler in der Mark und der Stadt Brandenburg während der Herrschaft Karls IV. und seiner Söhne nicht nur vermuten, sondern in wenigen herausragenden Werken auch beweisen lassen. Böhmische Einflüsse des ‚weichen Stils' sind in der Stadt Brandenburg später noch beispielsweise in der Gewölbe- wie Putzmalerei der St. Katharinenkirche, im Marienretabel des heutigen Dom-Museums Brandenburg und in der einst ganz ausgemalten Vorstadtkirche zu Plaue faßbar.[39]

„Brandenburg war" sicher „nicht das Paradies",[40] dennoch hatte die Stadt besonders mit dem sogenannten Böhmischen Altar im 14. Jahrhundert einen nicht unwesentlichen Anteil an der historisch-kulturellen Entwicklung der Zeit, als Prag durch Kaiser Karl IV. zu einem nach allen Seiten ausstrahlenden Mittelpunkt Europas geworden war.[41]

36 Zur Lesung und Kommentierung der Spruchbänder vgl. schon Anm. 20 und 35.

37 K. OETTINGER, Theoderich, in: THIEME-BECKER 32 (1938) S. 595f. Für Theoderich bereits NISSEN, Plastik (wie Anm. 7) S. 82f. Zu ihm noch immer grundlegend Joseph NEUWIRTH, Mittelalterliche Wandgemälde und Tafelbilder der Burg Karlstein in Böhmen (1896).

38 NISSEN, Plastik (wie Anm. 7) verweist auf S. 82, Anm. 1 noch auf zwei kleine Altäre mit der Verkündigung Mariae im Dom zu Havelberg.

39 Die genannten Beispiele werden im DI-Band „Brandenburg" (wie Anm. 20) behandelt.

40 So Peter Moraw im Eröffnungsvortrag der Tagung.

41 Zum Aufstieg Prags als Kunstzentrum unter Karl IV. mit der Erweiterung des Domes, der Gründung der Neustadt und der Universität siehe Ivan HLAVÁČEK, Prag, in: Lex.MA 7 (1995) Sp. 159–164.

Martina Voigt

Zur Biographie des Zeitzer Propstes Melchior von Meckau († 1509)

Melchior von Meckau, der im Jahr 1509 in Rom verstorbene Kardinal, gehört zu den reichspolitisch interessanten Persönlichkeiten der Zeit Kaiser Maximilians I. Die im heutigen Bundesland Sachsen-Anhalt gelegene Stadt Zeitz hingegen wird gemeinhin nicht mit Reichspolitik in Verbindung gebracht, vielen ist diese Stadt gänzlich unbekannt.
Im Jahr 968 wurde in Zeitz am Standort einer Königsburg ein Bistum eingerichtet, das bereits achtzig Jahre später nach Naumburg verlegt wurde.[1] In den beiden folgenden Jahrhunderten stritten sich das Zeitzer Stiftskapitel und das Naumburger Domkapitel um die Benennung des Bistums und um ihre Rechte in seiner Regierung. Bis heute wird das Bistum mal Naumburg, mal Naumburg-Zeitz, seltener Zeitz-Naumburg genannt. In den Jahren 1230 und 1231 war dem Zeitzer Stiftskapitel die Führung des Titels Bistum endgültig untersagt worden. Zur Entschädigung erhielt der Zeitzer Propst von nun an Sitz und Stimme im Naumburger Domkapitel.[2] Um 1285 verlegte Bischof Bruno von Naumburg die Residenz der Bischöfe, und damit auch die Verwaltung des Bistums, von Naumburg nach Zeitz. Einige der Bischöfe ließen sich in der Zeitzer Stiftskirche, dem früheren Dom, beisetzen, unter ihnen ein anderer bedeutender Akteur in der Reichspolitik, Julius Pflug, der 1564 verstorbene letzte Bischof von Naumburg.[3]

1 Walter SCHLESINGER, Kirchengeschichte Sachsens im Mittelalter 1: Von den Anfängen kirchlicher Verkündigung bis zum Ende des Investiturstreites ([2]1983) S. 25, S. 32, S. 34, S. 92; Das Bistum Naumburg 1,1: Die Diözese, bearb. von Heinz WIESSNER (GS, N.F. 35,1, 1997) S. 47.

2 Ebd. S. 109.

3 Seine zu einem Teil lediglich kopial überlieferte Grabinschrift bezeichnet ihn als Ratgeber der Kaiser Karl V. und Ferdinand I. und hebt die Teilnahme Pflugs an fast allen wegen des Glaubens geführten Verhandlungen sowie seinen Vorsitz auf dem Reichstag in Regensburg hervor: „Interfuit fere omnib(us) colloquijs suo tempore de religione habitis in Comitijs qvoq(ue) RATISBONENSIBUS CAROLI V nomine praeses fuit", Die Inschriften der Stadt Zeitz bis 1650, ges. und bearb. von Martina VOIGT (in Vorbereitung) Nr. 120.

Doch zurück zu Melchior von Meckau. In der Stiftskirche zu Zeitz, der heutigen Schloßkirche, befindet sich im vierten Joch des Mittelschiffs ein Schlußstein, der eine in zwei Kreisen angeordnete, in gotischen Minuskeln erhaben ausgeführte Inschrift trägt (siehe die Abb.):

An(n)o d(omi)ni 1.4.87. her. melchio(r) / probst in ec(c)l(esia) w

1906 las Adolf Brinkmann in seiner Beschreibung der Schloßkirche die Inschrift anders:

Anno. dm.1481. her. melchio wpropst . in ecl. [4]

Die Buchstaben *ni* wurden zu *m,* das Zahlzeichen der *sieben* wurde zu einer *eins* und das Wort *probst* mit einem *p* in der Wortmitte verlesen.
Problematisch für die Erklärung der Aussage dieser Inschrift ist die unterschiedlich gelesene Stellung und Deutung des Buchstaben *w.* Zu klären war, ob es sich wirklich um ein *w* handelt und wie diese Kürzung aufzulösen ist. Nach Brinkmanns Wiedergabe der Inschrift bezeichnet das *w* wohl den Namen der Familie des Melchior, nach der hier vorgestellten Anordnung am Ende des Satzes den Namen eines Ortes mit einer Kirche.
Zunächst zur Lesung des Buchstabens *w.* Mittelalterliche und frühneuzeitliche Inschriften wurden erst nach der Mitte des 20. Jahrhunderts in Deutschland Gegenstand einer breiter angelegten, systematisch betriebenen Forschung im Rahmen des interakademischen Projektes „Die Deutschen Inschriften". Noch ist die Quellengrundlage, die Zahl von in Text und Abbildung nach einheitlichen Kriterien beschriebenen Inschriften, nicht ausreichend für eine nach Zeit und Raum gegliederte zusammenfassende Aufarbeitung der mittelalterlichen und frühneuzeitlichen Epigraphik in ganz Deutschland. Besonders in den sogenannten neuen Bundesländern, auf deren Gebiet nach Arbeiten zu Naumburg und Merseburg seit 1968 keine systematische Forschungsarbeit zu den deutschen Inschriften mehr stattfand, besteht Nachholbedarf.[5] 1992 wurde mit der Gründung des Akademienvorhabens „Die Deutschen Inschriften" an der Berlin-Brandenburgischen Akademie der Wissenschaften die wissenschaftliche Sammlung und Bearbeitung von Inschriften wieder aufgenommen. Aufgabe der in Potsdam ansässigen Arbeitsstelle ist die Erfassung der Inschriften in den Ländern Brandenburg, Berlin und Mecklenburg-Vorpommern. 1996 richtete auch die Sächsische Akademie der Wissenschaften eine Inschriftenarbeitsstelle ein, die die

4 Adolf BRINKMANN, Der Peter-Paulsdom in Zeitz (1906) S. 15.

5 Die Inschriften des Naumburger Doms und der Domfreiheit, ges. und bearb. von Ernst SCHUBERT/Jürgen GÖRLITZ (1959); Die Inschriften der Stadt Naumburg an der Saale, ges. und bearb. von Ernst SCHUBERT (1960); Die Inschriften des Landkreises Naumburg an der Saale, ges. und bearb. von Ernst SCHUBERT (1965); Die Inschriften der Stadt Merseburg, ges. und bearb. von Ernst SCHUBERT/Peter RAMM (1968). Nach der deutschen Wiedervereinigung erschienen zwei weitere Bände: Die Inschriften der Stadt Jena bis 1650, ges. und bearb. von Luise und Klaus HALLOF (1992) und Die Inschriften des Landkreises Jena, ges. und bearb. von Luise und Klaus HALLOF (1995).

Bundesländer Sachsen, Sachsen-Anhalt und Thüringen zum Sammelgebiet hat. Die Literatur zur mittelalterlichen und frühneuzeitlichen Epigraphik wächst stetig an. Ein Handbuch ist Rudolf M. Kloos zu verdanken.[6] Es ist damit heute, anders als für Brinkmann im Jahr 1906, leichter möglich, Schriften, auch durch den Vergleich, exakt zu lesen.

Der diskutierte Buchstabe *w* besteht aus drei Hasten. Die unteren Hastenenden der linken und der mittleren Haste sind nach rechts gebogen, das untere Hastenende der rechten Haste biegt sich dagegen nach links und schließt einen Bogen bildend an die Mittelhaste an. Diese Form eines *w* kommt nicht nur in einer weiteren Zeitzer Inschrift von 1552[7] vor, sondern ist in der gotischen Minuskel für diesen Buchstaben typisch.[8] Drei Hasten könnten auch als Abkürzung für *cic* (cicensis) stehen. Dagegen spricht jedoch nicht nur der eben beschriebene rechte untere Bogen, sondern auch die Ausführung des Buchstabens *c* im Wort *Melchior* in der vorliegenden Inschrift. Die Hastenenden des *c* sind oben und unten deutlich nach rechts gebogen und entsprechen damit dem in der gotischen Minuskel üblichen *c*.[9] In dem als *w* beschriebenen Buchstaben können die erste und die dritte Haste nicht als *c* gelesen werden.

Um das mit *w* gekürzte Wort auflösen zu können, war zunächst die Person des Melchior einzuordnen. In der handschriftlichen Chronik des Stifts Zeitz, die der Pfarrer Johann Zader um die Mitte des 17. Jahrhunderts auf der Grundlage langjähriger Arbeit in den Archiven von Bistum, Stift und Stadt verfaßte, findet sich im Abschnitt *1. Geistliche Personen 1. bey der StifftsKirchen als (1.) Praepositi* folgender Eintrag: *1486 Melchior d(e) Möck d(er) Kirchen des Stiffts berge(n) Administrator. it(em) Cardinalis Brixiensis.*[10] Als Vorgänger des Melchior wird Johann von Weißenbach genannt, der am 3. August 1464 gewählt worden sei. Der Nachfolger des Melchior von Möck war nach Zader Reinholdus d(e) Weisbach, gewählt 1488, gestorben 1501. In der handschriftlichen Chronik von Christian Gottlieb Liebner wird berichtet *Melchior de Meckau, sonst de Meck* sei am

6 Rudolf M. KLOOS, Einführung in die Epigraphik des Mittelalters (1980, ²1992).

7 Die Inschriften der Stadt Zeitz (wie Anm. 3) Nr. 25, ein Schlußstein in derselben Kirche.

8 Deutsche Inschriften, Terminologie zur Schriftbeschreibung, erarbeitet von den Mitarbeitern der Inschriftenkommissionen der Akademien der Wissenschaften in Berlin, Düsseldorf, Göttingen, Heidelberg, Leipzig, Mainz, München und der Österreichischen Akademie der Wissenschaften in Wien (1999) S. 63.

9 Ebd. S. 52.

10 Johann ZADER, Originalhandschrift der Naumburg-Zeitzischen Stiftschronik im StadtA Naumburg 1 S. 311.

5. Juni 1486 *praepositus officinalis* in Zeitz geworden.[11] Weitere Träger des Namens Melchior konnten für die Zeit um 1487 unter den Zeitzer Stiftsangehörigen nicht gefunden werden. Gedruckte Hinweise auf eine Verbindung des Melchior von Meckau mit Zeitz sind rar.

Ein Verzeichnis der Zeitzer Pröpste liegt nicht gedruckt vor. In einer Beschreibung der Naumburger Diözese wird Melchior von Meckau, damals bereits Bischof von Brixen, lediglich für das Jahr 1495 als Käufer von Zinseinkünften erwähnt.[12] Genaueres teilt das 1570 aufgezeichnete Mortilogium der Zeitzer Stiftskirche mit, das als Autograph des Zeitzer Domherrn Philipp Holler (1543–1585) im Stiftsarchiv Zeitz liegt und durch einen Druck aus dem Jahr 1755 allgemeiner zugänglich ist.[13] Hier ist unter dem 10. Dezember das Totengedächtnis des Melchior von Meckau *Episcopi Brixiensis, et huius Ecclesiae Praepositi* vermerkt.

In den Personallisten der Dompröpste des Erzbistums Magdeburg wird Melchior für die Zeit von 1479–1487/88 aufgeführt. Seine Herkunft wird als thüringisch angegeben. Als Würden werden aufgezählt: seit 1458 Domdekan von Meißen, Domherr von Brixen und Stiftsherr von St. Thomas in Straßburg, seit 1476 Domherr und seit 1479 Dompropst von Meißen sowie seit dem 13. Februar 1483 – diese Datierung weicht von den Zeitzer Quellen ab – Dompropst von Zeitz.[14] Am 20. Juni 1489 übernahm Meckau die Nachfolge im Bistum Brixen.[15] Im Jahre 1503 wurde er Kardinal.[16] Schmelzing berichtet, Meckau sei 1481 Vizepropst und 1486 Propst in Zeitz geworden.[17] Andere Autoren, die sich mit Meckau be-

11 Christian Gottlieb LIEBNER, Chronik der Stadt Zeitz im Stadt- und KreisA Zeitz (Nr. 3500 00/06–3500 00/13) 1 S. 570. Liebner nennt Meckau an dieser Stelle *Administrator des Stifts Bergen. Bischoff zu Brix.*

12 Das Bistum Naumburg 1,2: Die Diözese, bearb. von Heinz WIESSNER (GS, N.F. 35,2 1998) S. 530.

13 Philipp HOLLER, Mortilogium ecclesiae collegiatae cicensis, in: Christian SCHOETTGEN/Georg Christoph KREYSIG, Diplomataria et Scriptores Historiae Germanicae 2 (1755) S. 159.

14 Das Erzbistum Magdeburg 1,1: Das Domstift St. Moritz in Magdeburg, bearb. von Gottfried WENTZ/Berent SCHWINEKÖPER, (GS 4,1,1 1972) S. 332f.

15 Ebd. S. 333. Nach Paul-Joachim HEINIG, Kaiser Friedrich III. (1440–1493). Hof, Regierung und Politik 1 (Forschungen zur Kaiser- und Papstgeschichte des Mittelalters, Beihefte zu J. F. Böhmer, Reg.Imp. 17, 1997) S. 432, Anm. 1348, war der kaiserliche Rat Kaspar von Meckau, ein Bruder des Melchior, maßgeblich an der Erhebung Melchiors von Meckau auf den Brixener Stuhl beteiligt.

16 Erzbistum Magdeburg 1,1 (wie Anm. 14) S. 334.

17 SCHMELZING, o.T., Der Deutsche Herold 65 (1934) S. 20.

schäftigen, erwähnen seine Zeitzer Würde(n) nicht.[18] In keiner der biographischen Arbeiten über Meckau findet sich jedoch ein Anhaltspunkt für das *w* der Zeitzer Inschrift. Im Folgenden wird eine Lösung dargelegt.
Meckau war Meißner Domherr. Meißner Domherren aber hatten regelmäßig Einfluß auf das Wurzener Stiftskapitel. Die Wurzener Pröpste wurden häufig, wenn nicht gar in der Regel, aus den Reihen der Meißner Domherren gewählt. So sind im Dom von Meißen die Grabinschriften von fünf Domherren überliefert, die in dichter Reihenfolge auch Pröpste von Wurzen waren.[19] Sie verstarben zwischen 1359 und 1427. Einer von ihnen, der 1398 verstorbene Konrad von Wedera, war zugleich Domherr in Zeitz.[20] Ernstzunehmen ist auch Bönhoffs generalisierende Aussage: „Der Stiftspropst zu Wurzen war ein Meißner Domherr…“[21], die Walter Schlesinger weiterführt, indem er sagt: „Propst war stets ein Meißner Domherr.“[22] In der von Bönhoff herausgegebenen Liste der Wurzener Kapitelsmitglieder fehlt der Name Meckau. Allerdings existieren für den in Frage kommenden Zeitraum um 1487 lediglich Verzeichnisse für die Jahre 1469, 1476 und 1497.[23] Bönhoff hat, wie auch andere vor ihm, vergeblich versucht, die Lücken in der Überlieferung aus anderen Quellen zu schließen: die achtziger Jahre des 15. Jahrhunderts bleiben ohne Nachrichten über die personelle Zusammensetzung des Stiftskapitels.
Es kann vermutet werden, daß Meckau in dieser Zeit Propst von Wurzen war. So existiert eine Nachricht, die auf eine Verbindung Melchiors von Meckau zum Wurzener Stiftskapitel hinweist: 1476 erschien Lampert von Goch, Stiftsherr von Wurzen, als Prokurator Melchiors von Meckau mindestens zweimal in Magdeburg, um für ihn – schließlich erfolgreich – die Anerkennung als Dompropst von Magdeburg durchzusetzen.[24] 1476 wurde der bisherige Propst von Wurzen,

18 So Lawrence G. DUGGAN, Melchior von Meckau: A Missing Link in the Eck-Disputes of 1514–1516, Archiv für Reformationsgeschichte 74 (1983) S. 31.

19 Johann Friedrich URSINUS, Die Geschichte der Domkirche zu Meißen aus ihren Grabmalen historisch und diplomatisch erläutert (1782) S. 164–165, S. 193.

20 Ebd. S. 164.

21 Leo BÖNHOFF, Würdenträger und Mitglieder des Wurzener Stiftskapitels bis zur Kapitulation 1581, Mitteilungen des Wurzener Geschichts- und Altertumsvereins 2,2 (1916) S. 48. Allerdings widerspricht dem von Kauffungen, der das Wurzener Kapitel als eigenständig ansieht, s. Kunz von Brunn genannt v. KAUFFUNGEN, Das Domkapitel von Meißen im Mittelalter (1902) S. 69.

22 Walter SCHLESINGER, Kirchengeschichte Sachsens im Mittelalter 2: Das Zeitalter der deutschen Ostsiedlung (1100–1300) ([2]1983) S. 205

23 Leo BÖNHOFF, Die Pfründen der Stiftskirche U.L. Frauen in Wurzen, Mitteilungen des Wurzener Geschichts- und Altertumsvereins 2,2 (1916) S. 17.

24 Erzbistum Magdeburg 1,1 (wie Anm. 14) S. 333.

Johann von Salhausen, Dechant von Wurzen, seine Nachfolge in der Propstei ist unbekannt.[25] 1487 stellte sich Melchior von Meckau gegen ebendiesen Johann von Salhausen, Dechanten von Wurzen, zur Wahl eines neuen Meißner Bischofs. Die Wahl soll Meckau nur knapp verloren haben.[26] Meckau kann im Bistum keine unbedeutende Rolle gespielt haben; er muß über Ämter verfügt haben, die seiner Kandidatur Gewicht und Nachdruck gaben. Wir wissen, er war Domherr von Brixen und Stiftsherr von St. Thomas in Straßburg, 1476 Kanonikus und seit 1479 Dompropst von Meißen und Dompropst von Magdeburg und seit 1483 oder 1486 Dompropst von Zeitz. Wiesflecker bezeichnet Meckau als Pfründensammler, der mit Hilfe der daraus geflossenen Einkünfte den Grundstock seines Vermögens gelegt habe.[27] Es ist vorstellbar, daß Meckau in dieser Zeit auch Propst von Wurzen war.

Neben seinem regionalen Wirkungsraum bahnte sich Meckau auch auf reichspolitischem Gebiet einen Weg. In späterer Zeit verlegte er das Gewicht seiner Tätigkeit immer mehr nach Süden. Im Jahr 1488 gab Meckau die Zeitzer und die Magdeburger Propstei auf. Wie schon erwähnt, wurde er 1489 Bischof von Brixen und 1503 Kardinal.

Bereits 1473 war Melchior von Meckau Rat bei Herzog Sigmund von Tirol, ab 1483 enger Ratgeber des jungen Maximilian I.[28] Offensichtlich verdankte Meckau seinen wachsenden Einfluß auch seinen enormen spekulativen Fähigkeiten auf geldwirtschaftlichem Gebiet, durch die er ein ungeheures Vermögen zusammenbrachte.[29] Dieser bekannte Lebensabschnitt Meckaus soll hier nicht weiter behandelt werden.

Interessant im Rahmen dieses Beitrags sind vielmehr die offenbar bis zu seinem Tod dauernden regelmäßigen Kontakte zu der Region, aus der er stammte. Das waren zum einen finanzielle Verbindungsfäden. Meckau besaß bis zu seinem Tod Zinseinkünfte aus Könneritz und Etzoldshain, die er 1495 vom Naumburger

25 BÖNHOFF, Stiftskapitel (wie Anm. 21) S. 57.

26 Willi RITTENBACH/Siegfried SEIFERT, Geschichte der Bischöfe von Meißen 968–1581 (1965) S. 347.

27 Hermann WIESFLECKER, Kaiser Maximilian I. Das Reich, Österreich und Europa an der Wende zur Neuzeit 5 (1986) S. 225, S. 228.

28 Vgl. dazu auch HEINIG, Kaiser Friedrich III. (wie Anm. 15) S. 481.

29 Meckau hinterließ ein Vermögen von 200.000 Dukaten, WIESFLECKER, Kaiser Maximilian I. (wie Anm. 27) S. 173. Nach DUGGAN, Melchior (wie Anm. 18) S. 31 soll zwischen Meckau, Maximilian und dem Nürnberger Jakob Fugger eine enge finanzielle Wechselbeziehung bestanden haben, in der Meckau weniger selbst Geld borgte, als vielmehr Geld an Maximilian lieh und große Summen bei Jakob Fugger gewinnbringend anlegte.

Bischof für 1000 fl. gekauft hatte.[30] Von der Stadt Leipzig nahm er jährlich 400 Gulden Zinsen ein.[31] Alle diese Einkünfte hinterließ er seinen sächsischen Verwandten.[32] Meckau scheint aber auch eine ideelle Verbindung zu seinem Herkunftsgebiet gehabt zu haben. In den Jahren 1497 bis 1503 ließ er sich auf dem Meißner Burgberg, am heutigen Domplatz 7, einen Domherrenhof errichten, der noch immer den Namen Dompropstei trägt.[33] Der prächtige spätgotische Bau gewinnt besonderes Interesse durch eine über der Haustür angebrachte, wunderbar gearbeitete Wappentafel mit einer Inschrift in zwei Distichen.

Melchior has edes posuit cognomine Meckau/
  Prepositus huius dum foret ecclesie,/
Brixina cui Kathedram,/ rubrum cui Roma galerum/
  Contulerat, dignus quovis honore viro.

Übersetzung: Dieses Gebäude hat Melchior mit dem Beinamen Meckau errichtet, während er Propst dieser Kirche gewesen ist; diesem hat Brixen den Bischofssitz dargebracht, Rom ihm den roten Hut, würdig einer jeglichen Ehre eines Mannes. Da auch die Kardinalswürde erwähnt wird, kann die Wappentafel erst nach 1503 angebracht worden sein.

Meckau hatte in seinem Testament Verfügungen zu frommen Zwecken in Meißen getroffen. Kein anderer seiner ehemaligen Pfründenorte soll derart bedacht worden sein.[34] Das Domkapitel von Meißen erhielt aus seinem Nachlaß einen bedeutenden Schatz an Silbergerät, den die Erben – offensichtlich aufgrund einer Verfügung Meckaus – überbrachten.

Die Verbindung von Meckau zu seinem Herkunftsgebiet wurde erwidert, sein Gedächtnis im sächsischen Raum gepflegt. Über das Zeitzer Mortilogium wurde bereits oben gesprochen. In Meißen feierte man im November das Totengedenken für Melchior von Meckau. In einem bei Ursinus gedruckten Anniversarium

[30] Richard Frh. von MANSBERG, Erbarmanschaft Wettinischer Lande. Urkundliche Beiträge zur obersächsischen Landes- und Ortsgeschichte in Regesten vom 12. bis Mitte des 16. Jahrhunderts 1: Das Osterland (1903) S. 164.

[31] Ebd. S. 130.

[32] Namentlich waren dies: Balthasar von Ossa, Helfrich von Meckau, Nickel von Mickwitz, Elisabeth Bonczyn, s. Ahnenreihenwerk Geschwister Fischer 4: Ahnenreihen von Uradelsgeschlechtern Wettiner Lande, bearb. von Fritz FISCHER, Ahnenreihe 25: Familie Meckau (1984) S. 14.

[33] Sachsen I. Regierungsbezirk Dresden, bearb. von Barbara BECHTER/Wiebke FASTENRATH u. a. (Georg Dehio, Handbuch der Deutschen Kunstdenkmäler, 1996) S. 580.

[34] Götz Frh. von PÖLLNITZ, Jakob Fugger und der Streit um den Nachlaß des Kardinals Melchior von Brixen, QFIAB 30 (1940) S. 244.

der Meißner Domkirche wird der Tag verzeichnet, Meckaus Würden werden zusammengefaßt: *Praepositus huius ecclesiae etc.*[35] In dem ebenfalls durch Ursinus edierten Calendarium dieser Kirche wird Meckaus unter Aufzählung folgender Würden gedacht: *Episcopus Brixiensis ac praepositus huius ecclesiae.*[36] Interessant an der Zeitzer und diesen Eintragungen ist die Nennung seines Namens in Verbindung mit der Würde, die er an der jeweiligen, das Totengedächtnis haltenden Kirche einnahm. Zweimal wird von der Vielzahl seiner Ämter nur die Brixener Bischofswürde und einmal schlicht *etc.* beigefügt.

Den Ausgangspunkt dieses Beitrages bildete eine Inschrift von 1487 auf einem Schlußstein in der Stiftskirche von Zeitz, der heutigen Schloßkirche. Die Inschrift nennt einen Herrn Melchior, der Propst der Kirche von *w* sei. Es wurde deutlich, daß es sich bei dem Melchior der Inschrift nur um Melchior von Meckau handeln kann, der dem meißnischen Stiftsadel entstammte, in Meißen Domherr und Propst war und 1487 für den Meißner Bischofsstuhl kandidierte. Wir verfügen für die fragliche Zeit nicht über Verzeichnisse der Pröpste von Wurzen, und auch andere mögliche Quellen schweigen. Es ist jedoch bekannt, daß das Meißner Kapitel häufig die Wurzener Pröpste stellte. Aus der Kenntnis dieser Verbindungen, der damaligen Würden und dem damaligen Wirkungskreis des Melchior von Meckau kann der Buchstabe *w* der Zeitzer Inschrift am ehesten mit *w(urzeniensi)* aufgelöst und erklärt werden.[37] Sowohl für die Geschichte des Wurzener Stifts als auch für die Biographie des Melchior von Meckau ergeben sich aus dieser Auflösung neue Aspekte.
Am Beispiel wurde gezeigt, wie Inschriften als Schriftquellen neue Fragen aufwerfen oder alte Fragen klären helfen können. Es geht bei der Sammlung und Bearbeitung historischer Inschriften nicht allein um die Beschreibung ihrer künstlerischen Gestaltung und technischen Ausführung und ihre zeitliche Einordung; es geht gleichermaßen um ihre Botschaft. Inschriftentexte sind wichtige Quellen der historischen, der linguistischen, der kunsthistorischen und kulturhistorischen und in einem bedeutenden Teil der genealogischen Forschung. Ihre Sammlung erfolgt sinnvollerweise regional, ihr wissenschaftlicher Nutzen aber ist überregional.

35 URSINUS, Domkirche (wie Anm. 19) S. 260.

36 Ebd. S. 307.

37 Die diesem Beitrag zugrunde gelegte Inschrift wird in dem Band „Die Inschriften der Stadt Zeitz bis 1650“ (wie Anm. 3) publiziert.

Eckhard Müller-Mertens

Stadtbücherinventar 1200 bis 1550

Aussagen über regionale Entwicklungsstände

Die Mark Brandenburg galt als des Heiligen Römischen Reiches Streusandbüchse. Darauf hat Willibald Alexis in seinen vaterländischen Romanen „Die Hosen des Herrn von Bredow", „Der Roland von Berlin", „Der falsche Woldemar" und anderen Bezug genommen.[1] Alexis wollte jedoch keinen entwicklungsgeschichtlichen Rückstand begreifen, sondern geschichtliche und Lebenswerte: Die Mark in ihrer Armseligkeit brachte Menschen von besonderer Treue und Gesinnung hervor. Aus diesem Blickwinkel gesehen, wurde in der Publizistik und Literatur vielfach bedacht: Wie weit lagen die Gründe für die Ausbildung der preußischen Tugenden und des brandenburgisch-preußischen Militarismus in der Notdürftigkeit der märkischen Landschaft?[2] Mit dieser Reminiszenz auch an

1 Willibald Alexis 1798–1871, Hauptrepräsentant der historischen Romandichtung mit dem Hintergrund märkisch-preußischer Geschichte, trat als der ‚deutsche Walter Scott' an und war bis weit in die erste Hälfte des 20. Jahrhunderts hinein von starker Breitenwirkung. Vgl. Walter HEYNEN, in: NDB 1 (1953) Sp. 197f.; Literatur Lexikon. Autoren und Werke deutscher Sprache, hg. von Walther KILLY 1 (1988) S. 105f. Genannte Werke: Der Roland von Berlin 1840, bis 1900 sechs Aufl., letzte Aufl. 1987, Der falsche Woldemar 1842, bis 1900 fünf Aufl., Die Hosen des Herrn von Bredow 1846–48, bis 1900 14 Aufl., Dramatisierung 1909, Verfilmung 1973, letzte Aufl. 1985, im Buchhandel lieferbarer Titel; Vaterländische Romane in 10 Bdn. 1910–25.

2 Vf. bezieht sich auf Diskussionen im Berliner Nikolaikreis in der zweiten Hälfte der fünfziger Jahre, auf Gespräche insbesondere mit Friedrich Solger, Ernst Kaeber, Johannes Schultze und anderen. Der Nikolaikreis war 1955 gegründet worden im Zusammenhang mit den Ausgrabungen an der Nikolaikirche zu Berlin. Er wurde später nach Friedrich Nicolai in Nicolaikreis umbenannt und besteht noch heute. Wichtig und auch anzumerken war ein Gedankenaustausch mit Karl Bosl und Gerhard Oestreich 1964 in München, anläßlich einer Tagung der Internationalen Kommission für Stände- und Parlamentsgeschichte. Mich frappierten in Bayern, im Böhmisch-Mährischen und Polen immer wieder die Adelsschlösser und die Adelskultur, der ungeheure Unterschied zu den brandenburgischen Gutsherrenhäusern und der Lebensführung der märkischen Junker, der augenfällige Unterschied zwischen dem Kulturreichtum in Bayern, Franken, Schlesien, Böhmen u.a. und der kulturellen Armseligkeit der Mark Brandenburg. Hieraus besonders leiteten sich genannte Fragen zu Preußentum und Militarismus ab.

eigene Reflektion möchte ich in das Thema eintreten. Es ist abgestellt insbesondere auf den Vergleich der Lande zwischen Elbe/Saale und Oder, unter dem Aspekt von Entwicklungsgeschichte, von ‚vorauseilen' und ‚zurückbleiben', Vorsprung oder Rückstand und Ausgleich.

Der eigene Beitrag wird die Schriftlichkeit, den Schriftgebrauch in den Städten ins Auge fassen und sich dabei auf die Stadtbücher konzentrieren. Die Frage sei: Weist die Stadtbuchüberlieferung regionale Unterschiede auf, bestanden zwischen den Großregionen und politischen Räumen Differenzen hinsichtlich der pragmatischen Schriftlichkeit der städtischen Verwaltung. Diese Frage aufzugreifen und zu verfolgen, forderte ein noch ungedrucktes Stadtbücherinventar heraus, welches diesbezüglicher Forschung einen neuen und repräsentativen Zugang zu der Quellengruppe Amtsbücher/Stadtbücher bietet.

Pragmatische Schriftlichkeit war in den Jahren 1986 bis 1999 Gegenstand eines Sonderforschungsbereiches: „Träger, Felder, Formen pragmatischer Schriftlichkeit" an der Universität Münster. „Als ‚pragmatisch' im Sinne des Forschungsprogrammes werden alle Formen der Schriftlichkeit verstanden, die unmittelbar zweckhaftem Handeln dienen oder die menschliches Tun und Verhalten durch Bereitstellung von Wissen anleiten wollen. Schriftgut, für dessen Entstehung und Nutzung Erfordernisse der Lebenspraxis konstitutiv waren, bildet also den Ausgangspunkt der Einzeluntersuchungen. Das Erkenntnisziel liegt in der Frage, wie sich Kommunikation mit Hilfe des Instrumentariums der Schrift, Schriftbesitz, Schriftbedarf, Schriftgebrauch dahin entwickelt hat, daß innerhalb der menschlichen Gesellschaft Schriftlichkeit in weiten Bereichen zur Bedingung für den Lebensvollzug wurde."[3]

Die Erstellung des Stadtbücherinventars für das Gebiet der damaligen DDR war von der Hansischen Arbeitsgemeinschaft angeregt und betrieben worden, die von 1955 bis 1970 im Rahmen des gesamtdeutschen Hansischen Geschichtsvereins, von 1970 bis 1990 der Historiker-Gesellschaft der DDR wirkte.[4] Der Anstoß kam aus einer Beratung des Vorstandes mit Vertretern der Mitgliederstädte und Stadtarchivaren. Sie fand in Verbindung mit der 19. Jahrestagung der Hansischen Arbeitsgemeinschaft am 23. Oktober 1974 in Cottbus statt.[5] Die Beratung wurde von über 40 Teilnehmern geführt, darunter Vertreter von 19 Stadtarchiven. Zunächst wurde eine Arbeitsgruppe gebildet, die Vorschläge für eine Reihe von Veröffentlichungen entwickelte. Im Laufe des Jahres 1975 faßte der Vorstand den Beschluß zur Erarbeitung eines Spezialinventars der Amtsbücher/

3 Träger, Felder, Formen pragmatischer Schriftlichkeit. Der neue Sonderforschungsbereich 231 an der Westfälischen Wilhelms-Universität Münster, FmSt 22 (1988) S. 389.

Stadtbücher. Das Projekt wurde in Zusammenarbeit mit Stadtarchiven, die korporative Mitglieder der Hansischen Arbeitsgemeinschaft waren, wie mit der Staatlichen Archivverwaltung kontinuierlich bis 1990 durchgeführt. Seitens der Mitgliederstädte, die neben Mitgliedsbeiträgen auch jährliche Forschungsbeiträge leisteten, erhielt das Unternehmen auch finanzielle Unterstützung. In den achtziger Jahren, unter Federführung von Reinhard Kluge, wurde die Inventarisierung bis 1990 auf folgenden Stand gebracht: Für die Länder Sachsen, Sachsen-Anhalt und Mecklenburg-Vorpommern liegen vollständige maschinenschriftliche Manuskripte vor, jeweils verfaßt von Reinhard Kluge, Josef Hartmann und Herbert Ewe. Dazu kommen ein ergänzungsbedürftiges Thüringer wie ein unvollständiges Manuskript für Brandenburg-Berlin, erarbeitet vornehmlich von Peter Langhof und Dagmar Blaha bzw. von Gebhard Falk. Eine Publikation des Manuskripts als Inventar der Stadtbücher in Archiven der neuen Bundesländer wird angestrebt.[6]

Die 1977 zuerst erarbeitete, 1980 endgültig gefaßte, 1985 ergänzte Richtlinie der Stadtbüchererfassung vom Mittelalter an bis 1800 ist hier nicht in extenso zu behandeln. Gleichfalls kann in diesem Rahmen auf Charakter, Systematik und Genesis des Genres nur marginal eingegangen werden. Dem Inventar liegt der kon-

4 Gerhard HEITZ/Manfred UNGER, Hansische Forschung in der DDR, ZfG 4 (1956) S. 1055f.; Heinrich SPROEMBERG, Neue Wege der Hanseforschung. Zehn Jahre Arbeitsgemeinschaft des HGV in der DDR, Vortrag auf der 81. Jahresversammlung des Hansischen Geschichtsvereins 7.–10.6.1965 in Magdeburg, erweiterte Druckfassung, masch.-schr. Ms., Original im Schriftgut des Verfassers; Ahasver von BRANDT, Hundert Jahre Hansischer Geschichtsverein. Ein Stück Sozial- und Wirtschaftsgeschichte, HGbll 88 (1970) S. 38–40; Heinrich SCHEEL, 25 Jahre Hansische Arbeitsgemeinschaft – 25 Jahre Hansische Forschung in der DDR, Wissenschaftliche Mitteilungen (der Historiker-Gesellschaft der DDR) (1981) 2/3 S. 25–36; Eckhard MÜLLER-MERTENS, Eröffnungsrede und Schlußwort zur 35. (letzten) Jahrestagung der Hansischen Arbeitsgemeinschaft in der DDR, zugleich der ersten gesamtdeutschen Historikertagung nach Fall von Mauer und Grenzen, HGbll 110 (1992) S. V–IX.

5 Klaus VETTER, Bürgertum und Feudalstaat, ZfG 23 (1975) S. 203f.

6 Reinhard KLUGE, Stadtbücher im Archivwesen der DDR, Archivmitteilungen 38 (1988) S. 90–95; DERS., Das Stadtbuch als onomastische Quelle. Entstehung, Funktion und Stand der Erfassung in den neuen Bundesländern, in: Stadtbücher als namenkundliche Quelle. Wissenschaftliches Kolloquium in der Akademie der Wissenschaften und der Literatur zu Mainz 1998. Tagungsband im Druck. Das Manuskript des Inventars befindet sich bei Reinhard Kluge, der unter der Adresse 09623 Rechenberg-Bienenmühle, Alte Str. 79, für Anfragen zur Verfügung steht. Weitere Exemplare für die jeweiligen Länder liegen für Mecklenburg-Vorpommern im StadtA Stralsund, für Sachsen-Anhalt im LA Magdeburg –LHA–, für Thüringen im HStA Weimar.

ventionelle Begriff von Stadtbüchern zugrunde, wie sie sich neben Urkunden und Akten als eine dritte Quellengruppe in Buchform in den Stadtarchiven finden. Ebenso verfährt die Klassifizierung traditionell.[7]

Zur Methodik der Stadtbüchererfassung sei zunächst das Jahr 1550 als Grenzjahr herausgestellt. Bis zu diesem war jedes Stadtbuch unter Angabe der zeitlichen Erstreckung und des Umfanges einzeln zu verzeichnen. Nach 1550 galt eine Gruppenverzeichnung für die jeweilige Serie. Über den Gegenstand heißt es: „Gegenstand des Spezialinventars sind die Stadtbücher als spezifische Form der Geschäftsbücher (Amtsbücher). Dazu rechnen die älteren Stadtbücher mit vermischtem Inhalt, Gerichtsbücher der Stadtgerichte, Kämmereibücher, Schöffenbücher, Schuldbücher, Memorabilienbücher, Zoll- und Hafenregister, Steuerbücher u. ä. Abweichend von der Orientierung vom 1. Dezember 1977 sind auch Kopiare bzw. Register (Urkundenabschriften) zu erfassen. Aufzunehmen sind weiterhin Gerichtsbücher der Stadt über ihren Landbesitz (nicht aufzunehmen sind Gerichtsbücher landesherrlicher Gerichte über im 19. und 20. Jahrhundert eingemeindete Orte) sowie Stadtbücher eingemeindeter Städte. Nicht erfaßt werden: Zunft- und Gildebücher, Kirchenbücher, Protokollbände der Städte, Einzelurkunden in Buchform sowie Akten, die wegen ihres rechtlichen oder historischen Wertes Buchform erhalten haben.“[8]

Die Verzeichnung erfolgte in den zehn Gruppen:

1. Stadtbücher mit vermischtem Inhalt;
2. Kopiare, Register;
3. Statuten, Willküren, Ordnungen, Rezesse;
4. Bücher des Rates (Protokolle, Vereidigung des Rates);
5. Bürgerbücher, Erbhuldigungen;
6. Gerichtsbücher, untergliedert in Zivil- u. Strafgerichtsbarkeit;
7. Zinsregister;
8. Steuerbücher;
9. Zollregister;

7 KLUGE, Stadtbuch (wie Anm. 6); generell zu den Amtsbüchern/Stadtbüchern: Die archivalischen Quellen. Eine Einführung in ihre Benutzung, hg. von Friedrich BECK/ Eckart HENNING (1994) S. 86–98.

8 Methodik für die Erfassung der Stadtbücher für die Manuskriptgestaltung des Spezialinventars Stadtbücher in den Staats- und Stadtarchiven der Deutschen Demokratischen Republik. Ministerium des Innern. Staatliche Archivverwaltung. Potsdam, den 8. Februar 1985. AZ: 85 3000, masch.-schr. Ms.; ein Exemplar befindet sich im Schriftgut des Verfassers. Die Methodik vom 8. Februar 1985 ergänzte die Orientierung zur Erfassung der Stadtbücher vom 1. Dezember 1977 und verarbeitete die zwischenzeitlich gewonnenen Erfahrungen.

10. Rechnungsbücher;
11. als zusätzliche Gruppe zuletzt: sonstige Stadtbücher.

Im Folgenden werde ich den Stadtbücherbestand in vier Ordnungen zusammenfassen: Erstens vermischte, das heißt komplexe Stadtbücher, zweitens Bücher des Stadtrechts und der Ratsherrschaft, drittens Gerichtsbücher und viertens Finanzbücher.

Das unter dem Begriff ‚Stadtbuch' zusammengefaßte Schriftgut der Ratsherrschaft und städtischen Verwaltung des Spätmittelalters von der Buchform her zu definieren, wirft in bestimmter Weise quellenkritische Probleme auf. Keineswegs war die Buchform in allen Fällen von vornherein gegeben. Die Aufzeichnungen wurden oft auf lose Blätter geschrieben, die erst später in Buchform gebunden wurden. In wieder anderen Fällen wurden Blätter aus Loseblattsammlungen für ein Binden in Buchform überhaupt erst ausgewählt bzw. zusammengestellt. Sodann weist das Stadtbuchinventar auch vorliegende Loseblattbestände wie einzelne Blätter als Stadtbücher aus. Ein großes Problem ist offenbar, wie vorliegende ‚Stadtbücher' inhaltlich zu definieren und zu klassifizieren sind, insbesondere hinsichtlich der Einteilung in ‚vermischte' und ‚spezialisierte' Stadtbücher. Nach meiner Auffassung gründen sich eklatante unterschiedliche Zuordnungen nicht allein auf gegebene Unterschiede in der inhaltlichen Auffassung seitens der Archivare und Bearbeiter. Sie sind auch sachlicher Natur. Ein Stadtbuch läßt sich von seinem Inhalt durchaus mehreren Kategorien zuordnen. Kluge reißt das Problem grundsätzlich an.[9] Er hält neben der Diplomatik und der Aktenkunde eine Amtsbuchlehre für nötig und fordert eine weitergehende theoretische Beschäftigung mit dem Quellentyp Stadtbuch. Die eigenen Recherchen bei der Anfertigung des vorliegenden Aufsatzes führten zu der gleichen Einsicht. Eine künftige ‚Stadtbuchkunde' erscheint als ein Desiderat der Mittelalter- und Frühneuzeit-Forschung.

Eine letzte grundlegende Untersuchung über das Schrift- und Aktenwesen der städtischen Verwaltung im Spätmittelalter wurde 1959 von Ernst Pitz vorgelegt. Dieser befand am Beispiel von Köln, Nürnberg und Lübeck: Das Schriftwesen ist nicht von der „sachgemäßen Ordnung" des Schriftgutes zu begreifen, sondern von der Entstehung des Verwaltungsapparates. Der komplexen Ratsverwaltung entsprach das komplexe vermischte Stadtbuch. Aus der Ratsverwaltung differenzierten sich im Rat verschiedene Zuständigkeiten und Befugnisse, Ämter, ihnen entsprechend die speziellen Stadtbücher. Der Spezialisierung des Rates wie

[9] KLUGE, Stadtbücher (wie Anm. 6) S. 90.

des städtischen Verwaltungsapparates entsprach die Spezialisierung der Schriftlichkeit, der Aufzeichnungen, Bücher und Akten.[10]

Als Bezugsräume erster Ordnung erscheinen die Großregionen, wie Peter Moraw sie im spätmittelalterlichen römisch-deutschen Reich eingegrenzt hat, also „Brandenburg-Mecklenburg-Pommern" zum einen, „Wettiner Lande-Mittelelbe-Gebiet" zum anderen. Dazu kommt die Lausitz als Teil der Großregion „Böhmen-Mähren-Schlesien-Lausitzen".[11] Differenzierter zu betrachten, werden als Bezugsgrößen zweiter Ordnung die spätmittelalterlichen Territorien und Territorienkomplexe gesondert ins Auge gefaßt: Die Mark Meißen, Thüringen, das Mittelelbegebiet, Mecklenburg-Vorpommern, die Mark Brandenburg und die Mark Lausitz.[12] Die Darstellung hält sich also nicht an die 1945 bis 1952 bestehenden und 1990 wiederhergestellten Länder. Unberücksichtigt bleiben die östlich der Oder liegenden, heute polnischen Teile von Pommern, Brandenburg und der Lausitz.

Die beiden genannten Großregionen weisen eine sehr unterschiedliche Städtedichte aus, von der Zeit, als sich das mittelalterliche Städtenetz ausbreitete, bis in die Gegenwart. Zuletzt kamen im Durchschnitt in Brandenburg-Mecklenburg-Pommern 282 qkm auf je eine Stadt, im Wettiner Lande-Mittelelbe-Gebiet 116, in der Lausitz 170 qkm.[13] Die Verbreitungskarten des Deutschen Städteatlas-

10 Ernst PITZ, Schrift- und Aktenwesen der städtischen Verwaltung im Spätmittelalter (Mitteilungen aus dem Stadtarchiv von Köln 45, 1959).

11 Peter MORAW, Von offener Verfassung zu gestalteter Verdichtung. Das Reich im späten Mittelalter 1250 bis 1490 (Propyläen Geschichte Deutschlands 3, 1985) S. 175.

12 Die territorialen Bezugsgrößen für die Erfassung der Stadtbücher waren die Bezirke der DDR. Diese wie die Kreisgliederung der Bezirke stellen dementsprechend die Ausgangsgrößen für die eigene Untersuchung dar. Dabei lege ich den Gebietsstand von 1987 zu Grunde; Verwaltungskarte der DDR 1:600.000 (1987). Die Bezugsgröße Mecklenburg-Vorpommern deckt sich mit den Bezirken Rostock, Schwerin und Neubrandenburg ohne die Kreise Perleberg, Prenzlau und Templin. Die Mark Brandenburg erscheint im Ausmaß der Bezirke Potsdam und Frankfurt sowie von Berlin. Einbezogen sind die Kreise Perleberg, Prenzlau und Templin sowie die Altmark und der Havelwinkel mit den Kreisen Gardelegen, Genthin, Havelberg, Kalbe (entfällt 1988), Klötze, Osterburg, Salzwedel, Stendal und Tangerhütte (entfällt 1988). Die Lausitz (Markgrafschaften Niederlausitz und Oberlausitz) wird abgedeckt durch den Bezirk Cottbus sowie die Kreise Bautzen, Bischofswerda, Görlitz, Kamenz, Löbau, Niesky und Zittau des Bezirkes Dresden. Unter Meißen werden die Bezirke Dresden (ohne die genannten Kreise der Oberlausitz), Leipzig und Karl-Marx-Stadt (heute wieder Chemnitz) erfaßt. Thüringen als Bezugsgröße wird im Ausmaß der Bezirke Gera, Erfurt und Suhl gesehen. Die Bezugsgröße Mittelelbegebiet schließlich wird dargestellt durch die Bezirke Halle und Magdeburg ohne die altmärkischen und Havelwinkelkreise.

ses[14] zeigen diese Proportionen mit geringen Modifikationen, das heißt, daß eine prinzipielle Differenz konstant bestand. Der Abstand läßt sich damit weder auf ein temporäres noch säkulares Gefälle zurückführen. Er stellt sich langfristiger dar, beruhend auf den verschiedenen Naturbedingungen der Produktion und Kultur. Das betrifft zum Beispiel die Bodengestaltung und Bodengüte oder die Salz- und Erzvorkommen. Mecklenburg, Pommern und die Mark ordneten sich der norddeutschen Tiefebene zu, während Thüringen, Mittelelbien und Meißen in die Mittelgebirgsschwelle reichten und in ihrer Landwirtschaft von der jener vorgelagerten Bördezone bestimmt wurden, die sich weiter hinzog in die Ober-

[13] Die Angaben beruhen auf früheren Berechnungen über die Städtedichte: Eckhard MÜLLER-MERTENS, Stadtgründungen und neue Städte 1150 bis 1800 im Raum der heutigen DDR zwischen Elbe, Fläming und Oder, JbGFeud 14 (1990) S. 129 und S. 132, Tabelle 1 und 2; erweiterte Neufassung des Aufsatzes mit Beigabe von 5 Karten unter dem Titel Stadtgründungen und neue Städte 1150 bis 1800 zwischen unterer Elbe, Fläming und Oder, in: Studien zur Geschichte des Ostseeraumes III. Stadtwerdung und städtische Typologie des Ostseegebietes bis zur Mitte des 18. Jahrhunderts, ed. Julia-K. BÜTHE/Thomas RIIS (Byhistoriske Skrifter 10, 1999) S. 113–150. Die Untersuchung erfolgte im Rahmen des Generalthemas „New Towns in Europe XIIth-XXth century“ der Commission international pour l'histoire des villes für die Jahre 1986–1990. Für die Gebiete zwischen Elbe/Saale und Oder bzw. der damaligen DDR erschien eine Gliederung in drei Teilräume zweckmäßig, in denen verschiedene Bedingungen für den Urbanisierungsprozeß bestanden bzw. welche besondere Stadtentstehungslandschaften zu vertreten hatten. Das waren die Bezirke 1. auf deutschem Altsiedelland, 2. auf früher sorbischem Sprach- und Siedlungsraum und 3. auf früher polabischem Sprach- und Siedlungsraum.

[14] Kartenreihe zur Verbreitung der Städte in Mitteleuropa. Grundkarte zum Deutschen Städtetatlas 1:2 Mill. Entwurf Heinz STOOB. Die Karten finden sich als Beilagen zu folgenden Aufsätzen: Heinz STOOB, Die Stadtbefestigung. Vergleichende Überlegungen zur bürgerlichen Siedlungs- und Baugeschichte besonders der frühen Neuzeit, in: Europäische Städte im Zeitalter des Barock, hg. von Kersten KRÜGER (Städteforschung A 28, 1988) S. 25–54; DERS., Leistungsverwaltung und Städtebildung zwischen 1840 und 1940, in: Kommunale Leistungsverwaltung und Stadtentwicklung vom Vormärz bis zur Weimarer Republik, hg. von Hans Heinrich BLOTEVOGEL (Städteforschung A 30, 1990) S. 215–240; DERS., Zwischen Autonomie und Dirigismus: Zum Städtenetz in Mitteleuropa vom Aufgange der Neuzeit bis zur Wende 1800, in: Recht, Verfassung und Verwaltung in der frühneuzeitlichen Stadt, hg. von Michael STOLLEIS (Städteforschung A 31, 1991) S. 267–282; DERS., Über den Aufbruch zur Städtebildung in Mitteleuropa, in: Die Frühgeschichte der europäischen Stadt im 11. Jahrhundert, hg. von Jörg JARNUT/Peter JOHANEK (Städteforschung A 43, 1998) S. 1–20. Zur kartographischen Darstellung Heinz STOOB, Forschungen zum Städtewesen in Europa 1: Räume, Forschungen und Schichten der mitteleuropäischen Städte. Eine Aufsatzfolge (1970); Die Stadt. Gestalt und Wandel bis zum industriellen Zeitalter, hg. von Heinz STOOB (Städtewesen 1, ^{2}1985).

lausitz und nach Schlesien. Als ein markanter Grenzsaum, welcher zwischen Elbe/Saale und Oder Gebiete unterschiedlicher Städte- und Bevölkerungsdichte, Siedlungsformen, agrarischer wie Gewerbe- und Industrieentwicklung trennt, erscheinen die Colbitz-Letzlinger Heide, der Fläming und die Lausitzer Höhen bzw. der Lausitzer Grenzwall.[15]

Verbindlichen Aussagen über die pragmatische Schriftlichkeit einfach aufgrund des Stadtbuchinventars stellen sich vor allem zwei Hindernisse entgegen. Das entscheidende ist die Verlustfrage. Bereits im Mittelalter setzte die Vernichtung überflüssig gewordener Stadtbücher ein. Nicht mehr benötigte oder nicht mehr unterzubringende Bestände wurden beiseite gestellt und dem Untergang preisgegeben. Stadtbücher wurden bis in die zweite Hälfte des 19. Jahrhunderts massenhaft als Altpapier oder Rohmaterial verkauft. Brände, Kriege und andere Zerstörungskräfte vernichteten im großen Umfang. Dazu kam nicht zuletzt die Kassation.[16] So besteht eine chaotische Überlieferungssituation. Das zweite Problem liegt darin, daß die Einordnung der einzelnen Stadtbücher in die zehn Kategorien seitens der Archivare und Bearbeiter nicht immer einheitlich erfolgte. Die Definition und Katalogisierung der Bestände ist zum Teil äußerst aufwendig. Auch ist eine eindeutige Zuordnung vielfach gar nicht möglich. Zur Behebung der Probleme erforderlich wären Archivkorrespondenzen, detaillierte Recherchen in der Überlieferungsfrage, Autopsien großen Stils vielerorts. Ein solcher Aufwand war für die vorliegende Analyse nicht zu leisten. Sie beschränkte sich auf den ersten Schritt. Die bis 1550 überlieferten Stadtbücher wurden erstens nach den genannten Räumen und Großregionen, zweitens nach den Zeitabschnitten 13., 14., erste und zweite Hälfte 15., erste Hälfte 16. Jahrhundert und drittens gemäß den zehn Typen kartiert. Die Stadtbücher wurden dabei allein zahlenmäßig erfaßt. Eine Blatt- und Seitenzählung war zeitlich nicht möglich. Es ergab sich ein Oberflächenbefund, der wesentliche Fragen offen läßt, andererseits jedoch auch gewisse und sichere Antworten zuläßt.

Eine erste: Bis zum Grenzjahr 1800 sind etwa 21.000 Bände Stadtbücher überliefert. Sie verteilen sich auf 437 Städte. Da um 1800 etwa 570 Städte im Untersuchungsgebiet bestanden, betrifft die Überlieferung 77 Prozent von ihnen. Um 1550 waren es nicht umwerfend weniger. Nach einem Überschlag ist mit rund 550 Städten zu rechnen.[17] Von ihnen sind 207 am vorliegenden Bestand für die Zeit von 1200 bis 1550 beteiligt. Erhalten aus dieser Zeit sind circa 3.000 Bände, also 14 Prozent des Gesamtbestandes. Werden die Ausmaße bedacht, welche die

[15] Atlas Deutsche Demokratische Republik (1981); Physische Geographie Deutschlands, hg. von Herbert LIEDTKE/Joachim MARCINEK (1994).

[16] KLUGE, Stadtbücher (wie Anm. 6) S. 93.

Schriftlichkeit im 17./18. Jahrhundert erreichte, so erscheint dieser Anteil des Mittelalters überraschend erheblich.[18]
Die 207 Städte machten 38 Prozent der damals existierenden Orte mit Stadtrecht aus. Von ihnen waren 138 thüringisch-meißnisch-mittelelbische, 47 mecklenburgisch-pommersch-märkische, 22 lausitzische. Das prozentuale Verhältnis war 67 zu 23 zu 10. Die Analyse ergibt, daß dieses Verhältnis sich nicht mit dem Verhältnis der regionalen Verteilung der erhaltenen Stadtbücher deckt. Es weicht wesentlich zugunsten der Großregion Wettiner Lande-Mittelelbe-Gebiet ab. Die regionale Verteilung der Stadtbücher auf diese, auf Mecklenburg-Pommern-Brandenburg und auf die Lausitz stellt sich in der prozentualen Relation 84 zu 9 zu 7 dar. Auf die je einzelne Stadt bezogen sind also, von der Überlieferung gesehen, im thüringisch-meißnisch-mittelelbischen Raum in einem sehr hohen Maße mehr Stadtbücher geschrieben worden als in Mecklenburg, Pommern, Brandenburg und der Lausitz. Dabei steht Meißen weit an der Spitze, in einem sehr erheblichen Abstand zum Mittelelbegebiet, auch Thüringen fällt wesentlich von Meißen ab.
Aus der Menge der 207 Städte mit erhaltenen Stadtbüchern sondern sich 27 als Fernhandelsstädte von Rang, Messeplätze, Orte mit einer Tuch- oder Leinenproduktion von überregionalem Zuschnitt wie Bergstädte ab.[19] Die meisten von ihnen, mit dieser Feststellung sei die Analyse im Detail begonnen, setzten sich von den kleineren Städten ab durch einen großen Bestand von Stadtbüchern seit dem

17 Im Raum der DDR und Berlins bestanden zuletzt 634 Gemeinden mit Stadtrecht. Die Städtezahlen wurden unter Berücksichtigung des Deutschen Städtebuches, hg. von Erich KEYSER, 1: Nordostdeutschland (1939), 2: Mitteldeutschland (1941), errechnet aufgrund von Lexikon Städte und Wappen der Deutschen Demokratischen Republik, hg. von Heinz GÖSCHEL ([2]1984); Ernst EICHLER/Hans WALTHER, Städtenamenbuch der DDR (1986). Die Gemeinden mit Stadtrecht, die tatsächlichen Städte, decken sich nicht mit den in den Statistischen Jahrbüchern der DDR angegebenen „Stadtgemeinden". Als solche werden gemäß der waltenden Ordnung alle Orte über 2.000 Einwohner gefaßt.

18 Die Rechenergebnisse und Zahlenangaben mittels des Inventars sind vorläufiger Natur und als Annäherungswerte zu verstehen. Der künftigen weiterführenden Forschung obliegt es, die Zählungen und Rechnungen zu wiederholen. Das Manuskript des Stadtbücherinventars bzw. die Archivbestände selbst weisen mannigfache Fragen und Probleme der Zählung und Rechnung auf. Die Klärung ist eine zeitlich sehr aufwendige Angelegenheit. Ein großer Rest wird im übrigen offen bleiben.

19 Mecklenburg-Vorpommern: Greifswald, Rostock, Stralsund, Wismar; Mark Brandenburg: Berlin, Brandenburg, Frankfurt, Salzwedel, Stendal; Lausitz: Görlitz, Zittau; Meißen: Chemnitz, Dresden, Freiberg, Leipzig, Pirna, Zwickau; Thüringen: Eisenach, Erfurt, Mühlhausen, Nordhausen; Mittelelbegebiet: Halberstadt, Halle, Magde-

14. bzw. bereits 13. Jahrhundert sowie durch eine durchgehende Gliederung in die genannten Typen von Stadtbüchern. Ausnahmen machen alle größeren Städte der Mark, das waren Berlin, Brandenburg, Frankfurt, Salzwedel und Stendal, sodann Magdeburg und Halberstadt, Eisenach und Zittau. Für sie ist bis 1550 jeweils überhaupt nur das eine oder andere Stadtbuch überliefert. Für Magdeburg gibt die Zerstörung von 1631 die Erklärung. Auch für die anderen Städte ist an erster Stelle mit Verlusten zu rechnen. Für die Mark kam der Gedanke, ob sich solche eventuell auf Praktiken der späteren preußischen Verwaltung gründen könnten.

Werden die 27 größeren Städte als Block gesehen, so entfallen rund 1.700 Bände des bis 1550 überlieferten Stadtbücherbestandes auf sie. Diese machen mehr als die Hälfte, circa 58 Prozent der Überlieferung aus. Vertreten sind jeweils fast alle Typen. Aus ihnen wurden ganze Stadtbuchreihen mit einer weitgehenden Untergliederung gebildet. Werden jetzt die 180 verbleibenden kleineren Städte ins Auge gefaßt, so weisen 93 überhaupt nur ein Stadtbuch bzw. das eine oder andere Stadtbuch eines Typs auf. Hinzu kommen 34 Städte mit Stadtbüchern zweierlei Typs. Vor allem handelt es sich um vermischte Stadtbücher, außerdem spielen Gerichts- und Kopialbücher eine tragende Rolle. Doch fallen mit den größeren Städten auch einige kleinere durch eine sehr frühe oder eine beachtlich gegliederte Stadtbuchführung oder sehr umfangreiche Rechnungsbücher aus der Reihe. Dafür stehen Pegau und Arnstadt in erstaunlicher Weise, sehr abgestuft, dennoch sehr herausragend, Stolberg, Jena, Langensalza, Torgau und Schmalkalden. Die Zahlen für größere Städte weit unter, wie vice versa für kleinere Städte weit über den gängigen Beständen werfen verwirrende Fragen nach den wirklichen Ausmaßen des Schriftwesens der städtischen Verwaltung auf. Sie müssen als gravierende Probleme offen gelassen werden. Sicher erscheint jedoch, daß sich die größeren Städte abheben, für sie eine besondere Quantität und darüber hinaus Qualität pragmatischer Schriftlichkeit kennzeichnend ist. Aus den Hansestädten an der Ostseeküste, Wismar, Rostock, Stralsund und Greifswald, stammen die komplexen gemischten, im 13. Jahrhundert begonnenen, berühmten

burg, Merseburg, Naumburg, Wittenberg. Über Rang und Bedeutung der spätmittelalterlichen Städte läßt sich trefflich streiten, die eigene Auswahl gewiß eingeschlossen. Sie gründet sich besonders auf Friedrich BRUNS(†)/Hugo WECZERKA, Hansische Handelsstraßen, Text, Atlas, Registerband (Quellen und Darstellungen zur hansischen Geschichte N.F. 13, 1–3, 1962–1968); herangezogen wurden einschlägige Karten historischer Atlanten: Atlas zur Geschichte in zwei Bänden 1 (1971) S. 33 und S. 36; Putzgers Historischer Weltatlas, hg. von Walter LEISERING ([10]1970) S. 57, S. 68f.; Großer Historischer Weltatlas, hg. vom Bayerischen Schulbuchverlag 2: Mittelalter ([2]1979) S. 86.

Stadtbuchreihen.[20] In das 13./14. Jahrhundert datieren im thüringisch-meißnisch-lausitzischen Bereich die Rechts- und Stadtrechtsbücher von allgemeiner Bedeutung, die in Mühlhausen, noch vor dem Sachsenspiegel,[21] in Nordhausen, Freiberg, Görlitz, Zwickau und Eisenach geschrieben wurden.[22] Dazu dann kommt im 15. und der ersten Hälfte des 16. Jahrhunderts eine vielfach überwältigende Fülle von Stadtrechnungs-, Finanz- und Gerichtsbüchern, in welchen eine neue Qualität städtischer Verwaltung offensichtlich ihren Ausdruck fand.[23] In dem nächsten und dritten Punkt ist der Beginn der Stadtbuchführung im regionalen Vergleich darzustellen. Die Frage wurde sowohl anhand der Erstbelege überhaupt wie anhand der Erstbelege für die einzelnen Typen verfolgt. Um aussagekräftige Vergleichsgrößen zu bilden, wurde die Rechnung auf die einzelnen Städte bezogen und prozentual ausgeführt, das heißt, die in den sechs erfaßten Regionen um 1800 bestehenden Städte mit einem überlieferten Stadtbücherbestand wurden jeweils mit Hundert gleichgesetzt und auf dieser Ebene verglichen. Nach der Überlieferung wurden im 13. Jahrhundert bis auf die Mark Meißen in allen Regionen erste Stadtbücher geführt. Doch allein in Mecklenburg-Pommern geschah das in einem wesentlichen Maße, nämlich in mehr als einem Viertel der um 1800 gegebenen Städte. Für die Mark Brandenburg und das Mittelelbegebiet

[20] Das älteste Rostocker Stadtbuch (etwa 1254–1273), hg. von Hildegard THIERFELDER (1967); Das älteste Stralsundische Stadtbuch (1270–1310), hg. von K. W. Ferdinand FABRICIUS (1872); Das Zweite Stralsundische Stadtbuch (1310–1342) 1: Liber de hereditatum obligatione, hg. von Christian REUTER u.a. (1896); Das Zweite Stralsundische Stadtbuch (1310–1342). Im Anschluß an den ersten Teil bearb. von Robert EBELING (1903); Der Stralsunder Liber memoriales 1–6 (1964–1987); Das älteste Wismarische Stadtbuch von etwa 1250 bis 1272, hg. von Friedrich TECHEN (1912); Das zweite Wismarische Stadtbuch 1272–1297, bearb. von Lotte KNABE (1966).

[21] Ulrich Dieter OPPITZ, Deutsche Rechtsbücher des Mittelalters 1: Beschreibung der Rechtsbücher (1990) S. 20.

[22] Das Mühlhäuser Reichsrechtsbuch aus dem Anfang des 13. Jahrhunderts, hg. von Herbert MEYER ([2]1934, ND 1969); Das Freiberger Stadtrecht, hg. von Hubert ERMISCH (1889); Auctor vetus de beneficiis 2: Archetypus und Görlitzer Rechtsbuch, hg. von Karl August ECKHARDT (Fontes iuris N.S., 1966); Zwickauer Rechtsbuch, bearb. von Günther ULLRICH (Germanenrechte. N.F. Stadtrechtsbücher, 1941); Das Rechtsbuch Johannes Purgoldts nebst statuarischen Rechten von Gotha und Eisenach, hg. von Friedrich ORTLOFF (1860); Eisenacher Rechtsbuch, bearb. von Peter BONDI (Germanenrechte. N.F. Stadtrechtsbücher 3, 1950); OPPITZ, Deutsche Rechtsbücher (wie Anm. 21).

[23] Nachweis gedruckter Stadtbücher: Bibliographie zur deutschen historischen Städteforschung 1, bearb. von Brigitte SCHRÖDER / Heinz STOOB, hg. von Heinz STOOB (Städteforschung B 1,1, 1986).

waren dagegen kaum mehr als fünf Prozent, für die Mark Lausitz und Thüringen sogar weniger als fünf Prozent auszuzählen.

Bis zum Jahre 1400 wurde in einer Vielzahl weiterer Städte mit der Stadtbuchführung resp. der speziellen begonnen. Doch veränderte sich die regionale Proportion nicht. Es blieb bei dem riesigen Vorsprung Mecklenburg-Pommerns. Aus jetzt bald der Hälfte der Städte kommen erste Überlieferungen. Für die Städte der Mark Meißen, die erst im 14. Jahrhundert ins Licht der Stadtbuchüberlieferung treten, ist das in nicht viel mehr als sechs Prozent zu vermelden. Insgesamt zeigte der Großraum von Mecklenburg-Pommern-Brandenburg-Mittelelbegebiet, ganz eklatant voran Mecklenburg-Pommern, um 1400 einen Vorsprung. Es waren offenbar die Städte des hansischen Raumes, die in der pragmatischen Schriftlichkeit vorangegangen sind.[24]

Die Überlieferung des 13./14. Jahrhunderts ist beherrscht von vermischten Stadtbüchern wie von Büchern des Stadtrechtes und Rates. Die Spezialisierung ergab sich nicht erst, sondern ist von vornherein anzutreffen. Sodann setzte die Führung von Gerichtsbüchern in allen Landschaften ein, und es erscheinen zum dritten Stadtrechnungen und Finanzbücher. Im prozentualen Vergleich standen bei der Anlage von Gerichts- und Finanzbüchern wiederum die mecklenburgisch-pommerschen Städte an erster Stelle. Es folgten die mittelelbischen und thüringischen. Die Markgraftümer Brandenburg, Lausitz und Meißen standen zurück.

In der ersten Hälfte des 15. Jahrhunderts begannen die meißnischen und lausitzischen Städte aufzuholen. Für die zweite Hälfte sowie die erste des 16. Jahrhunderts ist dann ein ausgesprochener Aufschwung in diesen zu verzeichnen. Für immer weitere Städte sind erstmals Stadtbücher überliefert oder zeigt sich die Überlieferung erstmals auf andere Typen ausgedehnt. Ein Schub in dieser Zeit ist im übrigen auch für Brandenburg bzw. nach 1500 für Mecklenburg-Pommern zu konstatieren. Aufschwung und Schub am Ausgang des Mittelalters möchte ich nicht einfach unter dem Aspekt eines seit dem 13. Jahrhundert progressiven Prozesses sehen. Wesentlich erscheint mir der in dieser Zeit veränderte Umstand ökonomischer und territorialstaatlicher Entwicklung.

[24] Evamaria ENGEL, Die deutsche Stadt des Mittelalters (1993) S. 71 befindet: „Die Nennung von Beispielen für frühe Stadtbücher aus norddeutschen Gründungsstädten der Ostexpansions- und Kolonisationsgebiete ist aber nicht zufällig. Es scheint, daß sich hier Ratsbildung, städtische Verwaltung, Ämterwesen und Schriftlichkeit in einem schnelleren Tempo und in kürzerer Zeit als in den älteren Städten entwickelten und zusammendrängten, was vielleicht eine Parallele in den frühen Zeugnissen kaufmännischen Schriftwesens gerade in diesem hansischen Raum hat."

Um 1550 ist für den Gesamtraum ein bestimmter Gleichstand zu befinden, was die Erstbelege, den Beginn der vermischten wie spezialisierten Stadtbuchführung betrifft. Mit graduellen territorialen Abstufungen ist jeweils nahezu die Hälfte der um 1800 gezählten Städte an der Überlieferung beteiligt. Das spricht für einen Ausgleich. Probleme weist der Abstand auf, in dem sich die Mark befindet. Zu diesem muß zunächst auf die Unvollständigkeit des brandenburgischen Inventars verwiesen werden, dann auf die bereits aufgeworfene Frage besonderen Überlieferungsverlustes.

Das Maß für die Entwicklung pragmatischer Schriftlichkeit im Ausmaß städtischer Verwaltung liefert jedoch nicht allein der Beginn der Stadtbuchführung. Es ist im Umfang der Verwaltungsschriftlichkeit insgesamt zu suchen, die nicht auf die ersten Stadtbücher bzw. Erstbelege für die einzelnen Typen beschränkt war. Einzubeziehen sind die bis 1550 jeweils hinzutretenden Folgebände. Um diese geht es im vierten und letzten Abschnitt. Die Erstbelege umfassen 515 Bände. An sie schließen rund 2.500 Folgebände an. An dem überlieferten Folgebestand zeigen sich die einzelnen Regionen sehr unterschiedlich beteiligt. Dazu die durchschnittlichen Anteile je Stadt an der Überlieferung, zunächst die Erstbelege: In Mecklenburg-Pommern, Thüringen, Meißen und im Mittelelbegebiet fallen auf die einzelne Stadt im Durchschnitt 2,9, 2,8, 2,7 und 2,6 Bände. In der Lausitz und Brandenburg 1,8 bzw. 1,7 Exemplare. Jetzt die Folgebände: In der Mark kommen durchschnittlich je Stadt 0,2 Folgebände hinzu, in Mecklenburg-Pommern, der Lausitz und im Mittelelbegebiet 7,3, 7,9 bzw. 8. In Thüringen und Meißen sodann 16,4 resp. 19,3 Folgebände. Entwicklungsgeschichtlich betrachtet tritt eine Abstufung zutage. Der annähernde Gleichstand im Licht der Erstbände korrespondiert mit deutlichen Abständen im Spiegel der Folgebände. Diese Vorgänge griffen zwar zeitlich ineinander, erweisen sich als bestimmend indes für das 15./16. Jahrhundert. Die meißnisch-thüringischen Städte treten jetzt durch ein entschieden größeres Ausmaß an praktizierter Stadtbuchführung hervor.

Viel krasser noch zeichnet sich diese Entwicklung ab, wenn die größeren Städte für sich betrachtet werden. In Mecklenburg-Pommern gestaltete sich das Verhältnis von Erstbänden und Folgebänden je größere Stadt im Durchschnitt 7 zu 33,6, im Mittelelbegebiet 4,8 zu 28,8, in Thüringen 6,8 zu 85,5, in Meißen 7,7 zu 122,6. Räumlich in diese meißnisch-thüringische Entwicklung einbezogen waren Görlitz sowie Naumburg und Wittenberg. Im Norden folgte allein Rostock.

Eine weitere entwicklungsgeschichtliche Einsicht bringt der Vergleich der Typengruppen. Die vermischten Stadtbücher waren charakteristisch für die Großregion Mecklenburg-Pommern-Brandenburg. In der Großregion Wettiner Lande-Mittelelbe-Gebiet erscheinen sie vergleichsweise untergeordnet. Dafür spielten in diesen Räumen die speziellen Stadtrechts- und Ratsbücher eine größere Rolle. Ein grundsätzlicher Unterschied besteht abermals bei den Stadtrechnungen und Finanzbüchern. Der mittelelbisch-thüringisch-meißnische, dazu der lausitzische Raum weisen ein eklatant höheres Maß an Schriftlichkeit der Finanzverwaltung auf. Das aber war nicht von Anfang so. Die enorme Zunahme von überlieferten Finanzbüchern, zugleich von zivilrechtlichen Gerichtsbüchern setzte im 15. Jahrhundert ein, datierte vor allem in Meißen in dessen zweite Hälfte und die erste des 16. Jahrhunderts. Hierauf gründete sich der Vorsprung, den die bis in die Mitte des 15. Jahrhunderts rückständige Mark Meißen um 1550 erreicht hat. Dafür zwei Beispiele: In Leipzig, aus welchem überhaupt erst aus der zweiten Hälfte des 15. Jahrhunderts Stadtbücher überliefert sind, setzten die Jahreshauptrechnungen im Jahre 1471 ein. Bis 1550 wurden 57 Bände mit 14.719 Blättern geschrieben. In Oschatz, aus welchem bis dahin allein ein vermischtes Stadtbuch von 1404 erhalten ist, begann 1477 eine Kämmereiregisterreihe, die 1550 20 Bände mit 23.052 Seiten umfaßte.

Auf Grund der Resultate, jedoch über diese hinausgehend und als Thesen konzipiert, möchte ich am Ende entwicklungsgeschichtliche Akzente im Sinne des Tagungsthemas setzen.

Erstens: Die pragmatische Schriftlichkeit in den Städten, hier verfolgt anhand der Stadtbücher, knüpfte an Schrifttraditionen verschiedenen Alters an. In den Gebieten westlich der politisch-militärischen Grenze des Frankenreiches an der Elbe und Saale bestand die Schriftkultur seit der Karolingerzeit. In die Lande zwischen Erzgebirge und Fläming gelangte sie in der Ottonenzeit. In den hier und dort gewachsenen und auch gegründeten Städten ging dem Schriftgebrauch des Rates eine stadtherrliche Schriftlichkeit voraus. Im Raum zwischen Ostsee und Fläming zog die Schriftkultur überhaupt erst im 12. Jahrhundert ein. Sie ging einher mit den deutschrechtlichen Stadtgründungen, wobei die pragmatische Schriftlichkeit in den Gründungsstädten zeitlich von Anfang an vom Rat und von Fernhandelskräften getragen wurde.

Der Schriftgebrauch des Rates und einzelner Ratsinstanzen bei der Ausübung der Ratsherrschaft und als Hilfsmittel der Verwaltung beschränkte sich nicht auf den Quellentyp bzw. die Archivgutgattung ‚Amtsbücher/Stadtbücher‘. Dazu kamen die in den Städten ausgestellten Urkunden. Außerdem und insbesondere bedürfen die städtischen Kanzleien und Schreibstuben der Berücksichtigung. Auch damit ist die pragmatische Schriftlichkeit in den Städten nicht vollständig erfaßt. Unter diesem Aspekt wird der Begriff ‚pragmatische Schriftlichkeit‘ mit Einschränkung und Vorbehalt gebraucht. Andererseits stellt die im Komplex ,Stadtbücher' gefaßte Schriftlichkeit der Ratsherrschaft und städtischen Verwaltung einen für die pragmatische Schriftlichkeit in den Städten des späteren Mittelalters repräsentativen Ausschnitt dar. In diesem Sinne wurde und wird der Begriff hier eingesetzt.

Zweitens: Zu den Faktoren von Rang bei der Ausprägung der Schriftkultur gehörte die Städtedichte. In den Landen der norddeutschen Tiefebene, der mitteldeutschen Bördezone und Mittelgebirgsschwelle entwickelte sich diese gemäß den Naturgegebenheiten grundsätzlich abgestuft.

Drittens: Im Schriftwesen der Ratsherrschaft und städtischen Verwaltung hatten die Gründungsstädte Mecklenburg-Pommerns – über die märkischen läßt sich wegen der Überlieferungslage nicht urteilen –, das heißt des hansischen Raumes, im 13./14. Jahrhundert einen Vorsprung. Er beruhte auf den Innovationen, welche die Kaufleute im Fernhandel erbrachten, und war mit der Einrichtung des hansischen Wirtschaftssystems verbunden.

Viertens: Die Städte der Großregion Wettiner Lande-Mittelelbe-Gebiet und Oberlausitz definierten zusammen mit dem Sachsenspiegel die mitteldeutsche Rechtsbücherlandschaft, welche für die Entwicklung des deutschen Rechtes von 1200 bis 1500 maßgeblich war.[25] Der Akzent der stadtbürgerlichen pragmatischen Schriftlichkeit lag auf der Rechtsaufzeichnung. In den Stadtarchiven ist der Vorgang handgreiflich in den Stadtrechtsbüchern, Statutenbüchern und Schöffenspruchsammlungen[26] überliefert.

Fünftens: Sowohl das hansische wie das deutschrechtliche Moment verloren am Ausgang des 15. Jahrhunderts den innovatorisch-progressiven Charakter.

Sechstens: In der zweiten Hälfte des 15. und ersten des 16. Jahrhunderts vollzog sich hinsichtlich der Finanzverwaltung und Zivilrechtsverhältnisse ein neuer Innovationsschub pragmatischer Schriftlichkeit in den thüringischen, vor allem

[25] Wilhelm EBEL, Über die rechtsschöpferische Leistung des mittelalterlichen deutschen Bürgertums, in: Untersuchungen zur gesellschaftlichen Struktur der mittelalterlichen Städte in Europa (VuF 11, 1966) S. 241–258; Gerhard DILCHER, „Hell, verständig, für die Gegenwart sorgend, die Zukunft bedenkend". Zur Stellung und Rolle der mittelalterlichen deutschen Stadtrechte in einer europäischen Rechtsgeschichte, ZRG Germ. 106 (1989) S. 12–45.

[26] Ernst NEUBAUER, Die Schöffenbücher der Stadt Aken, GbllMagd 30 (1895) S. 251–328, 31 (1896) S. 148–212, 32 (1897) S. 33–77; 35 (1900) S. 288–341; Gustav HERTEL, Die Hallischen Schöffenbücher (GQPS 14,1–2, 1882 und 1887); Guido KISCH, Leipziger Schöffenspruchsammlung (1919); Victor FRIESE/Erich LIESEGANG, Magdeburger Schöffensprüche 1 (1901); Die Magdeburger Schöffensprüche und Rechts-

meißnischen Städten, außerdem in Naumburg und Görlitz. Der Grund lag in dem frühkapitalistischen Bergbau- und Gewerbeaufschwung Sachsens bzw. der Wettiner Lande.

Sehr herzlich möchte ich zum Abschluß Reinhard Kluge danken. Er stellte das Manuskript des Stadtbücherinventars freundlich zur Verfügung und zeigte sich ausgesprochen hilfsbereit. Zugleich ist es mir ein Bedürfnis, den Leistungen von Friedrich Beck, Herbert Ewe, Konrad Fritze(†), Reinhard Kluge und Johannes Schildhauer(†), die mit mir im Vorstand der Hansischen Arbeitsgemeinschaft das Stadtbücherprojekt betrieben, Reverenz zu erweisen. Der heutige Beitrag stellt einen ersten Schritt dar, das Inventar für die Forschung zu nutzen. Er führt mich zu der Überzeugung, daß ein Fortgang der Analyse, die Klärung des Überlieferungsproblems, eine Blatt- und Seitenzählung, die Beantwortung der Fragen nach den Beschreibstoffen, der Sprache, der Schrift, der Zahlzeichen etc. zu fundamentalen neuen Einsichten in die Entwicklung pragmatischer Schriftlichkeit und in ihre regionale Ausprägung führen dürften.

mitteilungen, Reihe 7,1, Reihe 8,1, Reihe 9,1, hg. von Fritz MARKMANN (1939–1944); Magdeburger Recht 1 und 2,1–2, hg. von Friedrich EBEL (Mitteldeutsche Forschungen 89,1 und 2,1–2, 1983, 1989 und 1995); Willy FLACH/Gerhard BUCHDA, Pößnecker Schöffensprüche (Thüringische Archivstudien 1–4, 1954–1970); Ernst NEUBAUER, Das älteste Schöffenbuch der Stadt Zerbst, MittVAnhaltGA 7 (1898) S. 376–422; Richard SIEBERT, Das älteste Schöffenbuch der Stadt Zerbst, ebd. 8 (1902) S. 243–308, S. 357–436, S. 481–573; DERS., Das zweite Schöffenbuch der Stadt Zerbst, ebd. S. 547–573.

Joachim Zdrenka

Zur Ehe Kaiser Karls IV. mit Elisabeth von Pommern
(aufgrund archivalischer Quellen)

Elisabeth war das älteste Kind Herzog Bogislaws V. von Pommern-Wolgast aus erster Ehe mit der gleichnamigen Tochter des polnischen Königs Kasimir der Große und wurde im Jahr 1347 lange vor dem 13. November geboren. Sie starb am 15. Februar 1393 als vierte und letzte Gemahlin des römisch-deutschen Kaisers Karl IV. (1316–1378).[1] Der Zeitpunkt der Eheschließung war bis vor kurzer Zeit noch unsicher. Erstaunlich ist, daß zu diesem hochrangigen dynastischen Ehebund kaum zeitgenössische Quellen existieren. Nur wenige Chroniken berichten darüber, wie zum Beispiel: 1. die Chronik des Johannes aus Scharnikau[2]; 2. die Annalen von Heiligenkreuz[3]; 3. die Annalen der Krakauer Mansionare[4]; 4. die sogenannten ‚Denkwürdigen Ereignisse'[5] und 5. die Dänische ‚Hamsfortii Chronologia Secunda'[6]. Alle diese Chroniken verbinden fälschlicherweise zwei getrennte Ereignisse: die Hochzeit Karls IV. mit Elisabeth vom Jahre 1363 mit dem Monarchentreffen in Krakau aus dem folgenden Jahr.[7] Die Angaben der

1 Vgl. Joachim ZDRENKA, Elżbieta, córka Bogusława V księcia pomorskiego, żoną cesarza Karola IV [Elisabeth, Tochter des pommerschen Herzogs Bogislaw V., Gattin des Kaisers Karl IV.], Śląski Kwartalnik Historyczny „Sobótka" 32 (1977) S. 1–11 und Edward RYMAR, Rodowód książąt pomorskich [Genealogie der pommerschen Herzöge] (1995) 1 S. 31–34, Nr. 104.

2 Kronika Janka z Czarnkowa, ed. August BIELOWSKI, in: Monumenta Poloniae Historica, hg. von August BIELOWSKI 2 (1872, ND 1961) S. 630–631.

3 Rocznik Świętokrzyski, ed. August BIELOWSKI, in: (wie Anm. 2) 3 (1878, ND 1961) S. 80.

4 Rocznik mansjonarzy krakowskich, ed. Wojciech KĘTRZYŃSKI, in: (wie Anm. 2) 5 (1888, ND 1961) S. 894.

5 Zdarzenia godne pamięci, ed. Antoni LORKIEWICZ, in: (wie Anm. 2) 3 (1878, ND 1961) S. 310.

6 Hamsfortii Chronologia Secunda, ed. Jakob LANGEBEK (Scriptores Rerum Danicarum 1, 1772) S. 310.

7 Dazu Roman GRODECKI, Kongres krakowski w roku 1364 [Der Krakauer Kongreß 1364] (1939) S. 1ff. und Stanisław SZCZUR, Krakowski zjazd monarchów w 1364 roku [Der Krakauer Monarchentag 1364], Roczniki Historyczne 64 (1998) S. 35–58.

oben genannten Chroniken wurden wiederum von dem polnischen Chronisten Jan Długosz (15. Jahrhundert)[8] und Thomas Kantzow (16. Jahrhundert)[9] aus Pommern übernommen und weitergegeben. Es fällt auf, daß weder die böhmische noch die deutsche Geschichtsschreibung die Hochzeit registriert haben. Dies ist ein Hinweis darauf, daß die Heirat sehr kurzfristig beschlossen wurde und ohne große Vorbereitung stattfand.

Diese Umstände führten dazu, daß die gesamte Fachliteratur bis zum Jahre 1888 falsche Angaben und Behauptungen enthält, die in manchen Arbeiten noch heute vorkommen. Erst die Arbeit des Österreichers Samuel Steinherz brachte neue Erkenntnisse, die jedoch nur in einen Teil der Fachliteratur eingingen.[10] Vor allem bei den polnischen Historikern fanden seine Forschungsergebnisse die verdiente Akzeptanz; einige deutsche und pommersche haben sie übersehen oder informieren nicht korrekt, wie zum Beispiel Martin Wehrmann: „im Mai? 1363“[11] oder Adolf Hofmeister: „im Frühling, vor dem 18. Juni.“[12]

Wie ist Steinherz auf das Heiratsdatum gekommen? Aufgrund des Itinerars von Kaiser Karl IV. stellte er fest, daß sich der Luxemburger am 8. Mai 1363 in Ungarisch Hradisch aufhielt, von wo er Richtung Norden fuhr, um einen Tag später (9. Mai) in Kremsier (Kroměřiž) zu sein; am 31. Mai und 1. Juni weilte er in Breslau und am 10. Juni in Prag. Damit war für Steinherz klar, daß sich der Kaiser zwischen dem 9. und 31. Mai in Polen aufgehalten hatte. In diesem Zeitraum mußte – nach seiner Meinung – die Hochzeit stattgefunden haben, denn am 18. Juni wurde Elisabeth in Prag zur böhmischen Königin gekrönt. Aufgrund der mittelalterlichen Mobilität hat Steinherz berechnet, daß Karl IV. in Krakau zwischen dem 16. und 25. Mai gewesen sein könnte. Da 1363 Pfingsten auf den 21. Mai fiel und nach der mittelalterlichen Tradition wichtige Ereignisse, Feierlichkeiten und Staatsakte häufig an den sogenannten Heiligen Tagen abgehalten wurden, machte Steinherz den 21. Mai zum Hochzeitstag.[13] Die Vermutung Steinherz' war richtig, sie kann jedoch noch ergänzend abgesichert werden.

8 Joannis Długossi senioris canonici Cracoviensis Opera omnia, ed. Alexander PRZEZDZIECKI 12 (1874) S. 294–297.

9 Des Thomas Kantzow Chronik von Pommern in hochdeutscher Mundart. Erste Bearbeitung, hg. von Georg GAEBEL 2 (1898) S. 138.

10 Samuel STEINHERZ, Beziehungen Ludwigs I. von Ungarn zu Karl IV., MIÖG 9 (1888) S. 558–610 und ZDRENKA, Elżbieta (wie Anm. 1) S. 17 Anm. 17–18.

11 Martin WEHRMANN, Genealogie des pommerschen Herzogshauses (1937) S. 83.

12 Adolf HOFMEISTER, Genealogische Untersuchungen zur Geschichte des pommerschen Herzogshauses (1938) S. 149, S. 190f.

13 Vgl. Hans Martin SCHALLER, Der heilige Tag als Termin mittelalterlicher Staatsakte, DA 30 (1974) S. 1–24.

Die meisten Quellen sind sich einig, daß die Hochzeit in Krakau, der Hauptresidenz des polnischen Herrschers, stattgefunden hat. Deshalb ist auch der Reiseweg des polnischen Königs interessant. Am 9. Mai war Kasimir der Große in Dębowiec in Kleinpolen oder bei dem oben erwähnten Treffen in Ungarisch Hradisch. Am 23. Mai ist er wieder in Krakau nachgewiesen.[14] Er war also in der hier interessierenden Zeit in oder bei Krakau und darf wohl als Teilnehmer des Ereignisses gelten. Das stärkt die These von Steinherz zusätzlich. Weitere Teilnehmer an den Feierlichkeiten sind uns nicht genau überliefert. Die Gegenwart des Brautvaters, Herzog Bogislaw V., läßt sich nicht sicher feststellen – sein Itinerar schließt sie jedoch nicht aus.[15] Wer außer Burggraf Burkhard von Magdeburg (darüber später) anwesend war, läßt sich nur vermuten. Es kommen u. a. folgende Personen in Betracht: 1. Kasimir, Herzog von Pommern-Stolp, Bruder von Elisabeth; 2. Herzog Boleslaus II. von Schweidnitz; 3. Johann, Markgraf von Mähren; 4. Wladislaus, Herzog von Oppeln; 5. Siemowit III., Herzog von Masovien und 6. der Erzbischof von Gnesen, Jaroslaus Bogoria Skotnicki.

Einen letzten schlüssigen Beweis dafür, daß Karl IV. vor dem 31. Mai 1363, als er nach Breslau kam, und dem 18. Juni, der Krönung Elisabeths in Prag, schon verheiratet war, liefert ein – in den bisherigen Forschungen nicht berücksichtigter – Eintrag im Brieger Stadtbuch vom 27. Mai, der bisher mit dem 22. Mai falsch aufgelöst wurde. Er berichtet, daß während des Aufenthaltes des Kaisers und der Kaiserin *In vigilia sancte trinitatis ad preces imperatoris et imperatricis* die Schuldigen an der Ermordung der dortigen Juden begnadigt worden sind.[16] Solche ‚Gnadenakte‘ sind am ehesten nach der Eheschließung zu erwarten. Aus Brieg ging die ‚Hochzeitsreise‘ weiter nach Breslau und von dort nach Prag. Die Nachricht aus dem Brieger Stadtbuch schließt Prag endgültig als Hochzeitsort aus und verschiebt die Ankunft Karls IV. in Krakau auf um den 16. Mai und seine Abreise auf um den 24. Mai. Einen weiteren Beleg dafür, daß Karl IV. wirklich um den 20. Mai 1363 in Krakau gewesen war, fand sich im Staatsarchiv Darmstadt. Dort wird eine Urkunde aufbewahrt, aus der hervorgeht, daß das kaiserliche Hofgericht am 19. Mai 1363 in Krakau tagte. Den Vorsitz hatte der bereits erwähnte Burkhard, Burggraf von Magdeburg und Graf von Hardegg, im

14 Vgl. Antoni GĄSIOROWSKI, Itinerarium Kazimierza Wielkiego. Materiały 1333–1370 [Das Itinerar Kasimirs des Großen. Materialien 1333–1370], Roczniki Historyczne 64 (1998) S. 195–196, Anm. 164.

15 Am 4. April war er in Neubrandenburg (Mecklenburgisches UB 15 [1890] Nr. 9153) und am 7. August 1363 in Guben (Diplomatarium Danicum III/6 ed. Carl A. CHRISTENSEN, 1969) Nr. 369.

16 Brieger Stadtbuch, Fol. 51 abgedruckt in ZVGSchl 6 (1865) S. 377.

Auftrag des Kaisers inne. Das Hofgericht traf hier eine Entscheidung in Klage der Stadt Friedberg in Hessen gegen Siegfried von Rheinberg. In der Urkunde wird Burkhard als *des Römischen keiser Karls ze allen ziten merer des richs und künigs zu Becheim, hofrichter, sazzen ze gericht ze Crackaw* bezeichnet.[17] Ohne Zweifel waren also Karl IV., sein Hof und sein Hofgericht am 19. Mai 1363 in Krakau. Damit ist der 21. Mai 1363 als Hochzeitstag noch weiter abgesichert.
Warum ist die Feststellung des Hochzeitsdatums so wichtig? Dynastische Eheverbindungen spielten im Mittelalter und auch später eine große, vor allem politische Rolle. Sie waren häufig Werkzeug im politischen Spiel. Deswegen spricht man von Heiratspolitik, dynastischer Politik oder Familienpolitik, die von den Kaisern, Königen, Herzögen, Päpsten und anderen Herrschern getrieben wurde. Der wirtschaftliche Aspekt kam erst später mehr zum Vorschein. Die Ehe stellte dabei ein wichtiges Element in politischen Kombinationen und im Verfassungsrecht (bei der Erb- und Thronfolge) dar. Außerdem konnte eine Ehe oder schon ein Ehevertrag die Richtung und Tendenz der Politik der beteiligten Herrscher verraten. Wenn uns entsprechende politische schriftliche Verträge fehlen, sind Eheabreden oft der einzige Hinweis auf unbekannte Bündnisse, einen politischen Vertrag o. ä. Damit erweitern sie unsere Möglichkeiten, die politische Geschichte besser zu erforschen und zu verstehen. Man darf dabei jedoch nicht vergessen, daß manche Eheverbindungen keine dauerhafte politische Richtung zeigen. Sie gehören zu den taktischen Schachzügen, die nur zeitweilig eine politische Verständigung begleiteten. Zu beachten ist außerdem, daß Ehebündnisse auch Folge und nicht Ursache politischer Verbindungen sein konnten.
Was Karl IV. betrifft, so hat schon Veldtrup 1988 über dessen dynastischen Interessen unterworfene Ehepolitik ausführlich berichtet.[18] Wenn wir die Ehe Karls mit Elisabeth in den Monat Mai des Jahres 1363 datieren, haben wir gänzlich andere politische Verhältnisse als im Jahre 1362 oder 1364/65. Im Sommer 1362 stand das vereinigte Heer der Wittelsbacher, König Ludwigs I. (1326–1382) von Ungarn, Herzog Rudolfs IV. (1339–1365) von Österreich und vielleicht auch der König von Polen an der Grenze zu Mähren.[19] Noch am 31. De-

[17] StA Darmstadt, A3 Friedberg (unter Datum), gedruckt im UB der Stadt Friedberg, bearb. von Max FOLTZ 1 (1904) Nr. 515. Vgl. Joachim ZDRENKA, Posiedzenie Cesarskiego Sądu Nadwornego w Krakowie w roku 1363 [Die Sitzung des Kaiserlichen Hofgerichts in Krakau im Jahre 1363], Studia Historyczne 36 (1993) S. 217–220.

[18] Dieter VELDTRUP, Zwischen Eherecht und Familienpolitik. Studien zu den dynastischen Heiratsprojekten Karls IV. (Studien zu den Luxemburgern und ihrer Zeit 2, 1988).

zember 1362 hat Kasimir der Große mit Rudolf von Habsburg und seinen Brüdern ein Beistandsbündnis geschlossen.[20] Die Lage für Kaiser Karl war damals sehr ernst und drohte, mit einer Katastrophe zu enden. Dank der Vermittlung von Herzog Boleslaus von Schweidnitz ist es Karl IV. gelungen, die drohende Gefahr abzuwenden.[21] Obwohl die folgenden Friedensgespräche keine Einigung brachten, wurde der einmal geschlossene Waffenstillstand nicht mehr gebrochen. In dieser Situation, am 11. Juli 1362, starb Anna von Schweidnitz, die dritte Ehefrau Karls IV. Am 12. September dieses Jahres starb auch Papst Innozenz VI. Wegen der Lage in Norditalien hatte sich dieser Papst wie sein Nachfolger Urban V. um den Frieden in Mitteleuropa bemüht. Aus diesem Grund ließ Urban V. durch seinen Nuntius Peter Corsini, Bischof von Volterra, vermitteln und brachte eine weitere Entspannung zustande.[22] Den endgültigen Frieden führten im Frühjahr 1363 die Schlichter, der polnische König Kasimir der Große und der Schweidnitzer Herzog Boleslaus, herbei. Mitten in dieser angespannten Zeit heiratete Karl IV. Elisabeth in Krakau. Er erreichte damit, daß der polnische König das Lager seiner Widersacher verließ und die antiluxemburgische Koalition zerfiel.[23] Angesichts der Thronfolgeverhältnisse in Polen im Jahre 1363 öffneten sich für Karl IV. und seine Kinder neue Optionen, da Kasimir der Große und sein Nachfolger Ludwig I. von Ungarn zum Zeitpunkt der Eheschließung ohne legitime männliche Nachkommen waren.[24]

19 Über den städtischen Aspekt der Rüstungen Karls IV. in den Jahren 1362–1363 schreibt Mateusz GOLIŃSKI, Questiones medii aevi novae 4 (1999) S. 133–154. Vgl. auch Andrzej MARZEC, Porozumienie Kazimierza Wielkiego z Rudolfem Habsburgiem z roku 1362 [Das Abkommen Kasimirs des Großen mit Rudolf von Habsburg im Jahre 1362], Teki Krakowskie 5 (1997) S. 125–133 und Antoni GĄSIOROWSKI, Kazimierz Wielki w Trnawie latem 1362. Nad zagadkami historii politycznej średniowiecznej Polski [Kasimir der Große in Trnawa im Sommer 1362. Über die Rätsel der mittelalterlichen Geschichte Polens], im Druck.

20 CD regni Poloniae et magni Ducatus Lithuaniae, ed. Martin DOGIEL 3 (1758) S. 152.

21 Erich GOSPOS, Die Politik Bolkos II. von Schweidnitz-Jauer (1326–1368) (1910) S. 91f. und František KAVKA, Vláda Karla IV. za jeho císařství (1355–1378) [Die Herrschaft Karls IV. während seiner Kaiserzeit (1355–1378)] 1 (1993) S. 191.

22 František KAVKA, Karel IV. a anjouovsko-piastovské dědictví [Karl IV. und die Thronfolge der Anjous und der Piasten], (Acta Universitatis Wratislaviensis 1162, Historia 81, 1994) S. 81–153.

23 Ferdinand SEIBT, Karl IV. Ein Kaiser in Europa 1346 bis 1378 (1978) S. 307.

24 Józef ŚLIWIŃSKI, W sprawie polityki dynastycznej Kazimierza Wielkiego i Karola IV Luksemburskiego [In Frage der dynastischen Politik Kasimirs des Großen und Karls IV. von Luxemburg], Studia z dziejów polityki dynastycznej od XIII do XVII wieku (Wyższa Szkoła Pedagogiczna w Olsztynie. Studia i Materiały 54, Historia, 1993) S. 59–62.

Aus Kasimirs vier Ehen gingen fünf Töchter hervor:[25]
A) aus der ersten zwei Töchter: 1. Elisabeth, Mutter der Elisabeth von Pommern-Stolp; 2. Kunegunde, verheiratet mit Ludwig VI., Herzog von Bayern, Kurfürst von Brandenburg.
B) aus der zweiten mit Landgräfin Adelheid von Hessen keine Kinder.
C) ebenso hatte er keine Kinder mit der dritten Frau Christina, einer Witwe des Prager Ratsherren Niklos Rikičan.
D) aus der vierten mit Hedwig von Sagan (geheiratet am 25. Februar 1363) drei Töchter: 1. Anna, erst 1366 geboren, legalisiert durch den Papst 1369, verheiratet mit Wilhelm, Graf von Cilly, und zum zweiten Mal mit Ulrich, Herzog von Teck; 2. Kunegunde (geb. 1367), ebenso legalisiert 1369, starb vor dem 3. November 1370; 3. Hedwig (geb. 1368), auch legalisiert durch den Papst 1371, vermutlich verheiratet mit einem Herrscher aus der Walachei.
Außerdem besaß Kasimir einen außerehelichen Sohn, Niemierza aus Gołcza, geboren nach 1341, in der Zeit, als Kasimir mit Adelheid von Hessen verheiratet war. Es bestand also für Karl IV. im Jahre 1363 die Hoffnung, daß dem polnischen König keine legitimen männlichen Kinder beschieden sein würden.
König Ludwig von Ungarn war seit 1353 in zweiter Ehe mit Elisabeth, Tochter des Stefan Kontromanič, Ban von Bosnien, verheiratet. Ihr erstes Kind – eine Tochter namens Maria – wurde erst zwölf Jahre später (1365) geboren und starb bereits im Folgejahr. Das zweite Kind namens Maria (geb. 1371) heiratete später Sigmund, den Sohn Karls IV. Die dritte Tochter, Hedwig genannt (geb. 1373), wurde polnische Königin und mit Władysław Jagiełło vermählt.[26] Also war auch bei Ludwig im Jahre 1363 kein eheliches männliches Kind in Sicht, daß ihn später hätte beerben können. Daß nur wenige Jahre später eine veränderte Nachkommen-Situation eintreten würde, konnte man 1363 noch nicht wissen.
Laut den Verträgen von Vyšehrad (1335, 1339) war Ludwig von Ungarn als Schwestersohn des polnischen Herrschers Kasimir zum Thronnachfolger in Polen bestimmt. Die Ehe Karls IV. mit Elisabeth von Pommern war ein Akt, der diese Vereinbarung gefährden konnte. Mit dem Vertrag vom 18. März 1363, nach dem Karls IV. Söhne die Mark Brandenburg erben sollten, sicherte sich Karl IV. außerdem durch seine Heirat mindestens die Neutralität des polnischen Königs und der pommerschen Herzöge für diesen Erbgang.
Karl IV. war ein Virtuose der Politik, vor allem der dynastischen. Nicht zu Unrecht wird über ihn gesagt, daß er „als frommer Herrscher vier junge Ehefrauen

[25] Włodzimierz DWORZACZEK, Genealogia. Tablice (1959) 1 Tafel Nr. 3.
[26] Ebd. Tafel Nr. 85.

hatte, die ihm Söhne gebaren und rechtzeitig starben".[27] Seine dritte Frau, die Herzogin Anna von Schweidnitz, starb im kritischen Sommer (11. Juli) 1362 und machte den Weg für eine vierte Ehe frei. Karl IV. suchte auch die Frauen für den polnischen König aus. So war es mit der oben erwähnten Christina, der Witwe des Prager Ratsherren Niklos Rikičan, die Karl IV. dem polnischen König bei seinem Besuch im April/Mai 1356 in Prag vermittelt hatte. Wie sich später herausstellte, war sie eine ‚Agentin' Karls am Krakauer Hof. In ihrem Brief als Ehefrau Kasimirs schrieb Christina an Karl IV., daß er ihr vertrauen kann, nicht anders als wäre sie persönlich in Prag: *Placeat igitur gracie vestre nos tam considerare, precipue non alias, quam si adhoc essemus in civitate Pragensi personaliter constitute*.[28] Es war auch kein Zufall, daß am 3. Mai 1356 Karl IV. die Mitgift Adelheids von Hessen übernahm, die Kasimir der Große bisher nicht entrichtet hatte.[29] In seinen politischen Bestrebungen ging er noch viel weiter. Als Karl IV. die Frauen für seine Söhne Wenzel und Sigmund suchte, bemühte er sich sogar selbst in Rom um Legalisierung der Töchter Kasimirs des Großen aus der Ehe mit der Herzogin Hedwig von Sagan. Damit wollte er für seine Söhne die Nachfolgeroption in Polen offen halten. Als Ludwig von Ungarn Töchter bekam und nach dem Tod Kasimirs des Großen im Jahre 1370 das Königreich Polen übernahm, erwiesen sich Karls politische Absichten als gescheitert.

Fazit: Das Beispiel, ein dynastischer Ehebund zwischen Kaiser Karl IV. und der Herzogin Elisabeth von Pommern, hatte überregionale und internationale Auswirkungen, die hier nur kurz geschildert wurden. Diese Auswirkungen können durch die Historiker erst erkannt und richtig bewertet werden, wenn man den Zeitpunkt der Heirat genau datieren kann. In diesem Fall war dies, was leider nicht immer so ist, möglich.

[27] Zofia KOZŁOWSKA-BUDKOWA, Z ostatnich lat Kazimierza Wielkiego [Aus den letzten Jahren Kasimirs des Großen], Studia Historyczne 6 (1964) S. 18.

[28] Erich SCHIECHE, Ein Schweidnitzer Formularbuch Johanns von Neumarkt, ZVGSchl 61 (1927) S. 354. Vgl. Kazimierz JASIŃSKI, Powiązania genealogiczne Piastów (Małżeństwa piastowskie) [Genealogische Verbindungen der Piasten (Die Ehen der Piasten)], in: Piastowie w dziejach Polski. Zbiór artykułów z okazji trzechsetnej rocznicy wygaśnięcia dynastii Piastów pod redakcją Romana HECKA (1975) S. 135. VELDTRUP, Eherecht und Familienpolitik (wie Anm. 18) S. 377 Anm. 2321 stellt die Echtheit des Briefes von Christina an Karl IV. in Frage.

[29] Joachim ZDRENKA, Kasimir der Große, König von Polen, und seine Ehe mit Adelheid, Landgräfin von Hessen, im Lichte der Marburger Urkunden, ZfO 38 (1989) S. 167.

Michael Lindner

Nähe und Distanz: Die Markgrafen von Meißen und Kaiser Karl IV. im dynastischen Wettstreit (mit Textedition)

Alles, was entsteht, sucht sich Raum und will Dauer;
deßwegen verdrängt es ein anderes vom Platz und verkürzt seine Dauer.[1]

Die Beziehungen der Markgrafen von Meißen zu den luxemburgischen Herrschern Kaiser Karl IV. und König Wenzel erfreuten sich im letzten Viertel des vergangenen Jahrhunderts regen Interesses. Innerhalb zweier Jahrzehnte legten Carl Wenck, Woldemar Lippert und Hermann Ahrens profunde Arbeiten dazu vor.[2] Diese Forschungen werden im folgenden für die Zeit Karls IV. unter entwicklungsgeschichtlicher Perspektive aufgegriffen. Verbunden damit ist das Bestreben nach einer Verbreiterung der Quellenbasis zur Beschreibung des wettinisch-luxemburgischen Verhältnisses in der karolinischen Ära, wie es bereits in

1 Johann Wolfgang GOETHE, Über Naturwissenschaft im Allgemeinen, einzelne Betrachtungen und Aphorismen, in: Goethes Werke, hg. im Auftrage der Großherzogin Sophie von Sachsen 2, 11 (1893) S. 156 Z. 6–8; das Zitat beschreibt die im Wechsel der Erscheinungen verborgene ewige Veränderung in Raum und Zeit. Es scheint mir außerdem passend zum behandelten Thema, weil sich in Goethes Lebensweg die entwicklungsgeschichtliche Grundsituation des alten Reiches, die West-Ost-Ausgleichsbewegung, deutlich wiederfindet – ein aus dem Rhein/Main-Gebiet stammender Autor entfaltet seine Wirksamkeit unter dynastischer Förderung an einem wettinischen Hofe im sächsisch-ernestinischen Weimar.

2 Carl WENCK, Die Wettiner im XIV. Jahrhundert insbesondere Markgraf Wilhelm und König Wenzel (1877); Woldemar LIPPERT, Markgraf Wilhelm von Meißen und Elisabeth von Mähren, MVGDB 30 (1892) S. 93–127; DERS., Wettiner und Wittelsbacher sowie die Niederlausitz im XIV. Jahrhundert (1894); Hermann AHRENS, Die Wettiner und Kaiser Karl IV. (Leipziger Studien aus dem Gebiet der Geschichte 1/2, 1895); Woldemar LIPPERT, Meißnisch-böhmische Beziehungen zur Zeit König Johanns und Karls IV., MVGDB 35 (1897) S. 240–265.

ähnlichen Bemühungen vor einigen Jahren zum Ausdruck kam.[3] Im Mittelpunkt des Beitrages steht ein bisher nicht ausgewertetes Produkt wettinischer Verwaltungsschriftlichkeit jener Zeit, das den Weg zu einer Anzahl ungedruckter und damit weitgehend unbekannter Urkunden der Kaiser Ludwig IV. und Karl IV. für die Meißner Markgrafen weist. Eingebettet ist dieses quellenorientierte Bemühen in Überlegungen zu den Folgen, die aus der geographisch-politischen Lage der Mark Meißen im böhmisch-sächsischen Grenzbereich erwuchsen – eine Lage, die bereits Lampert von Hersfeld in seinen Annalen zum Jahre 1075 bemerkenswert erschien.[4] Den methodischen Zugriff, mit dessen Hilfe das Geschehen interpretiert wird, liefert die europäisch-vergleichende entwicklungsgeschichtliche Sicht, wie sie Peter Moraw begründet und wiederholt erprobt hat und in diesem Band am Beispiel der Mark Brandenburg vorstellt.[5]

Die entwicklungsgeschichtliche Interpretation ist charakterisiert durch das Bemühen, die Fülle und Vielfalt historischer Phänomene, die scheinbar beziehungslos und zufällig, zeitlich-räumlich neben- oder nacheinander auftreten, in ein Verhältnis zueinander zu bringen und im Zusammenhang zu deuten. Diese Art des reduzierenden Umgangs mit einer komplexen Welt teilt Entwicklungsgeschichte mit anderen theoretischen Ansätzen innerhalb wie außerhalb der Geschichtswissenschaft.[6] Das Spezifische des Entwicklungsmodells anderen

[3] Michael LINDNER, Kaiser Karl IV. und Mitteldeutschland, in: Kaiser, Reich und Region. Studien und Texte aus der Arbeit an den Constitutiones des 14. Jahrhunderts und zur Geschichte der Monumenta Germaniae Historica, hg. von Michael LINDNER u.a. (Berichte und Abhandlungen, hg. von der BBAW Sonderbd. 2, 1997) S. 83–180.

[4] Lamperti monachi Hersfeldensis opera, ed. Oswald HOLDER-EGGER (MGH SS rer. Germ., 1894) S. 231 beschreibt die *urbs* Meißen als *in confinio Boemiae et Saxoniae* gelegen.

[5] Peter MORAW, Über Entwicklungsunterschiede und Entwicklungsausgleich im deutschen und europäischen Mittelalter. Ein Versuch, in: Hochfinanz – Wirtschaftsräume – Innovationen, Fs. Wolfgang von Stromer, hg. von Uwe BESTMANN u.a. 2 (1987) S. 583–622; DERS., Hessen und Thüringen in der deutschen und europäischen Geschichte – Von den Anfängen bis zur Reformation, in: Hessen und Thüringen. Von den Anfängen bis zur Reformation. Eine Ausst. des Landes Hessen (1992) S. 17–23; DERS., Das Mittelalter, in: Deutsche Geschichte im Osten Europas. Böhmen und Mähren, hg. von Friedrich PRINZ (1993) S. 24–178, bes. S. 24–39; DERS., Das Mittelalter (bis 1469), in: Deutsche Geschichte im Osten Europas. Schlesien, hg. von Norbert CONRADS (1994) S. 38–176, bes. S. 38–90; DERS., Regionen und Reich im späten Mittelalter, in: Regionen und Förderalismus, hg. von Michael MATHEUS (Mainzer Vorträge 2, 1997) S. 9–29; DERS., Das Reich und die Territorien, der König und die Fürsten im späten Mittelalter, RhVjbll 63 (1999) S. 187–203 sowie für die Bildungsgeschichte DERS., Der Lebensweg der Studenten, in: Geschichte der Universität in Europa, hg. von Walter RÜEGG 1: Mittelalter (1993) S. 225–254.

Fragestellungen gegenüber besteht darin, daß Geschichte als gesellschaftlicher Prozeß der irreversiblen Veränderung beschrieben wird, dem eine gewisse Richtung und Dynamik eigen ist. Zu beachten ist dabei, daß die Annahme von Entwicklung[7] eine theoretische Reflexionsleistung ist, die der Vergangenheit als eine Möglichkeit der Interpretation aufgestülpt wird, um historische Tatbestände, die nicht von selbst reden, zum Sprechen zu bringen. Die Fragen, welche Entwicklungsgeschichte stellt, kommen makrohistorisch daher. Sie zielen auf überindividuelle, langandauernde und weiträumige zivilisatorisch-kulturelle Zusammenhänge, auf Strukturen hinter den Ereignissen.[8]

Die angewandte Methode bleibt nicht ohne Einfluß auf das Ergebnis oder, zugespitzt formuliert: wie man in die Quellen hineinfragt, so schallt es heraus. Werden die Bruchstücke der Vergangenheit entwicklungsgeschichtlich zusammengefügt, stellen sich kausale Verknüpfungen ein – beziehungslose Zeitgenossenschaft wird ersetzt durch Ursache-Wirkungsschemata. Dieses Vorgehen wurzelt in einer evolutionsbedingten Vorprägung menschlicher Wahrnehmung, der Herstellung von Kausalität zwischen Einzeltatbeständen, um sinnhafte Handlungskompetenz zu erwerben. Eine derartige retrospektive Ordnung von Ereignissen sieht sich jedoch dem Vorwurf der Unterschätzung des Zufalls ausgesetzt und birgt die Gefahr teleologischer und deterministischer Interpretationen in sich. Die Einsicht in diese Problematik[9] ist der erste Weg zur Besserung. Wis-

6 So kürzlich: Sozialer Wandel im Mittelalter. Wahrnehmungsformen, Erklärungsmuster, Regelungsmechanismen, hg. von Jürgen MIETHKE/Klaus SCHREINER (1994); Sozialer Wandel. Modellbildung und theoretische Ansätze, hg. von Hans-Peter MÜLLER/Michael SCHMID (1995).

7 Zum Begriff vgl. Klaus WEYAND/Günther MÜHLE, Entwicklung, in: Historisches Wörterbuch der Philosophie, hg. von Joachim RITTER 2 (1972) Sp. 550–560; Wolfgang WIELAND, Entwicklung, Evolution, in: Geschichtliche Grundbegriffe, hg. von Otto BRUNNER u.a. 2 (1975) S. 199–228; Volker SCHURIG, Entwicklung, in: Europäische Enzyklopädie zu Philosophie und Wissenschaften, hg. von Hans Jörg SANDKÜHLER 1 (1990) S. 706–724.

8 Vgl. Heinz SCHILLING, Der westfälische Friede und das neuzeitliche Profil Europas, in: Der westfälische Friede. Diplomatie – politische Zäsur – kulturelles Umfeld – Rezeptionsgeschichte, hg. von Heinz DUCHHARDT (1998) S. 3–32, bes. S. 3–15; DERS., Die neue Zeit. Vom Christenheitseuropa zum Europa der Staaten. 1250 bis 1750 (Siedler Geschichte Europas, 1999) S. 19–26.

9 Vgl. Dietmar ROTHERMUND, Geschichte als Fragment. Konvergente Verursachung, disparate Wirkungen und beziehungslose Zeitgenossenschaft, in: Denken unterwegs. Fünfzehn metawissenschaftliche Exkursionen, hg. von Heinz-Dieter EBBINGHAUS/Gerhard VOLLMER (1992) S. 93–104; Gerhard VOLLMER, Evolutionäre Erkenntnistheorie. Angeborene Erkenntnisstrukturen im Kontext von Biologie, Psychologie,

senschaftliche Erkenntnis kann die Vorprägungen sinnlicher Wahrnehmung von vornherein in ihren Interpretationen berücksichtigen. So wäre es sinnvoll, Kausalvermutungen, die immer Ursachen bevorzugen und Wirkungen als abgeleitet davon hintanstellen, durch Wirkungszusammenhänge zu ersetzen, die Phänomene ohne festgelegte Rangordnung miteinander verknüpfen.[10]

Entwicklung wird in diesem Text nur in einem sehr allgemeinen Sinn als strukturelle Veränderung in langer Dauer gesehen, die zu mehr Differenziertheit, Komplexität und Reflexivität führt. Sie ist im Sinne der aristotelischen Physis-Vorstellung nicht mehr als die Entfaltung eines Potentials zu voller Blüte. Eine Bindung an irgendwie geartete Fortschrittskonzeptionen ist nicht beabsichtigt. Zu starke Abstraktionen sollen durch bewußte Beachtung des Zufalls, wie ihn dynastisches und individuelles Handeln, aber auch die Ereignisgeschichte einbringen, vermieden werden. Die entwicklungsgeschichtliche Interpretation erfolgt also im bewußten „Respekt vor der Komplexität und Obduranz von Fakten".[11] Es gilt dabei, durch das Dickicht der überlieferten Vergangenheit eine Schneise zu schlagen, welche die Fülle begreifbar und die Verallgemeinerung anschaulich bleiben läßt.[12]

Entwicklungsgeschichtliche Arbeiten[13] sind zumeist europa- oder gar weltweit angelegt und überspannen Zeiträume von mehreren Jahrhunderten. Der vorlie-

Linguistik, Philosophie und Wissenschaftstheorie (^{6}1994) S. 25–56, S. 118–137; Allan F. CHALMERS, Wege der Wissenschaft. Einführung in die Wissenschaftstheorie, hg. und übersetzt von Niels BERGEMANN/Jochen PRÜMPER (^{3}1994) S. 27–40; Günter DUX, Wie der Sinn in die Welt kam, und was aus ihm wurde, in: Historische Sinnbildung. Problemstellungen, Zeitkonzepte, Wahrnehmungshorizonte, Darstellungsstrategien, hg. von Klaus E. MÜLLER/Jörn RÜSEN (1997) S. 195–217.

10 Vgl. Hans-Georg GADAMER, Der Anfang der Philosophie (1996, ital. Originalausgabe 1993) S. 27ff.

11 Michael MANN, Geschichte der Macht 1: Von den Anfängen bis zur Griechischen Antike (Theorie und Gesellschaft 15, 1994, engl. Originalausgabe 1986) S. 9.

12 Dies als Grundproblem jeglicher Geschichtsschreibung bei Ernst NOLTE, Historische Existenz. Zwischen Anfang und Ende der Geschichte (1998) S. 113.

13 Beispielsweise Oskar HALECKI, Europa. Grenzen und Gliederung seiner Geschichte (1957, engl. Originalausgabe 1950); Jenö SZÜCS, Die drei historischen Regionen Europas (1990, ungar. Originalausgabe 1983); MORAW, Entwicklungsunterschiede (wie Anm. 5); Jacques LE GOFF, Das alte Europa und die Welt der Moderne (1994); Jared M. DIAMOND, Arm und Reich. Die Schicksale menschlicher Gesellschaften (1998, amerik. Originalausgabe 1997); DERS., Warum ist die Menschheitsgeschichte in den letzten 13.000 Jahren auf den einzelnen Kontinenten unterschiedlich verlaufen?, Berichte und Abhandlungen, hg. von der BBAW 6 (1998) S. 151–163; David LANDES, Wohlstand und Armut der Nationen. Warum die einen reich und die anderen arm sind (1999).

gende Beitrag dagegen behandelt nur ein kleines Territorium in einem Zeitraum von wenigen Jahrzehnten. Das bringt Schwierigkeiten mit sich: Welche Befunde im Kontext der spätmittelalterlichen Königsurkunde, die im wesentlichen eine schriftliche Verfügung des Herrschers von punktuellem, ereignishaftem Charakter ist, lassen eine Deutung im Sinne einer tiefgreifenden, strukturverändernden, überregionalen Dauerhaftigkeit und Wirkung zu?
Zur Lösung dieses Problems scheint das Forschungsfeld Schriftlichkeit – eingegrenzt auf die Frage nach der Ausbreitung, Verwendung und Funktion von Schrift im politisch-administrativen Bereich[14] – einen Zugang zu bieten, der im folgenden benutzt werden soll, um den Bogen von der Bearbeitung spätmittelalterlicher Königsurkunden zum zivilisatorischen Prozeß von Literalisierung und Herrschaftsausbau zu spannen.

*

Vor einigen Jahren stieß ich bei der im Auftrage der Berliner Arbeitsstelle der MGH erfolgten Suche nach Urkunden Kaiser Karls IV. auf ein interessantes Produkt wettinischer Verwaltungsschriftlichkeit. Der Text in einem Pergamentcodex aus dem Jahre 1382, auf den Woldemar Lippert erstmals 1892 aufmerksam gemacht hatte,[15] fand bisher nur wenig Beachtung, keine wirkliche Auswertung und blieb ungedruckt. Er trägt die Überschrift *Nota registrum litterarum per dominum Karulum imperatorem dominis marchionibus traditarum* und ist ein Urkundenverzeichnis, in dem 46 Privilegien Karls IV. für die Markgrafen Friedrich, Balthasar und Wilhelm von Meißen in lateinischer Sprache regestenartig zusammengefaßt und inventarisiert sind. Das genannte markgräfliche Brüdertrio stand von 1349 bis kurze Zeit über den Tod des Luxemburger Herrschers hinaus zuerst unter der Vormundschaft des Ältesten, Markgraf Friedrichs (III.), und dann in verschiedenen Formen gemeinsam dem wettinischen Herrschaftsbereich

14 Dazu Hans PATZE, Neue Typen von Geschäftsschriftgut im 14. Jahrhundert, in: Der deutsche Territorialstaat im 14. Jahrhundert 1, hg. von Hans PATZE (VuF 13, 1970) S. 9–64; Peter MORAW, Die Entfaltung der deutschen Territorien im 14. und 15. Jahrhundert, in: Landesherrliche Kanzleien im Spätmittelalter 1, hg. von Gabriel SILAGI (Münchener Beiträge zur Mediävistik und Renaissance-Forschung 35, 1984) S. 61–108, bes. S. 81–95; Ernst SCHUBERT, Die Umformung spätmittelalterlicher Fürstenherrschaft im 16. Jahrhundert, RhVjbll 63 (1999) S. 204–263, bes. S. 226–236.

15 HStA Dresden, Copial 6 fol. 41r–42v: Edition im Anhang I dieses Beitrages. Vgl. LIPPERT, Markgraf Wilhelm von Meißen (wie Anm. 2) S. 102f. Anm. 2; ausführlicher auch zum Kopialbuch 6 DERS., Die ältesten wettinischen Archive im 14. und 15. Jahrhundert, NASG 44 (1923) S. 71–99, bes. S. 74ff.

vor.[16] Zu Karl IV. befand es sich in wechselhaften, von dynastischer Rivalität geprägten Beziehungen, denen auch das gerade erwähnte *Registrum litterarum* seine Entstehung verdankt. Lippert nahm an, daß dieses Urkundenverzeichnis als rein archivalisches Hilfsmittel in den Jahren 1378/79 niedergeschrieben worden sei. Er sah in der Zusammenstellung – ähnlich dem Urbar über die jährlichen Einkünfte der Markgrafen (*Registrum dominorum*) von 1378 – eine vorbereitende verwaltungstechnische Maßnahme der markgräflichen Kanzlei zur Dreiteilung der Wettiner Lande im Umfeld der Neustädter Örterung vom Sommer 1379 noch vor der Chemnitzer Teilung des Jahres 1382. Das Verzeichnis, angelegt, um am Meißner Hof einen Überblick über den Bestand an wichtigen und noch geltenden Königsurkunden zu haben, hielt Lippert für das älteste mitteldeutsche Archivinventar.[17] Die seither erschienene Literatur folgte diesen Vorstellungen im wesentlichen.[18] Das *Registrum litterarum* aber ist, wie zu zeigen sein wird, einige Jahre älter und zu einem anderen Zweck angelegt.

Zu den 46 Regesten karolinischer Urkunden für die Wettiner fanden sich 44 original oder abschriftlich überlieferte Texte, womit nur zwei (Nr. 13, 18 im Anhang I) nicht durch Volltext zu belegende Privilegien übrig blieben. Einige der Stücke sind bisher ungedruckt und damit in der Forschung kaum oder gar nicht

[16] Vgl. AHRENS, Wettiner (wie Anm. 2), Exkurs: Die wettinischen Hausverträge S. 96–103 sowie den Abriß zu den wettinischen Regierungsformen dieser Jahre in: Registrum dominorum marchionum Missnensium. Verzeichnis der den Landgrafen in Thüringen und Markgrafen zu Meissen jährlich in den wettinischen Landen zustehenden Einkünfte 1378, hg. von Hans BESCHORNER (Schriften der Sächsischen Kommission für Geschichte 37, 1933) S. XIII–XXXII.

[17] LIPPERT, Archive (wie Anm. 15) S. 77–82; DERS., Das sächsische Hauptstaatsarchiv. Sein Werden und Wesen ([2]1930) S. 12. Einer älteren Aufzeichnung, auf die er ebenfalls gestoßen war, sprach er einen anderen Zweck zu, vgl. DERS., Das älteste Urkundenverzeichnis des thüringisch-meißnischen Archivs 1330, in: Beiträge zur thüringischen und sächsischen Geschichte, Fs. Otto Dobenecker zum 70. Geburtstag (1929) S. 91–110.

[18] Vgl. Walter SCHMIDT-EWALD, Der gegenwärtige Stand der sächsisch-thüringischen Archivgeschichtsforschung, Archivalische Zs. 41 (1932) S. 290–293, bes. S. 291; BESCHORNER, Registrum dominorum (wie Anm. 16) S. XXXIX; Manfred KOBUCH, Die Anfänge des meißnisch-thüringischen landesherrlichen Archivs, in: Beiträge zur Archivwissenschaft und Geschichtsforschung, hg. von Reiner GROSS/Manfred KOBUCH (Schriftenreihe des Staatasarchivs Dresden 10, 1977) S. 101–132, bes. S. 120ff.; Axel Jürgen BEHNE, Geschichte aufbewahren. Zur Theorie der Archivgeschichte und zur mittelalterlichen Archivpraxis in Deutschland und Italien, in: Mabillons Spur. Zweiundzwanzig Miszellen aus dem Fachgebiet für Historische Hilfswissenschaften der Philipps-Universität Marburg, hg. von Peter RÜCK (1992) S. 277–297, bes. S. 289.

bekannt. Es handelt sich um neun Privilegien Karls IV. (Nr. 3, 7, 8, 15, 19/1, 20, 30/2, 32, 34 im Anhang I). Sie werden in einem Anhang zu diesem Beitrag innerhalb der Edition des Inventars dokumentiert. Dazu kommen drei weitere Urkunden desselben Herrschers, von denen kein moderner Druck existiert (Nr. 6, 10, 30 im Anhang I), und zwei ungedruckte Verfügungen Kaiser Ludwigs IV. (Nr. 41, 45 im Anhang I), die in einem unmittelbaren Zusammenhang zu Diplomen Karls IV. für die Meißner stehen. Auch diese Stücke werden als Volltext geboten. Das *Registrum litterarum* ergänzend, folgen in einem weiteren Anhang (Anhang II) noch zwei weitere, nicht in modernen Editionen greifbare Texte Karls IV. für die Wettiner, die erst nach Abschluß des Urkundenverzeichnisses ausgestellt wurden und deshalb nicht darin enthalten sind.

Die letzte in das Urkundenverzeichnis aufgenommene kaiserliche Verfügung stammt vom 26. Januar 1370. Sie beinhaltet die Übertragung der Reichsvogtei in Nordhausen an die Wettiner.[19] Aus den folgenden acht Jahren bis zum Tode Karls IV. ist keines seiner an die Meißner Markgrafen gekommenen Privilegien verzeichnet. Es fehlen unter anderem so wichtige Abmachungen wie das Bündnis zwischen den Wettinern, Karl IV. und seinem Sohn, König Wenzel von Böhmen, aus dem Jahre 1372[20] sowie aus dem folgenden Jahr[21] die Übereinkunft zur gegenseitigen Lehnsbenennung (3. März), das Eheversprechen Karls IV., seine

19 Nr. 7 im Anhang I (*Registrum litterarum*).

20 Pirna, 1372 November 25: Exemplar Karls IV. für die Wettiner im HStA Dresden, O.U. 4036; D: Johann MÜLLER, Urkunden und Urkundenauszüge zur Geschichte Plauens und des Vogtlandes, MAP 5 (1884/85) S. 100 Nr. 483; R: Reg. Imp. 8 Nr. 7367.

21 Bautzen, 1373 März 3: Exemplar Karls IV. für die Wettiner im HStA Dresden, O.U. 4042 (D: Nr. 1 im Anhang II); Prag, 1373 Mai 1: (D: Nr. 2 im Anhang II); Prag, 1373 Dezember 13: (D: Emil Arthur GUTJAHR, Die Urkunden deutscher Sprache in der Kanzlei Karls IV. 1: Der Kanzleistil Karls IV. (1906) S. 432 Nr. 20 nach dem Original des HStA Dresden, O.U. 4068); Harriet HARNISCH, Die Urkunden Kaiser Karls IV. aus den Regierungsjahren 1357–1378 in Thüringer Archiven. Kaiserliche Politik, Archivgeschichte, Gesetzgebung und Rechtsprechung in den Urkunden. [Mit einem] Urkundenbuch (masch.-schr. Diss. Berlin 1990) S. 170 Nr. 79 nach dem Original des HStA Weimar, EGA U 891; R: Reg. Imp. 8 Nr. 5308; zuletzt: Regesten der Landgrafen von Hessen 2,1, bearb. von Karl E. DEMANDT (VHKH 6, 1990) S. 455 Nr. 1168 nach einer Abschrift aus Marburg. – Nicht im *Registrum litterarum* erscheinen auch die folgenden beiden Urkunden Karls IV.: Frankfurt/O., 1373 August 23: Übertragung der Landvogtei in der Wetterau (D: LINDNER, Kaiser Karl IV. [wie Anm. 3] S. 154 Nr. 10) und Berlin, 1373 September 1: Karl und Wenzel entbinden Markgraf Wilhelm von Meißen von den ihnen geleisteten Gelübden (D: LIPPERT, Meißnisch-böhmische Beziehungen (wie Anm. 2) S. 263 Nr. 7; R: Reg. Imp. 8 Nr. 5254 (fehlerhaft) = 7389 (zu September 11).

Tochter Anna betreffend (1. Mai), und die Bestätigung der Erbverbrüderung zwischen den Häusern Wettin und Hessen-Brabant (13. Dezember). Die Aufnahme dieser Stücke wäre für eine sächsisch-gründliche Teilungsvorbereitung unumgänglich gewesen. Im Lippertschen Ansatz auf 1378/79 ist das Fehlen wichtiger Privilegien der Jahre 1372/73 nicht berücksichtigt. So stellt sich nun die Aufgabe, nach einem neuen, früheren Zeitpunkt der Entstehung des *Registrum litterarum* Ausschau zu halten. Dazu gehört auch die Suche nach einer anderen Erklärung für den Zweck der diplomatischen Bestandsaufnahme, denn wenn sie nicht mehr auf 1378/79 zu terminieren ist, kann sie kein Bestandteil der Teilungsvorbereitungen am wettinischen Hof Ende der siebziger Jahre gewesen sein.

Die letzte im Register verzeichnete Urkunde stammt, wie erwähnt, vom 26. Januar 1370. In diesem Jahr – und damit machen wir einen großen Sprung aus den Niederungen der Archive auf das europäische politisch-diplomatische Parkett – verhärtete sich der Widerstand gegen die Politik Karls IV. zusehends. Es formierte sich inner- und außerhalb des Reiches eine starke Opposition gegen die immer deutlicher von luxemburgisch-dynastischen Interessen geleiteten Pläne Karls IV. in Ostmitteleuropa.[22] Der Kaiser näherte sich über die Stationen: Heirat mit Elisabeth von Pommern (1363), Erwerb der Niederlausitz und des bedeutenden schlesischen Herzogtums Schweidnitz-Jauer (1368) sowie der Mark Brandenburg (1363/73) Stück für Stück nicht nur räumlich dem polnischen und in weiterer Perspektive auch dem ungarischen Thron. Er stieß dabei auf den Widerstand Papst Urbans V., der Könige Kasimir von Polen und Ludwig von Ungarn, der Erzbischöfe von Salzburg und Mainz, der Wittelsbacher in Bayern, Brandenburg, der Pfalz und in Holland, der Wettiner, der zollerschen Burggrafen von Nürnberg und anderer, die allerdings nicht gemeinsam zu gleichzeitigen und koordinierten Aktionen fähig waren, was Karl IV. ausreichend Handlungs- und Überlebensspielraum ließ. Die an der Opposition beteiligten drei markgräflich-meißnischen Brüder, einschließlich ihres Bruders Ludwig, damals gerade Bischof von Bamberg, störten sich nicht so sehr am kaiserlichen Interesse an den Königskronen Ungarns und Polens, sondern an der böhmisch-lützelburgischen

[22] Grundlegend Samuel STEINHERZ, Die Beziehungen Ludwigs I. von Ungarn zu Karl IV., Teil II: Die Jahre 1358–1373, MIÖG 9 (1888) S. 529–637, bes. S. 572–603; weitere Literatur bei LINDNER, Kaiser Karl IV. (wie Anm. 3) S. 108 Anm. 83; zuletzt eingehend František KAVKA, Karel IV. a anjouovsko-piastovské dědictvi, in: Polska-Śląsk-Czechy. Studia nad dziejami stosunków kulturalnych i politycznych w średniowieczu, pod red. Ryszarda GŁADKIEWICZA (Historia 81, 1994) S. 81–153.

Vorherrschaft in Mitteldeutschland.[23] Dort sammelte Karl IV. Territorien, Besitzungen, Rechte und Vasallen und schreckte auch vor direktem territorialpolitisch motivierten Zugriff im meißnisch-thüringischen Raum nicht zurück. Einen Beleg dafür liefert Beneš Krabice von Weitmühl, der zum Jahre 1369 voller Stolz von der machtvollen Ausweitung böhmischer Herrschaft im Vogtland berichtet, wo Karl IV. bis in das Frühjahr 1371 hinein rücksichtslos markgräfliche Interessen und Rechte verletzt hatte.[24] In dieselbe Richtung wirkte die luxemburgisch-böhmische Kirchenpolitik im mitteldeutschen Raum.[25]
Die nördlichen Verbündeten der Wettiner, die Wittelsbacher in der Mark Brandenburg, standen ebenfalls unter luxemburgischem Druck. Karl IV. hatte im Frühjahr 1370 die Stadt Fürstenberg vom Abt von Neuzelle erworben und stark ausgebaut.[26] Markgraf Otto beklagte sich bitter bei den Meißner Fürsten über das kaiserliche Vorgehen, und Beneš Krabice erwähnte: *conturbati sunt principes et potentes illarum parcium valde.*[27] Die Wettiner fanden ihren Platz im feindlichen Lager noch aus anderen Gründen: Karl IV. griff mitten im Meißner Land an der Elbe zu, als er unter dubiosen Umständen die Herrschaften Mühlberg, Strehla und Würdenhain erwarb und sie dem Königreich und der Krone

23 Vgl. AHRENS, Wettiner (wie Anm. 2) S. 14ff.; LINDNER, Kaiser Karl IV. (wie Anm. 3) S. 100ff.

24 Beneš Krabice von Weitmühl, Chronicon, ed. Josef EMLER (Fontes rerum Bohemicarum 4, 1884) S. 540: *[...] emit imperator in terra advocatorum versus Misnam et Turingiam plura castra fortissima pro regno Boemie, et dilatatum est regnum et ampliatum ad omnes partes vehementer.* Vgl. AHRENS, Wettiner (wie Anm. 2) S. 39f.

25 Vgl. Brigitte STREICH, Die Bistümer Merseburg, Naumburg und Meißen zwischen Reichsstandschaft und Landsässigkeit, in: Mitteldeutsche Bistümer im Spätmittelalter, hg. von Roderich SCHMIDT (1988) S. 53–72, bes. S. 57ff.; DIES., Zwischen Reiseherrschaft und Residenzbildung: Der wettinische Hof im späten Mittelalter (Mitteldeutsche Forschungen 101, 1989) S. 35ff.

26 Die Urkunde des Abtes Nikolaus und des Konvents von Neuzelle über den Verkauf datiert Fürstenberg, 1370 März 3; D: UB des Klosters Neuzelle, hg. von Emil THEUNER (1897) S. 42 Nr. 60; R: Rudolf LEHMANN, Urkundeninventar zur Geschichte der Niederlausitz bis 1400 (Mitteldeutsche Forschungen 55, 1968) S. 307 Nr. 800; außerdem der Bericht bei Beneš Krabice von Weitmühl, Chronicon (wie Anm. 24) S. 541: *[...] dominus noster imperator emit in terra Lusacie oppidum quoddam situm super flumen Odra et prope civitatem Frankenfurd, quod quidem oppidum vocatur lingua eorum Furstenberch, ubi super ripa dicti fluminis construxit castrum firmum nimis et ipsum oppidum munivit et trans flumen pontem construxit.*

27 Beneš Krabice von Weitmühl, Chronicon (wie Anm. 24) S. 541. Der Brief Markgraf Ottos von Brandenburg an die Wettiner ist ausgefertigt in Stendal, 1371 Juni 10; D: CDB B 2 S. 509.

Böhmens inkorporierte und damit wie die Lausitz dem Reich entfremdete.[28] Diese auf die Elbe zielenden und die vogtländischen Aktivitäten des Kaisers forderten die Markgrafen an der Wende der sechziger zu den siebziger Jahren im besonderen Maße heraus. In ihrer an Karl IV. gerichteten sogenannten Beschwerdeschrift monierten sie noch 1372 im nachhinein das territorialpolitische Vorgehen des Herrschers an der Elbe und im Vogtland gleich in mehreren Punkten.[29] Ende November 1370 schlossen sie sich mit den Wittelsbachern in Bayern und der Pfalz, dem Burggrafen Friedrich von Nürnberg, der für Bischof Raban von Eichstätt mitsprach, und mit ihrem Bruder Ludwig, allesamt von Karls Erwerbsstreben betroffen, an Ludwigs Kathedralort Bamberg für vier Jahre zum Schutze ihrer Interessen zusammen.[30] Am 1. März 1371 verbündeten sie sich mit Herzog Magnus von Braunschweig, der dem Kaiser wegen der Lüneburger Erbfolge feindlich gegenüberstand.[31] Im Text der Vereinbarung sprachen die Meißner dem Braunschweiger Welfenherzog auch den Titel Herzog von Lüneburg zu, den Karl IV. samt den daranhängenden Herrschaftsrechten den askanischen Herzögen von Wittenberg übertragen hatte.

Den Bischof von Halberstadt zogen sie noch im September 1371 auf ihre Seite. Es handelte sich dabei um den berühmten Scholastiker Magister Albert von Sach-

28 Urkunde Karls IV. von Prag, 1370 August 1 (R: Reg. Imp. 8 Nr. 4863); die zeitgenössische Öffentlichkeit hat diese Schädigung des Reiches zugunsten Böhmens durchaus registriert und bezüglich der schlesischen Herzogtümer sowie der Marken Lausitz und Brandenburg kritisiert (Annales Mattseenses, ed. Wilhelm WATTENBACH [MGH SS 9, 1851] S. 836 Z. 17–21. Vgl. auch die Ausführungen und die Edition der oben erwähnten Urkunde von Ulrike Hohensee im vorliegenden Band.

29 Die Beschwerden sind unter dem Titel *Isti sunt articuli, quos nos Fridericus, Balthasar et Wilhelmus marchiones Missnenses habemus contra dominum nostrum imperatorem et monemus* gedruckt bei Johann LOSERTH, Beiträge zur Geschichte der Erwerbung der Mark Brandenburg durch Karl IV., MVGDB 16 (1878) S. 179 Nr. 4. Auf das Vogtland beziehen sich die Klagepunkte 1, 3, 4 und 8, auf die Elbe und angrenzende Besitzungen die Punkte 15–20; vgl. LINDNER, Kaiser Karl IV. (wie Anm. 3) S. 124f. und AHRENS, Wettiner (wie Anm. 2) S. 45ff.

30 Bamberg, 1370 November 28 (D: Rudolph Frhr. von STILLFRIED/Traugott MAERKKER, Monumenta Zollerana 4 S. 200 Nr. 172; R: Reg. Imp. 8 [RS] Nr. 517); vgl. STEINHERZ, Beziehungen (wie Anm. 22) S. 584f.

31 Bündnisurkunde Wettin-Braunschweig: ohne Ort, 1371 März 1; B: HStA Dresden, Copial 26 fol. 100v mit der Überschrift *l(itte)ra unionis d(omi)ni Mangni ducis Brunswic(e)n(sis)*. Zum Lüneburger Erbfolgestreit vgl. Hans PATZE, Die welfischen Territorien im 14. Jahrhundert, in: Der deutsche Territorialstaat im 14. Jahrhundert 2, hg. von Hans PATZE (VuF 14, 1971) S. 7–99, bes. S. 59ff. (ohne Kenntnis des Bündnisses).

sen, ein Mann, der in Paris studiert und gelehrt hatte und der im Umfeld Herzog Rudolfs IV. von Österreich und der Anfänge der Wiener Universität, deren erster Rektor er war, sicher nicht zum Freund des Kaisers geworden war. Bevor Albert im Oktober 1366 von Papst Urban V. zum Bischof von Halberstadt ernannt wurde, hatte er im Frühjahr 1364 gemeinsam mit seinem habsburgischen Förderer Prag besucht und Karl IV. persönlich kennengelernt.[32]

Ende 1370/Anfang 1371 dürfte der Bruch zwischen Meißen und Böhmen endgültig vollzogen worden sein. In der Mitte des Jahres 1371 entluden sich die Spannungen in militärischen Auseinandersetzungen.[33] Eine lebensbedrohliche Erkrankung (*maxima infirmitas*) hielt den Kaiser einige Zeit auf dem Karlstein fest,[34] blieb jedoch ohne einschneidende Folgen. Der Luxemburger zog schon im Juli mit einem Heer in die Mark Brandenburg. Im Gegenzug fielen Truppen König Ludwigs von Ungarn in Mähren und salzburgisch-bayerische Kräfte in die böhmischen Besitzungen in der Oberpfalz ein. Von einer direkten Beteiligung der Wettiner an diesen Kämpfen hören wir nichts. Die wechselseitige Verwüstung feindlicher Gebiete brachte keine Entscheidung. So verabredeten die Parteien bereits im Oktober 1371 in Pirna eine Waffenruhe bis Pfingsten 1373: am 16. Oktober Markgraf Otto von Brandenburg samt den bayerischen Wittelsbachern, König Ludwig von Ungarn sowie Erzbischof Pilgrim von Salzburg auf der einen Seite und Kaiser Karl IV. mit seinem Anhang, dem Erzbischof Albrecht von Magdeburg, den Herzögen von Österreich sowie Markgraf Johann von Mähren, auf der Gegenseite. Mit den Markgrafen Friedrich, Balthasar und Wilhelm von Meißen sowie deren Bruder, Bischof Ludwig von Bamberg, schlos-

32 Bündnis Halberstadt-Wettiner: ohne Ort, 1371 September 8; B: HStA Dresden, Copial 26 fol. 93v mit der Überschrift *unio ep(iscop)i Halbirstadens(is)*. Zu Bischof Albrecht von Rickmersdorf (= Magister Albert von Sachsen) vgl. Raphaela AVERKORN, Die Bischöfe von Halberstadt in ihrem kirchlichen und politischen Wirken und in ihren Beziehungen zur Stadt von den Anfängen bis zur Reformation, in: Bürger, Bettelmönche und Bischöfe in Halberstadt. Studien zur Geschichte der Stadt, der Mendikanten und des Bistums vom Mittelalter bis zur frühen Neuzeit, hg. von Dieter BERG (Saxonia Franciscana 9, 1997) S. 30ff., und Harald BERGER, Albertus de Saxonia († 1390), Conradus de Waldhusen († 1369) und Ganderus recte Sanderus de Meppen († 1401/06). Eine Begegnung in Prag im Jahre 1364, MIÖG 106 (1998) S. 31–50.

33 Vgl. auch zum Folgenden Ulrike HOHENSEE, Zur Erwerbung der Lausitz und Brandenburgs durch Kaiser Karl IV., in: Kaiser, Reich und Region (wie Anm. 3) S. 230ff.

34 Beneš Krabice von Weitmühl, Chronicon (wie Anm. 24) S. 543f. berichtet von der schweren Krankheit des Herrschers, eingeschoben zwischen Ereignisse vom 10. Mai und 8. Juni 1371.

sen Karl IV. und sein Sohn König Wenzel am 23. Oktober 1371 einen Waffenstillstand.[35]
Während also in der Folgezeit die Waffen ruhten, rückten die Kanzleien in das Zentrum des Geschehens, statt der Schwerter kamen jetzt Gänsekiele zum Einsatz. Die meißnische Kanzlei erarbeitete im Laufe des Jahres 1372[36] die bereits erwähnte Beschwerdeschrift und sandte sie an den Kaiser. An dessen Hof konnte man aus den 21 Klagepunkten entnehmen, was an Karls Politik bei den Wettinern Unmut hervorrief. Um für die zu erwartenden Verhandlungen der markgräflichen Klagen gewappnet zu sein, stellte die kaiserliche Kanzlei einige Urkunden Karls IV. für die Wettiner aus den Jahren 1350/62 zusammen; insgesamt sechs Stücke über Bündnisabmachungen und Handelsfreiheiten.[37] Ob diese sechs Urkunden als ausreichend angesehen wurden oder die Kanzlei Karls nicht über mehr Informationen verfügte oder verfügen wollte, ist unklar. Vielleicht war die Zeit zu einer gründlicheren Recherche in angespannter Lage zu knapp.[38]
Die Kanzlei der Meißner jedenfalls war zumindest quantitativ erfolgreicher, was aber, da sie zur Seite der Urkundenempfänger gehörte, nicht weiter verwundern muß. Sie recherchierte 46 Privilegien, welche die Wettiner vom Herrscher erhalten hatten. Es sind genau die 46 Regesten, die im bereits genannten Urkundeninventar, dem *Registrum litterarum*, zusammengestellt sind, womit die Frage, wann und zu welchem Zweck dieses Schriftstück abgefaßt wurde, wieder in den Blickpunkt rückt.

[35] R: Reg. Imp. 8 (RS) Nr. 536f. Vgl. HOHENSEE, Erwerbung (wie Anm. 33) S. 232f. und LINDNER, Kaiser Karl IV. (wie Anm. 3) S. 109.

[36] Sie kann erst nach dem 28. März 1372 abgefaßt worden sein, da der an diesem Tage geschlossene thüringische Landfriede, bei dem der Kaiser die Meißner nicht berücksichtigte, als letzter Beschwerdepunkt aufgeführt ist. Terminus ante quem ist der 25. November 1372, an dem die Auseinandersetzung zwischen Karl IV. und den Markgrafen durch ein Bündnis (s. Anm. 20) beendet wurde; vgl. STEINHERZ, Beziehungen (wie Anm. 22) S. 618. Ein Versuch zur weiteren zeitlichen Eingrenzung unter Anm. 38.

[37] Vgl. STEINHERZ, Beziehungen (wie Anm. 22) S. 617. Vier der besagten Urkunden sind gedruckt bei LOSERTH, Beiträge (wie Anm. 29) S. 181ff. Nr. 5–8, zwei ebd., S. 171 Anm. 2 erwähnt.

[38] Die Beschwerdeschrift dürfte dem Kaiser um den 6. Oktober 1372 beim Treffen an der böhmisch-ungarischen Grenze (Reg. Imp. 8 Nr. 5139a) überreicht worden sein. Bereits seit dem 11. November desselben Jahres verhandelten Karl IV. und die Wettiner in Pirna (s. Anm. 40). Dazwischen hatte die kaiserliche Kanzlei nicht viel Zeit zur Suche nach in Frage kommenden Stücken.

Lipperts Datierung auf 1378/79 wurde weiter oben bereits verworfen. Mein Vorschlag zielt auf die Mitte des Jahres 1372,[39] in die eben geschilderte Phase des Kampfes zwischen dem Kaiser und den meißnischen Markgrafen, in der die Kanzleien miteinander fochten. Dieser Ansatz erklärt die Nichtaufnahme des Beistandsabkommens, das Karl und Wenzel mit den Wettinern zur Beendigung des Streits am 25. November 1372 schlossen.[40] Das wechselseitige Bündnis von Ende November 1372 konnte im *Registrum litterarum* keinen Platz finden, weil dieses schon zuvor zusammengestellt worden war.[41] Der Zweck seiner Abfassung bestand darin, die wettinischen Forderungen und Klagen, welche im Beschwerdebrief und sicher auch in mündlichen Verhandlungen dem Kaiser vorgetragen wurden, durch urkundliche Nachweise abzusichern. So stärkten die meißnischen Brüder ihre Verhandlungsposition mit schriftlichen Belegen, denn wie sollte der Luxemburger überhaupt überzeugt werden, wenn nicht durch von ihm selbst ausgestellte Privilegien?[42] Dieses Verfahren hatte die Kanzlei der Markgrafen bereits früher in ähnlichen Situationen gegenüber Ludwig IV.

39 Für die zeitliche Fixierung gilt dasselbe wie für die auf die Zeit zwischen 28. März und 25. November 1372 eingegrenzte Beschwerdeschrift (s. Anm. 36). Vermutlich waren Beschwerdeschrift und *Registrum litterarum* bereits im Spätsommer 1372 fertig, denn in den Verhandlungen mit dem Kaiser um den 6. Oktober 1372 an der böhmisch-ungarischen Grenze (s. vorhergehende Anm.), denen wettinisch-wittelsbachische Vorgespräche um Michaelis desselben Jahres vorausgegangen waren (vgl. STEINHERZ, Beziehungen [wie Anm. 22] S. 597f. und AHRENS, Wettiner [wie Anm. 2] S. 45), benötigte man eigentlich beide Schriftstücke als Verhandlungsgrundlage.

40 Siehe Anm. 20 zum Beistandsabkommen. Spätestens seit dem 11. November verhandelten der Kaiser und die Wettiner in Pirna (vgl. AHRENS, Wettiner [wie Anm. 2] S. 49 Anm. 6). Auch in diesen Gesprächen dürften Beschwerdeschrift und *Registrum litterarum* zum Einsatz gekommen sein.

41 Urkunden König Wenzels fehlen im Urkundenverzeichnis gänzlich. Bei einem Ansatz auf 1378/79 hätten jedoch einige aufgenommen sein können, so z.B. die Verpflichtung Wenzels, den Wettinern nach seiner Wahl zum römischen König alle ihre Privilegien zu erneuern und Unkosten aus der Wahlhilfe zu ersetzen, ausgestellt zu Eger, 1374 Dezember 31 (D: RTA 1 S. 70 Nr. 43) wie auch die Bestätigung aller Privilegien, Rechte und Besitzungen der Wettiner durch Wenzel von 1379 März 1 (A: HStA Dresden, O.U. 4265).

42 Karls IV. florentinischer Zeitgenosse Franco Sacchetti war da – nicht unbegründet – skeptisch. Mit der Bemerkung *Brief und Siegel gelten bei dir nichts* zog er in einer Spottcanzone 1368/69 die Zuverlässigkeit des kaiserlichen Urkundenwesens in Zweifel. Vgl. dazu Werner GOEZ, Karl IV. und das politische System seiner Zeit, Jb. für fränkische Landesforschung 39 (1979) S. 41–61, die Canzone S. 42. Kritische Äußerungen zur Vertragsbrüchigkeit Karls IV. kamen auch aus dem städtischen Bereich; vgl. Beat FREY, Pater Bohemiae – Vitricus Imperii. Böhmens Vater, Stiefvater des Reiches. Kaiser Karl IV. in der Geschichtsschreibung (1978) S. 33f.

(1330) und gegenüber Karl IV. (1350) erprobt.[43] Auf der anderen Seite ging die kaiserliche Kanzlei mit der Kompilation der oben erwähnten sechs Urkunden aus den Jahren 1350/62 genauso vor.

Das wettinische Urkundenverzeichnis, nunmehr zum Jahre 1372 gestellt, verdankte seine Entstehung aktuellen Erfordernissen und kam in diplomatisch-politischen Zusammenhängen zum Einsatz.[44] Es war zuerst kein Urkundeninventar zum Zwecke besserer archivalischer Ordnung, wie seit Lippert zumeist angenommen. Nach dem Friedensschluß zwischen dem Kaiser und den Markgrafen im November 1372, als das *Registrum litterarum* nicht mehr zu konkreten Verhandlungen benötigt wurde, konnte es allerdings zu einem solchen werden. Denn wenn das Verzeichnis über den ursprünglichen situationsgebundenen Zweck hinaus aufbewahrt wurde, was aus mehreren Gründen ratsam schien – die Alternative dazu wäre gewesen, es nach Abschluß der Gespräche wegzuwerfen –, bestand die Möglichkeit, daß es zu einem Instrument der Verwaltung der Urkundenbestände in der markgräflichen Kanzlei mutierte. Mit der Aufnahme des Inventars von 1372 in das Copial 6, das im Jahre 1382 angelegt wurde, vollzog sich dieser Schritt offenbar. Es erhielt damit aus archivalischer Sicht den Charakter eines Urkundeneingangsregisters, das nach bestimmten, auswählenden Kriterien zusammengestellt war. Zusammen mit diesem Verzeichnis der von Karl IV. an die Wettiner gegangenen Privilegien wurden fünf weitere ähnliche Register in das Copial 6 aufgenommen: ein Verzeichnis zu 28 Urkunden Ludwigs IV. für die Meißner Fürsten,[45] ein *Registrum literarum principum secularium* und ein *Registrum literarum nobilium in terra Misnensi*[46] sowie ein *Registrum literarum principum spiritualium* und ein *Registrum literarum comitum et nobilium in terra Thuryngie*. Die beiden letzteren blieben bisher ungedruckt.[47] Insgesamt sind in diesen fünf Registern 156 Urkunden verzeichnet, zuzüglich

[43] Zu 1330 vgl. LIPPERT, Das älteste Urkundenverzeichnis (wie Anm. 17) S. 91–110, wo ein aus politischen Gründen in der Meißner Kanzlei angelegtes *Registrum literarum* zu 30 Urkunden Kaiser Ludwigs IV. für die Markgrafen vorgestellt und abgedruckt wird. Zu 1350 vgl. Eckhart LEISERING, Die Rechte der Wettiner als Reichsfürsten. Eine Aufzeichnung von 1350, NASG 69 (1998) S. 233–243 mit Edition.

[44] Das hat schon KOBUCH, Anfänge (wie Anm. 18) S. 122 erkannt und deutlich formuliert.

[45] Von LIPPERT, Die ältesten wettinischen Archive (wie Anm. 15) S. 97ff. unter dem Titel *Nota literas Ludewici imperatoris* abgedruckt. Am Ende des Verzeichnisses ist als Nr. 29 eine für die Wettiner außerordentlich wichtige Urkunde Kaiser Friedrichs II., ausgestellt zu Benevent, 1243 Juni 30 (Reg. Imp. 5,1 Nr. 3372), registriert.

[46] Ebd. S. 99 in Teilen wiedergegeben.

[47] Ebd. S. 78 als Punkte IV und VI.

der 46 Karlsurkunden also 202.[48] Sie sind für die Forschung bisher nicht ausgewertet. Wann und in welchem Zusammenhang jene fünf Register entstanden, bleibt noch zu klären.

*

Im beschriebenen Dissens zwischen Kaiser Karl IV. und den Markgrafen von Meißen nahm der Kampf der Kanzleien breiten Raum ein; die Feder hatte dabei das Schwert noch nicht besiegt, aber zum Teil schon ersetzt. Was bedeutet dieser Befund in der eingangs als Interpretationsmuster reklamierten entwicklungsgeschichtlichen Sicht?

Die Allianz von Schrift und Macht, ein Generalthema in den Überlegungen zu den Folgen und Umständen der Schriftentstehung, -verwendung und -aufbewahrung von Jack Goody über Michel Foucault bis Niklas Luhmann und anderen,[49] ist kein Spezifikum des 14. Jahrhunderts. Dieses Säkulum war aber im Untersuchungsgebiet die Zeit besonders stark anwachsender Verschriftlichung in Verbindung mit Herrschaftsintensivierung.[50] Und es war auch die Zeit der beginnenden systematischen Archivierung der Schriftprodukte nach Ordnungs- und Auswahlkriterien, die nicht dem Zufall, sondern den Interessen der Herrschaftsträger entsprangen.[51]

Das Aufkommen, die rasch ansteigende Zahl und der wachsende Umfang von Produkten[52] einer Verwaltungstätigkeit am wettinischen Hofe lagen im Trend und sind dennoch mit der Frage zu konfrontieren, wo die markgräfliche Kanzlei Orientierung und Vorbilder fand, will man nicht annehmen, daß alles in der

48 Ebd. S. 82.

49 Literacy in traditional societies, hg. von Jack GOODY (1968); dt. u.a. in: Jack GOODY/Ian WATT/Kathleen GOUGH, Entstehung und Folgen der Schriftkultur (1986), bes. S. 73ff.; Ernest GELLNER, Pflug, Schwert und Buch (1990, engl. Originalausgabe 1988) S. 81ff.; Niklas LUHMANN, Macht (^{2}1988) S. 6ff.; Jan ASSMANN, Das kulturelle Gedächtnis. Schrift, Erinnerung und politische Identität in frühen Hochkulturen (1992) passim, bes. S. 268, und DERS., Herrschaft und Heil. Politische Theologie in Altägypten, Israel und Europa (2000) S. 178–198. Zu Foucault s.u. Anm. 51.

50 Siehe allgemein die Literatur unter Anm. 14. Für den wettinischen Herrschaftsbereich KOBUCH, Anfänge (wie Anm. 18) S. 124ff.; Karlheinz BLASCHKE, Urkundenwesen und Kanzlei der Wettiner bis 1485, in: Landesherrliche Kanzleien im Spätmittelalter (wie Anm. 14) S. 193–202; STREICH, Reiseherrschaft (wie Anm. 25) S. 189ff.

51 Vgl. Michel FOUCAULT, Archäologie des Wissens (1981) S. 13–22 und S. 115–190, sowie die Interpretation desselben bei BEHNE, Geschichte aufbewahren (wie Anm. 18) S. 284ff.

52 Das Bruchstück einer Reiserechnung von 1330, Bedeverzeichnisse von 1335, ein Heer-

Mark Meißen autochthon entstanden wäre. Auf Grund des dichten Aufeinanderfolgens in nur wenigen Jahrzehnten zwischen 1330 und 1378 und der Vielfalt der literalen Erzeugnisse (Inventar, Kopial, Lehnbuch, Rechnung, Urbar) scheint es mir außerdem gerechtfertigt, nach einer Herausforderung zu fragen, auf die der Meißner Hof mit deutlich gesteigerter Aktivität geantwortet haben könnte.

Im 14. Jahrhundert lagen die wettinischen Territorien im Interessenbereich zweier rivalisierender Großdynastien – der Wittelsbacher und der Luxemburger.[53] Zuvor, an der Wende vom 13. zum 14. Jahrhundert, hatte die Fortexistenz der Wettiner als fürstliche Dynastie grundsätzlich auf dem Spiel gestanden. Die dabei in unterschiedlichen Zusammenhängen eingetretenen territorialen Verluste, z.B. im Bereich der Pfalzgrafschaft Sachsen, der Markgrafschaften Landsberg und (Nieder-)Lausitz sowie der Grafschaften Brehna und Wettin, konnten später nur teilweise rückgängig gemacht werden.

Kaiser Ludwigs IV. Intentionen in den Landen an Elbe/Saale und Oder[54] treten deutlich in der Erwerbung der Mark Brandenburg (1323/24) hervor. Er sicherte diesen Gewinn durch flankierende Maßnahmen wie die Erhebung des Herzogtums Pommern-Stettin zu einem reichsunmittelbaren Herzogtum 1338 ab.[55] Zu den Wettinern stellte der Wittelsbacher ausgezeichnete Beziehungen her, was den Meißnern den Druck von seiten eines hausmachtgierigen Königtums nahm; ein Druck, der zu Zeiten Friedrich Barbarossas und Heinrichs VI., der Habsbur-

wagenverzeichnis sowie Listen der Herren und Edlen in Meißen, dem Osterland und Thüringen von 1347, die Kanzleibücher von 1349, das Lehnbuch Markgraf Friedrichs III. von 1350, das große Urbar (*Registrum dominorum marchionum Missnensium*) von 1378; vgl. BLASCHKE, Urkundenwesen (wie Anm. 50) S. 195ff.; STREICH, Reiseherrschaft (wie Anm. 25) S. 190f. Außerdem sind hier die im Text erwähnten Urkundenverzeichnisse Ludwigs IV. von 1330, Karls IV. von 1372 samt den bisher nicht ausgewerteten Inventaren (vgl. Anm. 45–47) hinzuzuziehen.

53 Vgl. MORAW, Entfaltung der deutschen Territorien (wie Anm. 14) S. 98f.; DERS., Die Mark Brandenburg im späten Mittelalter (im vorliegenden Band).

54 Allgemein Walter SCHLESINGER, Zur Geschichte der Landesherrschaft in den Marken Brandenburg und Meißen während des 14. Jahrhunderts, in: Der deutsche Territorialstaat 2 (wie Anm. 31) S. 101–126, bes. S. 104ff.; zur Zeit Ludwigs IV. vgl. LIPPERT, Wettiner und Wittelsbacher (wie Anm. 2) S. 17ff.; Wolfgang WIESSNER, Die Beziehungen Kaiser Ludwigs des Bayern zu Süd-, West- und Norddeutschland. Beiträge zur königlichen Innenpolitik (Erlanger Abhandlungen zur mittleren und neueren Geschichte 12, 1932) S. 113ff.; Heinz ANGERMEIER, Bayern in der Regierungszeit Kaiser Ludwigs IV. (1314–1347), in: Handbuch der bayerischen Geschichte 2, hg. von Andreas KRAUS ([2]1988) S. 162ff.

55 Vgl. zuletzt Rudolf BENL, Pommern bis zur Teilung von 1368/72, in: Deutsche Geschichte im Osten Europas: Pommern, hg. von Werner BUCHHOLZ (1999) S. 107ff. auch zu den mit der Erhebung verbundenen nachteiligen Einschränkungen.

ger Rudolf und Albrecht sowie Adolfs von Nassau wiederholt auf ihnen gelastet hatte.[56] Sie nutzten diesen Freiraum, um den Ausbau ihres fürstlichen Gebotsbereichs mit kaiserlicher Rückendeckung voranzutreiben. Früchte und Bindemittel dieses engen Zusammenwirkens war ein breiter Strom von Zuwendungen,[57] die Ludwig IV. dem Markgrafen Friedrich (II.) von Meißen gewährte: Der Wittelsbacher verpfändete Friedrich 1324 den ehemals staufischen Reichsgutkomplex Pleißenland, der von da an wettinisch blieb. Auf demselben Wege erhielten die Markgrafen wiederholt die Niederlausitz, die 1363/68 allerdings an Böhmen verlorenging, bevor sie dann 1623/35 wieder an die Wettiner kam. Im Januar 1323 hatte der Kaiser seine Tochter Mechthild mit dem jungen Markgrafen verlobt, der außer einer Frau auch noch die Reichsstädte Mühlhausen und Nordhausen gewann, die als Brautschatz mit einem Wert von 10.000 Mark Silber veranschlagt wurden. Im Jahre 1328 fand dann die Hochzeit statt. Eine Erbverbrüderung zwischen dem Sohn Ludwigs IV., dem Brandenburger Markgrafen Ludwig d. Ä., und Friedrich von Meißen ergänzte die Abmachungen. Zusätzlich bekam der Meißner Markgraf verschiedene Geldanweisungen und Schuldverschreibungen, mit denen sein Einsatz für die Wittelsbacher honoriert wurde. Außerdem erhielt er zahlreiche Privilegien, unter denen hier nur einige der für den noch langen Weg zum fürstlichen Territorialstaat der frühen Neuzeit so wichtigen Regalien erwähnt sein sollen,[58] und Zugriff auf weitere bis dahin reichsunmittelbare Herrschaften im meißnisch-thüringischen Raum.[59] Die bereits angeführte wettinisch-wittelsbachische Familienverbindung von 1323/28 kam auf Kosten König Johanns von Böhmen zustande, dessen Tochter Jutta/Guta/Jitka

56 Vgl. mit weiterer Literatur LINDNER, Kaiser Karl IV. (wie Anm. 3) S. 103.

57 Vgl. LIPPERT, Wettiner und Wittelsbacher (wie Anm. 2) S. 19ff.; WIESSNER, Beziehungen (wie Anm. 54) S. 118ff.; ANGERMEIER, Bayern (wie Anm. 54) S. 162f.; LINDNER, Kaiser Karl IV. (wie Anm. 3) S. 104.

58 Bergregal: Pavia, 1329 Juni 23 (D: MGH Constitutiones 6,1 S. 509 Nr. 606); Judenregal: München, 1330 April 12 (D: Ebd. S. 622 Nr. 731); Straßenregal: Nürnberg, 1332 März 10 (D: MGH Constitutiones 6,2 S. 160 Nr. 245). Zu weiteren Ludwigsurkunden vgl. LIPPERT, Archive (wie Anm. 15) S. 97ff. und DERS., Das älteste Urkundenverzeichnis (wie Anm. 17) S. 92ff.

59 Herrschaft Schellenberg: Gelnhausen, 1324 April 5 (D: MGH Constitutiones 5 S. 706 Nr. 891), vgl. Maike GÜNTHER, Die Herrschaft Schellenberg. Herrschaftsbildung im Erzgebirge im hohen Mittelalter, in: Landesgeschichte in Sachsen. Tradition und Innovation, hg. von Rainer AURIG u.a. (Studien zur Regionalgeschichte 10, 1997) S. 15–28; Burggrafenamt Altenburg und Herrschaft Leisnig: Pavia, 1329 Juni 23 (D: MGH Constitutiones 6,1 S. 510f. Nr. 608f.); Grafschaft Orlamünde: Nürnberg, 1344 Juni 22 (R: Reg. Imp. 7 Nr. 3499 mit altem Druck; A: HStA Weimar, EGA U 959).

wieder zu ihrem Vater zurück nach Böhmen geschickt wurde, nachdem sie bereits am markgräflichen Hofe auf der thüringischen Wartburg gelebt hatte.[60] Der eng geknüpfte meißnisch-bayrische Bund war von großer Festigkeit und überstand auch kleine Erschütterungen während der Thüringer Grafenfehde. Als 1346 Karl, der Sohn König Johanns von Böhmen, zum römisch-deutschen Herrscher erhoben wurde, blieben die Wettiner auch über den Tod Ludwigs IV. (1347) hinaus auf seiten der Wittelsbacher. Markgraf Friedrich (II.) von Meißen, der erwähnte Schwiegersohn Kaiser Ludwigs, war 1348 sogar kurzzeitig Königskandidat der antiluxemburgischen Partei. Karl IV. mußte in den Jahren 1348 (20/21. September)[61] und 1350 (Februar) bei zwei Treffen in Bautzen sowie im Dezember 1348 in Dresden einiges an Mühe aufwenden, um diese Allianz zu neutralisieren.[62]

Nachdem Karl IV. sein Königtum etabliert hatte, wurde er für die Markgrafen von Meißen zu einer ernsten Bedrohung. Er verband die Möglichkeiten, die ihm seine Hausmachtterritorien gaben, mit denen eines römisch-deutschen Herrschers zur hegemonialen Beherrschung der Lande zwischen Elbe und Oder. Große territoriale Erwerbungen wie Brandenburg und die (Nieder-)Lausitz sowie zahlreiche Einzelerwerbungen mehrten seine Macht. Von den Schönburgern im Erzgebirge bis zu den Herren von Werle in Mecklenburg reichte die böhmische Vasallenschar. Mecklenburg erhob Karl IV. 1348 zum reichsunmittelbaren Herzogtum unter Übergehung dänischer und askanisch-lauenburgischer Lehnrechte, die Erhebung Pommerns von 1338 erneuerte er ebenfalls 1348 mit verbesserten Bedingungen für die Greifen und unter Minderung wittelsbachisch-brandenbur-

60 Zu den Folgen dieses Vorgehens für das wittelsbachisch-luxemburgische Verhältnis zuletzt Michael MENZEL, König Johann von Böhmen und die Wittelsbacher, in: Johann der Blinde. Graf von Luxemburg, König von Böhmen 1296–1346, hg. von Michel PAULY (Publications de la Section Historique de l'Institut grand-ducal de Luxembourg 115, 1997) S. 315ff. und Dieter VELDTRUP, Ehen aus Staatsräson. Die Familien- und Heiratspolitik Johanns von Böhmen, in: ebd. S. 496f.; außerdem: Josef ŠUSTA, Král Cizinec (České Dějiny 2,2, 1939) S. 350 und Jiří SPĚVÁČEK, Jan Lucemburský a jeho doba 1296–1346 (1994) S. 395f.

61 So verpflichtete sich Karl IV. in Bautzen, 1348 September 21 (D: MGH Constitutiones 8 S. 657 Nr. 653) *on was si brief haben von Ludwige von Beyern, der sich keysir nante, die wellen wir in von newis gebn*, was er auch wirklich tat, ohne allerdings in den neu ausgestellten Stücken seinen wittelsbachischen Vorgänger zu erwähnen; vgl. die Nr. 3, 11, 17, 21, 38, 41, 42, 45 im Anhang I.

62 Reg. Imp. 8 Nr. 756f., 789aff. und 1210aff.; dazu AHRENS, Wettiner (wie Anm. 2) S. 1ff.; LINDNER, Kaiser Karl IV. (wie Anm. 3) S. 114f. mit weiterer Literatur.

gischer Ansprüche.[63] Der Aufstieg dieser beiden einzigen verbliebenen slawischen Dynastien im Reich – eine dritte, die Fürsten von Rügen, war gerade erst (1325) ausgestorben und von Pommern-Wolgast beerbt worden – in den Rang von Reichsfürsten hatte vordergründig politisch-diplomatische Gründe. Beide Geschlechter waren im 14. Jahrhundert ernstzunehmende Faktoren im Reich geworden, an denen im reichsweiten Kampf der Herrscherhäuser Wittelsbach und Luxemburg nicht vorbeigegangen werden konnte. In entwicklungsgeschichtlicher Sicht sind diese Erhebungen jedoch auch ein Beleg für längerfristige Ausgleichsvorgänge im Untersuchungsgebiet, die sich in diesem Falle vor allem in einer Verbesserung des rechtlich-politischen Status der pommerschen und der mecklenburgischen Fürsten niederschlugen.

Im wettinischen Meißen versuchte man, sich mit dem karolinischen Druck zu arrangieren, indem 1348, 1350, 1358 und 1372 wechselseitige Besitzstandswahrungs- und Beistandsbündnisse mit Karl IV. geschlossen wurden.[64] Außerdem bemühten sich die markgräflichen Brüder auf Geheiß ihres 1349 verstorbenen Vaters, Markgraf Friedrichs (II.), und mit tatkräftigem Rat ihrer Großmutter Elisabeth († 1359), der Witwe Friedrichs des Freidigen, dem Kaiser trotz ernsthafter interner Meinungsverschiedenheiten keine innerfamiliären Angriffspunkte zu bieten, indem sie Teilungen vermieden,[65] die der Macht anderer Familien in ihrem Umkreis (Askanier, Welfen, Wittelsbacher) so schweren Schaden zugefügt hatten. Und sie brachten ihre Verwaltung auf Vordermann: Die beschriebene, Mitte des 14. Jahrhunderts erfolgte quantitative und qualitative Explosion von „Geschäftsschriftgut“ (Hans Patze), „Verwaltungsbehelfen“ (Ernst Schubert) oder „Amtsbüchern“ (Stefan Pätzold), wie die Schriftprodukte der Administration in der Fachliteratur bezeichnet werden, ist Ausdruck „eine[r] erste[n]

63 Vgl. Wolf-Dieter MOHRMANN, Karl IV. und Herzog Albrecht II. von Mecklenburg, in: Kaiser Karl IV. 1316–1378, hg. von Hans PATZE (auch in BDLG 114, 1978) S. 357ff.; Klaus CONRAD, Die Belehnung der Herzöge von Pommern durch Karl IV. im Jahre 1348, in: ebd. S. 391ff.

64 Bündnisurkunden Karls IV. für die Wettiner: Dresden, 1348 Dezember 21 (MGH Constitutiones 8 S. 734 Nr. 722; R: Reg. Imp. 8 Nr. 796); Bautzen, 1350 Februar 6 (D: MGH Constitutiones 10 S. 9 Nr. 16; R: Reg. Imp. 8 Nr. 1211); Prag, 1358 März 1 (D: MÜLLER, Urkunden zur Geschichte Plauens [wie Anm. 20] S. 15 Nr. 412; LIPPERT, Markgraf Wilhelm von Meißen [wie Anm. 2] S. 109 Nr. 1; RBM 6 S. 457 Nr. 765; R: Reg. Imp. 8 Nr. 2754 = 6194); Pirna, 1372 November 25 (wie Anm. 20). Gegenurkunden der Wettiner: R: Reg. Imp. 8 (RS) Nr. 64, 115, 291 und 566.

65 Vgl. AHRENS, Wettiner (wie Anm. 2) S. 3 und Exkurs (wie Anm. 16) S. 96ff.; BESCHORNER, Registrum dominorum (wie Anm. 16) S. XVff.

Hochform“ der meißnischen Kanzlei.[66] Sie ist aber noch mehr. Ich sehe in ihr die wettinische Antwort auf die existenzbedrohenden Erfahrungen aus der Zeit um 1300 sowie auf die großdynastische wittelsbachische und dann – besonders nachhaltig – luxemburgische Herausforderung im Laufe des 14. Jahrhunderts. Diese gesteigerte Schriftlichkeit zielte in ihrem Kern auf einen intensiveren Zugriff fürstlich-wettinischer Herrschaft auf das Land,[67] um durch die Festigung und den Ausbau des eigenen Gebotsbereichs konkurrierenden Dynastien besser gewachsen zu sein. In ihrer Fernwirkung ist sie Bestandteil einer Entwicklung, die von vorwiegend sakral begründeter Herrschaft hin zu zunehmend administrativ-bürokratisch fundierter obrigkeitlicher Gewaltausübung innerhalb der politischen Ordnung geht.

In Kaiser Karl IV. hatten die Meißner den Lehrmeister vor der Haustür – die eingangs schon gestreifte Lage der Mark Meißen an der böhmischen Grenze blieb nicht ohne Folgen. Die überlegene, aus materiellen wie ideellen Quellen gespeiste Macht des Luxemburgers und sein virtuoses politisch-diplomatisches Spiel, in dem die Feder neben dem Schwert und das Geld neben dem Bett[68] zum Einsatz kamen, zwangen die Wettiner zu höchster Vorsicht. Ihr Verhältnis zu diesem Herrscher pendelte zwischen Zusammenarbeit und Konfrontation, zwischen Nähe und Distanz. Wie geschickt die Meißner dabei vorgingen, zeigt ein Vergleich mit ihren fürstlichen Nachbarn, den askanischen Herzögen von Sachsen-Wittenberg und den märkischen Wittelsbachern. Am Ende des langen luxemburgisch-wittelsbachischen Ringens um Brandenburg stand die vollständige Niederlage der Bayern. Mit dem Verlust der kurfürstlichen Mark verschwanden sie für immer aus dieser Region. Die ebenfalls kurfürstlichen Askanier von Wittenberg fristeten ein Dasein als karolinische Satelliten.[69] Den Markgrafen von Meißen blieb beides erspart. Sie bewahrten ihre Selbständigkeit und Handlungsfrei-

66 PATZE, Neue Typen (wie Anm. 14) passim; SCHUBERT, Umformung (wie Anm. 14) S. 227; Stefan PÄTZOLD, Amtsbücher und andere Quellen zu Land und Herrschaft Erzbischof Albrechts III. von Magdeburg (1368–1371), ZfG 47 (1999) S. 485f. Das Zitat nach BLASCHKE, Urkundenwesen (wie Anm. 50) S. 195.

67 Den wettinischen Weg von der Herrschaft über das Land zum Territorialstaat verfolgt Uwe SCHIRMER, Grundzüge, Aufgaben und Probleme einer Staatsbildungs- und Staatsfinanzgeschichte in Sachsen, NASG 67 (1996) S. 31–70, bes. S. 32ff.

68 Das Bett steht hier für das von Karl IV. außerordentlich geschickt betriebene, politisch-dynastischen Interessen unterworfene Verlobungs- und Heiratskarussell; vgl. Dieter VELDTRUP, Zwischen Eherecht und Familienpolitik. Studien zu den dynastischen Heiratsprojekten Karls IV. (Studien zu den Luxemburgern und ihrer Zeit 2, 1988).

heit, was ihnen schon zeitgenössische Hochachtung einbrachte.[70] Darüber hinaus bauten sie auch in der Regierungszeit Karls IV. fortwährend ihre Macht aus – teils mit kaiserlicher Unterstützung, teils gegen kaiserliche Interessen. Diese aggressive, auf Ausdehnung der eigenen Herrschaft gerichtete Politik der Wettiner auch unter luxemburgisch-böhmischem Druck wurde bisher zu wenig beachtet.[71] Sie soll im folgenden etwas eingehender berücksichtigt werden.

In der Thüringer Grafenfehde (1342/46) hatte Markgraf Friedrich (II.) von Meißen – im Bunde mit der Stadt Erfurt und seit September 1344 auch mit König Johann von Böhmen und dessen Sohn Karl – den Widerstand des thüringischen Adels, der vom Mainzer Erzbischof unterstützt wurde, gegen seine Vorherrschaft gebrochen.[72] Bereits ein Jahr nach Beendigung der Fehde stieß der Meißner im Streit um Besitzungen und Rechte in der ehemaligen Mark Landsberg mit Erzbischof Otto von Magdeburg aus dem Hause Hessen-Brabant zusammen. In der Schlacht bei Reideburg nahe Halle wurde der Markgraf 1347 vernichtend geschlagen. Es dauerte bis weit in die fünfziger Jahre, ehe nach mehreren Schieds-

69 Peter MORAW, Nord und Süd in der Umgebung des deutschen Königtums im späten Mittelalter, in: Nord und Süd in der deutschen Geschichte des Mittelalters, hg. von Werner PARAVICINI (Kieler Historische Studien 34, 1990) S. 60; DERS., Das Reich und die Territorien (wie Anm. 5) S. 192; vgl. außerdem LINDNER, Kaiser Karl IV. (wie Anm. 3) S. 112ff. mit weiterer Literatur.

70 Annales Vetero-Cellenses, ed. Julius Otto OPEL, in: Mittheilungen der Deutschen Gesellschaft zur Erforschung vaterländischer Sprache und Alterthümer in Leipzig 1/2 (1874) S. 223: *Hic inclitus princeps* [Markgraf Friedrich III. von Meißen] *adeo amabilis imperatori Carolo regi Bohemiae potentissimo, regique Ungariae ac aliis omnibus regibus, ducibus et principibus fuit, ut raro vel nunquam ipsius praesentia carere poterant.*

71 Die Vorstellung, die Wettiner hätten unter Kaiser Ludwig IV. und dann wieder unter König Wenzel, kaum aber unter Kaiser Karl IV. erfolgreich Territorialpolitik betrieben, ist verbreitet; vgl. Brigitte STREICH, „Amechtmann unde Gewinner ..." Zur Funktion der bürgerlichen Geldwirtschaft in der spätmittelalterlichen Territorialverwaltung (Mit besonderer Berücksichtigung der Wettinischen Lande), VSWG 78 (1991) S. 366: „Phase des Stillstandes". So werden als Beispiele der gewaltsamen Herrschaftsausdehnung der Wettiner im 14. und frühen 15. Jahrhundert bis auf den vogtländischen Krieg zumeist nur Fehden aus der vor- und nachkarolinischen Ära angeführt; vgl. DIES., Reiseherrschaft (wie Anm. 25) S. 9, S. 11 mit Anm. 22 und S. 12; SCHIRMER, Grundzüge (wie Anm. 67) S. 40.

72 Vgl. Wilhelm FÜSSLEIN, Die Thüringer Grafenfehde 1342–1346, in: Beiträge zur thüringischen und sächsischen Geschichte (wie Anm. 17) S. 111–138; Winfried LEIST, Landesherr und Landfrieden in Thüringen im Spätmittelalter 1247–1349 (Mitteldeutsche Forschungen 77, 1975) S. 174–187.

sprüchen ein Ausgleich herbeigeführt werden konnte.[73] Im vogtländischen Krieg 1354/58 gingen Karl IV. und die Markgrafen gemeinsam gegen die Vögte von Weida, Gera und Plauen vor. Die erworbenen Rechte und Güter teilten sie untereinander entweder als Lehen oder als Eigentum auf.[74] Im Jahre 1362 erhöhte der Kaiser den Markgrafen Friedrich, Balthasar und Wilhelm von Meißen wegen ihrer im Vogtland geleisteten Dienste die Pfandsumme für die Städte Altenburg, Zwickau und Chemnitz um 2.000 Schock Prager Groschen.[75] Im Sommer 1360 unterstützte Markgraf Wilhelm, der jüngste der wettinischen Brüder, den Kaiser bei dessen Zug gegen den Grafen von Württemberg, was noch einmal eine Erhöhung der Pfandsumme für die pleißenländischen Städte um 3.000 Schock Prager Groschen einbrachte.[76] Gemeinsam mit den Landgrafen Heinrich und Otto d.J. von Hessen – seit 1358 bestanden wechselseitige Beistandsbündnisse – fielen die meißnischen Fürsten 1361 in fuldaisches Gebiet ein. Abt Heinrich von Fulda, der vom Kaiser nur sehr zurückhaltend unterstützt wurde, mußte sich recht schnell der Gnade seiner Feinde ergeben. Ende Mai/Anfang Juni 1362 schlossen die Parteien Frieden.[77] Zu dieser Zeit ging bereits die nächste Fehde dem Ende entgegen, welche die wettinischen Brüder in der ersten Hälfte des Jahres 1362 mit Graf Gebhard von Mansfeld geführt hatten. Diese Auseinandersetzung ist exemplarisch dafür, wie sich nach Landesherrschaft strebende Fürsten

73 Vgl. LINDNER, Kaiser Karl IV. (wie Anm. 3) S. 94f. Die Fehde ist auch erwähnt bei Cyriacus Spangenberg, Mansfeldische Chronica 3, hg. von Rudolf LEERS (1912) S. 75f.

74 Carl WENCK, Der vogtländische Krieg (Anhang zu: DERS., Die Wettiner im XIV. Jahrhundert [wie Anm. 2]) S. 8ff.; AHRENS, Wettiner (wie Anm. 2) S. 6f.; Gerhard BILLIG, Die Burggrafen von Meißen aus dem Hause Plauen – ein Nachspiel zur reichsunmittelbaren Stellung und Herrschaft der Vögte von Weida, Plauen und Gera 1, Mitteilungen des Vereins für vogtländische Geschichte, Volks- und Landeskunde 4 (47) (1995) S. 13–48, bes. S. 16–23.

75 Urkunde Karls IV. von Nürnberg, 1362 März 25 (Nr. 32 im Anhang I).

76 Urkunde Karls IV. von Nürnberg, 1362 März 25 (Nr. 34 im Anhang I).

77 Vgl. LINDNER, Kaiser Karl IV. (wie Anm. 3) S. 110f. mit Anm. 90, wo noch zu ergänzen wäre, daß sich das Stift Fulda bereits am 26. November 1365 für sechs Jahre in den Schutz der Wettiner begab, die zu Hauptmännern und Pflegern des Stifts gemacht und denen alle Burgen offen gehalten wurden (A: HStA Weimar, EGA U 5786). Kurz davor, wahrscheinlich 1364, hatten sich die Meißner mit den ihnen verbündeten Hessen in Dresden getroffen (s. AHRENS, Wettiner [wie Anm. 2] S. 54 Anm. 2), wo sie ihr Vorgehen abgesprochen haben dürften. Allgemein zur Lage Fuldas in dieser Zeit vgl. Peter MORAW, Fuldas Stellung im spätmittelalterlichen Reich, in: Fulda im Alten Reich. Vortragsreihe des Fuldaer Geschichtsvereins 1994, hg. von Berthold JÄGER (Veröffentlichung des Fuldaer Geschichtsvereins 59, 1996) S. 63–83.

auf Kosten kleinerer Dynasten Besitztümer und Rechte aneigneten und Karl IV. dabei im Hintergrund agierte.
Das Mansfelder Grafenhaus war offensichtlich in eine Herrschaftskrise geraten, als Ende 1361 Graf Albrecht (I.) erbenlos starb und diesem sein Bruder, Graf Gebhard (III.), folgte, der bereits eine geistliche Karriere eingeschlagen hatte.[78] Bischof Ludwig von Halberstadt, einer der vier wettinischen Brüder und weiter oben schon als Bischof von Bamberg erwähnt, wollte die Situation nutzen, um Güter der Halberstädter Kirche, die den Mansfeldern auf begrenzte Zeit überlassen worden waren, für sein Bistum zurückzugewinnen. Als Graf Gebhard schroff ablehnte,[79] bat Bischof Ludwig seinen Bruder, den Markgrafen Friedrich (III.) von Meißen, um Hilfe.[80] Gemeinsam fielen sie im Februar 1362 in die Grafschaft Mansfeld ein, wo sie reichlich Schaden anrichteten, das von ihnen belagerte Eisleben aber nicht einnehmen konnten. Während dieses Kriegszuges hatte sich Friedrich von Meißen Nahrungsmittel aus dem Kloster Sittichenbach kommen lassen und auch mehrmals dort genächtigt. Bei einer dieser Gelegenheiten übernahm der Markgraf die Vogtei über das Kloster und unterstellte es seinem Amt Neuenburg an der Unstrut,[81] was aber offenbar noch geheim blieb.

78 Zu den Verwandtschaftsverhältnissen des Grafenhauses vgl. Erich BRANDENBURG, Zur Genealogie der Grafen von Mansfeld im 14. und 15. Jahrhundert, in: Die Ahnen Augusts des Starken (Abh. Leipzig 43, 1938) Nr. 5 Beilage S. 106–121. Für Probleme beim Übergang der Grafschaft auf Gebhard spricht auch, daß wichtige Lehnsherren – das Erzstift Magdeburg, die Kirche von Halberstadt und die Markgrafen von Meißen – ihm anfänglich die Lehnserneuerung verweigerten, die dann erst mit den Friedensschlüssen im Sommer 1362 erfolgte.

79 Den ausführlichsten Bericht zu diesen Ereignissen bietet Cyriacus Spangenberg in seiner Mansfeldischen Chronica (wie Anm. 73) S. 91f., S. 96 und S. 99ff., der durch einige im folgenden angeführte Urkunden in seiner Zuverlässigkeit bestätigt wird. Ergänzend die Nachrichten über die Fehde in der Chronica Thuringorum: UB der Klöster der Grafschaft Mansfeld, bearb. von Max KRÜHNE (GQPS 20, 1888) S. 448 Nr. 143. Die Halberstädter Güter waren Albrecht von Mansfeld, einem Onkel Graf Gebhards, vertraglich auf Lebenszeit überlassen worden, der dafür auf das Bistum Halberstadt verzichtete, das er, seit 1346 darin von Karl IV. unterstützt, vergeblich zu erlangen gesucht hatte, vgl. Spangenberg, Mansfeldische Chronica S. 86ff., S. 90ff. und S. 99.

80 Es existierte seit dem 17. August 1361 ein Beistandsbündnis zwischen Bischof Ludwig von Halberstadt, seinen Brüdern, den Markgrafen Friedrich, Balthasar und Wilhelm, und den Landgrafen Heinrich und Otto von Hessen (B: HStA Dresden, Copial 25 fol. 108v–109v).

81 Urkunden der Markgrafen von Meißen und des Klosters Sittichenbach von 1362 Februar 23 (D: UB Klöster Mansfeld [wie Anm. 79] S. 447f. Nr.141f.), womit wir auch einen zeitlichen Anhaltspunkt für die Fehde haben.

In den Friedensverhandlungen, zu denen sich Graf Gebhard, der bisher Vogt des Klosters gewesen war, angesichts der Verwüstung seiner Grafschaft auf Vermittlung der Herren von Querfurt bereit finden mußte, war davon jedenfalls keine Rede. Die Mansfelder verzichteten bei dem Ausgleich einzig auf die umstrittenen Halberstädter Kirchengüter, und Markgraf Friedrich zog ab.[82] Angesichts des Kräfteverhältnisses waren die Mansfelder Grafen noch recht glimpflich davongekommen. Da erfuhr Graf Gebhard vom Verlust der Sittichenbacher Vogtei. Und weil er ein *ernster, steifer und jähzorniger Herr* war, der *Wort und Faust einander unverzuglichen* folgen ließ und sich dadurch *dann selbst etlich mal nicht in geringe Beschwerung* geführt hat, wie uns Cyriacus Spangenberg mitteilt, überfiel er wie ein *tyrannus maximus* das Kloster.[83] An seiner Seite befanden sich eine Abteilung Eislebener Bürger, die wegen der Belagerung ihrer Stadt Rachegefühle hegten, und sein Sohn, der den Vornamen seines Großvaters, des Königs Günther von Schwarzburg, trug. Sie stürmten die Abtei, folterten und töteten einige Insassen, rösteten den Abt über Kohlefeuern und zwangen die Brüder, sich wieder unter den Schutz des Grafen Gebhard zu stellen.[84] Danach plünderten sie das Kloster, steckten es an und führten einige Gefangene als Geiseln ab. Für diese Untaten wurden alle Beteiligten von Papst Urban V. exkommuniziert – eine Maßnahme, die Bischof Ludwig von Halberstadt und der Mainzer Executor Ludolf erst Ende 1363 aufhoben.[85] Ob nach dem Überfall auf das Kloster um den 20. Mai 1362 bis zum 14. Juli, als Unterhändler einen Ausgleich zwischen den Parteien Halberstadt/Meißen und Mansfeld herbeigeführt hatten, noch einmal Kampfhandlungen ausgebrochen sind, ist unbekannt. Der folgende Frieden[86] jedenfalls ging zu Lasten Graf Gebhards, der sich offenbar unterwer-

[82] Spangenberg, Mansfeldische Chronica (wie Anm. 73) S. 100.

[83] Ebd. S. 95f.; Chronica Thuringorum (wie Anm. 79): *tyrannus maximus*.

[84] Die Berichte über die Greuel nach Spangenberg, Mansfeldische Chronica (wie Anm. 73) S. 101 und Chronica Thuringorum (wie Anm. 79). Die Urkunde über den Schutz des Grafen datiert vom 20. Mai 1362 (D: UB Klöster Mansfeld [wie Anm. 79] S. 448 Nr. 144).

[85] Urkunde vom 30. November 1363 (D: UB Klöster Mansfeld [wie Anm. 79] S. 452 Nr. 147); Spangenberg, Mansfeldische Chronica (wie Anm. 73) S. 101f.

[86] Urkunden zwischen Halberstadt und Mansfeld vom 14. Juli 1362 (D: UB des Hochstifts Halberstadt und seiner Bischöfe 4, hg. von Gustav SCHMIDT [Publicationen aus den k. preußischen Staatsarchiven 40, 1889] S. 9 Nr. 2625f.); Urkunde zwischen Meißen und Mansfeld vom 14. Juli 1362 (D: UB Klöster Mansfeld [wie Anm. 79] S. 449 Nr. 145); außerdem Spangenberg, Mansfeldische Chronica (wie Anm. 73) S. 102ff.

fen mußte: Alle Gefangenen wurden ohne Entgelt frei gelassen, es blieb bei der schon früher abgesprochenen Rückgabe der Halberstädter Güter durch die Mansfelder an Bischof Ludwig. Zusätzlich zahlte Gebhard von Mansfeld 3.000 Schock breiter Groschen an den Bischof und verpfändete als Sicherheit dafür die Feste Schraplau. Ludwig von Halberstadt belehnte ihn im Gegenzug mit den Halberstädter Lehen der Grafen, worunter zum Beispiel die Stadt Eisleben fiel. In die Belehnung wurde das noch ungeborene Kind des Ende 1361 verstorbenen Bruders des Grafen mit einbezogen – wenn es denn ein Sohn würde. An den Markgrafen Friedrich von Meißen trat Graf Gebhard die Grillenburg und die Schutzherrschaft über Sittichenbach ab und erhielt dafür die Lehen, die sein Bruder und Vorgänger von den Wettinern innegehabt hatte, sowie die Dörfer Helfta, Erdeborn und Lüttchendorf.[87] Ebenfalls 3.000 Schock breiter Groschen kostete

[87] Aus dem Vertrag zwischen Meißen und Mansfeld vom 14. Juli 1362 (s. vorhergehende Anm.) geht die Abtretung der Grillenburg und des Schutzes über das Kloster Sittichenbach nicht ausdrücklich hervor. Aber schon der gleichzeitige Rückenvermerk der Vertragsurkunde *Wii der Grellenberg unde Settichenbach von der her(schaft) komen ist von krich wegen* verrät, daß der Mansfelder beides abtreten mußte. Die Meißner verfügten außerdem in der Folgezeit wiederholt über beides; vgl. AHRENS, Wettiner (wie Anm. 2) S. 73 Anm. 6 (1375 März 13: Verpfändung der Grillenburg für 700 Schock breiter Groschen an Gebhard von Mansfeld). Über die Sittichenbacher Schutzherrschaft gerieten die Markgrafen erst mit dem Magdeburger Erzbischof (Urkunde von 1366 Mai 24; D: UB Klöster Mansfeld [wie Anm. 79] S. 456 Nr. 150) in Streit, dann mit den Herzögen von Sachsen-Wittenberg vor dem Kaiser (Urkunde von 1370 Januar 26; D: LINDNER, Kaiser Karl IV. [wie Anm. 3] S. 150 Nr. 8), bevor sie diese an die Herren von Hakeborn (1376 August 9; D: UB Klöster Mansfeld [wie Anm.79] S. 458 Nr. 152a und 153) und später an Graf Gebhard von Mansfeld (1379 Mai 28; D: UB Klöster Mansfeld [wie Anm.79] S. 461 Nr. 155f.) verpfändeten. Anläßlich der Chemnitzer Teilung von 1382 trafen sie wie selbstverständlich über Sittichenbach Anordnungen (R: UB Klöster Mansfeld [wie Anm. 79] S. 463 Nr. 158). Auch daß der Abt von Sittichenbach während der großen Opposition gegen Karl IV. 1370/72 trotz kaiserlich gesteuerter Bedrängnis durch die Herzöge von Sachsen-Wittenberg fest den Wettinern anhing, spricht für ein enges Verhältnis des Klosters zu den Meißnern: *Item ut sanctitas sua citationem personalem ad instantiam abbatis de Sichen contra Wenceslaum et Albertum, duces Saxonie, sacri Imperii principes electores, et eorum vasallos alias concessam tollat, maxime ex eo, quod abbas predictus, qui ad Imperium in temporalibus pertinet, fraudulenter et temeritate propria ab Imperatore recessit et Marchioni Misnensi adhereat, dictusque dominus Imperator ducibus Saxonie mandaverit, ut prefatum abbatem de rebellione sua compescerent et ad Imperii sacri obedientiam reducerent ...* (Bericht des Kaisers an den Papst von November 1372; D: CDB B 2 S. 530 Nr. 1128).

den Grafen der Frieden[88] mit dem Erzbischof Dietrich von Magdeburg, der in den Wirren auf nicht bekannte Weise Schaden genommen hatte. Auch von diesem erhielt der Mansfelder erst jetzt seine erzstiftischen Lehen.
Graf Gebhard war schwer angeschlagen und wußte nicht, wo er die Geldmittel hernehmen sollte. Da griff ihm Dietrich von Portitz, der Magdeburger Oberhirte, finanziell unter die Arme. Dietrich, ein enger Vertrauter des Kaisers und in Geldangelegenheiten sehr bewandert, hatte kein Interesse an einem weiteren Machtzuwachs der Wettiner,[89] sein Herr, Karl IV., ebenfalls nicht. So streckte der Magdeburger dem Mansfelder das Geld zur Entschädigung des Halberstädter Bischofs vor und schloß mit ihm einen Dienstvertrag auf drei Jahre.[90] Hinter dieser unerwarteten Hilfe mit antiwettinischer Stoßrichtung nicht den Kaiser zu vermuten, fällt schwer. In Erscheinung war er bis dahin jedoch nicht getreten. Noch agierten seine mitteldeutschen Anhänger für ihn. Der seinem verfassungsmäßigen Rang nach bedeutendste von ihnen griff nun in das Geschehen ein: Herzog Rudolf von Sachsen (-Wittenberg). Auch er wollte ein Stück vom Mansfelder Kuchen haben. So befehdete der wittenbergische Askanier den bereits geschwächten Grafen Gebhard im Jahre 1363, bis jener zur Abtretung der Herrschaft Allstedt bereit war.[91] Daß der Kaiser dem Vorgehen des sächsischen Kurfürsten gegen Mansfeld anders als dem wettinischen wohlwollend gegenüberstand, zeigte sich schon bald darauf. Nur zwei Monate nach dem gewaltsamen Erwerb Allstedts durch Herzog Rudolf kreierte Karl IV. aus diesem Besitz die Pfalzgrafschaft Sachsen-Allstedt und belehnte damit den Askanier.[92]

88 Spangenberg, Mansfeldische Chronica (wie Anm. 73) S. 103f.; vgl. Erich HEMPEL, Die Stellung der Grafen von Mansfeld zum Reich und zum Landesfürstentum (bis zur Sequestration) (Forschungen zur thüringisch-sächsischen Geschichte 9, 1917) S. 41 mit dem urkundlichen Nachweis für die Belehnung.

89 Dietrich von Portitz war 1361, also nur ein Jahr vor den Mansfelder Ereignissen, gegen den Wettiner Ludwig von Halberstadt mit päpstlicher und kaiserlicher Hilfe zum Erzbischof von Magdeburg erhoben worden. Die unterlegene „wettinische" Partei, zu der Teile der Magdeburger Bürgerschaft und des Domkapitels gehörten, war darüber sehr verstimmt; vgl. LINDNER, Kaiser Karl IV. (wie Anm. 3) S. 98 mit Anm. 53. Das dürfte nur ein Jahr später noch nicht vergessen gewesen sein. Es bestand allerdings ein Beistandsbündnis zwischen Magdeburg und Meißen von Merseburg, 1361 Dezember 14 (D: LINDNER, Kaiser Karl IV. [wie Anm. 3] S. 145 Nr. 5).

90 Spangenberg, Mansfeldische Chronica (wie Anm. 73) S. 104f.; zum Dienstvertrag, der 1365 erneuert wurde, vgl. HEMPEL, Stellung (wie Anm. 88) S. 11f. und S. 16 mit den urkundlichen Nachweisen.

91 Urkunde von 1363 Juni 15 (D: UB Klöster Mansfeld [wie Anm. 79] S. 450 Nr. 146) und Spangenberg, Mansfeldische Chronica (wie Anm. 73) S. 105.

Graf Gebhard dürfte langsam klargeworden sein, daß er Schutz vor seinen reichsfürstlichen Nachbarn brauchte. Der Kaiser konnte diesen gewähren, tat aber nichts ohne Gegenleistung. So begab sich der Mansfelder Graf 1364 nach Böhmen, wo er am 21. Juni in Budweis seine Grafschaft dem Herrscher auftrug und als Lehen des Reiches zusammen mit dem Bergregal und der Berggerichtsbarkeit zurückerhielt.[93] Einzelne Lehen hatten die Mansfelder Grafen schon früher vom Reich erhalten. Ihre Grafschaft aber galt als allodial. Damit war es von jetzt an vorbei. Über die Bannleihe band der Luxemburger die gesamte Herrschaftsgewalt des Grafen von Mansfeld an das Reich – einschließlich ihres Kerns, der Hochgerichtsbarkeit.[94] Die Anfeindungen der umwohnenden Fürsten und die Überschätzung seiner eigenen Position hatten Graf Gebhard von Mansfeld in die Arme des Kaisers getrieben. Das lag sicher nicht in den Intentionen der Wettiner. Bei Erzbischof Dietrich von Magdeburg und Herzog Rudolf von Sachsen jedoch darf angenommen werden, daß sie in Abstimmung mit dem Herrscher gehandelt hatten. In der Folge leistete der Mansfelder seinem neuen Herrn vielfältige Dienste in magdeburgischen und brandenburgischen Belangen.[95] Er erhielt dafür von Karl IV. Schutz und Rückendeckung bei der Wahrung und dem Ausbau seines Herrschaftsbereiches, der in der Budweiser Belehnungsurkunde nicht ohne Grund detailliert angegeben wurde. Außerdem wurde ihm das Bergregal und die Berggerichtsbarkeit verschrieben, wodurch das wichtigste Gut der Mansfelder Grafen, der Bergbau, insbesondere der Kupferschieferab-

92 Vgl. LINDNER, Kaiser Karl IV. (wie Anm. 3) S. 117 und S. 162 Nr. 15 (Text der Belehnungsurkunde von 1363 August 15).

93 Urkunde Karls IV. von Budweis, 1364 Juni 21 (D: Walter MÜCK, Der Mansfelder Kupferschieferbergbau 2: UB des Mansfelder Bergbaus (1910) S. 3 Nr. 3; R: UB Klöster Mansfeld [wie Anm.79] S. 455 Nr. 149; Reg. Imp. 8 Nr. 4057). Die Interpretationen der Urkunde bei Karl SCHMIDT, Die Grundlagen der territorialen Entwicklung der Grafschaft Mansfeld, Mansfelder Geschichtsblätter 36/37 (1927) S. 48ff. und Herbert HELBIG, Der wettinische Ständestaat. Untersuchungen zur Geschichte des Ständewesens und der landständischen Verfassung in Mitteldeutschland bis 1485 (Mitteldeutsche Forschungen 4, 1955) S. 124f. berücksichtigen den Gesamtzusammenhang der geschilderten Ereignisse nicht ausreichend. Völlig zu kurz greift HEMPEL, Stellung (wie Anm. 88) S. 12ff.

94 Vgl. Karl-Friedrich KRIEGER, Die Lehnshoheit der deutschen Könige im Spätmittelalter (ca. 1200–1437) (Untersuchungen zur deutschen Staats- und Rechtsgeschichte N.F. 23, 1979) S. 270f. und S. 280f.

95 Spangenberg, Mansfeldische Chronica (wie Anm. 73) S. 96: *daß er* [Graf Gebhard] *zum oftermal von Kaiser Carlen dem IIII. in wichtigen Irrungen und spännigen Sachen zum Obmann, dieselben gütlich abzuhandeln, verordnet und gesetzt worden*; ferner S. 107f., S. 110 und S. 126f. (einschließlich seiner Söhne). Vgl. HEMPEL, Stellung (wie Anm. 88) S. 16.

bau, kaiserliche Legitimierung erhielt. Das so hergestellte enge Verhältnis zum Hause Luxemburg wurde in den letzten Jahren Karls IV. durch wechselseitige Dienst- und Schutzversprechen mit König Wenzel und Markgraf Sigmund noch vertieft.[96]

Zurück zu den Markgrafen von Meißen, deren Fehdelust noch lange nicht befriedigt schien. Im Jahre 1365 nutzten sie Streitigkeiten zwischen dem Kloster Buch an der Freiberger Mulde und den benachbarten Burggrafen Albrecht und Heinrich von Leisnig zur gewaltsamen Einmischung. Die Vorfahren der Leisniger hatten das Kloster einst (um 1192) mit Unterstützung Kaiser Heinrichs VI. im Reichsterritorium Pleißenland gegründet. Die Wettiner zwangen die Burggrafen zum Verkauf ihrer gesamten Herrschaft für 3.500 Schock breiter Groschen. Schon 1329 hatte Markgraf Friedrich (II.), der Vater der markgräflichen Brüder Friedrich (III.), Balthasar, Ludwig und Wilhelm, mit Hilfe Kaiser Ludwigs IV. die Leisniger Burggrafen mediatisiert und so deren Reichsunmittelbarkeit beendet.[97]

Ebenfalls im Jahre 1365 kam es zum Krieg mit Herzog Albrecht von Braunschweig-Grubenhagen. Die Meißner Markgrafen wurden dabei von Erfurt, Mühlhausen und Nordhausen und seit 1366 auch von Erzbischof Gerlach von Mainz unterstützt. Im Juli 1367 endete der Kampf mit einem Friedensschluß, der den Wettinern für längere Zeit die eichsfeldischen Burgen Hindenburg und Windhausen einbrachte.[98]

An der großen Opposition gegen den Kaiser waren die Markgrafen von Meißen, wie bereits erwähnt, 1370 bis 1372 beteiligt. Zur gleichen Zeit verfolgten sie aber auch ihre Interessen im hessischen Raum weiter. Der Krieg zwischen ihren alten Verbündeten, den Landgrafen Heinrich und Hermann von Hessen, und dem antihessischen Sternerbund in Gestalt des Herzogs Otto von Braunschweig-Göttingen, der Grafen von Ziegenhain, Katzenelnbogen, Nassau-Dillenburg, der Äbte von Fulda und Hersfeld und anderer sah die Meißner Fürsten auf hessisch-landgräflicher Seite.[99] Mitte Mai 1372 bat sie der eigens nach Eisenach gekommene Landgraf Hermann um Hilfe. Besonders nach dem Ende der Auseinander-

96 Sowohl Kaiser Karl als auch Markgraf Sigmund von Brandenburg beurkunden jeweils, daß sie Graf Gebhard von Mansfeld, der sich in ihren und König Wenzels Dienst gestellt hat, beschützen wollen gegen jedermann: Urkunde Karls IV. von Tangermünde, 1377 Juni 15 (A: LA Magdeburg -LHA-, Rep. U 11 A I Nr. 1d; R: Reg. Imp. 8 Nr. 5784); Urkunde Sigmunds (A: HStA Weimar, EGA U 1377 Juni 15 [2]). Beide Stücke sind auch erwähnt bei Spangenberg, Mansfeldische Chronica (wie Anm. 73) S. 127.

97 Vgl. AHRENS, Wettiner (wie Anm. 2) S. 27, und oben Anm. 59.

98 Vgl. AHRENS, Wettiner (wie Anm. 2) S. 24ff.

setzung mit dem Kaiser im November 1372 engagierten sich die Wettiner in Hessen. Das brachte ihnen am 9. Juni 1373 die Erbverbrüderung mit dem Hause Hessen-Brabant ein, die Karl IV. am 13. Dezember 1373 bestätigte.[100]
Mit der Stadt Erfurt, Bollwerk der nassauischen Partei im Mainzer Bistumsstreit 1373/78 und Hort der thüringischen Wettinerfeinde, kam es im Jahre 1375 zum Kampf.[101] Kaiser Karl unterstützte die Markgrafen von Meißen, deren vielgenannter Bruder Ludwig über die Stationen Halberstadt und Bamberg mittlerweile zum Erzbischof von Mainz avanciert war, weil jener Ludwig als Kurfürst für die Wahl von Karls Sohn Wenzel zum römisch-deutschen König gebraucht wurde. Sogar an der Belagerung der beeindruckend wehrhaften Stadt Erfurt im August 1375 sah man den Kaiser mit eigenen Kräften beteiligt. Als die Belagerung aber trotz wochenlanger Bemühungen erfolglos blieb, vermittelte er einen Waffenstillstand, denn in seinem Interesse lag die Erhebung seines Sohnes und nicht der Triumph der Meißner über Erfurt. Die markgräflichen Brüder und ihr Umfeld waren darüber wenig begeistert.[102] Ihre immensen Anstrengungen verpufften; der Kaiser hatte sie unterstützt, aber – wie schon auf anderen Schauplätzen mit ähnlicher Konstellation – auf eine ihm eigene Art.
Es gelang den meißnischen Markgrafen, ihre Herrschaft mit und gegen Karl IV. auszuweiten. Das ist ein deutlicher Ausdruck von erfolgreicher Selbstbehauptung im dynastischen Wettstreit. Karls IV. hegemoniale Herrschaft in Mitteldeutschland übte dabei nachhaltigen Druck auf die Wettiner aus, lieferte aber auch ein Vorbild erfolgreichen machtpolitischen Handelns. Noch auf anderem Gebiet, der Währungs- und Wirtschaftspolitik, wirkte böhmischer Einfluß auf Meißen. Als 1338 Markgraf Friedrich (II.) von Meißen in seinen Territorien die Groschenwährung einführte, geschah das in Absprache mit Böhmen und nach dem Vorbild der Prager Groschen, die dadurch in ihrem Umlaufgebiet Konkurrenz erhielten.[103] Auch außerhalb der Wettiner Lande, in den Nachbarfürstentü-

99 Zum Sternerkrieg vgl. Heinrich BUTTE, Stift und Stadt Hersfeld im 14. Jahrhundert (1911) S. 56ff.; AHRENS, Wettiner (wie Anm. 2) S. 54ff.

100 Zu diesen Urkunden (s. Anm. 21) und den hessischen Interessen der Meißner Anfang der siebziger Jahre vgl. LINDNER, Kaiser Karl IV. (wie Anm. 3) S. 110f.

101 Vgl. AHRENS, Wettiner (wie Anm. 2) S. 64ff.; Fritz VIGENER, Kaiser Karl IV. und der Mainzer Bistumsstreit (1373–1378) (1911) S. 62ff.

102 Annales Vetero-Cellenses (wie Anm. 70) S. 224 mit einem längeren Bericht zum Jahre 1375 über den vor Erfurt von den markgräflichen Brüdern betriebenen Aufwand und einem Schlußsatz, der die Enttäuschung über das kaiserliche Verhalten deutlich werden läßt: *Sed dolo imperatoris, ut dicitur, res inacta permansit et Ludowicus ad archiepiscopatum non pervenit.*

103 Gerhard KRUG, Die meißnisch-sächsischen Groschen 1338 bis 1500 (1974) S. 22f.

mern, die ebenfalls im Hegemonialbereich Karls IV. lagen oder seinem direkten Zugriff ausgesetzt waren, machte sich die böhmisch-luxemburgische Ausstrahlung auf dem Felde der schriftgestützten Herrschaftsintensivierung bemerkbar: Im Erzbistum Magdeburg ließ der Schützling des Kaisers, der Mährer Albrecht von Sternberg, der zwischen 1368 und 1371 Erzbischof war, ein Lehnbuch und ein Urkundenregister anlegen.[104] Der frisch erworbenen Mark Brandenburg bescherte Karl IV. 1375 das vielgerühmte Landbuch.[105]

Die Entwicklungsunterschiede zwischen Böhmen und Meißen wie dem gesamten mitteldeutschen Raum überhaupt in der hier beschriebenen Zeit lassen sich unter dem Blickwinkel einer Zentrum-Peripherie-Beziehung als Phasenverschiebung zugunsten des Zentrums beschreiben. Diese Differenz zwischen der Zentrale und den Marken führte einerseits zu politischer, wirtschaftlicher und kultureller Abhängigkeit.[106] Eine Folge davon ist die schon erwähnte böhmisch-karolinische Vorherrschaft zwischen Elbe, Werra und Oder. Andererseits war diese Ungleichheit ein starker Stimulus für Ausgleichsvorgänge: Die Macht diffundiert an den Rändern, sie rinnt dem Herrn im Zentrum durch die Finger und wird von den Markgrafen, die ja im Wortsinne Grenzherren sind, Tropfen für Tropfen aufgefangen. Eine regionale Vormacht beeinflußt mit ihrem Herrschaftswissen die Nachbarn, welche übernehmen, was sie davon gebrauchen können, um es auf ihre Verhältnisse zuzuschneiden.[107] Die ungleiche Machtverteilung tritt als Entwicklungsmovens in Erscheinung. Aus dynastischer Konkurrenz im spätmittelalterlichen Reich resultierten, unbeabsichtigt von den Handelnden, entwicklungsgeschichtliche Adaptions-, Akkulturations- und Aufholvorgänge. Dafür steht der wettinische Erfolg unter großdynastischer Herausforderung im 14. Jahrhundert, der im Vergleich mit der Situation der welfischen, wittelsbachischen und askanischen Nachbarn deutlich hervortritt. Zur Illustration sei auf ein weiteres Beispiel verwiesen: Nur wenige Jahre regierte Herzog

[104] PÄTZOLD, Amtsbücher (wie Anm. 66) S. 485–501, bes. S. 486ff.

[105] Gerd HEINRICH, Kaiser Karl IV. und die Mark Brandenburg, in: Kaiser Karl IV. (wie Anm. 63) S. 407–432 mit wohltuend kritischer Distanz zum „großmächtige[n] König“ aus Böhmen.

[106] Ungleichheit, Abhängigkeit und hierarchische Verhältnisse als Begleit- und Folgeumstände wechselseitiger Beziehungen beschreibt Maurice GODELIER, Das Rätsel der Gabe. Geld, Geschenke, heilige Objekte (1999) S. 22.

[107] Vgl. MANN, Geschichte der Macht (wie Anm. 11) 2: Vom Römischen Reich bis zum Vorabend der Industrialisierung (Theorie und Gesellschaft 20, Studienausgabe 1994) S. 459; außerdem speziell auf Schrift bezogen Niklas LUHMANN, Die Gesellschaft der Gesellschaft (1997) S. 262 und DIAMOND, Arm und Reich (wie Anm. 13) S. 282ff. und S. 446.

Rudolf IV. von Österreich (1358–1365).[108] Sein Ehrgeiz brachte Wien eine Universität und den Stephansdom mit Kollegiatstift, seiner habsburgischen Familie das Privilegium maius[109] und ihm selbst den Beinamen „der Stifter". Er legte sich gegen kaiserlichen Einspruch königsähnliche Insignien und neue Titel zu. Angetrieben wurde er durch Rivalität zu Karl IV., dem er den Thron neidete, und durch Feindschaft gegenüber der dritten involvierten Dynastie, den Wittelsbachern, denen er Tirol abnahm.[110] Ziel seiner Bemühungen war dabei sicher nicht die zivilisatorische Entfaltung Österreichs, sondern Mehrung von Ruhm und Ehre der Habsburger, und dennoch trug auch das Land entwicklungsgeschichtlichen Nutzen davon.

Eine derartige entwicklungsgeschichtliche Sicht wirft Fragen auf: War die im europäischen Vergleich einzigartige Vielzahl, Vielfalt und Stärke der konkurrierenden Herrschaftsträger des Reiches ein dynamisches Element?[111] Bot diese Besonderheit erkennbar Schutz vor Fehlentwicklungen? Ist die Vorstellung akzeptabel, daß sich einschneidende Mißgriffe im Reich leichter kompensieren ließen, weil sie im Wettstreit der hochadligen Geschlechter nie von allen mitgetragen wurden?[112] Es gab im späten Mittelalter Bedingungen, welche die Existenz des aristokratisch geprägten Gebildes Reich in seiner Vielfalt und der großen Distanz zwischen Fürsten und Herrscher begünstigten: einen grundkonsensualen Zusammenhalt und die fehlenden existentiellen Bedrohungen von außen. Erst der in einem bisher nicht gekannten Maße alle Kräfte bündelnde Nationalstaat der nachmittelalterlichen Zeit änderte diesen Rahmen grundlegend.[113]

108 Zu ihm vgl. Othmar HAGENEDER, Rudolf IV., in: Lex.MA 7 (1995) Sp. 1079; zuletzt Wilhelm BAUM, Rudolf IV. der Stifter. Seine Welt und seine Zeit (1996).

109 Peter MORAW, Das „Privilegium maius" und die Reichsverfassung, in: Fälschungen im Mittelalter 3: Diplomatische Fälschungen (I) (MGH Schriften 33/3, 1988) S. 201–224.

110 Vgl. Josef RIEDMANN, Mittelalter, in: Geschichte des Landes Tirol 1: Von den Anfängen bis 1490 (^{2}1990) S. 453–465.

111 Überlegungen zu den Gründen der besonderen Dynamik der europäischen Entwicklung bei Eckhard MÜLLER-MERTENS, Zum Verhältnis von Struktur und Dynamik in der mittelalterlichen Feudalentwicklung, JbGFeud 8 (1984) S. 9–22; DIAMOND, Arm und Reich (wie Anm. 13) S. 506ff.; SCHILLING, Friede (wie Anm. 8) S. 4ff.

112 DIAMOND, Arm und Reich (wie Anm. 13) S. 515 sieht in der Vielfalt und Vielzahl konkurrierender politischer Gewalten einen innovationsbegünstigenden Faktor.

113 Vgl. Peter MORAW, Vom deutschen Zusammenhalt in älterer Zeit, in: Identität und Geschichte, hg. von Matthias WERNER (Jenaer Beiträge zur Geschichte 1, 1997) S. 27–59; DERS., Zur staatlich-organisatorischen Integration des Reiches im Mittelalter, in: Staatliche Vereinigung: Fördernde und hemmende Elemente in der deutschen Geschichte, hg. von Wilhelm BRAUNEDER (Der Staat, Beiheft 12, 1998) S. 7–28.

*

Die wettinischen Lande mit ihrem Kern, der Mark Meißen, gleichsam der Süden im Osten, waren ein Gebiet, in dem die historische Zeit auf längere Sicht beschleunigt ablief, was nicht allein aus den Jahrzehnten zu schließen ist, die mein Beitrag behandelt. Überschauen wir nämlich diesen Teil der Germania Slavica[114] in längerer Perspektive von der Kolonisationszeit ausgehend bis in die Neuzeit, sehen wir eine dynamische Ausgleichs- und Aufholbewegung,[115] die besonders deutlich hervortritt beim Vergleich mit den ostmitteleuropäischen Nachbarräumen,[116] deren strukturelle, entwicklungsgeschichtlich erklärbare Besonderheiten in der Forschung zuletzt immer wieder hervorgehoben wurden.[117] Verlängern wir unseren Blick bis in die Zeit der Industrialisierung, dann findet sich Mitteldeutschland wie auch der Berliner Raum unter den führenden Landschaften Deutschlands. Heute ist Berlin politischer Vorort des Landes. Hätte man das einem spätmittelalterlichen Zeitgenossen in Nürnberg, Straßburg oder anderswo zwischen Rhein und Donau vorhergesagt, wäre der wahrscheinlich in

[114] Zusammenfassend zuletzt Klaus ZERNACK, „Europa ostwärts der Elbe". Zum Lebenswerk Herbert Ludats (1910–1993), JGMOD 44 (1996) S. 1–13; Christian LÜBKE, Einführung: Germania-Slavica-Forschung im Geisteswissenschaftlichen Zentrum Geschichte und Kultur Ostmitteleuropas e. V.: Die Germania Slavica als Bestandteil Ostmitteleuropas, in: Struktur und Wandel im Früh- und Hochmittelalter. Eine Bestandsaufnahme aktueller Forschungen zur Germania Slavica, hg. von Christian LÜBKE (Forschungen zur Geschichte und Kultur des östlichen Mitteleuropa 5, 1998) S. 9–16.

[115] Die mittelalterliche und die gegenwärtige West-Ost-Akkulturation setzt in Beziehung Michael BORGOLTE, Vom Sacrum Imperium zum Heiligen Römischen Reich Deutscher Nation. Mittelalterliche Reichsgeschichte und deutsche Wiedervereinigung, in: Deutschland in Europa – Ein historischer Rückblick, hg. von Bernd MARTIN (1992) S. 67–87, bes. S. 71ff.

[116] Ostmitteleuropa als Forschungsgegenstand ist jetzt vorbildlich aufgearbeitet im Studienhandbuch Östliches Europa 1: Geschichte Ostmittel- und Südosteuropas, hg. von Harald ROTH (1999).

[117] Vgl. SZÜCS, Die drei historischen Regionen Europas (wie Anm. 13) passim, bes. S. 15ff., S. 46f., S. 53, S. 59ff. und S. 73ff. The Origins of Backwardness in Eastern Europe. Economics and Politics from the Middle Ages until the Early Twentieth Century, hg. von Daniel CHIROT (1989) und Medieval Frontier Societies, hg. von Robert BARTLETT/Angus MACKAY (1989) sind Sammelbände mit mehreren einschlägigen Beiträgen. Außerdem vgl. Frank HADLER, Geschichte und Kultur Ostmitteleuropas in vergleichender Absicht. Einleitende Bemerkungen, in: Geschichte und Kultur Ostmitteleuropas (Comparativ 8,5, 1998) S. 7–13 sowie Christian LÜBKE, Die Prägung im Mittelalter: frühe ostmitteleuropäische Gemeinsamkeiten, in: ebd. S. 14–24.

schallendes Gelächter ausgebrochen. Eher aber noch hätte man wohl völliges Unverständnis geerntet, denn das Wissen über Existenz und Lage einer Stadt namens Berlin war im oberdeutschen Raum nicht gerade verbreitet, wie die Landkarten (s. Abb. auf der nächsten Seite) noch des 15. Jahrhunderts ausweisen. Im europäischen Vergleich aber blieb Deutschland in der Neuzeit (oder wurde wieder?) ein Land mit entwicklungsgeschichtlicher Verspätung: Die nationalstaatliche Einigung von 1871 mit ihren demokratischen Defiziten, das Scheitern der Weimarer Republik mit seinen verheerenden Folgen und das Ende der deutschen Frage (1990) wurden gerade erst wieder in diesem Sinne befragt.[118]

Ungleichheit ist eine vorwärtstreibende Kraft, wenn die Betroffenen eine Chance zum Aufholen haben. Besteht diese Möglichkeit nicht, das heißt stagniert oder wächst die Differenz trotz aller Bemühungen um Ausgleich, droht die Katastrophe – eine zu starke Ungleichheit gefährdet die Existenz des ganzen Systems. Jörn Rüsen interpretierte kürzlich die mit dem Schlagwort Globalisierung bezeichnete gegenwärtige Entwicklung als einen Prozeß der Herausbildung außerordentlich ungleich verteilter Macht, die in ihrem Gefolge große soziale Unterschiede nach sich ziehe.[119] Diese sich unter dem Mantel der Gleichheit formierende Ungleichheit sei eine Gefahr für die Demokratie. Wo wir heute in bezug auf Differenz und Ausgleich und deren Folgen in Deutschland, Europa und der Welt stehen, ist eine Frage, über die sich, angeregt durch den von Peter Moraw initiierten entwicklungsgeschichtlichen Zugriff auf das Spätmittelalter, nachdenken ließe.

[118] Heinrich August WINKLER, Der lange Weg nach Westen 1: Deutsche Geschichte vom Ende des Alten Reiches bis zum Untergang der Weimarer Republik (2000).

[119] ZDF-nachtstudio. Tausend Jahre Abendland: 2000 – Die vernetzte Welt. Außerdem eingehend Otfried HÖFFE, Demokratie im Zeitalter der Globalisierung (1999) S. 407ff.

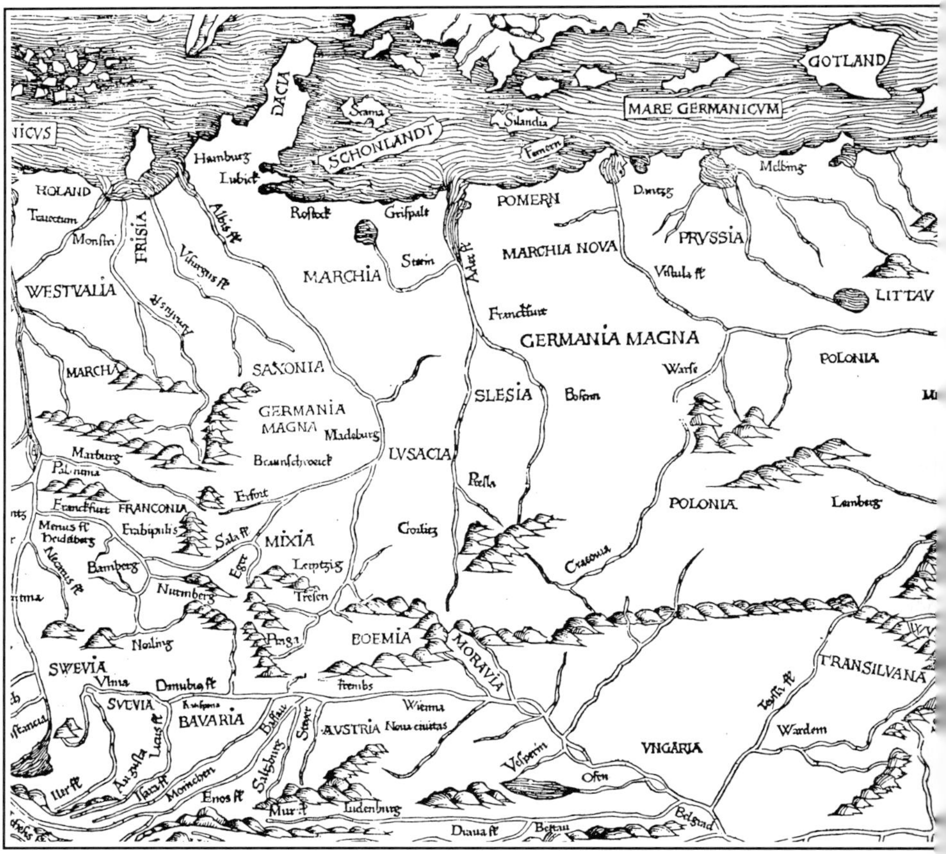

Abbildung
Ausschnitt aus der ‚Mitteleuropa-Karte' *Germania magna* des Hieronymus Münzer (Holzschnitt in Hartmann Schedels, Liber cronicarum, Nürnberg 1493), die Berlin nicht aufführt.

Anhang I: Edition des Registrum litterarum
HStA Dresden, Copial 6 fol. 41r–42v
[1372 nach März 28 – vor November 25]

Zum Aufbau der Edition:
Der kursive lateinische Text mit der vom Bearbeiter in eckigen Klammern an den Anfang gestellten Zählung gibt den Wortlaut des jeweiligen Registereintrages samt textkritischen Bemerkungen wieder. Darauf folgt in recte ein Regest der dazu ermittelten Urkunde mit ihrem Ausstellungsdatum und Angaben zur Publikation. Ist das Stück noch nicht veröffentlicht, werden die Überlieferung und der Urkundentext angeführt.

fol. 41r – Überschrift

Nota registr(um) l(itte)rar(um) per d(omi)n(u)m Karulum imperatore(m) / d(omi)nis marchionib(us) traditar(um)

Registereinträge:

[1] *L(itte)ra sup(er) castro Polsenicz, quod imperator idem castru(m) nec / ducibus*[a] *Saxonie nec illis de Wyttyn vel*[b] *quibusvis / aliis infeodare*[c] *debeat (con)t(ra) volu(n)tate(m) marchionu(m); et si alicui / (con)ferret, quod ista seu tal(is) collac(i)o n(u)lli(us) e(ss)e deberet firmitat(is).*

a) *ducis* Hs.
b) folgt durchgestrichen *quibusdam a* Hs.
c) *in feodare* Hs.

1350 Februar 6, Bautzen.

Karl IV. verspricht den Markgrafen Friedrich, Balthasar, Ludwig und Wilhelm von Meißen, daß er gegen ihren Willen weder die Herzöge von Sachsen (-Wittenberg), noch die Herren von Wettin, noch sonst irgend jemanden mit der zwischen der Mark Meißen und der Oberlausitz gelegenen Grenzburg Pulsnitz belehnen wird; tut er es doch, soll es keine Gültigkeit haben.

D: MGH Constitutiones 10 S. 25 Nr. 34.

R: Hermann KNOTHE, Nachträge zu Hubers Regesten Kaiser Karls IV., NASG 12 (1891) S. 311 Nr. 5.

Bemerkung: Karl IV. hatte dieselbe Versicherung schon Markgraf Friedrich (II.) von Meißen, dem Vater der vier markgräflichen Brüder, zu Münstermaifeld, 1349 März 10 gegeben (D: LIPPERT, Wettiner und Wittelsbacher [wie Anm. 2] S. 240 Nr. 29; R: KNOTHE, Nachträge [wie oben] S. 311 Nr. 4; MGH Constitutiones 9 S. 160 Nr. 207); vgl. außerdem Hermann KNOTHE, Die ältesten Besitzer von Pulsnitz, NLM 42 (1865) S. 283–301, bes. S. 287f.

[2] *Ite(m) l(itte)ra, q(uo)d comites de Orlamu(n)de ob spem sp(eci)alis proteccionis*[a] */ se et o(mn)ia sua bona d(omi)nis marchionib(us) subieceru(n)t, q(ue) imp(er)ator*[b] */ marchionib(us) in feodu(m) (con)tulit, nichil sibi aut suis ad imperiu(m) / successorib(us) iuris penit(us) r(e)servando.*

a) *gubernacionis* Hs., was aber dem Sinn der registrierten Urkunde widerspricht, die formuliert: *ob spem specialis proteccionis [...] subiecerunt gubernacioni.*
b) *imp(er)eator* Hs.

1350 Februar 18, Bautzen.

Karl IV. beurkundet, daß sich die Grafen Friedrich und Hermann von Orlamünde (-Weimar) mitsamt ihren Besitzungen der Herrschaft der Markgrafen Friedrich, Balthasar, Ludwig und Wilhelm von Meißen unterworfen haben, und belehnt die genannten Markgrafen feierlich mit allen Besitzungen und Rechten, welche die genannten Grafen vom Reiche innehatten, unter Verzicht auf jegliche Rechte des Reiches.

D: MGH Constitutiones 10 S. 22 Nr. 31.
R: Reg. Imp. 8 Nr. 1231.

Bemerkung: Die Unterwerfung der Grafen Friedrich und Hermann von Orlamünde war eine Folge ihrer Niederlage im Thüringer Grafenkrieg und wurde in Dresden, 1346 April 11 ausgehandelt, vgl. FÜSSLEIN, Grafenfehde (wie Anm. 72) S. 134f.; Geschichte Thüringens 2,1: Hohes und spätes Mittelalter, hg. von Hans PATZE/Walter SCHLESINGER (Mitteldeutsche Forschungen 48, 2, 1, 1974) S. 88, S. 160f. – Graf Heinrich von Orlamünde aus einer weiteren Linie der Familie hatte die Grafschaft Orlamünde Kaiser Ludwig IV. aufgelassen, der damit seinen Schwiegersohn Markgraf Friedrich (II.) von Meißen zu Nürnberg, 1344 Juni 22 (s. Anm. 59) belehnte, vgl. FÜSSLEIN, ebd. S. 129f.

[3] *Ite(m) l(itte)ra, q(uo)d marchiones om(ne)s stratas in ip(s)or(um) territorio / situatas, ad que(m)cu(m)q(ue) locu(m) volueri(n)t, dispon(er)e et ordina(r)e valea(n)t, / du(m)mo(do) aliis d(omi)nis in suis (con)ductib(us) no(n) subinfera(n)t da(m)pna.*

1350 Februar 6, Bautzen.

Karl IV. belehnt die Markgrafen Friedrich, Balthasar, Ludwig und Wilhelm von Meißen mit dem Straßenregal unbeschadet der Geleitsrechte anderer.

Ü: B HStA Dresden, Copial 6 fol. 4v (2. Hälfte 14. Jahrhundert).

[Wir Karl von gots gnaden Romischer kun]g ze [allen] cziten merer des riches [und kung zcu Beheim] v(er)iehen und tun kunt offe(n)lich, daz wir unsern [lieben ohemen und] fursten Friderichen, Balthazar, [Ludewi]g und Wilhelm la[ntgraven in] Doringen, marcg(ra)ven ze Missen, [in dem] Osterlande und zcu [Landisperg], graven zcu Orlamund und h(er)re(n) [des] landes zcu Plyssen durch gemeynen nucz und fromen ire lande und alle der, die darinne wonen, und ouch zcu furderst durch ire(n) willen die biesund(er)n gnade getan haben und tun ouch von uns(er) kunglichir gewalt mit desem geynw(or)rti[gem brieffe] und geben in gewalt, daz sie alle strazze, die in iren vorgen(anten) landen und gebiten sint, legen můgen und wenden sullen, swa sie wolen und sie dann dunket, daz ez nucz und gud gesin můge; mit der bescheidenheit, daz ez and(er)n h(er)ren od(er) swer sie sind an iren geleiten, die sie von alder gehat haben und haben, sull(e)n keyne(n) schaden brengen oder machen. Und darub(er) zcu urkunde geb(e)n wir in desen brieff vorsigelt mit uns(er)m kunglich(en) ingsigel.
Der gegeb(e)n ist zcu Budissin an sentte Dorothee tage d(er) heilige(n) ju(n)cfrowe, do man zcalte nach Crists geburd dryczenhund(er)t jar darnach in de(m) fumfczigistem jare in dem virden jare uns(er) riche.

[] in B nicht mehr lesbar, ergänzt.

Bemerkung: Bereits Ludwig IV. hatte Markgraf Friedrich (II.) von Meißen zu Nürnberg, 1332 März 10 das Straßenregal verliehen (D: MGH Constitutiones 6,2 S. 160 Nr. 245); vgl. HELBIG, Der wettinische Ständestaat (wie Anm. 93) S. 49f.; LEIST, Landesherr und Landfrieden (wie Anm. 72) S. 146.

[4] *It(em) l(itte)ra sup(er) qui(n)ge(n)tis marcis, cu(m) quib(us) d(omi)n(u)s marchio scultecia(m) / et iudiciu(m) exemit a Theodo(r)ico de Honsteyn comite*[a], *quas / marcas imp(er)ator*[b] *sibi et suis he(re)dib(us) sup(er) civitates / Northusen et Goslar no(m)i(n)e pignoris assignavit.*

a) *comiti* Hs.
b) *imp(er)eator* Hs.

1351 Juli 6, Prag.

Karl IV. erhöht die Pfandsumme, für die dem Markgrafen Friedrich von Meißen die Reichsstädte Nordhausen und Goslar verpfändet sind, um die 500 Mark Silber, für die der genannte Markgraf das Gericht und das Schultheißenamt in Nordhausen mit Zustimmung Karls IV. von dem Grafen Dietrich von Honstein abgelöst hat.

D: MGH Constitutiones 10 S. 229 Nr. 306.
R: Reg. Imp. 8 Nr. 6668.

Bemerkung: In diesen Zusammenhang gehören das Gebot Karls IV. an die Stadt Nordhausen, ihrem Pfandherren nun auch in bezug auf Gericht und Schultheißenamt gehorsam zu sein (D: MGH Constitutiones 10 S. 229f. Nr. 307) und unten Nr. 25.

[5] *It(em) confirmac(i)o o(mn)i(u)m imp(er)ator(um) l(itte)rar(um)*[a] *sup(er) l(itte)ris d(omi)nis marchionib(us) / datis meliori*[b] *for(ma), qua fie(r)i potuit.*

a) *l(itte)rar(um)* über der Zeile nachgetragen Hs.
b) so Hs.

1350 Februar 17, Bautzen.

Karl IV. erneuert und bestätigt den Markgrafen Friedrich, Balthasar, Ludwig und Wilhelm von Meißen alle seine und seiner Vorgänger Privilegien.

D: MGH Constitutiones 10 S. 27 Nr. 36.

[6] *It(em) confirmac(i)o sup(er) (con)ductu vini in opido Gotha.*

1358 März 1, Prag.

Karl IV. bestätigt den Markgrafen Friedrich, Balthasar und Wilhelm von Meißen einen Weinzoll zu Gotha.

Ü: A StA Coburg, Urk. LA B II 3 Nr. 5; M.S. an Pressel; auf dem Bug rechts: *p(er) d(omin)um .. cancellar(ium) / Jo(hannes) Eysteten(sis)*; Rückseite: *R(egistrat)a Joh(an)nis.*
R: Reg. Imp. 8 Nr. 2753 (mit altem Druck).

Wir Karl von gots gnaden Romischer keiser ze allen zeiten merer des Reichs und kunig ze Beheim bekennen und tun kunt offenlich mit diesem brief allen den, die [a-]*in sehen*[-a] *oder horen lesen, daz wir angesehen hab(e)n die steten get(re)wen dienst, die uns und dem heilig(e)n reich die hochgebornen Friderich, Balthazar und Wilhelm lantgrafen in During(e)n und marg-g(ra)fen zu Meissen, unser lieb(e)n fursten und oheim, offt nuczlich(e)n und unverdrozenlich getan hab(e)n und tun wollen und sullen in kunftigen zeiten und hab(e)n in bestetigt und bestetigen ouch mit diesem briefe und mit unsir(er) keiserlichen macht und von uns(er)n sunderlichen gnaden den weinczoll, den sie in der stat zu Gotha haben, also daz sie und ire erb(e)n und nachkumen denselb(e)n weinczoll nemen und uffheben sullen, als der vormals uncz uff diese czeit genumen und geben ist. Mit urkund dicz briefs v(er)sigelt mit uns(er)m keiserlichen insigel.*
Der geb(e)n ist zu Prag nach Crists geburt dreuczenhund(er)t jar darnach in dem acht und fumfczigsten jar an dem nehsten donerstag nach dem suntag, als man singet Reminiscere, unsr(er) reiche in dem czwelften und des keisertu(m)s in dem dritten jare.

a-a) *insehen* A.

Bemerkung: Gotha war in den Jahren 1349–1382 der Hauptaufenthaltsort der Wettiner, vgl. Hans PATZE, Die Bildung der landesherrlichen Residenzen im Reich während des 14. Jahrhunderts, in: Stadt und Stadtherr im 14. Jahrhundert, hg. von Wilhelm RAUSCH (Beiträge zur Geschichte der Städte Mitteleuropas 2, 1972) S. 11ff.; STREICH, Reiseherrschaft (wie Anm. 25) S. 260–267, bes. S. 266f.

[7] *It(em) l(itte)ra sup(er) advo(ca)cia in Northusen.*

1370 Januar 26, Prag.

Karl IV. überträgt den Markgrafen Friedrich, Balthasar und Wilhelm von Meißen die Reichsvogtei in Nordhausen und gebietet der genannten Stadt sofortigen Gehorsam gegenüber den neuen Vögten.

Ü: A LA Magdeburg -LHA-, Rep. U 12b I Nr. 3; M.S. verloren, Pressel vorhanden; auf dem Bug rechts: *ad ma(n)dat(um) cesar(is) / Petr(us) Jaur(ensis)*; Rückseite: *R(egistrat)a Johannes Lust*; B HStA Dresden, Copial 6 fol. 11v–12r (2. Hälfte 14. Jahrhundert).
R: Reg. Imp. 8 Nr. 4804.

Wir Karl von gots genaden Romischer keiser zu allen zeiten merer des reichs und kunig zu Beheim bekennen und tun kunt offenlich mit disem brieve allen den, die yn sehent oder horent lesen, daz wir durch sunderliche und merkliche trew und vornumft, der wir uns zu den hochgebornen Fridrichen, Balthazar und Wilhelmen marggrafen zu Missen, unsern lib(e)n oheimen und fůrsten unczwiflichen vorsehen, yn allen unteinander mit wolbedachtem mute und mit rate unser und des reichs fursten, edelen und getrewen empfolhen haben und empfelhen mit kraft dicz briefs mit rechter wissen und keis(er)licher mechte volkomenheit uns(er)n und des reichs vogtey und pfleg der stat zu Northusen und was dorczu gehort, und meynen und wollen, daz sie dieselb vogtey und pflege ynnehaben und halden sullen, unser und des reichs vogte und pfleger doselbist sein sullen in aller der mazze und mit allen den rechten, eren, wirden, nuczen, gnaden und zugehorungen und vornemlich mit allem dem, daz ander unser(er) und des reichs vogte und pfleger in und uff andern uns(er)n und des reichs steten, do sie pfleger und vogte sein, von recht oder gewonheit haben sullen. Und dorumb so gebieten wir dem .. burgermeister, dem rat und den burgern gemeynlich derselben stat zu Northusen, die nu sein oder in czeiten werden, unsern und des reichs lib(e)n getrewen, daz sie dieselben unser oheimen die marggrafen von Missen von unsern und des reichs wegen zu vogten und pflegern zu hant nach angesichte dicz briefes on alle widerrede empfahen sullen und yn in allen sachen und stůcken undertenig und gehorsam sein, als ander unser und des reichs stete unsern vogten und pflegern zu tun pflichtig sein, als sie unser und des reichs swere ungenade vormeyden wollen. Mit urkunt dicz briefes vorsigelt mit unser keis(er)lichen maiestat insigel.
Geben zu Prag nach Cristus geburt dreuczehenhundert jare darnach in dem

sibenczigsten jare am nechsten sunnabend vor uns(er) frawen tag der lichtweich, unser(er) reiche in dem vier und czwenczigsten und des keis(er)tums in dem funpfczehendem jare.

Bemerkung: Karl IV. urkundete unter demselben Datum noch in einer Streitsache zwischen den Herzögen von Sachsen (-Wittenberg) und den Markgrafen von Meißen (D: LINDNER, Kaiser Karl IV. [wie Anm. 3] S. 150 Nr. 8).

[8] *It(em) l(itte)ra, i(n) q(ua) marchionib(us) (com)misit et ded(i)t om(ne)s iudeos in / Thuryngia, in terra Orientali, in Landesp(er)g et i(n) t(er)ra Pliszene(n)si.*

1350 Februar 6, Bautzen.

Karl IV. überträgt den Markgrafen Friedrich, Balthasar, Ludwig und Wilhelm von Meißen das Judenregal in Meißen, in Thüringen, im Osterland und Landsberg sowie im Pleißenland.

Ü: B HStA Dresden, Copial 6 fol. 6v (2. Hälfte 14. Jahrhundert); über dem Text: *Sup(er) Judeos.*

Wir Karl von gotz gnad(e)n Romisch(er) kung zcu all(e)n zcite(n) mer(er) dez richs und(e) kung zcu Behem v(er)iehen und tun kunt uffenlich mit disem brife all(e)n den, die in sehen, horen oder[a] *lesen, daz wir den hochgebornen Frid(richen), Balthazarn, Ludewig(e)n und(e) Wilhelmen lantg(ra)f(en) zcu During(en), marcg(ra)f(en) zců Myss(en), in dem Osterland und(e) zcu Landisp(er)g, graven zců Orlamu(n)de und(e) herren des landez zců Plysz(e)n, uns(er)n lieb(e)n oheim und(e) fursten, umb(e) die dankbern dinst, die sie uns und(e) dem riche getan hab(e)n, geb(e)n und(e) empfol(e)n hab(e)n, alle uns(er) und(e) des richs Juden unser camerknechte, die in Myssen, in During(en), in dem Ostirland, zcu Landisp(er)g und(e) in dem lande zců Plyss(en) ubiral in iren lande(n) und gebieten iczunt gesezzen sin oder furbas darinne sezhaft werd(e)n; also mit der bescheidenheit, daz sie die selb(e)n Juden hab(e)n und niezsen sull(e)n mit all(e)n rechten und(e) nuczen und in alle der wiis, als wir selb(e)n furbaz ewichlich(e)n dez [tun. Ez]*[b] *sull(e)n ouch die vorgen(an)t(en) marcg(ra)f(en) unsir oheim die selb(e)n Juden scherme(n) und schuczen mit all(e)n sach(e)n, wo sie mugen, fur allermeni[c]lich(e)n, die sie mit unrecht(er) gewalt leidigen wollen, angriffen und(e) besweren. Mit urkund dicz brifes v(er)siegelt mit uns(er)m kunglich(e)n insigel.*

D(er) g(e)g(e)b(e)n ist zcu Budiss(in) noch Crists geburt drizcenhund(er)t und funfzcigist(en) jar, des nehste(n) sunnabendes nach uns(er) frouwe(n) tag lichtwie, im virden jar uns(er) riche.

a) stark verblaßt.
b) fehlt in B, ergänzt.

Bemerkung: s. unten Nr. 21.

[9] *It(em) l(itte)ra infeodac(i)o(n)is sup(er) marchionatu Miszene(n)si cu(m) p(er)tine(n)ciis / suis univ(er)s(is).*

1350 Februar 16, Bautzen.

Karl IV. belehnt die Markgrafen Friedrich, Balthasar, Ludwig und Wilhelm von Meißen feierlich mit der Markgrafschaft Meißen einschließlich Bann, Regalien und anderem Zubehör.

D: MGH Constitutiones 10 S. 15 Nr. 24 (deutsche und lateinische Fassung). Rückenvermerk des deutschsprachigen A: *Infeodacio Karoli facta Ffred(erico), Balt(azar), / Lodowico et Wilh(elmo) super marchionatu / Misnen(si) anno domini MCCCL°* (2. Hälfte 14. Jahrhundert).
R: Reg. Imp. 8 Nr. 6049.

[10] *It(em) l(itte)ra, q(uo)d d(omi)ni marchiones ex sp(eci)ali indultu scultecia(m) / et iudiciu(m) in civitate Molhusen cu(m) advocacia ibidem / sup(er) villis in eodem districtu situatis cu(m) o(mn)ib(us) p(er)tine(n)ciis / redim(er)e valeant.*

1357 September 23, Tachau.

Karl IV. gewährt Markgraf Friedrich von Meißen und dessen Brüdern erneut die Ablösung des Schultheißenamtes und des Gerichts in der Stadt Mühlhausen sowie der Vogtei über die Dörfer des Herrschaftsgebietes dieser Stadt, die dem Reich zustehen, aber der Stadt Mühlhausen verpfändet sind, von der Stadt Mühlhausen mit dem Vorbehalt, daß diese Pfandschaft jederzeit vom Reich wieder eingelöst werden kann.

Ü: B1 StadtA Leipzig, Urk. K 1, 16 (16. Jahrhundert); B2 HStA Weimar, EGA Copial F 3 fol. 94 (16. Jahrhundert).

Text: Harnisch, Thüringische Urkunden (wie Anm. 21) S. 8 Nr. 5 (nach B2). Text folgt B1. Geringfügige orthographische Abweichungen von B2 werden nicht berücksichtigt.

Wir Carl von gots gnaden Romischer kaiser zu allen zeiten merer des reichs und kuning zu Behaim bekennen und thun kundt offenlichen mit diesem briefe allen den, die yn [a-]*horen, sehen oder lesen*[-a], *das wir durch sonderliche liebe und gunst, die wir zu dem hochgebornen Friderichen marggrafen zu Meissen, unsern lieben ohaim und fursten, haben und auch getrewliche*[b] *nuczliche dinst, die er uns und dem heilig(en) reich oft unvordroslich(en)*[c] *erboten hat und auch furbas mer thun wil und mag in kunftigen zeiten, im und seinen brudern erleubt haben von sonderlichen unsern keyserlichen gnaden unnd erleuben und gunnen auch mit diesem briefe, als wir yhm* [d-]*auch vormals das*[-d] *erleubt und gunnet haben in unsern kunniglichen brieffen, das sie das schultiessen ampt und das gericht in der stadt zu Molhausen und die vogtey uber die dorffer in derselben stadt gebiet mit allen yren zugehorunge, nuczungen*[e], *gulten und rechten, als sie die inne haben und inen*[f] *die auch von uns und dem reich vorseczt und vorpfendet sein, von den burgern und der stadt doselbst zu Molhausen umb so viel geldes losen sollen und mugen, als in die stehen und von dem reich vorseczt sein nach irer briefe sage, die sie uber dieselbig pfandschaft haben, also das wir ader unsere nachkommen an dem reich dieselben schultiessen ampt, gericht und vogtey wieder losen mugen umb die ehegenante summa*[g] *geldes, wen wir des gemuten und zu radt werden. Mit urkundt dieses briefs versigelt mit unserm keyserlichen insiegel.*

Der geben ist zu Dachau nach Cristi geburt dreyczehenhundert jar darnach in dem sibenfunfzigsten[h] *jar an dem negsten sonnobent vor s[ant] Michaelistag*[i], *unser reich in dem zwelften und des keiserthumbs in dem dritt(en) jhar.*

a-a) *sehen oder horen lesen* B2.
b) *getrewe* B2.
c) *unverdrossenlich(en)* B2.
d-d) *das auch vormals* B2.
e) *nuczen* B2.
f) fehlt in B1.
g) *summen* B2.
h) *syben und funfczigst(en)* B2.
i) *Michels tag* B2.

Bemerkung: Zu Prag, 1348 März 26 hatte Karl IV. der Stadt Mühlhausen für ihre Aufwendungen das Gericht in Mühlhausen, das dem Reich gehört, um 1.000 Mark lötigen Silbers verpfändet und ausdrücklich versichert, daß nur er es auslösen würde (D: MGH Constitutiones 8 S. 559 Nr. 550). Außerdem gewährte er der Stadt unter demselben Datum Unverpfändbarkeit (ebd. S. 558 Nr. 549), was zu Aachen, 1349 August 10 bestätigt wurde (MGH Constitutiones 9 S. 382 Nr. 487). Dennoch gestattete Karl IV. bereits zu Nürnberg, 1354 September 25 dem Markgrafen Friedrich (III.) von Meißen die Ablösung der oben erwähnten Pfandschaft bei der Stadt Mühlhausen (D: MGH Constitutiones 11 S. 154 Nr. 268), was aber offenbar scheiterte. Widerstand Mühlhausens gegen wettinische Ansprüche wird auch aus Nr. 13 (s. unten) ersichtlich.

fol. 41v Registereinträge:

[11] *It(em) l(itte)ra sup(er) aurifodina p(ro)pe opidu(m) Nuenstat in districtu / Honsteynensi situata.*

1350 Februar 6, Bautzen.

Karl IV. belehnt die Markgrafen Friedrich, Balthasar, Ludwig und Wilhelm von Meißen mit dem Goldbergwerk nahe Neustadt in der Herrschaft Hohnstein (Sächsische Schweiz).

D: MGH Constitutiones 10 S. 14 Nr. 23.

Bemerkung: Bereits Ludwig IV. hatte Markgraf Friedrich II. von Meißen zu Heilbronn, 1333 November 10 mit dem Goldbergwerk bei Neustadt belehnt (D: MGH Constitutiones 6,2, Faszikel 3, in Vorbereitung), vgl. Hubert ERMISCH, Das sächsische Bergrecht des Mittelalters (1887) S. 125f.; Johannes LANGER, Der ostelbische Bergbau im und am Gebiet der Dresdner Heide und der Sächsischen Schweiz, NASG 50 (1929) S. 63.
Die Herrschaft Hohnstein ist 1353 Lehen Karls IV. in der Hand des böhmischen Herren Hinko Berka von der Duba, vgl. Hermann KNOTHE, Die Berka von der Duba auf Hohnstein, Wildenstein, Tollnstein und ihre Beziehungen zu den meissnischen Fürsten, NASG 2 (1881) S. 194; Alwin BERGMANN, Hohnstein, in: Die Burgen und vorgeschichtlichen Wohnstätten der Sächsischen Schweiz, hg. von Alfred MEICHE (1907) S. 236.

[12] *It(em) l(itte)ra (con)federac(i)o(n)is et adiutorii sup(er) om(ne)s, a quib(us) d(omi)ni marchio(n)es / inpugnant(ur) seu da(m)pna(n)tur neminem excludendo.*

1358 März 1, Prag.

Karl IV. und die Markgrafen Friedrich, Balthasar und Wilhelm von Meißen schließen ein Bündnis über gegenseitigen Beistand und Hilfe gegen jedermann und garantieren sich aufgeführte Besitzungen.

Ü: A HStA Dresden, O.U. 3520 (dt.); stark lädiertes M.S. an Pressel; auf dem Bug rechts: *p(er) d(omin)um .. imp(er)atorem / Jo(hannes) Eysteten(sis)*; Rückseite: *R(egistratum) Jo(hannes) de Luthomuschel.*
D: MÜLLER, Urkunden zur Geschichte Plauens (wie Anm. 20) S. 15 Nr. 412; LIPPERT, Markgraf Wilhelm von Meißen (wie Anm. 2) S. 109 Nr. 1; RBM 6 S. 457 Nr. 765.
TD: Die Urkunden der Stadt und des Amtes Lübben, der Herrschaften Zauche, Pretschen und Leuthen, hg. von Woldemar LIPPERT (UB der Stadt Lübben 3; UB zur Geschichte des Markgraftums Niederlausitz 4, 1933) S. 15 Nr. 21.
R: LEHMANN, Urkundeninventar Niederlausitz (wie Anm. 26) S. 247 Nr. 616; Reg. Imp. 8 Nr. 2754.

Ü: B HStA Dresden, Copial 1 fol. 118r–118v (lat., etwa gleichzeitig); über B: *L(itte)ra singularis adiutorii.*
D: LOSERTH, Beiträge (wie Anm. 29) S. 182 Nr. 6.
R: Reg. Imp. 8 Nr. 6194.

Bemerkung: Zu weiteren Bündnissen s. oben Anm. 64 und unten Nr. 22.

[13] *It(em) l(itte)ra, q(ue) opidu(m) et opidanos in Molhusen ad hoc arta(r)e debeat / q(uo)d d(omi)nis marchionib(us) no(m)i(n)e pignoris certo omagio subiuga(n)tur.*

[1353 Mai 6, Prag.]

[Karl IV. gestattet dem Markgrafen Friedrich von Meißen, die Stadt Mühlhausen und ihre Bürger, die dem Markgrafen verpfändet sind, zum Gehorsam zu zwingen.]

Bemerkung: Es konnte bisher keine originale oder abschriftliche Überlieferung zu diesem Registereintrag gefunden werden. AHRENS, Die Wettiner und Kaiser Karl IV. (wie Anm. 2) S. 6 mit Anm. 1 kannte noch ein entsprechendes Original, das zum oben eingesetzten Datum ausgestellt war. Da Markgraf Friedrich am selben Tag vom Herrscher auch gegenüber Goslar und Nordhausen die Erlaubnis erhielt, als Pfandherr den Gehorsam zu erzwingen (s. unten Bemerkung zu Nr. 25), ist anzunehmen, daß ein derartiges Stück für Mühlhausen tatsächlich existiert hat. → RI VIII 6081

[14] *It(em) l(itte)ra sup(er) burcg(ra)vi[a]tu Aldinb(ur)g.*

1350 Februar 6, Bautzen.

Karl IV. belehnt die Markgrafen Friedrich, Balthasar, Ludwig und Wilhelm von Meißen mit dem Burggrafenamt *(burcgraviatus)* in Altenburg samt Zubehör.

D: Altenburger UB, bearb. von Hans PATZE (Veröffentlichungen der Thüringischen Historischen Kommission 5, 1955) S. 503 Nr. 638; MGH Constitutiones 10 S. 12 Nr. 20.

Bemerkung: Ludwig IV. hatte Markgraf Friedrich (II.) bereits zu Pavia, 1329 Juni 23 mit dem genannten Burggrafenamt belehnt (s. Anm. 59).

[15] *It(em) l(itte)ra cambii sup(er) Lo̊bow prope Plauwen et curiis Plonswicz / et Steyn cu(m) suis p(er)tine(n)ciis.*

1358 August 20, Sulzbach.

Karl IV. übereignet als König von Böhmen den Markgrafen Friedrich, Balthasar, Ludwig und Wilhelm von Meißen das Gut Liebau bei Plauen sowie die Höfe Planschwitz und Stein im Tausch gegen die Herrschaft Spremberg und verpfändet ihnen die Feste Hirschberg für 1.200 Mark Silber und 500 Schock großer Prager Pfennige.

B: HStA Dresden, Copial 6 fol. 10r–v (2. Hälfte 14. Jahrhundert); über B: *l(itte)ra abrenu(n)ctiac(i)o(n)is bonor(um)/subsc(ri)ptor(um).*

Wir Karl von gocs gnad(e)n Romisch(er) keyser zcu all(e)n zciten merer des richs und kunig zcu Behem bekennen [und tun kunt offenlich mit diesem brief allen den, die in sehen oder horen lesen][a]*, daz wir von uns(er), uns(er)e erb(e)n und nachkome(n), kungen zcu Behem, und der kronen des selbin kungrichs wegen ewigl(ich) mit wolbedachte(m) mute, mit rate uns(er) get(ru)win und mit rechter wizzen den hochgeborn Frider(ich), Balth(azar), Ludewig und Wilh(elm) gebrud(er)n, lantg(rafen) zcu Duringe(n) und marcg(rafen) zcu Myszen, uns(er)n lieb(e)n fursten und oheim, .. yren erb(e)n und nachkomen in rechtem nuczlich(en) wechsel, damyte uns(er) ob(e)ng(e)n(an)tes kungrich und dy crone zcu Behem gebezzert ist, ingeb(e)n, ingeantw(ur)t und ufgereicht hab(e)n dy nach geschrib(e)n gut, daz ist: Lubbaw by Plawen der stad gelegen, dy hove Plonswicz und den Steyn mit all(e)n synen zcugehorungen und all(e)n eygenschefden, leh(e)nrecht, herschaft und ander rechten, dy wir darzcu gehabit hab(e)n oder gehab(e)n mochten in dehinewiis und vorzcihen*[b] *uns vor uns und uns(er) erb(e)n und nachkome(n), kungen zcu Behem, und dy crone doselb(e)ns alles rechten, ansprache, forderu(n)ge und zcuvorsicht, dy wir zcu den eg(e)n(an)ten guten und yren zcugehorungen gehabit hab(e)n oder gehaben mochten in dehinenwiis in zcukumftigen zceiten, und meynen und woll(e)n auch, ab wir dehinerley bryfe von dem heylgen riche oder sust von ymand(e) darobir hetten in welchen worten oder meynu(n)ge dy begriffen weren, daz dy genczlich(e)n abesyn und uns, uns(er)n erben und nachkomen kungen oder der krone zcu Beheim keyne(n) frome(n) bryngen sull(e)n, sund(er)n sy sull(e)n tot, verterbit und alzcumal unkreftig syn, als vorr(er) sy den ob(e)ng(e)n(an)ten uns(er)n oheim, iren erb(e)n und nachkomen schaden bringen mochten* [c-]*in den*[-c] *ob(e)ng(e)n(an)ten sachen. Auch g(e)lob(e)n wir vor uns, uns(er) eg(e)n(an)ten erb(e)n und nachkomen, kung(en), und der*[d] *krone zcu Behem, mit wolbedachtem mute, mit rate uns(er) get(ru)win und mit recht(er) wizzen, daz wir den ob(e)ng(e)n(an)ten Friderich, Balth(azar), Ludew(ig) und Wilh(elm) [gebrudern, lantgrafen zcu Duringen]*[e] *und marcg[rafen]*[e] *zcu Myszen, daz wir [dy nach geschriben gut, daz ist: Lubbaw by Plawen]*[e] *der stad gelegen, dy hoffe [Plonswicz und den Steyn]*[e] *und waz darzcu gehoret mit aller eygen[schefden, lehenrechten, herschef]den*[e] *und and(er)n rechten, dy wir darzcu gehabt hab(e)n oder [gehaben]*[e] *mochten in dehinewiis, entwerren, vorantwurten, vorsprechen und sy der genczlich geweren sull(e)n und woll(e)n vor ansprache aller menglichs, als in den landen gewonlich und recht ist. Auch hab(e)n wir den eg(e)n(an)ten uns(er)n ohem, yren erb(e)n und nachkomen dy gnade getan, daz sy Hirzpberg dy vesten mit alle(n) zcugehorunge(n), nuczen und gevell(e)n, wy man dy benennit, vor zcwolfhundert marg silbirs und vor*

fumfhund(er)t schog groser pheng Prager muncze ynnehab(e)n, nuczen und besiczen sull(e)n zcu rechtem phande nach lute der bryfe, dy der edel Heinr(ich) d(er) [f-] *Lange, voyt* [-f] *zcu Plawen, vormals darubir gehabit hat, und dy selb(e) sal weren uz an dy zciit, daz wir ader uns(er) nachkomen an dem heylgen riche, Romische keyser oder kung(e), yn dy eg(e)n(an)te s(um)m(e) geldes gar und genczlich richten und bezcal(e)n. Und des hat der eg(e)n(an)t(e) uns(er) oheim marcg(raf) Frider(ich) vor sich, dy eg(e)n(an)ten Balth(azar), Lud(ewig) und Wilh(elm) syne bruder(e), yre erb(e)n und nachkomen, uns, uns(er)n erb(e)n und nachkome(n) kungen und der cronen zcu Behem da ingegen ingeb(e)n, geantw(ur)t und uf gereicht zcu rechte(m) nuczlich(en) wechsel dy nach geschr(ieben) guter(e), daz ist Sprenberg und waz darzcu gehort mit aller eygenschaft, lehnrecht(e)n, herscheften und and(er)n rechten, dy sy von wegen irr(er) herschaft darzcu gehabt hab(e)n od(er) dy sy und ire erb(e)n darzcu gehab(e)n mochten in dehine zcukumftige(n) zciten. Auch hat uns gelobit der eg(e)n(an)te uns(er) oheim marcg(raf) Fridr(rich) vor sich, dy eg(e)n(an)ten syne bruder(e), yre erb(e)n und nachkomen in gute(n) truwen ane geverd(e)* [g]*, daz uns und uns(er)n nachkomen Romischen keys(er) und kunge dy eg(e)n(an)te veste Hirsperch, dy wyle sy phant ist, uffen sin sal zcu all(e)n uns(er)n noten und geschefden, wy wenne od(er) als* [h] *ufften wir des bedurffen. Mit urkunde diz bryfes vorsigilt mit uns(er) keyserlich(e)n maiestat insig(e)l.*
Gegeb(e)n zcu Sulczpach nach Christi geburt drizcenhund(er)t jar darnach [c-] *in dem* [-c] *acht und fumfzcigisten jare an deme nesten montag vor sende Barthol(omeus) tage, uns(er) riche des Romischen* [c-] *in dem(e)* [-c] *drizcenden, des Bemischen* [c-] *in dem* [-c] *zcwelften und dez keys(er)tums in dem(e) virden jare.*

a) fehlt in B; nach *bekennen* folgt nur *et c(etera).*
b) *vorzcihens* B.
c-c) in einem Wort B.
d) über der Zeile nachgetragen B.
e) in B nicht mehr lesbar, ergänzt.
f-f) *lantvoyt* B.
g) *anegeverd(e)* B.
h) *also* B.

Bemerkung: Die Gegenurkunde der Wettiner, aus welcher der Vorgang bisher schon bekannt war, ist vom selben Datum und mehrfach gedruckt (D: MÜLLER, Urkunden zur Geschichte Plauens [wie Anm. 20] S. 25 Nr. 421; RBM 6 S. 551 Nr. 887 mit weiteren Angaben).

Die Herrschaft Spremberg samt Zubehör war den Markgrafen von Meißen nur verpfändet. Eigentümer waren die Grafen Johann und Günther von Schwarzburg-Wachsenburg, die Spremberg zwei Jahre später an Karl IV. verkauften. Die Wettiner tauschten also genau genommen nur ihre aus der Pfandschaft rührenden Herrschaftsrechte gegen die oben genannten Güter, vgl. LIPPERT, Wettiner und Wittelsbacher (wie Anm. 2) S. 104f.; Curt von RAAB, Schloss und Amt Vogtsberg bis Mitte des 16. Jahrhunderts (1907) S. 334ff.
Die Feste Hirschberg an der Saale (Diözese Naumburg) löste Karl IV. bereits zu Breslau, 1359 Januar 2 wieder aus (TD: UB der Vögte von Weida, Gera und Plauen sowie ihrer Hausklöster Mildenfurth, Cronschwitz, Weida und z.h. Kreuz bei Saalburg 2: 1357–1427, hg. von Berthold SCHMIDT [Thüringische Geschichtsquellen N.F. 2,2, 1892] S. 38 Nr. 48; R: Reg. Imp. 8 Nr. 2879).

[16] *It(em) l(itte)ra sup(er) domu(m) habitac(i)o(n)is marchio(nu)m in Praga.*

1361 August 16, Prag.

Karl IV. schenkt den Markgrafen Friedrich, Balthasar und Wilhelm ein Haus in Prag, gelegen in der Altstadt beim Kloster St. Jakob.

Ü: A HStA Dresden, O.U. 3648 (dt.); M.S. fehlt, Schnurlöcher der S.F. vorhanden; auf dem Bug rechts: *p(er) d(omin)um Thymonem de Koldicz / Conr(adus) de Gysinheim*; unter dem Bug rechts: *Corr(e)c(t)a per Jo(hannem) decanum Glog(oviensem)*; Rückseite: *R(egistratum) Johannes Saxo.*
D: LIPPERT, Meißnisch-böhmische Beziehungen (wie Anm. 2) S. 258 Nr. 5; RBM 7 S. 587 Nr. 981.
R: Reg. Imp. 8 Nr. 3734.

Bemerkung: Schon Markgraf Friedrich (II.) von Meißen hatte 1348 dieses Haus als Geschenk Karls IV. entgegengenommen; vgl. Hans PATZE, Die Hofgesellschaft Kaiser Karls IV. und König Wenzels in Prag, in: Kaiser Karl IV. (wie Anm. 63) S. 756f.; Peter MORAW, Zur Mittelpunktsfunktion Prags im Zeitalter Karls IV., in: Europa slavica – Europa orientalis. Fs. Herbert LUDAT zum 70. Geburtstag, hg. von Klaus-Detlev GROTHUSEN/Klaus ZERNACK (Gießener Abhandlungen zur Agrar- und Wirtschaftsforschung des Europäischen Ostens 100, 1980) S. 466f.

[17] *It(em) l(itte)ra, q(uo)d opidani marchio(nu)m in o(mn)ib(us) suis t(er)rito(r)iis bo(na) feodalia / p(ossu)nt (com)p(ar)are et e[a] r(e)tinere.*

1350 Februar 6, Bautzen.

Karl IV. gestattet den Bürgern in den Territorien der Markgrafen Friedrich, Balthasar, Ludwig und Wilhelm von Meißen auf Bitten der genannten Markgrafen den Erwerb von Lehen, das heißt, er erkennt die Lehensfähigkeit der Bürger an.

D: MGH Constitutiones 10 S. 10 Nr. 17.
R: Reg. Imp. 8 Nr. 1212.

Bemerkung: Bereits Ludwig IV. hatte dieses Privileg auf Bitten Markgraf Friedrichs (II.) von Meißen zu Pavia, 1329 Juni 24 gewährt (D: MGH Constitutiones 6,1 S. 513 Nr. 612).
Zu Beispielen für Lehen in Bürgerhand vgl. Das Lehnbuch Friedrichs des Strengen, Markgrafen von Meißen und Landgrafen von Thüringen, 1349/1350, hg. von Woldemar LIPPERT/Hans BESCHORNER (1903): Dresdner Bürger (S. 36 Nr. 3, S. 37 Nr. 7, S. 49 Nr. 93 mit dem Nachweis auf S. 321, daß die Familie von Meideburg Bürger in Dresden waren); Leipziger Bürger (S. 59 Nr. 1; S. 130f. Nr. 13, 18, 19, S. 290 Nr. 13, S. 293 Nr. 15); Freiberger Bürger (S. 60 Nr. 4 und 5, S. 63 Nr. 23 und 26); Lobedaer Bürger (S. 164 Nr. 30–47 unter dem Titel: *Hec sunt feodalia civium in Lobde*); Altenburger Bürger (S. 285 Nr. 9); Saalfelder Bürger (S. 231f.); Orlamünder Bürger (S. 233f.); Erfurter Bürger (S. 235ff.). Vgl. allgemein zur Lehnsfähigkeit von Bürgern im 14. Jahrhundert im mitteldeutschen Raum KRIEGER, Lehnshoheit (wie Anm. 94) S. 137ff. mit weiterer Literatur.

[18] *It(em) l(itte)ra sup(er) Landesp(er)g, Delczsch, Rideburch et Brugdorf cu(m) / curiis, villis, omagialib(us) et p(re)cipue sup(er) advo(ca)cia claustri Mo(n)t(is) / Sereni et judeis in eodem t(er)ritorio situat(is).*

[nach 1358 Oktober 28 – vor 1372 November 25.]

[Karl IV. urkundet für die Markgrafen von Meißen über die Besitzungen Landsberg, Delitzsch, Reideburg und Bruckdorf sowie über die Vogtei des Stifts St. Peter auf dem Lauterberg und den Schutz der Juden in diesem Territorium.]

Bemerkung: Es konnte bisher keine originale oder abschriftliche Überlieferung zu diesem Registereintrag gefunden werden.
Die vier genannten Besitzungen gehören zu den Resten der ehemaligen Mark Landsberg, um die zwischen den Markgrafen von Meißen und den Erzbischöfen von Magdeburg zwischen 1347 und 1358 Auseinandersetzungen stattfanden. Diese Streitigkeiten wurden über mehrere Zwischenschritte zu Merseburg, 1358 Oktober 28 mit einer *divisio ultimata* beendet; vgl. LINDNER, Kaiser Karl IV. (wie Anm. 3) S. 94ff. mit den Angaben zu den dabei produzierten Urkunden. Sollte Karl IV. in diesem Zusammenhang für die Wettiner geurkundet haben – er könnte, wie in ähnlichen Fällen üblich, den beteiligten Seiten das Ergebnis der Verhandlungen bestätigt haben –, dann am ehesten nach der erwähnten endgültigen Schlichtung zwischen Magdeburg und Meißen von 1358 Oktober 28. Terminus ante quem ist in Ermangelung anderer Hinweise die Niederschrift des *Registrum litterarum* vor 1372 November 25.
Auch die Erwähnung der Vogtei über St. Peter auf dem Lauterberg bei Halle und gewisser Ansprüche auf Juden (vermutlich im umstrittenen Amt Reideburg nahe Halle) verweisen auf Differenzen mit Magdeburg. So reklamierten die Markgrafen Rechte an den Juden der erzstiftisch-magdeburgischen Stadt Halle (s. unten Nr. 21), was sicher auf Widerstand des Erzbischofs stieß.

[19] *It(em) l(itte)ra, q(uo)d om(ne)s merci(m)oniis negocia(n)tes p(er) t(er)ra(m) Myszene(n)sem suis / currib(us) t(ra)nsi(r)e possi(n)t absq(ue) imperator(is) et o(mn)i(u)m suor(um) i(m)pedime(n)to.*

[1] 1359 Mai 28, Prag oder [2] 1362 März 25, Nürnberg.

Karl IV. gewährt allen Kauf- und Fuhrleuten samt ihren Waren freie Durchfahrt duch das Meißener Land unter Vorbehalt seiner Geleits- und Zollrechte im Königreich Böhmen.

[1] B: HStA Dresden, Copial 6 fol. 11v (2. Hälfte 14. Jahrhundert).

Wir Karl von [gots gnaden Romischer] keyser zcu all(e)n zciten mer(er) des richs und [kung zcu Beheim em]piten allen koufluten, furluten und allen and(er)n uns(er)n und [des richs] liben get(re)win und(er)tanen uns(er) huld und alles gut. Wir tuen zcu wizze(n) uw(er)n t(re)wen, daz wir uch und uwern iglichen besund(er)n wol gu(n)nen und erlaub(e)n uch mit desen bryfe, daz ir durch daz lant zcu Mysne dy alden strazzen sicher und ane

hind(er)nizze von uns(er)n wegen, als ir do von alter by her gefaren hat, mit all(e)n uw(er)n gute und koufmanschaft faren und zcihen moget also, daz sulches [geverte][a] *uns(er)n geleyten und zcoll(e)n in uns(er)m kungrich zcu Beheim keynen schaden bringe.*
Geb(e)n zcu Prag nach Christi geburt drizcenhundert jar [darnach][b] *in dem nuen und fumfzcigisten jar am nesten dinstag vor uns(er)s hern uffard tag, unser riche in dem driczenden und des keysertums in dem fumften jar.*

[] in B nicht mehr lesbar, ergänzt.
a) stark verblaßt B.
b) fehlt in B.

[2] 1362 März 31, Nürnberg.

Karl IV. beurkundet den Markgrafen Friedrich, Balthasar und Wilhelm von Meißen, daß Kauf- und Fuhrleute, die durch das Meißener Land fahren, mit ihren Waren in Prag und anderen Städten des Kaisers ungehindert handeln können.

Ü: B HStA Dresden, Copial 6 fol. 11v (dt., 2. Hälfte 14. Jahrhundert); über B: *Super stratis.*
D: LIPPERT, Markgraf Wilhelm von Meißen (wie Anm. 2) S. 114; RBM 7 S. 695 Nr. 1150.

Ü: B HStA Dresden, Copial 1 S. 119 (lat.); über B: *L(itte)ra super stratis.*
D: LOSERTH, Beiträge (wie Anm. 29) S. 185 Nr. 8 (zum 7. April).
R: Reg. Imp. 8 Nr. 6233 (zum 7. April).

Bemerkung: Karl IV. urkundete zweimal bezüglich der Freiheiten im meißnisch-böhmischen Handel. Sowohl die Verfügung von 1359 als auch die von 1362 könnte dem Registereintrag als Vorbild gedient haben. Vielleicht hat der Schreiber auch beide zu einem Eintrag zusammengezogen, denn keine von beiden paßt ganz genau zum Regest.
Adressat beider Stücke sind nicht namentlich genannte Kauf- und Fuhrleute, Empfänger die Markgrafen von Meißen, die allerdings 1359 nicht ausdrücklich erwähnt werden. Hintergrund dürften handelspolitische Auseinandersetzungen zwischen Karl IV., Ludwig von Ungarn, Kasimir von Polen und Rudolf (IV.) von Österreich gewesen sein, bei denen sich die Parteien seit 1358/59 mit wirtschaftlichen Zwangsmaßnahmen wie Sperrstapel in Ofen, Krakau, Prag und Wien zu schädigen suchten (Schreiben Karls IV. an die Stadt Frankfurt/M. von Breslau 1359 Januar 25; D: RBM 7 S. 72 Nr. 95; R: Reg. Imp. 8 Nr. 2896); vgl. Wolfgang

von STROMER, Oberdeutsche Hochfinanz 1350–1450 (VSWG Beihefte 55–57, 1970) S. 96.
Das Privileg von 1359 Mai 28 haben die Markgrafen Friedrich und Wilhelm wahrscheinlich bei ihrem Aufenthalt in Prag, wo sie als Zeugen in Reg. Imp. 8 Nr. 2956f. von 1359 Mai 27 bzw. Juni 1 erscheinen, im Interesse der Meißener Kaufleute erworben, um den genannten Zwangsmaßnahmen zu entgehen.

[20] *It(em) l(itte)ra, q(uo)d imperator d(omi)nos marchio(n)es p(ro) subsidio et adiuto(r)io sibi / facie(n)do no(n)*[a] *debeat a(m)mon(er)e, nisi p(ri)us ip(s)is marchio(n)ib(us) octo milia / sex(a)g(enarum) g(ro)ssor(um) p(er)solverit integ(ra)l(ite)r et ex toto*[b].

a) *non*, über der Zeile nachgetragen Hs.
b) *extoto* Hs.

1350 Februar 6, Bautzen.

Karl IV. sichert den Markgrafen Friedrich, Balthasar, Ludwig und Wilhelm von Meißen zu, daß er sie zu vertraglich abgemachten Hilfs- und Dienstleistungen nicht eher fordern werde, bis er ihnen 8.000 Schock Prager Groschen vollständig gezahlt hat, die er den Markgrafen von der gegenwärtig im Königreich Böhmen erhobenen Steuer angewiesen hat. Falls die Markgrafen aber in der Zwischenzeit doch auf seinen Wunsch hin Krieg führen, so wird er ihnen innerhalb von 13 Wochen 2.000 Schock Prager Groschen auszahlen lassen.

Ü: B1 HStA Dresden, Copial 6 fol. 7r–v (2. Hälfte 14. Jahrhundert); über B1: *No(ta) l(itte)ram de subportac(i)one s(er)vicior(um) / q(uo)usq(ue) d(omi)nis march(ionibus) VIII mili(a) sex(agenarum) pagabit.*
B2 HStA Dresden, Copial 6 fol. 2v (2. Hälfte 14. Jahrhundert); über B2: *l(itte)ra adiutorii.*
B3 HStA Dresden, Copial 6 fol. 38 (2. Hälfte 14. Jahrhundert); über B3: *l(itte)ra domini imperatoris super octo milibus / sexagenarum grossorum Pragen(sium).*
B4 HStA Dresden, Copial 1316 fol. 141r.

Text nach B1:

Wir Karl von gotz gnad(e)n Romisch(er) kung zu all(e)n zciten mer(er) dez richs und(e) kung zcu Behim[a] *veriehen und(e) tun kunt offenlich mit disem brive alle den, die in sehen, horen odir lesen, daz wir den hochgebornen Friderich, Balthazar, Ludwig und Wylh(e)lm gebrudern, lantg(ra)f(en) zu*

During(en), marcg(ra)fe(n) zců Myss(en), in dem Ostirland(e) und(e) zcu Landisp(er)g, graven zcu Orlam(u)nde und(e) herren dez landes zcu Plyss(en), unsern lieb(e)n oheymen und(e) fursten mit gute(n) t(re)wen globit hab(e)n und glob(e)n auch an geverd(e) an dis(em) brive, daz wir sie umb(e) hulfe und(e) dinst, den sie uns pflichtig seyn zcu tůne nach irre brife lůt, die sie uns dar ubir g(e)g(e)b(e)n hab(e)n, nicht mane(n) sull(e)n noch von uns(er)n weg(e)n ẙma(n)t mane(n) sullen lazzen, als lang uncz daz in acht tusent schog breyd(er) grosch(e)n Prager muncze, die wir in an uns(er)m Bern, den wir iczunt in unserm kungrich zcu Beheim gesanczt[b] *hab(e)n, bewisen und(e) bewisit hab(e)n, gar und(e) gancz bezcalt werd(e)n. Wenne daz geschicht und(e) unsir vorgen(an)t(en) fursten und(e) oheymen von uns gemanet werd(e)n mit brifen adir mit kuntlich(e)n boten, so sullen [sie uns wider unser(er) widersachen]*[c] *getrewlich(e)n helfen und(e) raten, als ire briefe hald(e)n, die sie uns dar ubir g(e)g(e)b(e)n hab(e)n. Auch ist ez byname(n)*[d] *gered, wenn die vorgen(an)t(en) unsir oheymen oder ir erben durch uns(er)s dinstes will(e)n nach dem, als sie von uns gemanet werden, dheynen krig anegriffen, daz wir in oder iren erb(e)n binnen drizzen wochin, die dar nach allir nehste volgen, zwey tusint schog der eg(e)n(an)t(en) grosch(e)n und(e) mu(n)cze berichtin und(e) unv(er)zcugenlich(e)n bezcal(e)n sull(e)n und(e) well(e)n. Mit urkund(e) dicz brifes versiegilt mit unserm kunglich(e)n insigel.*

Der g(e)g(e)b(e)n ist zcu Budissin, do man zalt nach Crists geburt drizce(n)hund(er)t jar und(e) in dem fumfzcigist(en) jare an den nehsten samcztag nach unser frouwe(n) tag zů der lichtmesse in dem virden jar unsir riche.

a) *Beihim* B1.
b) so B1.
c) in B1 nicht mehr lesbar, nach B2 ergänzt.
d) *byename(n)* B1.

Bemerkung: Bereits zu Dresden, 1349 Januar 3 hatten Karl IV. und Markgraf Friedrich (II.) von Meißen mit seinen Söhnen Friedrich und Balthasar dieselbe Verabredung getroffen (Druck der Urkunde Karls IV. bei LIPPERT, Wettiner und Wittelsbacher [wie Anm. 2] S. 239 Nr. 28, der Gegenurkunde der Wettiner in Archivum coronae regni Bohemiae 2: 1346–1355, bearb. von Venceslaus HRUBÝ [1928] S. 109 Nr. 94), was in weiteren Urkunden vom selben Datum erwähnt wird (D: Archivum coronae regni Bohemiae 2 S. 110 Nr. 95; MGH Constitutiones 9 S. 16 Nr. 20).

Zu Bautzen, 1350 Februar 12 hatte Karl IV. bereits 3.000 der 8.000 Schock Prager Groschen an die Markgrafen von Meißen gezahlt, die ihm darüber quittierten (D: Archivum coronae regni Bohemiae 2 S. 171 Nr. 135). Die restlichen 5.000 Schock zahlte er zu Sulzbach, 1355 November 22 (s. unten Nr. 35).

[21] *It(em) l(itte)ra sup(er) o(mn)ib(us) et sing(u)lis judeis et p(re)cipue in Czicz, Nuenburg et Halle / situatis.*

1350 Februar 6, Bautzen.

Karl IV. überträgt den Markgrafen Friedrich, Balthasar, Ludwig und Wilhelm von Meißen die Rechte an den Juden in ihren nicht im einzelnen genannten Territorien, wie auch in den Städten Zeitz, Naumburg und Halle.

D: Woldemar LIPPERT, Das Bautzener Judenprivileg von 1383. Mit Beiträgen zur Geschichte der Juden in den wettinischen Landen, NLM 88 (1912) S. 175 Beilage 2; MGH Constitutiones 10 S. 23 Nr. 32.
TD: UB der Stadt Halle, ihrer Stifter und Klöster 2: 1301–1350, bearb. von Arthur BIERBACH (Geschichtsquellen der Provinz Sachsen und des Landes Anhalt N.R. 20, 1939) S. 357 Nr. 762.
R: Reg. Imp. 8 Nr. 6637.

Bemerkung: Ludwig IV. hatte dem Markgrafen Friedrich (II.) von Meißen zu Pavia, 1329 Juni 23 Einkünfte aus dem Judenschutz in den Städten Naumburg und Zeitz überschrieben (D: MGH Constitutiones 6,1 S. 512 Nr. 610); vgl. LIPPERT, Urkundenverzeichnis (wie Anm. 17) S. 95f. Nr. 5 mit Anm. Zu Ansprüchen auf die Juden der erzstiftisch-magdeburgischen Stadt Halle s. oben Nr. 18.

[22] *It(em) l(itte)ra (con)fede(r)ac(i)o(n)is p(er)petua imperato(r)is p(ro) se, / Joh(an)ne marchione Moravie et Wenczeslao ipsius frat(ri)b(us) et o(mn)i(u)m eor(um) / heredum, qui fidelit(er) o(mn)ia sua dominia mutuo debea(n)t gubernare.*

1350 Februar 6, Bautzen.

Karl IV. und seine Brüder Markgraf Johann von Mähren und Graf Wenzel von Luxemburg schließen ein Bündnis mit den Markgrafen Friedrich, Balthasar,

Ludwig und Wilhelm von Meißen über gegenseitigen Beistand und Besitzstandswahrung.

D: Archivum coronae regni Bohemiae 2 (wie bei Nr. 20) S. 160 Nr. 129; MGH Constitutiones 10 S. 9 Nr. 16.
R: Reg. Imp. 8 Nr. 1211.

Bemerkung: Zu weiteren Bündnissen s. oben Nr. 12.

[23] *It(em) l(itte)ra sup(er) moneta in Koburg, q(uo)d ibi denarii possi(n)t fabrica(r)i / monete Erbipolen(si) equivalentes.*

1354 Juli 13, Nürnberg.

Karl IV. gestattet dem Markgrafen Friedrich von Meißen die Ausprägung von Pfennigen in Coburg in der Art, daß die Pfennige zu zwei Hellern gleich der Würzburger Münze geschlagen werden sollen.

D: MGH Constitutiones 11 S. 124 Nr. 213.

Bemerkung: Zur Interpretation vgl. Walter GRASSER, Münz- und Geldgeschichte von Coburg 1265–1923 (1979) S. 21f.

fol. 42r Registereinträge:

[24] *It(em) l(itte)ra dotalicii d(omi)ne Elizabeth (con)thoral(is) d(omi)ni / Wilhelmi marchionis sup(er) Voytzsp(er)g, Olsenicz, / Adorf, Mo̊ldorf, Wedirsp(er)g et Dobelyn cu(m) suis / p(er)tinenciis univers(is).*

1367 März 23, Prag.

Karl IV. regelt mit den Markgrafen von Meißen die ehegüterrechtlichen Angelegenheiten seiner Nichte Elisabeth, der Tochter Markgraf Johanns von Mähren und nunmehrigen Gemahlin des Markgrafen Wilhelm von Meißen.

Ü: A HStA Dresden, O.U. 3854 (dt.); lädiertes M.S. an Pressel; auf dem Bug rechts: *ad r(e)l(aci)o(nem) d(omi)ni mag(ist)ri curie / Rudolph(us) ep(iscopu)s Verden(sis)*; Rückseite: *R(egistrat)a Johannes Lust.*

D: MÜLLER, Urkunden zur Geschichte Plauens (wie Anm. 20) S. 73 Nr. 464; LIPPERT, Markgraf Wilhelm von Meißen (wie Anm. 2) S. 121 Nr. 6.

Bemerkung: Markgraf Wilhelm von Meißen verschrieb Elisabeth von Mähren das Haus Vogtsberg mit den Märkten und Städten Oelsnitz und Adorf, Haus und Stadt Mühltroff, Haus Wiedersberg (alles im Amt Vogtsberg im wettinischen Vogtland gelegen) sowie Haus und Stadt Döbeln als Leibgedinge im Wert von 12.000 Schock Prager Groschen. Elisabeth hatte als Heimsteuer 6.000 Schock mitgebracht.
Zur Interpretation vgl. LIPPERT, ebd. S. 99ff.; VELDTRUP, Eherecht und Familienpolitik (wie Anm. 68) S. 361ff.

[25] *It(em) l(itte)ra sup(er) q(ua)tuor milib(us) sex(a)g(enarum) g(ro)ssor(um) p(ro) quib(us) imp(er)ator / marchionib(us) opida Northusen et Goslar obligavit.*

1350 Februar 6, Bautzen.

Karl IV. verpfändet den Markgrafen Friedrich, Balthasar, Ludwig und Wilhelm von Meißen die Reichsstädte Nordhausen und Goslar für 4.000 Schock Prager Groschen.

D: MGH Constitutiones 10 S. 29 Nr. 40.
R: Reg. Imp. 8 Nr. 6044.

Bemerkung: Bereits zu Bautzen, 1348 September 21 hatte Karl IV. die beiden Städte für dieselbe Summe an Markgraf Friedrich (II.) von Meißen, den Vater der vier obengenannten Brüder, verpfändet (D: MGH Constitutiones 8 S. 657 Nr. 653); zur Erhöhung der Pfandsumme um 500 Mark Silber s. oben Nr. 4.
Zu Prag, 1353 Mai 6 gestattete Karl IV. dem Markgrafen Friedrich (III.) von Meißen, die an ihn verpfändeten Städte Goslar und Nordhausen zum Gehorsam zu zwingen (D: MGH Constitutiones 10 S. 393 Nr. 525).
Nordhausen löste sich für 2.000 Schock Prager Groschen selbst aus der Pfandschaft der Markgrafen, wofür Karl IV. der Stadt zu Sulzbach, 1354 Juli 17 und noch einmal vor Zürich, 1354 September 10 Unverpfändbarkeit versprach (D: MGH Constitutiones 11 S. 124 Nr. 214 und S. 147 Nr. 252).
Die Verpfändung Goslars an die Wettiner hob Karl IV. zu Weißwasser, 1357 November 11 als ein Versehen wieder auf (D: UB der Stadt Goslar und der in und bei Goslar gelegenen geistlichen Stiftungen 4: 1336–1365, bearb. von Georg

BODE (GQPS 32, 1905) S. 466 Nr. 611), nachdem er der Stadt zu Weißwasser, 1357 November 4 Unverpfändbarkeit gewährt hatte (D: Ebd. S. 462 Nr. 608).
Zu Fürstenberg/O., 1370 März 3 verpfändete Karl IV. Goslar und Nordhausen gemeinsam mit Lübeck und Mühlhausen erneut (D: LINDNER, Kaiser Karl IV. [wie Anm. 3] S. 161 Nr. 14).
Zu Goslar zuletzt Bernd SCHNEIDMÜLLER, Reichsnähe – Königsferne: Goslar, Braunschweig und das Reich im späten Mittelalter, Niedersächsisches Jb. 64 (1992) S. 1–52.

[26] *It(em) l(itte)ra, in qua imperator indulsit, q(uo)d in civitatib(us) marchio(nu)m / ubi ip(s)is marchionib(us) (con)ve(n)iens fue(r)it Hell(er)n*[a] *poterunt*[b] *fab(ri)cari.*

a) so Hs.
b) *pot(er)int* ? Hs.

1355 November 22, Sulzbach.

Karl IV. gestattet den Markgrafen Friedrich, Balthasar, Ludwig und Wilhelm von Meißen, in einer beliebigen Stadt ihres Herrschaftsbereichs Heller zu prägen.

D: MGH Constitutiones 11 S. 317 Nr. 556.

Bemerkung: Zur Interpretation vgl. GRASSER, Münz- und Geldgeschichte von Coburg (wie bei Nr. 23) S. 22.

[27] *It(em) l(itte)ra infeodac(i)o(n)is sup(er) terris Orie(n)tal(i) et Plizsene(n)s(i), comitatu*[a] */ Orlamu(n)de, Rochlicz et Greucz.*

a) so Hs., besser wäre *comitatibus*.

1350 Februar 16, Bautzen.

Karl IV. belehnt die Markgrafen Friedrich, Balthasar, Ludwig und Wilhelm von Meißen mit dem Osterland, dem Pleißenland sowie den Grafschaften Orlamünde, Rochlitz und Groitzsch.

D: LEISERING, Die Rechte der Wettiner (wie Anm. 43) S. 242 Nr. 2.
R: MGH Constitutiones 10 S. 17 Nr. 25;
Reg. Imp. 8 Nr. 6050 (dafür ist Nr. 1220 zu streichen).

[28] *It(em) l(itte)ra infeodacio(n)is sup(er) Lizsenig cu(m) suis p(er)tine(n)ciis univ(er)s(is).*

1350 Februar 16, Bautzen.

Karl IV. belehnt die Markgrafen Friedrich, Balthasar, Ludwig und Wilhelm von Meißen mit der Herrschaft Leisnig einschließlich der gleichnamigen Burg und der Stadt (*castrum et opidum*) sowie allem Zubehör und gebietet den Burggrafen von Leisnig Gehorsam gegenüber den Markgrafen.

D: MGH Constitutiones 10 S. 12 Nr. 19.

Bemerkung: Bereits Ludwig IV. hatte Markgraf Friedrich (II.) von Meißen mit der Herrschaft Leisnig belehnt und damit die Reichsunmittelbarkeit der Burggrafen von Leisnig beendet (s. Anm. 59).

[29] *It(em) l(itte)ra (com)po(s)ic(i)o(n)is a(m)icab(i)lis int(er) duce(m) Saxo(n)ie et marchio(n)es*[a] */ Miszenen(ses) p(ro) castro Ůbegow.*

a) *marchio(n)is* Hs.

1358 August 18, Sulzbach.

Karl IV. legt den Streit zwischen Herzog Rudolf von Sachsen (-Wittenberg) und Markgraf Friedrich von Meißen um die Burg Übigau durch einen Schiedsspruch zugunsten des sächsischen Herzogs bei, wobei festgelegt wird, daß Markgraf Ludwig der Römer von Brandenburg, der den Anspruch Herzog Rudolfs von Sachsen auf die Burg anerkennt, den Markgrafen Friedrich von Meißen, dem er die Burg zusammen mit der (Nieder-) Lausitz einst verpfändet hatte, entschädigen soll.

D: LINDNER, Kaiser Karl IV. (wie Anm. 3) S. 149 Nr. 7 und S. 99 mit weiteren Angaben.
R: Reg. Imp. 8 Nr. 2829.

[30] *It(em) l(itte)ra (con)firmac(i)o(n)is o(mn)i(u)m dominior(um) marchio(nu)m sub aurea / bulla.*

1355 Dezember 4, Nürnberg.

Karl IV. bestätigt und erneuert Markgraf Friedrich von Meißen und dessen Brüdern Balthasar, Ludwig und Wilhelm alle Privilegien über Herrschaftsrechte, Besitzungen und Freiheiten. Strafandrohung 100 Mark Gold.

[1] Ü: A HStA Dresden, O.U. 3424; Goldbulle (verloren) an S.F.; Monogramm; auf dem Bug rechts: *p(er) d(omin)um .. cancellar(ium) / Jo(hannes) Eysteten(sis)*; Rückseite: *R(egistratu)m Hertw(icus).*
B Ebd., Copial 6 fol. 12v–13r mit einer dem obengenannten Regest sehr ähnlichen Überschrift: *L(itte)ra confirmacionis omnium dominiorum cum aurea bulla.*

D: Friedrich RUDOLPHI, Gotha diplomatica 5 (1717) S. 214.
R: Regesten der Erzbischöfe von Mainz von 1289–1396, 2. Abt.: 1354–1396, 1: 1354–1371, bearb. von Fritz VIGENER (1913) S. 109 Nr. 432; Die Regesten der Erzbischöfe von Köln im Mittelalter 6: 1349–1362, bearb. von Wilhelm JANSSEN (Publikationen der Gesellschaft für Rheinische Geschichtskunde 21, 1977) S. 207 Nr. 702; Regesten der Pfalzgrafen am Rhein 1: 1214–1400, bearb. von Adolf KOCH/Jakob WILLE (1894) S. 174 Nr. 2885; MGH Constitutiones 11 S. 333 Nr. 586;
Reg. Imp. 8 Nr. 2311.
Faksimile: Otto POSSE, Die Hausgesetze der Wettiner (1889) Tafel 31.
Abbildung: Geschichte Sachsens, hg. von Karl CZOK (1989) S. 153; Friedrich BECK/Rainer GROSS/Manfred UNGER, Aus tausend Jahren deutscher Geschichte. Urkunden aus Archiven der DDR (1989) S. 47 Nr. 42.

||*In nomine sancte et individue trinitatis*|| *feliciter amen.* ||*Karolus quartus divina favente clemencia Roman(orum) imp(er)ator semp(er) augustus et Boemie rex*||. *Ad perpetuam rei memoriam. Etsi* [a] *imp(er)ialis n(ost)re munificencie gracia cunctis, quos sacru(m) regit imp(er)ium, com(m)unis et liberalis esse delectatur, ad illor(um) tamen precipue fidei et puritatis merita prompcius inclinatur ac gratis eor(um) desideriis benigniorem accomodare (con)suevit assensum, qui nobilitatis radiis, virtutum exerciciis ac fidelium grator(um)q(ue) servicior(um) solerciis se n(ost)re (con)spectui prestancius representant. Sane constitutus in n(ost)re maiestatis p(rese)ncia illustris Fri-*

dericus marchio Misnen(sis) et lang(ra)vius Turingie, princeps et avunculus n(oste)r dil(ec)tus, nobis humilit(er) supplicavit, q(ua)t(en)us sibi et illustrib(us) Balthasar, Ludowico et Wilhelmo fratrib(us) suis germanis, principib(us) et avunculis n(ost)ris dil(ec)tis ac eor(um) heredib(us), omnia et singula privilegia, l(itte)ras, gracias, (con)cessiones et indulta, que et quas a recolende memorie divis Roman(orum) imp(er)atorib(us) seu regib(us), p(re)decessorib(us) n(ost)ris a nobis et imp(er)io, super quib(us)cumq(ue) principatib(us), comitatib(us), possessionib(us), iurib(us), libertatib(us) ac honorib(us) optinuisse noscuntur, approbare, ratificare et (con)firmare de imp(er)ialis n(ost)re celsitudinis gr(aci)a dignaremur. Nos considerantes et attenta mente pensantes multiplicia probitatis merita et indefesse virtutis (con)stanciam necnon fidelia grataq(ue) servicia, quib(us) idem avunculus n(oste)r nos et sacrum Roman(um) imp(er)ium flagranti animo et pervigili studio frequencius honoravit, presertim cum supplicacio pred(ic)ta de fonte racionis emanet et iuste petentib(us) non sit denegandus assensus, animo deliberato et sano principum, baronum, procerum et nobilium n(ost)ro(rum) ac sacri Roman(i) imp(er)ii attendente (con)silio sibi et pred(ic)tis suis fr(atr)ib(us) et eor(um) heredib(us) univ(er)sa et singula privilegia, l(itte)ras, gracias, (con)cessiones et indulta, que et quas super quib(us)cumq(ue) principatib(us), comitatib(us), possessionib(us), iurib(us), libertatib(us), honorib(us), dominiis, provinciis, districtib(us), terris, territoriis, advocaciis, castris, civitatib(us), villis, locis, claustris, molendinis, montib(us), vallib(us), planis, pascuis, silvis, rubetis, aquis, aquar(um) decursib(us), piscaturis, piscinis, piscacionib(us), venacionib(us), aucupacionib(us), vasallis, vasallagiis, feodis, feudotariis[b], collac(i)onibus, iurib(us) p(at)ronatus eccl(es)iar(um), iudiciis, theoloneis, vectigalib(us), conductib(us), daciis, monetis, pignoribus, stratis, montanis, judeis, obvencionib(us), censibus, proventibus, redditibus et aliis quibuscumq(ue) rebus, utilitatibus sive emolimentis, quib(us)cumq(ue) eciam sp(eci)alibus designentur vocabulis, a divis Romanor(um) imp(er)atoribus sive regibus, p(re)decessorib(us) n(ost)ris, nobis et sacro Roman(o) imperio obtinuerunt hactenus, in omnibus suis articulis, sentenciis, punctis et clausulis de verbo ad verbum, prout scripta seu scripte sunt, ac si tenores omnium forent inserti, p(resen)ntib(us) eciam si de hiis iure v(e)l (con)suetudine deberet fieri mencio specialis, auctoritate imp(er)iali approbamus, ratificamus, innovamus et de singulari benignitatis gracia ac imperialis potestatis plenitudine tenore p(rese)ncium (con)firmam(us). Nulli ergo omnino hominum liceat hanc nostre approbacionis, ratificacionis, innovacionis[c] et (con)firmacionis paginam infringere vel ei quovis ausu temerario quomodolibet contraire sub pena gravis n(ost)re indignacionis et centum marcar(um) puri auri, quas ab eo, qui (con)travenire presumpserit, tociens quocie(n)s contraf(a)c(tu)m fu(er)it, irremissibilit(er) exigi volumus et ear(um) medietatem fisci imp(er)ialis n(ost)re camere, residuam vero partem prefati avunc(u)li n(ost)ri ac fr(atru)m suor(um) et eor(um) heredum iniuriam passor(um) usib(us) applicari.

||*Signum serenissimi principis et d(omi)ni d(omi)ni Karoli quarti Roman(orum) imp(er)atoris invictissimi et gloriosissimi Boem(ie) regis*||.

Testes huius rei sunt: ven(er)abiles Gerlacus Moguntin(ensis) per Germaniam, Wilhelmus Colonien(sis) per Ytaliam, Boemundus Trev(er)en(sis) per Galliam archiep(iscop)i sacri Roman(i) imp(er)ii archicancellarii, magnifici Rupertus comes palatin(us) Reni archidapif(er), Rudolfus dux Saxon(ie) archimarescallus et Ludowicus marchio Brandemburgen(sis) et Lusacie archicamerarius et alii q(uam)plures principes, barones et nobiles n(ost)ri et sacri Roman(i) imp(er)ii suprad(i)c(t)i. P(rese)ncium sub bulla aurea typario n(ost)re maiestatis impresso.

Datum Nuremberg anno d(omi)ni millesimo trecentesimo quinq(ua)gesimo quinto, indicc(i)on(e) octava, II non(as) decembris, regnor(um) n(ost)ror(um) anno decimo, imperii vero primo.

[d]-*Ego Johannes dei gracia Luthomuschlen(sis) ep(iscop)us sacre imp(er)ialis aule cancellar(ius) vice reverendi in Chr(ist)o patris domini Gerlaci Moguntini*[b] *archiep(iscop)i sacri imperii p(er) Germaniam archicancell(arii) recognovi*-[d].

a) *et si* A.
b) so A.
c) *innovocionis* A.
d-d) von anderer Hand A.

Bemerkung: Zu diesem feierlichen Diplom existierte bisher kein moderner Druck. Eine deutschsprachige Fassung des Privilegs ist im Anschluß abgedruckt:

1355 November 22, Sulzbach.

Karl IV. bestätigt Markgraf Friedrich von Meißen und dessen Brüdern Balthasar, Ludwig und Wilhelm alle Privilegien über Herrschaftsrechte, Besitzungen und Freiheiten. Strafandrohung 100 Mark Gold.

[2] Ü: A HStA Dresden, O.U. 3421; lädiertes M.S. an S.F.; auf dem Bug rechts: *p(er) d(omin)um .. imp(er)atorem / Jo(hannes) Eysteten(sis)*; Rückseite: *R(egistrat)a Joh(an)nes.*
R: MGH Constitutiones 11 S. 317 Nr. 555.

Wir Karl von gots gnaden Romischer keiser zu allen zeiten merer dez reichs und kunig zu Beheim bekennen und tun kunt offenlich mit diesem briefe allen den, die in sehen oder horen lesen: Allein unsir keiserliche wirdickeit von angeborner guͤte zu allermenglich geneiget sei, ir gnade mildeclich miczeteilen des heiligen reichs get(re)wen undertanen, doch meinen wir von sunderlichen gunsten dıͤ ze fudern[a] *und den unsir gnade foͤrderlicher miczeteilen, die in merklichen diensten und steten t(re)wen sich uns und dem heiligen reiche vor andern get(re)wlich beweiset haben und stetiklich mit gancze(n) t(re)wen beweisen. Dovon wann fur unsir keiserliche maiestat kumen ist der hochgeborne Friderich marggrave ze Meyssen, unsir lieber oͤheim und fuͤrste, und hat an uns begeret und uns fleizzichlichen gebeten, daz wir im und den hochgebornen Balthasaren, Ludowigen und Wilhelmen margg(ra)ven zu Meyssen seinen buͤrdern alle ire briefe und hantvesten, die sie uber ire fuͤrstentum, herschefft, recht, freiheit, gnade, ere und guͤte gewonheit und ouch uber alle ander sachen von seliger gedechtnuͤzze Roͤmischen keisern und kungen von uns und dem heiligen reich behalten und herbracht habent, bestetigen, bevesten und (con)firmiren geruchten von sunderlichen unsirn keiserlichen gnaden. Des haben wir angesehen seine redliche, vernumftige bete und ouch merkliche get(re)we dienst und ere, die er und die obgenanten sein bruͤder uns und dem obgenanten heiligen reich in allen sachen nach unsir(er) notdurft offt unverdrozzenlich getan und erboten habent und steticlich mit ganczen t(re)wen ertzeigen, und bestetigen, bevesten und (con)firmiren in mit rat unsir(er) fuͤrsten, grafen und herren mit wolbedachtem muͤt und mit keiserlicher mechte vollenkumenheit alle hantvesten, briefe und schrifft, domit si von Romischen keisern und kungen, uns(er)n vorfarn, von uns [und]*[b] *dem heiligen reich begnadet sind oder von iren eltern und vorfarn margg(ra)fen zu Meissen und lantgraven zu Duͤringen herbracht haben, uber alle ire fuͤrstentuͤm, herschefft, recht, freiheit, gnade, ere und guͤte gewonheit, besiczunge, eygenscheffte, vesten, ztete, merkte, lande, leute, closter, doͤrffer, muͤl, man, manscheffte, lehen, lehenschefft, weitpilde, creizze, welde, holczer, puͤsche, velde, weyde, wazzer, wazzerleufte, vischerey, geiegde, wiltpenne, gericht, czolle, geleitte, muncze, pfantscheft, bergwerg, strazzen, juden, ere, nuͤcze, czins, gabe und uber alle*

andre ding, wie man die benennen mag mit sunderlichen wortten, in allen iren meinungen, puncten und artikeln von wortte zu wort, als sie begriffen und geschriben sind und redlich erworben sind gleicherweis, als ob si in disem briefe genczlich begriffen weren oder ob si durch recht oder gewonheit begriffen sein solten. Dovon gebieten wir allen fürsten geistlichen und werltlichen, grafen, freyen, herren, steten, rittern, knechten und allen andern uns(er)n und des reichs get(re)wen undertanen, daz niemant noch ir dheiner besampt oder besunder wider die obgenanten gnade und bestetigunge nimmer in dheinen zeiten tůn oder kumen sůlle oder tůrre in dheineweis. Wer aber dowider frevellichen tete, der sol in unsir und dez reichs ungnade und hundert mark lôtiges goldes ze rechter[c] *pen vervallen sein, die sullen halb uns und in unsir und des reichs camer und daz ander halb teil den obgenanten marggraven, die ubervaren werden, genczlich und ungeminnert gevallen. Mit urkunde dicz briefes versigelt mit uns(er)m keiserlichem insigel.*
Geben zu Sulczpach nach Christes geburte dreuczenhundert jar dornach in dem fumf und fumfczigstem jar an santh Cecilien tag der heiligen junchfråwen, unsir reich in dem czehenden und des keisertumes in dem ersten jare.

a) *zefudern* A.
b) fehlt in A.
c) *zerechter* A.

[31] *It(em) l(itte)ra sup(er) dominio*[a] *Ysenberg et Turgow, in qua imp(er)ator / marchionib(us) (con)tulit iudiciu(m) sup(re)mu(m).*

a) so A, besser wäre *dominiis.*

1350 Februar 16, Bautzen.

Karl IV. verleiht den Markgrafen Friedrich, Balthasar, Ludwig und Wilhelm von Meißen den Bann, das heißt die Hochgerichtsbarkeit, in ihren Herrschaften Eisenberg und Torgau und ihren anderen Eigengütern sowie den Wildbann in ihren Eigengütern.

D: MGH Constitutiones 10 S. 17 Nr. 26.
R: Reg. Imp. 8 Nr. 6638.

Bemerkung: Zu den wettinischen Ämtern Eisenberg und Torgau vgl. LIPPERT, Lehnbuch (wie Nr. 17) S. 32–36 und S. 84–87.

Zum Wildbann vgl. Winfried LEIST, Zwei Reichsämter der Markgrafen von Meißen, in: Kaiser Karl IV. (wie Anm. 63) S. 433–440.

[32] *It(em) l(itte)ra, in qua imperator ded(i)t marchio(n)ib(us) duo milia sex(agenarum) g(rossorum) / sup(er) civitatib(us) Aldinb(ur)g, Zcwickow et Kempnicz.*

1362 März 25, Nürnberg.

Karl IV. erhöht die Pfandsumme für die Städte Altenburg, Zwickau und Chemnitz um 2.000 Schock Prager Groschen zugunsten der Markgrafen Friedrich, Balthasar und Wilhelm von Meißen als Pfandinhaber wegen ihrer dem Kaiser und dem Reich namentlich im Vogtland geleisteten Dienste.

Ü: A HStA Dresden, O.U. 3681; M.S. an Pressel; auf dem Bug rechts: *p(er) d(omin)um .. mag(ist)r(u)m cur(ie) / Joh(an)nes Eysteten(sis)*; in der Bugfalte rechts: *Corr(e)c(t)a p(er) Johannem / decanum Glogovien(sem)*; auf der Rückseite: *R(egistratu)m Johannes Tribovien(sis).*

R: WENCK, Der vogtländische Krieg (wie Anm. 74) S. 14 Anm. 3; MÜLLER, Urkunden Plauen (wie Anm. 20) S. 51 Nr. 461;
Reg. Imp. 8 Nr. 7079.

Wir Karl von gotes gnaden Ro̊mischer keyser zu allen zeiten merer des reichs und künig[a] *zu Beheim bekennen und tün*[a] *kunt offenlich mit disem brief allen den, die in sehen oder horen lesen, daz wir hab(e)n angesehen get(re)we, stete und nücze*[a] *dienst, die uns und dem heiligen reiche die hochgeborn Fridrich, Balthazar und Wylhelm gebrüd(er)*[a]*, lantgraven in Döringen*[a] *und margrafen zu Meizzen und in dem Osterlande, unser lieb(e)n öheim*[a] *und fürsten*[a]*, offt nüczlich*[a] *getan hab(e)n und beynamen den nüczen*[a] *und unverdrozzen dienst, den sie uns und dem reiche in der vogte lant und ouch anderswo mit ganczen t(re)wen und grozzer arbeit uff ir eygene kost getan hab(e)n. Dorumbe so geben wir in mit wolbedachtem mute, mit rechter wizzen und mit rate unser(er) fürsten*[a]*, edlen und get(re)wen czweitausent schok grozzer pfenni(n)ge Prager müncze*[a]*, die wir in beweiset hab(e)n, und beweisen ouch die mit disem briefe uff den dreyn steten Aldenburg, Czwickow und Kempnicz, die sie und ir erben mit allen iren nüczen*[a]*, rechten, freyheiten und zugehorungen zu einem rechten pfande sullen innehaben umb die vorgenanten czweitausent schok und umb*

ander gelt, umb daz dieselb(e)n stete yn vormals von uns(er)n vorfarn an dem reiche vorsaczet sein nach laute der briefe, die sie dorůber von unsern vorfarn an dem reiche haben, uncz an die zeit, daz wir oder unser nachkomen an dem reiche die egenan(ten) stete von in redlich gelösen[a] *umb alles gelt, do für*[a] *sie beide von uns und von unsern vorfarn vorsaczet sein. Und yn derselb(e)n losunge süllen*[a] *alle früchte*[a], *nücze*[a] *und geniezze an der haubtsum(m)e nicht abgeslagen werden in deheineweis. Mit urkund dicz briefes versigelt mit unserm keiserlich(e)n insigel.*
Der geben ist zu Nüremberg[a] *nach Cristus geburt dreuzehenhundert jar dornach in dem czwey und sechczigisten jar am nehsten freytag vor dem suntag, als man singet Letare in der vasten, unser(er) reiche in dem sechczehenden und des keysertüms*[a] *in dem sybenden jare.*

a) Punkte über dem u bzw. o erscheinen in der Urkunde schräg nach rechts oben gestellt, A.

Bemerkung: Die im Vogtland von den Wettinern dem Kaiser geleisteten Dienste beziehen sich auf das gemeinsame Vorgehen der Markgrafen und Karls IV. gegen die reußischen Vögte von Weida, Gera und Plauen in den Jahren 1354–59, vgl. WENCK, ebd.

[33] *It(em) l(itte)ra, cu(m) qua (con)firmav(i)t o(mne)s l(itte)ras datas sup(er) civitates Alde(n)b(ur)g, / Zcwickow et Kempnicz a q(ui)b(us)cu(m)q(ue) imp(er)ato(r)ib(us) et regib(us).*

1350 Februar 6, Bautzen.

Karl IV. bestätigt und erneuert den Markgrafen Friedrich, Balthasar, Ludwig und Wilhelm von Meißen alle Pfandbriefe über Altenburg, Zwickau und Chemnitz.

D: MGH Constitutiones 10 S. 28 Nr. 37.
R: Urkundenverzeichnis, MVChG 1 (1873) S. 44 Nr. 40; Altenburger UB (wie Nr. 14) S. 502 Nr. 636;
Reg. Imp. 8 Nr. 6046.

Bemerkung: Dasselbe hatte Karl IV. den vier markgräflichen Brüdern schon zu Dresden, 1349 Dezember 21 (D: MGH Constitutiones 8 S. 737 Nr. 724) und deren Vater, Markgraf Friedrich (II.), zu Bautzen, 1348 September 21 (D: Ebd. S. 659 Nr. 654) beurkundet.

[34] *It(em) l(itte)ra, in qua imperator obligavit accumulando IIII milia / sex(agenarum) [grossorum]* [a] *sup(er) d(i)c(t)is civitatib(us) A[l]dinburg, Zcwickow et Kempnicz.*

a) fehlt in Hs.

1362 März 25, Nürnberg.

Karl IV. erhöht die Pfandsumme für die Städte Altenburg, Zwickau und Chemnitz um weitere 3.000 Schock Prager Groschen zugunsten der Markgrafen Friedrich, Balthasar und Wilhelm von Meißen als Pfandinhaber wegen ihrer dem Kaiser und dem Reich namentlich in Schwaben vor Schorndorf geleisteten Dienste.

Der Registereintrag spricht von 4.000 Schock Prager Groschen, die Urkunde dagegen nur von 3.000 Schock. Die Zuordnung von Eintrag und Urkunde ist nur dann möglich, wenn man dem Regestenschreiber einen Fehler unterstellt. Diese Unterstellung ist nicht ganz unbegründet, denn eine weitere Urkunde dieser Art, die von einer Erhöhung der Pfandsumme um 4.000 Schock spricht, ist bisher nicht aufgetaucht. Oder weißt *accumulando* im Registereintrag darauf hin, daß verschiedene Verpfändungen zusammenzuziehen wären?

Ü: A HStA Dresden, O.U. 3680; M.S. an Pressel; auf dem Bug rechts: *p(er) d(omin)um .. mag(ist)r(u)m cur(ie) / Joh(an)nes Eysteten(sis)*; in der Bugfalte rechts: *Corr(e)c(t)a p(er) Johannem / decanu(m) Glog(oviensem)*; Rückseite: *R(egistratu)m Johannes Tribovien(sis).*

R: Urkundenverzeichnis, MVChG 1 (1873) S. 46 Nr. 45;
Reg. Imp. 8 Nr. 6231.

Wir Karl von gotes gnaden Rômischer keyser zu allen zeiten merer des reichs und künig [a] *zu Beheim bekennen und tün* [a] *kunt offenlich mit disem brief allen den, die in sehent oder hörent* [a] *lesen, daz wir haben angesehen get(re)we, stete und nücze* [a] *dienst, die uns und dem heiligen reiche die hochgebornen Fridrich, Balthazar und Wylhelm gebrüder* [a]*, lantgraven in Dôringen und margrafen zu Meizzen und in dem Osterlande, unser lieben öheim* [a] *und fürsten* [a]*, offt nüczlich* [a] *getan hab(e)n, und beyname(n) den nüczen* [a] *und unverdrozzen dienst, den sie uns und dem reiche in Swaben vor Schorrendorff und ouch anderswo mit ganczen t(re)wen und grozzer arbeit uff ir eygen kost getan haben. Dorumb so geben wir in mit wolbedach-*

tem mute, mit rechter wizzen und mit rate unser(er) fürsten[a], *edlen und get(re)wen dreutausent schok grozzer pfenni(n)ge Prager müncze*[a], *die wir yn beweiset hab(e)n, und beweisen ouch die mit diesem briefe uff den dreyn steten uff Aldenburg, Czwickow und Kempnicz, die sie und ir erb(e)n mit allen iren nüczen*[a], *rechten, freiheiten und zugehorungen zu einem rechten pfande süllen*[a] *ynne haben umb die vorgenanten dreutausent schok und umb ander gelt, umb daz dieselb(e)n stete yn vormals von uns(er)n vorfarn an dem reich vorsaczet sein nach laute der briefe, die sie dorůber von unsern vorfarn an dem reich haben, uncz an die zeit, daz wir oder unser nachkomen an dem reiche die egenanten stete von in redlich gelösen*[a] *umb alles gelt, do für*[a] *sie beide von uns und von unsern vorfarn vorsaczet sein. Und in derselb(e)n losunge süllen*[a] *alle früchte*[a], *nücze*[a] *und geniezze an der haubtsum(m)e nicht abgeslagen werden in deheineweis. Mit urkund dicz briefes versigelt mit uns(er)m keiserlich(e)n insigel.*
Der geben ist zu Nůremberg nach Cristus geburt dreuczehenhundert jar dornach in dem czwei und sechczigisten jar des nehsten freytages vor dem suntag, als man singet Letare in der vasten, unser(er) Reiche in dem sechczehenden und des keisertüms[a] *in dem sybenden jare.*

a) Punkte über dem u bzw. o erscheinen in der Urkunde schräg nach rechts oben gestellt, A.

Bemerkung: Die in Schwaben vor Schorndorf von den Wettinern dem Kaiser geleisteten Dienste beziehen sich auf die Unterstützung des württembergischen Feldzugs Karls IV. durch Markgraf Wilhelm von Meißen im Jahre 1360; vgl. oben bei Anm. 76.

[35] *It(em) alia l(itte)ra sup(er) V milib(us) de eisdem civitatib(us).*

1355 November 22, Sulzbach.

Karl IV. erhöht die Pfandsumme für die Städte Altenburg, Zwickau und Chemnitz um weitere 5.000 Schock Prager Groschen zugunsten der Pfandinhaber, der Markgrafen Friedrich, Balthasar und Wilhelm von Meißen, wegen seiner Schulden bei den Markgrafen in dieser Höhe noch aus der Zeit als römischer König.

D: MGH Constitutiones 11 S. 316 Nr. 554.
R: Urkundenverzeichnis, MVChG 1 (1873) S. 45 Nr. 43;
Reg. Imp. 8 Nr. 6161.

Bemerkung: Karl IV. hatte den Markgrafen von Meißen 1349/50 8.000 Schock Prager Groschen versprochen, von denen er 3.000 bar abzahlte (s. oben Nr. 20). Die restlichen 5.000 schlägt er hier auf die genannte Pfandschaft auf, womit die Schuld beglichen ist. Dafür geben ihm die Wettiner *die obgenanten unsir kunglich briefe, die si umb die obgenanten schult von uns hatten* zurück. Das erklärt auch, warum von der Urkunde über die 8.000 Schock kein Original erhalten blieb; es wurde nach Begleichung der Schuld vernichtet.

[36] *It(em) alia [littera]*[a] *sup(er) mille marc(is) puri arge(n)ti p(re)d(i)c(t)ar(um) civitat(um).*

a) fehlt in Hs.

1350 Februar 6, Bautzen.

Karl IV. erhöht die Pfandsumme für die Städte Altenburg, Zwickau und Chemnitz um 1.000 Mark Silber zugunsten der Pfandinhaber, der Markgrafen Friedrich, Balthasar und Wilhelm von Meißen.

D: MGH Constitutiones 10 S. 29 Nr. 39.
R: Urkundenverzeichnis, MVChG 1 (1873) S. 45 Nr. 42; Altenburger UB (wie Nr. 14) S. 502 Nr. 637;
Reg. Imp. 8 Nr. 6048.

fol. 42v Registereinträge:

[37] *It(em) l(itte)ra (con)firmac(i)o(n)is, in qua inp(er)ator (con)firmat l(itte)ras Henr(ici) imp(er)ator(is) / p(re)decessor(is) sui sup(er) inpignorac(i)o(n)ib(us) civitatu(m) Alde(n)burg, Zcwickow / et Kempnicz et i(n) eadem l(itte)ra om(ne)s exp(e)nsas et da(m)pna d(ominor)um*[a] *march(ionum) / et suas in marchia [Brandemburgensi]*[b] *recept(as) adhuc*[c] *(com)putandas sup(er) easdem civitates / assignavit.*

a) *d(omin)um* Hs.
b) fehlt in Hs.
c) *ad huc* Hs.

1350 Februar 6, Bautzen.

Karl IV. bestätigt den Markgrafen Friedrich, Balthasar, Ludwig und Wilhelm von Meißen die Verpfändung von Altenburg, Zwickau und Chemnitz einschließlich der von seinem Großvater, Kaiser Heinrich VII., den Markgrafen Friedrich (I.) dem Freidigen und Friedrich (II.) von Meißen getätigten sowie seiner eigenen dem Markgrafen Friedrich (II.) von Meißen beurkundeten Verpfändung derselben Städte und sagt außerdem zu, daß die Aufwendungen, die Markgraf Friedrich (II.) von Meißen im Dienste von Kaiser und Reich in der Mark Brandenburg hatte, auch auf die Pfandsumme aufgeschlagen werden.

D: MGH Constitutiones 10 S. 28 Nr. 38.
R: Urkundenverzeichnis, MVChG 1 (1873) S. 44 Nr. 41; Altenburger UB (wie Nr. 14) S. 501 Nr. 635;
Reg. Imp. 8 Nr. 6047.

[38] *It(em) l(itte)ra infeodac(i)o(n)is sup(er) Schellenb(er)g.*

1350 Februar 6, Bautzen.

Karl IV. belehnt die Markgrafen Friedrich, Balthasar, Ludwig und Wilhelm von Meißen mit der Burg Schellenberg samt Einkünften und allem anderen Zubehör, die einst Heinrich von Schellenberg bis zu seiner Ächtung vom Reich zu Lehen hatte.

D: MGH Constitutiones 10 S. 14 Nr. 22.
R: Die Königszeit Karls IV. (1346–1355 März), bearb. von Friedrich BATTENBERG (Urkundenregesten zur Tätigkeit des deutschen Königs- und Hofgerichts bis 1451, hg. von Bernhard DIESTELKAMP 6, 1990) S. 134 Nr. 214.

Bemerkung: Bereits Ludwig IV. hatte Markgraf Friedrich (II.) von Meißen zu Gelnhausen, 1324 April 5 mit der Burg Schellenberg belehnt (MGH Constitutiones 5 S. 706 Nr. 891).
Die Wiedergabe des Urkundentextes in MGH Constitutiones 10 S. 14 Nr. 22 Zeile 22 enthält einen sinnentstellenden Fehler. Die Begründung für die Ächtung Heinrichs von Schellenberg muß richtig lauten: *propter certos suos excessus et foref(a)c(t)a.* Zum Ende des Schellenbergers vgl. Dieter RÜBSAMEN, Kleine Herrschaftsträger im Pleißenland. Studien zur Geschichte des mitteldeutschen Adels im 13. Jahrhundert (Mitteldeutsche Forschungen 95, 1987) S. 255f., S. 337f. und GÜNTHER, Herrschaft Schellenberg (wie Anm. 59).

[39] *It(em) l(itte)ra infeodac(i)o(n)is sup(er) Koburg et Smerkalden*[a] *Fride-(r)ico marchioni / et Kathe(r)ine ei(us) legittime (con)thorali tradite*[a].

a) so Hs.

1350 Februar 17, Bautzen.

Karl IV. belehnt den Markgrafen Friedrich (III.) von Meißen und, wenn dieser erbenlos stirbt, auch dessen Brüder Balthasar, Ludwig und Wilhelm für den Fall des Todes der Witwe des Grafen Heinrich (VIII.) von Henneberg, Jutta, mit der Herrschaft Coburg einschließlich Schmalkaldens, wie es anläßlich der Vermählung des genannten Markgrafen Friedrich mit Katharina von Henneberg, der Tochter des Grafen Heinrich und der Jutta, ausgehandelt worden ist.

D: MGH Constitutiones 10 S. 20 Nr. 29.
R: Reg. Imp. 8 Nr. 1229.

Bemerkung: Zum Hintergrund der Eventualbelehnung vgl. Wilhelm FÜSSLEIN, Der Übergang der Herrschaft Coburg vom Hause Henneberg-Schleusingen an die Wettiner 1353, ZVThG N.F. 28 (1929) S. 384ff.; Geschichte Thüringens 2,1 (wie Nr. 2) S. 95ff., S. 205f.

[40] *It(em) l(itte)ra infeodac(i)o(n)is*[a] *sup(er) burcg(ra)viatu in Alde(n)burg et t(ur)ri dict(o) Ma(n)tilturm / cu(m) o(mn)ib(us) suis p(er)tine(n)ciis.*

a) *in feodac(i)o(n)is* Hs.

1350 Februar 6, Bautzen.

Karl IV. belehnt die Markgrafen Friedrich, Balthasar, Ludwig und Wilhelm von Meißen mit dem Burggrafenamt zu Altenburg, dem dortigen Mantelturm und allem Zubehör.

D: MGH Constitutiones 10 S. 13 Nr. 21.
R: Altenburger UB (wie Nr. 14) S. 504 Nr. 639;
Reg. Imp. 8 Nr. 6045.

[41] *It(em) l(itte)ra r(e)stituc(i)o(n)is in integr(um) ad o(mn)ia bo(na) p(er) patre(m) marchio(num) in minoren(n)i / tate vendita vel quovi[s]modo alienata.*

1350 Februar 16, Bautzen.

Karl IV. setzt die Markgrafen Friedrich, Balthasar, Ludwig und Wilhelm von Meißen wieder in alle während der Minderjährigkeit ihres Vaters, Markgraf Friedrichs (II.) von Meißen, entfremdeten und veräußerten Rechte und Besitzungen ein.

D: MGH Constitutiones 10 S. 25 Nr. 35.
R: Reg. Imp. 8 Nr. 1221.

Bemerkung: Karl IV. wiederholt mit dieser Urkunde die bisher ungedruckte Verfügung seines Vorgängers Ludwigs IV. von:

1337 August 27, Frankfurt/M.

Ludwig IV. setzt den Markgrafen Friedrich (II.) von Meißen wieder in alle während dessen Minderjährigkeit nach dem Tod seines Vaters, Markgraf Friedrichs (I.) des Freidigen, entfremdeten und veräußerten Rechte und Besitzungen ein.

Ü: A HStA Dresden, O.U. 2788; M.S. an S.F.

Ludewicus dei gracia Romanor(um) imp(er)ator semper augustus sacri Romani imperii fidelibus, ad quos presentes p(er)venerint, universis graciam suam et omne bonum. Regis regum ineffabilis iudicior(um) preordinacio [a-]*ad instar*[-a] *yerarchie celestis in hoc presenti seculo potestatum ordines distinctim erigere studuit, ut conatus iniqua querencium refrenarentur ministerio prefector(um). Hac equidem consideracione laudanda imperialis potentatus monarchiam super omnes mundi reges et regna extollere censuit, ut imperialis solercia ad ipsam oppressionis tempo(r)e pro salutis subsidio confluentibus defensionis obumbraculo subveniat ipsisq(ue) tota sollicitudine crebrim*[b] *provideat, ne incongrue molestentur. Igitur, quonia(m) iuxta legum et canonu(m) legittimas sanctiones deceptis sub annis minoribus per beneficium restitucionis* [a-]*in integrum*[-a] *et modis aliis imperiali suffragio iurisq(ue) subsidio multipliciter subvenitur, nos, quos celestis altitudo consilii q(u)a(m)q(u)a(m) inmeritos apicibus*[c] *imp(er)atorie claritatis pia dignacione preficere voluit, legum et canonum instituta sicut decet racionabilit(er) imitantes, illustri Friderico Thuringie lantgravio, terrarum Missenens(is) et Orientalis marchioni necno(n) domino Plizsnensi, genero nostro karissimo, qui administracioni bonor(um) ac rerum patrimonialium dictis p(ri)ncipatibus ac dominio p(er)tinencium post obitum incliti Friderici quondam dic-*

tar(um) terraru(m) lantgravii, marchionis ac domini, genito(r)is ipsius, legibus contrarians absque tuto(r)e simul ac curato(r)e nativis ac dativis nulla prorsus a nobis sue etatis venia impetrata existens sub annis minoribus auctoritate p(ro)pria se ingessit indebite et sic multipliciter lesus existit, per beneficium restitucionis [a-]*in integrum*[-a] *per eum a nobis s(e)c(un)d(u)m iuris tradicionem rite et legittime inploratum dive decrevimus succurrendum. Ne igitur imperii menbrum tam nobile inbecillitate etatis teneris, que cuncta provide cum providencia tempus exigat, nequid p(ro)spicere, a nobis ac sacro Roman(o) imperio adeo dampnabilit(er) dislocetur, prefatum Fridericum eiusq(ue) heredes, successo(r)es et posteros contra omnen*[b] *donacionem, vendicionem, infeodacionem, concessionem, inpignoracionem, p(er)mutacionem seu qua(m)vis aliam alienacionem et contractum, quocu(m)q(ue) modo seu sub quacu(m)q(ue) forma vel expressione verbor(um) publice vel occulte, directe vel indirecte, per eum existentem sub annis minoribus post obitum patris factum vel factas, hoc divali rescripto* [a-]*in integrum*[-a] *restituim(us) de imp(er)atorie potestatis plenitudine pleno iure restituentes sibi suisq(ue) heredibus, successoribus ac posteris universis in bonis, rebus seu iuribus suprascriptis p(er) eum sic alienatis directum et utile dominium vel quasi et omnem p(ro)prietatem eo modo et iure, sicut ipsa dictus Fridericus tenebat illa hora, qua per eum sic extiterant alienata pariter et distracta, mittentes ipsos in plenam et liberam possessionem vel quasi omnium bonor(um), rerum ac iurium prescriptorum, non obstantibus quibuscu(m)q(ue) donacionibus, vendicionibus, infeodacionibus, concessionibus, inpignoracionibus, p(er)mutacionibus seu alienacionib(us) aliis et contractibus quibuscu(m)q(ue), p(er) dictum Fridericum quocu(m)q(ue) modo seu sub quacu(m)q(ue) forma, concepcione vel expressione verborum, directe vel indirecte, publice vel occulte factis, quos*[d] *imperiali auctoritate edicto presenti cassamus, irritamus, cassos et irritos omnimode et inanes fore penitus nu(n)ciamus. Detentoribus dictorum bonorum, munitionum, villar(um), terrarum, districtuum acque locorum et rerum ac iurium ipsis p(er)tinencium, favo(r)is n(ost)ri sub obtentu necno(n) sub pena amissionis omnium feodor(um), privilegior(um), honorum et iurium, que a nobis et imperio vel aliis quibuscu(m)q(ue) obtinent, districte precipim(us) et mandamus, quatenus bo(na), municiones, villas, terras, res et iura prescripta sic indebite alienata et distracta dicto Friderico eiusq(ue) heredibus, successoribus et posteris libere absq(ue) omni impedimento restituant, sicuti gravem nostram effugere voluerint ulcionem, de fructib(us) p(er)ceptis a tempo(r)e occupacionis seu detencionis ipsoru(m), dicto Friderico eiusq(ue) heredibus, successoribus et posteris satisfacientes plena(r)ie et* [a]-*in totum*-[a], *non obstantibus ad premissa omnibus iuribus, legibus, canonibus, consuetudinibus, privilegiis vel statutis factis vel faciendis per nos aut quoscu(m)q(ue) predecessores nostros seu alios, cuiuscu(m)q(ue) preeminencie, condicionis aut status existant, que quoad*[e] *premissa nullius obtinere volem(us) roboris firmitatem. In huius itaq(ue) restitucionis testimonium atq(ue) robur firmum presentes co(n)scribi ac sigillo maiestatis nostre de certa sciencia iussimus com(m)uniri. Datum in oppido n(ost)ro Frankenfůrt anno domini millesimo tricentesimo tricesimo septimo feria quarta proxima post diem beati Bartholomei apostoli.*

a-a) in einem Wort A.
b) so A.
c) *apibus* A.
d) *quas* A.
e) *quo ad* A.

[42] *It(em) l(itte)ra infeodac(i)o(n)is p(er)petue sup(er) o(mn)ib(us) mineris cui(us)cu(m)q(ue) gen(er)is sint i(n) t(er)ris / Thury(n)gie, Orie(n)talis, Plizsene(n)s(is) et Miszene(n)s(is) aut alibi in bonis marchio(num) / ubiq(ue) iam inventis*[a] *vel in poster(um) inve(n)iendis*[b].

a) *in ventis* Hs.
b) *in ve(n)iendis* Hs.

1350 Februar 18, Bautzen.

Karl IV. belehnt die Markgrafen Friedrich, Balthasar, Ludwig und Wilhelm von Meißen mit dem Bergregal in ihren Landen.

D: MGH Constitutiones 10 S. 19 Nr. 28.

Bemerkung: Bereits Ludwig IV. hatte Markgraf Friedrich (II.) zu Pavia, 1329 Juni 23 mit dem Bergregal belehnt (D: MGH Constitutiones 6,1 S. 509 Nr. 606). Nach den Silberfunden beim späteren Freiberg im Erzgebirge im Jahre 1168 war mit Markgraf Otto von Meißen durch Kaiser Friedrich Barbarossa erstmals ein Wettiner mit dem Bergregal für seine Lande belehnt worden; vgl. Walther HERMANN, Der Zeitpunkt der Entdeckung der Freiberger Silbererze, in: DERS., Bergbau und Kultur. Beiträge zur Geschichte des Freiberger Bergbaus und der Bergakademie (Freiberger Forschungshefte D 2, 1953) S. 7–22, bes. S. 19f.

[43] *It(em) l(itte)ra infeodac(i)o(n)is sup(er) Koburg et Smalkalden marchio(n)ib(us) v(idelicet) Fride(r)ico, / Balthazar, Ludwico et Wilhelmo tali (con)dic(i)o(n)e adiecta, si d(omi)n(u)s Frider(icus) cu(m) / sua legitt(im)a (con)thorali Kath(erina) absq(ue) h(er)ed(ibus) toll(er)ent(ur) de hoc sec(u)lo, q(uod) tu(n)c d(i)c(t)a / bo(na) cet(er)i f(rat)res no(m)i(n)e devoluc(i)o(n)is obtin(er)e debe(re)nt.*

1350 [Februar 17], Bautzen.

Karl IV. belehnt die Markgrafen Friedrich, Balthasar, Ludwig und Wilhelm von Meißen für den Fall des Todes der Gräfin Jutta von Henneberg, der Schwiegermutter Markgraf Friedrichs (III.) von Meißen, mit der Herrschaft Coburg einschließlich Schmalkalden; falls genannter Markgraf Friedrich und seine Frau Katharina, eine Tochter der erwähnten Gräfin Jutta, ohne Erben sterben, soll die Herrschaft Coburg an seine Brüder Balthasar, Ludwig und Wilhelm fallen.

D: MGH Constitutiones 10 S. 21 Nr. 30.

Bemerkung: Die Urkunde hat keine Monats- und Tagesangabe. FÜSSLEIN, Übergang der Herrschaft Coburg (wie Nr. 39) S. 405, setzt sie zum obengenannten Termin.

[44] *It(em) l(itte)ra infeodac(i)o(n)is sup(er) comitatu Lauchstete cu(m) o(mn)ib(us) suis p(er)tine(n)ciis.*

1350 Februar 18, Bautzen.

Karl IV. belehnt die Markgrafen Friedrich, Balthasar, Ludwig und Wilhelm von Meißen mit der Pfalzgrafschaft (Sachsen-) Lauchstädt.

D: MGH Constitutiones 10 S. 18 Nr. 27.
R: Reg. Imp. 8 Nr. 1230.

Bemerkung: Die Pfalzgrafschaft Lauchstädt ist ein Überbleibsel der sächsischen Pfalzgrafschaft, die einst nach dem Herzogtum das ranghöchste sächsische Fahnlehen war; vgl. Erich HEINZE, Die Entwicklung der Pfalzgrafschaft Sachsen bis ins 14. Jahrhundert, SuA 1 (1925) S. 40ff.
Im Jahre 1363 schuf Karl IV. außerdem noch eine Pfalzgrafschaft Sachsen-Allstedt und belehnte seine askanisch-wittenbergischen Trabanten damit (s. oben im Text bei Anm. 92).

[45] *It(em) l(itte)ra, in qua imp(er)ator indulget, q(uo)d marchiones castra / Rotenberg* [a] *et Breyte(n)bach r(e)edifica(r)e possint.*

a) davor *Rotenbůrg* durchgestrichen Hs.

1350 Februar 6, Bautzen.

Karl IV. gestattet den Markgrafen Friedrich, Balthasar, Ludwig und Wilhelm von Meißen, die einst gebrochenen Burgen Rothenburg und Breitenbach wiederaufzubauen.

D: MGH Constitutiones 10 S. 24 Nr. 33.

Bemerkung: Karl IV. wiederholt mit dieser Urkunde die bisher ungedruckte Verfügung seines Vorgängers Kaiser Ludwigs IV. von:

1335 Juli 1, Eisenach.

Ludwig IV. beurkundet, daß die einst dem Markgrafen Friedrich (I.) dem Freidigen von Meißen gebrochenen Burgen Rothenburg und Breitenbach dem Markgrafen Friedrich (II.) dem Ernsthaften von Meißen gehören, und gestattet ihm, diese Burgen ohne jegliche Behinderung wieder aufzubauen.

Ü: A HStA Dresden, O.U. 2698; M.S. an S.F.; auf dem Bug links: *R(egistrata).*

Wir Ludowig von gotes gnaden Romischer keyser ze allen ziten mer(er) dez richs bechennen und tun kunt allen den, die disen brief ansehe(n)t oder horent lesen, daz die veste Rotenb(ur)g und Breitenbach mit allem dem, daz dar zu gehort besucht und unbesucht, swie daz genant ist, die dem edeln manne .. dem alten margraven von Myss(en) gebrochen und nidert geleyt wurden, als wir uns dez ervaren haben, zů gehőrent uns(er)m sun un(de) fursten margraf Frideriche(n) von Myss(en) und daz er reht dar zů hat, un(de) erlőben im, daz er die bowen muge, und wellen niht, daz in dhain unser noh dez richs get(re)wer dar an irre oder beswer mit dhainerlay sachen. Dar uber ze urchunde geben wir im disen brief mit uns(er)m keyserlichem insigel v(er)sigelten.
Der geben ist ze Ysnach an samcztag nah sant Pet(ers) un(de) sant Pauls tag, nah Christes geburt druczehenhund(er)t jar dar nah in dem funf und dreizzigestim jar, in dem ayn un(de) zwainzigestim jar uns(er)s richs un(de) in dem ahte(m) dez keysertumes.

Bemerkung: Die genannten Burgen wurden im Jahre 1312 durch die Äbte von Fulda und Hersfeld in einer Fehde mit Markgraf Friedrich (I.) dem Freidigen von Meißen (*dem alten margraven*) zerstört; vgl. LEIST, Landesherr und Landfrieden (wie Anm. 72) S. 114f.

[46] *It(em) l(itte)ra infeodac(i)o(n)is, in qua imp(er)ator / ip(s)is om(n)ia eor(um) bo(na) in solidu(m) (con)tulit.*

1350 Februar 6, Bautzen.

Karl IV. belehnt die Markgrafen Friedrich, Balthasar, Ludwig und Wilhelm von Meißen zur gesamten Hand mit der Landgrafschaft Thüringen, den Markgrafschaften Meißen, Osterland und Landsberg, der Grafschaft Orlamünde, der Pfalzgrafschaft Lauchstädt und dem Pleißenland.

D: Ostmitteldeutsche Chrestomathie. Proben der frühen Schreib- und Drucksprache des mitteldeutschen Ostens, hg. von Johannes ERBEN (1961) S. 6 Nr. 4 (nach Posses Faksimile); MGH Constitutiones 10 S. 11 Nr. 18.
Faksimile: POSSE, Hausgesetze der Wettiner (wie Nr. 30) Tafel 25.

Anhang II: Urkunden

[1] 1373 März 3, Bautzen.

Karl IV. als König von Böhmen und König Wenzel von Böhmen einerseits sowie die Markgrafen Friedrich, Balthasar und Wilhelm von Meißen andererseits kommen überein, daß ihre jeweiligen Lehnsmannen bis zum nächsten Pfingstfest (1373 Juni 5) eidlich benennen und in offenen besiegelten Briefen festhalten sollen, von welcher der beiden genannten Seiten sie ihre Lehen haben. Lehnsmannen, die sich der Offenlegung der Lehnsverhältnisse entziehen, können dazu gezwungen werden. Beide Seiten verabreden außerdem, daß sie das Ergebnis der Lehnsbenennung akzeptieren und der jeweiligen anderen Seite verbriefen.

A: HStA Dresden, O. U. 4042; M. S. Karls IV. und lädiertes M. S. König Wenzels an Presseln; auf dem Bug rechts: *de man(da)to d(omi)ni .. imp(er)atoris / Nicol(aus) Cam(er)icen(sis) p(re)p(osi)tus*; Rückseite: *R(egistrat)a Johannes Lust.* R: Reg. Imp. 8 Nr. 5170.

Wir Karl von gots gnaden Romischer keiser czu allen czeiten merer des reichs und kung czu Behem und wir Wenczla von denselben gnaden gotes kung zu Behem, marggraff czu Brandemburg und herczog in Slezien bekennen und tun kunt offenlich mit diesem brife allen den, die yn sehen oder horen lezen, das wir als ein kunge czu Behem fur uns und uns(er)e erben kunge czu Behem an eynem teile mit den hochgeborn Fridrichen, Balthasar und Wilhalm marggraven czu Meissen, uns(er)n liben ohem und fursten, und iren erben an dem andern teile uberen komen sein und enander gelobt haben, das wir mit allen uns(er)n mannen, die von uns als kungen czu Behem und ouch von den egen(anten) uns(er)n ohmen marggraven zu Meissen lehen haben, bestellen und schaffen sull(e)n und wollen, das sie ire lehen und gute, die sie von uns(er)r iglichem zu lehen haben und mit welherley rechten sie die haben von uns beiderseit bei iren eyden, der sie iren eygen herren pflichtig sein, benennen und in iren offenen besigelten brifen beschriben geben sullen czwischen hie und pfingsten, die schirest komen. Und ob sich ymand under denselb(e)n uns(er)n mannen dowider seczte und sulche seine lehen oder gut bynnen der egen(anten) czeit nicht beschriben [g]ebe [a]*, als dovor begriffen ist, denselben sullen wir an beydenseiten noch der egen(anten) frist dorczu twynge[n und hald]en* [a] *ane geverde, das er es tun muesse. Wer auch, das wir ymanden uns(er)r egen(anten) ohmen, der [marggraven zu Meiss]en,* [a] *ansprechen umb lehen oder gut, das er von uns*

als eynem kunge czu Behem und [der crone]n[a] *desselben kungrichs haben solte, was der doruber mit seinem eyde beheldet, doran sal uns wol genugen. Was ouch alle sulche oder igliche uns(er)r beyder manne umb leh(e)n oder gut bekennen und beschriben geben, als dovor begriffen ist, doran sal uns beyderseit genůgen und uns(er)r ietweder teile sal das ander teil under uns dobey lassen und sullen das denn(e) noch sulchem bekentnuzze under enander vesticlich verbrifen. Mit urkunt dicz brifes vorsigelt mit uns(er)n anhangunden insigeln.*
Der geben ist czu Budyssin noch Cristus geburt dreyczenhundert jar dornach in dem dreyundsibenczigstem jar am nechsten donerstag vor dem suntag Invocavit uns(er)r reiche in dem sibenundzwenczigst(em) und des keisertums in dem achczendem jare und uns(er) des obgen(anten) kung Wenczlaws in dem czehendem jare unsers kungreichs.

a) [] Loch im Pergament.

Bemerkung: Die Gegenurkunde der Wettiner befindet sich im HStA Dresden, O.U. 4043.
Über Lehnsstreitigkeiten urkundete Kaiser Karl IV. schon zu Nürnberg im Jahre 1354 September 25 für die Wettiner, als er die von seinem Landfriedenshauptmann Russo von Lutitz von wettinischen Vasallen erzwungenen Huldigungen aufheben und diese wieder an Markgraf Friedrich (III.) von Meißen weisen mußte (D: LIPPERT, Meißnisch-böhmische Beziehungen [wie Anm. 2] S. 257 Nr. 3).

[2] 1373 Mai 1, Prag.

Karl IV. beurkundet den Markgrafen Friedrich, Balthasar und Wilhelm von Meißen ein Eheversprechen für seine Tochter Anna, nach dem die genannte in acht Jahren mit dem Sohn des genannten Markgrafen Friedrich, der ebenfalls Friedrich heißt, verheiratet werden soll. Die vertraglichen Abmachungen halten u.a. fest, daß die Heimsteuer für Anna in Höhe von 10.000 Mark durch Verpfändung der böhmischen Städte Brüx und Laun an die Wettiner sichergestellt wird. Die Mannesgabe für die Kaisertochter beläuft sich auf dieselbe Summe. Die Meißner setzen dafür ihre Städte Orlamünde, Neustadt, Arnshaugk, Triptis, Auma und Ziegenrück als Pfand ein. Zusätzlich verpflichten sich die Markgrafen, dem Kaiser beim Erwerb der Mark Brandenburg zu helfen.

A: HStA Weimar, EGA U 542; M.S. Karls IV. und König Wenzels an Presseln; auf dem Bug rechts: *per cesarem / P(etrus) Jauren(sis).*

B: HStA Dresden, O.U. 4047; Notariatsinstrument von 1420 Januar 6, Meißen (*Anno ... millesimo quadringentesimo vicesimo ... mensis ianuarii die sexta ... in castro Misnensi*).

D: HARNISCH, Thüringische Urkunden (wie Anm. 21) S. 158 Nr. 75 (nach A).
R: Reg. Imp. 8 Nr. 5195 (mit altem Druck).

[W]ir[a] *Karl von got(is) gnaden Romisch(er) kais(er) czu allen czeit(e)n merer des reichs und kung czu Beh(e)m bekennen und tuen kunt offenlich mit disem briefe allen den, die in seh(e)n oder horen lezen, das wir durch sund(er)liche liebe, fruntschaft und truwe, der wir uns czu den hochgebornen Fridreiche, Balthasare und Wilhelme gebrudern, lantgrafen czu Duringen, markgrafen czu Myzzen, yn dem Osterlande und in Landsberk, grefen czu Orlomůnde und herren des landes czu Pleyzzen, uns(er)n lieb(e)n ohmen, genczlich vorseh(e)n, und ouch dorumb(e), das sulche frůntschaft und liebe czwischen uns ewiclych gesterket und bevestent werden, in all(e)n dreyen und iren erb(e)n globt haben und globen mit craft dicz briefes in guten truwen an geverde und bey dem eyde, den wir dorůber lyplich czu den heilgen gesworn haben, das wir dem hochgebornen Fridryche, des egen(anten) markgrafen Fridrychs eldestem sone, die durchluchten Annen unser tochtir czu eyner elichen wirtinne und rechtir konschaft geb(e)n und lyplich czulegen sullen und wollen. Und das sůll(e)n und woll(e)n wir enden und genczlich volfůren von Pfingsten, die schierest kumftig seyn, uber acht gancze jar, die nest nacheinandir volgen. Und sůllen und wollen derselben uns(er)r tochtir Annen czu heymstůre od(er) egelde, wie man das gewonlich pfligt czu nennen, czeh(e)ntusent schok grozzir Prager můncze geb(e)n und ouch dieselben summe geldes markgrafen Fridryche dem jungern, irem wirte, uns(er)m eydme und sone, mit gereitem gelde richten und beczalen ynnewendig eynem ganczen jare noch dem tage, so die kinder czu einandir gelegt werden, odir im dovor czu pfande seczen und ynantwert(e)n Brux hůs und stat und Lůn die stat mit allen iren herscheften und czugehorungen, by namen mit tusent schoken grozz(ir) pfenninge jeriger gulde. Und was der an denselb(e)n slossen und gutern gebreche, das sullen wir im erfůllen uff and(er)n gewissen gutern, die allernest do̊ by gelegen sein, also das im ye tusent schok derselben pfenninge ane mynn(er)nůzze da jerlichen volgen sullen.*

Ouch sol der egen(ante) markgraf Fridrich uns(er) swehir czu seinem sone herwider der egen(anten) uns(er)re tochtir czu morgengabe und lypgeding, wie man das pfligt czu nennen, ouch czeh(e)n tusent schok derselben groschen geb(e)n uff dieselbe vorgeschrebne czeit odir ir dovor czu pfande seczen und inantworten die nachgeschreb(e)n sloz und gutir Orlomuͤnde hůs und stat, Nuwestat, Arnshouk, Tryptes, Umaw und Czegenruk mit allen iren herscheften und czugehorungen by namen mit tusent schoken grozzer pfenninge jeriger gůlde. Und was der an denselben slossen und gut(er)n gebreche, das sol er ir erfuͤllen an andern gewissen gutern, die allernest do by gelegen syn, also das ir ye tusent schok groschen jeriger gulde do ane myn(n)ernuͤzze volgen.

Were aber, das sich markgraf Fridrich uns(er) swehir mit seinen brudern teilen wurde und im die slozz und gutir, die er uns(er)re tochtir vorpfendet und vormacht hette, czu seinem teyle nicht gebůrten, so solde er in seinem teile, der im in dem lande czu Myzzen odir in dem Osterlande gebůrte, glych also gůte, vest(e)n und gůter, die der cronen czu Beh(e)m allernest gelegen weren, der egen(anten) uns(er)re tochtir und czu irre hant uns odir, ob wir nicht weren, uns(er)n erb(e)n kungen czu Beh(e)m, mit tusent schoken jeriger gulde ynantworten und vermachen. Und wenne er das getan hette, so solden die egen(anten) slozz und pfandschaft an alle widerrede ledig und loz sein und dem volgen, dem sie czu teile geburten. Wenne ouch wir odir uns(er)e erb(e)n uns(er)e czeh(e)ntusent schok beczalten und uns(er)e slozz und gutir loͤzten, so sullen der egen(ante) markgraf Fridr(ich) unser swehr und sein son uns(er) eydem fur die selben czeh(e)ntusent schok in irem lande czu Myzzen odir in dem Ostirlande andre slozz, vest(e)n und guter, die der cronen czu Beh(e)m nest gelegen weren, mit tusent schoken jeriger gulde der egen(anten) unserre tochtir ynantwert(e)n und vermachen, also vornemplich, das alle die obgen(anten) slozz, vest(e)n und gůter mit landen, luten, allen iren herscheftn und czugehorungen bey namen mit czweyen tusent schoken Pregischer groschen jeriger gůlde der egen(anten) uns(er)re tochtir, markgrafen Fridrichs des jungern wirtinne, uns(er)s sones und eydmes, alle ire leptage fur die egen(anten) czwenczig tusent schok groschen gewart(e)n und czu rechtem furstelichen lypgedinge blyben sulen.

Were abir, das sie sturbe e wann(e) der egen(ante) ir wirt uns(er) eydem, so sullen dieselb(e)n land und pfandschaft im fur dieselb(e)n czwenczig tusent schok grozz(ir) alle seine leptage gewartende blyben mit den gulden, herscheften und allen iren czugehorungen.

Gesche es abir, das die egen(anten) markgraf Fridr(ich) uns(er) eydem und Anna uns(er) tochtir seine wirtinne also beid(er)seit abegiengen, das sie leibes erb(e)n miteinandir nicht hetten, do got vor sey, so sol das egen(ante) gelt czeh(e)n tusent schok und ouch czehentusent schok mitsampt der pfandschaft wid(er)vallen ieczlichs an die stat, von dannen es kommen ist. Wenne ouch wir odir uns(er) erb(e)n uns(er)m vorgen(anten) eydeme und sone odir czu seiner hant den egen(anten) Fridr(iche), Balthasare und Wilhelme die vorgen(anten) uns(er)e czeh(e)ntusent schok beczalen wolden, die wir mit uns(er)re tochtir geb(e)n sull(e)n, so sull(e)n sie uns und uns(er)n erb(e)n das vorgewissen mit guten pfanden, do uns an genuget, ab die kinder beyde leibeserb(e)n nicht hetten, das uns danne und uns(er) erb(e)n noch ir beyder tode dieselb(e)n czeh(e)ntusent schok ane hindernůzze wider wurden und gevilen.

Ez ist ouch by namen geredit, globt und gesworn in guten truwen ane geverde, das dieselbe frůntschaft mit uns(er)re tochtir Annen und markgrafen Fridriche dem jůng(er)n ye furgank haben sůlle und doran keinerleye sache hindern ane, do got vor sey, ob der kind(er) eins von todes wegen abe gienge. Und wer es sache, das des an uns und uns(er)re tochtir gebreche, das die fruntschaft nicht furgank hette, alz verre und sie lebte, so solden wir den egen(anten) markgrafen Fridriche, Balthasare und Wilhelme und iren erb(e)n czeh(e)ntusent schoke groschen odir der egen(anten) slozze Brux haus und stat und Lůwn der stat, die wir in iczunt dovor czu gyzel und czu pfande gesaczt hab(e)n, an alle widerrede vorvallen sein.

Gesche es ouch, das sich markgrafen Fridrichs uns(er)s swehers sone miteinandir teil(e)n wolden, so solden dem egen(anten) Fridriche uns(er)m eydme czehentusent schok breitir groschen czu vorteile uber glychen teyl, der im sust geburte, volgen und blyben.

Ouch sullen alle dieselb(e)n slozz, die wir uns(er)m eydme also yn seczen und vorpfenden, uns(er) und uns(er)re erb(e)n offene slozz sein czu all(e)n uns(er)n nŏten gen allirmenglych, wenne und wie dike wir des bedůrfen ane geverde.

Ouch sunderlichen haben sie uns globt bey iren truwen und eyden, die sie doruber gesworn haben, uns, kunge Wenczlawn uns(er)m sone und uns(er) beidir erb(e)n, wenne odir czu welchir czeit sie des von uns ermant werden, getruwlich mit alle irre macht beholfen czu sein, die marke czu Brandemb(ur)g und ire czugehorungen czu behalden, czu betwingen und czu beherten wider all(ir)menglych niemande ausgenome(n). Wenne ouch sie uns czu hilfe komen oder ir volk uns czu hilfe senden, so sůllen wir in odir

Nemen aber sie oder die iren dheinen schaden, den sein wir in nicht pflichtig uzczurichten. Gewinnen abir wir vest(e)n miteynandir, die yn uns(er)n landen beyderseit nicht gelegen weren odir von uns beiderseit nicht czu lehne giengen, die sullen wir brechen odir sullen sie glych miteynandir teylen, wie uns das allerbest gevellet. Hulfen ouch sie uns, kunge Wenczlawn uns(er)m sone oder uns(er)e beidir erb(e)n slozz gewinnen, die in der marke czu Brandemburk gelegen weren und dorczu gehort(e)n, die solden uns, kunge Wenczlawn uns(er)m sone und uns(er)n erb(e)n alleine blyben. Nemen abir wir odir die uns(er)n vromen an gevangen, die sullen wir noch iczliches manczal gewapentir lůte glych miteinandir teylen.

Und wir Wenczlaw von got(is) gnad(e)n kung czu Beh(e)m, markg(ra)fe czu Brandemburk und herczoge in Slez(ien) bekennen offenlich mit disem selben briefe fur uns und uns(er)e erb(e)n, das wir alle dise vorgeschrebne rede, stuke und artikel mit demselben uns(er)m herre(m) und vatir keiser Karle stete, veste und umferbrochlich halden und volfůren sullen und woll(e)n, alz ouch wir das in guten truwen globt und gesworn czu den heilgen hab(e)n. Mit urkund dicz briefes, da wir egen(ante) kais(er) Karl uns(er)re kais(er)lichen maiestat und wir kung Wenczlaw sein son uns(er)re kunglichen maiestat ingsigle an haben lazzen hengen.

Geb(e)n czu Prage noch Cristes geburte dryczenhundirt jar dornach in dem dreyundsibnczigsten jare an dem suntage noch Ostern, so man singet Mis(er)icordia, uns(er)re kais(er)s Karles vorgen(anten) reiche in dem sibenundczwenczigsten, des keis(er)tums yn dem nuwnczenden jare und uns(er)s kung Wenczlawen kungrychs in dem czeh(e)nden jare.

a) *ir* A, Initiale nicht ausgeführt.

Bemerkung: Zum Vertrag eingehend VELDTRUP, Eherecht und Familienpolitik (wie Anm. 68) S. 425ff.

Ulrike Hohensee

Die Inkorporationsurkunde Karls IV. für die Niederlausitz – Echtheitsfragen

Karls Inkorporationsurkunde, datiert zu Prag unter dem 1. August 1370, erscheint als Abschluß der langjährigen Anstrengungen des Kaisers um den Erwerb der Mark Lausitz[1] für das Königreich Böhmen.[2] Sie verwendete letztmalig unter Karl IV. einen Urkundentyp, dessen sachlichen Kern die Herstellung einer untrennbaren Verbindung des betreffenden Gebietes mit einer übergeordneten politischen Einheit, hier mit den Ländern der böhmischen Krone, bildete.[3] Alle

1 Der Begriff „Lausitz" wird im folgenden für die heutige Niederlausitz verwendet.

2 Vgl. Woldemar LIPPERT, Wettiner und Wittelsbacher sowie die Niederlausitz im XIV. Jahrhundert (1894), bes. S. 56–68 und S. 130–174; Hermann AHRENS, Die Wettiner und Kaiser Karl IV. (1895), S. 11–13 und S. 33–36; Siegfried GROTEFEND, Die Erwerbungspolitik Kaiser Karls IV. Zugleich ein Beitrag zur politischen Geographie des deutschen Reiches im 14. Jh. (Historische Studien, veröffentlicht von E. Ebering 66, 1909) S. 86–100; Johannes SCHULTZE, Die Mark Brandenburg 2 (1961) S. 136–149; Lenka BOBKOVÁ, Územný politika prvních Lucemburků na Českém trůně (Acta universitatis Purkynianae. Studia historica – Monographiae 1, 1993) S. 120–126; Ulrike HOHENSEE, Zur Erwerbung der Lausitz und Brandenburgs durch Kaiser Karl IV., in: Kaiser, Reich und Region. Studien und Texte aus der Arbeit an den Constitutiones des 14. Jahrhunderts und zur Geschichte der Monumenta Germaniae Historica, hg. von Michael LINDNER u. a. (Berichte und Abhandlungen, hg. von der BBAW Sonderbd. 2, 1997) S. 213–243.

3 Hedwig SANMANN VON BÜLOW, Die Inkorporationen Karls IV. Ein Beitrag zur Geschichte des Staatseinheitsgedankens im späteren Mittelalter (1942): Zusammenstellung der Urkunden S. 40 Anm. 28. Zu Inkorporationen ins Reich vgl. ebd. S. 47–51, zum politisch-historischen Sinn der Inkorporationen zugunsten der Krone Böhmens ebd. S. 51–60. Zum Begriff der „Corona regni Bohemiae" als Symbol der überpersönlichen staatlichen Gesamtheit der böhmischen Erblande vgl. Hanns Hubert HOFMANN, „Böhmisch Lehen vom Reich". Karl IV. und die deutschen Lehen der Krone Böhmen, Bohemia 2 (1961) S. 116. Außerdem Josef KARPAT, Corona regni Hungariae im Zeitalter der Arpaden, in: Corona regni. Studien über die Krone als Symbol des Staates im späteren Mittelalter, hg. von Manfred HELLMANN (1961) S. 232–237; Joachim PROCHNO, Terra Bohemiae, regnum Bohemiae, corona Bohemiae, in: Prager Festgabe für Theodor Mayer, hg. von Wilhelm WOSTRY (1945), neu hg. von Rudolf SCHREIBER (1953) S. 91–111.

anderen Stücke dieses Typs stellte die Karlskanzlei in früheren Regierungsphasen aus, beginnend 1348 mit der Inkorporation schlesischer Besitztümer und der Oberlausitz in das böhmische Königreich bis zur Einbindung Savoyens ins Römische Reich im Jahre 1361.[4]
Unsere Urkunde liegt in zwei Exemplaren im böhmischen Kronarchiv zu Prag.[5] Beide wurden in lateinischer Sprache unter Majestätssiegel ausgestellt. Eine zeitgenössische Rezeption innerhalb der Lausitz konnte nicht festgestellt werden;[6] für eine unmittelbare Wirkung in der Region wäre wohl auch eine deutsche Fassung geeigneter gewesen.[7]

4 Prag, 1348 April 7; D: MGH Constitutiones 8 S. 577–580 Nr. 567; R: Reg. Imp. 8 Nr. 653; Prag, 1361 Mai 17; D: Acta imperii inedita saeculi XIII et XIV. Urkunden und Briefe zur Geschichte des Kaiserreichs und des Königreichs Sizilien, hg. von Eduard WINKELMANN 2: In den Jahren 1200 bis 1400 (1885) S. 560f. Nr. 875; R: Reg. Imp. 8 Nr. 3695 und 7056. – Die zeitliche Verteilung soll hier nicht untersucht werden. Es fällt allerdings auf, daß für die territorialen Erwerbungen der sechziger und siebziger Jahre außer dem vorliegenden Stück für die Niederlausitz keine Inkorporationsurkunden ausgestellt wurden. Daß der Begriff gleichwohl präsent war, beweist die im brandenburgischen Landbuch enthaltene, allerdings recht grobe topographische Beschreibung, die als südlichen Nachbarn der Mark Brandenburg das Königreich Böhmen nennt, dem die Mark inkorporiert sei: *Cuius quidem Marchiae confines sunt versus meridiem: regnum Bohemie, cui siquidem regno ipsa Marchia Brandenburgensis per serenissimum et cristianissimum principem ac dominum, dominum Karolum quartum, Romanorum imperatorem et Bohemie regem, proinde est unita et legitime incorporata* ... (Das Landbuch der Mark Brandenburg von 1375, hg. von Johannes SCHULTZE [Veröffentlichungen der Historischen Kommission für die Provinz Brandenburg und die Reichshauptstadt Berlin 8,2, 1940] S. 62).

5 Staatliches Zentralarchiv Prag, AČK Nr. 1047 und AČK Nr. 1048; Abbildung von Nr. 1047 in: František KAVKA, Vláda Karla IV. za jeho císařství. 1355–1378, 2 (1993) Abb. 2 (nach S. 128).

6 Abschriftliche Überlieferung: HStA Dresden, Cop. 1318 B Bl. 243v–249v (16. Jahrhundert); Notariatsinstrument aus dem ehemaligen Landesarchiv Lübben, heute LHA Potsdam, Rep. 23C Niederlausitzische Stände, U 1 (1671).

7 Eine solche liegt z. B. für die Inkorporation der Oberpfalz (Rom, 1355 April 5) vor. Diese übersetzt den lateinischen Text unter Verzicht auf Invocatio und Signum sowie unter Kürzung von Arenga und Narratio; D: MGH Constitutiones 11 S. 208–218 Nr. 390. Eine weitere deutsche Urkunde in gleicher Sache unter gleichem Datum, jedoch wesentlich gekürzt und ohne einen der Inkorporation entsprechenden Begriff, beschränkt sich auf das Verbot von Pfändung, Schädigung oder Unterstellung unter fremde Lehnshoheit innerhalb des betreffenden Gebietes sowie auf die Bestimmungen zur Gerichtshoheit; TD: RBM 6 S. 7f. Nr. 3. Letztere ist nicht nur im Kronarchiv, sondern auch in der Region original (HStA München, Allg. StA., Oberpfalz U 846/1) sowie in späteren Abschriften überliefert (ebd. Abt. 1, Pfalz Neuburg, Alte Landgerichte U 156).

Wenden wir uns zunächst dem Inhalt zu. Als Vorlage diente die lateinische Fassung von Karls Inkorporation der Oberpfalz in die Länder der böhmischen Krone, ausgestellt zu Rom am Tage seiner Kaiserkrönung, dem 5. April 1355.[8] Die Arenga verarbeitet das geläufige Motiv der ständigen geistigen Anspannung des Herrschers zugunsten der Stärkung und Vergrößerung von Königreich und Krone Böhmens, die zugleich der Ehre Gottes und dem Ruhme des Römischen Reiches diene.[9] Damit wolle er dem Vorbild seiner Vorfahren folgen und seine Erben und Nachfolger ermutigen, auf daß sein Volk unter der Regierung eines starken und fähigen Königs in Frieden leben möge. Der Satz gipfelt im Anklang[10] an das Bild des Propheten Jesaja von einem paradiesischen Friedenszustand unter der Herrschaft des Geistes Gottes: *et sedebit populus meus in pulchritudine pacis et in tabernaculis fiduciae et in requie opulenta* (Isai. 32,18). Die unmittelbar vorausgehende Wendung der Arenga *sub magnifici regis potenti regimine* assoziiert dem mittelalterlichen Leser oder Hörer den Anfangsvers des

[8] Paralleldruck des lateinischen und deutschen Exemplars: MGH Constitutiones 11 S. 208–218 Nr. 390; R: Reg. Imp. 8 Nr. 2019. Dasselbe Stück diente zuvor bereits als Vorbild einer die Herrschaft Plauen betreffenden Inkorporationsurkunde, deren Wortlaut nur aus Willebriefen bekannt ist (Druck des Willebriefs Erzbischof Gerlachs von Mainz des Datums Metz, 1356 Dezember 12: UB der Vögte von Weida, Gera und Plauen 1: 1122–1356, hg. von Berthold SCHMIDT [1885] S. 512–518 Nr. 975). Hier wurden jedoch nur die Arenga und der Anfang der Dispositio, d.h. die eigentliche Inkorporation, verwendet, während die Bestimmungen zu Pfändungen, Schädigungen und zur Gerichtshoheit ausgespart blieben.

[9] Das Motiv begegnet bereits in der Vorurkunde, wo es noch um den Gedanken der Verderblichkeit von Teilungen erweitert ist: *Inter alias solicitudinum operosas vigilias, quibus pro subditorum grata quiete imperialis benignitas hincinde distrahitur, ad desideratam quietem et felix augmentum insignis regni nostri Boemie oculos nostre deliberationis convertimus, et tanto solertius de ipsius meditamur augmento, quanto ex dilatatione suarum propaginum velut a membro nobili sacrum Romanum imperium non ambigimus laudabilius honorari. Nam sicut ex divisione regnorum calamitates horrende consurgunt et odiose seditionis scandala, fidelium regnicolarum quies desiderata confunditur, sic adunatis regni viribus in pacis pulcritudine, in fiducie tabernaculis et opulenta requie fidelis populus conquiescit et gratis letatur commodis sub grato regimine principis gratiosi* (S. 208f.). Vgl. auch die Arenga zu c.7 (*De successione principum*) der Goldenen Bulle: *Inter solicitudines illas innumeras, quibus pro felici statu sacri imperii ... cor nostrum cotidie fatigatur, ad hoc precipue meditatio nostra dirigitur, qualiter ...* (MGH Constitutiones 11 S. 584), zu c.12 (*De congregatione principum*), ebd. S. 596, sowie die Formel *Incorporacio civitatis ad regnum* im Collectuarius perpetuarum formarum des Johann von Geylnhusen, hg. von Hans KAISER (1900) S. 120f. Nr. 144.

[10] Die Vorurkunde zitiert den betreffenden Vers wörtlich in leicht veränderter Wortfolge.

genannten Jesaja-Kapitels von der Gerechtigkeit des Königs: *Ecce in iustitia regnabit rex et principes in iudicio praeerunt* (Isai. 32,1), der Karls Selbstbild als fähiger und gerechter Herrscher widerspiegelt und auf einen wesentlichen Inhalt der Dispositio, die Gerichtsordnung, vorausweist.[11]

An die Begriffe „Frieden" und „fähige Regierung" knüpft die knapp gehaltene Narratio mit einem Gegenbild an: Wegen schwacher und ungeordneter Verwaltung sei die Lausitz von Krieg und Unruhen bedroht und eine ständige Gefahr für ihre Nachbarn gewesen. Daher habe der Kaiser im Interesse von Ruhe und Sicherheit in der Region die Mark Lausitz mit den angrenzenden Herrschaften Mühlberg, Strehla und Würdenhain aus eigenen Mitteln von ihren rechtmäßigen Besitzern, die nicht benannt werden, gekauft, zum Ruhme des Reiches und zum Schutz der böhmischen Krone. So losgelöst von der Realität diese Argumentation auch sein mag, wirkt sie doch in sich schlüssig und stilistisch vollendet.[12]

Die Dispositio beginnt mit dem Inkorporationsakt, vorgetragen in einem erschöpfenden Satz, der unter Berufung auf die kaiserliche Machtvollkommenheit die ewige Einbindung der Lausitz sowie der genannten Herrschaften mit allem Zubehör und allen Rechten in das böhmische Königreich und die böhmische Krone verfügt und eine Abtrennung für die Zukunft verbietet.[13] Es folgen Strafandrohungen gegen eine mögliche Entfremdung der betreffenden Gebiete seitens böhmischer Könige oder durch Fürsten und Herren. Den Einwohnern wird verboten, eigenmächtig zu pfänden sowie sich mit ihren innerhalb des inkorporierten Gebietes gelegenen Gütern unter die Lehnshoheit anderer Herren zu begeben. Schließlich weist der Kaiser die alleinige Gerichtshoheit der vom böhmi-

11 Zur Wahrung von Recht, Gerechtigkeit, Frieden und Sicherheit als herrscherlichen Aufgaben vgl. Reinhard SCHNEIDER, Karls IV. Auffassung vom Herrscheramt, in: Beiträge zur Geschichte des mittelalterlichen deutschen Königtums, hg. von Theodor SCHIEDER (HZ Beiheft N.F. 2, 1973) S. 135–137. DERS., Kaiser und Reich im höfischen Programm, in: Kaiser Karl IV. Staatsmann und Mäzen, hg. von Ferdinand SEIBT (1978) S. 305–308.

12 Mittels des cursus velox werden die sinntragenden Wendungen hervorgehoben, das Gegensatzpaar *gravia dispéndia formidári* und *commoda páriter et tutélam.*

13 Zur rechtsetzenden Gewalt des Herrschers vgl. Ernst SCHUBERT, König und Reich. Studien zur spätmittelalterlichen deutschen Verfassungsgeschichte (VMPIG 63, 1979) S. 120–139, zu Karl IV. bes. S. 131–135. Zur Formel der *plenitudo potestatis imperialis* auch Harriet M. HARNISCH, Gesetzgebung und Rechtsetzung in den Urkunden Kaiser Karls IV. Entwicklung neuer Auswahlkriterien für die Edition der Constitutiones et acta publica imperatorum et regum, AfD 38 (1992) S. 210–212; Bernd-Ulrich HERGEMÖLLER, Cogor adversum te. Drei Studien zum literarisch-theologischen Profil Karls IV. und seiner Kanzlei (Studien zu den Luxemburgern und ihrer Zeit 7, 1999) S. 209–211.

schen König vor Ort einzusetzenden Gerichte über Einwohner und Lande im inkorporierten Gebiet an und bestimmt das königlich-böhmische Kammergericht als höchste Berufungsinstanz.

Weite Teile der Dispositio wurden fast wörtlich der Vorurkunde entnommen, so daß sie wie diese Bezüge zur Maiestas Carolina,[14] der am Widerstand des böhmischen Hochadels gescheiterten Landesordnung Karls IV., sowie zur Goldenen Bulle[15] enthält, wobei ausdrückliche Verweise auf die *statuta regni* entfernt wurden.[16] Gleichwohl nimmt der Verfasser der Lausitzinkorporation charakteristische Umstellungen und Ergänzungen vor. Dabei spielten sachliche Anpassungen[17] eine untergeordnete Rolle, vielmehr war offenkundig beabsichtigt, die

14 Bernd-Ulrich HERGEMÖLLER, Maiestas Carolina. Der Kodifikationsentwurf Karls IV. für das Königreich Böhmen von 1355 (Veröffentlichungen des Collegium Carolinum 74, 1995) c. 6 (S. 44ff.): Eid des Königs bei Strafe des Meineides, keine Kron-, Gerichts- oder Tafelgüter zu entfremden; c. 11 (S. 60) mit Rückbezug auf c. 6: Eidesleistung der Könige vor ihrer Krönung, Burgen und Rechtsansprüche der Krongüter nicht zu entfremden; c. 15 (S. 66ff.): Verbot von Gebietsabtrennungen im Königreich Böhmen und deren Verfolgung als Majestätsverbrechen. Zum Stand der Forschung vgl. auch Jiři KEJŘ, Die sogenannte Maiestas Carolina. Forschungsergebnisse und Streitfragen, in: Studia Luxemburgensia. Fs. Heinz Stoob zum 70. Geburtstag, hg. von Friedrich Bernward FAHLBUSCH/Peter JOHANEK (Studien zu den Luxemburgern und ihrer Zeit 3, 1989) S. 79–122; zum Verhältnis von Maiestas und Oberpfalzinkorporation, deren Verweis auf „statuta regni" nicht notwendig auf die Maiestas bezogen sein müsse, vgl. S. 97–99; zur Rücknahme des Gesetzentwurfs S. 108–113.

15 MGH Constitutiones 11 c. 8: zur Gerichtshoheit der böhmischen Könige; c. 9: zum Berg- und Judenregal des böhmischen Königs und der anderen Kurfürsten und ihrem Recht, bestehende Zölle einzunehmen; c. 10: zum Münzrecht (S. 588–592).

16 Ebd. S. 212 Z. 35–39 und S. 213 Z. 35–37. Die deutsche Entsprechung ist: *in unserm rechtbuche zu Behem* bzw. *nach lute der geseccze des kungrichs zu Beheim*. Diese Auslassungen, die im ersten Falle eine Textpartie von zwei Sätzen betrifft, lassen vermuten, daß man zumindest bei der Überarbeitung des Textes für die Inkorporation der Niederlausitz die betreffenden Stellen auf die nicht in Kraft getretene Maiestas bezog (im beigegebenen Urkundentext mit * markiert).

17 Außer den Verweisen auf die Maiestas Carolina (s. vorige Anm.) fällt der Satz weg, der allein den böhmischen Königen gestattet, Muntleute zu haben (S. 215 Z. 36–41); in der Pertinenzienreihe fehlen entsprechend der andersartigen Landesnatur der Lausitz Berge, Täler und Ebenen (S. 211 Z. 16), zum Bergregal (S. 212 Z 1f.) unter den namentlich genannten Bodenschätzen Blei und Eisen; *scampnis* wurde wohl aus *schrannis* verschrieben, der Begriff der Landrichter (*iudices provinciales* S. 214 Z. 20, S. 215 Z. 34f., 47ff.) fehlt. Die Hinzufügung von *marchio* in die Reihe der auswärtigen Herren, denen eine Vorladung von Einwohnern des inkorporierten Gebietes vor ihre Gerichte verboten sein soll, zielt auf die Markgrafen von Meißen als die unmittelbaren Nachbarn der betreffenden Gebiete.

Vorlage nach Möglichkeit stilistisch zu steigern. So wurde deren ohnehin redundante Formulierungsweise mittels Pleonasmen, inhaltsleerer Erläuterungen und synonymer Wendungen weiter aufgebläht.[18] Stellenweise leidet die Verständlichkeit des Textes unter solchen Variationen.[19] Besonders fällt die gehäufte Verwendung indefiniter Ausdrücke auf.[20] Auch daß der in der Vorurkunde schon gelegentlich verwendete Begriff *corona* an elf weiteren Stellen zu Wendungen mit *regnum / regnum (nostrum) Boemie* hinzutritt bzw. Verbindungen mit *corona* neu in den Text eingebracht werden, würde ich dem Drang nach stilistischer Überhöhung zuschreiben.[21] Die gleiche Tendenz zeigt das Ersetzen des einfachen *nobis* als Bezeichnung für die Person Karls IV. im Inkorporationssatz durch *maiestati nostre*. Der Text ist rhythmisch gegliedert, der Cursus wurde teils aus der Vorlage übernommen, teils selbständig durchgeführt.[22] Insgesamt erhebt die Urkunde in stilistischer Hinsicht den Anspruch höchster Bedeutsamkeit. Offenkundig sollte sie den krönenden Abschluß des Lausitzerwerbes, als eines für die Krone Böhmens herausragenden Erfolges, darstellen.

Das äußere Bild beider Exemplare der Lausitzinkorporation ist diesem stilistischen Aufwand angemessen. Beide sind von derselben Hand sauber und mit guter Platzeinteilung geschrieben, die Schrift ist kanzleimäßig, beide haben eine verzierte Initiale, auch die Oberlängen der Buchstaben der ersten Zeile mit Invocatio und Intitulatio sind verziert.[23] Das Monogramm wurde in beiden Urkunden

18 Als Beispiele seien nur genannt: *insignem atque illustrem principatum; alterius coni impressionis sive caracteris cuiuscumque; antedictam monetam cudendam fore seu quomodolibet faciendam; quavis racione seu causa; quibuslibet ocasione, ingenio seu colore quesitis; eo uberiori prosperitate gaudeant et augmentis prosperentur felicibus; sub modo, iure et forma, sicut hoc umquam possumus facere meliori; universa bona ... et predia, ubicumque seu in quibuscumque rebus consistant.*

19 Zum Appellationsrecht heißt es in der Lausitzinkorporation recht unklar: *liceat ... ad nostrum, heredum et successorum nostrorum regum Boemie auditorium appellare, qui demum causam seu causas huiusmodi delegare poterunt alicui fidedigno ex suis subditis fine iuridico terminandas*, während in der Vorurkunde nach *appellare* folgt: *ut tunc questionis dubietas iuxta condignum per eum iudicem, quem regum Boemie grata provisio delegandum duxerit, ratione previa dirimatur* (S. 216 Z. 10–14).

20 Vorkommen von Zusammensetzungen mit -cumque: 32 (+6); mit -libet: 12 (+8); mit -vis: 8 (+3); aliquis/aliquid: 9 (+4); umquam: 3 (+2), in Klammern der Zuwachs gegenüber der Vorurkunde.

21 Zum Begriff *corona* vgl. die in Anm. 3 genannte Literatur, wobei Prochno das Vorkommen oder Fehlen von *regnum* und *corona* z.T. überinterpretiert.

22 Fast durchgängig cursus velox als Satzschluß.

23 AČK Nr. 1048 besitzt eine Initiale mit Blatt- und Rankenschmuck; die Urkunde endet mit einer kompletten Zeile. In Nr. 1047 ist die Initiale ausgestrichelt, für die Kaiserjahre mußte eine neue Zeile begonnen werden.

sauber und regelrecht ausgeführt, doch weist seine Ankündigung einen gravierenden Fehler in der Kaisertitulatur auf: in beiden Exemplaren fehlt die Ordnungszahl *quarti*.[24] Daß ein solcher Fehler stehenblieb, befremdet und deutet auf mangelnde Sorgfalt, übereilte oder wenig professionelle Herstellung der äußerlich und stilistisch so anspruchsvollen Urkunden. Gravierende Bedenken, ob diese Urkunde wirklich das ist, was sie zu sein vorgibt, ergeben sich bei näherer Betrachtung von Inhalt und Kanzleimerkmalen.

Markgraf Otto von Brandenburg hatte am 13. Oktober 1367 zu Guben den Verkauf der Mark Lausitz an Karls Sohn, König Wenzel von Böhmen, beurkundet.[25] Er ließ darin die Mark Lausitz dem Kaiser auf und bat um die Belehnung König Wenzels mit derselben. Die Urkunde stammt nach ihrer Diktion aus der kaiserlichen Kanzlei. In ihrem Wortlaut fallen insbesondere die ausführlichen Einredeverzichte auf. Parallelen dazu bietet auch hier eine Beurkundung aus dem Umfeld der böhmischen Besitzungen in der Oberpfalz: die Verkaufsurkunde des Klosters Bergen, Diözese Eichstätt, über Besitzungen in Burg Hohenstein und der Stadt Hersbruck an Karl IV. als böhmischen König, der jedoch eine kaiserliche Bestätigung und kurfürstliche Willebriefe folgten.[26] Reichsöffentlich bekräftigt wurde der Verkauf der Lausitz durch eine von Otto am 13. Januar 1368 zu Nürnberg ausgestellte Verzichtsurkunde, die durch Mitbesiegelung seitens elf geistlicher und weltlicher Herren aus dem nichtböhmischen Umfeld des Kaisers legitimiert wurde.[27]

Den Rechtsstatus der Markgrafschaft Lausitz als Reichslehen berührte ein solcher Verkauf nicht. Ausdrücklich ausgeschlossen wurde jedoch nur eine Minderung der Rechte Herzog Bolkos von Schweidnitz, Partner Karls im Lausitz-

24 Die regelmäßige Form ist: *Signum serenissimi principis et domini, domini Karoli quarti Romanorum imperatoris invictissimi et gloriosissimi Boemie regis*, vgl. Theodor LINDNER, Das Urkundenwesen Karls IV. und seiner Nachfolger. 1346–1437 (1882) S. 87f.

25 Verkaufsurkunde Ottos: Guben, 1367 Oktober 11; D: CDB B2 S. 482–484; R: Reg. Imp. 8 (RS) Nr. 452. Vgl. Rudolf LEHMANN, Geschichte der Niederlausitz (Veröffentlichungen der Berliner Historischen Kommission beim Friedrich-Meinecke-Institut der Freien Universität Berlin 5, 1963) S. 65f.

26 Verkauf: Bergen, 1359 September 25 und kaiserliche Bestätigung: Mainz, 1360 September 30; D: RBM 7 S. 193f. Nr. 295 und S. 394f. Nr. 644; R: Reg. Imp. 8 Nr. 3330. Willebriefe der Erzbischöfe Gerlach von Mainz, Boemund von Trier, Wilhelm von Köln, Pfalzgraf Ruprechts, Herzog Rudolfs von Sachsen und Karls selbst: Mainz, 1360 Oktober 9; R: Antonín HAAS, Archiv České koruny 1158–1935. Inventář (1961) Nr. 745–750.

27 Nürnberg, 1368 Januar 13; D: CDB B2 S. 489; R: Reg. Imp. 8 (RS) Nr. 456.

geschäft, der die Markgrafschaft auf Lebenszeit als Pfand besaß. Über eine kaiserliche Belehnung Wenzels mit der Lausitz liegt uns auch für die Zeit nach Herzog Bolkos Tod[28] keine Nachricht vor und – bedenkt man die relative Geschlossenheit der Urkundenüberlieferung dieser Zeit im böhmischen Kronarchiv – wird eine solche auch nicht stattgefunden haben. Vielmehr erhoben schon Zeitgenossen den Vorwurf, Karl habe die Lausitz dem Reich entfremdet, indem er sie zu einem böhmischen Lehen gemacht habe.[29] In der Tat stellt sich die Lausitz in der Inkorporationsurkunde als böhmisches Nebenland dar, ihre Stellung zum Reich wird nicht verbalisiert. Der Kaufvorgang wird dargestellt, als handele es sich um Eigengut des Verkäufers.[30] Kurfürstliche Willebriefe bzw. Konsenserklärungen, in denen der Rechtsstatus der Lausitz hätte benannt werden müssen, wurden – anders als bei der Mehrzahl der früheren Inkorporationen zugunsten der böhmischen Krone – nicht eingeholt.

In einem Zug mit der Lausitz nennt die Inkorporationsurkunde drei weitere Herrschaften des wettinisch-lausitzischen Grenzbereiches im Raum Elbe-Elster: Mühlberg, Strehla und Würdenhain. Auch für diese reklamierte der Kaiser pauschal rechtmäßigen Erwerb durch Kauf, ohne auf die Vorbesitzer einzugehen. Betrachtet man die in diesem Zusammenhang vorliegenden Zeugnisse, erweist sich die Erwerbslage als kompliziert und nicht unumstritten, und vor allem waren die Verkaufsvorgänge im Sommer 1370 noch nicht abgeschlossen.[31]

28 Bolko II. von Schweidnitz war am 28. Juli 1368 verstorben, vgl. Emil SCHIECHE, Politische Geschichte von 1327–1526, in: Geschichte Schlesiens 1: Von der Urzeit bis zum Jahre 1526, hg. von Ludwig PETRY u.a. ([5]1988) S. 172f.

29 Die bez. Karl und Wenzel kritischen Annales Matseenses, ed. Wilhelm WATTENBACH (MGH SS 9, 1851) S. 836, bemerken zum Tode Karls IV.: ... *qui tempore suo augmentavit regnum Bohemie cum multis terris Polonie, Lusacie et marchia Brandenburgensi, que terre sunt infeodate a regno Romanorum, usurpando sibi infeodationem ad regnum Bohemie, minorando regnum Romanorum, augmentando Bohemiam.*

30 In anderen Fällen unterschied Karl „korrekt" zwischen Reichslehen und Allodialgut und schloß eine Entfremdung der Reichslehen ausdrücklich aus, z.B. beim Erwerb von Saalfeld, Könitz, Rudolstadt von den Grafen von Schwarzburg, Nürnberg, 1361 Februar 1; D: Harriet M. HARNISCH, Königs- und Reichsnähe thüringischer Grafenfamilien im Zeitalter Karls IV., in: Kaiser, Reich und Region (wie Anm. 2) Anhang S. 201–204 Nr. 3 und dazu S. 190f. Vgl. auch Goldene Bulle c.10 zum Erwerb von Gütern durch die Kurfürsten: ... *ita tamen quod ipsi reges Boemie de hiis, que hoc modo comparaverint vel receperint et regno Boemie duxerint applicanda, ad pristina ac consueta iura de talibus sacro explenda et reddenda imperio sint astricti* (MGH Constitutiones 11 S. 592).

31 Zu Karls Expansionspolitik im mitteldeutschen Raum vgl. zuletzt Michael LINDNER, Kaiser Karl IV. und Mitteldeutschland, in: Kaiser, Reich und Region (wie Anm. 2) S. 83–180 sowie dessen Beitrag in diesem Band.

Strehla gehörte zu einem Güterkomplex, über den das Bistum Naumburg bisher die Oberlehnsherrschaft innegehabt hatte.[32] Die Burg Strehla selbst war Mitte der sechziger Jahre als erledigtes Lehen an das Hochstift zurückgefallen. In dieser Zeit verstärkten die Wettiner ihren Druck auf die naumburgischen Ritterlehen im Elbegebiet, besonders nachdem der Burggraf von Leisnig, der den naumburgischen Kernbesitz um Strehla und Dahlen bis 1365 besessen hatte, der wettinischen Macht unterlegen war und seine Reichsunmittelbarkeit eingebüßt hatte.[33] So nahm das Hochstift Naumburg angesichts drückender Finanznot die Gelegenheit wahr, seine perspektivisch von Verlust bedrohten Lehnsrechte in finanziellen Gewinn umzumünzen.[34] Bischof Gerhard von Naumburg aus dem Hause der Grafen von Schwarzburg-Blankenburg, Rat und Hauskaplan Kaiser Karls IV., hatte sich im März 1366 am kaiserlichen Hof aufgehalten und bald darauf den Verkauf eingeleitet.[35] Käufer war Herzog Bolko von Schweidnitz, womit das erworbene Gebiet für dessen künftigen Erben, Karls Sohn Wenzel, gesichert war, der Kaiser aber nicht selbst in Erscheinung trat.[36] Die Verkaufsurkunde ging über die tatsächlichen naumburgischen Besitzrechte hinaus und bezog Besitztümer ein, die sich Karl auf Kosten der Wettiner aneignen wollte, so die an einem Straßenübergang über die Schwarze Elster gelegene Herrschaft Elsterwerda, die – obgleich Teil der Lausitz – sich im Besitz der Wettiner befand, nachdem Markgraf Friedrich sie von Ludwig dem Römer als erbliches Gut gekauft hatte.[37] Die Lehnshoheit über andere eigens in die Verkaufsurkunde

32 Bruno HERRMANN, Die Herrschaft des Hochstifts Naumburg an der mittleren Elbe (Mitteldeutsche Forschungen 59, 1970) S. 178ff., bes. S. 184–187.

33 AHRENS, Wettiner (wie Anm. 2) S. 27.

34 HERRMANN, Herrschaft (wie Anm. 32) S. 185f.

35 Rat: Reg. Imp. 8 Nr. 3336 und 7026; Zeuge: Prag, 1366 März 28; Reg. Imp. 8 Nr. 4291. Zur Person Gerhards vgl. HARNISCH, Königs- und Reichsnähe (wie Anm. 30) S. 187; Gerhard LOSHER, Königtum und Kirche zur Zeit Karls IV. Ein Beitrag zur Kirchenpolitik im Spätmittelalter (Veröffentlichungen des Collegium Carolinum 56, 1985) S. 140f.; BOBKOVÁ, Územný politika (wie Anm. 2) S. 125.

36 Verkauf: Naumburg, 1367 Januar 6; vgl. HERRMANN, Herrschaft (wie Anm. 32) S. 186 mit Anm. 80.

37 LIPPERT, Wettiner und Wittelsbacher (wie Anm. 2) S. 145. In diesem Falle gelang es Karl nicht, den auf Beurkundungen zweier vorgeblicher Eigentümer – denn auch in Ottos Verkaufsurkunde wurde Elsterwerda unter den Lausitzischen Gütern genannt – beruhenden Besitzanspruch für sein Haus durchzusetzen. Im Vertrag von Pirna mußte er den Wettinern Elsterwerda garantieren, in der Inkorporationsurkunde wird es nicht genannt (Pirna, 1372 November 25; D: Johann MÜLLER, Urkunden und Urkundenauszüge zur Geschichte Plauens und des Vogtlandes, Mitteilungen des Altertumsvereins Plauen 5 [1884–85] S. 100 Nr. 483; R: Reg. Imp. 8 Nr. 7367).

des Naumburger Domkapitels eingearbeitete Güter war zumindest strittig. In ihrer Beschwerdeschrift von 1372 gegen die kaiserliche Expansionspolitik reklamierten die Wettiner für sich außer Elsterwerda auch noch den Besitz von Burg und Stadt Strehla sowie von Lehnsrechten in mehreren Burgen, die ebenfalls in der Naumburger Verkaufsurkunde enthalten waren, konnten sich hierin aber offenbar nicht durchsetzen.[38]

Nach Herzog Bolkos Tod behielt seine Witwe Agnes von Fürstenberg die Verfügungsgewalt über die Burg Strehla und verlieh sie am 17. Juli 1369 an Karls obersten Kammermeister und böhmischen Lehnsmann Thimo von Colditz, der sie bis über den Tod des Kaisers hinaus innehatte.[39]

Burg und Stadt Mühlberg an der Elbe sowie Würdenhain, zwischen Elsterwerda und Bad Liebenwerda am linken Ufer der Schwarzen Elster gelegen, hatte der Kaiser nach Auskunft der Bündnisurkunde der Wettiner vom November 1372 von den Herzögen von Sachsen bzw. von den Herren von Querfurt gekauft.[40] Tatsächlich ist im Zuge der Veräußerung an Böhmen eine Urkunde vom 1. November 1369 ins Prager Kronarchiv gelangt, in der die Herzöge von Sachsen die Querfurter mit Würdenhain belehnten.[41] Deren Lehnshoheit blieb nicht un-

[38] D: Johann LOSERTH, Beiträge zur Geschichte der Erwerbung der Mark Brandenburg durch Karl IV., MVGDB 16 (1878) S. 179 Nr. 4: *17. Item emit dominus noster imperator in nostra dominacione sive dominio castrum Strel cum opido, quod ad progenitorum nostrorum in nostrum servicium pertinuit et in eo situatum existit, de quo raptores nostros recepimus racione iuris, quod ibidem habebamus, sicut hoc bene possumus probacionibus edocere. 18. Item dominus noster imperator emit homagium castri in Elsterwerde, ... Glubatzik, ... Lezznik, Grobe ... et plurium aliarum curiarum, que ad nostra servicia pertinebant et fuerunt astricte. 19. Item emit dominus noster imperator castrum Dyeffenow, quod a nobis procedit in feodum, super quo bonas literas testimoniales habemus episcopi videlicet et capituli ecclesie Nuwemburgensis.* Zur Datierung auf die Mitte des Jahres 1372 (nach dem Thüringer Landfrieden von 1372 März 28, vor dem Vertrag von Pirna von November 25/26) vgl. LINDNER, Kaiser Karl IV. (wie Anm. 31) S. 108f.

[39] 1381 Verpfändung an Botho von Ileburg: HAAS, Archiv České koruny (wie Anm. 26) Nr. 1025 und Nr. 1230. Zu Thimo von Colditz: František KAVKA, Am Hofe Karls IV. (1990) S. 79; Peter MORAW, Räte und Kanzlei, in: Kaiser Karl IV. (wie Anm. 11) S. 287.

[40] Pirna, 1372 November 26; D: MÜLLER, Urkunden und Urkundenauszüge (wie Anm. 37) S. 103–108 Nr. 484; R: Reg. Imp. 8 (RS) Nr. 566: *an Molberg und Werdenheym mit yren manschefften und zugehorungen, alß sie die von Sachssen und die von Qwernfurt verkaufft haben.* Würdenhain liegt in unmittelbarer Nachbarschaft von Saathain, eines Naumburger Stiftslehens in wettinischem Besitz, vgl. HERRMANN, Herrschaft (wie Anm. 32) S. 186f.

[41] HAAS, Archiv České koruny (wie Anm. 26) Nr. 1033.

widersprochen, wie Karls Entscheidung über verschiedene Streitsachen zwischen den Herzögen von Sachsen und den Markgrafen von Meißen Anfang 1370 beweist. Der Kaiser entschied zugunsten der Herzöge und sprach ihnen auch die Lehnshoheit über die Güter des Sigfried von Querfurt zu.[42] Erst für den 21. April 1371 ist der Verkauf der Burg Würdenhain durch Herzog Wenzel von Sachsen belegt sowie dessen Unterordnung mit der genannten Burg unter die Lehnshoheit der böhmischen Krone.[43] Am gleichen Tag beurkundeten die Herzöge Wenzel und Albrecht von Sachsen den mit kaiserlicher Genehmigung erfolgten Verkauf von Burg und Stadt Mühlberg an König Wenzel von Böhmen.[44] Diesem wie anderen Orten der Elbregion galt Karls Interesse schon seit längerem, deckte doch die Burg Mühlberg einen Elbübergang. So hatte er bereits 1364 dem Zisterzienserinnenkloster Mühlberg ein Schutzprivileg ausgestellt, zudem warfen ihm die Wettiner Übergriffe auf das Kloster vor.[45] Dessen Gründer, die Herren von Ileburg, waren Lehnsmannen der Markgrafen von Meißen, die Lehnsherrschaft über Mühlberg war jedoch seit längerem strittig.[46]

[42] Prag, 1370 Januar 26: *Auch scheiden wir umb sulche Guter, die der edel Seifried von [Quernforde] gegen den von Meissen noch dem scheidbrieve mit seinem eyde behalden hat, daz dieselben von unsern oheimen von Sachsen und nicht* [*von den*] *von Meissen zu lehen geen.* D: LINDNER, Kaiser Karl IV. (wie Anm. 31) Urkundenanhang S. 150f. Nr. 8.

[43] R: Codex juris bohemici 2,1, hg. von Hermenegildus JIREČEK (1896) S. 578 Nr. 618, wo Herzog Wenzel allerdings irrtümlich als Meißner bezeichnet wird. AHRENS, Wettiner (wie Anm. 2) S. 34. Zu Burg Würdenhain vgl. Heinrich NEBELSIECK, Geschichte des Kreises Liebenwerda (Geschichten der Territorien und Kreise der Provinz Sachsen. Hg. von dem mit der Universität Halle-Wittenberg verbundenen Thüringisch-sächsischen Geschichtsverein 1, 1912) S. 161f.

[44] Codex juris bohemici (wie Anm. 43) S. 578 Nr. 617. BOBKOVÁ, Územný politika (wie Anm. 2) S. 125 mit Anm. 302 (mit März 21).

[45] Schutzurkunde: Bautzen, 1364 November 19; D: LINDNER, Kaiser Karl IV. (wie Anm. 31) S. 178f. Urkundenanhang Nr. 18; R: Reg. Imp. 8 Nr. 7137. Beschwerdeschrift der Wettiner: *15. Item dominus noster imperator impetit monasterium Mulberg nostre fundacionis*; D: LOSERTH, Beiträge (wie Anm. 38) S. 179 Nr. 4.

[46] Die zum Teil einander widersprechenden Belege zur Besitzgeschichte Mühlbergs bei NEBELSIECK, Liebenwerda (wie Anm. 43) S. 145–147; genannt werden für das 14. Jahrhundert neben den Ileburgern die Herren von Pack (vor 1331), von Querfurt (1332), ein Hauptmann König Johanns von Böhmen (1325) sowie Herzog Rudolf von Sachsen (1327). Die Auseinandersetzung um die herrschaftliche Zuordnung von Mühlberg zwischen den Markgrafen von Brandenburg und Meißen ist, ebenso wie der lehnsabhängige Besitz des Herzogs von Sachsen, durch eine Urkunde Kaiser Ludwigs IV., Frankfurt, 1341 Juli 2, belegt: *Auch um daz hus und die stat Mulberg, di sol der herczog von Sachsen geruweclichen inne behalte, bis unser sone, die mar-*

Die drei genannten Orte blieben aufgrund ihrer Lage am unmittelbaren Rand des wettinischen Machtbereichs und ihrer handelspolitisch wichtigen Position an der Elbe bzw. im Eingang zur südlichen Lausitz auch nach der Aussöhnung der Wettiner mit dem Kaiser von höchstem Interesse für die Markgrafen. So konnte Markgraf Wilhelm I. 1393 eine Eventualbelehnung u.a. mit Strehla und Mühlberg durch Herzog Johann von Görlitz und schließlich 1397 die Verpfändung von Burg und Stadt Mühlberg und der ehemaligen Naumburger Ritterlehen durch König Wenzel erreichen, die von böhmischer Seite nicht wieder eingelöst worden sind.[47]

Der Absicherung des böhmischen Lausitzbesitzes gegen lehnsherrliche Rechte des Magdeburger Erzbistums diente eine im Sommer 1371 vereinbarte Ausgleichszahlung des Kaisers in Höhe von 6.000 Mark Silber an Erzbischof Albrecht und seine Kirche.[48] Deren Ansprüche beruhten auf dem Verkauf der Lausitz um den genannten Betrag durch Landgraf Dietrich den Jüngeren von Thüringen und dessen anschließender Lehnsnahme im Jahre 1301.[49] Eine aus diesem Vorgang hergeleitete Verfügungsgewalt der Magdeburger Erzbischöfe über die Mark Lausitz war in der Vergangenheit mehrfach von Prätendenten mit eher unsicheren Ansprüchen instrumentalisiert worden:[50] Nach dem Aussterben der brandenburgischen Askanier hatte Markgräfin Elisabeth von Meißen mit Erzbischof Burkhard von Magdeburg eine Belehnung ihres Sohnes Friedrich

grafen ze Brandenburg und ze Missen, uzgetragent, wan si beid recht dar zu haben wellent, welcher recht dar zu hab, dem sol dann der herzog des rechten gehorsam sin. TD: Robert BERTRAM, Chronik der Stadt und des Klosters Mühlberg (1865) S. 123 Nr. 3.

47 Eventualbelehnung: Betlern, 1393 Dezember 7; D: Urkunden der Markgrafen von Meißen und Landgrafen von Thüringen. 1381–1395, hg. von Hubert ERMISCH (1899) S. 380–383 (CD Saxoniae regiae 1,2,1) Nr. 505. Verpfändung: Eger, 1397 September 11; D: ebd. 1,2,2: 1396–1406 (1902) S. 74f. Nr. 125. Zu Wilhelms Bemühungen um die Rückgewinnung der böhmischen Lehnsherrschaften vgl. HERRMANN, Herrschaft (wie Anm. 32) S. 190–193.

48 Verzichtsurkunde Erzbischof Albrechts: Magdeburg, 1371 August 15; D: CDB B2 S. 516f. Quittung Erzbischof Peters und des Magdeburger Domkapitels: Magdeburg, 1372 Januar 25; R: Rudolf LEHMANN, Urkundeninventar zur Geschichte der Niederlausitz bis 1400 (Mitteldeutsche Forschungen 55, 1968) S. 316f. Nr. 828. Vgl. auch BOBKOVÁ, Územný politika (wie Anm. 2) S. 96. Zur Person Albrechts vgl. Ludwig SCHMUGGE, Albert von Sternberg, in: Lebensbilder zur Geschichte der böhmischen Länder 3: Karl IV. und sein Kreis, hg. von Ferdinand SEIBT (1978) S. 43–65.

49 Dahme, 1301 August 3; D: Archivum Coronae Regni Bohemiae 1,1, hg. von Venceslaus HRUBÝ (1935) S. 111–113 Nr. 73f.; R: LEHMANN, Urkundeninventar (wie Anm. 48) S. 111–113 Nr. 251f.

50 LIPPERT, Wettiner und Wittelbacher (wie Anm. 2) S. 11–14 und S. 30–32.

(des Ernsthaften) mit der Lausitz vereinbart.[51] Karl selbst hatte sich im Kampf gegen die Wittelsbacher 1348 durch Erzbischof Otto mit der Lausitz belehnen lassen, die ihm von dem falschen Markgrafen Waldemar aufgelassen worden war.[52] Nun übergab Albrecht die entsprechenden Urkunden Landgraf Dietrichs an den Kaiser und erklärte die Ansprüche seiner Kirche für von Anfang an hinfällig, da es damals weder zur Auflassung der Lausitz vor dem Reich zugunsten des Erzbistums noch zu wirklichem Besitz des Gebietes in Form einer erzbischöflich-magdeburgischen Verwaltung gekommen sei. Weiter referierte er den späteren Verkauf der Lausitz durch Landgraf Dietrich an die Markgrafen von Brandenburg und den Kauf derselben durch den Kaiser, der in Anwesenheit und mit Zustimmung seines Vorgängers, Erzbischof Dietrichs, erfolgt sei.[53] Er lieferte damit eine verkürzte, von Anwürfen freie, gewissermaßen bereinigte Vorgeschichte des kaiserlichen Lausitzerwerbs und sicherte Böhmen gegen von dieser Seite her drohende Zweifel an seinen Besitzrechten für die Zukunft ab. Die Entschädigungszahlung erfolgte auch vor dem Hintergrund militärischer Hilfe, die Magdeburg dem Kaiser im Krieg gegen Markgraf Otto von Brandenburg bereits geleistet hatte und auf die Karl weiter angewiesen blieb. Albrechts Verzicht stieß auf Widerstand in Teilen des Domkapitels, wie die Magdeburgische Bischofschronik unter Hinweis auf schlechte Ratgeber des Erzbischofs mitteilt.[54] Noch im gleichen Jahr gab der Sternberger sein Amt auf und ließ sich mit Unterstützung des Kaisers wieder zurück nach Leitomischl transferieren.[55]

Ergeben sich schon aus der Zeitfolge der die inkorporierten Gebiete betreffenden Urkunden Bedenken gegen die Möglichkeit, daß bereits am 1. August 1370 eine abschließende Beurkundung durch die kaiserliche Kanzlei erfolgen konnte,

51 Meißen, 1321 Oktober 22; D: CDB B 1 S. 471 Nr. 567. Belehnung Friedrichs: D: LIPPERT, Wettiner und Wittelsbacher (wie Anm. 2) S. 220 Nr. 3.

52 Wittenberg, 1348 Dezember 2; D: Archivum Coronae (wie Anm. 49) 2 (1928) S. 97 Nr. 86. Derselbe Erzbischof Otto hatte zwölf Jahre zuvor Markgraf Ludwig den Älteren von Brandenburg und dessen Brüder mit den erzstiftischen Lehen, darunter die Mark Lausitz, belehnt (Magdeburg, 1336 August 10; D: CDB B 2 S. 112–114).

53 Verkaufs- und Verzichtsurkunde Markgraf Ottos von Brandenburg nehmen keinen Bezug auf eine Lehnshoheit oder eine Zustimmung des Erzbistums. Erzbischof Dietrich ist auch nicht unter den Mitbesieglern der Verzichtsurkunde Ottos von 1368.

54 *Attamen de voluntate et consensu prelatorum et canonicorum capituli Magdeburgensis, sed non omnium, terram Lusacie, cuius terre proprietas et infeudacio ecclesie Magdeburgensi pertinebat, regi Bohemie et suo regno in perpetuum vendidit et ab ecclesia abalienavit.* Gesta Archiepiscoporum Magdeburgensium, ed. Wilhelm SCHUM (MGH SS 14, 1883 Additamentum) S. 443.

55 SCHMUGGE, Albrecht von Sternberg (wie Anm. 48) S. 54f.

so vertiefen sich diese Zweifel bei der Betrachtung der Zeugenliste der Lausitzinkorporation. Diese ist offenkundig fiktiv. Während Herzog Rudolf von Sachsen den Kaiser im Frühjahr 1370 in die Niederlausitz begleitet hatte und sich auch sonst häufig bei Hofe aufhielt,[56] hatte sich Markgraf Otto von Brandenburg nach seinem Verzicht auf die Lausitz im Januar 1368 vom Hof zurückgezogen. Er nahm am zweiten Italienzug des Kaisers nicht teil, wandte sich vielmehr wieder stärker den brandenburgischen Geschäften zu.[57] Seine Beziehungen zum Kaiser kühlten sich vollends ab, als dieser mit Befestigungsarbeiten und Brükkenbauten in Fürstenberg an der Oder im Frühjahr 1370 seine Aggressionsabsichten gegen die Mark Brandenburg offenbarte.[58] Zu Wenzels Hochzeitsfeier mit Johanna,[59] der Tochter des Wittelsbachers Albrecht von Holland, reiste Otto im September des Jahres nur auf ausdrücklichen Wunsch des Kaisers unter dem Geleit Graf Heinrichs von Schwarzburg nach Nürnberg, wo es bald zum endgültigen Bruch kam.[60] Zuvor hatte sich der Markgraf am 22. August zu Burgstall in der Altmark von Erzbischof Albrecht von Magdeburg mit den erzstifti-

[56] Reg. Imp. 8 Nr. 4823–4826 und 4828. Zum Prager Hausbesitz der Herzöge von Sachsen vgl. Hans PATZE, Die Hofgesellschaft Kaiser Karls IV. und König Wenzels in Prag, in: Kaiser Karl IV. 1316–1378. Forschungen über Kaiser und Reich, hg. von Hans PATZE (auch in BDLG 114, 1978) S. 759.

[57] Zu den Unruhen in der Mark Brandenburg, in deren Folge die kaiserlichen Räte Ottos durch einheimische Herren verdrängt wurden, sowie zu dessen Politik zwischen 1368 und 1370 vgl. August NEUHAUS, Otto V. von Wittelsbach, Markgraf von Brandenburg. Sein Lebenslauf (1909) S. 72–103.

[58] Zu den Spannungen zwischen Markgraf Otto und dem Kaiser in diesem Zeitraum vgl. SCHULTZE, Mark Brandenburg (wie Anm. 2) 2 S. 145–150; HOHENSEE, Erwerbung der Lausitz (wie Anm. 2) S. 226–230. Karls Bestätigung der Leibgedingeverschreibungen Ottos für dessen Gemahlin Katharina (Prag, 1370 Juni 24; D: CDB A 11 S. 59; R: Reg. Imp. 8 Nr. 4854) weist nicht auf eine Anwesenheit des Markgrafen bei Hofe hin, kam diese doch allein der Kaisertochter zugute, die getrennt von ihrem Gatten lebte, vgl. SCHULTZE, ebd. S. 143f. Vgl. Reg. Imp. 8 Nr. 4662 (Borgoforte, 1368 Juni 12) als Beleg für ihre Anwesenheit im kaiserlichen Gefolge während Karls Italienzug und Ellen WIDDER, Itinerar und Politik. Studien zur Reiseherrschaft Karls IV. südlich der Alpen (Forschungen zur Kaiser- und Papstgeschichte des Mittelalters, Beihefte zu J. F. Böhmer Reg. Imp. 10, 1993) S. 316, S. 336 und S. 355.

[59] Das symbolische Beilager Wenzels mit Johanna fand am 29. September 1370 statt, vgl. Dieter VELDTRUP, Zwischen Eherecht und Familienpolitik: Studien zu den dynastischen Heiratsprojekten Karls IV. (Studien zu den Luxemburgern und ihrer Zeit 2, 1988) S. 420.

[60] Vgl. Ottos Beschwerdeschrift gegen den Kaiser: Stendal, 1371 Juni 10; D: CDB B 2 S. 509–511, hier S. 510. Heinrich hatte seit 1365 in kaiserlichem Auftrag die Mark Brandenburg verwaltet.

schen Lehen in der Mark Brandenburg belehnen lassen, ein Zeichen dafür, daß er versuchte, sich gegen die von Karl ausgehende Bedrohung abzusichern; vom 1. August datiert eine Urkunde Ottos für die Herren von Alvensleben, ausgestellt in Boitzenburg.[61] Eine Anwesenheit des Markgrafen in Prag am Ausstellungstag der Lausitzinkorporation dürfte somit ausgeschlossen sein.[62] Ebensowenig wird sich Erzbischof Albrecht am 1. August dort aufgehalten haben, urkundete er doch am 30. Juli in Magdeburg.[63] Auch die oben erörterte Vereinbarung über eine Ausgleichszahlung zugunsten des Erzbistums spricht gegen eine vorherige Beteiligung an einer Beurkundung, die magdeburgische Rechte an der Lausitz nicht berücksichtigte.

Für weitere als Zeugen genannte Personen ist ein Aufenthalt in Prag um den 1. August 1370 sehr unwahrscheinlich: Burggraf Friedrich von Nürnberg begegnet in einer Urkunde des Bamberger Bischofs Ludwig vom 28. Juli 1370, ausgestellt in Bamberg, in der letzterer die Entscheidung eines Güterstreits zwischen dem Burggrafen und dem Ritter Heinrich vom Stein beurkundete.[64] Graf Ulrich der Ältere von Helfenstein war zunächst bis zur angekündigten Ankunft des Kaisers in Nürnberg[65] zum Hauptmann der oberschwäbischen Reichsstädte eingesetzt worden, hielt sich also sicher im Juli/Anfang August in dieser Region auf.[66] Herren aus der Lausitz oder zuständige königliche Amtsträger nennt die Zeugen-

61 D: Ebd. S. 507 und CDB A 24 S. 82.

62 So schon NEUHAUS (wie Anm. 57) S. 101f., der die Zeugennennung Ottos in Abwesenheit durch dessen frühere Zustimmung zum Lausitzverkauf ausreichend gerechtfertigt sieht und nicht an der Authentizität der Urkunde zweifelt.

63 UB der Stadt Magdeburg 1, bearb. von Gustav HERTEL (GQPS 26, 1892) S. 324 Nr. 506.

64 D: Monumenta Zollerana. UB zur Geschichte des Hauses Hohenzollern, hg. von Rudolph Frhr. von STILLFRIED/Traugott MAERCKER 4: Urkunden der Fränkischen Linie (1363–1378) (1858) S. 194f. Nr. 166.

65 Karl urkundet ab 13. August in Nürnberg (Reg. Imp. 8 Nr. 4867).

66 Erzbischof Johann von Prag und Borso von Riesenburg hatten Ende April 1370 zu Ulm mit den Reichsstädten in Niederschwaben einen Landfrieden ausgehandelt, wo sich auch Ulrich von Helfenstein nach seiner Rückkehr vom Kaiserhof aufhielt, vgl. Die Urkunden und Akten der oberdeutschen Städtebünde 2,2, bearb. von Konrad RUSER (1988) S. 1127f. Nr. 1134 (1370 April 28 und Mai 26). Zu Ulrich vgl. ferner Karls Urkunde Prag, 1370 Juni 23: *Und des czu eynen houbtmanne geben und setzen wir uch die weil den edlen Ulrich den eltern, graven czu Helfenstein, ... dem ir und er uch czu fride und gemache der lande geholfen und geraten sein sullet getruwlich bis an unser zukunft, alz vorgeschriben stet; alz er uch wol underweizen wirdet von unsern wegen, des ouch ir im glouben sullet in den sachen volkomplich.* (D: ebd. S. 1128f. Nr. 1135).

liste nicht. Ebenso fehlen Große aus benachbarten Gebieten, bei denen ein Interesse an den beurkundeten Vorgängen vorauszusetzen wäre: Bischöfe aus dem mitteldeutschen Raum und die Wettiner. Anstatt dessen sticht unter den Zeugen der französische Adlige Enguerrand de Coucy VII. hervor, der sich in der Tat zumindest im Januar 1370 in Prag aufhielt.[67]
Ein Vergleich der Zeugenliste der Inkorporationsurkunde mit denen anderer Karlsurkunden im näheren zeitlichen Umfeld des Ausstellungsdatums zeigt eine wörtliche Übereinstimmung mit Karls Diplom vom 22. Februar 1370 für Graf Franz Albertini von Prato.[68] Wie allerdings diese Urkunde und ihre Zeugenliste zustandekamen, denn auch zu diesem Zeitpunkt war Markgraf Otto nicht am Hofe, ist eine Frage nach den Interna der karolinischen Kanzlei, der hier nicht nachgegangen werden kann.[69]
Auch der Hofkanzler Johann von Neumarkt[70], Bischof von Olmütz, ist unter den Zeugen genannt, hat die Inkorporationsurkunde nach Ausweis der Relationskonzeptvermerke jedoch nicht stilisiert. Diese Aufgabe war einem homo novus übertragen worden, dem Propst von Kemberg Nikolaus von Riesenburg, der aus dem Umfeld der Herzöge von Sachsen kam.[71] Er begegnet in der kaiserlichen Kanzlei regelmäßiger erst seit 1372.[72] Ebenso konnte der Registrator beider Exemplare, Voltzo von Worms, bei der Durchsicht einer größeren Urkundenzahl

[67] Barbara TUCHMANN, Der ferne Spiegel. Das dramatische 14. Jahrhundert (1980, Sonderausgabe 1991) S. 230.

[68] D: Emilio CRISTIANI, La tradizione filoimperiale degli Albertini conti di Prato e un diploma di Carlo IV del 22 febbraio 1370, in: Societá, istituzioni, spiritualitá. Studi in onore di C. Violante (1994) 1 S. 239–244; R: Reg. Imp. 8 Nr. 4822. Das Diplom bestätigt und erneuert Karls inserierte Urkunde von 1352 Februar 10 für Franz' Vater.

[69] Markgraf Otto von Brandenburg ist im fraglichen Zeitraum auch noch Zeuge in der Urkunde Prag, 1370 Juni 23 (Reg. Imp. 8 Nr. 4853), die ebenfalls italienischen Empfängern inserierte frühere Privilegien bestätigt.

[70] Zur Person zuletzt Marie BLÁHOVÁ, Život a dílo Jana ze Středy, in: Studia z dziejów Środy Śląskiej, regionu i prawa Średzkiego, reg. Ryszard GŁADKIEWICZ (Acta universitatis Wratislaviensis Nr. 980, Historia 70, 1990) S. 77–93.

[71] Peter MORAW, Räte und Kanzlei, in: Kaiser Karl IV. (wie Anm. 11) S. 285–292, zum Wechsel an der Spitze der Kanzlei bes. S. 291f.; DERS., Grundzüge der Kanzleigeschichte Kaiser Karls IV. (1346–1378), ZHF 12 (1985) S. 11–42, bes. S. 38. Vgl. auch Ferdinand TADRA, Kanceláře a písaři v zemích Českých za králů z rodu Lucemburského Jana, Karla IV. a Václava IV. 1310–1420 (Rozpravy České Akademie 1,1,2, 1892) S. 39. Ivan HLAVÁČEK, Das Urkunden- und Kanzleiwesen des böhmischen und römischen Königs Wenzel (IV.) 1376–1419. Ein Beitrag zur spätmittelalterlichen Diplomatik (Schriften der MGH 23, 1979) S. 193f.

für die Jahre 1370–1372 sonst nicht nachgewiesen werden.[73] Er tritt seit dem Frühjahr 1373 gelegentlich auf,[74] häufiger erst im November/Dezember und dann bis in den Oktober des Folgejahres hinein.[75]
Die Lausitzinkorporation hat also nicht nur eine fingierte Zeugenreihe, sie ist nach Ausweis der Kanzleivermerke mit großer Sicherheit auch nicht zu dem Zeitpunkt ausgestellt worden, den ihr Datum vorgibt.[76] Was könnte die kaiserliche Kanzlei bewogen haben, die Urkunde gerade auf den 1. August 1370 zu datieren? Eine Erklärungsmöglichkeit scheint mir die gewählte Zeugenliste zu bieten. Dem Aussteller lag offenbar besonders an einer Legitimierung der Inkorporationsurkunde durch die Zeugenschaft Markgraf Ottos von Brandenburg als des rechtmäßigen Verkäufers der Mark Lausitz an den böhmischen König. Wollte man diesen als Zeugen beanspruchen, kam nur ein Termin vor dem offenkundigen und auch von Otto propagierten Zerwürfnis des Markgrafen mit dem Kaiser im Oktober 1370 am Rande der Hochzeitsfeierlichkeiten in Nürnberg in Frage.[77] Da Otto am 25. September tatsächlich nochmals als Zeuge zweier kaiserlicher Urkunden fungierte, konnte er auch für die vorhergehende Zeit plausibel in Anspruch genommen werden.[78] Herzog Rudolf verlieh mit seinem Namen dem Verkauf von Mühlberg und Würdenhain die gewünschte Legitimation, obwohl die entsprechenden Urkunden erst nach seinem Tode durch die

72 Vgl. die Zusammenstellung der den Beurkundungsbefehl ausführenden Kanzleimitarbeiter durch Huber in Reg. Imp. 8 S. XXXIXf., der für Nikolaus als einzige Belege aus der Zeit vor der Lausitzinkorporation Nr. 4556 (Prag, 1367 September 21) und Nr. 4847 (Guben, 1370 Mai 14) nennt, letzteren wohl irrtümlich, denn die betreffenden beiden Originale tragen keinen Relationskonzeptvermerk. Danach folgen Nr. 5013 (Bautzen, 1371 Dezember 28) und weitere 23 Belege für 1372.

73 Anhand des in der Arbeitsstelle der MGH-Constitutiones vorliegenden Materials wurde der Bestand an original überlieferten Karlsurkunden aus den Staatsarchiven in Stuttgart, Karlsruhe, München, Nürnberg, Augsburg sowie aus den Ländern Hessen, Sachsen, Sachsen-Anhalt, Thüringen, Mecklenburg und Brandenburg durchgesehen. Vgl. auch Huber in Reg. Imp. 8 S. XLI mit Nachweisen für die Jahre 1365–1368 und 1374.

74 Mühlberg, 1373 Mai 25; Reg. Imp. 8 Nr. 5205. Strausberg, 1373 August 29; Reg. Imp. 8 Nr. 5251. Reichssteueranweisungen an Nürnberg: Prag, 1373 Oktober 3, 11 und 29; Reg. Imp. 8 Nr. 5264.

75 Letztmalig begegnet er 1374 Okt. 16; Reg. Imp. 8 Nr. 5403 und 5405.

76 Zu Fällen willkürlicher Datierung vgl. Harry BRESSLAU, Handbuch der Urkundenlehre 2 (^{4}1968) S. 476–478.

77 Vgl. Ottos Beschwerdeschrift (wie Anm. 60).

78 Reg. Imp. 8 Nr. 4884f.

Herzöge Wenzel und Albrecht ausgestellt worden waren.[79] Wichtig war schließlich auch Erzbischof Albrechts Beteiligung, konnte sie doch Einvernehmen über den Verzicht des Erzstiftes auf die von ihm beanspruchte Lehnshoheit über die Mark Lausitz bezeugen.

Ein Beurkundungstermin in der Zeit von Karls Lausitzaufenthalt von Anfang März bis Mitte Juni 1370 hätte die Anwesenheit von Herren aus der Region erwarten lassen. In dem kurzen Zeitraum von knapp zwei Monaten, der zwischen Karls Rückkehr und seinem Aufbruch nach Nürnberg lag,[80] ist der vorgebliche Ausstellungstag, Petri Kettenfeier (Vincula Petri), derjenige Tag, von dem mit weiteren vier Stück die meisten Beurkundungen der Kanzlei vorliegen, alle im politischen Tagesgeschäft angesiedelt.[81] Der Kontrast zum feierlichen Umfeld der Vorurkunde, die Karl anläßlich seiner Kaiserkrönung Ostern 1355 in Rom ausgestellt hatte, ist augenfällig.[82] Ein durch Öffentlichkeit herausgehobener Termin – etwa im Umfeld der Hochzeitsfeierlichkeiten König Wenzels – kam jedoch für eine fiktive Datierung nicht in Frage, um nicht durch den Widerspruch tatsächlich Anwesender die Glaubwürdigkeit der Urkunde zu gefährden.

Abschließend wollen wir der Frage nach dem möglichen Ausstellungszeitraum und vermutlichen Zweck des vorliegenden Urkundenpaares nachgehen. Von inhaltlicher Seite her denkbar wäre zunächst eine Entstehung im Umfeld der böhmisch-wettinischen Auseinandersetzungen in der Zeit vor dem Pirnaer Vertrag vom November des Jahres 1372.[83] Dafür könnte die Einbeziehung der Orte

79 Rudolf starb am 6. Dezember 1370, sein ihm nachfolgender Halbbruder Wenzel stand zunächst nicht in einem ähnlich vertrauten Verhältnis zum Kaiser, vgl. Wilhelm KLARE, Die Wahl Wenzels von Luxemburg zum Römischen König 1376 (1990) S. 38–40.

80 Die letzte in der Lausitz ausgestellte Urkunde ist datiert Fürstenberg/Oder, 1370 Juni 12 (Reg. Imp. 8 Nr. 6273). 1370 August 8 urkundete Karl bereits in Sulzbach in der Oberpfalz; R: Johannes MÖTSCH, Regesten des Archivs der Grafen von Sponheim 1: 1065–1370 (Veröffentlichungen der Landesarchivverwaltung Rheinland-Pfalz 41, 1987) S. 810 Nr. 1489.

81 Je ein Städteprivileg für Freiburg im Breisgau und Kenzingen, ein Gebot an Zürich, Bern, Solothurn und ihre Eidgenossen sowie eine Ladung in einer Streitsache der Grafen von Sponheim (Reg. Imp. 8 Nr. 4864–4866 und 6345).

82 Zum gleichen Zeitpunkt ergingen Zusicherungen an Papst und römische Kirche (Reg. Imp. 8 Nr. 2015–2018) und in größerem Umfang Privilegien für Herren des kaiserlichen Gefolges (ebd. Nr. 2021–2024. 2039–2052. 2056) und die Reichsstadt Nürnberg (ebd. Nr. 2025–2038). Auch für die Beurkundung der ewigen Union der Mark Brandenburg mit der böhmischen Krone 1374 wählte Karl herausgehobene Daten: den Sonntag Trinitatis (28. Mai) für die Urkunde der neuen Brandenburger Markgrafen Wenzel, Sigmund und Johann, für die kaiserliche Bestätigung den Hoftag zu Tangermünde am Peter- und Paulstag (29. Juni); D: CDB B 3 S. 39–42 und S. 42–47.

Mühlberg, Strehla und Würdenhain in alle Bestimmungen der Urkunde sprechen. In der Tat richteten sich die in der Beschwerdeschrift der meißnischen Markgrafen gegen den Kaiser gesammelten Vorwürfe u.a. gegen dessen Übergriffe auf das Kloster Mühlberg an der Elbe, die Abwerbung wettinischer Lehnsmannen und den Kauf von Strehla, das wettinisches Lehen sei.[84] Hätte die feierlich beurkundete Bindung der genannten Orte an die Krone Böhmens zusammen mit der unbestritten rechtmäßig erkauften Lausitz – die Verzichtsurkunde Ottos von 1368 hatte auch Markgraf Wilhelm von Meißen mitbesiegelt – die böhmischen Besitzrechte untermauern, die Legitimität des Lausitzkaufes gleichsam auf die mitgenannten Gebietserwerbungen ausdehnen können? Für die Verwendung in einem aktuellen Streitfall, in dem der kaiserliche Aussteller selbst als Partei beteiligt war, hätte man allerdings anstelle der Vielzahl ausdrücklich nach innen, auf die böhmische Krone, ihre Vertreter und die Einwohner der einverleibten Gebiete gerichteter Bestimmungen ein Eingehen auf die Vorbesitzer der betreffenden Gebiete und Einzelheiten der Kaufvorgänge erwartet. Auch legt die Größenrelation der inkorporierten Gebiete nahe, daß das Schwergewicht der Beurkundung auf der Lausitz als dem weitaus bedeutenderen Territorium lag und die Mitinkorporation Mühlbergs, Strehlas und Würdenhains eher ein Nebenprodukt darstellte. Gegen eine Datierung auf 1371/72 spricht jedoch vor allem der Wirkungszeitraum des beteiligten Registrators Voltzo von Worms, der, wie bereits oben ausgeführt, erst ab dem Frühjahr 1373 und dann bis in den Oktober des Folgejahres hinein in der Kanzlei nachzuweisen ist, während Propst Nikolaus von Kemberg bereits im Umfeld der böhmisch-meißnischen Auseinandersetzung tätig geworden war.[85]

Die erste uns bekannte Urkunde, an deren Ausfertigung beide gemeinsam beteiligt waren, datiert vom 29. August 1373[86] und führt uns in die Zeit des Kampfes Karls IV. mit den Wittelsbachern um die Mark Brandenburg: am 15. August war Markgraf Otto dem militärischen Druck erlegen und hatte gemeinsam mit seinem Neffen Friedrich, Sohn Stephans von Niederbayern, auf die Mark verzich-

83 Pirna, 1372 November 25, Reg. Imp. 8 Nr. 7367 und November 26, Reg. Imp. 8 (RS) Nr. 566 (s.o. Anm. 37 und 40). AHRENS, Wettiner (wie Anm. 2) S. 40–50. Vgl. auch den Beitrag von Michael Lindner in diesem Band.

84 Siehe oben Anm. 38 und 45.

85 Er hatte den Thüringischen Landfrieden stilisiert: Prag, 1372 März 28; D: UB der Stadt Erfurt, bearb. von Carl BEYER 2 (GQPS 24, 1897) S. 497ff. Nr. 688; R: Reg. Imp. 8 Nr. 5031.

86 Karl bestätigte zwei märkischen Herren im Namen seines Sohnes Wenzel und seiner anderen Erben, Markgrafen zu Brandenburg, zwei inserierte Urkunden Markgraf Ottos; D: CDB A 11 S. 232; R: Reg. Imp. 8 Nr. 5251.

tet.[87] Die unmittelbar darauf in der kaiserlichen Kanzlei anfallende große Zahl von Bestätigungsurkunden für brandenburgische Städte, Herren und Klöster bearbeitete hauptsächlich Nikolaus von Kemberg, jedoch mit anderen Registratoren. Zusammen mit Voltzo begegnet er in brandenburgischen Belangen erst wieder im März 1374, dann beim Bündnis von Karl und seinen Söhnen mit den Herzögen von Pommern-Wolgast im Mai sowie in zwei Exemplaren der kaiserlichen Bestätigung der ewigen Einheit der Mark Brandenburg mit dem Königreich Böhmen und den zugehörigen Ländern Ende Juni.[88] Es erscheint verlockend, einen zeitlichen Zusammenhang zwischen der Beurkundung der brandenburgisch-böhmischen Personalunion und der Herstellung der Lausitzinkorporation zu vermuten; relativ sicher ist jedoch nur der Datierungsrahmen, den das nachweisbare Wirken des Registrators Voltzo von Worms vorgibt.

Bei der Belehnung seiner Söhne Wenzel, Sigmund und Johann mit der Mark Brandenburg am 2. Oktober 1373 zu Prag[89] hatte der Kaiser Erzkämmereramt und Kurwürde dem bisherigen Markgrafen Otto auf Lebenszeit vorbehalten. Für seinen materiellen Verlust wurde derselbe mit einer gewaltigen Geldmenge, für die böhmische Städte als Bürgen eintraten, sowie mit umfangreichen Besitzungen in der Oberpfalz entschädigt.[90] Damit verlor die böhmische Krone erhebliche Teile jenes Gebietes, das Karl 1355 dem Königreich inkorporiert hatte.[91] Die großen finanziellen Belastungen für die böhmischen Städte – ihnen wurde eine bisher nie praktizierte Verkaufssteuer auferlegt[92] – sowie ihre Bürgschaftspflichten waren ebenso wie die Gebietsverluste geeignet, Unmut hervorzurufen, kam doch der Gewinn der Mark Brandenburg der luxemburgischen Dynastie und nicht dem Königreich Böhmen zugute.[93]

87 Fürstenwalde, 1373 August 18; D: CDB B 3 S. 8; R: Reg. Imp. 8 (RS) Nr. 580.

88 Bestätigung der Stadt Perleberg: Berlin, 1374 März 7 (Reg. Imp. 8 Nr. 5338). Prenzlau, 1374 Mai 17 (Reg. Imp. 8 Nr. 5353). Tangermünde, 1374 Juni 29 (Reg. Imp. 8 Nr. 5361).

89 D: CDB B 3 S. 19; R: Reg. Imp. 8 Nr. 5263. Vgl. SCHULTZE, Die Mark Brandenburg (wie Anm. 2) 2 S. 152–160.

90 Fürstenwalde, 1373 August 17; D: CDB B 3 S. 8ff. Die Abfindung hatte einen Gesamtwert von 500.000 Gulden, vgl. Karl August MUFFAT, Über die Größe und Schicksale der Entschädigungen, welche dem Hause Wittelsbach für die Abtretung der Mark Brandenburg von dem Kaiser Karl IV. verschrieben worden sind, in: Abh. München 10 (1867) S. 699–712.

91 Fürstenwalde, 1373 August 18; R: Reg. Imp. 8 Nr. 5222. Von den abgetretenen Orten waren die folgenden in der Inkorporationsurkunde von 1355 genannt worden: Sulzbach, Rosenberg, Neidstein, Lichteneck, Hersbruck, Lauf, Hauseck, Hirschau, Lichtenstein, Reicheneck, Rupprechtstein.

Eine Ausstellung der Lausitzinkorporation zu tagespolitischen Zwecken, die ja eine Veröffentlichung erfordert hätte, halte ich aufgrund der oben behandelten Unstimmigkeiten im Detail für unwahrscheinlich. Durchaus denkbar wäre jedoch, daß der Kaiser mit der urkundlichen Fixierung der Zugehörigkeit der Mark Lausitz zum Königreich Böhmen, eines unbestreitbar bedeutenden territorialen Zugewinnes, in den Augen seiner Nachfolger auf dem böhmischen Thron als ein Mehrer seines Vaterlandes erscheinen wollte.[94] Vor allem aber sollte mit der Inkorporationsurkunde, indem diese den Rechtsstatus der Lausitz als Reichslehen ignorierte, ein Zustand für die Zukunft festgeschrieben werden, dessen Durchsetzung allein Karls kaiserliche Vormachtstellung ermöglicht hatte.[95] Dieser Besitz sollte Böhmen und der luxemburgischen Dynastie auf Dauer gesichert werden, unabhängig von Reichslehnrechten und unabhängig von der Person künftiger Herrscher.[96] Eine reale, vor Zeugen, d.h. in aller Öffentlichkeit, erfolgende Beurkundung hinsichtlich der Lausitz hätte dagegen angesichts der Machtverhältnisse in den spä-

92 *... civitates regni Boemie, animadvertentes imperatorem pro utilitate regni predicti tantum et tam nobilem suis acquisivisse laboribus et sumptibus principatum, se ipsos voluntarie submittentes quodam ungeltum, quod in partibus Italie Gabella dicitur, licet antea in regno Boemie iniquum fuerat, super se et res suas, que ad usum hominum emuntur et venduntur, usque solucionem pecuniarum partis residue statuerunt* (CDB B3 S. 1).

93 Über innerböhmische Spannungen in diesem Zusammenhang ist nichts bekannt. Eine gewisse kritische Stimmung deutet sich jedoch in Karls Bestätigung der ewigen Union der Mark Brandenburg mit dem Königreich Böhmen (Tangermünde, 1374 Juni 29) an: diese solle u.a. durch Absicherung der königlichen Aufwendungen materiellen Schaden abwenden: *und wann auch scheymbarlichen offembar were, daz dieselbin marken zu Brandemburg derselbe kunig von Beheim mit seynen und seynes kunigreichs zu Beheim erblichen landen, lewten, stetten, vesten und auch merklichen grossen summen bereytes geltes gekawfft hette ... und beynamen uff die rede, daz kunige und daz kunigreiche zu Beheim sulicher lande, stette und vesten und auch merkliche grossen summen geltes, die sie uff die egenante marken zu Brandemburg gewendet haben und noch tegelichen doruff wenden mussen, ane schaden beleiben und die nicht vorloren* (CDB B3 S. 42–47; R: Reg. Imp. 8 Nr. 5361).

94 Zum Bohemozentrismus als einem Grundzug des geistigen Profils Karls IV. vgl. HERGEMÖLLER, Cogor (wie Anm. 13) S. 409f.

95 HOFMANN, Böhmisch Lehen (wie Anm. 3) S. 119–121 zeigt an Beispielen aus dem süddeutschen Raum, wie Karl „die Trennung der Rechtspersönlichkeit des römischen Kaisers und Königs von der des böhmischen Königs", z.T. „erleichtert durch das Vorschieben des unmündigen Wenzel" (S. 120), für seine territorialen Transaktionen nutzte.

96 Die Könige Wenzel und Sigmund bestätigten 1411 bzw. 1414 die Unabtrennbarkeit der Lausitz von Böhmen, ohne auf Karls Inkorporationsurkunde einzugehen, vgl. LEHMANN, Geschichte (wie Anm. 25) S. 70.

ten sechziger und frühen siebziger Jahren wie auch der Größe und Bedeutung des betreffenden Territoriums wohl nur als Belehnung des Kaisersohnes Wenzel unter Anerkennung der Reichsrechte erfolgen können.[97] Gerade mit Rücksicht auf die von Karl angestrebte Königswahl seines Sohnes vivente imperatore dürfte es ratsam gewesen sein, die Entfremdung der Lausitz und damit den Verlust von Reichsrechten an die kaiserliche Hausmacht nicht zum Gegenstand öffentlichen Interesses zu machen.[98]

So bleibt die Inkorporationsurkunde für die Niederlausitz zwar eine herausgehobene Leistung der karolinischen Kanzlei, doch war sie nicht die staatsrechtlich korrekte kaiserliche Setzung, die sie zu sein vorgibt. Eine willkürlich eingesetzte Zeugenliste, die Differenz von Ausstellungsdatum und beteiligten Kanzleiangehörigen, ihre inhaltlichen Widersprüche sowie ihre gesamte Zielsetzung weisen sie als bewußte Manipulation aus.[99] Sie illustriert Karls Fähigkeit und Willen, die Mittel, die eine kaiserliche Kanzlei bot, nämlich die Kunst der formvollendeten, Legitimation verleihenden Urkundenausstellung, zur Festigung seiner Hausmacht einzusetzen und die dank seiner Doppelstellung als römischer Kaiser und böhmischer König für seine Dynastie gewonnenen Vorteile in die Zukunft fortzuschreiben.

[97] Pfalzgraf Ruprecht I. hatte bereits 1366 gegenüber der Stadt Straßburg die Sorge geäußert, Karl wolle das Reich an die Krone Böhmens ziehen (UB der Stadt Straßburg 5, bearb. von Hans WITTE/Georg WOLFRAM [1896] S. 560f. Nr. 723). In den folgenden Jahren war er die führende Kraft unter den Gegnern des Kaisers, vgl. KLARE, Wahl Wenzels (wie Anm. 79) S. 25–31. Hubert RÖHRENBECK, Karl IV. und die Pfalzgrafen bei Rhein, in: Forschungen über Kaiser und Reich (wie Anm. 56), bes. S. 631–637. Zum antikaiserlichen Bündnis der Könige Kasimir von Polen und Ludwig von Ungarn von 1369, dem außer Markgraf Otto alle Wittelsbacher beitraten, vgl. Samuel STEINHERZ, Die Beziehungen Ludwigs I. von Ungarn zu Karl IV. 2: Die Jahre 1358–1373, MIÖG 9 (1888) S. 572–576.

[98] Zu Karls diplomatischen Bemühungen um die Sohnesfolge seit Ende 1365 vgl. KLARE, Wahl Wenzels (wie Anm. 79) S. 24–92.

[99] Der von Worbs geäußerte Fälschungsvorwurf: „Dass dieser Brief unächt sey, geht aus ihm selbst hervor. Er wäre, wenn er ächt wäre, ein Monstrum. Der Anfang wäre vom Kaiser Karl und von der Mitte an vom Erzbischof Gerlach von Mainz.“ (Inventarium diplomaticum Lusatiae inferioris. Verzeichnis und wesentlicher Inhalt der bis jetzt über die Niederlausitz aufgefundenen Urkunden, hg. von Johann Gottlob WORBS 1: 873–1620 [1834] S. 183f.), beruhte dagegen auf Unkenntnis der originalen Überlieferung und einem daraus resultierenden Unverständnis für den Zusammenhang der Urkundenteile, vgl. schon LIPPERT, Wettiner und Wittelsbacher (wie Anm. 2) S. 171f. mit Anm. 17.

Urkundenanhang

Prag, 1370 August 1

Karl inkorporiert aus kaiserlicher Machtvollkommenheit die Markgrafschaft Lausitz und die Herrschaften Mühlberg, Strehla und Würdenhain mit allen Rechten und allem Zubehör auf ewig dem Königreich und der Krone Böhmens. Er erläßt Bestimmungen zur Lehns- und Gerichtshoheit über die Einwohner der Mark Lausitz und die in ihr gelegenen Güter einschließlich des Verbotes eigenmächtigen Pfändens oder anderweitiger Schädigung böhmischer Besitzungen, bestimmt das böhmische Königsgericht als Appellationsinstanz und bedroht den Bruch der Gerichtshoheit mit einer Strafe von 40 Goldmark. Er entkräftet alle entgegenstehenden Bestimmungen und spricht eine Strafandrohung in Höhe von 1.000 Pfund Gold zusätzlich zu der obengenannten Strafe aus.

A1: Státní Ústřední Archiv Prag, AČK Nr. 1048; Majestätssiegel an Seidenfäden lose beiliegend; auf dem Bug rechts: *De mandato domini .. imperatoris / Nicolaus Camericen(sis) prepositus;* unter dem Bug zwischen den Schnurlöchern ein z-förmiges Zeichen, darunter: *v. c.;* auf der Rückseite: *R(egistratu)m Voltzo de Wormacia;* über den Schnurlöchern: *z* und darunter: *Incorporacio facta per imperatorem regno Boem(ie) / de marchionatu Lusacie, Strel, Mulberg et Wer/denheim* (14. Jh.); unten rechts von anderer Hand: *Rescripta et correcta* (14. Jh.).
A2: Státní Ústřední Archiv Prag, AČK Nr. 1047; Majestätssiegel an Seidenfäden; auf dem Bug rechts: *De mandato domini .. imperatoris / Nicolaus Camericen(sis) prepositus;* auf der Rückseite: *R(egistratu)m Voltzo de Wormacia;* weiter unten: *Empcio marchionatus Lusacie cum attinenciis per dominum imperatorem* (14. Jh.).
B1: LHA Potsdam, Rep. 23C Niederlausitzische Stände, U 1, besiegeltes Transsumpt des Notars Johannes Georgius Hermannus vom 8. Mai 1671.
B2: HStA Dresden, Cop. 1318 Bl. 243v–249v (16. Jh.).

TD: Codex Juris Bohemici (wie Anm. 43) 2,1 S. 565–570 Nr. 609.

R: Reg. Imp. 8 Nr. 4863. – Inventarium diplomaticum Lusatiae inferioris (wie Anm. 99) S. 183 Nr. 507. – LIPPERT, Wettiner und Wittelsbacher (wie Anm. 2) S. 171ff. (nach B1). – Martin STAHN, Das niederlausitzische Landesarchiv in Lübben (1939) S. 3 Nr. 1. – LEHMANN, Urkundeninventar (wie Anm. 48) S. 310 Nr. 810.

Der Text folgt A 1. Wesentliche Abweichungen aus A 2 sind im Apparat angegeben. In Dispositio und Poenformel wurden die wörtlich aus der Vorurkunde übernommenen Partien petit gesetzt. Ein Stern markiert größere Auslassungen aus der Vorlage.

|| *In nomine sancte et individue trinitatis* || *feliciter amen.* || *Karolus quartus divina favente clemencia Romanorum imperator semper augustus et* || *Boemie rex.* ||*Ad perpetuam rei memoriam.* || *Inter meditaciones alias, que nostre mentis oculis variis modis occurrunt, ad hoc precipue consideracio nostra dirigitur, qualiter ad honorem omnipotentis dei et sacri Romani imperii decus et gloriam regnum et corona Boemie augmento felici proficiant et nostre diligencie laboribus augeantur, ut in hoc celebris et recolende memorie progenitorum nostrorum imitemur vestigia et nostros heredes ac posteros consolari possimus et magnificatis regno et corona predictis sub magnifici regis potenti regimine subiectus nobis populus in amenissime pacis speciosa pulchritudine conquiescat. Sane cum alias insignis principatus marchionatus Lusacie cum certis aliis conterminis eidem et vicinis regionibus ex presidencium debili quidem et inordinato regimine adeo gwerrarum, sedicionum et aliarum tempestatum gravarentur periculis in manifestam circumadiacencium dominiorum perniciem, ut eciam ex hiis prefatorum regni et corone Boemie deberent non inmerito gravia dispendia formidari*[a], *nos ad procurandum commoda quietis tranquielle*[b] *supradictum marchionatum Lusacie necnon dominia videlicet Mulberg, Strel et Werdenhayn cum suis pertinenciis a veris atque legittimis principibus, dominis et possessoribus eorum comparavimus et emimus nostra pecunia ad gloriam sacri Romani imperii et regni nostri atque corone Boemie commoda pariter et tutelam.*

Ideoque animo deliberato, sano principum, comitum, baronum ac procerum sacri imperii fidelium nostrorum accedente consilio, de imperialis potestatis plenitudine ac de certa nostra sciencia insignem atque illustrem principatum antedictum marchionatum[c] *Lusacie necnon dominia Mulberg, Strel et Werdenhayn cum omnibus civitatibus, opidis, villis, districtibus, territoriis, comitibus, baronibus, militibus, clientibus, vasallis, vasallatibus, pheudis, pheudatariis, iudicibus, scultetis, civibus, rusticis, emphiteotis et ad glebam astrictis et universitatibus civitatum, opidorum, villarum et locorum quorumlibet, cum agris cultis et incultis, viis, inviis, silvis, nemoribus, virgultis, rubetis, pascuis, pratis, venacionibus, aucupacionibus, aquis aquarumve*[d] *decursibus, stagnis, lacubus, paludibus, piscinis, pis-*

[a] korrigiert aus *formidare* A2.
[b] so A1. *tranquille* A2.
[c] *marchionatus* A2.
[d] *aquarum ve* A1.

caturis, molendinis, censibus, redditibus, proventibus, obvencionibus, utilitatibus, honoranciis, emolimentis, theloneis, conductibus, ungeltis, talliis, exaccionibus, iudiciis, iurisdicionibus altis et bassis, penis et mulctis, de iudicio provenientibus seu alias undecumque, monetis et auctoritate cudendi monetas auri, argenti, grossorum Hallensium seu alterius coni impressionis sive caracteris cuiuscumque – quam quidem auctoritatem per antedictum marchionatum Lusacie et dominia Mulberg, Strel et[e] *Werdenhayn et eorum pertinencias universas plene extendi volumus, ubicumque eciam nos, heredes, proheredes, posteri ac*[f] *successores nostri Boemie reges, qui pro tempore fuerint, statuere ac ordinare decreverimus antedictam monetam cudendam fore seu quomodolibet faciendam – necnon metis, gadibus, graniciis, limitibus et omnibus circumferenciis suis, sicut ab aliis aliorum quorumcumque bonis circumadiacentibus circumferencialiter sunt distincta, dominiis directis et utilibus, homagiis, homagialibus atque auri, argenti, stanni, cupri et alterius cuiuscumque metalli mineris, Iudeis quoque camere nostre servis, tributis et servitutibus eorum et omnibus aliis in, sub et super terra consistentibus, quibuscumque*[g] *eciam possint seu valeant specialibus vocabulis designari, antedicto regno nostro Boemie et eiusdem regni nostri Boemie felici corone, maiestati nostre, heredibus, proheredibus, posteris ac successoribus nostris Boemie regibus imperpetuum auctoritate cesarea et de imperialis potestatis plenitudine adiungimus, attribuimus, incorporamus, invisceramus et unimus perpetuo et irrevocabiliter sub modo, iure et forma, sicut hoc umquam possumus*[h] *facere, meliori. Decernentes et hoc imperiali perpetuo statuentes edicto, quod non liceat quavis racione seu causa alicui illustrium regum Boemie, heredum ac*[i] *successorum nostrorum, antedictum marchionatum Lusacie, in Mulberg, Strel et Werdenhayn dominia necnon castra, civitates, municiones, terras, opida, villas, vasallagia, dominia et pertinencias eorum, ut premittitur, in toto vel in parte, quibusvis eciam ingenio, excusacione seu colore quesitis, vendere, alienare, scindere, obligare, permutare, dividere aut alio quovis modo a potestate et dominio regum, regni et corone Boemie removere.**

Et quod si quis illustrium regum Boemie in contemptum huiusmodi imperialis edicti et in preiudicium regni et corone Boemie antedictum marchionatum Lusacie necnon Mulberg, Strel et Werdenhayn dominia, civitates, castra, municiones, predia, vasallos, vasallagia, iura, iurisdiciones et alia, que exprimuntur superius, in toto vel in parte, quibusvis ingeniis, tytulis seu coloribus quesitis, venderet, scinderet, obligaret, alienaret, permutaret seu a regno et corona Boemie removeret, nulli pene corporali reddatur obnoxius, cum non sit conveniens, quod regiam maiestatem corporalis pena constringat, sed ipsum regem penam et notam periurii ipso facto in-

e fehlt A2.
f *aut* A2.
g *quibus* A2.
h *facere possumus* A2.
i *et* A2.

currisse decrevimus. Principes vero, barones et nobiles alii quicumque, cuiuscumque dignitatis, gradus, condicionis vel status existant, qui ad vendicionem, scissionem, obligacionem, alienacionem, permutacionem seu remocionem huiusmodi quomodolibet niterentur, auxilium, consilium, favorem, adiutorium seu consensum prestiterint, ipso facto sint et reddantur infames et cadant ab omnibus suis iuribus, privilegiis et honore, et universa bona ipsorum mobilia et inmobilia, possessiones et predia, ubicumque seu in quibuscumque rebus consistant, ad usus regum, regni et corone Boemie confiscentur, ac ipsi tamquam proditores infideles, rei lese maiestatis crimine, turbatores pacis et quietis fidelium, dissipatores regni et corone Boemie et honoris regalis contemptores sint ab omnibus impune usque ad mortem inclusive et finale supplicium persequendi, atque ad huiusmodi persecucionem ipsorum omnes indifferenter regnicole prefati regni et corone Boemie teneri debebunt et ad persecucionem eorum modo predicto intendere diligenter sub pena perdicionis omnium iurium, privilegiorum, libertatum, graciarum et honorum, quibus umquam eis regum Boemie liberalitas providit hactenus et duxerit providendum. Teneantur eciam reges Boemie, qui pro tempore fuerint, et sint virtute huius*[j] *imperialis edicti ad hoc specialiter obligati, ut videlicet hunc articulum de non vendendis, scindendis, alienandis, permutandis seu eciam removendis predictis omnibus iurent in principum, baronum et nobilium regni Boemie predicti presencia, tactis corporaliter sacrosanctis ewangeliis, prius et antequam de manibus venerabilis .. archiepiscopi Pragensis seu alterius episcoporum regni Boemie prefati, nostrorum principum, coronati fuerint seu sacram regiam susceperint unccionem. Et predictis penis per nos inflictis servatis vel non servatis predicta nichilominus omnia et eorum quodlibet, prout sunt expressata superius, in suo robore perseverent.*

Preterea omnibus et singulis in predictis marchionatu videlicet Lusacie necnon Mulberg, Strel et Werdenhayn dominiis, civitatibus, castris, terris, municionibus et pertinenciis suis residentibus seu, qui pertinent ad eadem, hac edictali lege cesarea districcius inhibemus, ne quis, cuiuscumque condicionis existat, occasione debitorum seu cuiuscumque cause alterius in bonis, prediis seu possessionibus alterius auctoritate, ymmo verius temeritate propria, pignorare seu pignora presumant[k] *accipere, nisi auctoritatem huiusmodi coram nostris iudicibus per diffinitivam sentenciam obtinuisse noscatur. Cuius tamen sentencie vigore ad recepcionem talium pignorum nolumus aliqua racione procedi, nisi in presencia corporali iudicialis nuncii, quem nostri iudices, quorum interfuerit, ad execucionem talium duxerint destinandum. Habitatores eciam prefati marchionatus Lusacie necnon dominiorum Mulberg, Strel et Werdenhayn et pertinenciarum quarumlibet, vel qui castra, municiones, curias, domos aut possessiones ibidem habuerint, non audeant presumpcione quacumque, quibuslibet occasione, ingenio seu colore quesitis, adversus marchionatum Lusacie predictum necnon in Mulberg, Strel et Werdenhayn dominia nostra et ceteras regni et corone Boemie per-*

j *huiusmodi* A2.
k so A1. A2.

tinencias aliqua, que in dampnum seu dispendium regni, regnicolarum et terrarum vergere possent, quomodolibet attemptare. Nulli eciam talium habitancium seu possidencium bona, castra, domos, municiones seu predia in marchionatu Lusacie predicto necnon in[l] *Mulberg, Strel et Werdenhayn dominiis nostris et eorum pertinenciis, eciam si talia hereditatis, proprietatis seu quovis alio tytulo possiderent, aliqua racione liceat de bonis et rebus huiusmodi sitis infra limites marchionatus Lusacie et dominiorum Mulberg, Strel et Werdenhayn expressatorum superius seu*[m] *alicui alteri dominio seu domino, cuius eciam preeminencie, status seu nobilitatis existant, vasallagio, homagio, feudo aut alio quovis tytulo subicere sub pena perdicionis omnium bonorum*[n]*, que tunc temporis in eisdem principatu et*[o] *dominiis nostris quomodolibet obtineret.*

Ut eciam insignis marchionatus Lusacie prefatus necnon in Mulberg, Strel et Werdenhayn dominia, castra, civitates, terre, municiones et loca quelibet, que de pertinenciis eorum aliquo respectu consistunt, eo uberiori prosperitate gaudeant et augmentis prosperentur felicibus, quo eadem contigerit virtuosa iusticia deliberacione virtuosi principis attencius custodiri, decernimus et hoc edicto cesareo dignum duximus perpetuo statuendum, quod nullus princeps elector seu alter princeps, dux, marchio, comes, baro, ministerialis, miles, cliens, clericus sive laicus, civis aut civilis universitas sive clericale collegium seu alia quecumque persona ecclesiastica vel secularis, cuiuscumque dignitatis, excellencie, preeminencie, nobilitatis seu condicionis existat, quoscumque homines nostros marchionatus Lusacie et dominiorum expressatorum superius, cuius eciam gradus, status aut condicionis existant, pro quacumque causa civili, criminali seu mixta ad alia quecumque iudicia secularia quorumcumque iudicum extra marchionatus[p] *prefati et dominiorum predictorum districtus, iudicia seu territoria citare seu evocare presumat; seu quemcumque hominem, eciam reum notorie aut, quem in ipso maleficio actuali fugitivo pede conantem evadere fuerint persecuti*[q]*, de predictis marchionatu atque dominiis et eorum iudiciis potenter auferre presumant*[r] *aut eum alibi iudicare, nisi de iudicum et officialium nostrorum ibidem, quorum interfuerit, mandato, sciencia seu licencia speciali. Inhibemus eciam auctoritate prefata omnibus et singulis in prefato marchionatu Lusacie necnon in Mulberg, Strel et Werdenhayn dominiis et eorum pertinenciis residentibus, ne super bonis, possessionibus et rebus quibuscumque sitis in terris, districtibus, territoriis et pertinenciis marchionatus et dominiorum huiusmodi alibi preterquam coram nostris iudicibus, quorum*

l fehlt A2.
m *se* A2.
n *bonorum suorum* A2.
o *ac* A2.
p *marchionatus Lusacie* A2.
q so A1. A2.
r so A1. A2.

interfuerit, consistoriis et scampnis *iudiciorum* nostrorum audeant *respondere, quodque* * *omnes et singuli, cuius*cumque *status, gradus,* preeminencie seu condicionis existant, *qui se* adversum *nostros subditos ius aut accionem habere* contenderint, ibidem et *non alibi* teneantur accipere *iusticie conplementum.*

In defectum *vero iusticie, puta si iudices* nostri *in* administranda iusticia *se, quod absit, negligentes redderent aut si propter iniquitatem sentencie se* aliquis conquereretur[s] *oppressum,* extunc *liceat* ei, *cuius interfuerit, in* casum *dictorum gravaminum ad nostrum, heredum et successorum nostrorum regum Boemie auditorium appellare,* qui demum causam seu causas huiusmodi delegare poterunt alicui fidedigno ex suis subditis fine iuridico terminand(as). *A* cuius *tamen* sic delegati *sentencia non* alias *nisi ad illustrium Boemie regum,* qui pro tempore fuerint, regalem *cameram* aliqua racione concedimus *appellari, reservata nichilominus nobis, heredibus et successoribus nostris regibus Boemie facultate et potestate libera quoscumque homines* marchionatus Lusacie, in Mulberg, Strel et Werdenhayn dominiorum et pertinenciarum omnium, *dum et quocies nobis placuerit, quacumque racione seu* causa pro nostro beneplacito *ad nostri presenciam* evocandi *seu per iudices nostros citari* constituendi *et in iudicio tali iuxta morem* procedendi, *sicut regni Boemie* antiqua *et dudum observata tenet et tenuit*[t] *consuetudo. Si quid autem adversus predicta seu alterum ipsorum in contemptum imperialis nostri decreti* necnon in regum, regni et corone Boemie preiudicium *fieret per quemcumque in quacumque dignitate, honore vel statu* manente, *nos omnia et singula attemptata seu attemptanda, quo*quo*modo seu qualiter*cumque *fierent, annullamus, cassamus, destruimus et auctoritate imperiali ac de certa*[u] *sciencia viribus vacuamus et pro non factis* haberi volumus *neque ex hiis aliquem ad observanciam, satisdacionem seu quodcumque aliud quomodolibet volumus obligari.*[v] *Si quis vero in terra nostra predicta residenciam faciens aut bona, res et possessiones habens*[w] *ibidem se in preiudicium nostri* marchionatus Lusacie et dominiorum, que sunt expressata superius, *ad aliena iudicia traxerit seu alibi residens de possessionibus suis sitis* ibidem *sub alterius cuiuscumque iudicio duxerit respondendum aut* si quis *persona et rebus ad dictum* marchionatum Lusacie et predicta nostra dominia *pertinens aut non pertinens homines nostros ad aliena iudicia citaverit, decernimus et hoc imperiali perpetuo sanccimus edicto, quod citatores huiusmodi et qui se voluntarie citari sustinuerint*[x] *necnon* procuratores, *iudices* et *causidici, qui se alterius cuiuscumque proteccioni commiserint seu qui tales in proteccionem* susceperint, *et quilibet eorum specifice et singulariter quadraginta marchas puri auri nomine pene* componant, *ab eisdem et eorum quolibet, quocies contrafactum fuerit, irremis-*

s *conqueretur* A2.
t *et tenuit* fehlt A2.
u *certa nostra* A2.
v Beginn des Monogramms A1.
w Beginn des Monogramms nach *ha-* A2.
x *sustinuerit* A2.

sibiliter exigendas, quas illustrium *regum et predicti regni* ac corone *Boemie usibus decernimus applicandas, non obstantibus quibuscumque privilegiis* et[y] *litteris ab imperio sacro seu aliunde obtentis, libertatibus, exempcionibus vel indultis, statutis, reformacionibus et iuribus comunibus, municipalibus seu privatis editis seu edendis imposterum, loquentibus in contrarium, quibus omnibus, si et in quantum presentibus adversari censentur, sub quibuscumque eciam verborum expressionibus dici vel enucleari valeant, ac eciam*[z] *si de hiis iure vel consuetudine deberet in presentibus de verbo ad verbum fieri mencio specialis, auctoritate imperiali et de cesaree potestatis plenitudine* ac de certa nostra sciencia *derogamus.*

Nulli ergo penitus hominum liceat hanc nostre attribucionis, incorporacionis, invisceracionis, unionis, decreti, inhibicionis, statuti, penarum adieccionis *et derogacionis paginam infringere seu ei quovis ausu temerario contraire sub pena mille librarum auri puri, quas ab eo et ab hiis, qui quavis presumpcione contravenerint,* super omnes *penas adiectas superius, quas in suo robore manere nostra decrevit serenitas, statim et inmediate componi ac irremissibiliter exigi volumus tocies, quocies fuerit contrafactum, et earum medietatem imperialis erarii sive fisci, residuam vero partem regum Boemie, qui pro tempore fuerint,* camere *seu usibus applicari.*

||*Signum serenissimi principis et domini, domini Karoli Romanorum imperatoris invictissimi et gloriosissimi Boemie regis.* ||

Testes huius rei sunt illustres Rudolphus dux Saxonie, sacri Romani imperii archimarescallus, Otto marchio Brandemburgensis, sacri Romani imperii archicamerarius, principes electores, venerabiles Johannes Pragensis ecclesie archiepiscopus, apostolice sedis legatus, Albertus Magdeburgensis archiepiscopus, Johannes Olomucensis episcopus, sacre imperialis aule nostre cancellarius, Lampertus Spirensis et Petrus Luthomislensis ecclesiarum episcopi, illustres Johannes marchio Moravie, Rupertus Legnicensis, Johannes Opaviensis, Bolko Opuliensis et Henricus Lytwanie, duces, spectabiles Fridericus burkgravius Nurembergensis, Johannes et Ulricus lantgravii Leuchtembergenses, Ulricus de Helfenstein, Johannes et Burghardus de Recz, Engerandus de Cussyn dominus in Bedefort et in Soyssan(is), comites, nobiles Petrus de Wartemberg, imperialis curie nostre magister, Borsso de Risemburg, capitaneus terrarum nostrarum Bavarie et Franconie, Thymo de Coldicz, capitaneus terre nostre Polonie, Andreas et Benessius fratres de Duba, Hasco de Zwiereticz, imperialis camere nostre magistri, Wanko de Wartemberg, Johannes Gast eciam de Wartemberg et Paulus, camere nostre regalis Boemie notarius, et alii quamplures nostri et imperii sacri nobiles et fideles. Presencium sub imperialis nostre maiestatis sigillo testimonio litterarum.

[y] fehlt A2.
[z] *si eciam* A2.

Datum Prage anno domini millesimo trecentesimo septuagesimo, indiccione VIII[††], *kalend(is) augusti, regnorum nostrorum anno Romani vicesimoquinto, Boemie XXIIII*[o][aa], *imperii vero sextodecimo.*

[††] *VIII*[a] A2.

[aa] *vicesimoquarto* A2.

Eberhard Holtz

Politische Kräfte und politische Entwicklungen in Mitteldeutschland während des 14./15. Jahrhunderts

Folgende Darlegungen verstehen sich als Versuch, einige Probleme und Fragen der politischen Entwicklung Mitteldeutschlands im 14. und 15. Jahrhundert aufzugreifen. Im Mittelpunkt sollen dabei die Situation und das Verhältnis derjenigen Kräfte stehen, die diese Region im wesentlichen prägten. Anknüpfend an die jüngsten Untersuchungen zur mitteldeutschen Geschichte im Zeitalter Kaiser Karls IV. (1346–1378)[1] wird auf Veränderungen und Entwicklungstendenzen innerhalb dieses Kräfteverhältnisses während des 15. Jahrhunderts eingegangen. Die Überlegungen erfolgen dabei aus der Perspektive der Erfahrungen, die bei der Bearbeitung der Regesten Kaiser Friedrichs III. (1440–1493) aus den Archiven und Bibliotheken Thüringens, Sachsens und Sachsen-Anhalts[2] gewonnen wurden. Sie beruhen auf einer umfassenden Kenntnis der dortigen Urkunden- und Aktenbestände dieser Zeit sowie auf einer intensiven Beschäftigung mit der Geschichte dieses Raumes.

Für die weiteren Ausführungen ist es erforderlich, den hier verwendeten, zum Teil auf Michael Lindner[3] zurückgreifenden Begriff Mitteldeutschland näher zu erklären. Mit ihm soll ein Großraum umschrieben werden, dessen Grenzen in

1 Vgl. mit weiterführenden Literaturangaben Michael LINDNER, Kaiser Karl IV. und Mitteldeutschland, in: Kaiser, Reich und Region. Studien und Texte aus der Arbeit an den Constitutiones des 14. Jahrhundert und zur Geschichte der MGH, hg. von Michael LINDNER u. a. (Berichte und Abhandlungen, hg. von der BBAW Sonderbd. 2, 1997) S. 83–180; Harriet M. HARNISCH, Königs- und Reichsnähe thüringischer Grafenfamilien im Zeitalter Karls IV., in: ebd. S. 181–212; Olaf B. RADER, Kaiser Karl IV. und der mittlere Elbe-Saale-Raum, SuA 20 (1997) S. 267–318.

2 Regg. F. III. 10 und 11. Das Heft für Sachsen-Anhalt befindet sich in Vorbereitung.

3 LINDNER, Karl IV. (wie Anm. 1) S. 87ff. hat zusammenfassend dargelegt, daß sich das Bewußtsein über den Zusammenhalt dieses Großraumes einschließlich beider Lausitzen bereits in den historiographischen Quellen des 14. Jahrhunderts mit den Bezeichnungen Obersachsen und Oberelbien widerspiegelte, und den Begriff Mitteldeutschland sehr pointiert den in der Fachliteratur verwendeten Namen Wettiner-Lande / mittlere Elbe, Saale-mittleres Elbegebiet, wettinischer Herrschaftsbereich oder thüringisch-obersächsischer Raum entgegengestellt.

etwa durch das Erzgebirge, den Thüringer Wald, den Harz, den Fläming sowie die Unterhavel und die mittlere Elbe mit einem Gebietsstreifen östlich davon gebildet werden. Er wird in heutiger Zeit weitestgehend durch die genannten, für die Friedrichs-Regesten bearbeiteten drei Bundesländer jedoch ohne die Altmark und die Lausitzen und zuzüglich ostelbischer Gebiete Brandenburgs abgedeckt. Mitteldeutschland in den so beschriebenen Grenzen gehörte zu den Gebieten, die im Unterschied zu den westlichen und südlichen Reichsteilen nördlich der Alpen, der Germania Romana, über keinen direkten Kontakt zur Spätantike verfügt hatten und den daraus resultierenden Entwicklungsrückstand[4] erst aufholen mußten. Es war im wesentlichen Teil der Germania Germanica, deren östliche Grenze in fränkischer Zeit an der mittleren Elbe und Saale verlief, zählte mit seinen ab dem 10. Jahrhundert in das Reich integrierten ostelbischen Gebieten aber auch zur Germania Slavica. Ein Ergebnis dieser Entwicklung stellte die Ausbildung von sich bis ins Spätmittelalter behauptenden reichsunmittelbaren Herrschaften westlich der Saale dar, die es in dieser Vielfalt östlich davon nicht gab.[5] Als eine weitere Grenze ging die zwischen der Mainzer und Magdeburger Kirchenprovinz quer durch das mitteldeutsche Gebiet. Deren Diözesen stimmten dabei ebenfalls weder mit den naturräumlichen Grenzen Mitteldeutschlands noch mit den hier befindlichen weltlichen Herrschaftsgebieten überein.[6]

Angesichts dieser Differenziertheit und des Umstands, daß Mitteldeutschland zu keiner Zeit eine politische Einheit gebildet hat, ergibt sich natürlich die Frage nach Ursachen und Wesen des Zusammenhangs dieses Großraumes und der hier ansässigen Kräfte. Sie scheint zutreffend durch das von Peter Moraw entwickelte Modell der flächendeckenden Regionalisierung des Reiches in Form von vierzehn selbsttragenden Großlandschaften bzw. politisch-territorialen Systemen

[4] Vgl. zu diesen entwicklungsgeschichtlichen Problemen grundsätzlich Peter MORAW, Über Entwickungsunterschiede und Entwicklungsausgleich im deutschen und europäischen Mittelalter. Ein Versuch, in: Hochfinanz – Wirtschaftsräume – Innovationen, Fs. Wolfgang von Stromer, hg. von Uwe BESTMANN u.a. 2 (1987) S. 583–622; DERS., Regionen und Reich im späten Mittelalter, in: Regionen und Föderalismus, hg. von Michael MATHEUS (Mainzer Vorträge 2, 1997) S. 11ff.

[5] Vgl. Hans PATZE, Die Entstehung der Landesherrschaft in Thüringen 1 (Mitteldeutsche Forschungen 22, 1962) S. 41ff.

[6] Vgl. zur territorialen und kirchlichen Gliederung den Atlas des Saale- und mittleren Elbegebietes, 2. völlig neubearb. Auflage des Werkes Mitteldeutscher Heimatatlas, hg. von Otto SCHLÜTER/Oskar AUGUST 1 (1959), Karte 18: Die Territorien um 1485, bearb. von Heinz BUTTKUS; Karte 16: Bistümer und Archidiakonate im 15. Jahrhundert, bearb. von Gottfried WENTZ.

beantwortet, in denen sich abgegrenzt von den Nachbarräumen die wesentlichen Ordnungs- und Entscheidungsvorgänge abspielten und sich der größte Teil des dynastischen Handelns vollzog. Mitteldeutschland bildete im Spätmittelalter eine solche Großlandschaft, in der die Stärksten um die Hegemonie rangen und sich ihnen die kleineren Mächte zuordneten.[7]
Der Zusammenhang der hier bestimmenden Kräfte und damit der Region insgesamt wird sicher nicht auf den ersten Blick erkennbar und ist hinsichtlich der territorialen Ausdehnung und der hinzuzuzählenden Gewalten durchaus unterschiedlich interpretiert worden,[8] zumal die Grenzen zu den Nachbarräumen fließend waren. Familien wie die Wettiner oder die Reußen griffen mit ihren Besitzungen in Franken und Böhmen über diese Grenzen hinaus. Auswärtige Mächte wiederum wie das Erzstift Mainz verfügten über Gebiete in Mitteldeutschland oder suchten wie Brandenburg und Böhmen hier Fuß zu fassen. Einen Sonderfall stellten die Grafen von Henneberg dar. Sie waren durch vielerlei Berührungspunkte mit dem Bistum Würzburg verbunden, mußten seit der zweiten Hälfte des 14. Jahrhunderts durch den Verlust der fränkischen Besitzungen ihren Herrschaftsschwerpunkt jedoch nach Thüringen und damit gleichsam in ein anderes System verschieben.[9]
Dennoch scheint erkennbar, daß das alltägliche Mit- und Gegeneinander im Kern immer wieder einen gleichen Kreis von mit wenigen Ausnahmen reichsunmittelbaren Fürsten, Grafen, Herren und Städten[10] erfaßte, zwischen denen ein

7 Vgl. MORAW, Regionen (wie Anm. 4) S. 22ff. und die dortige Karte sowie DERS., Von offener Verfassung zu gestalteter Verdichtung. Das Reich im späten Mittelalter 1250 bis 1490 (Propyläen Geschichte Deutschlands 3, 1985) S. 175f.; DERS., Zentrale und dezentrale Machtgefüge im spätmittelalterlichen Reich, in: Bericht über den neunzehnten österreichischen Historikertag in Graz (Veröffentlichungen des Verbandes Österreichischer Historiker und Geschichtsvereine 28, 1995) S. 117–120. Moraw nennt den mitteldeutschen Großraum Wettiner Lande-mittlere Elbe.

8 So zählt LINDNER, Karl IV. (wie Anm. 1) S. 93 beide Lausitzen zu Mitteldeutschland, die jedoch zum böhmisch-schlesischen Großraum zu rechnen sind, vgl. den Beitrag von Elfie-Marita Eibl in diesem Band. Paul-Joachim HEINIG, Kaiser Friedrich III. (1440–1493). Hof, Regierung und Politik 1–3 (Forschungen zur Kaiser- und Papstgeschichte des Mittelalters. Beihefte zu J.F. Böhmer, Reg. Imp. 17, 1997) S. 434 wiederum sieht die hohenzollerischen Markgrafen von Brandenburg als Konkurrenten der Wettiner im Kampf um die Hegemonie im Mittelelbe-Saale-Gebiet.

9 Vgl. Eckart HENNING, Die Entwicklung der Landesherrschaft zwischen dem nördlichen Thüringer Wald und dem südlichen Maingebiet am Beispiel der Herrschaft Henneberg (1078–1583), Mainfränkische Jbb. 24 (1972) S. 1–36.

10 Zu ihnen müßte man m.E. die Kurfürsten von Sachsen, die Markgrafen von Meißen und Landgrafen von Thüringen, die Erzbischöfe bzw. Bischöfe von Magdeburg, Hal-

enger Handlungszusammenhang innerhalb des Großraums Mitteldeutschland bestand. Im Rahmen dieser politischen Kräftekonstellation stritt man sich um Besitzungen und Herrschaftsrechte vornehmlich dieser Region, ging Bündnisse miteinander ein und beteiligte sich gemeinsam an der Wiederherstellung des Friedens und der Schlichtung von Streitigkeiten. Man war durch vielfältige verwandtschaftliche Beziehungen miteinander verbunden und beerbte sich gegenseitig. Vom König wurde man gemeinsam mit der Durchsetzung von Mandaten gegenüber Dritten beauftragt oder zu militärischer Hilfe gegen äußere Feinde aufgeboten. Und nicht zuletzt waren all diese Kräfte in die Kämpfe um die Hegemonie in diesem Gebiet verwickelt, suchten darin bei den mächtigsten Fürsten Schutz und sahen sich zugleich immer stärker der Gefahr ausgesetzt, ihre politische Selbständigkeit an eben diese Fürsten zu verlieren.

Blickt man auf die politische Entwicklung Mitteldeutschlands im 14. und 15. Jahrhundert,[11] so kann man als wichtigste Grundtendenzen zum einen den steten Abstieg der Askanier erkennen, die nach dem Aussterben ihrer Zweige in Brandenburg und Sachsen diese beiden Kurfürstentümer sowie darüber hinaus die Grafschaft Orlamünde verloren und in ihrer einst so dominierenden Stellung auf Anhalt beschränkt wurden. In dieser Zeit erfolgte zum anderen der beständige Aufstieg der Wettiner als Markgrafen von Meißen und Landgrafen von Thürin-

berstadt, Naumburg, Merseburg und Meißen, die Äbtissinen von Quedlinburg und Gernrode, die Fürsten von Anhalt, die Grafen von Henneberg, Schwarzburg, Gleichen, Mansfeld, Barby-Mühlingen, Beichlingen, Regenstein, Stolberg, Wernigerode, Honstein und Orlamünde, die Burggrafen von Meißen, Leisnig und Kirchberg, die reußischen Vögte, Herren wie die von Schönburg, Querfurt oder Brandenstein, die Reichsstädte Mühlhausen und Nordhausen sowie weitere Städte wie Erfurt, Magdeburg, Halle, Halberstadt und Quedlinburg zählen.

11 Einen Überblick mit weiterführenden Literaturangaben erhält man in den für Sachsen und Thüringen vorliegenden Landesgeschichten, vgl. Rudolf KÖTZSCHKE/Helmut KRETZSCHMAR, Sächsische Geschichte 1 (1935); Siegfried HOYER, Der meißnisch-sächsische Territorialstaat Anfang des 14. Jahrhunderts bis 1485, in: Sächsische Geschichte, hg. von Karl CZOK (1989); Karlheinz BLASCHKE, Geschichte Sachsens im Mittelalter (1990); Geschichte Thüringens, hg. von Hans PATZE/Walter SCHLESINGER 2,1: Hohes und spätes Mittelalter (Mitteldeutsche Forschungen 48, 1974). Für Sachsen-Anhalt wenig ergiebig ist der Beitrag von Gerlinde SCHLENKER, Der Ausbau der fürstlichen Territorien und die Auseinandersetzungen in den mittelalterlichen Städten im Gebiet zwischen Ostharz und Elbe (Von der Mitte des 13. Jahrhunderts bis zum Ende des 15. Jahrhunderts), in: Geschichte Sachsen-Anhalts, hg. vom Landesheimatbund Sachsen-Anhalt e.V. 1 (1993). Immer noch nützlich ist die Übersicht von Eduard JACOBS, Geschichte der in der Preussischen Provinz Sachsen vereinigten Gebiete (Allgemeine Staatengeschichte 3,4, 1883).

gen. Neben den Wettinern und Askaniern wurde das politische Geschehen Mitteldeutschlands seit der zweiten Hälfte des 14. Jahrhunderts von den Erzbischöfen von Magdeburg und von außen durch die Markgrafen von Brandenburg dominiert.[12] Sie alle standen einerseits im Kampf um die Hegemonie in diesem Raum, zwischen ihnen existierte andererseits aber auch ein Handlungs- und Interessenzusammenhang im Rahmen von Landfrieden, Fürstenbündnissen oder Schiedsgerichten. Gestützt auf seine nahe Hausmacht und auf Bündnispartner, die Anlehnung gegen stärkere Nachbarn suchten bzw. traditionell im Königsdienst standen, durch konsequente Wahrnehmung kaiserlicher Rechte und durch diplomatisches Geschick vermochte dann auch Kaiser Karl IV., den Einfluß der Luxemburger in diesem Gebiet zu verstärken und eine Reihe von Erwerbungen zu erzielen. Für seine territorialen Pläne im mitteldeutsch-brandenburgischen Raum spielten die dortigen Bistümer, besonders Magdeburg, eine wichtige Rolle, wo er mit Hilfe des Papstes Fuß zu fassen suchte. Mehrmals setzten die Luxemburger hier ihre Kandidaten als Bischöfe gegen einheimische Bewerber durch. Mit der Erwerbung der Mark Brandenburg gelang Karl IV. schließlich zugleich die Herausdrängung der rivalisierenden Großdynastie der Wittelsbacher aus den mitteldeutschen Gebieten, die von den Luxemburgern immer mehr in die Zange genommen wurden.

Davon jedoch zu sprechen, daß dieser Großraum mit Karl IV. als Kaiser und König von Böhmen unter der Hegemonie eines Auswärtigen stand,[13] scheint m.E. die erreichte Position sowie die Möglichkeiten und vielleicht auch den Willen der Luxemburger zur dauernden Einflußnahme in diesem Gebiet zu überschätzen. Vor allem die Wettiner blieben ein machtvoller Widerpart, und die durch Karl angebahnte und unter seinem Nachfolger Wenzel vollzogene Umorientierung der luxemburgischen Hausmachtpolitik in Richtung Ungarn und Polen[14] mit der Aussicht auf zwei Königskronen ließ schließlich alle mitteldeutschen Ambitionen in den Hintergrund treten. Die Mark Brandenburg mußte zur Finanzierung des in Ungarn erfolgreichen Unternehmens herhalten. Mit ihrem Übergang an die Hohenzollern fiel zugleich die luxemburgische Umklammerung

12 Vgl. zur politischen Konstellation und zur Rolle des Kaisers LINDNER, Karl IV. (wie Anm. 1) S. 93ff. und die dortigen Literaturangaben.

13 Ebd. S. 101ff.

14 Vgl. Dieter VELDTRUP, Zwischen Eherecht und Familienpolitik. Studien zu den dynastischen Heiratsprojekten Karls IV. (Studien zu den Luxemburgern und ihrer Zeit 2, 1988) S. 374ff. sowie zuletzt Jörg K. HOENSCH, Kaiser Sigismund. Herrscher an der Schwelle zur Neuzeit 1368–1437 (1996) S. 40ff.

Mitteldeutschlands weg. Auch andere böhmische Besitzungen, Pfandschaften und Lehnsherrschaften in diesem Raum gingen verloren.[15]
Als 1422 mit den askanischen Kurfürsten von Sachsen[16] die bis dahin ranghöchsten weltlichen Fürsten ausstarben und ihr Land den Wettinern übertragen wurde, existierten in Mitteldeutschland nur noch zwei politische Kraftzentren, die in ganz unterschiedlicher Weise ihre Nachbarn an sich zogen. Das kleinere von beiden wurde im Norden durch den Erzbischof von Magdeburg[17] bestimmt, der als Primas Germaniae nach den geistlichen Kurfürsten und vor allen anderen Erzbischöfen im Reich nördlich der Alpen den Vorrang beanspruchte. Die einst während der Ottonenzeit und in den folgenden Jahrhunderten überragende Bedeutung Magdeburgs am Schnittpunkt von Alt- und Neusiedelland war zwar im Spätmittelalter zurückgegangen, doch noch groß genug, daß hier eine Einflußnahme wichtig schien. Bereits Karl IV. hatte die Schlüsselrolle des Erzbistums für seine territorialen Pläne im mitteldeutsch-brandenburgischen Raum erkannt und mehrfach seine Kandidaten auf dem Erzstuhl durchgesetzt.[18] Dem Wettiner Ludwig, dessen kurze Regierungszeit allerdings Episode blieb, folgten als Erzbischöfe ab 1382 bis 1464 Vertreter benachbarter Grafen- und Herrengeschlechter, die zahlreich im Domkapitel vertreten waren und für die das Erzstift mit seinen Pfründen eine wichtige Institution zur Versorgung ihrer Angehörigen

15 Vgl. Brigitte STREICH, Zwischen Reiseherrschaft und Residenzbildung: Der wettinische Hof im späten Mittelalter (Mitteldeutsche Forschungen 101, 1989) S. 11f.; Carl WENCK, Die Wettiner im XIV. Jahrhundert insbesondere Markgraf Wilhelm und König Wenzel (1877) S. 66f. und S. 75ff.

16 Vgl. Georg von HIRSCHFELD, Geschichte der Sächsisch-Ascanischen Kurfürsten (1180–1422), VjsHSG 12 (1884) S. 215–368; Jörg MEYN, Vom spätmittelalterlichen Gebietsherzogtum zum frühneuzeitlichen „Territorialstaat“: Das askanische Herzogtum Sachsen 1180–1543 (Schriftenreihe der Stiftung Herzogtum Lauenburg 20, 1995).

17 Eine modernen Ansprüchen genügende Geschichte der Erzbischöfe von Magdeburg im Spätmittelalter gibt es bisher nicht, immer noch unentbehrlich ist Friedrich Wilhelm Hoffmann's Geschichte der Stadt Magdeburg, neu bearb. von Gustav HERTEL/ Friedrich HÜLSSE 1 (1885). Vgl. den Beitrag von Thomas Willich in diesem Band sowie DERS., Der Rangstreit zwischen den Erzbischöfen von Magdeburg und Salzburg sowie den Erzherzogen von Österreich. Ein Beitrag zur Verfassungsgeschichte des Heiligen Römischen Reichs Deutscher Nation (ca. 1460–1535), MGSL 134 (1994) S. 7–166 und Michael SCHOLZ, Residenz, Hof und Verwaltung der Erzbischöfe von Magdeburg in der ersten Hälfte des 16. Jahrhunderts (Residenzenforschung 7, 1998).

18 Vgl. Gerhard LOSHER, Königtum und Kirche zur Zeit Karls IV. Ein Beitrag zur Kirchenpolitik im Spätmittelalter (Veröffentlichungen des Collegium Carolinum 56, 1985) S. 141ff. und S. 157ff.

darstellte.[19] Die Wahl des Wittelsbachers Johann von Simmern im Jahre 1464 deutete die auch in anderen Stiften zu verzeichnende Wendung an, sich mit einem Vertreter aus fürstlichem Hause an der Spitze besser behaupten zu wollen. Diese Tendenz fand 1476 mit der Lancierung des elfjährigen Herzogs Ernst von Sachsen auf den Erzstuhl ihre konsequente Fortsetzung, bis dann nach dessen Tod 1513 die mit den Wettinern um Einfluß konkurrierenden Hohenzollern ihren Kandidaten Albrecht ins Spiel bringen und ihre andauernde Herrschaft über Magdeburg durchsetzen konnten.

Das zweite Kraftzentrum wurde von den Wettinern[20] gebildet, die in Mitteldeutschland das umfangreichste und besonders im Osten sehr geschlossene Territorium beherrschten. Durch ihre Belehnung mit dem Herzogtum Sachsen, der Kurwürde und dem Erzmarschallamt waren sie in die Gruppe der vornehmsten Reichsfürsten eingetreten und hatten einen Rang erreicht, der dem ihrer Besitzungen und Herrschaftsrechte entsprach. Ihr Aufstieg zu neuen Würden und zu neuer Macht erfolgte in teilweise enger Anlehnung an das Königtum zuerst Sigmunds, dann der Habsburger, zu denen man auch in verwandschaftliche Beziehungen trat. Während sie den Herrschern im Kampf gegen innere und äußere Feinde Hilfe gewährten, revanchierten sich diese mit Privilegien und der Unterstützung des wettinischen Expansionsstrebens außer- und innerhalb Mitteldeutschlands. Die seit 1439 auf das Herzogtum Luxemburg und nach 1457 auf Böhmen gerichteten Bemühungen Herzog Wilhelms schlugen jedoch ebenso fehl wie die Anwartschaften, die sich die Wettiner aus der Erbverbrüderung mit Brandenburg und Hessen sowie auf die Herzogtümer Jülich und Berg erhofften. Das Scheitern aller Versuche, auf politische Großräume außerhalb Mitteldeutschlands auszugreifen, verhinderte einerseits den Aufstieg der Wettiner zu einer systemübergreifenden Großdynastie wie der der Habsburger oder Wittelsbacher. Es führte aber andererseits zu einer beispiellosen Machtkonzentration in Mitteldeutschland, wo sie als Herzöge von Sachsen weitere Herrschaften erwar-

[19] Die Erzbischöfe entstammten nacheinander den Familien der Herren bzw. Grafen von Hoym, Querfurt, Schwarzburg und Beichlingen. Vgl. zur Zusammensetzung des Domkapitels Das Erzbistum Magdeburg 1,1: Das Domstift St. Moritz in Magdeburg, bearb. von Gottfried WENTZ/Berent SCHWINEKÖPER (GS 4,1,1 1972) S. 306ff.

[20] Vgl. neben der in Anm. 11 und 15 genannten Literatur den Beitrag von Michael Lindner in diesem Band sowie Carl Wilhelm BÖTTIGER, Geschichte des Kurstaates und Königreiches Sachsen, 2. Aufl., bearb. von Theodor FLATHE 1 (1867); Herbert HELBIG, Der wettinische Ständestaat. Untersuchungen zur Geschichte des Ständewesens und der landständischen Verfassung in Mitteldeutschland bis 1485 (Mitteldeutsche Forschungen 4, ^{2}1985) sowie HEINIG, Friedrich III. (wie Anm. 8) S. 434ff. und S. 1288ff.

ben und ihre Position unter Zurückdrängung und Unterwerfung der dortigen Fürsten, Grafen, Herren und Städte immer weiter ausbauten. Sie suchten dabei erfolgreich, noch reichsunmittelbare Kräfte ihres Herrschaftsbereiches vom Kaiser abzuschneiden und ihrer Lehnshoheit zu unterwerfen, was ihnen letztlich z.B. im Falle der Grafen von Mansfeld und der Herren von Schönburg mit Billigung Kaiser Friedrichs III. gelang.[21] Die beanspruchte Oberhoheit wird besonders deutlich in den Bestimmungen der Leipziger Teilung von 1485, in denen die benachbarten Grafen und Herren, aber auch die Bischöfe von Merseburg, Naumburg und Meißen wie Vasallen den jeweiligen Landesteilen zugeordnet wurden.[22]

Während die Wettiner diese drei Bistümer seit dem 15. Jahrhundert über Männer ihres Vertrauens beherrschten,[23] waren sie bei anderen, bedeutenderen Stiftern bemüht, Familienmitglieder an deren Spitze zu bringen. Neben der nur kurzen Behauptung des Würzburger Bistums 1440–1443 und des Erzstifts Mainz 1482–1484 gelang dies langfristig in Magdeburg, Halberstadt und Quedlinburg. Mit der Wahl des minderjährigen Herzogs Ernst in Magdeburg 1476 brachten sie schließlich auch das andere politische Kraftzentrum Mitteldeutschlands bis ins 16. Jahrhundert hinein unter ihre Kontrolle. Die so gewonnene Hegemonie der Wettiner, die zu Ende des 15. Jahrhunderts alle wichtigen mitteldeutschen Fürstentümer beherrschten, bekamen nicht zuletzt die Städte dieser Region zu spüren.[24] Quedlinburg und Halle wurden mit militärischer Gewalt unterworfen, Halberstadt und Magdeburg zu Gehorsam gebracht. Erfurt mußte 1483 die wettinische Schutzherrschaft anerkennen. Schutzverträge mit den Wettinern schlossen ebenfalls die Reichsstädte Mühlhausen und Nordhausen ab.

Die genannten Erfolge bei der Erweiterung und beim inneren Ausbau ihres Territoriums scheinen im Widerspruch zur dynastischen Situation der Wettiner und deren Verhältnis untereinander zu stehen. Beginnend mit der Chemnitzer Hauptteilung im Jahre 1382 befand sich das Wettiner-Land mit Ausnahme von acht

21 Vgl. Eibl in der Einleitung der Regg.F.III. 11 S. 15f.

22 Gedruckt bei Adam Friedrich GLAFEY, Kern der Geschichte des Hohen Chur- und Fürstlichen Hauses zu Sachsen. Mit Urkunden und Zeugnissen bewährter Scribenten belegt 1 (^{4}1753) S. 789ff., vgl. Ernst HÄNSCH, Die wettinische Hauptteilung von 1485, und die aus ihr folgenden Streitigkeiten bis 1491 (1909) S. 56ff.

23 Vgl. zusammenfassend Brigitte STREICH, Die Bistümer Merseburg, Naumburg und Meißen zwischen Reichsstandschaft und Landsässigkeit, in: Mitteldeutsche Bistümer im Spätmittelalter, hg. von Roderich SCHMIDT (1988) S. 53–72.

24 Vgl. Eberhard HOLTZ, Zur politischen und rechtlichen Situation Erfurts im 15. Jahrhundert im Vergleich mit anderen mitteldeutschen Städten, in: Erfurt. Geschichte und Gegenwart, hg. von Ulman WEISS (1995) S. 95–105.

Jahren in geteiltem Zustand und herrschten mehrere Familienmitglieder gleichzeitig. Ihr persönliches Verhältnis war nicht immer freundlich, es gab zahlreiche Konflikte, die während des Würzburger Bistumsstreits von 1440 bis 1442[25] und im sächsischen Bruderkrieg von 1446 bis 1451[26] auch bewaffnet ausgetragen wurden. Der Aufstieg der Wettiner zur politisch unangefochtenen Vormacht in Mitteldeutschland vollzog sich in einer Zeit der Landesteilungen, Konflikte und Bruderkriege und damit trotz äußerst ungünstiger Umstände. Dieser Fakt scheint in den Arbeiten zur sächsischen Landesgeschichte besonders in Hinblick auf die Leipziger Hauptteilung von 1485 zu wenig berücksichtigt. Das vorherrschende Urteil, daß diese Teilung ein Ende des Aufstiegs und der Chancen bedeutet hätte, die sich für die Wettiner Lande in nationalstaatlicher Hinsicht im Vergleich zur späteren Entwicklung Brandenburg-Preußens, aber auch anderer deutscher Territorien hätten eröffnen können,[27] sollte schon deshalb relativiert werden, weil man dabei die vom 13. bis ins 15. Jahrhundert hinein gleichsam konservierte Eigenständigkeit der Landgrafschaft Thüringen unter- und den erreichten Verschmelzungsgrad dieses Besitzkomplexes mit der Markgrafschaft Meißen überschätzt. Es ist wohl alles andere als ein Zufall, daß beginnend mit dem Jahre 1265, schließlich durchgängig von 1382 bis 1440 und von 1445 bis 1482 Thüringen immer wieder ein selbständig regierter Landesteil, wenngleich mit unterschiedlicher Ausdehnung, verkörperte. Die teilenden Brüder Ernst und Albrecht stellten eigentlich nur den Zustand wieder her, der die meisten Jahre davor geherrscht und dem Aufstieg der Wettiner offenbar keinen Abbruch getan hatte. Wenn diesmal das Land abweichend von den vorherigen Teilungen in zerstreute Gebiete getrennt wurde, so sollte damit eine engere Verzahnung hergestellt und deren Zusammengehörigkeit betont werden. Außerdem wurden im Unterschied zu der den sächsischen Bruderkrieg auslösenden Teilung von 1445 die rechtliche Austragung aller dann ja auch ausbrechenden Konflikte und ein weiteres freund-

25 Vgl. Alfred WENDEHORST, Das Bistum Würzburg 2 (GS N.F. 4, 1969) S. 166ff; Karl Florentin LEIDENFROST, Churfürst Friedrich II. und seine Brüder Herzog Sigismund und Herzog Wilhelm von Sachsen oder Geschichte Sachsens vom Jahr 1428–1440 (1827) S. 63ff.

26 Vgl. Herbert KOCH, Der sächsische Bruderkrieg (1446–1451), JAE 35 (1909) S. 1–262.

27 So zuletzt auch Karlheinz BLASCHKE, Die Leipziger Teilung 1485 und die Wittenberger Kapitulation 1547 als grundlegende Ereignisse mitteldeutscher Territorialgeschichte, in: Kleinstaaten und Kultur in Thüringen von 16. bis 20. Jahrhundert, hg. von Jürgen JOHN (1994) S. 1–7, dessen Hinweis auf die Entwicklung solcher Länder wie Baden und Württemberg angesichts des bis 1815 bedeutenderen Sachsens nicht zutrifft.

schaftliches Miteinander der Vertreter beider Linien festgelegt. Deren Zusammenhalt wurde nicht zuletzt dadurch gefördert, daß sie die gemeinsame Belehnung mit den Reichslehen erlangten und beim durchaus möglichen Aussterben eines Zweiges das Gesamtgebiet wieder in der Hand des anderen vereint gewesen wäre. So wurden nach dem Tod Kurfürst Ernsts dessen Söhne Friedrich III. und Johann sowie sein Bruder Albrecht am 23. April 1487 gemeinsam durch Kaiser Friedrich III. belehnt, der zugleich ihre untereinander getroffene Erbverbrüderung bestätigte.[28] Daß die Leipziger Teilung eine endgültige war und die beiden bis 1918 regierenden wettinischen Linien der Albertiner und Ernestiner hervorbrachte, war jedenfalls zu Ende des 15. Jahrhunderts nicht abzusehen, sondern liegt wohl vor allem in den Entwicklungen des 16. Jahrhunderts begründet.

Der Alltag der meisten Fürsten, Grafen und Herren, die neben den Wettinern und den Erzbischöfen von Magdeburg das politische Geschehen in Mitteldeutschland prägten, wurde durch einen ständigen Kampf mit existentiellen Problemen bestimmt. Schon der biologische Erhalt der Dynastie erwies sich als Dilemma. Mehrere Söhne konnten die Gefahr von Landesteilung und Zersplitterung, kein oder nur ein männlicher Nachkomme die des Aussterbens heraufbeschwören. Beides hat die politische Landkarte in Mitteldeutschland wohl am entscheidendsten verändert. Zu ersterem sei auf die bereits erwähnte Leipziger Hauptteilung von 1485 verwiesen, bei letzterem die besonders einschneidende Wirkung unvorhersehbarer Schicksalsschläge wie im Falle der sächsischen Askanier und der Meinheringer angeführt. Im Jahre 1407 wurden die beiden Söhne Kurfürst Rudolfs III. von Sachsen beim Einsturz des Schloßturmes zu Schweinitz getötet, so daß nach Rudolfs Tod 1419 sein Bruder Albrecht III. als einziger verbleibender männlicher Vertreter des Familienzweiges die Nachfolge übernahm. Dieser wiederum war noch kinderlos, als er 1422 den Verletzungen erlag, die er sich beim Brand des Schlosses Lochau (Annaburg) zugezogen hatte.[29] In der Schlacht bei Aussig, die für das sächsisch-thüringische Heer gegen die Hussiten mit einer Katastrophe endete, fielen am 16. Juni 1426 die Burggrafen Heinrich II. von Meißen und Oswald von Kirchberg, die Grafen Ernst I. von Honstein, Friedrich und dessen gleichnamiger Sohn von Beichlingen, Ernst und Friedrich von Gleichen, vermutlich auch Johann II. von Barby und Heinrich XXI. von Schwarzburg, die Herren Heinrich VIII. von Gera, Heinrich VII. Reuß von Plauen, Protze von Querfurt und viele andere Adlige.[30] Der Tod des Erstgenannten bedeutete das Aussterben der Meinheringer als Burggrafen von

[28] Regg. F. III. 10 Nr. 537f.
[29] Vgl. HIRSCHFELD, Geschichte (wie Anm. 16) S. 282ff.

Meißen,[31] bei allen übrigen Familien hingegen war trotz dieses Blutzolles infolge ausreichender männlicher Nachkommen die weitere Existenz gesichert.
Wer überlebte, mußte angesichts der Bedrohung durch mächtige Nachbarn und einer akuten Finanznot hart um die Bewahrung und Vermehrung der erlangten Besitzungen und Rechtstitel sowie um die materielle Absicherung aller Angehörigen der oft in mehrere Zweige aufgespaltenen Familien kämpfen. Selbst Fürsten waren davon betroffen, wie z. B. die Grafen Adolf und Magnus von Anhalt, deren Übertritt in den geistlichen Stand damit begründet wurde, daß sie *sovil aufhebens und gult nit haben, davon sy furstlichen stannd und wesen gehallten mugen.*[32] Die Schwächeren blieben auf der Strecke bzw. gerieten in Abhängigkeit von Stärkeren.
Ein bezeichnendes Beispiel bieten dafür die Bischöfe von Halberstadt,[33] die seit 1366 den Grafen- und Adelsgeschlechtern der Umgebung entstammten, aufgrund des fehlenden finanziellen und militärischen Rückhalts durch ihre Familien jedoch weder die prekäre wirtschaftliche Situation des Stifts verbessern, noch dem politischen Druck ihrer Gegner standhalten konnten. Als Bischof Gebhard von Hoym nach seinen glücklosen Auseinandersetzungen mit der Äbtissin Hedwig von Quedlinburg 1479 sein Amt niederlegte, suchte das Domkapitel po-

30 Vgl. Ernst KROKER, Sachsen und die Hussitenkriege, NASG 21 (1900) S. 12ff. Zum Tod der Grafen von Barby und Schwarzburg vgl. Gerd HEINRICH, Die Grafen von Arnstein (Mitteldeutsche Forschungen 21, 1961) S. 203; Heinrich Friedrich Theodor APFELSTEDT, Geschichte des fürstlich-Schwarzburgischen Hauses (Heimathskunde für die Bewohner des Fürstenthums Schwarzburg-Sondershausen 3, 1856) S. 27f.

31 Vgl. Traugott MÄRCKER, Das Burggrafthum Meißen (1842); Gerhard BILLIG, Die Burggrafen von Meißen aus dem Hause Plauen – ein Nachspiel zur reichunmittelbaren Stellung und Herrschaft der Vögte von Weida, Plauen und Gera 1 und 2, Mitteilungen des Vereins für vogtländische Geschichte, Volks- und Landeskunde 4 (47) (1995) S. 13–48, 6 (49) (1998) S. 51–82.

32 So angeführt in einer Urkunde Kaiser Friedrichs III. vom 24. Oktober 1492, in der den Grafen die Weiternutzung ihres väterlichen Erbes zugesichert wurde, LA Oranienbaum, UGAR II Nr. 1235.

33 Vgl. Hermann BOETTCHER, Neue Halberstädter Chronik von der Gründung des Bistums i. J. 804 bis zur Gegenwart (1913); Raphaela AVERKORN, Die Bischöfe von Halberstadt in ihrem kirchlichen und politischen Wirken und in ihrer Beziehung zur Stadt von den Anfängen bis zur Reformation, in: Bürger, Bettelmönche und Bischöfe in Halberstadt. Studien zur Geschichte der Stadt, der Mendikanten und des Bistums vom Mittelalter bis zur Frühen Neuzeit, hg. von Dieter BERG (Saxonia Franciscana 9, 1997) S. 1–80; Albert BRACKMANN, Urkundliche Geschichte des Halberstädter Domkapitels im Mittelalter, ZHVG 32 (1898) S. 1–147; Rudolf MEIER, Die Domkapitel zu Goslar und Halberstadt in ihrer persönlichen Zusammensetzung im Mittelalter (VMPIG 5; Studien zur GS 1, 1967).

litische Rückendeckung bei den Wettinern, bei denen das Stift hoch verschuldet war, und trug dem noch minderjährigen Elekten Ernst von Magdeburg, dem Sohn des gleichnamigen sächsischen Kurfürsten, die bischöfliche Würde an. Bis 1566 war von da an Halberstadt mit dem Erzstift Magdeburg verbunden und fiel damit faktisch als eigenständige Kraft aus.
Auch die Bischöfe von Meißen[34], Naumburg[35] und Merseburg[36] verloren im Laufe der Zeit ihre Rolle als politisch selbständig Handelnde an die Wettiner, die dort die Schutzherrschaft ausübten und seit dem Beginn des 14. Jahrhunderts zunehmend ihre Parteigänger in den Domkapiteln etablieren konnten. Zeitweise mußten sich die Wettiner dabei der Konkurrenz der böhmischen Könige, vor allem Karls IV., erwehren, der mit Hilfe des Papstes mit durchaus unterschiedlichem Erfolg versuchte, Männer seines Vertrauens mit Pfründen zu versorgen und so in den Bistümern Fuß zu fassen.[37] Im Stift Meißen, das Karl dem Erzbischof von Prag unterstellen wollte, gelang es den Wettinern zwar 1370, ihren Kandidaten als Bischof durchzusetzen, doch nach dessen kurzer Amtszeit folgten Vertraute des böhmischen Königs, die, ohne vorher dem Domkapitel angehört zu haben, vom Papst providiert worden waren. Ein Umschwung setzte erst im 15. Jahrhundert ein, als den Wettinern das Besetzungsrecht für ein Drittel der höheren Präbenden eingeräumt wurde. Im Bistum Naumburg versuchte Karl IV. viermal, seinen Parteigänger zum Teil gegen die vom Domkapitel gewählten Vertreter durchzusetzen, was ihm in zwei Fällen gelang. Nur in Merseburg, das bis 1406 von den Grafen- und Herrengeschlechtern des Harzgebietes dominiert wurde, konnten sich böhmische Kandidaten nicht behaupten.
Der schwindende politische Stellenwert aller drei Bistümer äußerte sich darin, daß in der hier betrachteten Zeit die Bischöfe nicht aus fürstlichen, sondern fast ausnahmslos aus niederadligen Familien kamen und seit dem zweiten Viertel des

[34] Vgl. Eduard MACHATSCHEK, Geschichte der Bischöfe von Meißen in chronologischer Reihenfolge (1884); Albrecht LOBECK, Das Hochstift Meißen im Zeitalter der Reformation bis zum Tode Herzog Heinrichs 1541, besorgt von Heinrich BORNKAMM/Heinz SCHEIBLE (Mitteldeutsche Forschungen 65, 1971); Willi RITTENBACH/Siegfried SEIFERT, Geschichte der Bischöfe von Meißen 968-1581 (Studien zur katholischen Bistums- und Klostergeschichte 8, 1965).

[35] Vgl. Das Bistum Naumburg 1,1 und 2: Die Diözese, bearb. von Heinz WIESSNER (GS N.F. 35, 1 und 2, 1997/98).

[36] Vgl. Die Merseburger Bischofschronik, übersetzt und mit Anmerkungen versehen von Otto RADEMACHER 3 und 4 (1908); Alfred SCHMEKEL, Historisch-topographische Beschreibung des Hochstiftes Merseburg (1858).

[37] Vgl. dazu die Angaben bei LOSHER, Königtum und Kirche (wie Anm. 18); STREICH, Reiseherrschaft (wie Anm. 15) S. 35–47.

15. Jahrhunderts auch gleichzeitig in wettinischen Diensten standen. Von einem vollständigen Kirchenregiment der Wettiner kann man wohl dennoch nicht sprechen. Denn die genannten Bischöfe blieben als Reichsfürsten anerkannt, erhielten ihre Regalien durch den Kaiser übertragen, wurden regelmäßig zur Reichshilfe herangezogen und tauchen in den Anschlägen eigenständig neben den Herzögen von Sachsen auf. Diese Hilfsgebote wurden übrigens im 16. Jahrhundert als Argument für die direkte Zugehörigkeit des Bistums Merseburg zum Reich verwendet, wie eine entsprechende Aufstellung der kaiserlichen Mandate im dortigen Domstiftsarchiv unter folgendem Titel belegt: *Das das Stiefft Merseburgh in das heylige Roe(mische) Reich gehorigk befindet man daraus, das ein regirender Herr zu allen Reichstagen erfordert, dye Anschlege des Reichs erlegt, wie dan disser Auszugk clerlich mitbringt und die Originalia in zweyenn Truuen vorhanden unnd des Reichs Standt domit erhalden clerlich ausweyssen.*[38]
Neben den genannten Bischöfen zählten auch die Äbtissinnen von Quedlinburg[39] und Gernrode[40] zu den Reichsfürsten, deren Stifte jedoch bis zum Ende des 15. Jahrhunderts ebenfalls voll unter den Einfluß benachbarter Fürsten geraten waren. In Quedlinburg regierte mit Hedwig von 1458 bis 1511 die Schwester Kurfürst Ernsts und Herzog Albrechts von Sachsen, die ihren Brüdern 1477 die Vogtei des Stiftes übertrug. Gernrode wiederum stellte faktisch eine Art Hauskloster der anhaltischen Askanier dar, die hier ebenfalls die Vogteirechte besaßen und mehrfach die Äbtissinnen stellten. Die rechtliche Situation des Abtes von Saalfeld[41] hingegen war lange Zeit unklar. Er erhielt zwar die kaiserliche Belehnung, wurde jedoch erst unter Kaiser Maximilian als Fürst anerkannt und dann auch zur Reichshilfe herangezogen.
Mit Problemen bei der Anerkennung als Reichsfürsten hatten ebenfalls die Grafen von Anhalt sowie von Henneberg zu kämpfen. Die Anhaltiner[42] führten seit 1218 als lange Zeit einzige Grafenfamilie den Fürstentitel, der ihrer Zugehörig-

38 DomstiftsA Merseburg, V III 23 fol. 49r.

39 Vgl. Johann Heinrich FRITSCH, Geschichte des vormaligen Reichsstifts und der Stadt Quedlinburg 1 und 2 (1828); Paul SCHAUMBURG, Die Quedlinburger Äbtissinnen (1914); Hermann LORENZ, Werdegang von Stift und Stadt Quedlinburg (Quedlinburgische Geschichte 1, 1922).

40 Vgl. Hans K. SCHULZE, Das Stift Gernrode (Mitteldeutsche Forschungen 38, 1965).

41 Vgl. Johann Adolf von SCHULTES, Sachsen Coburg-Saalfeldische Landesgeschichte 2 (1820) S. 24ff; Saalfeldsche Historien von Kaspar Sagittarius, hg. von Ernst DEVRIENT (1904).

42 Vgl. Heinz WÄSCHKE, Geschichte Anhalts von den Anfängen bis zum Ausgang des Mittelalters (Anhaltische Geschichte 1, 1912); Johann Christoph BECKMANN, Historie des Fürstenthums Anhalt (1710).

keit zur Dynastie der Askanier geschuldet war. Ihre Machtbasis erwies sich jedoch weder 1320 noch 1422 als ausreichend, um bei der Nachfolge der als Kurfürsten von Brandenburg bzw. von Sachsen aussterbenden Seitenzweige ihrer Familie mitreden zu können. Der Verlust an Ansehen zeigte sich auch im Konnubium, in dem sich seit dem Ende des 14. Jahrhunderts der fürstliche Rang nicht mehr widerspiegelte. Man heiratete Angehörige der eigenen Familie oder benachbarter Geschlechter, wie der Grafen von Mansfeld oder der Herren von Querfurt. Umgeben von stärkeren und expandierenden Fürsten wie den Erzbischöfen von Magdeburg oder den Markgrafen von Meißen und Brandenburg, suchten die Anhaltiner Rückhalt bei den Herrschern und traten in deren Dienste.[43] Selbst am Kaiserhof schien man sich über ihre rechtliche Stellung nicht sicher zu sein. So werden sie in den Kaiserurkunden als Fürsten angesprochen, tauchen aber andererseits in den Reichsanschlägen lange Zeit unter den Grafen auf.[44]

Gleiches trifft auf die Grafen von Henneberg[45] zu, die ebenfalls ihren seit Mitte des 14. Jahrhunderts zu verzeichnenden Machtverlust in Franken durch Königsnähe wettzumachen suchten. Erwiesene Dienste schlugen sich in Privilegien nieder, bei denen für die Grafen der Fürstentitel eine besondere Bedeutung gespielt zu haben scheint. Erstmals im Jahre 1310 an Graf Berthold VII. persönlich verliehen, trugen ihn die Vertreter der Schleusinger Linie ständig seit der Belehnung Graf Wilhelms II. im Jahre 1442. Dieses Vorrecht wiederum rief die Römhilder Linie auf den Plan, der Kaiser Friedrich III. 1465 ausdrücklich befehlen mußte, ihre Vettern als Fürsten zu betrachten, die aber schließlich wohl auf Betreiben Graf Ottos IV., Beisitzer am kaiserlichen Kammergericht, 1472 Gleichrangigkeit erreichte.[46]

43 Vgl. HEINIG, Friedrich III. (wie Anm. 8) S. 431f.

44 Vgl. Johannes SIEBER, Zur Geschichte des Reichsmatrikelwesens im ausgehenden Mittelalter (1422–1521) (Leipziger Historische Abhandlungen 24, 1910) S. 60.

45 Vgl. Johann Adolf von SCHULTES, Diplomatische Geschichte des Gräflichen Hauses Henneberg 1 und 2 (1788/91); Ludwig HERTEL, Neue Landeskunde des Herzogtums Sachsen-Meiningen, 2. Anhang: Hennebergische Geschichte, Schriften des Vereins für Sachsen-Meiningensche Geschichte und Landeskunde 51 (1905) S. 485–595; Günther WÖLFING, Geschichte des Henneberger Landes zwischen Grabfeld, Rennsteig und Rhön (1992); DERS., Die Grafen von Henneberg – ihre regionale und nationale Bedeutung, Jb. des Hennebergisch-Fränkischen Geschichtsvereins 11 (1996) S. 9–23; Dieter STIEVERMANN, Henneberg im alten Reich, ZVThG 52 (1998) S. 159–174.

46 Eberhard HOLTZ, Kaiser Friedrich III. und Thüringen, in: Kaiser Friedrich III. in seiner Zeit, hg. von Paul-Joachim HEINIG (Forschungen zur Kaiser- und Papstgeschichte des Mittelalters. Beihefte zu J.F. Böhmer, Reg. Imp. 12, 1993) S. 253.

Für die übrigen Grafen- und Herrengeschlechter erwies sich der alltägliche Kampf um Behauptung als noch schwieriger. Neben den Bemühungen, das eigene Territorium durch den Erwerb neuer Besitzungen auszubauen, spielte – wie bereits erwähnt – die Versorgung von Familienmitgliedern durch Unterbringung in geistlichen Institutionen eine große Rolle. Die Stifte in Magdeburg, Halberstadt und Merseburg wurden von den Adelsgeschlechtern des Harzgebietes zeitweise regelrecht dominiert, aber auch Bischofssitze außerhalb Mitteldeutschlands wie Hildesheim oder Würzburg spielten eine Rolle. Die Tendenz, Angehörige in benachbarte wie entferntere Domkapitel zu lancieren und wichtige Ämter einschließlich der des Bischofs zu besetzen, läßt sich vor allem bei den Grafen von Schwarzburg[47] feststellen, die in dem betrachteten Zeitraum an der Spitze der Stifte von Magdeburg, Bremen, Münster, Naumburg und Würzburg standen. Die Reußen[48] wiederum waren traditionell dem Deutschen Orden zugewandt.

Im Kampf um die Behauptung politischer Eigenständigkeit und wirtschaftlicher Prosperität war für die Grafenfamilien der Kaiser ein wichtiger Rückhalt. Mit dessen Hilfe suchten sie, ihre Reichsunmittelbarkeit zu bewahren und zum Teil zu Unrecht beanspruchte Lehen und Rechtstitel zu erlangen. Dabei waren sich die Grafen von Henneberg-Römhild nicht zu schade, eine aus der Römerzeit herrührende Abstammung von den italienischen Colonna zu rekonstruieren und sich dies von Papst und Kaiser bestätigen zu lassen.[49] Die reußischen Burggrafen von Meißen versuchten, durch die Fälschung einer Belehnungsurkunde Kaiser Sigmunds aus dem Jahre 1426 ihre angebliche Zugehörigkeit zum Fürstenstand nachzuweisen, und ließen sich diesen Titel 1490 von Kaiser Friedrich III. bestätigen.[50] Auch sonst schien man wenig zimperlich in der Wahl seiner Mittel gewesen zu sein und selbst vor Raub und heimtückischem Mord nicht zurückzu-

47 Vgl. Friedrich LUNDGREEN, Kirchenfürsten aus dem Hause Schwarzburg (Historische Studien 154, 1923).

48 Vgl. Siegmund STUCKE, Die Reußen und ihr Land. Die Geschichte einer süddeutschen Dynastie (1984); Berthold SCHMIDT, Geschichte des Reußenlandes 1 (1923); Georg BRÜCKNER, Landes- und Volkskunde des Fürstenthums Reuß j.L. (1870) S. 319ff.; K.F. COLLMANN, Das Vogtland im Mittelalter (Reußische Geschichte 1, 1892).

49 Vgl. HOLTZ, Friedrich III. und Thüringen (wie Anm. 46) S. 253; Eckart HENNING, Die Veränderungen des Siegel- und Wappenbildes der Grafen von Henneberg vom 12. bis ins 16. Jahrhundert, Jb. der Heraldisch-Genealogischen Gesellschaft Adler (Wien) 7 (1967–70) S. 60ff.

50 Regg. F. III. 10 Nr. 570.

schrecken, was dem Grafen Dietrich von Wernigerode 1386 als Friedbrecher das Leben kostete.[51]

Königsdienst und Königstreue zahlten sich nicht zuletzt durch die Verleihung neuer Privilegien aus, wie sie im mitteldeutschen Raum vor allem an die Wettiner und die Grafen von Anhalt, Henneberg und Mühlingen ergingen. Die meisten der übrigen Grafen und Herren jedoch gerieten in Lehns- und andere Abhängigkeit von den Wettinern, mußten sich in deren Dienst und Schutz begeben und wurden dadurch im Laufe der Zeit vom Kaiser abgeschnitten. Auch wenn sie, wie die Grafen von Regenstein[52] oder Beichlingen[53], keine direkten Lehnsbeziehungen mehr zum Herrscher besaßen, wurden sie als formal reichsunmittelbare Gewalten betrachtet, zur Reichshilfe herangezogen und konnten damit ihre Vertretung im sich herausbildenden Reichstag des 16. Jahrhunderts sichern. Das Spektrum unter den mitteldeutschen Dynasten reichte von den Grafen von Schwarzburg[54] und von Gleichen[55], die trotz aller Einbußen ihre politische Selbständigkeit behaupten konnten und in direkten Lehnsbeziehungen zum Kaiser standen, über die Grafen von Honstein[56], die sich unter der Lehnshoheit Kursachsens und der Bischöfe von Halberstadt befanden und 1413 ihre Kerngrafschaft verkaufen mußten, bis hin zu den Grafen von Orlamünde[57], die in der ersten Hälfte des 15. Jahrhunderts ihren gesamten Besitz veräußerten und 1486 ausstarben. Dazwischen gab es Aufsteiger, wie die Grafen von Barby-Mühlin-

51 Vgl. den Beitrag von Eva Fitz in diesem Band und die dortigen Angaben.

52 Vgl. Gustav Adolph LEIBROCK, Chronik der Stadt und des Fürstenthums Blankenburg, der Grafschaft Regenstein und der Klöster Michaelstein und Walkenried 1 (1865); R. STEINHOFF, Geschichte der Grafschaft – bezw. des Fürstentums Blankenburg, der Grafschaft Regenstein und des Klosters Michaelstein (1891).

53 Vgl. Johann Jakob LEITZMANN, Diplomatische Geschichte der ehemaligen Grafen von Beichlingen, ZVThG 8 (1871) S. 177–242.

54 Vgl. APFELSTEDT, Geschichte (wie Anm. 30); Leberecht Wilhem Heinrich HEYDENREICH, Historia des ehemals Gräflichen nunmehro Fürstlichen Hauses Schwartzburg (1743).

55 Vgl. Caspar SAGITTARIUS, Gründliche und ausführliche Historia der Grafschafft Gleichen, hg. von Ernst Salomon CYPRIAN (1732); Paul EGERT, Geschichte der Stadt und Herrschaft Blankenhain (Thür.) 1 (1922) S. 25ff; Hans TÜMMLER, Überblick über die Geschichte der Grafen von Gleichen im 14. Jahrhundert, Mitteilungen des Vereins für die Geschichte und Altertumskunde von Erfurt 50 (1935) S. 60–94.

56 Vgl. Karl MEYER, Die Grafen von Honstein, ZHVG 28 (1895) S. 397–541; Johann Gottfried HOCHE, Vollständige Geschichte der Grafschaft Hohenstein (1790).

57 Vgl. Peter LANGE, Zur Geschichte der Grafschaft Weimar-Orlamünde, in: Die Schwarzburger, hg. vom Thüringer Landesmuseum Heidecksburg Rudolstadt in Verbindung mit dem Freundeskreis Heidecksburg e.V. (1995) S. 184–198; Andreas Ludwig Jakob MICHELSEN, Urkundlicher Ausgang der Grafschaft Orlamünde (1856).

gen[58], die von Friedrich III. und Maximilian ihre Grafschaften als Reichslehen erhielten, aber noch mehr Absteiger, wie z.B. die Grafen von Mansfeld[59] oder von Stolberg[60], die ihre Reichslehen mit kaiserlicher Billigung den Wettinern überlassen mußten.

Die politisch-rechtliche Schwebestellung der Grafen und Herren zwischen Kaiser und fürstlichen Vormächten findet sich in durchaus vergleichbarer Weise, jedoch aus ganz anderen Gründen auch bei den bedeutendsten Städten Mitteldeutschlands dieser Zeit. Sie besaßen wie Erfurt[61], Magdeburg[62], Halle[63], Halberstadt[64] oder Quedlinburg[65] einen geistlichen Fürsten zum Stadtherrn, hat-

58 Vgl. Chronik der Stadt und Grafschaft Barby, bearb. von Karl HÖSE (1913); Friedrich HEINE, Geschichte der Grafschaft Mühlingen (Beiträge zur Anhaltischen Geschichte 2, 1900); HEINRICH, Grafen von Arnstein (wie Anm. 30).

59 Vgl. Erich HEMPEL, Die Stellung der Grafen von Mansfeld zum Reich und zum Landesfürstentum (bis zur Sequestration) (Forschungen zur thüringisch-sächsischen Geschichte 9, 1917); Rudolf LEERS, Geschlechtskunde der Grafen von Mansfeld Querfurter Stammes 2 und 3, Mansfelder Blätter 21 (1907) S. 97–155 und 24 (1910) S. 151–226; Walter MÜCK, Geschichte des Mansfelder Bergregals (Der Mansfelder Kupferschieferbergbau in seiner rechtsgeschichtlichen Entwicklung 1, 1910).

60 Vgl. Botho Graf zu STOLBERG-WERNIGERODE, Geschichte des Hauses Stolberg vom Jahre 1210 bis zum Jahre 1511, hg. von George Adalbert von MÜLVERSTEDT (1883).

61 Vgl. Eberhard HOLTZ, Erfurt und Kaiser Friedrich III. (1440–1493). Berührungspunkte einer Territorialstadt zur Zentralgewalt des späten Mittelalters, in: Erfurt 742–1992. Stadtgeschichte – Universitätsgeschichte, hg. von Ulman WEISS (1992) S. 185–20; Friedrich BENARY, Zur Geschichte der Stadt und der Universität Erfurt am Ausgang des Mittelalters, hg. von Alfred OVERMANN (1919); Carl BEYER/Johannes BIEREYE, Geschichte der Stadt Erfurt von der ältesten bis auf die neueste Zeit (1935); Wilhelm Johann Albert von TETTAU, Ueber das staatsrechtliche Verhältnis von Erfurt zum Erzstift Mainz, JAE 1 (1860) S. 3–140.

62 Vgl. Wilhelm Hoffmann's Geschichte der Stadt Magdeburg 1 (wie Anm. 17); Georg STÖCKERT, Die Reichsunmittelbarkeit der Altstadt Magdeburg, HZ 66 (1891) S. 193–240.

63 Vgl. Gustav Frd. HERTZBERG, Geschichte der Stadt Halle an der Saale im Mittelalter 1 (1889); Siegmar Baron von SCHULTZE-GALLÉRA, Das mittelalterliche Halle 2 (1929); Hans FREYDANK, Die Hallesche Pfännerschaft im Mittelalter (1927).

64 Vgl. BOETTCHER, Chronik und AVERKORN, Bischöfe (wie Anm. 33); Silke LOGEMANN, Grundzüge der Geschichte der Stadt Halberstadt vom 13. bis 16. Jahrhundert, in: Bürger, Bettelmönche und Bischöfe (wie Anm. 33) S. 81–138; Klaus MILITZER, Stadt und Bischof in Halberstadt, in: Mitteldt. Bistümer (wie Anm. 23) S. 73–94.

65 Vgl. FRITSCH, Geschichte und LORENZ, Werdegang (wie Anm. 39); Barbara PÄTZOLD, Stift und Stadt Quedlinburg. Zum Verhältnis von Klerus und Bürgertum im Spätmittelalter, in: Hansische Stadtgeschichte – Brandenburgische Landesgeschichte. Hansische Studien VIII, hg. von Evamaria ENGEL u.a. (Abhandlungen zur Handels- und Sozialgeschichte 26, 1989) S. 171–192.

ten dessen Herrschaft jedoch seit dem 14. Jahrhundert zunehmend eingeschränkt und wollten nur noch seine formale Oberhoheit anerkennen. Bei der Rückdrängung des Stadtherrn spielten die Beziehungen zum Kaiser eine wichtige Rolle. Auffallend zum Beispiel ist, daß alle der genannten fünf Städte, aber auch Zerbst[66], die Bestätigung und Verleihung von Privilegien durch die einzelnen Herrscher – vornehmlich durch Kaiser Sigmund – erlangten oder wie Erfurt mit Reichslehen belehnt wurden und den Lehnseid leisteten. Die kaiserlichen Gunsterweisungen gingen auf die Initiative der einzelnen Städte zurück, die damit die errungene Autonomie gegenüber ihren Stadtherrn absichern wollten. Diese intervenierten deshalb auch dagegen, wie z. B. der Erzbischof von Magdeburg, der im Jahre 1424 durch Sigmund die Zusicherung erhielt, daß ihm die den Städten Magdeburg und Halle verliehenen Gerichtsstandsprivilegien keinen Schaden bringen sollten.[67]

Es scheint ebenfalls kein Zufall zu sein, daß der weitgehenden Eigenständigkeit vieler Städte Mittel- und Norddeutschlands auch bei der seit 1422 erfolgenden Veranschlagung zur Reichshilfe Rechnung getragen wurde. Hilfsforderungen bzw. Einladungen zu Beratungen darüber lassen sich für Erfurt, Magdeburg, Halberstadt, Quedlinburg, Aschersleben und Halle nachweisen.[68] Letztere Stadt wurde am 30. Januar 1475 wie eine Reichsstadt angeschrieben und unter Hinweis auf ihre angeblich dem Kaiser geleisteten Eide zur Hilfe gegen Herzog Karl von Burgund ermahnt.[69] Man war sich also am Herrscherhof über den rechtlichen Status der einzelnen Städte nicht immer im klaren, wie noch ein anderes Beispiel zeigt. Im Jahre 1483 erteilte Kaiser Friedrich III. an Kurfürst Albrecht von Brandenburg und Bischof Wilhelm von Eichstätt im Zusammenhang mit der Eintreibung der Türkenhilfe den Auftrag, die Rechte zu überprüfen, die Kaiser und Reich auf der einen und der dortige Erzbischof auf der anderen Seite an Magdeburg besäßen, und die Beschwerungen zu untersuchen, mit denen der Erzbischof die Stadt weg von Kaiser und Reich unter seine Gewalt zu ziehen trachtete.[70] Möglicherweise spielte aber bei den Reichsanschlägen anfangs wohl auch die Überlegung eine Rolle, auch Nicht-Reichsstädte durch eine direkte Einbeziehung leichter zur Erfüllung der Reichshilfe zu bewegen. Daß die Städte bei den spätereren Anschlägen in den Kontingenten ihres Herrn erfaßt wurden und nicht

66 Vgl. Heinrich BECKER, Geschichte der Stadt Zerbst (1907); Reinhold SPECHT, Geschichte der Stadt Zerbst 1 (1998).

67 UB der Stadt Magdeburg, bearb. von Gustav HERTEL 2 (1894) Nr. 175.

68 Vgl. SIEBER, Geschichte des Reichsmatrikelwesens (wie Anm. 44) S. 81ff.

69 StadtA Halle, A I,4, fol. 81r–82r.

70 LA Magdeburg -LHA-, Rep. A 2, Nr. 43, fol. 243r–247r.

mehr eigenständig auftauchten, hing einerseits mit der Festigung der stadtherrlichen Obrigkeit zu Ende des 15. Jahrhundert zusammen, lag aber wohl andererseits in der Haltung der Städte selbst begründet. Erfurt z. B. widersetzte sich ab 1466 mit Verweis auf seine Zugehörigkeit zum Erzstift Mainz einer direkten Veranschlagung, wollte dann allerdings der Erfüllung seines Anteils am Kontingent des Erzbischofs ebenfalls nicht nachkommen.[71]

Erfurt und die anderen erwähnten Städte blieben formal gesehen Territorialstädte, beanspruchten jedoch eine mit den Freistädten vergleichbare rechtliche Position. Man strebte weniger den Status einer Reichsstadt bzw. Reichsunmittelbarkeit, sondern vielmehr eine komfortable verfassungspolitische Schwebestellung an, bei der man sich je nach Situation und eigenem Vorteil dem Stadtherrn oder dem Kaiser zuneigte. So blieben Mühlhausen[72] und Nordhausen[73] die einzigen beiden Reichsstädte Mitteldeutschlands, die allerdings in ihrer Bedeutung mit Erfurt, Halle oder Magdeburg nicht mithalten konnten. Beiden drohte durch wiederholte Verpfändungen der Verlust ihrer Reichsunmittelbarkeit, den sie nur mit Mühe und finanziellem Aufwand abwenden konnten. In der Folgezeit unterhielten die Reichsstädte zu ihrem königlichen Stadtherrn die üblichen Alltagsbeziehungen. Sie wandten sich auch in Krisenzeiten an ihn, erhielten eigentlichen Rückhalt jedoch bei den Wettinern, in deren Schutz sie sich begaben.

Während all diese Städte bei ihren politischen Unabhängigkeitsbestrebungen Rückschläge erlitten und zum Teil auch wirtschaftlich zu stagnieren begannen, nahmen Städte unter fester landesherrlicher Kontrolle wie z. B. Leipzig im 15. Jahrhundert einen rasanten Aufschwung. Diese Stadt entwickelte sich nicht zuletzt infolge der kaiserlichen Messeprivilegierung zu einem Handelszentrum und durch seine Universität zu einem geistig-kulturellen Mittelpunkt.[74]

71 Vgl. HOLTZ, Erfurt (wie Anm. 61) S. 192ff.

72 Vgl. Rudolf BEMMANN, Die Stadt Mühlhausen in Thür. im späten Mittelalter (Neujahrsblätter 39, 1915); Emil KETTNER, Geschichte der Reichsstadt Mühlhausen i. Thür. im Mittelalter, Mühlhäuser Geschichtsblätter 16–17 (1917) S. 1–92; Franziska WEISSENBORN, Mühlhausen i. Th. und das Reich (Untersuchungen zur Deutschen Staats- und Rechtsgeschichte 108, 1911).

73 Vgl. Friedr. Chr. Lesser's Historische Nachrichten von der ehemals kaiserlichen und des heil. röm. Reiches freien Stadt Nordhausen gedruckt daselbst im Jahre 1740, umgearbeitet und fortgesetzt von Ernst Günther FÖRSTEMANN (1860); Hans SILBERBORTH, Geschichte der Freien Reichsstadt Nordhausen, in: Das tausendjährige Nordhausen 1 (1927) S. 1–596.

74 Vgl. Gustav WUSTMANN, Geschichte der Stadt Leipzig 1 (1905); Ernst KROKER, Handelsgeschichte der Stadt Leipzig (Beiträge zur Stadtgeschichte 7, 1925); Leipzigs Messen 1497–1997. Gestaltwandel – Umbrüche – Neubeginn, hg. von Hartmut ZWAHR u. a. 1 (Geschichte und Politik in Sachsen 9,1, 1999).

Neben den genannten Fürsten, Grafen, Herren und Städten wirkte, wie bereits am Beispiel Karls IV. skizziert wurde, mit den Kaisern und Königen eine weitere Kraft in die mitteldeutsche Region hinein. Doch hatten sich hier die Einflußmöglichkeiten unter Karls Nachfolger infolge der Aufgabe und des Verlustes von luxemburgischen Positionen, aber auch der mit dem Dynastienwechsel von 1437 verbundenen Verschiebung des königlichen Machtzentrums nach Österreich verschlechtert. Die Habsburger besaßen zudem im Unterschied zu den Luxemburgern kein dynastisch geprägtes Interesse an Mitteldeutschland. Die gelockerte Verbindung kam nicht zuletzt im Itinerar zum Ausdruck. Seit Karl IV. weilte kein spätmittelalterlicher Herrscher mehr in dieser Region. Der gegenseitige Kontakt wurde durch den mehr oder minder intensiven Verkehr zum Hof und zurück gehalten. Der Besuch von Hof- und Reichstagen erfolgte dabei durch die mitteldeutschen Kräfte interessenbetont. So war man z.B. 1422 angesichts der Hussiten-Bedrohung oder 1442 wegen der notwendigen Belehnungen und Privilegienbestätigungen durch den erstmals im Binnenreich erscheinenden Friedrich III. überdurchschnittlich vertreten.[75] Der Kaiser blieb vor allem als höchste Legitimierungsgewalt und Gerichtsinstanz von Bedeutung, wenngleich damit sein Sanktionsbereich nicht mithalten konnte. Die Schlichtung von Streitigkeiten, der Vollzug von Kammergerichtsurteilen oder der Schutz geistlicher Institutionen wurde zunehmend an die Gewalten vor Ort delegiert, da nur deren Autorität eine Umsetzung möglich machte. In den Auseinandersetzungen zwischen den Grafen von Stolberg und Schwarzburg auf der einen und der Reichsstadt Nordhausen auf der anderen Seite z. B. untersagte Kaiser Friedrich III. im Jahre 1465 Herzog Wilhelm III. von Sachsen die Prozeßführung und lud beide streitenden Parteien rechtlich vor sich. Dennoch war es der Herzog, der ein Jahr später die Streitigkeiten schlichtete. Als zwischen Nordhausen und den genannten sowie weiteren Grafen einige Jahre später neuer Streit ausbrach, beauftragte der Kaiser 1480 den Herzog nicht nur mit dem Schutz Nordhausens, sondern auch mit der Beilegung des Streites.[76]

Seit den siebziger Jahren des 15. Jahrhunderts läßt sich im Rahmen der Beziehungsverdichtung zwischen Friedrich III. und dem Gesamtreich auch eine Intensivierung der Beziehungen zu Mitteldeutschland konstatieren. Für den Kaiser waren die dortigen Kräfte vor allem zur Unterstützung gegen die äußere Bedrohung des Reiches von Bedeutung. In den Reichsanschlägen sind seit 1481 alle als reichsunmittelbar geltenden Fürsten, Grafen, Herren und Städte erfaßt und zur Reichshilfe herangezogen worden. Der Kreis umfaßte dabei auch Dynasten,

[75] Vgl. RTA 8 Nr. 182; HOLTZ, Friedrich III. und Thüringen (wie Anm. 46) S. 245.

[76] Vgl. Regg. F. III. 10 Nr. 264–267 und 475–480 mit den dortigen Literaturangaben.

die nicht vom Kaiser belehnt waren. Die sich hier zeigende Tendenz, die Kopplung zwischen Lehnswesen und Reichsstandschaft aufzuweichen, um die vom Kaiser unbelehnten Gewalten dennoch zur Reichshilfe wie die übrigen Reichsglieder zu verpflichten,[77] fand nach 1500 für Mitteldeutschland in der Ausweitung des Kreises auf die Herren von Schönburg, Wildenfels oder Brandenstein, die Burggrafen von Leisnig sowie die Schenken von Tautenburg seine Fortsetzung.[78]

Aber auch auf anderen Feldern intensivierten sich die Berührungspunkte Friedrichs III. zu Mitteldeutschland und waren weitaus umfangreicher, als bisher angenommen. Dies zeigt die von Paul-Joachim Heinig vorgenommene Auswertung des Taxregisters Friedrichs III. aus den Jahren 1471 bis 1474, in dem mehr als 5.000 von der römischen Kanzlei des Kaisers expedierte Urkunden verzeichnet sind.[79] Eine erste und sicher zu vertiefende Analyse hat ergeben, daß von etwa 150 Urkunden, die zugunsten mitteldeutscher Empfänger ausgestellt wurden bzw. diese direkt betrafen, bisher nur ein knappes Drittel in den Archiven dieser Region aufgefunden werden konnte, darunter 34 Originale.[80] Im Taxregister gibt es Hinweise auf beinahe hundert, bisher auch aus anderen Quellen nicht bekannte Dokumente, die vor allem Rechtsstreitigkeiten, darunter auch von einfachen Bürgern, betreffen. Noch krasser stellt sich das Verhältnis der laut dem Preces-Register von 1473 bis 1475 ausgestellten kaiserlichen Pfründennominationen und der bisher aufgefundenen Urkunden dar. Von den 163 verzeichneten Stücken betrafen fünfzehn mitteldeutsche Kirchen und Klöster, von denen als einzige Urkunde die zugunsten Konrad Anzapfs beim Stift St. Martin zu Heiligenstadt erfolgte Nomination ermittelt werden konnte.[81]

77 Vgl. Peter MORAW, Vom deutschen Zusammenhalt in älterer Zeit, in: Identität und Geschichte, hg. von Matthias WERNER (Jenaer Beiträge zur Geschichte 1, 1997) S. 46.

78 Vgl. SIEBER, Geschichte des Reichsmatrikelwesens (wie Anm. 44) S. 79.

79 Vgl. HEINIG, Friedrich III. (wie Anm. 8) S. 1287ff. An dieser Stelle sei Prof. Dr. Heinig für die Möglichkeit gedankt, noch vor deren Erscheinen Einblick in die Taxbuch-Edition zu nehmen.

80 Zu diesen zählen allein 16 zugunsten Kurfürst Ernsts von Sachsen ausgestellte Mandate vom 26. August 1471, die sich gegen den unrechtmäßigen Gebrauch der sächsischen Kurfürstenwürde durch Herzog Johann IV. von Sachsen-Lauenburg richten, vgl. Regg. F. III. 11 Nr. 407–422.

81 Vgl. Paul-Joachim HEINIG, Kaiser Friedrichs III. Preces-Register der Jahre 1473–1475, in: Ex Ipsis Rerum Documentis. Beiträge zur Mediävistik. Fs. Harald Zimmermann zum 65. Geburtstag, hg. von Klaus HERBERS u.a. (1991) S. 135–158. Dort die Nomination vom 4. Oktober 1474 S. 150 Nr. 127, das Original im LA Magdeburg -LHA-, Rep. U 14, Tit. XXVI Nr. 1.

Die sich hier andeutende Verlustrate allein bei den Kaiserurkunden läßt vermuten, daß das schriftliche Quellenmaterial dieser Zeit insgesamt in weit höherem Maße durch die unterschiedlichsten Ursachen verlorengegangen ist. Erinnert sei in diesem Zusammenhang an das Archiv der Stadt Magdeburg, welches im Dreißigjährigen Krieg vernichtet wurde und sicher wertvolle Aufschlüsse über die spätmittelalterlichen Beziehungen und Verhältnisse geben könnte.[82] Die einstige Dichte der schriftlichen Überlieferung und die vielfältigen Berührungspunkte zwischen den einzelnen Akteuren kann man nur in wenigen Fällen vor allem durch die Registerüberlieferung ermessen, wie sie im mitteldeutschen Raum z.B. durch die Briefbücher des Mühlhäuser und die Korrespondenzbücher des Erfurter Rates belegt ist.[83] Nicht zuletzt muß auf die zunehmende Bedeutung der mündlichen und nichturkundlichen Form der Kommunikation hingewiesen werden, von denen wir oft keine Kenntnis haben, die aber, wie es einige erhaltene Protokolle und Berichte zeigen, durchaus üblich waren. So scheint die Frage nicht unberechtigt, ob unser Bild über die mitteldeutsche Geschichte aufgrund dieser quellenmäßigen Verlustrate und Schieflage nicht einer Verzerrung unterliegt, die noch dadurch verstärkt wird, daß trotz einer Reihe von Urkunden- und Regesteneditionen die Publikation von Quellen unbefriedigend und damit die Aufarbeitung der Archivalien unzureichend ist. Modernen wissenschaftlichen Ansprüchen genügende Untersuchungen auf fundierter Quellenbasis sind eher selten.[84] Ein großer Teil der bis heute maßgeblichen Abhandlungen entstammt dem 19. Jahrhundert, für die Geschichte der Grafen von Henneberg, Honstein, Schwarzburg oder Gleichen sind materialreiche Abhandlungen des 18. Jahrhunderts immer noch von Nutzen.[85] Viel zu wenig wurde und wird zudem auf Quellen auswärtiger Archive zurückgegriffen. Eine bemerkenswerte Ausnahme bildet das dreibändige, bis 1513 reichende Urkundenbuch der Stadt Magdeburg, das paradoxerweise ohne die Vernichtung des städtisches Archivs nie in einem solchen Umfang hätte erscheinen können.[86]

Wie wichtig die gleichzeitige Heranziehung von Empfänger- und Ausstellerüberlieferung sowie der Forschungsergebnisse von Regional- und Reichsgeschichte ist, haben neuere Untersuchungen ergeben. So ist in der einschlägigen

82 Vgl. Peter von GEBHARDT, Das Magdeburger Stadtarchiv. Übersicht über seine Geschichte und seine Bestände (Flugschriften für Familiengeschichte 24, 1935).

83 StadtA Mühlhausen, 1-10, W 1; StadtA Erfurt, 1-1 XXI 1a und 1b.

84 Als Beispiele seien hier die Bände der Germania Sacra hervorgehoben, vgl. Anm. 19 und 35.

85 Vgl. Anm. 45, 54–56.

86 UB Magdeburg (wie Anm. 67) 1–3 (1892/96).

Regionalliteratur völlig unbekannt gewesen und erst durch die Auswertung der Registerüberlieferung am Kaiserhof ersichtlich geworden, daß Graf Johann von Barby-Mühlingen einer der wenigen weltlichen Räte Friedrichs III. aus Mitteldeutschland war und die reiche kaiserliche Gunsterzeigung für diese Grafenfamilie hierin ihre wesentliche Ursache hatte.[87] Darüber hinaus konnte ein besonders enges Verhältnis des Kaisers zu den Grafen von Anhalt und Henneberg, zu den Wettinern sowie zur Stadt Erfurt konstatiert werden, die weitaus mehr Kontakte zum Kaiser als die Reichsstädte Mühlhausen und Nordhausen besaß. Mitteldeutschland blieb wenigstens partiell königsnah, wenngleich die Intensität seiner Beziehungen zum Kaiser im Vergleich zu anderen Landschaften des Reiches, wie z.B. Schwaben, Franken oder Bayern gering war. Von den 98 bekannten weltlichen Räten Friedrichs III. aus dem außererbländischen Binnenreich kamen nur fünf aus Mitteldeutschland und von den über 5.000 im Taxregister nachgewiesenen Kaiserurkunden betrafen – wie bereits erwähnt – sogar nur 150 Empfänger dieser Region. Die regionale Ratsstruktur stimmte also mit der regionalen politischen Wirksamkeit Friedrichs III. überein: Der Norden stand dem Kaiser ferner als der Süden.[88]

Mitteldeutschland nahm in dieser Hinsicht genauso eine Zwischenposition ein, wie in dem zu Ende des 15. Jahrhundert von Westen nach Osten und von Süden nach Norden verlaufenden Entwicklungsgefälle zwischen den Regionen des Reiches.[89] Es besaß im Vergleich zu den nordöstlichen und östlichen Reichsteilen bereits ein höheres Entwicklungsniveau und hatte auch den Entwicklungsrückstand zu den politischen Großräumen Süd- und Westdeutschlands in mancherlei Hinsicht aufgeholt. Das zeigt sich z.B. in der Entwicklung des Bergbaus vornehmlich im Erzgebirge oder der Ausbreitung des Städtewesens und der Handelsbeziehungen, wo Leipzig eine überragende Stellung einzunehmen begann. Nicht zuletzt hatte Mitteldeutschland in geistig-kultureller Sicht ein solches Niveau erreicht, daß es nur wenig später zur Wiege der Reformation werden konnte.[90]

[87] Vgl. HEINIG, Friedrich III. (wie Anm. 8) S. 432ff.
[88] Vgl. DERS., S. 308ff. und S. 542ff.
[89] Vgl. MORAW, Entwicklungsunterschiede (wie Anm. 4) S. 610ff.
[90] Vgl. BLASCHKE, Geschichte (wie Anm. 11) S. 223ff.

Elfie-Marita Eibl

Die Lausitzen zwischen Böhmen, Brandenburg und Sachsen in der Zeit Kaiser Friedrichs III. (1440–1493)

„Daß Deutschland nicht so sehr zwischen West und Ost geteilt ist, sondern zwischen Nord und Süd, bemerkt man am deutlichsten in Sachsen. Wer von Berlin aus die gottlosen Steppen Brandenburgs durchquert hat, gelangt irgendwo bei Torgau an der Elbe in blühende Landschaften, die mehr an Bayern oder Baden erinnern als an das Klischee vom ausgezehrten deutschen Osten. Besonders angenehm an den Städten entlang der Elbe von Meißen über Dresden bis Pirna ist es freilich, daß es hier kaum Bayern oder Badenser gibt, sondern eben die Sachsen.“[1]

Es mag scheinen, als übermittele uns dieser ganz aktuelle Eindruck jahrhundertewährende Unterschiede, denn auch im 15. Jahrhundert hatte Brandenburg einen enormen Nachholbedarf in der Ausgestaltung und Verdichtung seines Territoriums.[2] So konnte man im 15. Jahrhundert nach Verlassen der – damals zwar noch nicht oder nicht mehr gottlosen – Steppen Brandenburgs in Sachsen, wenn nicht eine blühende, so doch eine weiter entwickelte Landschaft vorfinden. So wird das Kurfürstentum Sachsen vor der sächsischen Hauptteilung 1485 als das mächtigste Territorium im Reich neben der kaiserlichen Hausmacht der Habsburger und dem Königreich Böhmen angesehen.[3] Ein Territorium, das geprägt war durch ein blühendes Städtewesen, hohe finanzielle Einkünfte dank des aufblühenden Silberbergbaues[4], in dem sich auch neue, über das Mittelalter hinausweisende Produktionsformen entwickelten, sowie eine funktionierende fürst-

[1] Michael MÖNNINGER, Der Süden im Osten, Berliner Zeitung vom 24./25. Juli 1999, Magazin.

[2] Vgl. den Beitrag von Peter Moraw in diesem Band.

[3] Karlheinz BLASCHKE, Geschichte Sachsens im Mittelalter (1990) S. 293.

[4] Dazu immer noch grundlegend Adolf LAUBE, Studien zum erzgebirgischen Silberbergbau von 1470 bis 1546 (Forschungen zur mittelalterlichen Geschichte 22, 1974).

liche Verwaltung[5] mit einem durchorganisierten System fürstlicher Räte und einer entwickelten Kanzlei.[6]
Die Frage, wie weit denn die „Steppen“ Brandenburgs reichten und wo die „blühenden“ sächsischen Landschaften begannen, ist dagegen nicht so einfach zu beantworten, denn insbesondere die Gebiete, die im Mittelpunkt unseres Interesses stehen, die Lausitzen, sind durch wechselseitige Zugehörigkeiten gekennzeichnet. Nicht nur Brandenburg und Sachsen, sondern vor allem die goldleuchtenden Türme der glänzenden Metropole Prag, des ‚caput regni Bohemiae‘, ließen die Lausitzen in einem besonderen Licht erscheinen. Der Erwerb der Niederlausitz 1363/68 gilt als der größte territoriale Erfolg, den Karl IV. für die Krone Böhmen erzielen konnte.[7]
Böhmen-Mähren-Schlesien-Lausitzen sieht Peter Moraw als eine von 14 Großregionen und als politisch erlebbares Raumgebilde im Reich des späten Mittelalters an.[8] Eine Landschaft, die zu dem von ihm so bezeichneten „Jüngeren Europa“ gehörte, das stärker agrarisch akzentuiert und dünner besiedelt und dem Entwicklungsprozeß des „Einholens oder Nahezu-Einholens“ gegenüber dem „Älteren Europa“ ausgesetzt war.[9] Moraw ist sich jedoch durchaus bewußt, daß bei einer solchen Einteilung des Reiches in derartige Großlandschaften insbe-

5 Dazu vor allem Brigitte STREICH, Zwischen Reiseherrschaft und Residenzbildung: Der wettinische Hof im Spätmittelalter (Mitteldeutsche Forschungen 101, 1989).

6 Vgl. Karlheinz BLASCHKE, Urkundenwesen und Kanzlei der Wettiner bis 1485, in: Landesherrliche Kanzleien im Spätmittelalter 1, hg. von Gabriel SILAGI (Münchner Beiträge zur Mediävistik und Renaissance-Forschung 35, 1984) S. 193–202.

7 Vgl. Ernst SCHUBERT, König und Reich. Studien zur spätmittelalterlichen deutschen Verfassungsgeschichte (VMPIG 63, 1979) S. 83. Zuletzt Ulrike HOHENSEE, Zur Erwerbung der Lausitz und Brandenburgs durch Kaiser Karl IV., in: Kaiser, Reich und Region. Studien und Texte aus der Arbeit an den Constitutiones des 14. Jahrhunderts und zur Geschichte der Monumenta Germaniae Historica, hg. von Michael LINDNER u.a. (Berichte und Abhandlungen, hg. von der BBAW Sonderbd. 2, 1997) S. 215–224.

8 Vgl. Peter MORAW, Von offener Verfassung zu gestalteter Verdichtung. Das Reich im Späten Mittelalter 1250 bis 1490 (Propyläen Geschichte Deutschlands 3, 1985) S. 175. Zuletzt mit Karte bei DERS., Regionen und Reich im späten Mittelalter, in: Regionen und Föderalismus, hg. von Michael MATHEUS (Mainzer Vorträge 2, 1997) S. 9–29, hier S. 23. Für die Zeit Kaiser Friedrichs III. unterscheidet Paul-Joachim Heinig sieben Wirkungsbereiche des Königtums, die sich nicht ganz mit diesen Landschaften decken. Vgl. Paul-Joachim HEINIG, Kaiser Friedrich III. (1440–1493). Hof, Regierung und Politik (Forschungen zur Kaiser- und Papstgeschichte des Mittelalters, Beihefte zu J. F. Böhmer, Reg. Imp. 17, 1997) S. 880.

9 Vgl. MORAW, Regionen und Reich (wie Anm. 8) S. 14.

sondere an deren Rändern Unschärfen vorhanden sind.[10] Da wir es bei den Lausitzen mit einer solchen Randlage zu tun haben und vor allem die Niederlausitz wie ein Keil in zwei andere Landschaften, nämlich Brandenburg-Mecklenburg-Pommern und Wettiner Lande-Mittelelberaum hineinragt, ist hier im folgenden auf solche Unschärfen in der Zuordnung besonders zu achten.
Die Oberlausitz nahm geradezu eine Brückenstellung[11] ein und bildete „den Kreuzungspunkt der politisch-territorialen Interessen von vier mächtigen Territorien des deutschen Ostens“[12], nämlich von Sachsen, Brandenburg, Schlesien[13] und Böhmen.

Wenn hier von den beiden Lausitzen gesprochen wird, so muß auf die Bezeichnung dieser Gebiete in den Quellen des 15. Jahrhunderts kurz hingewiesen werden. Für die heutige Niederlausitz findet sich der Begriff Lausitz (*Lusicz, Lusatia*). Die heutige Oberlausitz dagegen erscheint zumeist unter der Umschreibung der *sechs lant und stett* in den Quellen,[14] in der Literatur häufig verkürzt als die Sechsstädte. Damit sind die Städte Bautzen, Görlitz, Zittau, Kamenz, Löbau und Lauban, die Träger des 1346 gebildeten und von Karl IV. gebilligten Oberlausitzer Städtebundes als des politischen Machtfaktors der Oberlausitz im Spätmittelalter schlechthin,[15] sowie das sie umgebende Land gemeint. Erst als die Lausitzen König Matthias Corvinus unterstanden, tauchten in seiner Kanzlei die

10 Ebd.: „Unschärfen am Rand gefährden die Grundvorstellung nicht.“

11 Vgl. dazu Martin REUTHER, Die Oberlausitz als Geschichtsraum, BDLG 93 (1957) S. 103.

12 So Karlheinz BLASCHKE, Zur Siedlungs- und Bevölkerungsgeschichte der Oberlausitz, in: Oberlausitzer Forschungen, Beiträge zur Landesgeschichte, hg. von Martin REUTHER (1961) S. 60.

13 Schlesien bleibt in dieser Betrachtung weitgehend ausgespart, weil dazu nur die reichlich vorhandene Literatur hätte ausgewertet werden können. Die Erfassung der schlesischen Quellen für die Regestenedition der Urkunden und Briefe Kaiser Friedrichs III. steht noch an.

14 In den Urkunden Friedrichs III. als *die sechs lannd und stett Budissin, Görlitz, Zittaw und ander stett dortzu gehorend* oder auch die *furstentumb Budissin, Görlicz und Sittaw und allen andern so zu in gehorent.* Vgl. Regg. F. III. 11 Nr. 83, Nr. 94f., Nr. 259. Zur Oberlausitz als Geschichtsraum vgl. auch Reinhardt BUTZ, König Johann von Böhmen und die Städte in der Oberlausitz, in: Johann der Blinde. Graf von Luxemburg, König von Böhmen 1296–1346, hg. von Michel PAULY (Publications de la Section Historique de l'Institut grand-ducal de Luxembourg 115, 1997) S. 264–268.

15 Dieser während des gesamten Spätmittelalters wirkende Bund hatte sich zu einem staatlichen Gebilde ausgewachsen. So Rudolf LEHMANN, Niederlausitz und Oberlausitz in vergleichender geschichtlicher Betrachtung, JGMOD 7 (1958) S. 106.

Namen *Lusatia superior* und *Lusatia inferior* auf.[16] Wenn im folgenden der Begriff Lausitz ohne Zusatz gebraucht wird, dann ist damit stets die Niederlausitz gemeint.

Die Niederlausitz, der Krone Böhmen inkorporiert, befand sich zu Beginn der Regierungszeit Friedrichs III. in der Pfandherrschaft des einheimischen Geschlechtes der Polenze. Die Oberlausitz gehörte ebenfalls zum Königreich Böhmen und wurde von Landvögten verwaltet. Während die Sechsstädte als Träger früher Staatlichkeit[17] zwar gemeinsam mit dem Adel, aber doch in eindeutiger Führungsrolle das Land regierten und seine politische Verfassung derart bestimmten, daß sie auch als Ständerepublik angesprochen wurden,[18] war die Niederlausitz vorwiegend ländlich geprägt und politisch weit uneinheitlicher strukturiert.[19]

In der Bezeichnung *sechs lannd und stett* bzw. Sechsstädte, so möchte ich meinen, deutet sich bereits ein Entwicklungsunterschied der beiden Lausitzen an. Die Oberlausitz als „ausgesprochenes Städteland"[20] weist in der Qualität einen erheblich ausgeprägteren Urbanisierungsgrad als die Niederlausitz auf.[21] Die Blüte des städtischen Gewerbes verwandelte die Oberlausitz geradezu in eine Exportlandschaft. Die prosperierende und mit dem Waidhandelsmonopol versehene Tuchmacherstadt Görlitz, die seit 1329 Zollfreiheit in allen Ländern der Krone Böhmen besaß und zudem wie auch Bautzen und Kamenz an der Hohen Straße, der ‚via regia Lusatiae', der wichtigsten West-Ost-Handelsstraße gelegen war, Bautzen und Zittau, ebenfalls wohlhabende, durch Handel und Gewer-

16 Zur Bezeichnung Oberlausitz in Urkunden des Königs Matthias Corvinus vgl. StadtA Bautzen, Urkunde von 1474 November 17: *unnser lande und sechs stete in Oberlausicz...*

17 So Karlheinz BLASCHKE, Der Oberlausitzer Sechsstädtebund als bürgerlicher Träger früher Staatlichkeit, in: 650 Jahre Oberlausitzer Sechsstädtebund: 1346–1996, hg. im Auftrag des Zittauer Geschichts- und Museumsvereins e.V. von Gunter OETTEL/ Volker DUDECK (1997) S. 17–27, der S. 24 feststellt, daß die Sechsstädte anstelle des fehlenden Landesfürsten staatliche Aufgaben wahrgenommen haben.

18 Ebd. S. 18. Blaschke scheint es zwar bedenklich, von einer politischen Führungsrolle der Städte in der Oberlausitz zu sprechen, da der Adel in formaler Hinsicht auf den Landtagen den Vorrang einnahm, doch auch er weist darauf hin, daß der Adel sich mit der Überlegenheit der Städte abfinden mußte, ebd. S. 23.

19 Vgl. LEHMANN, Niederlausitz und Oberlausitz (wie Anm. 15) S. 102, S. 115.

20 So REUTHER, Oberlausitz (wie Anm. 11) S. 104f., der darauf hinweist, daß es die Städte sind, die die Oberlausitz von der Niederlausitz und auch von Böhmen unterscheiden.

21 Auch LEHMANN, Niederlausitz und Oberlausitz (wie Anm. 15) S. 106 betont die andersartige Entwicklung des Städtewesens in beiden Landschaften.

be reich gewordene Städte, die allerdings in der Zeit der Hussitenkriege durch oft mehrfache Einfälle in ihr Umland starke Einbußen hatten hinnehmen müssen,[22] bestimmten und beherrschten wie auch die übrigen Städte des Oberlausitzer Bundes ein ausgedehntes Landgebiet.

In der Niederlausitz waren Luckau und Guben, beide am Kreuzungspunkt von Handelsstraßen, die wirtschaftlich bedeutendsten Städte, gefolgt von Cottbus, wobei Luckau seit dem Spätmittelalter auch über einen umfangreichen Landbesitz verfügte und sich somit wohl als einzige Stadt der Niederlausitz mit den oberlausitzischen Städten messen konnte. Lübben hatte besondere Bedeutung für die Zusammenkünfte von Adel und Städtevertretern, der Stände. In wirtschaftlicher Hinsicht war die Niederlausitz jedoch, wie bereits erwähnt, ganz überwiegend ländlich geprägt.[23]

Die Sechsstädte waren zudem eine politisch weit einheitlichere Landschaft als die Lausitz, wo einzelne Städte und größere Herrschaften bald nach Norden (Brandenburg), nach Südwesten (Sachsen) oder Südosten (Böhmen) tendierten, dort jeweils Halt und festere Anbindung suchend.[24]

Für den bekannten Görlitzer Stadtarchivar und Historiker Richard Jecht war es bei diesen augenfälligen Entwicklungsunterschieden ein Unding, „zwei sich geschichtlich ganz verschieden entwickelnde Landschaften zusammen zu behandeln“,[25] wie es Theodor Scheltz in seiner Gesammt-Geschichte der Ober- und Niederlausitz getan hatte.[26]

22 Bautzen, Görlitz und Zittau hielten im Gegensatz zu Kamenz, Lauban und Löbau den Angriffen stand, doch gingen Vorstädte und Umland öfter in Flammen auf. Vgl. Richard JECHT, Der Oberlausitzer Hussitenkrieg und das Land der Sechsstädte (1911–1916) S. 425f. Die Städte erholten sich jedoch erstaunlich schnell. Um 1500 ist z.B. Görlitz der größte Ausfuhrort für Tuche im Osten des Reiches. Vgl. Deutsches Städtebuch 1: Schlesien. Neubearbeitung, hg. von Heinz STOOB/Peter JOHANEK (1995) S. 121.

23 Rudolf LEHMANN, Geschichte der Niederlausitz (Veröffentlichungen der Berliner Historischen Kommission beim Friedrich-Meinecke-Institut der Freien Universität Berlin 5, 1963) S. 131.

24 Vgl. dazu bereits Richard JECHT, Der Zusammenstoß der Brandenburger und Böhmen in der Niederlausitz im Jahr 1461 und seine Veranlassung, Niederlausitzer Mitteilungen 10 (1907) S. 1f.

25 Ebd. S. 2. Jecht, dem bedeutenden Görlitzer Stadtarchivar und Historiker, scheint angesichts der so überaus reichen Görlitzer Überlieferung und der einzigartigen wirtschaftlichen Bedeutung dieser Stadt in und über die Region hinaus übertriebener Lokalpatriotismus die Feder geführt zu haben, der ihn auf die weniger entwickelte Lausitz herabschauen ließ.

26 Theodor SCHELTZ, Gesammt-Geschichte der Ober- und Niederlausitz nach alten Chroniken und Urkunden 2 (1882).

Auf entwicklungsgeschichtliche Unterschiede zwischen Ober- und Niederlausitz eingangs hinzuweisen, erschien mir wichtig, wenn im folgenden darauf eingegangen werden soll, wie die Kurfürsten von Sachsen und Brandenburg versuchten, ihre Macht auf die Lausitzen auszudehnen, und welche Rolle Friedrich III. dabei spielte. Denn was Sachsen und Brandenburg betrifft, geht es hierbei vornehmlich um die Rolle eines peripher agierenden Königtums in den Fernzonen seiner Herrschaft. Zudem handelt es sich bei den Lausitzen um Nebenländer der Krone Böhmen,[27] in die der römisch-deutsche König und Kaiser nur in seiner Funktion als oberster Lehns- und Gerichtsherr einzugreifen berechtigt war, die aber ansonsten der Regierungsgewalt des jeweiligen böhmischen Königs unterstanden,[28] und schließlich um Gebiete, die im Interessenbereich zweier aufstrebender Territorialmächte, der Hohenzollern und der Wettiner, lagen. Obwohl diese Vorgänge in der landesgeschichtlichen Forschung für diese Zeit dank günstiger Quellenlage detailliert aufgearbeitet worden sind,[29] vermochte die Arbeit an den Regesten Kaiser Friedrichs III.[30] einige bisher nicht bekannte Details zu erhellen, andere, bisher durchaus bekannte, in einen neuen Zusammenhang zu stellen bzw. ihre Glaubwürdigkeit zu überprüfen.

27 Vgl. den Abschnitt „Corona regni Bohemiae" bei Ferdinand SEIBT, Die Zeit der Luxemburger und der hussitischen Revolution, in: Handbuch der Geschichte der böhmischen Länder 1, hg. von Karl BOSL (1967) S. 403–406.

28 Zu der losen Verbindung der katholischen Nebenländer mit dem Kern des Königreichs und den aus der religiösen Spaltung resultierenden Problemen vgl. Ivan HLAVÁČEK, Beiträge zur Erforschung der Beziehungen Friedrichs III. zu Böhmen bis zum Tode Georgs von Podiebrad (1471), in: Kaiser Friedrich III. (1440–1493) in seiner Zeit, hg. von Paul-Joachim HEINIG (Beihefte zu J.F. Böhmer, Reg. Imp. 12, 1993) S. 279–300, hier bes. S. 284 mit Anm. 9.

29 Ausführlich dazu LEHMANN, Niederlausitz (wie Anm. 23), bes. S. 80ff.; Hermann KNOTHE, Urkundliche Grundlagen zu einer Rechtsgeschichte der Oberlausitz von der ältesten Zeit bis Mitte des 16. Jahrhunderts, NLM 53 (1877) S. 293–310 sowie Theodor SCHELTZ, Gesammt-Geschichte (wie Anm. 26), bes. S. 219ff. Die erste auf Archivauswertung beruhende Darstellung stammt von Alfred KOTELMANN, Geschichte der älteren Erwerbungen der Hohenzollern in der Niederlausitz. Vornehmlich nach ungedruckten Aktenstücken der Geheimen Staatsarchive zu Berlin, Dresden und Weimar (1864) sowie Richard Freiherr von MANSBERG, Der Streit um die Lausitz 1440–1450, NASG 29 (1908) S. 282–311. Vgl. auch Herbert KOCH, Der sächsische Bruderkrieg 1446–1451, JAE 35 (1910), zur Lausitz bes. S. 137–155. Die im sog. Wittenberger Archiv befindlichen Akten, die die Grundlagen für die Arbeiten Kotelmanns und von Mansbergs bildeten, wurde eingesehen im HStA Dresden, W.A. Loc. 4353, Niederlausitzische Sachen.

30 Vgl. Regg.F.III. 11.

Wenn dabei auftretende Fragen durchaus nicht immer beantwortet werden konnten, so muß dies nicht allein als beklagenswerter Umstand gesehen werden. Vielmehr zeigt sich darin, daß selbst in der gemeinhin feststehenden und im 19. und zu Beginn des 20. Jahrhunderts mit heute geradezu fremdartig anmutender Unbekümmertheit geschriebenen Ereignisgeschichte einige scheinbar abgesicherte Fakten durchaus zu hinterfragen sind.

Als König Friedrich III. 1440 die Herrschaft übernahm, war der böhmische Thron quasi vakant, denn der nachgeborene Sohn König Albrechts II., Ladislaus Postumus, war ein Kleinkind, der des nunmehrigen Königs als Vormund bedurfte.[31] Sowohl sächsische als auch brandenburgische Bestrebungen, in der Niederlausitz Fuß zu fassen, finden sich jedoch schon vor der Regierungszeit Friedrichs III.[32] 1437 war Landvogt Hans von Polenz, unter dessen Pfandherrschaft sich die Lausitz befand, gestorben und dessen Vetter Nickel von Polenz 1438 durch König Albrecht als neuer Landvogt und Pfandinhaber eingesetzt worden, der nun als Vormund der noch unmündigen Brüder Jakob und Jakob von Polenz die Lausitz verwaltete.[33]
Nun findet man in der einschlägigen Literatur bis zum heutigen Tage die Behauptung, König Albrecht II. habe sowohl 1438 als auch 1439 die Herzöge von Sachsen angewiesen, die Lausitz zu schützen.[34] Bereits Günter Hödl als Bearbeiter der Regesten Albrechts II. stellte fest, daß urkundliches Material dafür nicht aufgefunden werden konnte.[35] Die Behauptung geht zurück auf eine im Dresdener Archiv befindliche Quelle, die hierzu noch einmal angesehen wurde.[36] Es handelt sich um eine der zahlreichen Rechtfertigungsschriften, die von sächsi-

31 Friedrich III. war im Testament König Albrechts II. als Vormund eines eventuellen Erben bestimmt worden. Zum Wirken Friedrichs III. als Vormund für König Ladislaus vgl. HLAVÁČEK, Beziehungen Friedrichs III. zu Böhmen (wie Anm. 28) S. 286ff.

32 LEHMANN, Niederlausitz (wie Anm. 23) S. 77ff.

33 Ebd. S. 80.

34 Rudolf LEHMANN, Geschichte des Markgrafenthums Niederlausitz (1937) S. 73, ebenso DERS., Niederlausitz (wie Anm. 23) S. 80, so vorher schon MANSBERG, Der Streit um die Lausitz (wie Anm. 29) S. 290. Ebenso auch Heidelore BÖCKER, Die Festigung der Landesherrschaft durch die hohenzollernschen Kurfürsten und der Ausbau der Mark zum fürstlichen Territorialstaat während des 15. Jahrhunderts, in: Brandenburgische Geschichte, hg. von Ingo MATERNA/Wolfgang RIBBE (1995) S. 201.

35 Reg. Imp. 12 Nr. 1187.

36 HStA Dresden, W.A. Loc. 4353, Niederlausitzische Sachen fol. 71v–73v, hier bes. fol. 71v. Vermutlich das Konzept zu diesem Stück ebd. Loc. 9485/3 Ausspruch des Erzbischofs zu Magdeburg um das Land und Vogtei zu Lausitz. Zwischen den Herzogen zu Sachsen und den Markgrafen zu Brandenburg, Zerbst 1448.50 fol. 75r–77r.

scher Seite in der Zeit der Auseinandersetzung mit Brandenburg um die Lausitz angefertigt wurde und die den Titel trägt *Anefang des handels umb das land czu Lusicz durch unsern herren von Sachsen, herczogen Friedrichen...* Sie ist undatiert, gehört aber auf jeden Fall in die Zeit nach 1442.[37] Hier findet sich nun in der Tat die Angabe, König Albrecht habe zweimal die Lausitz unter Schutz und Schirm Friedrichs von Sachsen gestellt, aber es heißt dort, Albrecht habe dies mündlich (!) befohlen.[38] Es erscheint mir eindeutig, daß die Wettiner ihre Begehrlichkeit durch eine angeblich ältere königliche Anweisung zu begründen suchten. Wohl war man bei König Albrecht II. tatsächlich wegen der Lausitz vorstellig geworden, doch über Gespräche scheint es nicht hinausgegangen zu sein. Eine mündliche Anweisung des Herrschers, wenn es sie denn überhaupt gegeben haben sollte, war rechtlich jedenfalls ohne Belang.

Nach der erfolgten Herrschaftsübernahme König Friedrichs III. und der de facto bestehenden Thronvakanz in Böhmen schien die Gelegenheit für die sächsischen und brandenburgischen Ambitionen hinsichtlich der Lausitz besonders günstig. Der Markgraf von Brandenburg zögerte daher nicht lange und brachte in der ersten Hälfte der vierziger Jahre verschiedene niederlausitzische Herrschaften unter seinen Schutz, während Kurfürst Friedrich II. von Sachsen zurückhaltend operierte, wohl auch, weil er durch den Ausbruch des Bruderkrieges mit Herzog Wilhelm III. von Sachsen in seinem Aktionsradius beschränkt war.[39]

Friedrich III. griff im September 1448 in seiner Funktion als Vormund des unmündigen Ladislaus Postumus zugunsten des sächsischen Kurfürsten, seines Schwagers, ein, verkündete den Übergang des Pfandrechtes an der Lausitz aus den Händen der Polenze an den Kurfürsten[40] und wies die Stände der Niederlausitz zu Gehorsam diesem gegenüber an.[41] Ebenso gestattete der König seinem Schwager, nach dem Tode des oberlausitzischen Landvogtes Thimo von Colditz nunmehr als Verweser der Sechsstädte zu fungieren. Eine solche Urkunde

[37] Über Geschehnisse aus dem Jahr 1442 werden noch Angaben gemacht.

[38] In der Quelle heißt es dazu, König Albrecht habe den Herzog von Sachsen *dasselbe land* (die Lausitz) *muntlichen bevolhen zcu schuczen und zcu schirmen.* KOTELMANN, Erwerbungen (wie Anm. 29) S. 8 geht ausführlicher auf diese Quelle ein, hegt aber keinen Zweifel an der mündlich erfolgten Anweisung, obwohl er selbst darauf hinweist, daß hier eine bestimmte Tendenz durchscheint und einige Sachverhalte in Chronologie und Stimmigkeit durcheinandergehen. In einem Brief, den Kurfürst Friedrich von Sachsen nach Übertragung der Verweserschaft an der Lausitz durch Friedrich III. 1448 an jenen schreibt, verweist er darauf, daß die Lausitz *uns durch keyser Sigmund und dornach konig Albrechten* zu schützen und zu schirmen befohlen worden sei. Vgl. HStA Dresden, W.A. Loc. 4353, Niederlausitzische Sachen fol. 66r.

[39] Zum Ausbruch immer noch grundlegend KOCH, Bruderkrieg (wie Anm. 29) S. 71ff.

Friedrichs III. konnte zwar bisher nirgends aufgefunden werden, doch ergibt sich ihre Existenz meines Erachtens zweifelsfrei aus der erhalten gebliebenen königlichen Anweisung an die Sechsstädte von Anfang Oktober 1448, den Kurfürsten als ihren neuen Vogt anzuerkennen.[42]

Doch als der König zugunsten des Wettiners eingriff, schienen die Würfel bereits gefallen zu sein. Markgraf Friedrich von Brandenburg nannte sich zur selben Zeit in einem von ihm ausgestellten Lehnsbrief bereits Vogt der Lausitz,[43] fiel zudem im Oktober mit Heeresmacht in dieses Land ein und zwang nach der am 18. Oktober erfolgten Einnahme von Lübben die Brüder von Polenz, ihm die Pfandherrschaft über die Lausitz abzutreten.[44] Von den Städten Guben, Spremberg und Luckau sowie den Klöstern Neuzelle und Guben sind von Ende Oktober bzw. Anfang November die Huldigungsbriefe für den Vogt und Verweser der Lausitz, Kurfürst Friedrich von Brandenburg, überliefert.[45]

In der Oberlausitz dagegen hatten die Sechsstädte nach dem Tode ihres Landvogtes Thimo von Colditz und noch vor der königlichen Anweisung Hans von Colditz zum Hauptmann und Verweser ernannt.[46]

40 Regg. F. III. 11 Nr. 82. Vgl. MANSBERG, Lausitz (wie Anm. 29) S. 297 sowie Rudolf LEHMANN, Die Landvögte in der Niederlausitz, in: Fs. Friedrich von Zahn 1: Zur Geschichte und Volkskunde Mitteldeutschlands, hg. von Walter SCHLESINGER (1968) S. 447f. Friedrich III. war aktiv geworden, nachdem der sächsische Kurfürst seine Räte Georg von Bebenburg und Hildebrand von Einsiedel in dieser Angelegenheit nach Wien geschickt hatte.

41 Regg. F. III. 11 Nr. 84.

42 Ebd. Nr. 83. Vgl. KNOTHE, Urkundliche Grundlagen (wie Anm. 29) S. 305. Bei der Erarbeitung der Regesten ging ich davon aus, daß diese Urkunde sich ebenso wie Nr. 84 auf Nr. 82 bezieht, habe also diesen Umstand nicht bemerkt. Der Vergleich der Narrationes der Urkunden für die Lausitzer und die Sechsstädte läßt aber sehr wohl vermuten, daß es diese uns nicht überlieferte Urkunde gegeben hat.

43 Vgl. KOTELMANN, Erwerbungen (wie Anm. 29) S. 21 sowie JECHT, Zusammenstoß (wie Anm. 24) S. 8.

44 LEHMANN, Niederlausitz (wie Anm. 23) S. 83. KOTELMANN, Erwerbungen (wie Anm. 29) S. 22 geht von einem bereits vor dem 29. September 1448 erfolgten Übergang der Pfandherrschaft an den Brandenburger aus.

45 CDB B 4 S. 413–415.

46 StadtA Bautzen, Urkunde von 1448 September 14: Hans von Colditz bekannte, daß die Sechsstädte ihn in Abwesenheit seines Herren (!), des Königs Ladislaus von Böhmen, zum Hauptmann und Verweser ernannt und ihm Gehorsam gelobt haben. Vgl. auch CD Lusatiae superioris 4 (Oberlausitzer Urkunden von 1437–1457), hg. von Richard JECHT (1911–1927) S. 541 mit der Nachricht zum 14. September 1448, daß *land und stett* zu Görlitz Hans von Colditz zum Verweser angenommen haben.

Zwar muß offenbleiben, ob der König, als er den Wettiner zum Verweser der Sechsstädte bestimmte, wußte, daß man dort bereits mit der Einsetzung des Hans von Colditz Tatsachen geschaffen hatte, doch ist dies in gewisser Weise zu vermuten.[47] Denn an anderer Stelle äußerte der König (wohl Ende 1448) sein Befremden darüber, daß die Sechsstädte entgegen seinen Anweisungen, den Kurfürsten von Sachsen als ihren Vogt anzuerkennen, einen anderen – der Name scheint ihm immer noch unbekannt gewesen zu sein – dazu bestimmt hätten.[48] Der Befund erscheint eindeutig: Mochte der ferne König seinem Schwager die von diesem gewünschte urkundliche Legitimation verschaffen, mochte er mit Reinprecht von Ebersdorf einen persönlichen Beauftragten in die Region zur Vermittlung zwischen den Konfliktparteien entsenden,[49] mochte er auch mehrfach den Brandenburger auffordern, sich des Landes Lausitz zu entäußern,[50] letztlich entschied allein die Kräftekonstellation vor Ort über das Schicksal des Landes. Da half dem Wettiner weder die Berufung auf die königlichen Mandate noch die Einschaltung der Erfurter Juristenfakultät, die ihm die Rechtmäßigkeit seiner Ansprüche bestätigte.[51] Der Brandenburger mochte taktieren und auf das diplomatische Spiel scheinbar eingehen,[52] er war aber in keiner Weise bereit, die mit Gewalt errungene Stellung in der Lausitz wieder aufzugeben.

47 Die zeitliche Nähe der Ereignisse läßt vielmehr annehmen, daß nach Thimos Tod der Wettiner umgehend beim König in seinem Interesse aktiv wurde, während die Sechsstädte – vielleicht sogar aus der berechtigten Furcht vor einem fremden Eingriff – selbst tätig geworden waren. Die Überlieferung der an die Stände der Oberlausitz gerichteten Urkunde vom 29. September 1448 (Regg. F. III. 11 Nr. 83) mit der Aufforderung, den Kurfürsten von Sachsen als ihren Vogt anzuerkennen, im HStA Dresden, wirft die Frage auf, ob der Kurfürst, der sie erbeten hatte, bei Erhalt der Urkunde von der Erhebung des Hans von Colditz wußte und sie deshalb nicht weiterleitete. Andererseits war er bestrebt, sich gegen Colditz durchzusetzen, wie noch gezeigt werden wird. So fällt es schwer, hier den tatsächlichen Grund für eine Nichtweiterleitung des Stückes an die eigentlichen Empfänger auszumachen.

48 Instruktion für einen königlichen Gesandten, gedruckt im CDB B 4 S. 427–430; vgl. auch SCHELTZ, Gesammt-Geschichte (wie Anm. 26) S. 229f.

49 Der österreichische Edle Reinprecht von Ebersdorf erscheint als königlicher Gesandter in der Lausitz, um zwischen der sächsischen und brandenburgischen Partei zu vermitteln. Vgl. Regg. F. III. 11 Nr. 89f. sowie MANSBERG, Lausitz (wie Anm. 29) S. 297–300.

50 Vgl. Regg. F. III. 11 Nr. 91, Nr. 101, Nr. 103.

51 Zum Rechtsspruch der Erfurter Juristenfakultät vom 29. November 1449 vgl. HStA Dresden, W.A. Loc. 4353, Niederlausitzische Sachen Bl. 250, Bl. 303. Sie urteilte, daß Friedrich III. als Vormund König Ladislaus' zur Weiterverpfändung berechtigt sei. Vgl. KOTELMANN, Erwerbungen (wie Anm. 29) S. 25 Anm. 1 und S. 32f.

Natürlich stellt sich hier die Frage, warum der König den Wettiner als Vogt in den beiden Lausitzen sehen wollte. Durch die nahe Verwandtschaft mag er sich diesem verpflichtet gefühlt haben, doch kann dies nicht das allein Ausschlaggebende gewesen sein.
Vielmehr muß hier darauf hingewiesen werden, daß beide Lausitzen, zu Böhmen gehörige Lehen, eingebunden waren in die böhmischen Parteienbildungen: die Utraquisten auf der einen, Friedrich III. als Vormund des unmündigen Königs Ladislaus und die katholische Fraktion auf der anderen Seite.[53] So beruhte Friedrichs III. Unterstützung für den Wettiner wohl vor allem darauf, daß er in ihm den Sachwalter seiner Interessen im Kräftefeld Lausitz – Böhmen – Schlesien sehen mochte. Diese Annahme findet einen weiteren Anhaltspunkt vor allem in der Tatsache, daß Friedrich III. Anfang 1450 nach dem Tod der Herzogin Elisabeth von Liegnitz-Brieg den Anfall der schlesischen Herrschaft Liegnitz und Goldberg an den sächsischen Kurfürsten verbriefte, obwohl der Brandenburger als Bruder der verstorbenen Herzogin selbst einen Anspruch darauf anmelden konnte.[54]

Auf die im Jahr 1449 noch folgenden Entwicklungen, auf das diplomatische Hin und Her kann und muß hier nicht weiter eingegangen werden.[55] Nur darauf, daß

52 Der im HStA Dresden, W.A. Loc. 4353, Niederlausitzische Sachen überlieferte Briefwechsel zwischen Friedrich von Brandenburg und Friedrich von Sachsen aus der Zeit März/April 1449 zeigt, daß der sächsische Kurfürst sich immer wieder auf die Autorität König Friedrichs III. berief, in dessen Sinne allein eine Einigung erfolgen könne. (vgl. Bl. 97, Bl. 99). Markgraf Friedrich von Brandenburg drängte auf eine Beilegung der Irrungen durch Schiedsrichter, besonders des Landgrafen von Hessen (Bl. 95, Bl. 98). Würde er jedoch vom König selbst und niemand anders als *einen kurfursten des reichs* aufgefordert, *wollen wir uns denn daran halten als szymlichen ist* (Bl. 100b). Zu den Zusammenkünften sächsischer und brandenburgischer Räte im ersten Halbjahr 1449 vgl. MANSBERG, Lausitz (wie Anm. 29) S. 304f., der die Hinhaltetaktik des Brandenburgers hervorhebt.

53 Die handstreichartige Einnahme Prags durch Georg von Podiebrad am 3. September 1448 lag erst wenige Wochen zurück, als Friedrich III. die Verweserschaft der Lausitzen Ende September an den Kurfürsten von Sachsen übergab, gewiß keine zufällige zeitliche Nähe. Zur Einnahme Prags vgl. Franz PALACKY, Geschichte von Böhmen 4,1 (1857) S. 197ff. sowie SEIBT, Zeit der Luxemburger (wie Anm. 27) S. 541. KNOTHE, Urkundliche Grundlagen (wie Anm. 29) S. 305 verweist ebenfalls darauf, daß der Kurfürst von Sachsen schon lange ein Gegner der hussitischen Partei in Böhmen war und daher als natürlicher Verbündeter Friedrichs III. erschien.

54 Vgl. Regg. F. III. 11 Nr. 104. In diesem Zusammenhang auch ebd. Nr. 237–243. Zum Liegnitzer Lehnsstreit vgl. Colmar GRÜNHAGEN, Geschichte Schlesiens 1 (1884) S. 276–280.

55 Dazu ausführlich MANSBERG, Lausitz (wie Anm. 29) S. 304f.

im August 1449 die böhmischen Stände auf einem Landtag in Iglau das Pfandrecht des Brandenburgers in der Lausitz anerkannt, aber gleichzeitig die Anbindung der Lausitz allein an die böhmische Krone betont hatten, möge hier hingewiesen werden.[56] Denn hier zeigte sich die Einbindung der Auseinandersetzung um die Lausitz in die böhmischen Parteienbildungen in aller Deutlichkeit. Die Friedrich III. und den Kurfürsten von Sachsen wohlgesonnenen Vertreter des von Ulrich von Rosenberg geführten Strakonitzer Bundes konnten sich in Iglau nicht durchsetzen. Der Landtag votierte für Brandenburg, und in einem Schreiben an die Stände der Lausitz wurde Friedrich III. schlichtweg das Recht abgesprochen, das Land in die Gewalt Friedrichs von Sachsen zu geben.[57]
Erwähnt werden soll auch der eigenartige Umstand, daß Friedrich III. im Mai 1449 den Kurfürsten Friedrich II. von Brandenburg, der nach dem Tod des Schenken von Saida das Schloß Teupitz eingenommen und mit dem Burggrafen von Dohna besetzt hatte, anwies, diesen zu entsetzen und das Schloß den Sechsstädten zu überantworten.[58] Eigenartig ist dieser Umstand insofern, als diese Anweisung für den Brandenburger im Dresdener Archiv überliefert ist. Der Wettiner, der scheinbar Friedrich III. um ein derartiges Eingreifen gebeten und es auch tatsächlich erwirkt hatte, verzichtete aus uns nicht bekannten Gründen auf die Weiterleitung und damit auf den Versuch der Durchsetzung dieser Anweisungen.

Da Kurfürst Friedrich II. von Sachsen sich mit dem Status quo nicht abzufinden bereit war, kam es Ende 1449 zum offenen Krieg. Was nun passierte, erscheint mir hinsichtlich der Frage nach der Rolle Friedrichs III. in dieser Auseinandersetzung von einiger Bedeutung zu sein.
Dem Wettiner gelang es nämlich, den König zu einer großangelegten Unterstützungsaktion zu veranlassen. Datiert vom 26. Januar 1450 befinden sich 59 Schreiben Friedrichs III. in originaler Überlieferung im Dresdener Archiv mit der Anweisung, dem Kurfürsten von Sachsen bei Aufforderung mit Reiter- und Fußtruppen gegen den Markgrafen von Brandenburg beizustehen.[59] Diese 59 Schreiben richteten sich an alle Herzöge von Braunschweig, Mecklenburg, Pommern und Schlesien, an die Erzbischöfe von Bremen und Magdeburg, die Bischöfe von Hildesheim, Halberstadt und Breslau, an den Hochmeister des Deut-

[56] Vgl. KOTELMANN, Erwerbungen (wie Anm. 29) S. 31 sowie PALACKY, Geschichte von Böhmen 4,1 (wie Anm. 53) S. 222f.

[57] Aus dem Schreiben des Iglauer Landtages an die Stände der Lausitz sowie an Friedrich von Brandenburg ausführlich zitiert bei PALACKY (wie vorherige Anm.).

[58] Regg. F. III. 11 Nr. 92. Dort ebenso die Anweisungen in dieser Sache an die Sechsstädte und an den Burggrafen von Dohna (Nr. 93, Nr. 94).

schen Ordens, an die Räte der Hansestädte und der Reichsstädte in Thüringen sowie an die Städte in Schlesien und der Oberlausitz. Kurzum, fast der gesamte Nordosten des Reiches sollte zu militärischer Unterstützung des Wettiners im Kampf um die Lausitz aufgeboten werden.

Ein Vorhaben, das im Reich des 15. Jahrhunderts jenseits aller Realitäten war, betrachtet man die Schwierigkeiten, unter denen selbst Reichsaufgebote im Kampf gegen die Türken und andere auswärtige Bedrohungen zustande bzw. vielfach auch nicht zustande kamen.

Insofern mag es zunächst nicht weiter verwundern, daß alle diese Briefe in Dresden liegen blieben und der Wettiner, der sie am königlichen Hof erwirkt hatte, sie nicht an die Empfänger weiterleitete.[60]

Das Problem besteht darin, daß uns insgesamt vier an Friedrich III. gerichtete Antwortschreiben von Herzog Heinrich von Braunschweig-Lüneburg, von Herzog Heinrich dem Älteren von Mecklenburg, von den Herzögen Barnim VII., Wratislaw IX. und Erich II. von Pommern sowie von der Stadt Magdeburg in originaler Überlieferung und ebenfalls im Dresdener Archiv vorliegen.[61] Diese an den König gerichteten Briefe gelangten zwar zum Kurfürsten, nicht aber zu diesem selbst. Wie konnte es zu Antworten auf nicht ausgegangene Briefe kommen?

Des Rätsels Lösung besteht darin, die in allen königlichen Schreiben vom 26. Januar befindliche Angabe *als wir euch vormals geschrieben und begert haben* ernst zu nehmen und von ebenfalls 59 Briefen auszugehen, die bereits in dieser Angelegenheit erstellt und vom Kurfürsten von Sachsen auch tatsächlich an die Empfänger weitergeleitet worden waren.[62] In der Tat konnten zwei dieser Schreiben von Anfang Januar 1450, gerichtet an Hildesheim und an Bautzen,

[59] Vgl. Regg. F. III. 11 Nr. 163–221. In einem Teil dieser Briefe befahl der König den jeweiligen Empfängern, Kurfürst Friedrich von Sachsen nach dessen Aufforderung mit Truppen gegen den Markgrafen von Brandenburg, der die Lausitz mit Gewalt und gegen den Willen des Königs eingenommen habe, Beistand zu leisten (Nr. 163–198). Im anderen Teil befahl er den Empfängern, Reinprecht von Ebersdorf auf dessen Ersuchen hin mit Truppen gegen den Brandenburger beizustehen. (Nr. 199–221). Ebersdorf war als königlicher Gesandter in Schlesien und in der Oberlausitz vor Ort, so daß über ihn der schnellste Kontakt hergestellt werden konnte.

[60] Ein Umstand, den weder SCHELTZ, Gesammt-Geschichte (wie Anm. 26) S. 230f. noch MANSBERG, Lausitz (wie Anm. 29) S. 306 bemerkt hatten. Allein KOTELMANN, Erwerbungen (wie Anm. 29) S. 35 Anm. 1 weist in einer Anmerkung versteckt darauf hin.

[61] Gedruckt im CDB B 4 S. 431–433.

[62] Daher wurden in die Regg. F. III. 11 entsprechend viele Deperdita aufgenommen, vgl. Nr. 105–162.

aufgefunden werden.[63] (Es muß hier allerdings auch gesagt werden, daß es bisher bei diesen zwei Briefen geblieben ist, obwohl das Material eines großen Teils der hierfür in Frage kommenden Archive bereits für die Arbeit an den Regesten Kaiser Friedrichs III. aufgearbeitet wurde.)

Aus dem Brief an Bautzen erfahren wir, daß der König den Markgrafen von Brandenburg bereits zweimal aufgefordert hatte, sich der Lausitz zu entledigen. Die Bautzener sollten, würde sie Reinprecht von Ebersdorf darum ersuchen, gemeinsam mit anderen Fürsten und Städten, denen der König jetzt ebenfalls schreiben würde (!), gegen den Brandenburger und seine Anhänger Widerstand leisten.[64]

Einigermaßen sicher können wir somit sagen, daß Anfang Januar 59 königliche Briefe mit der Anweisung, dem Wettiner, sollte er dazu auffordern, gegen den Markgrafen von Brandenburg militärisch beizustehen, den jeweiligen Empfängern übermittelt wurden. Die kurze Zeit darauf erneut verfaßten Briefe verblieben dagegen in der sächsischen Kanzlei.

Waren im Januar 1450 die Truppenaufmärsche in der Lausitz von beträchtlichem Umfang, so einigten sich die verhandelnden Räte der Kriegsparteien, in Zerbst im April zu Ergebnissen ihrer Verhandlungen kommen zu wollen. Daher wurden die Rüstungen vorerst eingestellt.[65] Die Ende Januar von Friedrich III. erwirkten Briefe scheinen also in dem Moment, wo man sie endlich in den Händen hielt, nicht mehr notwendig gewesen zu sein. Wie aussichtslos ein solches Unterfangen jedoch gewesen wäre, zeigen die hinhaltenden und vorsichtig formulierten vier Antwortschreiben auf die erste Hilfsforderung von Anfang Januar, die Distanz gegenüber dem königlichen Wunsch nach direktem militärischen Beistand für Friedrich von Sachsen erkennen lassen[66] und die uns zudem erst vom März/April 1450 vorliegen.[67]

Bedacht werden muß zudem, selbst wenn Fürsten und Städte zu einer solchen Hilfe bereit gewesen wären, hätte ein solches Aufgebot einer beträchtlichen Logistik und eines Zeitpolsters bedurft, das einfach nicht vorhanden war. Wie mühselig beispielsweise die Aufstellung eines Reichsheeres war, zeigen die langwierigen Reichstagsverhandlungen jener Zeit zur Genüge.

63 StadtA Hildesheim, Urkunden Nr. 838a; StadtA Bautzen, Urkunde von 1450 Januar 8.

64 Regg. F. III. 11 Nr. 103. Aus dem Brief geht auch hervor, daß die Lausitzer Stände sich in diesem Konflikt durchaus unterschiedlich verhielten. Der König spricht von denjenigen, die sich *in unsern schutz und schirm begeben* haben.

65 Vgl. KOCH, Bruderkrieg (wie Anm. 29) S. 147. Wichtig vor allem der Hinweis auf ein Schreiben des Kurfürsten von Sachsen an Erfurt, nicht zu ihm ins Feld zu kommen.

66 Allein Herzog Heinrich der Ältere von Mecklenburg versprach, dem Kurfürsten von Sachsen den gewünschten Beistand zu leisten.

Als am 3. März Kurfürst Friedrich II. von Sachsen einen Fehdebrief von 20 böhmischen Herren erhielt,[68] stand er in dieser Situation isoliert da. Sein Bruder Wilhelm befand sich auf der Seite des Brandenburgers.[69] Wieder zeigen sich die Koalitionenbildungen: der Markgraf von Brandenburg verbunden mit den Parteigängern Podiebrads, der Kurfürst von Sachsen, der nur den fernen König hinter sich wußte. In dieser Situation suchte Friedrich von Sachsen Rückhalt beim Führer der katholischen Partei in Böhmen, Ulrich von Rosenberg.[70]

Schließlich begab man sich wieder auf den Weg der Verhandlungen. Am 3. Juni 1450 kam es in Zerbst zu einer Vereinbarung über den Frieden. Friedrich von Sachsen verzichtete gegen Überlassung von Hoyerswerda und Senftenberg auf alle Ansprüche auf die Lausitz.[71] Doch der tatsächliche Frieden war damit noch nicht erreicht, der Krieg nahm seinen Fortgang. Auch der König wurde noch einmal tätig und ließ trotz des Scheiterns der Anfang 1450 geplanten großangelegten Hilfsaktion noch einmal ähnliche Ambitionen erkennen. In einem Bündnis *zu hilff und beystand* mit dem Kurfürsten Friedrich II. von Sachsen und dessen gleichnamigen Sohn versprach er am 31. Juli 1450 seinen Bündnispartnern, im Kriegsfalle gemeinsam mit den Reichs- und Hansestädten in Sachsen, Thüringen, am Harz sowie mit Nürnberg und anderen Reichsstädten in Franken und Schwaben beizustehen, sollte ihn ein entsprechendes Hilfsgesuch erreichen.[72]

Man muß sich schon fragen, ob man am königlichen oder am kurfürstlich sächsischen Hof, je nachdem wer der Initiator dieses Vertrages war,[73] den Sinn für

[67] Der lange zeitliche Abstand zwischen Anfrage und Antwort ist jedoch nicht so groß, wie die Daten es zunächst glauben machen. Zum einen bedeutet die Ausstellung am 8. Januar, daß an diesem Tag von Friedrich III. der Beurkundungsbefehl gegeben wurde, die Erstellung aber erst Tage später erfolgt sein kann. Da die Briefe vom 26. Januar in der sächsischen Kanzlei verblieben, ist anzunehmen, daß auch die Briefe von Anfang Januar nicht direkt an die Empfänger abgesandt, sondern von den sächsischen Gesandten vom Hofe des Königs an den Hof des Kurfürsten verbracht wurden und erst von hier die Weiterleitung erfolgte.

[68] Vgl. KOCH, Bruderkrieg (wie Anm. 29) S. 149.

[69] Bewußt näherte sich der Brandenburger nun Herzog Wilhelm von Sachsen. Bereits am 10. Juli 1449 hatte dessen Gemahlin Anna als Erbin des Königreiches Böhmen und der dazugehörigen Länder ihre urkundliche Einwilligung zu dem brandenburgischen Pfandrecht an der Lausitz erteilt. Vgl. MANSBERG, Lausitz (wie Anm. 29) S. 306.

[70] Vgl. KOCH, Bruderkrieg (wie Anm. 29) S. 149.

[71] HStA Dresden, O.U. 7141.

[72] Regg. F. III. 11 Nr. 244. Vgl. auch Eberhard HOLTZ, Friedrich III. und Thüringen, in: Kaiser Friedrich III. in seiner Zeit (wie Anm. 28) S. 241.

[73] Es ist davon auszugehen, daß dies der Wettiner war, da es so konkret um seine Interessen ging.

die Realitäten und das Machbare verloren hatte. Oder vermittelte auch ein in weiten Teilen nicht realisierbares Bündnis mit dem König demjenigen, der es schloß, bereits Stärkung und Rückhalt?
Wenige Tage später, am 8. August 1450, datiert eine weitere aufschlußreiche Verfügung, in der der König dem Kurfürsten zusicherte, wenn dieser innerhalb von zwei Jahren das Land Lausitz sowie die Städte Liegnitz und Goldberg in seine Gewalt bringen würde, sollen ihm dann Land und Städte überantwortet und 30.000 ungarische Gulden darauf verschrieben werden.[74]
Auch nach den Vereinbarungen von Zerbst versuchte der sächsische Kurfürst mit Unterstützung seines Schwagers, das Blatt noch einmal zu wenden. Es blieb beim Wollen. Geändert wurde nichts mehr. Was die Lausitz betraf, so nutzten alles königliche Wollen und alle Absichtserklärungen und entsprechende für den Wettiner ausgestellte Mandate nichts. In Naumburg kam es im Januar 1451 zwischen Sachsen und Brandenburg zu einer Einigung, die die brandenburgische Pfandherrschaft bestätigte, in der die Lausitz bis zur vollen Wiedereingliederung in das Königreich Böhmen 1462 verbleiben sollte.[75]

In der Niederlausitz hatte sich der Wettiner trotz königlicher Unterstützung nicht durchsetzen können. Und nicht anders gestaltete es sich in den Sechsstädten. Auch hier vermochte es der sächsische Kurfürst nicht, sich gegenüber dem von den Sechsstädten ernannten Vogt Hans von Colditz zu behaupten.[76] Vielleicht war dessen schnelle Erhebung zum Vogt und Verweser durch die Sechsstädte auch deshalb erfolgt, weil man um die Begehrlichkeit des Wettiners wußte. Hans von Colditz findet sich in der Zeit nach seiner Erhebung im September 1448 verschiedentlich als Vogt der Sechsstädte in den Quellen erwähnt.[77]
Ein großangelegter Plan, mit königlicher Hilfe wenigstens Colditz aus diesem Amt zu verbannen und genehmere Kandidaten sowohl in den Sechsstädten als auch in den Fürstentümern Schweidnitz und Jauer einzusetzen, scheiterte voll-

[74] Regg.F.III. 11 Nr. 245 mit Bestimmungen für den Fall, daß es Friedrich von Sachsen in den zwei Jahren nicht gelingen würde, sich in der Lausitz durchzusetzen.

[75] Hellmut KRETZSCHMAR, Die Beziehungen zwischen Brandenburg und den wettinischen Landen unter den Kurfürsten Albrecht Achilles und Ernst 1464–1486, FBPG 35 (1923) bemerkt S. 25 zu den Gründen des kursächsischen Verzichts auf die Lausitz, Sachsen sei in seinem Kernlande aufs schwerste vom Wachstum der böhmischen Macht in den Jahren des Aufstieges von Georg von Podiebrad bedroht gewesen.

[76] Der Kurfürst scheint zunächst die Realität akzeptiert zu haben, denn er bezeichnete in einem Schreiben vom 1. Dezember 1448 an Hans von Colditz denselben als Vogt der Sechsstädte. Vgl. CD Lusatiae 4 (wie Anm. 46) S. 551.

[77] Vgl. StadtA Bautzen, Urkunde Friedrichs von Sachsen von 1449 Januar 1 sowie ebd., Urkunde des Hans von Colditz von 1449 September 13.

ständig. Und wiederum finden wir einen ähnlichen Ablauf der Geschehnisse wie bei den obengenannten nicht an die Empfänger weitergeleiteten Briefen vom 26. Januar 1450.

Vom 23. Mai 1452 datieren insgesamt 13 in Venedig ausgestellte Urkunden, die die Neueinsetzung von Verwesern für die Sechsstädte einerseits sowie die Fürstentümer Schweidnitz und Jauer andererseits zum Inhalt haben.[78] Heinz Peterswald und Dieprand Reybnitz wurden als Verweser der Hauptmannschaft der Fürstentümer Bautzen, Görlitz und Zittau bestellt[79], Hans von Colditz sowie die Stände aufgefordert, diesen gehorsam zu sein.[80] Reybnitz und Peterswald sollte die Verweserschaft in der Weise gestattet werden, wie sie bisher Hans von Colditz ausgeübt hatte.[81] In analoger Weise erfolgte die Einsetzung beider auch als Verweser der Hauptmannschaft der Fürstentümer Schweidnitz und Jauer.[82] Hier war zuvor ebenfalls Hans von Colditz in dieser Funktion tätig gewesen.

Über das Zustandekommen dieser Urkunden erfahren wir einiges aus einem Schreiben Friedrichs III. an Reinprecht von Ebersdorf und Hildebrand von Einsiedel vom 24. Mai 1452.[83] Den königlichen Gesandten sowie den Vertrauten des Kurfürsten ließ er wissen, daß er sich auf der Rückkehr von der Kaiserkrönung befände und nun *in deutsche lannd* heimkehren wolle. Er übersandte ihnen etliche Briefe zur Weitergabe an die Empfänger[84] sowie zu ihrer Kenntnisnahme Abschriften von Briefen, die Dieprand Reybnitz und Heinz Peterswald betrafen.[85] Diese Briefe, so geht aus dem Schreiben des Kaisers hervor, waren auf Wunsch von Ebersdorf und Einsiedel ausgestellt worden. Die Abschriften übersandte er ihnen vor allem deshalb, weil es vielleicht wichtig wäre, dieselben zu besitzen, nachdem Hans von Colditz *die sechs stet*, so der Kaiser, auch innehabe. Friedrich III. war also klar, daß die Durchsetzung seiner Anweisungen bezüglich der Einsetzung von Reybnitz und Peterswald nicht ohne Widerstand von seiten des Hans von Colditz erfolgen würde. Große Sorge hatte man auch, ob all diese Briefe unbeschadet an den Hof des Kurfürsten gelangen würden. Zur Sicherheit,

[78] Regg. F. III. 11 Nr. 256–268. Vgl. auch KNOTHE, Urkundliche Grundlagen (wie Anm. 29) S. 306.
[79] Regg. F. III. 11 Nr. 256.
[80] Ebd. Nr. 257, Nr. 259.
[81] Ebd. Nr. 258.
[82] Ebd. Nr. 260. Vgl. auch Nr. 261–268.
[83] Ebd. Nr. 269.
[84] Wohl die weiteren Urkunden vom 24. Mai 1452 in ebd. Nr. 270–275.
[85] Diese in der österreichischen Kanzlei des Kaisers ausgestellten Abschriften zu den Originalen vom 23. Mai (vgl. ebd. Nr. 256–268) sind im HStA Dresden alle vorhanden.

so der Kaiser an Ebersdorf und Einsiedel, habe er diese Briefe geteilt (*gezispilt*) und den anderen Teil einem Boten des Kurfürsten übergeben.
Immer noch auf der Heimreise, nun aber bereits in Villach, ließ der Kaiser am 9. Juni erneut vier Urkunden ausstellen, die die Besetzung der Hauptmannschaft der Fürstentümer Bautzen, Görlitz und Zittau betrafen. Hans von Schreibersdorf und Christoph von Haugwitz sollten als Verweser eingesetzt werden,[86] Hans von Colditz und die Stände denselben gehorsam sein.[87]
So kurze Zeit danach bereits wieder eine Neubesetzung? Es ist wohl eher anzunehmen, daß dem Kaiser bzw. seiner Kanzlei in Venedig ein Fehler unterlaufen war, als man am 23. Mai Reybnitz und Peterswald sowohl für die Fürstentümer Schweidnitz und Jauer als auch für die von Bautzen, Görlitz und Zittau als Verweser bestellt hatte. Boten scheinen erneut zum Kaiser geeilt zu sein, um den Irrtum korrigieren zu lassen.
Deutlich wird aus all diesen vorliegenden Urkunden, daß Friedrich von Sachsen Interesse an Veränderungen in der Oberlausitz sowie in den Fürstentümern Schweidnitz und Jauer hatte. Hans von Colditz sollte ausgeschaltet und durch genehmere Kandidaten ersetzt werden.
Alle Urkunden vom 23. und 24. Mai sowie vom 9. Juni 1452 – immerhin 25 an der Zahl – sind im Dresdener Archiv überliefert. Sie gelangten demnach nie in die Hände der Empfänger. Hans von Colditz hatte die Briefe, die ihn anwiesen, Reybnitz und Peterswald sowie von Haugwitz und von Schreibersdorf als Hauptleute anzuerkennen, vermutlich nie in der Hand.
So wundert es auch nicht, daß wir in der Folgezeit Hans von Colditz weiterhin in Amt und Würden als Vogt und Hauptmann der Sechsstädte bzw. auch von Schweidnitz und Jauer finden.[88] Erst am 16. August 1455 ist mit Heinrich von

86 Ebd. Nr. 277, Nr. 279.

87 Ebd. Nr. 278, Nr. 280.

88 StadtA Bautzen, Urkunde von 1452 Oktober 30: Schreiben des Kurfürsten von Sachsen an den Hauptmann Hans von Colditz. Ebd., Urkunde von 1453 Oktober 18: Vogt Hans von Colditz an Kurfürst Friedrich II. von Sachsen. Dazu vgl. auch CD Lusatiae 4 (wie Anm. 46) S. 822. StadtA Bautzen, Urkunde von 1453 November 10: Markgraf Friedrich von Brandenburg an Hans von Colditz als Hauptmann der Fürstentümer Schweidnitz und Jauer. Ebd., Urkunde von 1454 Oktober 4: Kurfürst Friedrich II. von Sachsen an den Hauptmann Hans von Colditz. Vgl. generell dazu auch Paul ARRAS, Regestenbeiträge zur Geschichte des Bundes der Sechsstädte der Ober-Lausitz, NLM 72 (1896) S. 142–144. Zu Hans von Colditz als Hauptmann der Fürstentümer Schweidnitz und Jauer vgl. auch Die Inventare der nichtstaatlichen Archive Schlesiens, Kreis Jauer, bearb. von Erich GRABER (CD Silesiae 35, 1930) Die Urkunden der Stadt Jauer, bes. S. 93–96 mit Belegen für Hans von Colditz für die Jahre 1452 bis 1454.

Rosenberg als Hauptmann in Schlesien, der Fürstentümer Schweidnitz und Jauer und Vogt der Sechsstädte ein anderer Amtsinhaber belegt.[89] Erst jetzt scheint die Macht des Hans von Colditz gebrochen, denn er erscheint nun bis zu seinem Tode um 1464[90] nur noch als Hans von Colditz, Herr zu Belin (Belau).[91] Die Umbesetzungsversuche von 1452 waren also nicht zur Ausführung gekommen.

Dennoch mag anschließend noch der Blick auf die Personen gerichtet werden, die im Mai bzw. Juni 1452 für die Nachfolge des Hans von Colditz vorgesehen waren. Welche Rolle spielten sie in dieser Region? Läßt sich aus ihrer Auswahl auf ein bestimmtes Ziel schließen? Immerhin war auch nachzuprüfen, in welcher Funktion sie ab Juni 1452 erscheinen.[92]

Eine Frage werden wir jedoch wieder nicht beantworten können, die Frage nämlich, warum diese Urkunden beim Kurfürsten von Sachsen verblieben und somit die Umbesetzung der Ämter unterblieb.

Heinz Peterswald erscheint in der Hauptmannschaft für Schweidnitz und Jauer bereits unter den Vorgängern des Hans von Colditz seit 1434 als Unterhauptmann.[93] Dieprand Reybnitz finden wir unter Hans von Colditz 1450 als Unterhauptmann in Schweidnitz und Jauer belegt.[94] Reybnitz erscheint allerdings erst zwischen 1460 und 1467 tatsächlich als Hauptmann der Fürstentümer Schweid-

89 StadtA Bautzen, Urkunde von 1455 August 16.

90 Ebd., Urkunde von 1463 Oktober 23: Ausstellerin Agnes von Landstein, Frau zu Belin. Ebd., Urkunde von 1464 Dezember 7: Agnes von Landstein, Witwe zu Belin. Ebd., Urkunde von 1466 Oktober 29: Agnes von Landstein, genannt von Colditz, Witwe zu Belin.

91 So 1455 Oktober 8. Vgl. CD Lusatiae 4 (wie Anm. 46) S. 982. Ebenso Belege für November und Dezember 1456 ebd. S. 1058f., S. 1060, für 1458 August 8 vgl. ARRAS, Regestenbeiträge (wie Anm. 88) S. 145, für 1460 Dezember 5 und 1461 Oktober 5 vgl. StadtA Bautzen, Urkunden.

92 Die Überzeugung der Verfasserin, daß alle die diese Personen betreffenden Urkunden am Hofe des Kurfürsten verblieben und die Empfänger nicht erreichten, bedurfte auch des Nachweises, daß keine der vier Personen in den Folgejahren in der Funktion tätig war, die ihnen in diesen Urkunden zuerkannt worden war.

93 Hermann GROTEFEND, Die Landeshauptleute der Fürstentümer Schweidnitz und Jauer, ZVGSchl 12 (1874) S. 49. Peterswald war als Schweidnitzer Unterhauptmann bereits von Kaiser Sigmund 1437 als Schiedsrichter gegen die Stadt Görlitz eingesetzt worden. Vgl. CD Lusatiae 4 (wie Anm. 46) S. 23. Vgl. auch Die landständische Verfassung von Schweidnitz Jauer, hg. von Gustav CROON (CD Silesiae 27, 1912) S. 71: Verzeichnis der Landeshauptleute.

94 GROTEFEND, Landeshauptleute (wie Anm. 93) S. 49. Croon war auch die in Dresden überlieferte Urkunde vom Mai 1452, wenn auch nur als Notiz, bekannt, in der Peterswald und Reybnitz gegen Hans von Colditz als Hauptleute eingesetzt wurden. Vgl. Landständische Verfassung (wie Anm. 93) S. 71 mit Anm. 9.

nitz und Jauer.[95] Als Anhänger Podiebrads scheint er sich ebenso wie Peterswald der Neueinsetzung eines Hauptmannes für Schweidnitz und Jauer, der der katholischen Partei angehörte, widersetzt zu haben.[96]
Christoph von Haugwitz soll in den Streitigkeiten mit Georg von Podiebrad, auf die an anderer Stelle noch einzugehen ist, ein Vertreter der katholischen Partei gewesen sein, denn er wurde im Zusammenhang mit der Loslösung der Oberlausitz von Podiebrad 1467 zum Hauptmann von Bautzen ernannt.[97] Er taucht zwar auch schon vorher in den Quellen auf, jedoch ohne eine Amtsbezeichnung.[98]
Hans von Schreibersdorf findet sich bereits zu Zeiten der Landvögte Albrecht und Thimo von Colditz als deren Zeuge in Urkunden.[99] Auch er soll ein Vertreter der katholischen Partei gewesen sein, weshalb er – so Knothe – von Friedrich III. am 9. Juni 1452 zum Hauptmann designiert worden sei.[100]
Eines scheint beim kurzen Blick auf diese vier Personen deutlich geworden zu sein: Peterswald und Reybnitz waren als Unterhauptleute von Schweidnitz und Jauer bereits Amtsträger in dieser Region und schienen dem Kurfürsten von Sachsen die geeigneten Personen gewesen zu sein, Hans von Colditz auszuschalten. Haugwitz und Schreibersdorf gehörten zwar dem Oberlausitzer Adel an, waren aber 1452 noch in keinerlei wichtigen Positionen. Allein Haugwitz brachte es viele Jahre später zum Hauptmann von Bautzen.
Das Vorhaben des Kurfürsten von Sachsen, mit Hilfe seines kaiserlichen Schwagers Einfluß auf die Geschicke der Oberlausitz zu nehmen, Hans von Colditz auszuschalten und durch ihm genehme Kandidaten zu ersetzen, war 1452 gründlich gescheitert. Auch hier zeigte sich in aller Deutlichkeit: Die Unterstützung

95 Ebd. S. 71; GROTEFEND, Landeshauptleute (wie Anm. 93) S. 50.

96 Ebd.

97 Vgl. Hermann KNOTHE, Geschichte des Oberlausitzer Adels und seiner Güter. Vom 13. bis gegen Ende des 16. Jahrhunderts (1879) S. 261 sowie SCHELTZ, Gesammt-Geschichte (wie Anm. 26) S. 283. 1469 erscheint er unter dem Vogt der Sechsstädte, Jaroslaw von Sternberg, als *unser hawptman zu Budissin*. Vgl. UB der Städte Kamenz und Löbau, hg. von Hermann KNOTHE (CD Saxoniae regiae 2,7, 1883) S. 97 Nr. 131. In Kamenz scheint Haugwitz auch 1472 eine bedeutende Rolle gespielt zu haben, denn er erscheint gemeinsam mit dem Rat als Aussteller eines Briefes, vgl. HStA Dresden, W.A. Loc. 4354, Oberlausitzische Sachen Bl. 73.

98 So in einer Urkunde vom 3. November 1448. Vgl. CD Lusatiae 4 (wie Anm. 46) S. 549.

99 Ebd. S. 144 sowie S. 476.

100 KNOTHE, Adel (wie Anm. 97) S. 497 sowie DERS., Urkundliche Grundlagen (wie Anm. 29) S. 306 mit dem Hinweis auf den Verbleib der Urkunde in Dresden und daraus resultierend ihre Wirkungslosigkeit.

des fernen Kaisers vermochte nichts zu bewirken, wenn die Kräfteverhältnisse vor Ort dem entgegenstanden.

Das Phänomen liegengebliebener, nicht an die vorgesehenen Empfänger gelangter Urkunden und Briefe, welches uns hier wiederum begegnete, scheint mir ein nicht zu vernachlässigendes methodisches Problem zu sein, insbesondere dann, wenn die Anzahl solcher Stücke eine beträchtliche Größenordnung erreicht. Im Sächsischen Hauptstaatsarchiv Dresden finden sich allein 122 Stücke Friedrichs III., die ihre Empfänger nicht erreicht haben und in der wettinischen Kanzlei verblieben.[101] Das macht bei 585 Regesten, die auf einer Überlieferung in Dresden basieren, immerhin ein Viertel des Gesamtmaterials aus.[102] So konnte, und dies gilt es wohl zu bedenken, die Einflußnahme des Reichsoberhauptes auch dadurch neutralisiert werden, daß seine Schriftstücke den Adressaten nicht erreichten.[103] Gerade die Ereignisse in beiden Lausitzen zwischen 1448 und 1452, wo wir mehrfach mit diesem Sachverhalt konfrontiert sind, läßt diese Problematik deutlich hervortreten.

Friedrich III. griff vorwiegend in der Zeit seiner Vormundschaft über den jungen Ladislaus in dessen Namen in die Geschicke der Lausitz und der Sechsstädte ein.[104] Von dem Zeitpunkt an, als König Ladislaus, unter Einfluß des mächtigen Verwesers Georg von Podiebrad, selbständig die Regierungsgewalt übernahm, finden wir keine Urkunden des Kaisers für die Lausitzen mehr. Ladislaus bestä-

[101] Dazu ausführlich Regg. F. III. 11, Einleitung S. 18–21.

[102] Das Problem ist gewiß nicht auf Sachsen beschränkt. Auch bei der Erfassung der Friedericiana in Brandenburg konnte ich auf solche in der kurbrandenburgischen Kanzlei liegengebliebenen Briefe stoßen. Auf solche Fälle aufmerksam macht auch Ivan HLAVÁČEK, Das Urkunden- und Kanzleiwesen des böhmischen und römischen Königs Wenzel (IV.) 1376–1419 (Schriften der MGH 23, 1970) S. 158f. mit Anm. 43.

[103] So konnte SCHELTZ, Gesammt-Geschichte (wie Anm. 26) S. 230f., der aus der Überlieferung aller an die verschiedenen Reichsstände gerichteten Schreiben in Dresden keine Schlüsse zog, über Friedrichs III. Engagement in der Lausitz voller Häme schreiben, daß „die Einmischung dieses langsamen, kümmerlichen und machtlosen Kronenträgers“ niemanden in Bewegung gesetzt habe.

[104] Im Juli 1450 hatte er die Städte Bautzen und Kamenz aufgefordert, König Ladislaus die Huldigung zu erweisen, doch waren die Mandate in der sächsischen Kanzlei verblieben, vgl. Regg. F. III. 11 Nr. 242f. Heinrich KOLLER, Der Ausbau königlicher Macht im Reich im 15. Jahrhundert, in: Das spätmittelalterliche Königtum im europäischen Vergleich, hg. von Reinhard SCHNEIDER (VuF 32, 1987) S. 449 hob hervor, daß Friedrich III. bei seinem Regierungsantritt mit einem völlig neuen Programm überrascht hätte, in dem er u. a. die Böhmenpolitik seiner Vorgänger aufgab.

tigte Ende 1452 dem Brandenburger den Pfandbesitz an der Lausitz.[105] Nach seiner Krönung am 28. Oktober 1453 huldigten Ende November die Abgesandten der Oberlausitz dem neuen König in Prag; die verschiedenen Privilegienbestätigungen niederlausitzischer Städte von 1454 zeigen, daß auch die Stände der Niederlausitz gehuldigt hatten.[106] Doch ebenfalls 1454 forderte der junge König, der Brandenburger solle die Landvogtei in der Lausitz abtreten und Vertreter zur Entgegennahme der Pfandsumme nach Prag schicken.[107] Dieser Plan zur Wiedereinlösung der Lausitz kam nicht zur Ausführung, und nach Ladislaus' frühem Tod 1457 hatte der 1458 von den böhmischen Ständen zum König erhobene Georg von Podiebrad zunächst mit der Durchsetzung seines Königtums zu tun. Nach dem Tod des jungen Königs hatten außer Kaiser Friedrich III., König Karl VII. von Frankreich und König Kasimir IV. von Polen auch verschiedene Fürsten Anspruch auf den böhmischen Thron erhoben.[108] So auch Kurfürst Friedrich von Brandenburg,[109] für den sich die Lausitzer Stände verwendeten, seine Tüchtigkeit und seine Kenntnisse der polnischen Sprache rühmten.[110] Die damit ins Auge gefaßte Wiedervereinigung der Mark Brandenburg und der Lausitz mit der böhmischen Krone schien noch einmal die große Zeit der Krone

[105] Vgl. KOTELMANN, Erwerbungen (wie Anm. 29) S. 42 sowie JECHT, Zusammenstoß (wie Anm. 24) S. 9. Aber bereits im Juni 1453 forderte Podiebrad den Kurfürsten von Brandenburg auf, die Lausitz gegen Empfang der ihm verschriebenen Geldsumme an die Krone Böhmen zurückzugeben, vgl. CDB C 1 Nr. 194.

[106] Vgl. SCHELTZ, Gesammt-Geschichte (wie Anm. 26) S. 244f. sowie BÖCKER, Festigung der Landesherrschaft (wie Anm. 34) S. 203.

[107] Vgl. JECHT, Zusammenstoß (wie Anm. 24) S. 9.

[108] Vgl. Franz PALACKY, Geschichte von Böhmen 4,2 (1860) S. 17f.; SCHELTZ, Gesammt-Geschichte (wie Anm. 26) S. 258f. sowie SEIBT, Zeit der Luxemburger (wie Anm. 27) S. 545. Außer den hier Genannten auch die Herzöge Sigmund und Albrecht von Österreich sowie Podiebrad selbst.

[109] Vgl. PALACKY, Geschichte von Böhmen 4,2 (wie Anm. 108) S. 19 sowie KOTELMANN, Erwerbungen (wie Anm. 29) S. 43f. sowie Johannes SCHULTZE, Die Mark Brandenburg 1 ([2]1989) S. 90. Bei SCHELTZ, Gesammt-Geschichte (wie Anm. 26) findet sich dazu nichts und wohl auch deshalb nichts in späteren Darstellungen der Geschichte der Lausitz (wie z.B. bei Rudolf Lehmann), die weitgehend auf Scheltz' Vorarbeiten beruhten und aufbauten. Otakar ODLOZILIK, The Hussite King. Bohemia in European Affairs 1440–1471 (1965) S. 90 erwähnt zwar die Fürbitte der Lausitzer Stände für den Brandenburger, verwechselt aber Friedrich mit seinem Bruder Albrecht Achilles („...the Estates of Lower Lusatia intercided in favor of Albrecht Achilles of Brandenburg who administered their province.").

[110] CDB C 1 Nr. 203 (S. 324–326), auf S. 325 heißt es: *Item ist wol zu achten, das Im die polnische sprache geret ist alse deutsch, das im dann zu der behemischen sprache gar eben were...*

Böhmen unter Kaiser Karl IV. am Horizont aufscheinen zu lassen. Doch dies blieb ein kurzes Traumbild, denn mit der Wahl Georgs begrub man in Brandenburg das Vorhaben.
Ein weiterer Kandidat war Herzog Wilhelm III. von Sachsen, der mit Anna, der Schwester König Ladislaus' vermählt war, daher Erbansprüche auf die Wenzelskrone stellte[111] und dafür auch um Unterstützung in den Lausitzen nachsuchte.[112] Wenn es etwas im Unklaren bleibt, inwiefern Herzog Wilhelm hier wirklich Rückhalt fand, so zeigte sich deutlich, daß die Sechsstädte dem neuen böhmischen König Georg von Podiebrad nur widerwillig und erst nach dessen Einigung mit den Wettinern zu Eger 1459[113] huldigten.[114] Die nur zögerlich erfolgte Huldigung der Sechsstädte war wohl allein gegen die Person des Königs gerich-

111 Vgl. dazu Regg. F. III. 11 Nr. 326–329. Wie groß die Bemühungen der Herzöge von Sachsen waren, die Nachfolge König Ladislaus' von Böhmen anzutreten, zeigt der in drei Faszikeln überlieferte umfangreiche Briefwechsel im HStA Dresden, Loc. 10529, Handlung und Schriften, belangend Herzog Wilhelmen von Sachsen Gerechtigkeit und Aufforderung an den Königreichen Ungern, Behem und den Landen Österreich, Mähren und Lützemburgk, 1458,59, 1.–3. Buch. Bei der Herleitung der Ansprüche griff man auch auf ältere Dokumente wie z.B. auf das Diplom Kaiser Friedrichs I. Barbarossa (MGH DD FI Nr. 201) zurück, welches sich abschriftlich unter den Dokumenten befindet. Ebd., Buch 3, fol. 120. Herzog Wilhelms Frau, Herzogin Anna, hatte zwar auf Österreich Verzicht geleistet, ausdrücklich aber nicht auf Böhmen und die anderen Länder König Albrechts II. Daraus leitete Wilhelm seine Erbansprüche ab. Dazu und zu Fragen der Überlieferung von Annas Verzichtbrief vgl. Elfie-Marita EIBL, Zwischen Entwurf, Original und Kopie. Bemerkungen zu Formen von Urkunden und Briefen aus den Kanzleien Kaiser Friedrichs III., AfD 44 (1998) S. 26–31.

112 Zu dem Schreiben Herzog Wilhelms an die Sechsstädte bezüglich seiner Ansprüche vgl. SCHELTZ, Gesammt-Geschichte (wie Anm. 26) S. 259 sowie StadtA Bautzen, Urkunde von 1459 Februar 20. Zur Unterstützung Wilhelms in den Lausitzen vgl. auch PALACKY, Geschichte von Böhmen 4,2 (wie Anm. 108) S. 25 und S. 37f. sowie Frederick G. HEYMANN, George of Bohemia. King of Heretics (1965) S. 154. KNOTHE, Urkundliche Grundlagen (wie Anm. 29) S. 293f. verweist dagegen darauf, daß Herzog Wilhelm in beiden Lausitzen keinerlei Unterstützung für sein Vorhaben finden konnte.

113 Zu den in Eger am 25. April 1459 geschlossenen Verträgen König Georgs mit Sachsen und Brandenburg, die mit einer doppelten Ehevereinbarung zwischen Podiebrad und den Wettinern und dem Verzicht Herzog Wilhelms auf böhmische Thronansprüche einhergingen, am ausführlichsten PALACKY, Geschichte von Böhmen 4,2 (wie Anm. 108) S. 89–95. Unter den Schlössern, die die Wettiner als böhmische Lehen behielten, befanden sich auch Finsterwalde und Senftenberg in der Lausitz. Im Vertrag mit Brandenburg wurde – gewiß kein Zufall – der Streit um die Lausitz nicht berührt.

114 Die Sechsstädte huldigten mit Ausnahme von Görlitz, das kurze Zeit später folgte, im

tet,[115] nicht aber gegen die Krone Böhmen schlechthin. Als Georg von Podiebrad jedoch Anstrengungen unternahm, die Lausitz der Pfandherrschaft des Brandenburgers zu entreißen und wieder direkt der böhmischen Krone zu unterstellen, waren die Sechsstädte mit beachtlicher Truppenstärke zur Stelle, als es zum Krieg kam.[116] Da auch viele Städte der Niederlausitz und große Teile des niederlausitzischen Adels auf böhmische Seite übertraten[117] und im November 1461 dem Kurfürsten von Brandenburg mit dem Hinweis auf ihre Verpflichtungen gegenüber der Krone Böhmen den Gehorsam aufsagten,[118] kam es nach langwierigen Verhandlungen – auch unter sächsischer Vermittlung[119] – am 3. Juni 1462 in Guben zum Frieden.[120] Die Lausitz fiel wieder an Böhmen mit Ausnahme der Herrschaften Cottbus, Peitz, Teupitz und Bärwalde sowie der Anwartschaft auf Beeskow-Storkow, die Kurfürst Friedrich von Brandenburg als böhmische Lehen zugestanden erhielt.[121] Sie verblieb von nun an ebenso wie die Sechsstädte bis 1623, als beide Lausitzen von den Habsburgern an den Kurfürsten von Sachsen verpfändet bzw. 1635 abgetreten wurden, bei Böhmen.

Nach 1462 waren die beiden Lausitzen besonders von den Wirren um den böhmischen Königsthron betroffen, wurden zum Spielball verschiedener Interessen,

September 1459. Vgl. Richard JECHT, Die Geschichte der Stadt Görlitz 1 (1922–1926) S. 194 sowie SCHELTZ, Gesammt-Geschichte (wie Anm. 26) S. 264f. Dies erfolgte immerhin erst ein Jahr nach einer Huldigungsaufforderung Georgs an die Sechsstädte vom September 1458. Vgl. Adolf BACHMANN, Geschichte Böhmens 2 (1905) S. 493f. sowie zur geleisteten Huldigung ebd. S. 500f. Selbst einige Städte der Niederlausitz (Calau, Sommerfeld, Spremberg) huldigten König Georg im März 1460 in Prag, ebd. S. 266.

115 Ein Vertreter der „ketzerischen" Utraquisten auf dem Thron weckte wohl alte Ängste bei den durch Hussitenzüge in der Zeit Kaiser Sigmunds arg in Mitleidenschaft gezogenen Städten. Daher war die Anerkennung seines Königtums durch Papst Calixt III. für Georg die Voraussetzung, um sich in Schlesien und den Sechsstädten allmählich durchsetzen zu können.

116 Ausführlich JECHT, Zusammenstoß (wie Anm. 24) sowie KOTELMANN, Erwerbungen (wie Anm. 29) S. 49ff.

117 Vgl. JECHT, Zusammenstoß (wie Anm. 24) S. 31.

118 Ebd. S. 36 sowie KOTELMANN, Erwerbungen (wie Anm. 29) S. 51.

119 Adolf BACHMANN, Die Wiedervereinigung der Lausitz mit Böhmen (1462), AÖG 64 (1882) S. 249–296, bes. S. 288ff. und der Quellenanhang S. 296–351.

120 Zu den Gubener Abmachungen ebd. S. 294–296. Vgl. auch KOTELMANN, Erwerbungen (wie Anm. 29) S. 59; LEHMANN, Geschichte des Markgraftums Niederlausitz (wie Anm. 34) S. 77ff.; SCHULTZE, Mark Brandenburg (wie Anm. 109) S. 63f. sowie BÖCKER, Festigung der Landesherrschaft (wie Anm. 34) S. 204.

121 Vgl. Carl PETERSEN, Die Geschichte des Kreises Beeskow-Storkow (1922) S. 36.

mußten sich jedoch auch zu behaupten suchen.[122] Der 1466 gebannte König Georg konnte sich zwar der unverminderten wettinischen Unterstützung sicher sein, war Herzog Albrecht von Sachsen doch sein Schwiegersohn. In beiden Lausitzen kam es jedoch zu einer starken Ablehnung Georgs. So suchte die Niederlausitz im Herbst 1467 Schutz bei Kurfürst Friedrich II. von Brandenburg.[123] Ein Legat des Papstes bot dem Brandenburger neben beiden Lausitzen und Schlesien sogar die böhmische Krone an,[124] was der Kurfürst auf Veranlassung seines Bruders Markgraf Albrecht ablehnte.[125] Die Sechsstädte hatten sich bereits im Juni 1467 von Podiebrad losgesagt.[126] Der Abfall der Oberlausitz von Podiebrad ging auch mit einer Umbesetzung bei der Person des Landvogtes einher.[127] Wie sehr man hier das Zusammengehen der Wettiner mit König Georg fürchtete, zeigte sich in dem bereits 1466 in den Sechsstädten in Umlauf gebrachten Gerücht, König Georg habe den sächsischen Herzögen die Oberlausitz

[122] Vgl. auch Rudolf LEHMANN, Die Niederlausitz und Böhmen, Niederlausitzer Mitteilungen 28 (1940) S. 7–9.

[123] Vgl. KRETZSCHMAR, Beziehungen (wie Anm. 75) S. 37.

[124] Vgl. CDB C 1 Nr. 327. Kurfürst Friedrich von Brandenburg verwies in seiner Antwort auf *die tage unnsers alters, auch swacheyt unnsers leibs,* ebd. Nr. 328 auf S. 459. Seinen Bruder Albrecht bat er um Meinung und Beistand in dieser Angelegenheit, ebd. Nr. 329.

[125] Zur Empfehlung Markgraf Albrechts an seinen Bruder bezüglich der Ablehnung der böhmischen Krone vgl. ebd. Nr. 333. Vgl. auch LEHMANN, Niederlausitz (wie Anm. 23) S. 88.

[126] Der Absagebrief der Sechsstädte an König Georg findet sich gedruckt in: Urkundliche Beiträge zur Geschichte Böhmens und seiner Nachbarländer im Zeitalter Georgs von Podiebrad (1450–1471), hg. von Franz PALACKY (FRA 2, 20, 1860) S. 464f. Einige Tage zuvor, am 5. Juni 1467, hatte Podiebrad die Sechsstädte noch einmal gemahnt, bei ihren Gelübden und Eiden, die sie ihm geleistet haben, auch zu bleiben, ebd. S. 462f.

[127] Jaroslaw von Sternberg, Sohn Zdenkos von Sternberg, zu diesem Zeitpunkt Haupt der katholischen Partei in Böhmen, wurde im Mai 1467 auf päpstliches Gebot hin zum Landvogt der Sechsstädte bestellt, vgl. StadtA Bautzen, Urkunde von 1467 Juni 13. Ebenso erscheint nun der uns bereits bekannte Christian von Haugwitz als Hauptmann von Bautzen, vgl. SCHELTZ, Gesammt-Geschichte (wie Anm. 26) S. 283. Jaroslaw von Sternberg findet sich fortan in den Quellen in seiner Funktion als Vogt der Sechsstädte, vgl. HStA Dresden, W.A. Loc. 4354, Oberlausitzer Sachen Bl. 14, 19, 23. Zur Überlieferung vgl. auch Eckhart LEISERING, Quellen zur Stadt Görlitz und zur Oberlausitz im Bestand Hof- und Zentralverwaltung der Wettiner bis 1485 (Wittenberger Archiv) des Staatsarchivs Dresden, Görlitzer Magazin 6 (1992) S. 102–106.

verschrieben.[128] Selbst Kaiser Friedrich III., der seit 1452 nicht mehr für die Lausitz und die Sechsstädte geurkundet hatte, befahl nun den Ständen im März und erneut im Mai 1468, mit *Girsiken abgesetzten konig* zu Böhmen keinen Frieden zu machen,[129] und forderte sie Ende April darüber hinaus auf, zu Roß und zu Fuß gegen Podiebrad bereit zu sein.[130] Diese Gefahr eines Friedensschlusses bestand wohl auch nicht, vielmehr erfolgte ein schneller Übergang auf die Seite des am 3. Mai 1469 zum Gegenkönig gewählten Matthias Corvinus,[131] denn die Stände der Lausitz und der Sechsstädte huldigten dem neuen König bereits Ende Mai in Breslau, während die sächsischen Herzöge nur ihre Räte zum Empfang ihrer böhmischen Lehen dorthin geschickt hatten.[132]

Bereits im Juni 1469 bezeichnete Matthias Bautzen als seine königliche Stadt.[133] Dieser schnelle Übergang zu König Matthias erfolgte nicht, wie Karlheinz Blaschke meint,[134] aus Gründen der Loslösung von Böhmen, denn dem Corvinen wurde nicht in seiner Funktion als ungarischer, sondern als böhmischer König gehuldigt.[135] Georg von Podiebrad, dem man in der Oberlausitz schon nach

[128] Vgl. Urkundliche Beiträge (wie Anm. 126) S. 411 das Schreiben an den Görlitzer Bürgermeister: *Und sagen ouch etliche, wy das uns der kunig sulde habin deme von Meyssin gegeben.*

[129] Regg. F. III. 11 Nr. 369f.

[130] Gedruckt bei Peter ESCHENLOER, Geschichten der Stadt Breslau 2, hg. von Johann G. KUNISCH (1872) S. 221f.; vgl. Regg. F. III. 11 Nr. 369 Anm. 4.

[131] Vgl. Wilhelm FRAKNÓI, Mathias Corvinus, König von Ungarn 1458–1490 (1891) S. 142f. Vgl. auch HEINIG, Kaiser Friedrich III. (wie Anm. 8) S. 867f.

[132] SCHELTZ, Gesammt-Geschichte (wie Anm. 26) S. 301f. sowie Karl NEHRING, Matthias Corvinus, Kaiser Friedrich III. und das Reich. Zum hunyadisch-habsburgischen Gegensatz im Donauraum (Südosteuropäische Arbeiten 72, 1975) S. 37 und S. 40.

[133] StadtA Bautzen, Urkunde des Königs Matthias von 1469 Juni 28.

[134] BLASCHKE, Sechsstädtebund (wie Anm. 17) S. 23 meint, daß 1469 sich die Oberlausitzer Landstände von der Zugehörigkeit zu Böhmen gelöst und die Landesherrschaft dem ungarischen König Matthias Corvinus übertragen hätten. Diese Auffassung findet sich jedoch verschiedentlich schon früher, z. B. bei Johann August Ernst KÖHLER, Die Geschichte der Oberlausitz von den ältesten Zeiten bis zum Jahre 1815 (1865) S. 140; bei Otto HINZE, Die Hohenzollern und ihr Werk 1415–1915 (1915) S. 71 sowie bei LEHMANN, Niederlausitz und Oberlausitz (wie Anm. 15) S. 101; DERS., Niederlausitz (wie Anm. 23) S. 92, wo er die Herrschaft des Matthias Corvinus in den Lausitzen von 1479 bis 1490 ebenfalls als Loslösung dieser Gebiete von der böhmischen Krone betrachtet. Der ungarische König Matthias war jedoch zunächst gewählter, dann gekrönter und schließlich 1477 vom Kaiser legitimierter König von Böhmen. Nicht von der Krone Böhmen waren die Lausitzen getrennt, sondern vom böhmischen Kernland, in dem zunächst noch Podiebrad und danach der Jagiellone Wladislaw als böhmischer König wirkte.

dessen Königserhebung ablehnend gegenübergestanden hatte, wollte man nach seiner Absetzung keine Folge mehr leisten, was die Niederlausitzer Rückhalt an Brandenburg suchen ließ. In dem Moment aber, wo es mit Matthias wieder einen gewählten (allerdings noch nicht gekrönten) böhmischen König (zunächst als Gegenkönig zu dem gebannten Georg, der an seinem Königtum dennoch festhielt) gab, waren beide Lausitzen zur Huldigung bereit. Die Gründe dafür scheinen mir in einem gewachsenen Selbstverständnis, böhmische Kronländer zu sein, wie in einem Bedürfnis nach Schutz durch die Krone Böhmen gelegen zu haben. Und schließlich hielten die Kurfürsten von Sachsen und Brandenburg zum Zeitpunkt, als die Lausitzen sich König Matthias unterstellten, noch immer zu Georg von Podiebrad.[136] Ein Machtvakuum in Böhmen, daß wußte man in beiden Lausitzen nur zu gut, hätte den Brandenburger und die Wettiner auf den Plan rufen und damit die Gefahr einer Loslösung von Böhmen heraufbeschwören können.
Eine Gefahr, die auch tatsächlich heraufbeschworen wurde, als Georg von Podiebrad im Januar 1470 Markgraf Albrecht Achilles von Brandenburg für dessen angestrebte Zustimmung zur Wahl des Burgunderherzogs zum römischen König die Lausitz anbot und die Sechsstädte den Herzögen von Sachsen verschreiben wollte.[137] Dies kam nicht zur Ausführung. Wenn hier die Initiative auch nicht von Sachsen und Brandenburg ausging, sondern vom gebannten König, der für die Zustimmung zu seinen politischen Plänen Gegenleistungen anbieten mußte, so zeigen diese Pläne schlaglichtartig, wie sehr beide Lausitzen auch als Manövriermasse im politischen Ränkespiel angesehen wurden.

Insbesondere die Oberlausitz war in der Zeit, die der Huldigung für den Corvinen folgte, von den zwischen Podiebrad und Matthias und deren jeweiligen Anhängern ausgebrochenen kriegerischen Auseinandersetzungen betroffen und

135 Vgl. die Huldigungsformel der Niederlausitzer, die sie ihrem Fürsten und Herrn Matthias, *könige zu Behem*, als getreue Untertanen, *dy zur crone zu Behem gehoren*, leisteten. Gedruckt bei SCHELTZ, Gesammt-Geschichte (wie Anm. 26) S. 303. Zur ähnlich lautenden Huldigungsformel der Sechsstädte vgl. JECHT, Geschichte der Stadt Görlitz (wie Anm. 114) S. 208f.

136 Herzog Albrecht von Sachsen wollte 1470 sogar nach Rom ziehen, um zwischen dem Papst und Podiebrad zu vermitteln, wozu es dann jedoch nicht kam. Ein weiterer Vermittlungsversuch in Rom erledigte sich mit der Nachricht vom Tode Georgs von Podiebrad. Vgl. Hubert ERMISCH, Studien zur Geschichte der sächsisch-böhmischen Beziehungen in den Jahren 1468–1471, NASG 2 (1881) S. 35 und S. 47f.

137 Georg von Steins Angebot im Auftrag Podiebrads gedruckt in Urkundliche Beiträge (wie Anm. 126) S. 616–619 Nr. 508. Vgl. auch LEHMANN, Niederlausitz und Böhmen (wie Anm. 122) S. 8.

selbst einbezogen, da vor allem Podiebrad und seine Anhänger den Abfall des Landes nicht hinnehmen mochten.[138]
Mit dem Tode Georgs von Podiebrad am 22. März 1471 waren die Streitigkeiten um den böhmischen Thron nicht automatisch beigelegt, zumal Georg bereits 1469 Wladislaw aus dem polnischen Königshaus zu seinem Nachfolger vorgeschlagen hatte.[139] Die böhmischen Gegner des Corvinen suchten sofort Verbindung zu Herzog Albrecht von Sachsen, der als Schwiegersohn Podiebrads ebenfalls Ansprüche auf den Thron angemeldet haben soll.[140]
Herzog Albrecht konnte sich nicht durchsetzen, zumal diejenigen, die an seiner Erhebung zunächst Interesse gezeigt hatten, sehr schnell den Jagiellonen bevorzugten. Wladislaw wurde am 26. Mai 1471 von den böhmischen Großen zum König gewählt, zwei Tage später ließ sich der zwar gewählte, aber noch immer ungekrönte Matthias Corvinus vom päpstlichen Legaten in Iglau zum böhmischen König krönen.
Die Haltung der Wettiner in der Zeit dieses böhmischen Doppelkönigtums wurde augenfällig dadurch geprägt, inwieweit ihre eigenen Interessen in Böhmen, insbesondere in Schlesien und in den Lausitzen, berührt waren. Als Matthias ihnen die Bestätigung ihrer böhmischen Lehen in Aussicht stellte, nahmen sie diesen Vorschlag an[141] und blieben dem Corvinen auf lange Jahre hin besonders verbunden. 1474 sicherte ein von Matthias ausgestellter Lehnsbrief den drei sächsischen Herzögen[142] das schlesische Fürstentum Sagan als erbliches Lehen,[143] wodurch sich vor allem die Sechsstädte beunruhigt fühlten, da man fürchtete, auch unter wettinische Herrschaft zu geraten.[144] Noch im gleichen

[138] Dazu ausführlich SCHELTZ, Gesammt-Geschichte (wie Anm. 26) S. 308–312. Die Herzöge von Sachsen nahmen in diesen kriegerischen Auseinandersetzungen eine neutrale Rolle ein. Vgl. ERMISCH, Studien (wie Anm. 136) S. 33, S. 35.

[139] Karl RICHTER, Die böhmischen Länder von 1471 bis 1740, in: Handbuch (wie Anm. 27) 2 (1974) S. 103.

[140] Ausführlich zu den von Albrecht gestellten Ansprüchen und seinem Scheitern vor allem NEHRING, Matthias Corvinus (wie Anm. 132) S. 49–51. Vgl. auch Franz PALACKY, Geschichte von Böhmen 5,1 (1865) S. 13–16 und S. 30–32 sowie STREICH, Reiseherrschaft (wie Anm. 5) S. 22f. So eindeutig, wie Nehring dies darstellt, ist es den von ihm dazu angegebenen Quellen nicht zu entnehmen. Palacky, der dazu ebenfalls wenig konkrete Angaben bringen kann, bemerkte daher S. 13, als Thronkandidat würde Albrecht von Sachsen „nur heimlich und gleichsam incognito“ erscheinen.

[141] HStA Dresden, O.U. 8115: Vertrag zwischen Matthias Corvinus und Herzog Albrecht von Sachsen vom 19. Juni 1471, vgl. auch NEHRING, Matthias Corvinus (wie Anm. 132) S. 51.

[142] Kurfürst Ernst und sein Bruder Herzog Albrecht sowie deren Onkel Herzog Wilhelm III.

Jahr erfolgte die Belehnung mit Oels.[145] Ebenso belehnte Matthias die Wettiner 1479 mit den Bibersteinschen Besitzungen in der Lausitz (Sorau, Beeskow, Storkow),[146] was ein erneutes Vordringen der Wettiner in die Lausitz förderte.
König Matthias zeigte sich interessiert, auch den Kurfürsten Albrecht von Brandenburg auf seiner Seite zu haben. Bezeichnenderweise war es wiederum Georg von Stein – nun auf ungarischer Seite –, der Albrecht Achilles im März 1472 für ein Bündnis mit dem Corvinen die Lausitz anbot.[147]
Der Kaiser selbst verfolgte eine schwankende Politik, man muß jedoch bedenken, daß er zum großen Teil durch die Umstände zu Wendungen gezwungen wurde, die seinen ursprünglichen Absichten zuwiderliefen. Bereits im Vorfeld der Vergabe von Regalien und Lehen des Königreiches Böhmen sowie der Übertragung der Kurwürde an Wladislaw, die am 10. Juni 1477 durch den Kaiser in Wien erfolgte,[148] war es zu Kontakten zwischen Wladislaw und den sächsischen Herzögen gekommen. Am 21. März hatte der Jagiellone Herzog Albrecht aufgefordert, ihn auf seinem Zug zum Kaiser mit dem Ziel des Regalienempfangs zu

143 Vgl. NEHRING, Matthias Corvinus (wie Anm. 132) S. 62. Mit dem Erhalt des Lehnbriefes ging die Huldigung Kurfürst Ernsts auf dem Markt in Breslau, wo Matthias seinen Thron aufgerichtet hatte, einher. Damit war dieser vom Wettiner als rechtmäßiger König von Böhmen de facto anerkannt. Vgl. dazu auch SCHELTZ, Gesammt-Geschichte (wie Anm. 26) S. 324 sowie ausführlich Hubert ERMISCH, Die Erwerbung des Herzogtums Sagan durch Kurfürst Ernst und Herzog Albrecht (1472–1475), NASG 19 (1898) S. 10f. und S. 30ff.

144 Vgl. ERMISCH, Erwerbung (wie Anm. 143) S. 18f.

145 Vgl. NEHRING, Matthias Corvinus (wie Anm. 132) S. 62.

146 Ebd. S. 99, S. 115, S. 119. Vgl. HStA Dresden, O.U. 8377 vom 6. August 1479. Bereits am 13. November 1477 hatte Johann von Bieberstein die Herrschaften Sorau, Beeskow und Storkow Kurfürst Ernst und Herzog Albrecht von Sachsen für eine Pfandsumme von 60.000 Gulden verschrieben und die Bewohner zur Huldigung angewiesen. Die Schlösser und Städte sollten den Wettinern in ihren Kriegen offen stehen mit Ausnahme von solchen gegen den böhmischen König. Von letzterem sollten sie auch die Herrschaften als Lehen entgegennehmen. Bereits am 14. Oktober 1478 hatte Matthias Corvinus den beabsichtigten Verkauf an Sachsen gestattet. Vgl. PETERSEN, Beeskow-Storkow (wie Anm. 121) S. 38f.

147 Vgl. Politische Correspondenz des Kurfürsten Albrecht Achilles 1, hg. von Felix PRIEBATSCH (Publicationen aus den königlich preußischen Staatsarchiven 59, 1894) S. 417–419 Nr. 411. Der Kurfürst von Brandenburg berichtete Herzog Wilhelm von Sachsen, Georg von Stein habe ihm eine *credenz von unserm herrn konig* überbracht *und bote uns das land zu Lusitz zu geben, das wir uns mit im verpinden sollten.*

148 Zum Regalienempfang in der Wiener Stephanskirche vgl. PALACKY, Geschichte von Böhmen 5,1 (wie Anm. 140) S. 158; Ferdinand OPPL, Nachrichten aus dem mittelalterlichen Wien. Zeitgenossen berichten (1995) S. 206f. und Regg. F. III. 10 Nr. 432.

begleiten.[149] Anfang April schrieben Kurfürst Ernst und Herzog Albrecht an den Kaiser, daß man Wladislaws Bitte um Unterstützung beim Regalienerwerb abgeschlagen hätte, da sie sich dazu nicht berechtigt gefühlt hätten,[150] versagten dem Jagiellonen also ihren Beistand. Kaum war der feierliche Akt der Regalienverleihung in der Wiener Stephanskirche vorüber, da teilte der Kaiser dies wenige Tage später den Räten der Sechsstädte mit und befahl ihnen, Wladislaw fortan gehorsam zu sein.[151] Dazu war man dort jedoch offensichtlich nicht bereit. Vertreter der Sechsstädte wie auch der Niederlausitz sowie aus Schlesien beriefen sich im August 1477 auf ihre dem König Matthias geleistete Huldigung.[152]

Matthias selbst griff zu den Waffen[153] und erreichte, daß sich der Kaiser im Frieden von Gmunden und Korneuburg (1. Dezember 1477) verpflichten mußte, ihn in gleicher Form wie Wladislaw mit Böhmen zu belehnen.[154] Nun gab es zwei vom Kaiser legitimierte böhmische Könige. Und so wie dieser im Juni den oberlausitzischen Städten Gehorsam gegenüber König Wladislaw geboten hatte, so wies er nun bereits am 2. Dezember, also einen Tag nach dem Gmundener Frieden verschiedene Fürsten,[155] so auch Herzog Albrecht von Sachsen und Markgraf Johann von Brandenburg an, diese mögen ihre von der Krone Böhmen rührenden Lehen von König Matthias empfangen.[156] Eine Urkunde gleichen Inhalts ging an nicht genannte Untertanen der Krone Böhmen, wobei die Überlieferung

149 Vgl. Urkundliche Nachträge zur österreichisch-deutschen Geschichte im Zeitalter Kaiser Friedrichs III., gesammelt und hg. von Adolf BACHMANN (FRA 2, 46, 1892) Nr. 409 sowie Regg. F. III. 11 Nr. 481 mit Anm. 1.

150 Vgl. ebd. Anm. 3 sowie HStA Dresden, Loc. 9648, Die Wiederaufnahme der Ansprüche an das Herzogtum Lützelburg und die Grafschaft Chiny 1462–77 Bl. 43.

151 Regg. F. III. 11 Nr. 486. König Wladislaw erschien selbst mit Truppen in der Oberlausitz, wurde vor Löbau aber in die Flucht geschlagen. Vgl. dazu SCHELTZ, Gesammt-Geschichte (wie Anm. 26) S. 333.

152 Ebd.

153 Hilfe und bewaffneten Beistand erwartete der Kaiser auch von den sächsischen Herzögen, vgl. Regg. F. III. 10 Nr. 434.

154 Vgl. NEHRING, Matthias Corvinus (wie Anm. 132) S. 91f. mit Angabe zu den Quellen. HEINIG, Kaiser Friedrich III. (wie Anm. 8) S. 437f. verweist darauf, daß letztlich die Hilfsverweigerung der Wettiner den Kaiser zum Frieden von Korneuburg und damit zur Anerkennung des Corvinen als böhmischen König gezwungen habe.

155 Vgl. die Belege bei NEHRING, Matthias Corvinus (wie Anm. 132) S. 92 sowie Regg. F. III. 10 Nr. 437.

156 Regg. F. III. 11 Nr. 492 sowie GStAPK Berlin, Hausarchiv: Urkunden, Lehnsbriefe, Privilegien VI Nr. 87.

des Stückes im Stadtarchiv Löbau nahelegt, daß der Kaiser Löbau oder auch alle sechs Städte diesbezüglich angewiesen hatte.[157]
Während der Friede von Korneuburg und Gmunden keine dauerhafte Entspannung zwischen dem Kaiser und dem Corvinen brachte, führten zwischen Matthias und Wladislaw erst die Verhandlungen in Brünn und Buda 1478 sowie deren Bestätigung in Olmütz 1479 zu einer Einigung.[158] Beide behielten den Titel eines Königs von Böhmen, Matthias blieb zudem im Besitz Mährens, Schlesiens und beider Lausitzen.[159] Seine in diesen Ländern nun in jeder Weise anerkannte Regierung eröffnete eine ganze Reihe von Privilegienbestätigungen.[160]
Interessant erscheint jedoch die um 1480 erfolgte Wende der Wettiner,[161] die nun von Matthias Corvinus abrückten, wobei vor allem Herzog Albrecht bis zum Ende der Auseinandersetzungen Friedrichs III. mit dem Ungarn fest auf kaiserlicher Seite stand.[162] Karl Nehring sieht den Grund für diese Wende im wachsenden Widerstand des Corvinen, die Wettiner mit weiteren Gebieten in den Ländern der böhmischen Krone zu belehnen.[163] Insbesondere die Streitigkeiten mit dem in ungarischen Diensten stehenden Georg von Stein um die sächsischen Lehen in Schlesien und der Lausitz mochten die Wettiner auf Distanz zu Matthias gebracht haben.[164] Georg von Stein, Landvogt in Schlesien und beiden Lausitzen seit 1482,[165] nutzte seine Stellung vorwiegend zur Geld- und Steuerbeschaffung für Matthias aus. Die Herrschaft des Corvinen in der Oberlausitz fand ihren Ausdruck auch in dem am Eingangstor der Ortenburg zu Bautzen angebrachten Bild-

157 Regg. F. III. 11 Nr. 493.

158 Vgl. NEHRING, Matthias Corvinus (wie Anm. 132) S. 97f. mit Angabe zu den Quellen.

159 Vgl. LEHMANN, Niederlausitz (wie Anm. 23) S. 89.

160 Vgl. SCHELTZ, Gesammt-Geschichte (wie Anm. 26) S. 346f.

161 Vgl. NEHRING, Matthias Corvinus (wie Anm 132) S. 145 sowie HEINIG, Kaiser Friedrich III. (wie Anm. 8) S. 438.

162 Vgl. dazu demnächst ausführlich Elfie-Marita EIBL, Kaiser Friedrich III. und die Wettiner, NASG. Zur immer noch schwankenden Haltung von Kurfürst Ernst 1482–1484 vgl. NEHRING, Matthias Corvinus (wie Anm. 132) S. 162–165.

163 Ebd. S. 124.

164 Das schlesische Herzogtum Oels, mit dessen Erwerbung die Wettiner schon fest gerechnet hatten, kaufte 1480 Matthias selbst. 1481 forderte dieser Hans von Bieberstein auf, seinem mit Sachsen geschlossenen Vertrag über die lausitzischen Besitzungen nicht nachzukommen. Vgl. dazu Helmut KRETZSCHMAR, Die Beziehungen zwischen Brandenburg und den wettinischen Landen unter den Kurfürsten Albrecht Achilles und Ernst. 1464–1486, FBPG 37 (1925) S. 236.

165 Vgl. LEHMANN, Landvögte (wie Anm. 40) S. 456.

nis sowie im 1488 in Stein gehauenen Wappen des Königs neben dem Rathausportal in Görlitz.

Nach dem Tod des Corvinen 1490 dachten die Wettiner noch einmal daran, die Lausitz für sich zu gewinnen,[166] doch fiel diese wie auch das Gebiet der Sechsstädte gemäß dem Olmützer Vertrag an König Wladislaw II. von Böhmen.[167] Die kleineren Besitzungen, über die die Wettiner in der Lausitz verfügten, verblieben nach den Festlegungen der Leipziger Hauptteilung 1485 interessanterweise im Gesamtbesitz des Hauses.[168]

Friedrich III. selbst wurde in diesen Ländern nicht mehr aktiv. Nur in der Zeit seiner Vormundschaft für König Ladislaus Postumus hatte er für beide Lausitzen verschiedentlich und vornehmlich auf Wunsch der Wettiner Urkunden ausgestellt, nach 1452 hatte er nur noch dreimal[169] – und dies im Zusammenhang mit den Wirren um den böhmischen Königsthron – für Empfänger aus beiden Lausitzen geurkundet, 1468 angewiesen, mit dem gebannten Podiebrad keinen Frieden zu schließen, sowie die Anweisungen, einmal Wladislaw, einmal Matthias gehorsam zu sein, erteilt. Dies gilt es festzuhalten.

Werfen wir abschließend kurz den Blick auf die Urkundenpraxis als einen Aspekt der Beziehungen einer Landschaft zum Königtum. Dies soll am Beispiel der besonders guten Überlieferung im Stadtarchiv Bautzen geschehen. Diese erklärt sich vor allem aus dem Umstand, daß Bautzen der Vorort der Sechsstädte war. Schreiben der Könige, die das ganze Land der Sechsstädte betrafen, wurden

[166] Herzog Georg von Sachsen schlug seinem Vater Albrecht im April 1490 vor, sich vom Kaiser für die im Krieg gegen die Ungarn als Oberster Hauptmann geleisteten Dienste mit Schlesien und der Lausitz belohnen zu lassen. Vgl. Woldemar LIPPERT, Wettiner und Wittelsbacher sowie die Niederlausitz im 14. Jahrhundert. Ein Beitrag zur deutschen Reichs- und Territorialgeschichte (1894) S. 180.

[167] Vgl. LEHMANN, Niederlausitz (wie Anm. 23) S. 91. Bereits am 9. April 1490, drei Tage nach dem Tod des Corvinen, meldete König Wladislaw den Sechsstädten gegenüber seine nun in Kraft tretenden Ansprüche an und forderte sie am 3. Mai zur Huldigung auf. Vgl. StadtA Bautzen, Urkunden von 1490 April 9 und Mai 3.

[168] Vgl. Ernst HÄNSCH, Die wettinische Hauptteilung von 1485 und die aus ihr folgenden Streitigkeiten bis 1491 (1909) S. 56. Dabei blieb es jedoch nicht lange. 1504 gelangten Beeskow und Storkow an Kurfürst Friedrich den Weisen und seinen Bruder Herzog Johann, die übrigen lausitzischen Güter an Herzog Georg. Vgl. PETERSEN, Beeskow-Storkow (wie Anm. 121) S. 40.

[169] Ein viertes und letztes Mal nach 1452 wies der Kaiser auf Wunsch König Wladislaws die böhmischen Untertanen an, Prozesse und Urteile der westfälischen Gerichte für nicht bindend zu betrachten. Ein von Herzog Georg von Sachsen ausgestelltes Vidimus besorgten sich die Görlitzer, ein Vidimus der Stadt Breslau die Bautzener. Vgl. Regg. F. III. 11 Nr. 633.

vornehmlich an den Rat von Bautzen geschickt.[170] Die Politik der böhmischen Könige gegenüber diesem Gebiet spiegelt sich in ihrer Urkundenpraxis wieder. Sechs Urkunden Friedrichs III. finden sich im Stadtarchiv Bautzen,[171] von König Ladislaus Postumus besitzen wir von 1453 bis zu seinem frühen Tod 15 Urkunden. Es folgen 19 Urkunden König Georgs von Podiebrad. Von 1471 bis 1489 finden sich 21 Urkunden des Königs Matthias Corvinus, danach urkundete König Wladislaw II. bis zum Ende der Regierungszeit Kaiser Friedrichs III. allein 24 mal.[172]
Für die Sechsstädte zeigt sich, daß sie nach dem gescheiterten Versuch des Kurfürsten von Sachsen, dort als Landvogt tätig zu werden, einen festen Bestandteil der Krone Böhmen bildeten.

Fassen wir zusammen:
Die Wettiner, an der Festigung und am Ausbau ihres Macht- und Herrschaftsbereiches interessiert, waren je nach Nutzen zu wechselnden Koalitionenbildungen bereit. Das betraf nicht nur ihr Verhältnis zu Kaiser Friedrich III., sondern ebenso das zu den wechselnden Inhabern des böhmischen Königsthrons. Auch hier verbanden sie sich mit jenen, die ihrem Eigeninteresse nützlich waren, und waren auch bereit, die Seite zu wechseln, wenn dies nicht mehr der Fall war. Wechselnde Koalitionenbildungen waren jedoch kein Spezifikum wettinischer, sondern von Fürstenherrschaft im Reich schlechthin. Nicht zuletzt dieser Umstand erschwerte jede auf ein Zentrum hin gerichtete Politik des Königtums.
Zwar konnten sich die Wettiner der Unterstützung Friedrichs III. in vielen Angelegenheiten gewiß sein und erfuhren sie mehrfach. Man wird sogar sagen können, daß sie es verstanden, den Kaiser zu ihrem Instrument zu machen. Es war weniger kaiserliche oder königliche Machtausübung, die uns hier begegnete, es waren vielmehr die Wettiner, die sich seiner für ihre Interessen bedienten. Was hier in diesem Sinne insbesondere für die Zeit 1448–1452 für beide Lausitzen gezeigt wurde, läßt sich durchaus auch an anderen Problemfeldern der wettini-

170 Hermann KNOTHE, Der Urkundenfund zu Bautzen, NASG 10 (1889) S. 145.

171 Regg. F. III. 11 Nr. 86, Nr. 90 (in zwei Ausfertigungen), Nr. 100, Nr. 103, Nr. 633. Dazu neun an Bautzen allein oder an die Sechsstädte gerichtete Schreiben Friedrichs III., deren Überlieferung in Dresden zeigt, daß sie in der sächsischen Kanzlei verblieben. Ebd. Nr. 83f., Nr. 93, Nr. 218, Nr. 242, Nr. 259, Nr. 268, Nr. 272, Nr. 280.

172 Insgesamt liegen aus der Zeit König Wladislaws II. von Böhmen weit über 100 Urkunden im Stadtarchiv Bautzen.

schen Landespolitik feststellen.[173] Es stellt sich natürlich auch die Frage, inwiefern ein peripher vornehmlich von Wiener Neustadt und Graz aus agierendes Königtum sich generell in einer sich allmählich in eine Fernzone der Königsherrschaft[174] entwickelnden Landschaft noch durchsetzen konnte.
Der Griff der Wettiner nach den Lausitzen zeigt zudem, daß kaiserliche Unterstützung allein nicht genügte. Das Kräfteverhältnis im territorialen Umfeld der Wettiner gab letztlich den Ausschlag. Der Brandenburger hatte in der Lausitz zunächst Realitäten geschaffen, die der Kurfürst von Sachsen auch mit Hilfe Friedrichs III. nicht zu seinen Gunsten zu verändern vermochte.

Die politischen Kräfte in der Niederlausitz wie auch in den Sechsstädten waren an einem Fortbestand ihrer Anbindung an die Krone Böhmen interessiert,[175] denn nur dadurch konnten sächsischen wie brandenburgischen Ambitionen einer territorialen Ausweitung in diese Gebiete Grenzen gesetzt werden. So erklären sich der schnelle Abfall der Niederlausitz von Brandenburg, als Podiebrad die brandenburgische Pfandherrschaft beendete, wie auch die Abwehrversuche der Sechsstädte gegenüber den Wettinern. Interesse am Fortbestand der Anbindung an Böhmen vielleicht aber auch deshalb, weil der böhmische König und Prag relativ fern, Sachsen und Brandenburg aber bedrohlich nah waren?
Durch die über die Grenzen Böhmens hinausgreifenden Auseinandersetzungen um den sogenannten Ketzerkönig Podiebrad sowie durch Thronwirren und Doppelkönigtum waren beide Lausitzen in Mitleidenschaft gezogen. Viele Heereszüge, die während der gesamten Hussitenzeit aus Böhmen kamen, suchten diese Gebiete heim, allein die großen Städte der Oberlausitz wußten sich der Angriffe zu erwehren.[176]

173 Dies ist ein wesentliches Ergebnis der in den Heften 10 (Thüringen) und 11 (Sachsen) erstellten Regesten Kaiser Friedrichs III. Vgl. dazu demnächst EIBL, Kaiser Friedrich III. und die Wettiner (wie Anm. 162) sowie den Beitrag von Eberhard Holtz in diesem Band.

174 Vgl. HEINIG, Kaiser Friedrich III. (wie Anm. 8) S. 880 sowie S. 1287. Die zur Zeit der Luxemburger königsnahe Landschaft an Mittelelbe und Saale hatte sich im 15. Jahrhundert zunehmend vom königlichen Einfluß entfernt. Erst seit 1470 kam es wieder zu einer Intensivierung der Beziehungen zum Reich.

175 LEHMANN, Niederlausitz und Böhmen (wie Anm. 122) S. 18 weist sicher richtig darauf hin, daß die Anbindung der Niederlausitz an Böhmen schon dadurch, daß sie nicht an Böhmen grenzte, nicht so stark war wie die der Oberlausitz, doch sind seine 1940 erschienenen und mit einem Gruß „an die ins Reich heimgeholten Sudetendeutschen" verbundenen Ausführungen sehr stark von einer antitschechischen Haltung geprägt.

176 Vgl. REUTHER, Oberlausitz (wie Anm. 11) S. 111.

Schließlich mochten die Wirren in Böhmen, die die gesamte Hussitenzeit prägten, dazu beigetragen haben, daß in der Lausitz und weit stärker noch in den Sechsstädten die Stände eine solch dominierende Stellung erringen konnten. Die Anbindung an die Krone Böhmen bot weitgehenden Schutz vor benachbarten territorialen Ansprüchen, andererseits jedoch genügend Freiraum für eine eigenständige Entwicklung. Ob man dem von Karlheinz Blaschke für die Oberlausitz geprägten Begriff „Ständerepublik“[177] folgen sollte, mag an dieser Stelle zwar dahingestellt, aber doch in der weiteren Diskussion bleiben. Diese im 15. Jahrhundert in beiden Lausitzen eingetretene Entwicklung kann aber eine Erklärung dafür bieten, warum unter Kursachsen die Niederlausitz bis zur Abtretung an Preußen 1815, die Oberlausitz[178] gar bis zum Ende des sächsischen Königreiches 1918 eine Sonderstellung einnahmen. Was sich im Spätmittelalter herausgebildet hatte, blieb für lange Zeit wirksam. Dies scheint, überblickt man die bisherige Forschung, auch auf die eingangs erwähnten Entwicklungsunterschiede zwischen Nieder- und Oberlausitz zuzutreffen,[179] die einmal ausgeprägt, ein Phänomen von langer Dauer darstellten.

Einmal ausgeprägte Entwicklungsunterschiede als ein Phänomen von langer Dauer sind dem Historiker gewiß nicht unbekannt. Sie sind in Deutschland und Europa ebenso anzutreffen wie ein Aufholen und Einholen bestehender Entwicklungsunterschiede, die zu einem Entwicklungsausgleich[180] führten. Unser auf die Zeit Kaiser Friedrichs III. eingeengter Blick ist wenig geeignet, um solche Phänomene fassen zu können. Nutzlos war er, so meine ich jedenfalls, dennoch nicht. Das Hinterfragen selbst bisher scheinbar feststehender Fakten der Ereignisgeschichte sowie das Aufwerfen des Problems liegengebliebener, ihre Empfänger nicht erreicht habender Urkunden in ihrer Bedeutung für unsere Erkenntnismöglichkeiten über historische Abläufe und Prozesse machte vielleicht,

177 Vgl. oben S. 314 mit Anm. 18.

178 Der Ostteil mit Görlitz gelangte 1815 an die preußische Provinz Schlesien.

179 Vgl. LEHMANN, Niederlausitz und Oberlausitz (wie Anm. 15) sowie DERS. in seiner bis zum Jahr 1945 reichenden Geschichte der Niederlausitz (wie Anm. 23), wo er in den die Wirtschaft betreffenden Kapiteln immer wieder – und das durch alle späteren Zeitabschnitte – auf die nur sehr bescheidene Blüte der Städte, ihre geringe wirtschaftliche Bedeutung, ein den Handel behinderndes, dessen Anforderungen nicht entsprechendes Verkehrssystem sowie auf die überwiegend agrarische Prägung der Landschaft hinweist. Erst der Aufschwung des Braunkohletagebaus nach 1870 setzte in der Niederlausitz die industrielle Entwicklung in Gang.

180 Zur Ablehnung der Kategorien „Entwicklung“ und „Fortschritt“ durch postmoderne Denkansätze und ihre Ersetzung durch „Wandel“ vgl. Michael BORGOLTE, Mittelalterforschung und Postmoderne. Aspekte einer Herausforderung, ZfG 43 (1995) S. 623 mit weiterführender Literatur.

so hoffe ich jedenfalls, auch wieder etwas bewußt, daß die Kärrnerarbeit der Quellenaufbereitung nicht zu gering geschätzt werden sollte.
Auch und vor allem sie ist es letztlich, die uns zu neuen Erkenntnissen führen und unser Wissen über geschichtliche Vorgänge und Abläufe bereichern kann. Quellenarbeit ist kein Selbstzweck, sondern Mittel historischer Erkenntnis.[181]

Mit einer sehr gegenwärtigen Zeitungskolumne haben wir unsere Abhandlung begonnen, und so wollen wir sie auch beenden.
„Könnte man Orte verschieben wie Zeichen auf dem Computerbildschirm, würde man Görlitz einfach anklicken und nach Westen verschieben, dorthin wo Nürnberg liegt. Oder Heidelberg. Schon würden sich so viele Besucher einstellen, wie es die Weltkulturerbe-Stadt an der Neiße eigentlich verdient. So aber muß sie noch eine Weile damit leben, nicht nur eine der schönsten, sondern die östlichste Deutschlands zu sein."[182] Aus eigener Anschauung möchte ich dies für Görlitz bestätigen und für Bautzen nachdrücklich hinzufügen. Beide Städte vermitteln noch heute – vor allem durch die umfassende Sanierung seit 1990 – eindrucksvoll den Glanz ihrer spätmittelalterlichen und frühneuzeitlichen Blütezeit und stehen dabei den seit der Wiederentdeckung des Mittelalters in der deutschen Romantik als Inbegriff alter deutscher Städteherrlichkeit geltenden Städten wie Nürnberg und Rothenburg ob der Tauber in nichts nach.[183]

[181] So Hans-Werner GOETZ, Das Mittelalter – eine „endliche Geschichte", in: Von Aufbruch und Utopie. Perspektiven einer neuen Gesellschaftsgeschichte des Mittelalters. Für und mit Ferdinand Seibt aus Anlaß seines 65. Geburtstages, hg. von Bea LUNDT/ Helma REIMÖLLER (1992) S. 7.

[182] Ulrike WIEBRECHT, Warten auf die dritte Blüte, Berliner Zeitung vom 4./5. Dezember 1999 S. 107. Durch die Lage der Stadt an der deutschen Ostgrenze bedingt, kann sie bisher nicht die Touristenströme anziehen, wie es die baulichen Hinterlassenschaften vergangener Jahrhunderte eigentlich erwarten ließen.

[183] Vgl. dazu Peter JOHANEK, Mittelalterliche Stadt und bürgerliches Geschichtsbild im 19. Jahrhundert, in: Die Deutschen und ihr Mittelalter, hg. von Gerd ALTHOFF (1992) S. 81–100. Zu Nürnberg vor allem S. 88: „Die Stadt der Städte aus dem deutschen Mittelalter wurde für sie (die Romantiker E.-M.E.) Nürnberg, die Stadt Dürers und des Hans Sachs." Zu Rothenburg ebd. S. 89.

Thomas Willich

Der Magdeburger Primas Germaniae

Fiktionen und Wirklichkeiten eines Kirchenamtes

Das Verhältnis von Papsttum und Episkopat war spätestens seit der Kirchenreform des 11. Jahrhunderts geprägt durch die primatiale Stellung des Bischofs von Rom. Zuvor von den lokalen Ordinarien wahrgenommene Funktionen, wie etwa die Konfirmation und Konsekration von Erzbischöfen und Bischöfen, gingen über an die Päpste oder wurden von deren Übertragung abhängig. Dies ist zweifelsohne die für die mittelalterliche Westkirche bestimmende Tendenz der Verfassungsentwicklung.[1] Richtet man den Blick jedoch auf die einzelnen europäischen Kirchenprovinzen, wird man die generalisierende Aussage modifizieren müssen. Innerhalb der Papstkirche war Raum für lokale Rechtstraditionen, die die europäische Kirche des Mittelalters als eine ‚Einheit aus Vielfalt' erscheinen lassen. Die Lebenskraft solcher Traditionen reichte in einigen Fällen weit über das Mittelalter hinaus. So sind Konsequenzen, die sich aus den salzburgischen Sonderrechten an den Eigenbistümern Gurk, Chiemsee, Seckau und Lavant sowie aus dem Legaten- und Primasrang des Salzburger Erzbischofs ergaben, bis ins 20. Jahrhundert zu beobachten.[2] Die folgenden Ausführungen über den Magdeburger Erzbischof als ‚Primas Germaniae' sind allerdings einem

1 Albert WERMINGHOFF, Verfassungsgeschichte der deutschen Kirche im Mittelalter (Grundriß der Geschichtswissenschaft 2,6, ²1913) S. 125–143; Michael BORGOLTE, Die mittelalterliche Kirche (Enzyklopädie deutscher Geschichte 17, 1992) S. 87–95; Hans-Joachim SCHMIDT, Kirche, Staat, Nation. Raumgliederung der Kirche im mittelalterlichen Europa (Forschungen zur mittelalterlichen Geschichte 37, 1999).

2 Heinz DOPSCH, Legatenwürde und Primat der Erzbischöfe von Salzburg, in: Institutionen, Kultur und Gesellschaft im Mittelalter. Fs. Josef Fleckenstein zum 65. Geburtstag, hg. von Lutz FENSKE u.a. (1984) S. 265–284; DERS., Der Primas im Purpur: Legatenwürde, Primat und Eigenbistümer der Erzbischöfe von Salzburg, in: 1200 Jahre Erzbistum Salzburg. Die älteste Metropole im deutschen Sprachraum. Beiträge des Internationalen Kongresses in Salzburg vom 11. bis 13. Juni 1998, hg. von Heinz DOPSCH u.a. (MGSL Ergänzungsbd. 18, Salzburger Studien 1, 1999) S. 131–155, kürzer zuvor in: 1200 Jahre Erzbistum Salzburg. Dom und Geschichte. Fs. (1998) S. 97–110.

kirchlichen Rang gewidmet, dessen ‚Wirklichkeit' verglichen mit jener der Salzburger Vorrechte bescheiden war und der, gemessen an dem mit ihm verbundenen Anspruch, weitgehend im Bereich der Fiktionen – der Annahmen und Zuschreibungen besonderer Dignität – verblieb. Als in der Amtshierarchie zwischen den Metropoliten eines (‚germanischen' bzw. deutschen) Sprengels und dem Papst stehender Primas-Patriarch, wie ihn die pseudoisidorischen Dekretalen konstruierten, haben sich die Magdeburger Erzbischöfe nie durchgesetzt.[3] Es ist das Anliegen unseres Beitrags, nach jenen Fiktionen zu fragen, die zu verschiedenen Zeiten mit dem Magdeburger Primat verbunden wurden, aber auch zu skizzieren, unter welchen Umständen dieses Amt im Verfassungsleben von Kirche und Reich tatsächlich eine Rolle spielte. Dabei sollen Aspekte der neuzeitlichen Reichsverfassung (I.), die Primatskonstruktionen des 10./11. und des 14. Jahrhunderts (II.) sowie die jurisdiktionelle Wirksamkeit des Kirchenamtes im 15. Jahrhundert (III.) zur Sprache kommen. Im übrigen hoffen wir, zwei jüngere Veröffentlichungen ergänzen zu können, die sich Fragen des Mainzer und Magdeburger Primats widmen.[4] Ohne vordergründig aktualisieren zu wollen, trifft unser Beitrag sich zudem mit der derzeit geführten Diskussion über die Beziehungen zwischen den katholischen Ortskirchen und der Universalkirche, in der nicht zuletzt jene durch den römischen Zentralismus geprägten Autoritätsverhältnisse zur Debatte stehen.[5]

[3] Siehe grundsätzlich zum Primat: Horst FUHRMANN, Studien zur Geschichte mittelalterlicher Patriarchate, 3 Tle., ZRG Kan. 39 (1953) S. 112–176, 40 (1954) S. 1–84, 41 (1955) S. 95–183; DERS., Einfluß und Verbreitung der pseudoisidorischen Fälschungen von ihrem Auftauchen bis in die neuere Zeit, 3 Bde. (MGH Schriften 24, 1972–74); Georg MAY, Der Erzbischof von Mainz als Primas, AkathKR 164 (1995) S. 76–122, wieder in: Der Mainzer Kurfürst als Reichserzkanzler. Funktionen, Aktivitäten, Ansprüche und Bedeutung des zweiten Mannes im Alten Reich, hg. von Peter Claus HARTMANN (Geschichtliche Landeskunde 45, 1997) S. 35–76 (danach zitiert), hier S. 43–46; SCHMIDT, Kirche (wie Anm. 1) S. 50f. und S. 67–77.

[4] MAY, Erzbischof von Mainz (wie Anm. 3); Rudolf JOPPEN, Magdeburg als Primas-Sitz, Wichm. Jb. N.F. 3 (1994/95) S. 101–112. Dieser Aufsatz fußt auf: DERS., Der abendländische Primas, 2 Tle. (masch.-schr. B-Diss. Berlin-Ost 1985). Zum Autor s. den Nachruf von Ulla JABLONOWSKI in: Mitteilungen des Vereins für Anhaltische Landeskunde 6 (1997) S. 131–133.

[5] Die Stärkung von regionalen, zwischen den Diözesen und dem Papst stehenden Instanzen erwog jüngst Bischof Walter KASPER, Zur Theologie und Praxis des bischöflichen Amtes, in: Auf neue Art Kirche sein. Wirklichkeiten – Herausforderungen – Wandlungen. Fs. Bischof Dr. Josef Homeyer, hg. von Werner SCHREER/Georg STEINS (1999) S. 32–48.

I. Ein Nachklang: Friedrich der Große und das Fürstenratsdirektorium

1742 und wieder 1744 wandte sich König Friedrich II. von Preußen schriftlich an die Landesregierung des seiner Herrschaft unterstehenden Herzogtums Magdeburg und veranlaßte Recherchen im Landes- und Domkapitelsarchiv. Das Interesse des aufgeklärten Monarchen an Magdeburger Archivalien hatte keine historisch-gelehrten, sondern tagespolitische Gründe.[6] Friedrich suchte Dokumente, mit deren Hilfe sich preußische Ansprüche auf das Fürstenratsdirektorium des Reichstags begründen ließen. Im ersten Sitz auf der geistlichen Fürstenbank, mit dem das Direktorium verbunden war, hatten sich die Gesandten der Erzherzöge von Österreich und der Erzbischöfe von Salzburg auf der Regensburger ‚immerwährenden' Reichsversammlung täglich abgewechselt.[7] Nach dem Ableben Karls VI., dem Ausbruch des österreichischen Erbfolgekriegs und der Wahl des Kurfürsten Karl Albert von Bayern zum Kaiser war jedoch eine Situation entstanden, in der es möglich schien, die Position Brandenburg-Preußens im Fürstenkollegium durch die Übernahme des Direktoriums zu stärken. Maria Theresia hatte unter Berufung auf die ‚Pragmatische Sanktion' von 1713 die Wahl Karls VII. nicht akzeptiert und keine Gesandten zu dem von diesem nach

6 Volker PRESS, Friedrich der Große als Reichspolitiker, in: Friedrich der Große, Franken und das Reich, hg. von Heinz DUCHHARDT (1986) S. 25–56, wieder in: Volker PRESS, Das Alte Reich. Ausgewählte Aufsätze, hg. von Johannes KUNISCH (Historische Forschungen 59, 1997) S. 260–288; Johannes KUNISCH, Friedrich der Große, in: Analecta Fridericiana, hg. von Johannes KUNISCH (ZHF Beiheft 4, 1987) S. 33–54.

7 Die Habsburger hatten ihren Anspruch auf den ersten Platz rechts von den Kurfürsten, das war der erste Sitz auf der geistlichen Fürstenbank, unter Berufung auf das Privilegium Maius durchgesetzt. Vgl. Thomas WILLICH, Zur Wirkungsgeschichte des Privilegium Maius, ZHF 25 (1998), bes. S. 192–206. – Zu der seit 1663 permanent tagenden Reichsversammlung s. Walter FÜRNOHR, Der Immerwährende Reichstag zu Regensburg. Das Parlament des Alten Reiches (^{2}1987); Anton SCHINDLING, Die Anfänge des Immerwährenden Reichstags zu Regensburg. Ständevertretung und Staatskunst nach dem Westfälischen Frieden (Veröffentlichungen des Instituts für Europäische Geschichte Mainz, Abt. Universalgeschichte, Beiträge zur Sozial- und Verfassungsgeschichte des Alten Reiches 11, 1991). – Zu den Aufgaben und politischen Möglichkeiten, die sich aus der Einnahme des Direktoriums ergaben (Verhandlungen mit den anderen Reichstagskollegien und mit ausländischen Gesandten, Protokollführung, Vortrag der zu behandelnden Materien) s. Rosemarie AULINGER, Das Bild des Reichstages im 16. Jahrhundert. Beiträge zu einer typologischen Analyse schriftlicher und bildlicher Quellen (Schriftenreihe der Historischen Kommission bei der Bayerischen Akademie der Wissenschaften 18, 1980) S. 127 und Klaus SCHLAICH, Die Mehrheitsabstimmung im Reichstag zwischen 1495 und 1613, ZHF 10 (1983) S. 317.

Frankfurt am Main einberufenen, am 21. Mai 1742 eröffneten Reichstag entsandt. Und dennoch dominierten im Frankfurter Fürstenkollegium, vor allem dank der geistlichen Fürstenstimmen, die Anhänger Österreichs.[8] Eine Verbesserung der preußischen Position auf dem Reichstag war für Friedrich II. wohl vor allem deshalb wünschenswert, weil die eindeutig unrechtmäßige Annektierung Schlesiens vom Reich sanktioniert und soweit als möglich vor österreichischen Revisionsforderungen gesichert werden sollte. In dieser Situation und zumal, als nach dem Ableben des Salzburger Erzbischofs Firmian († 22. Oktober 1744) unter Zustimmung des Domkapitels österreichische Truppen in die Residenzstadt an der Salzach eingezogen waren und der Reichstagssitz des Erzstifts als vakant galt, wollte Friedrich II. das Direktorium zumindest zeitweise von seinem Reichstagsgesandten ausüben lassen.[9] Um dies zu erreichen, bemühte er ältere Ansprüche, die die Erzbischöfe von Magdeburg auf den ersten Platz der geistlichen Fürstenbank grundsätzlich gestellt, doch schon im 16. Jahrhundert unter Kardinal Albrecht von Brandenburg (1513–1545) nicht tatsächlich verfolgt bzw. unter dessen Nachfolgern nicht mehr durchgesetzt hatten.[10] Nachdem in Magdeburg die Reformation 1566 offiziell eingeführt und daraufhin von katholischer Seite die Reichstagsteilnahme der Administratoren verhindert worden

[8] Friedrich MEISENBURG, Der deutsche Reichstag während des Österreichischen Erbfolgekrieges (1740–1748) (1931); Wilhelm HEIN, Der Regensburger Reichstag von 1740 bis 1745 (masch.-schr. Diss. Wien 1953); FÜRNOHR, Der Immerwährende Reichstag (wie Anm. 7) S. 41–44; Volker PRESS, Das Wittelsbachische Kaisertum Karls VII. Voraussetzungen von Entstehung und Scheitern, in: Land und Reich, Stamm und Nation. Probleme und Perspektiven bayerischer Geschichte. Festgabe für Max Spindler zum 90. Geburtstag, hg. von Andreas KRAUS 2 (1984) S. 201–234, wieder in: PRESS, Das Alte Reich (wie Anm. 6) S. 223–259; Karl Otmar von ARETIN, Das Alte Reich 1648–1806, 2 (1997) S. 441–447.

[9] Nachdem ein auf Friedrichs Schreiben vom 30. Juni 1742 hin angefertigtes Gutachten *kein hinlängliches Licht in dieser Sache gegeben* hatte, forderte der König am 21. November 1744 erneut um Mitteilung der einschlägigen Archivalien, *um folglich zu zeigen, daß wir bey gegenwärtigen Umständen, da nicht nur das österreichisch-fürstliche Directorium aus bekannten Ursachen, sondern auch das Salzburgische durch jüngsterfolgtes Absterben des Erzbischofs vaciret, solches wiederum revivisciren zu machen und uns dessen wenigstens interimiscere zu gebrauchen, befugt seyn* (Abschriften beider Schreiben sowie der Antworten der Magdeburger Regierung, angefertigt Ende des 18. Jahrhunderts von Johann Friedrich August Kinderling, Pfarrer in Calbe, in der SBPK, HA, Manuscripta Borussica Fol. 930, fol. 157r–185r, Friedrichs Schreiben fol. 157r–v und 159v–160r). – Damit erweisen sich entsprechende Befürchtungen, die 1742 der Mainzer Reichstagsgesandte Johann Friedrich Kaspar Freiherr von Otten äußerte, als durchaus begründet. Vgl. HEIN, Regensburger Reichstag (wie Anm. 8) S. 80.

war, verzichtete der Hohenzoller Joachim Friedrich 1597 sogar generell auf die Session des Erzstifts. Erst nach 1648 erhielt Magdeburg wieder einen Platz auf dem Reichstag, allerdings nicht auf der geistlich-katholischen Fürstenbank, sondern auf einer Querbank für die reformierten Stifte.[11] Zwar hatten die Magdeburger Gesandten auf dem westfälischen Friedenskongreß unter Berufung auf den Titel ‚Primas Germaniae' das Fürstenratsdirektorium gefordert und dieses im evangelischen, von Österreich und Salzburg nicht besuchten Teilfürstenrat von Osnabrück (28. Juli 1645 bis 2. Februar 1646) auch ausgeübt, doch konnte die ‚Ansage' durch Magdeburg gegenüber den katholischen Ständen nicht aufrechterhalten werden. Spätere Überlegungen, für Magdeburg, dem „vornehmste(n) evangelische(n) Stand im Reichsfürstenrat", ein – neben Österreich und Salzburg – drittes Direktorium zu fordern, blieben offenbar auf der Strecke.[12]
Das Erzbistum Magdeburg wurde faktisch säkularisiert, als es 1680 gemäß den Beschlüssen des Westfälischen Friedens an die brandenburgischen Kurfürsten kam.[13] Diese besaßen Magdeburg seitdem als erbliches Herzogtum in Personalunion mit ihren anderen Gebieten. Im Fürstenkollegium des Reichstags wechselte Magdeburg auf die weltliche Bank, wo es den zweiten Platz nach Bayern erhielt. Doch war Friedrich II. bemüht, Argumente zu finden, die ihn als Erben der Magdeburger Erzbischöfe zur Übernahme des Direktoriums berechtigten. Indes war dieses Ansinnen wohl spätestens nach dem Tod Karls VII. († 20. Januar 1745), der Wahl Franz Stephans zum Kaiser und der noch 1745 erfolgten Rückverlegung des Reichstags nach Regensburg illusorisch geworden. Nach der vorläufigen Sicherung des schlesischen Besitzes im Frieden von Dresden entfiel wohl auch zunächst ein wesentlicher Grund für Friedrichs Interesse am Fürsten-

10 Vgl. zusammenfassend DOPSCH, Primas (wie Anm. 2) S. 144f. sowie neuerdings: Der Reichstag zu Speyer 1570, bearb. von Maximilian LANZINNER 1 (RTA Reichsversammlungen 1556–1662, 1988) S. 160; Der Kurfürstentag zu Frankfurt 1558 und der Reichstag zu Augsburg 1559, bearb. von Josef LEEB 3 (RTA Reichsversammlungen 1556–1662, 1999) Nr. 739.

11 Konrad PALM, Über den Primat des Erzstifts Magdeburg, Forschungen zur deutschen Geschichte 17 (1877) S. 266–270. Zur Einführung der Reformation in Magdeburg vgl. Franz SCHRADER, Ein frühes Gutachten für eine Kirchenordnung und die Errichtung eines Konsistoriums im Erzstift Magdeburg, ZRG Kan. 74 (1988) S. 544.

12 Die Beratungen des Fürstenrates in Osnabrück 1, bearb. von Maria-Elisabeth BRUNERT (Acta Pacis Westphalicae Serie 3, Abt. A: Protokolle 3, 1998) S. 158 (u.ö.); SCHINDLING, Anfänge (wie Anm. 7) S. 37 Anm. 81 und S. 134 mit Anm. 37 (hier das Zitat).

13 Wolfgang ULLMANN, Magdeburg, in: TRE 21 (1991) S. 684f.; Carola LEHMANN, Die Integration des Erzstiftes Magdeburg in den brandenburg-preußischen Staat (1648–1806/07), Beiträge zur Landesgeschichte Sachsen-Anhalts 2 (1993) S. 42–49.

ratsdirektorium. Zudem war die auf Friedrichs Ansuchen von der Magdeburger Regierung vorgenommene Einschätzung der Rechtslage ernüchternd. Es sei nicht zu beweisen, daß den Erzbischöfen von Magdeburg *allein vermöge des Primats* das Direktorium im Fürstenkollegium rechtmäßig zugestanden habe. Bei dem Primat, der sich bei den Archivrecherchen als das Hauptargument für den Präzedenzanspruch der Erzbischöfe des 16. Jahrhunderts herausgestellt hatte, handle es sich um einen von Päpsten verliehenen, kirchlichen Rang, der zwar jurisdiktionelle und andere geistliche Vorrechte einschließe, aber nicht auf den weltlichen Bereich der Reichsversammlung und überdies nicht auf das Herzogtum Magdeburg übertragbar sei.[14] Die Sache wurde nunmehr von Friedrich II. nicht weiter betrieben.

Daß sich die Magdeburger Erzbischöfe des späten 15. und beginnenden 16. Jahrhunderts bei ihren gegenüber anderen Reichsfürsten, um 1495 sogar gegenüber den Kurfürsten vorgebrachten Präzedenzforderungen auf ihren Rang als ‚Primas Germaniae' beriefen, wurde bereits an anderer Stelle festgestellt.[15] Die wichtigste Bühne, auf der der Magdeburger Ranganspruch vorgebracht und gleichsam politisiert wurde, war der sich als Institution etablierende Reichstag.[16] Die For-

[14] SBPK, HA, Manuscripta Borussica Fol. 930, fol. 183r–v. – Angeschnitten wurde die Frage des Übergangs primatialer Rechte vom Erzbistum auf das Herzogtum bereits 1707 in einer Hallenser Dissertation: Johannes Ernst HÜBENER, De Primatu Germaniae Magdeburgici Archiepiscopatus, in: Johann Peter LUDEWIG, Opuscula miscella 2 (1720) S. 770–810. Die Historiographie sowie die Staats- und Kirchenrechtsliteratur des 16. bis 19. Jahrhunderts, in der sich wiederholt Äußerungen über den Magdeburger Primat finden, wird im folgenden nicht diskutiert. Sie ist im wesentlichen überholt durch PALM, Primat (wie Anm. 11).

[15] Thomas WILLICH, Der Rangstreit zwischen den Erzbischöfen von Magdeburg und Salzburg sowie den Erzherzogen von Österreich. Ein Beitrag zur Verfassungsgeschichte des Heiligen Römischen Reichs Deutscher Nation (ca. 1460–1535), MGSL 134 (1994) S. 7–166. Ergänzend jetzt: Reg. Imp. 14 Nr. 12293, 12872, 14502 und 14992; Hermann WIESFLECKER, Österreich im Zeitalter Maximilians I. Die Vereinigung der Länder zum frühmodernen Staat. Der Aufstieg zur Weltmacht (1999) S. 42f.

[16] Grundlegend: Peter MORAW, Versuch über die Entstehung des Reichstags, in: Politische Ordnungen und soziale Kräfte im Alten Reich, hg. von Hermann WEBER (Veröffentlichungen des Instituts für Europäische Geschichte Mainz, Abt. Universalgeschichte, Beiträge zur Sozial- und Verfassungsgeschichte des Alten Reiches 2, 1980) S. 1–36, wieder in: Peter MORAW, Über König und Reich: Aufsätze zur deutschen Verfassungsgeschichte des späten Mittelalters, hg. von Rainer Christoph SCHWINGES (1995) S. 207–242. Einen Überblick zur Forschung bietet jüngst Johannes HELMRATH, Der Weg zum Reichstag. Bemerkungen zu einer Neuerscheinung, ZHF 26 (1999) S. 61–74.

derung nach Vorrang in Zeremonien und Sitzordnungen erhielt hier eine verfassungsrechtliche Dimension.[17]
Im folgenden mögen jedoch andere Aspekte des Magdeburger Primats im Vordergrund stehen. Zunächst bemühen wir uns um eine Skizze der mittelalterlichen Magdeburger Primatstradition, um uns dann vor allem einer Frage zuzuwenden, die sich aus der oben zitierten Antwort der Magdeburger Regierung ergibt: Wurde der von den Magdeburger Erzbischöfen beanspruchte Rang eines ‚Primas Germaniae' jemals jurisdiktionell wirksam?

II. Die Magdeburger Konstruktionen des ‚Primas Germaniae' *

Nach Ausweis der Überlieferung, die von Konrad Palm bereits vor mehr als 130 Jahren gründlich durchsucht wurde, war Albrecht von Sternberg (1368–1371) der erste Magdeburger Erzbischof, der sich in der Intitulatio seiner Urkunden *Germanie primas* nannte.[18] Der als Rat eng mit dem luxemburgischen Hof verbundene Hochadlige aus Mähren war bereits 1356 auf Intervention Karls IV. Bischof von Schwerin geworden, von wo er wiederum auf kaiserlichen Wunsch 1364 nach Leitomischl versetzt wurde. Nachdem der Kaiser 1361 mit Dietrich von Portitz einen seiner einflußreichsten Räte mittels päpstlicher Provision auf

* Der folgende Abschnitt erscheint gesondert und mit zum Teil ausführlicheren Anmerkungen in einer Heinz Dopsch (Salzburg) gewidmeten Festschrift.

17 Vgl. auch Karl-Heinz SPIESS, Rangdenken und Rangstreit im Mittelalter, in: Zeremoniell und Raum. 4. Symposium der Residenzen-Kommission der Akademie der Wissenschaften in Göttingen, hg. von Werner PARAVICINI (Residenzenforschung 6, 1997) S. 39–61 und Barbara STOLLBERG-RILINGER, Zeremoniell als politisches Verfahren. Rangordnung und Rangstreit als Strukturmerkmale des frühneuzeitlichen Reichstags, in: Neue Studien zur frühneuzeitlichen Reichsgeschichte, hg. von Johannes KUNISCH (ZHF Beiheft 19, 1997) S. 91–132.

18 Vgl. die Erstbelege aus dem Jahr 1370: PALM, Primat (wie Anm. 11) S. 249 mit Anm. 3 (Januar 1: ungedruckte Privilegienbestätigung für das Prämonstratenserstift Gottesgnaden bei Calbe/Saale); UB der Stadt Halle, ihrer Stifter und Klöster, Bd. 3 in 2 Teilen, bearb. von Arthur BIERBACH (Quellen zur Geschichte Sachsen-Anhalts 2 und 5, 1954/57) 3,1 Nr. 911 (Januar 8), 913 (Februar 6/7) und 920 (März 19); s. auch Ludwig SCHMUGGE, Albert von Sternberg, in: Karl IV. und sein Kreis, hg. von Ferdinand SEIBT (Lebensbilder zur Geschichte der böhmischen Länder 3, 1978) S. 52. – Joppen (s. Anm. 4) hat die materialreiche und für die Primatsfrage grundlegende Studie von Palm offenbar nicht gekannt.

den Magdeburger Metropolitansitz gebracht hatte,[19] gelang es ihm nach dessen Tod, bei Papst Urban V. die Translation des Sternbergers von Leitomischl nach Magdeburg zu erwirken.[20] Das Erzbistum Magdeburg, dessen Besetzung für die kaiserliche Politik im Hinblick auf den Erwerb der Mark Brandenburg und der Niederlausitz, wohl aber auch im Interesse einer wirksamen Kontrolle der Elbe als Handelsweg, von herausragender Bedeutung war,[21] befand sich damit ab 1368 wiederum in der Hand eines Prälaten, der seine Karriere weitgehend der Förderung Karls IV. verdankte. Gegen den vom Domkapitel postulierten Merseburger Bischof Friedrich von Hoym konnte sich Albrecht von Sternberg schnell durchsetzen. Nach dem Bericht der Magdeburger Schöppenchronik akzeptierten die Domherren den neuen Erzbischof aus Gehorsam gegenüber dem Papst, dessen verbriefte Entscheidung als rechtsgültig angesehen wurde.[22] Obgleich Albrecht nicht der Kandidat des Kapitels war, scheint sein dreieinhalb Jahre dau-

[19] Vgl. Georg SELLO, Erzbischof Dietrich Kagelwit von Magdeburg, Jahresbericht des Altmärkischen Vereins für vaterländische Geschichte und Industrie zu Salzwedel 23 (1890) S. 1–90; Johannes SCHÄFERS, Personal- und Amtsdaten der Magdeburger Erzbischöfe (968–1513) (1908) S. 68–72; Peter MORAW, Monarchie und Bürgertum, in: Kaiser Karl IV. Staatsmann und Mäzen, hg. von Ferdinand SEIBT (1978) S. 48f.; Matthias SPRINGER, Dietrich von Portitz, in: LThK 3 (^{3}1995) Sp. 225.

[20] SCHMUGGE, Sternberg (wie Anm. 18) S. 43–49. Ferner: SCHÄFERS, Personal- und Amtsdaten (wie Anm. 19) S. 72–74 und neuerdings Stefan PÄTZOLD, Amtsbücher und andere Quellen zu Land und Herrschaft Erzbischof Albrechts III. von Magdeburg (1368–1371), ZfG 47 (1999) S. 485–501.

[21] Heinrich KRÖGER, Der Einfluß und die Politik Kaiser Karls IV. bei der Besetzung der deutschen Reichsbistümer (1885) S. 8–59; Gerhard SCHMIDT, Die Hausmachtpolitik Kaiser Karls IV. im mittleren Elbegebiet, JbGFeud 4 (1980) S. 187–214; Wolfgang HÖLSCHER, Kirchenschutz als Herrschaftsinstrument: personelle und funktionale Aspekte der Bistumspolitik Karls IV. (Studien zu den Luxemburgern und ihrer Zeit 1, 1985) S. 61–64; Gerhard LOSHER, Königtum und Kirche zur Zeit Karls IV. Ein Beitrag zur Kirchenpolitik im Spätmittelalter (Veröffentlichungen des Collegium Carolinum 56, 1985) S. 141–143 und S. 157–160; Michael LINDNER, Kaiser Karl IV. und Mitteldeutschland, in: Kaiser, Reich und Region. Studien und Texte aus der Arbeit an den Constitutiones des 14. Jahrhunderts und zur Geschichte der Monumenta Germaniae Historica, hg. von Michael LINDNER u. a. (Berichte und Abhandlungen, hg. von der BBAW Sonderbd. 2, 1997) S. 83–180; Olaf B. RADER, Kaiser Karl IV. und der mittlere Elbe-Saale-Raum. Mit einem Anhang von vier ungedruckten Urkunden des Kaisers, SuA 20 (1997) S. 267–318.

[22] Die Chroniken der niedersächsischen Städte: Magdeburg, 2 Bde., hg. von Karl JANICKE (Die Chroniken der deutschen Städte vom 14. bis ins 16. Jahrhundert 7 und 27, 1869/87, ND 1962) 1 S. 257. Vgl. Berent SCHWINEKÖPER, Der Regierungsantritt der Magdeburger Erzbischöfe, in: Fs. Friedrich von Zahn, hg. von Walther SCHLESINGER 1 (Mitteldeutsche Forschungen 50, 1968) S. 214.

ernder Pontifikat durch weitgehenden Konsens zwischen Ordinarius und Domherren bestimmt gewesen zu sein. Erst nach seiner Rückversetzung nach Leitomischl (1371) entstand jene Sprachregelung, derzufolge er das Stift durch Güterverschleuderung und Reliquienentfremdung geschädigt habe.[23] Auch die Einführung der Primatstitulatur deutet wohl darauf hin, daß Albrecht von Sternberg die ‚ecclesia Magdeburgensis' eher erhöhen und keineswegs verderben wollte. Allerdings knüpfte er mit der Etablierung des neuen, schriftgebundenen Herrschaftszeichens an Maßnahmen seines Vorgängers an, der in der Sprache der Insignien bereits für symbolische Rangerhöhung gesorgt hatte.

Wie die Magdeburger Bischofschronik berichtet, ließ sich Erzbischof Dietrich von Portitz in der Öffentlichkeit *secundum morem aliorum archiepiscoporum Gallicorum* ein silbernes, vergoldetes Kreuz vorantragen, während die unmittelbar vorangegangenen Erzbischöfe anstelle des Kreuzes *ad modum principum secularium* ein Schwert, also ein weltliches Herrschaftszeichen, bevorzugt hatten. Der wahrscheinlich unter Albrecht von Sternberg schreibende Chronist bemerkt weiter, die *dignitas* zur Nutzung eines Vortragekreuzes sei bereits in der Gründungszeit des Stifts vom Papst verliehen worden, und bezieht sich dabei auf ein dem ersten Magdeburger Erzbischof gewidmetes *capitulum* aus einem früheren, im 12. Jahrhundert entstandenen Teil der Bischofschronik.[24] Da Dietrich mit Regierungsbeginn als erster Magdeburger Erzbischof einen Kreuzstab – wohl das in der Chronik genannte Vortragekreuz – in sein Siegel aufnahm, steht außer Zweifel, daß in seinem Pontifikat dem Kreuz ein besonderer Stellenwert für die Repräsentation des geistlichen Fürsten eingeräumt wurde. Im Siegelbild erscheint der Stab mit einem griechischen Kreuz (d.h. mit gleichlangen Armen) in der linken Hand des Erzbischofs, während der Krummstab fehlt.[25] Offensichtlich handelte es sich um eine Amtsinsignie, die auf die Würde des Erzbischofs und auf einen weiteren, dieser zu- bzw. übergeordneten Rang verwies. Mit dem Siegel wurde dieser Anspruch im Medium der Urkunde formuliert und gegenüber den Urkundenempfängern bekundet. Zur Beantwortung der Frage, ob mit dem Kreuzstab ein bestimmtes, übermetropolitanes Amt symbolisch repräsen-

23 Vgl. Markus MÜLLER, Die spätmittelalterliche Bistumsgeschichtsschreibung. Überlieferung und Entwicklung (Beiheft zum AKG 44, 1998) S. 265–272.

24 Gesta archiepiscoporum Magdeburgensium, ed. Wilhelm SCHUM (MGH SS 14, 1883) S. 439. Vgl. SCHWINEKÖPER, Regierungsantritt (wie Anm. 22) S. 220f. und MÜLLER, Bistumsgeschichtsschreibung (wie Anm. 23) S. 229 und S. 266.

25 UB Halle 3,1 (wie Anm. 18) Nr. 826 (1361 November 1). Vgl. SELLO, Erzbischof Dietrich Kagelwit (wie Anm. 19) S. 10f. mit Abb. nach S. 164 und SCHWINEKÖPER, Regierungsantritt (wie Anm. 22) S. 220.

tiert werden sollte, muß man sich mit Indizien begnügen, denn in den Urkundentexten Dietrichs von Portitz findet sich kein klärender Titel.[26]
Wenn der ungefähr zeitgleich schreibende Chronist die Benutzung des Vortragekreuzes mit dem Brauch der „gallischen Erzbischöfe" in Verbindung brachte, so lieferte er damit wohl kaum eine offizielle Interpretation, sondern folgte in eigenwilliger Weise dem Text des von ihm angeführten Kapitels der Bischofschronik. In diesem wird das Vortragekreuz im unmittelbaren Zusammenhang mit weiteren, Erzbischof Adalbert (968–981) verliehenen Privilegien genannt, darunter der Primat *in Germania* und die *aequalitas* mit den ‚gallischen' Erzbischöfen von Köln, Mainz und Trier. Vermutlich war es die Reihenfolge, in der diese Privilegien aufgeführt wurden, die für den Chronisten den Zusammenhang zwischen Kreuz und Erzbischöfen in Gallien nahelegte.[27] Plausibler als diese Deutung erscheint jedoch die Annahme, daß nach der Mitte des 14. Jahrhunderts die Berechtigung, das Kreuz zu nutzen, als Folge des Primats gedeutet wurde. Zwar setzte das Vortragekreuz nicht zwingend den Primat voraus; es wurde vielmehr zahlreichen Erzbischöfen und auch Bischöfen zugestanden.[28] Doch wurden Primates häufig zu seiner Nutzung im gesamten Primatialbezirk berechtigt.[29] In den beiden Fassungen des für den Magdeburger Primatsanspruch grundlegenden, auf Oktober 968 datierten, vorgeblichen Privilegs Johannes' XIII. wird das Vortragekreuz zwar nicht genannt,[30] aber es findet sich in ei-

[26] In seinen Urkunden verwendete Dietrich von Portitz die erzbischöfliche Intitulatio. Vgl. SCHÄFERS, Personal- und Amtsdaten (wie Anm. 19) S. 70.

[27] ... *sanxit ac confirmavit, eum in omni ecclesiastico ordine primatum habere omnium ecclesiarum archiepiscoporum, qui in Germania ordinati sunt. In Gallia quoque Coloniensi, Maguntinensi, Treverensi archiepiscopis per omnia honore similem esse, crucis signaculum ante se ferre et inter cardinales episcopos Romane sedis consortium habere* (Gesta [wie Anm. 24] S. 381).

[28] Robert LESAGNE, Liturgische Gewänder und Geräte (Der Christ in der Welt 9,7, 1959) S. 116–119; Pierre SALMON, Mitra und Stab. Die Pontifikalinsignien im römischen Ritus (1960) S. 28; vgl. ferner Louis CARLEN, Rechtsstäbe im religiös-kirchlichen Bereich, in: Fs. zum 80. Geburtstag von Hermann Baltl, hg. von Kurt EBERT (1998) S. 49–65.

[29] JOPPEN, Primas (wie Anm. 4) 1 S. 172.

[30] Papsturkunden 896–1046, bearb. von Harald ZIMMERMANN, 3 Bde. (Österreichische Akademie der Wissenschaften, phil.-hist. Klasse, Denkschriften 174, 177, 198, ^{2}1988/89) 1 Nr. †191; Reg. Imp. 2,5 Nr. †451 (Die Angaben zur Überlieferung der Kurzfassung sind zu ergänzen um eine Abschrift des 15. Jahrhunderts: Insert in Urkunde Erzbischof Günthers von Magdeburg vom 28. September 1441; LA Magdeburg -LHA-, Rep. Cop. 26, fol. 62v.); UB des Erzstifts Magdeburg 1 (937–1192), bearb. von Friedrich ISRAËL/Walter MÖLLENBERG (GQPS N.R. 18, 1937) Nr. 63.

ner Urkunde Benedikts VII. von 981[31] und wieder in einem nicht ausgefertigten, aber in Magdeburg als authentisch angesehenen Entwurf einer Urkunde Johannes' XVIII., wahrscheinlich aus dem Jahr 1003.[32] Alle diese Stücke waren im ältesten Privilegienbuch der Magdeburger Kirche (und zwar an exponierter, vorderer Stelle) überliefert und eröffneten die Möglichkeit, das Kreuz mit dem Primat zu verbinden.[33] Allerdings war diese Konstruktion in Magdeburg nicht immer geläufig.[34] So wird in einer für Erzbischof Norbert von Xanten (1126–1134) ausgestellten Privilegienbestätigung Papst Innozenz' II. zwar das Kreuz aufgeführt, aber kein über die ‚dignitas metropolitica' hinausreichender Rang genannt.[35]

Dafür, daß nach der Mitte des 14. Jahrhunderts ein Zusammenhang zwischen Kreuz und Primat gesehen wurde, liegt kein zwingender Beweis vor. Jedoch deuten der Bericht der Bischofschronik über den neuen Brauch der Kreuznutzung und das Auftauchen des Kreuzstabes in den erzbischöflichen Siegeln darauf hin, daß von Dietrich von Portitz ein bestimmter, neuartiger Ranganspruch formuliert wurde. Da Dietrichs unmittelbarer Nachfolger die Primatstitulatur einführte, liegt die Vermutung nahe, bereits jener könnte das Vortragekreuz und den Primat ‚in Germania' in einem Konstrukt symbolischer Rangerhöhung zusammengebracht, das ursprünglich liturgische Vortragekreuz als Amtsinsignie des Primas geführt haben. Albrecht von Sternberg hätte in diesem Fall die Repräsentation des Primats in der Urkundensprache etabliert, während sein Vor-

31 Papsturkunden (wie Anm. 30) 1 Nr. 270; Reg. Imp. 2,5 Nr. 600; UB Erzstift Magdeburg 1 (wie Anm. 30) Nr. 95. Argumente für die – in der Forschung umstrittene – Echtheit dieser Urkunde bei Ernst-Dieter HEHL, Lucia/Lucina – Die Echtheit von JL 3848. Zu den Anfängen der Heiligenverehrung Ulrichs von Augsburg, DA 51 (1995) S. 202 Anm. 29.

32 Papsturkunden (wie Anm. 30) 2 Nr. †412; Reg. Imp. 2,5 Nr. †738 und †981a; UB Erzstift Magdeburg 1 (wie Anm. 30) Nr. 130.

33 Walter MÖLLENBERG, Der Liber privilegiorum s. Mauricii Magdeburgensis, in: Kritische Beiträge zur Geschichte des Mittelalters. Fs. Robert Holtzmann zum 60. Geburtstag (Historische Studien 238, 1933) S. 96–98, Nr. 33f., 58 und 82.

34 Wenn z.B. im Liber Ordinarius der Magdeburger Domkirche in einem Kapitel über den *modus susceptionis archiepiscopi confirmati* die Nutzung des Kreuzes *ante episcopum* aufgeführt wird, ist darin nicht unbedingt ein Zusammenhang mit dem Primatsanspruch zu sehen. Vgl. Georg SELLO, Dom-Altertümer, GBllMagd 26 (1891) S. 152f.; SCHWINEKÖPER, Regierungsantritt (wie Anm. 22) S. 188f. mit Anm. 14 (mit unsicherem Datierungsvorschlag).

35 UB Erzstift Magdeburg 1 (wie Anm. 30) Nr. 227. Zur Frage des Primats bei Norbert von Xanten s. weiter unten.

gänger sich mit der Insignie begnügte.[36] Der auf Albrecht von Sternberg folgende Peter Gelyto (1371–1381) bediente sich sowohl des Primastitels als auch des Vortragekreuzes,[37] was für den Zusammenhang beider Elemente spricht, freilich ohne ihn gänzlich abzusichern. Auf den Tomben erzbischöflicher Gräber des späteren 15. Jahrhunderts halten die Metropoliten einen Stab mit griechischem Kreuz in der linken, den Hirtenstab in der rechten Hand – wohl in Entsprechung zur Titulatur als ‚archiepiscopus Magdeburgensis et primas Germanie'. Eine sich auf den Primat beziehende Bezeichnung des Kreuzstabes ist aus dem Mittelalter allerdings nicht bekannt.[38]

Sollte unsere Annahme dennoch zutreffen, stellt sich die Frage, welche Vorbilder es dafür gegeben haben könnte, das ursprünglich liturgische Vortragekreuz als Amtsinsignie zu interpretieren. In Betracht zu ziehen wären die Insignien anderer Primates, aber auch die päpstliche Ferula, ein Kreuzstab, der dem Papst bei Pontifikatsbeginn im Lateran überreicht wurde. Ursprünglich symbolisierte er wohl den römischen Patriarchat, im Spätmittelalter aber allgemein die herrschaftliche und richterliche Gewalt seines Trägers.[39]

Zur symbolischen Rangerhöhung der Magdeburger Kirche wurde nach der Mitte des 14. Jahrhunderts neben Vortragekreuz und Primastitel ein weiteres, altes Privileg aufgegriffen: In einem wahrscheinlich im Sommer 1371 geschriebenen

[36] Da erst für Erzbischof Albrecht III. ein Beleg für die Primastitulatur bekannt war (und ist), folgte PALM, Primat (wie Anm. 11) S. 245 mit Anm. 1, nicht der älteren (und von Schum auch nach Palm wiederholten, s. Gesta [wie Anm. 24] S. 439 Anm. 4) Vermutung über eine Restituierung des Primats durch Dietrich von Portitz. Sein Zweifel kann hier (da uns kein Hinweis auf die Führung des Titels vor Albrecht vorliegt) nicht gänzlich ausgeräumt werden.

[37] UB Halle (wie Anm. 18) 3,2 Nr. 1161; Gesta (wie Anm. 24) S. 448f. – Zu korrigieren ist daher PALM, Primat (wie Anm. 11) S. 250, der „unter Erzbischof Peter ... Albrechts Neuerung nicht zum Vorschein" kommen sah, aber ebd. in Anm. 5 auf einen unsicheren Beleg aufmerksam machte.

[38] Vermutlich ist der Kreuzstab das im Testament Erzbischof Ernst von Sachsens vom 8. Juli 1503 unter den Pontifikalien (darunter auch der *bischofsstap*) neben dem Vortrageschwert genannte *grosse silbern crewtz* (Paul REDLICH, Cardinal Albrecht von Brandenburg und das Neue Stift zu Halle 1520–1541. Eine kirchen- und kunstgeschichtliche Studie [1900] Beilage 1 S. 3*). – Auf Grabsteinen ist der Kreuzstab zuerst nachgewiesen für die Erzbischöfe Johann von Simmern-Zweibrücken (1464–1475) und Ernst von Sachsen (1476–1513). Allerdings ist der Erhaltungszustand älterer Grabsteine zu fragmentarisch, als daß die frühere Verwendung des Kreuzstabes ausgeschlossen werden könnte. Der Titel ‚Primas Germaniae' findet sich erstmals in der Grabumschrift Günthers von Schwarzburg (1403–1445). Vgl. Friedrich WIGGERT, Über die Begräbnisse der Erzbischöfe im Dom zu Magdeburg, GBllMagd 2 (1867), bes. S. 206 („Primatstab").

Abschnitt der Bischofschronik wird berichtet, Erzbischof Albrecht habe im zweiten Jahr seines Pontifikats (1369/70) ein Privileg Papst Viktors IV. wiederentdeckt und daraufhin angeordnet, die Domherren sollten goldverbrämte Mitren tragen, wenn sie in Abwesenheit des Erzbischofs Messen läsen. War dieser anwesend, sollten sie mit weißen Mitren nach Art der Kardinäle gemeinsam mit dem Metropoliten im Chor erscheinen.[40] Mit der Mitra auriphrygiata wurde den Domherren eine ansonsten Prälaten vorbehaltene Insignie zugesprochen.[41] Zwar wurde die erzbischöfliche Maßnahme nach Aussage des Chronisten befolgt, doch liegen keine weiteren Nachrichten darüber vor. Der Liber Ordinarius der Domkirche bezeugt allerdings, daß jene *canonici sacerdotes*, die die Messe zelebrierten, täglich unter dem Meßgewand (*sub casula*) die Dalmatika tragen sollten.[42] Das Recht, die ursprünglich dem Papst vorbehaltene Dalmatika anzulegen, war in dem genannten Privileg von Viktor IV. bestätigt worden. Es ist zurückzuführen auf die weiter oben schon angeführte Urkunde Benedikts VII. von 981 und steht im Kontext mit der Ausrichtung der Magdeburger Liturgie auf jene Roms. Diese Orientierung wurde in den ‚consuetudines' tradiert und kommt auch in dem zitierten Passus der Bischofschronik zum Tragen. So, wie der Dienst an den römischen Hauptkirchen von den Kardinälen übernommen wurde, sollte das Hochamt am Mauritiusaltar im gesamten Mittelalter von einer zahlenmäßig begrenzten und besonders hervorgehobenen Gruppe zelebriert werden: von Bischöfen, dem Abt von Berge und den Domherren.[43]

39 SALMON, Mitra (wie Anm. 28) S. 70–73; Bernhard SCHIMMELPFENNIG, Die Krönung des Papstes im Mittelalter, dargestellt am Beispiel der Krönung Pius' II. (3.9.1458), QFIAB 54 (1974) S. 244f.; Gerhart B. LADNER, Die Papstbildnisse des Altertums und des Mittelalters 3 (Monumenti di Antichità Christiana 2,4, 1984) S. 308–310. Zum Papst als Patriarchen s. Ernst Christoph SUTTNER, Patriarchat und Metropolitanverband im christlichen Osten im Vergleich mit Erzbistümern im Abendland, in: 1200 Jahre Erzbistum Salzburg. Die älteste Metropole (wie Anm. 2), bes. S. 161f.

40 Gesta (wie Anm. 24) S. 445. Vgl. MÜLLER, Bistumsgeschichtsschreibung (wie Anm. 23) S. 271f. – Bei dem zitierten Privileg handelt es sich um eine Urkunde aus dem Jahr 1160, in der Viktor IV. ältere Rechte der Domherren zum Tragen der Dalmatika erneuert und um die Bestimmung erweitert hatte, die *sacerdotes* der Magdeburger Kirche dürften Mitren tragen: UB Erzstift Magdeburg 1 (wie Anm. 30) Nr. 302.

41 Philipp HOFMEISTER, Mitra und Stab der wirklichen Prälaten ohne bischöflichen Charakter (Kirchenrechtliche Abh. 104, 1928) S. 54f.

42 SBPK, HA, Cod. theol. lat. qu. 113, fol. 18v. Die Benutzung der Dalmatika wird im Liber Ordinarius an mehreren Stellen erwähnt (vgl. ebd. fol. 104r, 136r u.ö.).

43 Für die römische Liturgie in Magdeburg grundlegend waren das Primatsprivileg von angeblich 968 (s. Anm. 30) sowie das echte Privileg von 981 (s. Anm. 31); in beiden werden die für den Dienst am Hauptaltar zuständigen Priester etc. als *cardinales* be-

Wir fassen zusammen: Unter den Erzbischöfen Dietrich und Albrecht erfolgte die Rangerhöhung der Magdeburger Kirche symbol- und schriftgebunden im Medium der Urkunde, aber auch in der Zeichensprache der Insignien und Gewänder, wobei aus den Stiftsprivilegien die notwendige Legitimation gezogen wurde. Der gewonnene Überblick über die einzelnen, zur Rangerhöhung aufgegriffenen Elemente erlaubt es nun auch, den historischen Kontext dieser Maßnahmen zu bestimmen.

Bereits Palm hatte auf mögliche Verbindungen zwischen der neuen Primatstitulatur und der 1365 erfolgten Ernennung des Erzbischofs von Prag zum ‚legatus natus' seiner Kirchenprovinz sowie der Diözesen Meißen, Regensburg und Bamberg hingewiesen.[44] Diese Vermutung läßt sich erhärten, denn der Prager Metropolit erhielt 1365 unter anderem auch das Recht, in seinem Legatensprengel das Vortragekreuz zu nutzen.[45] Zu diesem Zeitpunkt hatte Erzbischof Dietrich das Kreuz für Magdeburg bereits wiederentdeckt.

zeichnet. Im Magdeburger Liber Ordinarius heißt es: *Sciendum, quod summam missam ad summum altare nullus prorsus celebrabit nisi episcopus quicumque vel abbas Montis vel huius ecclesie canonici. Quod ob reverenciam et sanctitatem ecclesie apostolica sedes sanxivit privilegiis et consuetudo diutina approbavit* (c. 13 *de summa missa feriali*, zitiert nach SBPK, HA, Cod. theol. lat. qu. 113, fol. 18r–v). Während die Berücksichtigung des Abtes von Berge aus der Gründungsgeschichte des Domstifts resultiert, ist die aus der Fälschung in den Liber Ordinarius übernommene Formulierung, derzufolge allgemein „Bischöfe" (und nicht, wie es sinnvoller hätte heißen müssen: die Erzbischöfe von Magdeburg) zur Messe berechtigt seien, dem Aachener Vorbild von 997 geschuldet. Vgl. Thomas ZOTZ, *Pallium et alia quaedam archiepiscopatus insignia*. Zum Beziehungsgefüge und zu Rangfragen der Reichskirchen im Spiegel der päpstlichen Privilegierung des 10. und 11. Jahrhunderts, in: Fs. Berent Schwineköper zu seinem 70. Geburtstag, hg. von Helmut MAURER/Hans PATZE (1982) S. 167. Zur ‚kardinalizischen' Gottesdienstordnung in Magdeburg s. Ernst-Dieter HEHL, Herrscher, Kirche und Kirchenrecht im spätottonischen Reich, in: Otto III. – Heinrich II. Eine Wende?, hg. von Bernd SCHNEIDMÜLLER/Stefan WEINFURTER (Mittelalter-Forschungen 1, 1997) S. 194f. Daß die Orientierung an der römischen Liturgie nicht (wie häufig geschehen) mit der „Errichtung eines Kardinalskollegiums" zu verwechseln ist, betonte jüngst Ludwig FALKENSTEIN, Otto III. und Aachen (MGH Studien und Texte 22, 1998) S. 88 mit Anm. 371.

44 PALM, Primat (wie Anm. 11) S. 248f. Vgl. Acta Urbani V. 1362–1370, bearb. von Bedřich JENŠOVSKÝ (Monumenta Vaticana res gestas Bohemicas illustrantia 3, 1944) Nr. 478 und dazu Zdeňka HLEDÍKOVÁ, Die Prager Erzbischöfe als ständige päpstliche Legaten. Ein Beitrag zur Kirchenpolitik Karls IV., in: Regensburg und Böhmen. Fs. zur Tausendjahrfeier des Regierungsantrittes Bischof Wolfgangs von Regensburg und der Errichtung des Bistums Prag, hg. von Georg SCHWAIGER/Josef STABER (Beiträge zur Geschichte des Bistums Regensburg 6, 1972) S. 221–256.

45 Acta Urbani V. (wie Anm. 44) Nr. 490 und 499.

Des weiteren waren die Prager Domherren 1364 berechtigt worden, weiße Mitren zu tragen, wenn sie der Messe des zelebrierenden Erzbischofs oder, bei Anwesenheit des böhmischen Königs, der eines anderen Bischofs beiwohnten.[46] Dieses Privileg wurde 1365 auf von Domherren zelebrierte Messen sowie in modifizierter Form auf den Legationsbereich ausgedehnt.[47] Wenig später begegnet in Magdeburg dasselbe Element symbolischer Rangerhöhung.

Da der Primat und die ständige, an einen Bischofssitz gebundene Legation in ihrem Rechtsgehalt im Verlauf des Hochmittelalters angeglichen worden waren,[48] konnte der Magdeburger Rang eines ‚Primas Germaniae' als äquivalente hierarchische Position zum Prager ‚legatus natus' erscheinen. Auf eine aktuelle päpstliche Ernennungsbulle konnte man in Magdeburg verzichten, da mit dem Privileg von 968 der Zusammenhang von Stift und Primat ausreichend legitimiert schien.

Offenkundig bestehen Zusammenhänge zwischen den Rangerhöhungen von Prag und Magdeburg. Dietrich von Portitz und Albrecht von Sternberg, beide aus luxemburgischer Klientel, orientierten sich an den Prager Verhältnissen und übersetzten diese im Rückgriff auf Magdeburger Traditionen; aber auch Entwicklungen in der Elbmetropole, wie die Nutzung des Kreuzstabes, dürften in Prag zur Kenntnis genommen worden sein. Offen bleibt, ob dies in Konkurrenz oder – im Rahmen kaiserlicher Kirchenpolitik – abgestimmt geschah. Für die erste Annahme könnte sprechen, daß sich Erzbischof Dietrich spätestens seit Mitte der sechziger Jahre vom karolinischen Hof distanzierte, doch gibt es keinen Hinweis auf Auseinandersetzungen mit dem Kaiser.[49] Größeres Gewicht ist Anzeichen beizumessen, die auf das Einverständnis Karls IV. hindeuten: Die Primatstitulatur wurde bereits 1371 von dessen Kanzlei und auch von Johann von Neumarkt, Karls Kanzler von 1353/54 bis 1364 und wieder von 1366 bis 1371/74, als Bischof von Olmütz verwendet. Gleichzeitig akzeptierte der Bruder des Kaisers, Markgraf Johann Heinrich von Mähren, den Primastitel.[50] Dafür, daß die Ausdehnung der Prager Legation auf Meißen von Magdeburger Seite als Schmälerung der metropolitanen Rechte empfunden wurde, gibt es keine An-

[46] Ebd. Nr. 364.

[47] Ebd. Nr. 496 und 497.

[48] SCHMIDT, Kirche (wie Anm. 1) S. 88.

[49] SELLO, Erzbischof Dietrich Kagelwit (wie Anm. 19) S. 42–44; KRÖGER, Einfluß (wie Anm. 21) S. 38f.

[50] UB zur Geschichte der Herzöge von Braunschweig und Lüneburg und ihrer Lande 4, hg. von Hermann SUDENDORF (1864, ND 1974) Nr. 219, S. 154; CD et epistolaris Moraviae, Urkunden-Sammlung zur Geschichte Mährens 10, hg. von Vincenz BRANDL (1878) Nr. 112 und 126.

haltspunkte. Während die 1399 von den Wettinern initiierte Herauslösung Meißens aus dem Metropolitanverband langjährigen Magdeburger Widerstand provozierte,[51] wurde dieser durch die Prager Legation offensichtlich nicht ausgelöst. Vielleicht sah man die gegenüber dem Suffragan wirksamen metropolitanen Befugnisse nicht als gefährdet an.[52] Unklar ist auch, ob von seiten Erzbischof Peters, des gleichfalls auf kaiserliche Intervention bestellten Nachfolgers von Albrecht, gegen schließlich nicht realisierte Pläne Karls IV. vorgegangen wurde, die auf eine Ausdehnung des Prager Legatensprengels nach Norden, auf die zur Magdeburger Provinz zählenden Diözesen Brandenburg und Havelberg sowie auf den Gnesener Suffragan Lebus, zielten.[53]
Noch weniger wahrscheinlich als die Konkurrenz mit Prag ist die von Palm angeführte Möglichkeit, die Magdeburger Erzbischöfe hätten bereits in den sechziger und siebziger Jahren des 14. Jahrhunderts ihre fehlende Berücksichtigung in der Goldenen Bulle kompensieren wollen.[54] Zwar ist nicht auszuschließen, daß die Magdeburger gegenüber den rheinischen Metropoliten rangmäßig aufholen wollten, doch wird der Akt von 1356 dieses Streben kaum unmittelbar veranlaßt haben. Seine weitreichenden Folgen für die Verfassung des Reichs waren zu diesem Zeitpunkt kaum zu überblicken.[55] Auch stellte der kirchliche Primat kein Äquivalent zu den kurfürstlichen Prärogativen dar, die sich im Verlauf des 13. Jahrhunderts verfestigt hatten. Wenn man auf diesem Feld hätte nachziehen wollen, wäre es für Dietrich von Portitz und Albrecht von Sternberg wohl nahe-

51 Richard BECKER, Ein Beitrag zur Geschichte des Streits über die exempte Stellung des Bistums Meißen, NASG 18 (1897) S. 273–284. Seit 1403 versprachen die Magdeburger Erzbischöfe in ihren Wahlkapitulationen, für die Restitution Meißens als Suffragan sorgen zu wollen: LA Magdeburg -LHA-, Rep. U 1/2 V Nr. 4 (1403 Dezember 21), 5 (1445 September 15), 6/7 (1466 April 28), 8 (1479 September 10) und CDB C 3 Nr. 205 (1514 April 4).

52 Mit der Errichtung der Prager Legation wurde zwar die Salzburger Legation für die Diözese Regensburg außer Kraft gesetzt. Die Rechte der Metropoliten blieben jedoch unangetastet. Zudem richtete sich die Legation in erster Linie auf böhmischen Besitz und weniger auf die drei nicht-böhmischen Diözesen insgesamt. Vgl. HLEDÍKOVÁ, Prager Erzbischöfe (wie Anm. 44) S. 228f. mit Anm. 25. Vgl. grundsätzlich Peter LANDAU, Die Rechtsstellung des Metropoliten in der Geschichte des Kirchenrechts, in: 1200 Jahre Erzbistum Salzburg. Dom und Geschichte (wie Anm. 2) S. 173–184.

53 HLEDÍKOVÁ, Prager Erzbischöfe (wie Anm. 44) S. 235f.

54 PALM, Primat (wie Anm. 11) S. 245–248.

55 Verwiesen sei auf den bekannteren ‚Parallelfall': Ein unmittelbarer Zusammenhang ist auch zwischen der Goldenen Bulle und den Fälschungen Rudolfs IV. von Österreich nicht zu erweisen. Vgl. Peter MORAW, Das „Privilegium maius" und die Reichsverfassung, in: Fälschungen im Mittelalter 3: Diplomatische Fälschungen 1 (MGH Schriften 33, 1988) S. 201–224.

liegender gewesen, sich und das Erzstift von Karl IV. privilegieren zu lassen. Über die tatsächlichen Intentionen der beiden Metropoliten kann nur spekuliert werden. Ihre Verbindung zum luxemburgischen Hof, das Interesse Karls IV. an der mitteldeutschen Metropole sowie die Parallelität der Magdeburger mit den Prager Maßnahmen sprechen aber doch dafür, daß die Etablierung des ‚Primas Germaniae' mit kaiserlichem Konsens erfolgte. Unklar bleibt allerdings, ob der Luxemburger konkrete politische Ziele, etwa die jurisdiktionelle Aufwertung des Magdeburgers gegenüber den anderen Erzbischöfen des nordalpinen Reichs (unter Ausnahme Böhmens), verfolgte.[56]

In den Urkunden der Nachfolger Erzbischof Albrechts begegnet der ‚Primas Germaniae' mit (wohl überlieferungsbedingt) zunehmender Tendenz.[57] Mit diesem Titel verbunden wurde der Anspruch eines von Kaiser Otto dem Großen und den Päpsten begründeten Vorrangs vor allen anderen ‚deutschen' Kirchen. So wird eine Statutensammlung Erzbischof Günthers (1403–1445) mit der Feststellung eingeleitet, die Magdeburger Kirche sei durch göttliche Vorsehung und päpstliche Bestimmung in Ehre und Würde allen anderen deutschen Domkirchen vorangestellt worden.[58] Und ein von Erzbischof Friedrich von Beichlingen (1445–1464) und dem Domkapitel 1458 erlassenes Statut über die (bis auf eine Ausnahme) ausschließliche Aufnahme von Adligen beruft sich auf die Stiftung der Magdeburger Kirche durch Kaiser Otto, deren Ordnung nach römischem Vorbild und die vom kaiserlichen Stifter bewirkte Krönung mit dem Primat über alle Kirchen seiner (Ottos) Nation.[59]

[56] Hingewiesen werden kann lediglich darauf, daß Karl IV. bei der Besetzung der anderen Erzbischofstühle (außer Prag) insgesamt weniger Erfolg als in Magdeburg hatte. Es bliebe allerdings pure Spekulation, von daher ein kaiserliches Interesse an der Aufwertung Magdeburgs zu vermuten. Neben den Arbeiten von LOSHER und HÖLSCHER (beide Anm. 21) s. zusammenfassend Ludwig SCHMUGGE, Kurie und Kirche in der Politik Karls IV., in: Kaiser Karl IV. (wie Anm. 19) S. 82–86 und Ludwig VONES, Papsttum und Episkopat im 14. Jahrhundert. Probleme der avignonesischen Päpste mit den Bistümern des Deutschen Reiches unter besonderer Berücksichtigung des Pontifikats Urbans V. (1362–1370), RQ 94 (1999) S. 170–180.

[57] PALM, Primat (wie Anm. 11) S. 250–253.

[58] *Sancte Magdeburgensis ecclesie, quam divina providentia ac summorum sancte et universalis ecclesie pontificum disposicione universis tocius Germanie basilicis honore et dignitate pretulit(ur), regimine presidente curis sollicitamur continuis...* (1440–1445: LA Magdeburg -LHA-, Rep. U 1 XIX Nr. 48).

[59] *Gloriosam et cunctis seculis venerandam sancte matris nostre Magdeburgensis ecclesie, quam dive memorie Otto imperator magnus miro edificio efundo construxit, largis prediis dotavit ac variis ad instar Romane ecclesie ministrorum ordinibus de-*

Neben dem Kreuzstab wurden vermutlich weitere Insignien zur zeremoniellen Repräsentation des Primats verwendet. Dies kann hier nicht weiter untersucht werden, doch sollen wenigstens zwei Quellenzeugnisse auf die Wertschätzung aufmerksam machen, die die symbolische Darstellung des kirchlichen Ranges auch in Magdeburg erfuhr.[60] In seiner Wahlkapitulation vom 6. April 1505 verpflichtete sich der für den erkrankten Erzbischof Ernst (1479–1513) zum Koadjutor mit Nachfolgerecht gewählte Hochmeister Friedrich von Sachsen unter anderem dazu, auf eigene Kosten für die Bereitstellung *erzbischoflicher und eins Primaten geburlicher cleidung* zu sorgen und diese auch zu tragen.[61] Der Erzbischof, der den Hochmeister dann doch überlebte, hatte 1496 in Leipzig die Messe zelebriert, als sich Herzog Georg von Sachsen mit der polnischen Königstochter Barbara vermählte. Nach dem Bericht der Annales Anhaltini, in diesem Teil geschrieben vom späteren Magdeburger Dompropst Magnus von Anhalt, war der Wettiner in die Stadt wie ein Patriarch, auf einem weißen Pferd sitzend, eingezogen (*ut patriarcha sedens super album equum*).[62] Erzbischof Ernst bediente sich demnach eines päpstlichen ‚Herrschaftszeichens', des Prozessionsschimmels.[63] Gerne wüßte man, wie er sich bei weiteren Anlässen zeremonieller Prachtentfaltung, etwa auf den Fürstenhochzeiten von 1500 (Torgau) und 1502 (Stendal), präsentierte.[64] Da für den Wettiner die nachdrückliche Beanspruchung primatialer Rechte erwiesen ist, könnte auch die Nutzung des Schimmels auf den Rang des patriarchengleichen Primas verwiesen haben.[65]

coravit, et, quod hiis omnibus plus est, super omnes nacionis illius ecclesias primatus gloria et honore coronavit ... (LA Magdeburg -LHA-, Rep. U 1 XIX Nr. 62). Vgl. PALM, Primat (wie Anm. 11) S. 252.

60 Eine eingehende Untersuchung bietet für ein anderes Beispiel: Bernhard SCHIMMELPFENNIG, Ein Bischof dem Papste gleich? Zu den Insignien und Vorrechten des Erzbischofs von Benevent, in: Aus Archiven und Bibliotheken. Fs. Raimund Kottje zum 65. Geburtstag, hg. von Hubert MORDEK (Freiburger Beiträge zur mittelalterlichen Geschichte 3, 1992) S. 391–411.

61 LA Magdeburg -LHA-, Rep. U 1/2 V Nr. 9.

62 Annales Anhaltini, hg. von Hermann WÄSCHKE (1911) S. 22.

63 Jörg TRAEGER, Der reitende Papst (Münchner kunsthistorische Abh. 1, 1970).

64 Carl August Hugo BURKHARDT, Die Vermählung des Herzogs Johann von Sachsen (1. bis 5. März 1500), NASG 15 (1894) S. 283–298; Gerd HEINRICH, Kardinal Albrecht von Brandenburg und das Haus Hohenzollern, in: Erzbischof Albrecht von Brandenburg (1490–1545), ein Kirchen- und Reichsfürst der Frühen Neuzeit, hg. von Friedhelm JÜRGENSMEIER (Beiträge zur Mainzer Kirchengeschichte 3, 1991) S. 20 (zur Stendaler Doppelhochzeit).

65 SALMON, Mitra (wie Anm. 28) S. 28 und diesem folgend TRAEGER, Papst (wie Anm. 63) S. 33 Anm. 156 führen ohne Beleg ein päpstliches Schimmel-Privileg für Magde-

Nachdem oben bereits das für die Magdeburger Primatsansprüche fundamentale Privileg von vorgeblich 968 genannt wurde, ist im folgenden auf die Entstehungsumstände der Fälschung einzugehen.[66] Diese gehört zu einer Reihe von widersprüchlichen, echten und falschen Privilegien des 10. und 11. Jahrhunderts, die für Metropoliten in der ‚Gallia' und ‚Germania' den Vorrang postulierten. Von der Forschung wurden diese Stücke vor allem im Kontext der ottonischen Kirchenpolitik wiederholt diskutiert. Eine erschöpfende Behandlung des Themas kann an dieser Stelle nicht angestrebt werden. Kurz sei lediglich auf grundsätzliche Herausforderungen hingewiesen, denen die Magdeburger Neugründung zu begegnen hatte. Vor allem die prekäre Lage, in der sich das junge Domstift befand, könnte erklären helfen, warum es sich in geradezu hybrider Weise enorm anspruchsvolle Privilegien verschaffte.

Durch die Gründung der Elbmetropole entstand für den kaiserlichen Stifter und den Magdeburger Domklerus dringend Bedarf an legitimierenden Maßnahmen, denn die neue Kirchenprovinz konnte an keine antiken oder apostolischen Traditionen anknüpfen.[67] Hamburg-Bremen, die erste Metropole, die „in der Geschichte der westlichen Christenheit gänzlich ohne antike Vorgaben auskommen mußte", hatte sich gerade nach einem über ein Jahrhundert dauernden Legitimationsprozeß als Kirchenprovinz durchgesetzt.[68] In Magdeburg, wo es zunächst um die „schiere Existenzberechtigung" gehen mußte, vertraute man auf die Kraft der Fiktionen. Zunächst postulierte man die altersmäßige Gleichstellung mit den Metropolen von Mainz, Trier und Köln, womit ein Grundsatz der pseudoisidorischen Dekretalen zur Geltung kam: Keine Metropole ohne in heidnische und apostolische Zeit zurückreichendes Alter![69] Zwar wurde die Orientierung an der

burg an. – Zu den Rangforderungen Erzbischof Ernsts von Sachsen s. WILLICH, Rangstreit (wie Anm. 15) S. 34–44, S. 51–62, S. 69–87.

66 Vgl. oben Anm. 30. Im folgenden wird davon ausgegangen, daß es sich um eine Fälschung handelt. Dies ist jedoch keineswegs unumstritten. Vgl. die Zusammenfassungen zur Forschung bei Ernst-Dieter HEHL, *Iuxta canones et instituta sanctorum patrum*. Zum Mainzer Einfluß auf Synoden des 10. Jahrhunderts, in: Papsttum, Kirche und Recht im Mittelalter. Fs. Horst Fuhrmann zum 65. Geburtstag, hg. von Hubert MORDEK (1991) S. 118 mit Anm. 5; WILLICH, Rangstreit (wie Anm. 15) S. 45–48 und Reg. Imp. 2,5 Nr. †451.

67 Zur notwendigen Legitimation kirchlicher Sprengelbildung s. jetzt SCHMIDT, Kirche (wie Anm. 1) S. 39–85 und S. 517f.

68 Ebd. S. 74–76.

69 FUHRMANN, Einfluß 2 (wie Anm. 3) S. 318 und S. 392–398; SCHMIDT, Kirche (wie Anm. 1) S. 76f. Vgl. die entscheidende Gründungsurkunde Papst Johannes' XIII. von 967 April 20: (*metropolis*) ... *non posterior sit ceteris urbibus metropolitanis, sed*

römischen Liturgie erst später (1026/27) im Sinne eines Ehrenvorrangs vor anderen Reichskirchen umgedeutet,[70] doch forderte bereits die Einrichtung des neuen Erzbistums, das sich selbstbewußt neben die traditionsreichen Stifte im Westen stellte und zudem durch den Mauritiuskult sowie als königliche Grablege erhöht wurde,[71] die älteren Metropolen heraus. Die bereits bestehende Konkurrenz um den sich in erster Linie im Krönungsrecht manifestierenden Vorrang vor den Bischöfen des Reichs verschärfte sich.[72] Das erste Primatsprivileg für einen Vertreter des ottonischen Reichsepiskopats, das Trierer Stück von 969 (bestätigt 973 und 975), ist vermutlich durch die Magdeburger Gründung veranlaßt worden. Es bestätigte dem Trierer Metropoliten unter Berufung auf die apostolische Tradition seiner Kirche den Vorrang vor allen anderen Bischöfen in der *Gallia* und *Germania*.[73] Für denselben geographischen Raum wurde Erzbischof Willigis von Mainz 975 mit dem Vikariat ausdrücklich eine papstähnliche Stellung gegenüber allen Bischöfen sowie das Recht zur Königsweihe eingeräumt, und zwar, wie der pseudoisidorische Terminus *praeeminere* definierte, nicht allein für seine Person, sondern *ad sedem*.[74] Nach jüngerer Forschungsmeinung

cum primis prima et cum antiquis antiqua (Papsturkunden [wie Anm. 30] 1 Nr. 177; Reg. Imp. 2,5 Nr. 418; UB Erzstift Magdeburg 1 [wie Anm. 30] Nr. 52). Zu den einzelnen Maßnahmen, mit denen konkrete Widerstände gegen die Magdeburger Gründung beseitigt wurden, s. Helmut BEUMANN, Entschädigungen von Halberstadt und Mainz bei der Gründung des Erzbistums Magdeburg, in: Ex ipsis rerum documentis. Beiträge zur Mediävistik. Fs. Harald Zimmermann zum 65. Geburtstag, hg. von Klaus HERBERS u.a. (1991) S. 383–398.

70 ZOTZ, *Pallium* (wie Anm. 43) S. 170f.

71 Helmut BEUMANN, Laurentius und Mauritius. Zu den missionspolitischen Folgen des Ungarnsieges Ottos des Großen, in: Fs. Walter Schlesinger 2, hg. von Helmut BEUMANN (Mitteldeutsche Forschungen 74, 1974) S. 238–275 (danach zitiert), wieder in: DERS., Ausgewählte Aufsätze aus den Jahren 1966–1986 (1987) S. 139–176; Joachim EHLERS, Magdeburg – Rom – Aachen – Bamberg. Grablege des Königs und Herrschaftsverständnis in ottonischer Zeit, in: Herrschaftsrepräsentation im ottonischen Sachsen, hg. von Gerd ALTHOFF/Ernst SCHUBERT (VuF 46, 1998) S. 49–55.

72 Vgl. Egon BOSHOF, Köln, Mainz, Trier – Die Auseinandersetzung um die Spitzenstellung im deutschen Episkopat in ottonisch-salischer Zeit, Jb. des Kölner Geschichtsvereins 49 (1978) S. 19–48; SPIESS, Rangdenken (wie Anm. 17) S. 49 und S. 51; Johannes FRIED, Der Weg in die Geschichte. Die Ursprünge Deutschlands bis 1024 (1994, zitiert nach der Taschenbuch-Ausg. 1998) S. 833f.

73 Reg. Imp. 2,5 Nr. 456, 511 und 538. Vgl. dazu ZOTZ, *Pallium* (wie Anm. 43) S. 167f. und Egon BOSHOF, Trier, Oberlothringen und das Papsttum im 10./11. Jahrhundert, in: Die französische Kirche und das Papsttum (10.–13. Jahrhundert), hg. von Rolf GROSSE (Studien und Dokumente zur Gallia Pontificia 1, 1993), bes. S. 374–378 (mit Hinweisen auf ältere Arbeiten).

74 Reg. Imp. 2,5 Nr. 542.

erlangte damit das den Mainzer Erzbischöfen 937, 946 und 955 *ad personam* verliehene und auf Synoden in die Praxis umgesetzte Vikariat des apostolischen Stuhls eine neue, quasi-primatiale Qualität.[75] Doch sei dieser Rang bereits von Otto III. demontiert worden, indem der Kaiser die Privilegierung Aachens betrieb, was die Position des dort nicht zuständigen Mainzers geschmälert habe.[76] Im 11. Jahrhundert gelang es dann den Kölner Erzbischöfen, mit dem Krönungsrecht den Vorrang im Reichsepiskopat zu erringen.[77] Gleichziehen konnte allein der Mainzer Metropolit, der wie der Kölner Erzkanzler war und zudem seinen Einfluß bei der Königswahl ausbaute.[78] Salzburger Vikariatsansprüche richteten sich zunächst auf Pannonien und Noricum bzw. die eigene Kirchenprovinz und dienten der Abwehr Passauer Aufstiegsbestrebungen.[79] Trier pflegte weiter seine apostolische und antik-kaiserliche Tradition sowie den Primatsanspruch für die ‚Gallia' und ‚Germania', konnte aber den Vorsprung der beiden konkurrierenden Rheinmetropolen nicht mehr aufholen.[80] Weder die sich herausbildende Struktur der Reichskirche noch der sich im Zuge der Kirchenreform des 11. Jahr-

75 Ebd. Nr. 137, 186 und 246. Helmut BEUMANN hatte zuletzt seine frühere Annahme eines verlorenen Mainzer Primatsprivilegs von 962 revidiert. Bei dem vermuteten Deperditum sowie bei dem Privileg für Willigis von 975 habe es sich um Bestätigungen des Vikariats ‚ad personam' gehandelt (DERS., Die Ottonen [^{2}1991] S. 91f. und S. 204f.). Jüngst hat HEHL, Herrscher (wie Anm. 43) S. 176–178, den präzisen Rechtsgehalt von *praeeminere* herausgestellt und davon ausgehend das Privileg von 975 aufgewertet. – Zum Mainzer Vorrang auf Synoden s. DERS., *Iuxta canones* (wie Anm. 66) S. 117–133.

76 HEHL, Herrscher (wie Anm. 43) S. 196. – Die Aachen betreffenden Thesen Hehls (Bistumsplan, lokales Kardinalat) wurden zurückgewiesen von FALKENSTEIN, Otto III. (wie Anm. 43) S. 91–97.

77 Die Kölner Erzbischöfe haben keinen Primat kreiert. Im 15. Jahrhundert ließen sie sich den Titel ‚legatus natus' verleihen. Vgl. Wilhelm JANSSEN, Das Erzbistum Köln im späten Mittelalter 1191–1515, in: Geschichte des Erzbistums Köln 2,1 (1995) S. 110.

78 BOSHOF, Köln, Mainz, Trier (wie Anm. 72) S. 36–48; DERS., Salzburg und Köln. Die ältesten noch bestehenden Metropolitanverbände im deutschen Sprachraum, in: 1200 Jahre Erzbistum Salzburg. Die älteste Metropole (wie Anm. 2) S. 74–76.

79 DOPSCH, Legatenwürde (wie Anm. 2) S. 266–268; DERS., Primas (wie Anm. 2) S. 137f.

80 Eugen EWIG, Kaiserliche und apostolische Tradition im mittelalterlichen Trier, Trierer Zs. für Geschichte und Kunst des Trierer Landes und seiner Nachbargebiete 24/26 (1956/58) S. 147–186 (danach zitiert), wieder in: DERS., Spätantike und fränkisches Gallien. Gesammelte Schriften 2, hg. von Helmut ATSMA (Beiheft der Francia 3, 1979) S. 51–90; BOSHOF, Köln, Mainz, Trier (wie Anm. 72) S. 38f. und S. 47f.; DERS., Trier, Oberlothringen (wie Anm. 73) S. 379–391; DERS., Salzburg (wie Anm. 78) S. 73f.

hunderts durchsetzende Jurisdiktionsprimat des Papstes ließen Raum für die Etablierung eines für alle Reichsbischöfe verbindlichen Primats, der die in den pseudoisidorischen Dekretalen angelegten, ohnehin nur schwachen jurisdiktionellen Befugnisse dieses Kirchenamtes ausgeschöpft hätte. Dabei blieb es auch künftig. Keiner der Erzbischöfe des nordalpinen Reichs, auch nicht der Mainzer, konnte sich im Mittelalter als Primas eines über die eigene Provinz hinausreichenden Sprengels durchsetzen.[81] Die Magdeburger Primatsfälschung scheint dieser Entwicklungstendenz bereits Rechnung zu tragen. Sie postuliert die *aequalitas* der Neugründung mit den ‚Galliern' Mainz, Trier und Köln und den Primat über jene Erzbischöfe, deren Metropolen rechtsrheinisch lagen (*qui in Germania ordinati sunt*). Beansprucht wurde demnach nicht die Spitzenstellung im Reichsepiskopat, sondern der Vorrang vor Hamburg-Bremen und, da westlich der Weichsel, vor Gnesen.[82] Sich dessen zu versichern, war infolge der trotz rechtlicher Mängel verkündeten Gründung des Erzbistums Gnesen (1000) ein existentielles Anliegen.[83] Da Magdeburg seine Daseinsberechtigung als Metropole nicht zuletzt aus seinen Aufgaben in der Glaubensverkündung unter Heiden zog, mußten Nachrichten über tiefgreifende, das vorgesehene Missionsgebiet betreffende Veränderungen der Kirchenstruktur erneuten Legitimationsdruck hervorrufen, auch wenn die Legitimität der Neuerungen zweifelhaft war und zudem „nur" Magdeburger Ansprüche und nicht Rechte verletzt wurden.[84] Aber

[81] MAY, Erzbischof von Mainz (wie Anm. 3) S. 45f. und S. 75f. In den Intitulationes der Mainzer Bischofsurkunden wurde der Primastitel offenbar nie verwendet. Vgl. ebd. S. 35 und S. 54–63 und Heinz THOMAS, Erzbischof Siegfried I. von Mainz und die Tradition seiner Kirche. Ein Beitrag zur Wahl Rudolfs von Rheinfelden, DA 26 (1970), bes. S. 384–395.

[82] Darauf, daß nach Einhard mit dem Germania-Begriff das Gebiet bis zur Weichsel gemeint sein konnte, hat zuerst Helmut Beumann aufmerksam gemacht: DERS., Die Bedeutung Lotharingiens für die ottonische Missionspolitik im Osten, RhVjbll 33 (1969) S. 14–46 (danach zitiert), hier S. 43, wieder in: DERS., Wissenschaft vom Mittelalter. Ausgewählte Aufsätze (1972) S. 377–408. Obgleich in der Forschung nicht unumstritten, hielt Beumann an dieser Deutung fest: DERS., Magdeburg und die Ostpolitik der Ottonen, in: Die historische Wirkung der östlichen Regionen des Reiches, hg. von Hans ROTHE (Studien zum Deutschtum im Osten 24, 1992) S. 22. Bestätigt wurde seine Auffassung jüngst von Hermann WEISERT, Seit wann spricht man von *Deutschen*?, BDLG 133 (1997) S. 148 und S. 150.

[83] Reg. Imp. 2,5 Nr. 902. Grundlegend zu Gnesen: Johannes FRIED, Otto III. und Bolesław Chrobry. Das Widmungsbild des Aachener Evangeliars, der „Akt von Gnesen" und das frühe polnische und ungarische Königtum (Frankfurter Historische Abh. 30, 1989); DERS., Der Hl. Adalbert und Gnesen, Archiv für mittelrheinische Kirchengeschichte 50 (1998) S. 41–70, vgl. ebd. S. 53f. mit Anm. 48 die Skepsis hinsichtlich der Existenz des Erzbistums Gnesen im frühen 11. Jahrhundert.

auch die Tatsache, daß der Lutizenaufstand von 983 die materielle Basis von Erzdiözese und Provinz geschwächt und (wenn auch nicht auf dem Pergament) vor allem den Verlust der Suffragane Brandenburg und Havelberg bedeutet hatte, konnte Konsequenzen nach sich ziehen, die den Rang der Domkirche betrafen. Denn während der neuen Metropole möglicherweise sieben Suffragane unterstellt werden sollten oder doch entsprechende Gerüchte kursierten, die allein schon Reaktionen hervorrufen mochten, verfügte Magdeburg zu diesem Zeitpunkt nur noch über die Bistümer Zeitz und Meißen.[85] Die Instrumente, die zur Anwendung kommen konnten, hatte Erzbischof Giselher bereits kennengelernt, als 981, damals durchaus in seinem Interesse, das Bistum Merseburg aufgelöst und er nach Magdeburg transferiert wurde.[86] In der Situation kirchlicher Neustrukturierung im Missionsgebiet konnte die Fortexistenz der jungen, zudem in ihrer Substanz geschwächten Provinz kaum als gesichert gelten.

Umstritten ist die Frage, wann die Fälschungsaktion stattfand. Plausibel erscheint der Vorschlag Helmut Beumanns, sie auf ca. 1003/04, jedenfalls noch in

84 Daß die Gnesener Vorgänge in Magdeburg als Gefährdung empfunden wurden, zeigen BEUMANN, Laurentius (wie Anm. 71) S. 270, und jüngst Ernst Dieter HEHL, Der widerspenstige Bischof. Bischöfliche Zustimmung und bischöflicher Protest in der ottonischen Reichskirche, in: Herrschaftsrepräsentation im ottonischen Sachsen (wie Anm. 71) S. 313f. Dagegen geht die von Knut GÖRICH, Otto III. Romanus Saxonicus et Italicus. Kaiserliche Rompolitik und sächsische Historiographie (Historische Forschungen 18, 1993) S. 160f. geäußerte Skepsis wohl zu weit. – Dazu, daß die Slawenmission von den führenden Magdeburger Geistlichen als von Otto I., dem Stifter ihrer Kirche, angetragene, ureigenste Aufgabe angesehen wurde, vgl. jüngst Christian LÜBKE, Magdeburg und seine östlichen Nachbarn in der Zeit des Heiligen Adalbert, Bohemia 40 (1999), bes. S. 48f. Zur Mission s. ferner Dietrich KURZE, Christianisierung und Kirchenorganisation zwischen Elbe und Oder, Wichm. Jb. N.F. 1 (1990/91) S. 11–30.

85 Zur Lage Magdeburgs s. Dietrich CLAUDE, Geschichte des Erzbistums Magdeburg bis in das 12. Jahrhundert 1 (Mitteldeutsche Forschungen 67, 1972) S. 153–158, S. 188–195 und S. 212f. – Die Ereignisse von 983 und 1000 schildert FRIED, Weg in die Geschichte (wie Anm. 72) S. 683f. und S. 728f. – Zur Siebenzahl, deren historischer Kern spekulativ bleibt: Knut GÖRICH, Ein Erzbistum in Prag oder in Gnesen?, ZfO 40 (1991) S. 24–26.

86 Am Beispiel Merseburgs hat Ernst-Dieter Hehl jüngst darauf hingewiesen, daß die Auflösung von Bistümern als gerechtfertigt galt, sofern diese nicht „der Ehre des bischöflichen Amtes" entsprachen (DERS., Merseburg – eine Bistumsgründung unter Vorbehalt. Gelübde, Kirchenrecht und politischer Spielraum im 10. Jahrhundert, FmSt 31 [1997] S. 106). Zu diesem pseudoisidorischen Grundsatz s. auch Horst FUHRMANN, Pseudoisidor in Rom vom Ende der Karolingerzeit bis zum Reformpapsttum, ZKG 78 (1967) S. 41 mit Anm. 66; DERS., Einfluß (wie Anm. 3) 2 S. 321f. mit Anm. 67.

den Pontifikat Giselhers, zu datieren. Mit der Fälschung, die im Einklang stehe mit Bestrebungen, das Bistum Posen der Magdeburger Kirchenprovinz einzugliedern, sei von Magdeburger Seite unmittelbar auf die Errichtung des Erzbistums Gnesen reagiert worden.[87] Kirchenrechtlich legitimiert war der Primat durch Pseudoisidor, der primatiale Instanzen zwar grundsätzlich an apostolische und antike Vorgaben band, doch für Missionsgebiete eine Ausnahme kannte: Über neue Bistümer könnte bei Notwendigkeit ein Primas gesetzt werden.[88] Auf Pseudoisidor bezog sich auch ein anderer, die Unterstellung Posens unter Magdeburg propagierender Text derselben Zeit. Daß die pseudoisidorischen Dekretalen in der Elbmetropole bekannt waren, darf daher als gesichert gelten.[89] Dieser Rechtsquelle folgend, suchte die Fälschung nicht den Rangstreit mit den alten Metropolen, vielmehr war sie bestrebt, Magdeburg unter veränderten Bedingungen Aufgaben zuzuweisen, die über die zur Begründung des metropolitanen Ranges nicht ausreichende Stiftermemoria hinausgingen und den 968 eingenommenen Platz in der Kirchenhierarchie sichern sollten. In diesem Sinne diente der pseudoisidorische Primat über weitere, in Missionsgebieten gegründete Erzbistümer vor allem der Existenzsicherung des metropolitanen Domstifts.[90]

[87] BEUMANN, Ottonen (wie Anm. 75) S. 206f.; DERS., Magdeburg (wie Anm. 82) S. 22 mit Anm. 100. Die von Mogens Rathsack vorgeschlagene Spätdatierung der Fälschung auf 1011/12 wurde von der diplomatischen Forschung nicht übernommen. Vgl. DERS., Die Fuldaer Fälschungen. Eine rechtshistorische Analyse der päpstlichen Privilegien des Klosters Fulda von 751 bis ca. 1158, 1 (Päpste und Papsttum 24, 1989) S. 253–276 und Reg. Imp. 2,5 Nr. †451. – Für den vorliegenden Beitrag nicht mehr berücksichtigt werden konnte: Helmut BEUMANN, Theutonum Nova Metropolis. Studien zur Geschichte des Erzbistums Magdeburg in ottonischer Zeit (Quellen und Forschungen zur Geschichte Sachsen-Anhalts 1, 2000).

[88] *Nulli archiepiscopi primates vocentur, nisi illi, qui primas tenent civitates, quarum episcopos et successores eorum regulariter patriarchas vel primates esse constituerunt, nisi aliqua gens deinceps ad fidem convertatur, cui necesse sit propter multitudinem episcoporum primatem constitui* (Decretales Pseudoisidorianae et Capitula Angilramni, hg. von Paul HINSCHIUS [1863, ND 1963] S. 121). Vgl. FUHRMANN, Studien (wie Anm. 3) 3 S. 153; SCHMIDT, Kirche (wie Anm. 1) S. 51 und S. 75.

[89] Siehe den schon mehrfach erwähnten Entwurf einer Urkunde Johannes' XVIII. mit dem Satz *Crescente autem ... episcopia fundarentur* (s. Anm. 32). Vgl. BEUMANN, Bedeutung Lotharingiens (wie Anm. 82) S. 26 Anm. 67 und FUHRMANN, Einfluß (wie Anm. 3) 2 S. 394 Anm. 98.

[90] Vgl. Helmut BEUMANN, Das päpstliche Schisma von 1130, Lothar III. und die Metropolitanrechte von Magdeburg und Hamburg-Bremen in Polen und Dänemark, in: Deutsche Ostsiedlung in Mittelalter und Neuzeit (Studien zum Deutschtum im Osten 8, 1971) S. 20–43, wieder in: DERS., Wissenschaft vom Mittelalter (wie Anm. 82) S. 479–500 (danach zitiert), hier S. 489f.

Nachdem im 11. Jahrhundert trotz schwieriger Ausgangslage die Konsolidierung des Erzbistums gelang, fand das nunmehr vorliegende Privileg in der kirchenpolitischen Praxis bis zur Mitte des 14. Jahrhunderts keine nachweisbare Anwendung. Von einem seit 968 bestehenden Magdeburger Primat, wie er von Rudolf Joppen behauptet wurde, kann daher keine Rede sein.[91] In den von Innozenz II. dem Magdeburger Erzbischof Norbert von Xanten gegebenen Bestätigungen Magdeburger Rechte in Polen wird zwar an Fiktionen des frühen 11. Jahrhunderts angeknüpft, doch erfolgte keine Wiederbelebung des Primats. Ausdrücklich ließ sich Norbert seine vorgeblichen Rechte als Metropolit bestätigen, der Rang eines Primas wird nicht genannt. Wie bereits erwähnt, wird die bei dieser Gelegenheit eingeholte Bestätigung des Vortragekreuzes in keinen Zusammenhang mit dem Primat gebracht.[92] Wenn also 1133 der vermutlich durch keine Quelle legitimierten Metropolitangewalt über Polen der Vorzug gegeben wurde, dürfte dies darauf zurückzuführen sein, daß Norbert von Xanten, wohl im Interesse seiner Reformvorhaben, bestrebt war, effektiveren Einfluß auf die polnische Kirche zu gewinnen, als aus dem zwar schriftlich tradierten, jedoch rechtlich vagen und zudem auf die ‚Germania' beschränkten Magdeburger Primat abgeleitet werden konnte.[93]

Erst Erzbischöfe des 14. Jahrhunderts, vielleicht bereits Dietrich von Portitz mit dem Symbol des Kreuzstabes, sicher aber Albrecht von Sternberg mit der neuen Intitulatio, verkündeten den Primat ihrer Kirche in ‚Germanien'. Berechtigt sa-

91 JOPPEN, Magdeburg (wie Anm. 4) S. 104 geht von einer authentischen päpstlichen Primatsverleihung im Jahr 968 aus und folgert daraus, die Magdeburger Erzbischöfe hätten seitdem zu den Primates gezählt. Auch abgesehen von der Fälschungsfrage ist diese Argumentation wegen der ahistorischen Prämisse abzulehnen, päpstliche Entscheidungen hätten automatisch und dauerhaft die Rechtswirklichkeit verändert.

92 Vgl. die Urkunden von 1131 (mit dem Vortragekreuz und der Nennung Posens unter den Suffraganen) und 1133 Juni 4 (mit der jurisdiktionellen Unterstellung aller, zum Teil fiktiven polnischen Bistümer, einschließlich Gnesens, dessen erzbischöflicher Rang übergangen wird): UB Erzstift Magdeburg 1 (wie Anm. 30) Nr. 227 und 229; Schlesisches UB 1, bearb. von Heinrich APPELT (1963) Nr. 7. Der Fälschungsverdacht von JOPPEN, Magdeburg (wie Anm. 4) S. 105, man habe in Magdeburg das von der Kurie verwendete *jure primatico subiacere* durch das *jure metropolitico subiacere* ersetzt, entbehrt der Grundlage. – Die politischen, insbesondere durch das Schisma von 1130 und die Rivalität König Lothars III. mit der polnischen Missionspolitik in Pommern bzw. an der Oder gegebenen Umstände, die zur Ausstellung der beiden Privilegien führten, erläutert BEUMANN, Das päpstliche Schisma von 1130 (wie Anm. 90) S. 479f., S. 486–491 und S. 494–500.

93 Intentionen Norberts, seine Reformideen östlich der Oder zu verbreiten, vermutet Stefan WEINFURTER, Norbert von Xanten im Urteil seiner Zeitgenossen (Xantener Vorträge zur Geschichte des Niederrheins 5, 1992) S. 18f.

hen sie sich dazu durch den bereits in der frühen Fälschung formulierten Primatsanspruch. Ob sie sich Gedanken darüber machten, wie der Primat *in dutschen landen* mit der gegenüber Köln, Mainz und Trier postulierten *aequalitas* zu vereinbaren war, berichtet keine Quelle.[94] Hinsichtlich verfassungsrechtlicher Konsequenzen erscheint ihre Maßnahme aus heutiger Perspektive wie ein Wechsel auf die Reichstags-Zukunft des späten 15. Jahrhunderts. Da diese nicht bekannt war, könnten um die Mitte des 14. Jahrhunderts neben zeremoniellen Rangfragen wohl eher vage Vorstellungen über jurisdiktionellen Gewaltenzuwachs das Interesse am Primat belebt haben.

Für das 15. Jahrhundert ist belegt, daß der Magdeburger Primatsanspruch überregional zur Kenntnis genommen wurde. Der Titel ‚Primas Germaniae' findet sich in Kaiser- und Papsturkunden, in Konzilsschreiben sowie in Aufzeichnungen zum Basiliense.[95] Florentiner Gesandte, die eine Teilnehmerliste zu einer 1426 am Hof König Sigmunds abgehaltenen Fürstenversammlung verfaßten, wiesen darauf hin, daß der anwesende Erzbischof von Magdeburg der *primas Alamanie* sei.[96] Dietrich von Nieheim weiß 1413/14 in seiner „Cronica" zu berichten, Otto der Große habe beim Papst die Erhebung des Magdeburgers zum ‚Primas Germaniae' erwirkt und festgelegt, die Erzbischöfe sollten auch bei weltlichen Anlässen die *primas sedes* unter den (weltlichen) Fürsten einnehmen.[97] Enea Silvio Piccolomini bemerkt in seiner „Germania" (1457/58), daß die drei rheinischen Erzbischöfe unter den deutschen Prälaten hervorragen, sich der Salzburger Erzbischof durch Legatenrang und Eigenbistümer auszeichnet,

94 Die Übersetzung von *Primas Germaniae* oder *durch Germanien* mit *in dutschen landen* findet sich erstmals 1424 (PALM, Primat [wie Anm. 11] S. 249 Anm. 4). Allerdings ist auch für die Mitte des 14. Jahrhunderts vorauszusetzen, daß unter Germanien die deutschen Länder verstanden und zu diesen die deutschsprachigen, linksrheinischen Erzbistümer gezählt wurden. Es bestanden jedoch Interpretationsspielräume, so daß noch 1427 in Trier die Lage in der *Gallia* behauptet werden konnte (SCHMIDT, Kirche [wie Anm. 1] S. 273). Vgl. Heinz THOMAS, Das Identitätsproblem der Deutschen im Mittelalter, GWU 43 (1992) S. 135–156; SCHMIDT, Kirche (wie Anm. 1) S. 530f.; WEISERT, Seit wann spricht man von *Deutschen* (wie Anm. 82) S. 150f. und S. 162–164.

95 Reg. Imp. 11 Nr. 8309; Die Protokolle des Concils von 1436. Aus dem Manuale des Notars Bruneti und einer zweiten Pariser Handschrift, hg. von Johannes HALLER, in: CB 4 S. 222. Weiteres bei PALM, Primat (wie Anm. 11) S. 251f. und WILLICH, Rangstreit (wie Anm. 15) S. 74 mit Anm. 459. – Die Belege ließen sich vermehren.

96 RTA 8 S. 446f., Nr. 378.

97 Dietrich von Nieheim, Historie de Gestis Romanorum Principum, Cronica, Gesta Karoli Magni Imperatoris, edd. Katharina COLBERG/Joachim LEUSCHNER (MGH Staatsschriften 5,2, 1980) S. 194.

doch den Primat der *natio Germanica* habe der Überlieferung zufolge der Magdeburger Metropolit. Folgerichtig wird Erzbischof Friedrich von Beichlingen von Enea Silvio als *primas Germanie* bezeichnet.[98] Um 1470 schreibt der Kölner Kartäuser Werner Rolevinck, der Erzbischof der von Kaiser Otto I. gestifteten Kirche sei *Primus Almaniae.*[99] Der Reformer Johannes Busch meinte in seinem „Liber de reformatione" (1470/75), der Propst des Magdeburger Prämonstratenserklosters Unser Lieben Frauen werde *secundus primas Germanie* genannt, *sicut Magdeburgensis archiepiscopus primus dicitur primas Germanie.*[100] Schließlich wird auch in der 1493 gedruckten Weltchronik des Hartmann Schedel angeführt, der Magdeburger Kirche sei auf Ottos Förderung hin der *primatus in Alemania* verliehen worden.[101] Während sich die bisher genannten Stellungnahmen im wesentlichen damit begnügten, den Magdeburger Primat zur Kenntnis zu nehmen, fragte der Hamburger Domlektor Albert Krantz zu Beginn des 16. Jahrhunderts danach, was dieser denn beinhalte. Er verwies dabei auf den Vorrang der geistlichen Kurfürsten und den Streit mit Salzburg.[102] An einen nicht allein ehrenhalber eingeräumten Primat, sondern an ein jurisdiktionsberechtigtes Kirchenamt dachte offenbar keiner der zitierten Autoren. Den Zeitgenossen blieb ebenso wie größtenteils der modernen Historiographie verborgen, daß der ‚Primas Germaniae' um die Mitte des 15. Jahrhunderts in bestimmten – wenigen – Fällen als den Metropoliten übergeordnete Instanz der Kirchenhierarchie in Erscheinung trat.

98 Aeneas Silvius, „Germania" und Jakob Wimpfeling: „Responsa et Replicae ad Eneam Silvium", hg. von Adolf SCHMIDT (1962) S. 58 und S. 72.

99 In der Schrift „Fasciculus temporum omnes antiquorum cronicas complectens", in: Rerum Germanicarum Scriptores 2, hg. von Burkhard Gotthelf STRUVE (1726) S. 535.

100 Des Augustinerpropstes Johannes Busch Chronicon Windeshemense und Liber de reformatione monasteriorum, hg. von Karl GRUBE (GQPS 19, 1886) S. 505: Busch nennt Vorrechte des Magdeburger Propstes, der als Vorsteher der sächsischen Zirkarie weitgehend unabhängig von Prémontré war.

101 Hartmann SCHEDEL, Weltchronik (1493, ND 1975) S. 180.

102 *Quomodo vero et unde consecuta sit haec ecclesia, ut primas dicatur Germaniae archiepiscopus eius, nec dum comperi; sciens tamen nonnullos archiepiscopos illi non cedere in honore, nam Saltzburgensis cum eo contendit de paritate, nec archiepiscopi elctores illi cedunt locum. Unde ergo et in quo primatum habeat, alicunde mihi velim ostendi* (Albert KRANTZ, Metropolis sive Historiae Ecclesiasticae Saxoniae [1596] lib. 3, c. 28 [S. 190f.]). Zum Autor jüngst MÜLLER, Bistumsgeschichtsschreibung (wie Anm. 23) S. 344f.

III. Der Primat im 15. Jahrhundert – jurisdiktionelle Aspekte

Bei der Verteidigung ihres primatialen Ranges hatten die Magdeburger Erzbischöfe vor allem das gegen Primates häufig vorgebrachte Argument der Verjährung zu entkräften.[103] Zwar lag mit dem Privileg von angeblich 968 ein päpstlicher Rechtstitel vor, doch war auch dessen Anwendung zu belegen. Erzbischof Ernst von Sachsen, der juristisch fundierte Präzedenz-Argumente vor das Nürnberger Reichsregiment von 1500/01 brachte, berief sich zunächst darauf, daß Würde und Amt auch dann gültig blieben, wenn sie nicht ausgeübt würden. Weiter wurde aber auch behauptet, der Magdeburger Erzbischof sei als Primas in Jurisdiktionsfragen anerkannt worden. Verwiesen wurde auf Appellationen von Urteilen des Bremer Offizials sowie des Mainzer Generalrichters für Thüringen. Auch seien in der Zeit vor dem Wiener Konkordat (1448) Erzbischöfe seines Primatialsprengels vom Magdeburger Primas konfirmiert worden. Dieser Argumentation nach handelte es sich bei dem Primat *in dutschen landen* um keine bloße Fiktion, sondern um ein tatsächlich ausgeübtes kirchliches Amt.

Der zweite Teil der Argumentation überrascht, da in der Forschung unumstritten ist, daß im hohen und späten Mittelalter jurisdiktionelle Instanzen zwischen den Ordinarien und dem Papst keine maßgebliche Rolle mehr spielten. Dennoch sollte der Magdeburger Primas als Appellationsinstanz und gar als Konfirmator in Erscheinung getreten sein? Man ist geneigt, dies als eine zweckorientierte Erfindung abzutun, und würde den Magdeburgern damit Unrecht tun. Denn aus dem 15. Jahrhundert liegen Quellen vor, die die Behauptungen von 1500/01 im wesentlichen bestätigen. Im einzelnen handelt es sich um folgende, urkundliche Belege:

1) 1441 (Oktober / November): Erzbischof Günther von Magdeburg konfirmiert als *Germanie primas* den am 21. August 1441 zum Erzbischof von Bremen gewählten Gerhard von Hoya (1441–1463). (Die Wahl dieses Bremer Erzbischofs wurde bislang falsch auf den 24. Januar 1442 datiert, doch fand die Wahlversammlung des Domkapitels vom 19. bis 21. August 1441 statt. Am Tag nach der

[103] Vgl. zum folgenden WILLICH, Rangstreit (wie Anm. 15) S. 63–83. Zur Verjährung s. auch FUHRMANN, Studien (wie Anm. 3) 3 S. 182f. Den juristischen Hintergrund des Rechtsverlustes bei ausgebliebener Nutzung beleuchten Helmut G. WALTHER, Das gemessene Gedächtnis. Zur politisch-argumentativen Handhabung der Verjährung durch gelehrte Juristen des Mittelalters, in: Mensura – Mass, Zahl, Zahlensymbolik im Mittelalter 1, hg. von Albert ZIMMERMANN (Miscellanea Mediaevalia 16,1, 1983) S. 213–233 und Harald MÜLLER, Das verwirkte Privileg. Zu Datum und Hintergrund der Dekretale Si de terra Alexanders III. (X 5.33.6, JL 13739), ZRG Kan. 85 (1999), bes. S. 160f. mit Anm. 53 und S. 168.

Wahl wurde auch ein Beschluß über die Wahlkapitulation gefaßt. Am 18. Februar 1442 ist Gerhard von Hoya mit dem Titel eines *gekorenen und bestedigeden heren des stichtes to Bremen* belegt, indes erfolgte die Konfirmation noch 1441.)[104]

2) 1444 September 9: Erzbischof Günther von Magdeburg, *Germanie primas*, beauftragt auf Antrag des Abtes vom Paulskloster bei Bremen und des Propstes und Dekans der Bremer Kollegiatkirche St. Ansgar den Dompropst, Dekan und Kantor von Lübeck, das aufgrund päpstlicher Ernennung beanspruchte Richteramt des Abtes von Reinfeld auf seine Legitimität hin zu prüfen.[105]

3) 1446 April 13: Erzbischof Friedrich von Magdeburg beauftragt nach an ihn als *Primas Germanie* ergangener Appellation des Matthias Darne, Laie aus der Diözese Schwerin, den Domdekan von Lübeck (*decanum ecclesie Lubucensis*, wohl nicht Lebus, sondern verschrieben aus *Lubicensis*), in Darnes Streit mit Nikolaus Bessen, Kleriker der Diözese Roskilde, als delegierter Richter den Prozeß zu führen. Nach einem Urteil des Schweriner Bischofs oder Offizials habe Darne zunächst an den zuständigen Metropoliten in Bremen und nach einer von dessen Offizial verkündeten Sentenz an den Primas appelliert.[106]

4) 1447 November 5: Erzbischof Friedrich von Magdeburg richtet auf Ersuchen des in Lübeck residierenden Bankiers Gerardo Bueri aus Florenz ein Delegati-

[104] PALM, Primat (wie Anm. 11) S. 271–274 (Konfirmation ohne Tagesdatum); LA Magdeburg -LHA-, Rep. Cop. 26, fol. 59r–61v (Wahlversammlung); Bremisches UB, 7 Bde., hg. von Wilhelm von BIPPEN u. a. (1862–1993) 6,1 Nr. 280 (Wahlkapitulation); 7 Nr. 3 (1442 Februar 18). – Die bisherige Fehldatierung ist abhängig von den chronikalischen Nachrichten bei Heinrich Wolter (Archiepiscopatus Bremensis Chronicon, in: Heinrich MEIBOM, Rerum Germanicarum 2 [1688] S. 77) und der sog. Fortsetzung der Rynesberch-Schenischen Chronik (Geschichtsquellen des Erzstiftes und der Stadt Bremen, hg. von Johann Martin LAPPENBERG [1841] S. 169; danach auch: Wilhelm von HODENBERG, Hoyer UB 8 [1854] S. 179, Nr. 285), die die Wahl auf St. Thimothei 1442 datieren. Wolter legte den Tod Erzbischof Balduins († 1441 Juli 8) fälschlich in das Jahr 1442, was zur Fehldatierung der folgenden Wahl führte. Vielleicht orientierte sich Wolters Vorlage an dem im Bremer Kalender bekannten Tag SS. Timothei et Symphoriani (August 22) 1441, was bei ihm zu St. Thimothei (Januar 24) 1442 wurde. – Vgl. Walter SCHÖNECKE, Personal- und Amtsdaten der Erzbischöfe von Hamburg-Bremen vom Jahre 831 bis 1511 (1915) S. 81; Rudolf MEIER, Die Pröpste der Braunschweiger Kollegiatstifte St. Blasius und St. Cyriacus im Mittelalter, Braunschweigisches Jb. 52 (1971) S. 39f.; Michael REIMANN, Hoya, Gerhard Graf von (1412–1463), in: Die Bischöfe des Heiligen Römischen Reiches 1448 bis 1648. Ein biographisches Lexikon, hg. von Erwin GATZ (1996) S. 319f.

[105] Bremisches UB 7 (wie Anm. 104) Nr. 263. Zur Sache s. weiter ebd. Nr. 245, 270 und 274.

[106] LA Magdeburg -LHA-, Rep. Cop. 66, fol. 24r (Abschrift 15. Jahrhundert).

onsmandat an den Offizial von Ratzeburg, der einen Prozeß im Streit zwischen Bueri und Erzbischof Tue (Nielsen) von Lund (1443–1474) führen soll. Bueri verlangte die Zahlung von Geldern, die noch aus dem Pontifikat des Vorgängers in Lund ausstanden.[107]

Die vier Beispiele durch weitere zu ergänzen, bleibt künftigen Forschungen vorbehalten. Quantifizierende Aussagen über die jurisdiktionelle Wirksamkeit des Magdeburger Primats müssen vorerst vage bleiben. Es besteht allerdings kein Anlaß, das vom Magdeburger Erzbischof ausgeübte primatiale Richteramt zu überschätzen.

Die Appellation gegen ein Urteil des metropolitanen Bremer Offizialats (Nr. 3) belegt, daß Magdeburg mindestens in einem Fall als nächsthöhere Instanz angesehen wurde. Vor diesem Hintergrund muß die von Magdeburger Seite vorgebrachte Behauptung, an Erzbischof Ernst sei vom Mainzer Gericht in Erfurt appelliert worden, nicht in Zweifel gezogen werden, auch wenn ein urkundlicher Beleg bislang fehlt. Damit darf ein fünfter Fall, der im Gegensatz zu den anderen Belegen nicht in die vierziger Jahre des 15. Jahrhunderts gehört, zumindest angenommen werden. Des weiteren wandten sich Bremer Geistliche an den Magdeburger, um die Legitimation eines päpstlichen Delegaten überprüfen zu lassen (Nr. 2), und ein Florentiner, in Lübeck lebender Bankier ging mit seiner gegen den Erzbischof von Lund gerichteten Klage gleichfalls nach Magdeburg (Nr. 4). In diesen beiden Fällen wird zwar nicht deutlich, kraft welcher Autorität der Magdeburger Erzbischof wirksam wurde. Da jedoch die für Delegatenurkunden charakteristischen Hinweise auf Beauftragungen durch Papst oder Konzil fehlen, dürfte der Magdeburger aus ‚ordentlicher' Kompetenz gehandelt haben. Diese vermittelte außerhalb des Metropolitansprengels wohl allein der Primat, auf den sich bei der Bestätigung des Bremer Elekten ausdrücklich berufen wurde (Nr. 1).

Im kanonischen Recht waren den Primates gewisse Befugnisse als übermetropolitane Appellations- und Devolutionsinstanz eingeräumt worden.[108] Der aufgeführten Überlieferung zufolge wurden an den ‚Primas Germaniae' sowohl eine

[107] Ebd. fol. 27r (Abschrift 15. Jahrhundert); davon Abschrift in der SBPK, HA, Manuscripta Borussica Fol. 931. Zur Sache (1437: Überweisung von Servitiengeldern des Erzbischofs von Lund an die päpstliche Kammer in Rom) s. Gerhard FOUQUET, Ein Italiener in Lübeck: Der Florentiner Gerardo Bueri († 1449), Zs. des Vereins für Lübeckische Geschichte und Altertumskunde 78 (1998) S. 212; zu Bueri jüngst auch: Arnold ESCH, Brügge als Umschlagplatz im Zahlungsverkehr Nordeuropas mit der römischen Kurie im 15. Jahrhundert: die vatikanischen Quellen, in: Hansekaufleute in Brügge 4: Beiträge der Internationalen Tagung in Brügge April 1996, hg. von Nils JÖRN u. a. (2000) S. 125–127.

Appellation als Rechtsmittel (Nr. 3) als auch direkte Klagen oder außergerichtliche Appellationen (Nr. 2 und 4) herangetragen. Aus kanonistischer Sicht problematischer war die Konfirmation eines Erzbischofs durch den Primas (Nr. 1). Gratian zufolge stand die Bestätigung und Weihe eines gewählten Metropoliten dessen Suffraganen zu.[109] In der Praxis hatten sich zu Beginn des 13. Jahrhunderts die Päpste als Konfirmatoren der Erzbischöfe durchgesetzt. Allerdings kannten weder das Dekret Gratians noch der Liber Extra ein entsprechendes, in jedem Besetzungsfall gültiges Recht des Papstes. Doch konnten Erzbischöfe als dem Papst unmittelbar unterstellt angesehen werden, woraus nach der in den Liber Sextus aufgenommenen Konstitution „Cupientes" von 1278 folgte, daß sie ihre Bestätigung an der Kurie einholen mußten.[110] Für den Reichsepiskopat verbindlich formuliert wurden sowohl das Wahlrecht der Kapitel als auch das Konfirmationsrecht des Papstes zunächst im Konstanzer Konkordat mit der deutschen Nation (1418) und dann wieder im Wiener Konkordat von 1448.[111] Die Wahlen der deutschen Metropolitankapitel wurden weder vorher noch nachher

108 D. 80 c. 1–5; D. 99 c. 1–5; X 5.1.2. Vgl. FUHRMANN, Einfluß (wie Anm. 3) 2 S. 570 und Robert L. BENSON, The Bishop-Elect. A study in medieval ecclesiastical office (1968) S. 68, S. 168 und S. 183.

109 D. 66 c. 1; D. 64 c. 6.

110 VI 1.6.16. Auf ‚Cupientes' beriefen sich die Konkordate von Konstanz und Wien (s. die folgende Anm.) hinsichtlich der einzuhaltenden Fristen. Vgl. Paul HINSCHIUS, System des katholischen Kirchenrechts mit besonderer Rücksicht auf Deutschland 2 (1878, ND 1959) S. 577; Klaus GANZER, Papsttum und Bistumsbesetzungen in der Zeit von Gregor IX. bis Bonifaz VIII. Ein Beitrag zur Geschichte der päpstlichen Reservationen (Forschungen zur kirchlichen Rechtsgeschichte und zum Kirchenrecht 9, 1968) S. 19f. und S. 31f.; Martina STRATMANN, Das Recht der Erzbischofsweihe im ostfränkisch-deutschen Reich vom 8. bis 13. Jahrhundert, in: Papsttum, Kirche und Recht im Mittelalter (wie Anm. 66) S. 55–77.

111 Wiener Konkordat: Quellen zur Verfassungsgeschichte des römisch-deutschen Reiches im Spätmittelalter (1250–1500), hg. von Lorenz WEINRICH (Freiherr vom Stein-Gedächtnisausgabe 33, 1983) S. 502, § 2 (so bereits im Konstanzer Konkordat, das bis zum 2. Mai 1423 gültig war). Vgl. Andreas MEYER, Bischofswahl und päpstliche Provision nach dem Wiener Konkordat, RQ 87 (1992) S. 132. Nicht näher eingegangen werden kann an dieser Stelle auf die päpstlichen Reservationen, insbesondere jene aller Patriarchal-, Metropolitan- und Bischofskirchen durch Urban V. (1362/63), durch die das Wahl- und damit auch das nichtpäpstliche Konfirmationsrecht generell hinfällig wurden. Die Konkordate von 1418 und 1448 hoben diese, kraft päpstlicher Kanzleiregel grundsätzlich gültige Reservation für die deutsche Nation auf. Vgl. Leo JACKOWSKI, Die päpstlichen Kanzleiregeln und ihre Bedeutung für Deutschland, AkathKR 90 (1910) S. 205–213 und VONES, Papsttum (wie Anm. 56) S. 151f. und S. 155f.

von einem Primas geprüft und bestätigt. Es fragt sich daher, aufgrund welcher kirchenrechtlichen Ideen oder Konzepte sich der Bremer Elekt, sein Domkapitel und der Magdeburger Erzbischof zu ihrem außerordentlichen Vorgehen berechtigt sahen.

Zunächst ist darauf hinzuweisen, daß in der mittelalterlichen Kanonistik die Befugnisse der Primates diskutiert und tendenziell eher gering veranschlagt wurden.[112] Die kanonistischen Kommentare und Summen kennen als obligatorische hierarchische Stufen unter dem Papst allein die Metropoliten und Bischöfe, wobei sie für die letzteren die Autonomie gegenüber den Erzbischöfen bzw. die direkte Unterstellung unter die Amtsgewalt des Papstes betonten.[113] Doch wurde den Primates, sofern vorhanden, neben der Funktion als Appellationsinstanz auch ein gewisser Einfluß bei der Vergabe von Kirchen des jeweiligen Primatialsprengels zugestanden. In Anlehnung an Gratian wurde die Meinung vertreten, daß für die Konsekration eines Bischofs der Konsens des Primas notwendig sei.[114] Auch gab es Erwägungen, ein Primas könne die Wahl eines Bischofs bestätigen, wenn der übergeordnete Erzbischofstuhl gerade vakant wäre.[115] Entscheidend für unseren Fall ist der kanonistische Grundsatz, demzufolge ein gewählter Dignitär vom nächsthöheren Prälaten zu bestätigen sei. Dabei wurde von einigen Kanonisten der Primas berücksichtigt, dem die Konfirmation der Erzbischöfe seines Primatialsprengels zustehe. Da sich diese Auffassung zum Beispiel in der verbreiteten „Glossa Ordinaria" des Johannes Teutonicus findet, darf angenommmen werden, daß sie rechtskundigen Geistlichen in Bremen und Magdeburg bekannt war.[116]

Für die Konfirmation von 1441 nicht weniger wichtig dürfte die Tatsache gewesen sein, daß die Aufwertung primatialer Kirchenstrukturen auf den großen Reformkonzilien des 15. Jahrhunderts diskutiert wurde. In Konstanz war vorgebracht worden, daß die Wahl eines Erzbischofs durch den (sofern vorhanden) zuständigen Primas (*per primatem, si illum habeat*) zu bestätigen sei.[117] Auf dem Basler Konzil hatte „bereits in der zweiten Hälfte des Jahres 1433 ... der Vorschlag zur Debatte gestanden, oberhalb der Ebene der Kirchenprovinzen für jede *natio* einen Primas zu installieren. Dieser sollte Provinzialsynoden einberufen,

112 SCHMIDT, Kirche (wie Anm. 1) S. 53–56

113 Kenneth PENNINGTON, Pope and Bishops. The papal monarchy in the twelfth and thirteenth centuries (1984).

114 BENSON, Bishop-Elect (wie Anm. 108) S. 182.

115 Ebd. S. 106.

116 Ebd. S. 107, S. 182–184; GANZER, Papsttum (wie Anm. 110) S. 20 mit Anm. 61. Zu Johannes Teutonicus: Stephan KUTTNER, Repertorium der Kanonistik (1140–1234). Prodromus Corporis Glossarum (Studi e Testi 71, 1937) S. 93–99.

allgemeine Konzilien vorbereiten, die Disziplin an den ihm unterstellten Kirchen untersuchen, Visitationen anordnen."[118] Über eine neue Synodalverfassung mit Primates bzw. Patriarchen an der Spitze dachten Reformer wie Johannes Schele, Nikolaus von Kues und Johannes de Ragusa nach.[119]
In dem deutschen Reformtraktat „Concilia, wie man die halden sol" von 1442/43 wird darüber hinaus, wohl in Abhängigkeit von den genannten kanonistischen und auf den Konzilien verhandelten Konzepten, das vorgeblich altkirchliche Konfirmationsrecht der Primas-Patriarchen beschworen und dabei auf Magdeburg verwiesen: *hatte dan der erczbischoff aber sich einen patriarchen ader einen primaten, als ein bischoff von Magdeborg sin sal allir erczbischoffen in dutschen landen, so endorfften sie die kore auch nicht brengin an den babst zcu bestetigen, sunder alleine an den patriarchen ader primaten, die des erczbischoffs obirste was.*[120]
Gegen die für diese Schrift bislang angenommene Autorschaft des Magdeburger Dompredigers und Bremer Scholasters Heinrich Toke wurden jüngst Bedenken geltend gemacht.[121] Es muß daher offen bleiben, ob dem Verfasser die Vorge-

117 Quellen zur Kirchenreform im Zeitalter der großen Konzilien des 15. Jahrhunderts 1: Die Konzilien von Pisa (1409) und Konstanz (1414–1418), hg. von Jürgen MIETHKE/Lorenz WEINRICH (Freiherr vom Stein-Gedächtnisausgabe 38a, 1995) S. 442. Vgl. auch die Forderung der *Decretales reformationis*, Wahlen seien durch die *immediatos superiores* zu bestätigen (Phillip H. STUMP, The Reforms of the council of Constance [1414–1418] [Studies in the history of christian thought 53, 1993] S. 162).

118 SCHMIDT, Kirche (wie Anm. 1) S. 504.

119 Zu Kues und Ragusa s. SCHMIDT, Kirche (wie Anm. 1) S. 505f. Scheles Vorschlag findet sich in den „Avisamenta reformacionis in curia et extra" von 1433/34, s. Hans AMMON, Johannes Schele, Bischof von Lübeck, auf dem Basler Konzil. Ein Beitrag zur Reichs- und Kirchengeschichte des 15. Jahrhunderts (Veröffentlichungen zur Geschichte der Freien und Hansestadt Lübeck 10, 1931) S. 100f.; Die Handakten des Konzilspräsidenten Cesarini, hg. von Heinrich DANNENBAUER, in: CB 8 S. 120.

120 Hansgeorg LOEBEL, Die Reformtraktate des Magdeburger Domherrn Heinrich Toke. Ein Beitrag zur Geschichte der Reichs- und Kirchenreform im 15. Jahrhundert (masch.-schr. Diss. Göttingen 1949) S. 112.

121 Hildegund HÖLZEL, Heinrich Toke und der Wolfenbütteler „Rapularius" (MGH Studien und Texte 23, 1998) S. 85–87. Zuvor bereits Zweifel bei Remigius BÄUMER, Heinrich Toke, in: LThK 10 (^{2}1965) Sp. 233. Zu Tokes Reformvorstellungen s. HÖLZEL, Toke, S. 39–104; kurz auch Claudia MÄRTL, Der Reformgedanke in den Reformschriften des 15. Jahrhunderts, in: Reform von Kirche und Reich zur Zeit der Konzilien von Konstanz (1414–1418) und Basel (1431–1449), Konstanz-Prager Historisches Kolloquium 1993, hg. von Ivan HLAVÁČEK/Alexander PATSCHOVSKY (1996) S. 93, S. 98 und S. 102f. – Toke wurde zwar Domherr in Bremen, übernahm

hensweise von 1441 unmittelbar vor Augen stand. Festzuhalten ist aber, daß das Konfirmationsrecht des ‚Primas Germaniae' in Reformkreisen diskutiert wurde. Und mit Toke, einem Doktor der Theologie, war in Personalunion sowohl am Magdeburger als auch am Bremer Dom ein führender Vertreter der Kirchenreform bepfründet. Bei der Bremer Wahl von 1441 waren zwei Stimmen auf ihn gefallen; er selbst hatte nicht für Gerhard von Hoya, sondern über einen Prokurator für den Propst von Wildeshausen, Johann von Schonebeke, gestimmt.[122] Ob Toke dennoch die Konfirmation des Elekten unterstützte, ist unklar.

In Magdeburg beeinflußte Toke maßgeblich die unter Erzbischof Günther einsetzenden Reformaktivitäten. Für diesen, aber auch für Erzbischof Balduin von Bremen (1434–1441), den Vorgänger Gerhard von Hoyas, war Toke mit Gesandtschaften zum Konzil und zu Reichsversammlungen betraut worden. Vielleicht hat er auch auf die in Bremen 1436/37 forcierte Reform der Benediktiner eingewirkt.[123] 1439 war Toke als Gesandter des Magdeburger Erzbischofs persönlich anwesend, als die sogenannte Mainzer Akzeptation beschlossen wurde.[124] Was nur angedeutet werden sollte: Über die Person Tokes bestanden Verbindungen zwischen Magdeburg und Bremen sowie zwischen beiden Domkirchen und den Hauptereignissen der Kirchenreform. Es ist daher mehr als wahrscheinlich, daß Argumente der Reformdiskussion die Konfirmation von 1441 unmittelbar beeinflußten.

Während also das primatiale Bestätigungs„recht" grundsätzlich bekannt war, bot doch erst die kirchenpolitische Entwicklung der späten dreißiger Jahre Raum für seine Umsetzung in die Praxis. Nach der kurfürstlichen Erklärung von 1438, sich im Konflikt zwischen Papst und Konzil mit Konsens der übrigen Reichsfürsten

dort jedoch nicht die Lektur, sondern zeitweise das Scholasteramt (1441/1442: LA Magdeburg -LHA-, Rep. Cop. 26, fol. 60r; Bremisches UB 7 [wie Anm. 104] Nr. 17), das er vor 1446 Juni 22 vertauschte (Repertorium Germanicum 5: Eugen IV. [1431–1447] [Ms. im Deutschen Historischen Institut Rom], Art. Gotscalcus Hellinczstede).

122 LA Magdeburg -LHA-, Rep. Cop. 26, fol. 60r.

123 Vgl. Johannes HELMRATH, *Capitula*. Provinzialkapitel und Bullen des Basler Konzils für die Reform des Benediktinerordens im Reich. Mit einer Konkordanz und ausgewählten Texten, in: Studien zum 15. Jahrhundert. Fs. Erich Meuthen 1, hg. von Johannes HELMRATH/Heribert MÜLLER (1994), bes. S. 94 und S. 113; Wolfgang SEIBRICH, Episkopat und Klosterreform im Spätmittelalter, RQ 91 (1996) S. 292f. und S. 324.

124 RTA 14 Nr. 56. Vgl. Heinz HÜRTEN, Die Mainzer Akzeptation von 1439, Archiv für mittelrheinische Kirchengeschichte 11 (1959) S. 42–75.

neutral zu halten,[125] akzeptierten die 1439 in Mainz versammelten Metropoliten bzw. deren Gesandte sowie Vertreter König Albrechts II. 26 Dekrete des Basler Konzils. Angesichts der formalen Auflösung der Basler Versammlung durch Eugen IV., dessen Suspension (24. Januar 1438) und des schließlich zur Papstabsetzung (25. Juni 1439) führenden Prozesses sollten wohl „nach französischem Vorbild wesentliche Teile des Basler Reformwerks für das Reich" gerettet werden, noch „bevor ein solcher Schritt in der Situation eines neuen Schismas tatsächlich eine einseitige Parteinahme impliziert haben würde".[126] Zu den 1439 anerkannten Konzilsbeschlüssen gehörte auch das für unser Thema einschlägige Wahlendekret vom 13. Juli 1433.[127] Es legt fest, daß für alle *beneficia electiva* die kanonische Wahl galt, deren Verlauf detailliert vorgeschrieben wurde. Das Dekret handelt weiter über die Tätigkeit der Konfirmatoren, auch über den Papst, der für Wahlbestätigungen keine Gebühren erheben sollte, doch fehlen eindeutige Aussagen darüber, welche Instanz für welche Wahl zuständig sei. Gemeint waren die jeweiligen, nächsthöheren Vorgesetzten,[128] was in der Mainzer Akzeptation durch einen Zusatz hervorgehoben wurde.[129] Damit war zweifels-

125 RTA 13 Nr. 130. Vgl. dazu HÜRTEN, Mainzer Akzeptation (wie Anm. 124) S. 47f. und die Zusammenfassung des Forschungsstandes bei Johannes HELMRATH, Das Basler Konzil 1431–1449. Forschungsstand und Probleme (Kölner Historische Abh. 32, 1987) S. 289–297.

126 Ebd. S. 300f.

127 COD S. 469–472. Vgl. Johannes HELMRATH, Reform als Thema der Konzilien des Spätmittelalters, in: Christian Unity. The Council of Ferrara-Florence 1438/39–1989, hg. von Giuseppe ALBERIGO (Bibliotheca Ephemeridum Theologicarum Lovaniensium 97, 1991) S. 112. Zum formalen Ablauf von Bischofswahlen vor dem Dekret s. Bernhard SCHIMMELPFENNIG, Papst- und Bischofswahlen seit dem 12. Jahrhundert, in: Wahlen und Wählen im Mittelalter, hg. von Reinhard SCHNEIDER/Harald ZIMMERMANN (VuF 37, 1990), bes. S. 191–195.

128 In einer Ergänzung vom 26. März 1436 wurde festgestellt, daß der Papst die ihm zustehenden Bestätigungen nur unter bestimmten Bedingungen zurückweisen dürfe (COD S. 504f.). In einer zweiten Ergänzung vom 30. Oktober 1439 werden als Konfirmatoren die *superiores, ad quos ... spectat confirmacio*, genannt (Monumenta Conciliorum Generalium saeculi decimi quinti 3 [1886/96] S. 422f.). Vgl. Richard ZWÖLFER, Die Reform der Kirchenverfassung auf dem Konzil zu Basel, Basler Zs. für Geschichte und Altertumskunde 28 (1929) S. 177.

129 *eciam confirmacio eleccionem fiat per inmediato superiorem, ad quem spectat jus confirmandi, et, si ipse sine causa racionabili confirmare distulerit seu recusaverit, mediatus superior desuper adiri poterit* (RTA 14 S. 111, Art. 2).

frei definiert, daß Bischöfe, die nicht direkt dem Papst unterstanden, vom zuständigen Metropoliten zu bestätigen waren. Längst nicht in allen, aber immerhin doch in vier Besetzungsfällen wurde dies auch so gehandhabt.[130] Für gewählte Metropoliten wird man zuvorderst an Papst oder Konzil als zuständige Konfirmatoren gedacht haben. Die offenen Formulierungen ließen jedoch die Auffassung zu, ein deutscher Primas sei als unmittelbar Vorgesetzter zur Bestätigung befugt. Da sich jedoch im Verlauf des Mittelalters keine zwischen Papst und Reichsepiskopat stehende primatial-patriarchalische Instanz etabliert hatte, kann es nicht verwundern, wenn die genannte Interpretation abgesehen vom Bremer Fall in der Praxis keine Rolle spielte. Zwar zeichnet sich 1438/39 deutlich das Bemühen der Erzbischöfe ab, verstärkt kirchliche Verantwortung in ihren Provinzen zu übernehmen,[131] doch bestand auch um 1440 kein Konsens darüber, welcher Metropolit als Primas einer ‚deutschen Kirche' anzusehen war.[132] Von den anderen Erzbischöfen, die zwischen 1439 und 1448 gewählt bzw. postuliert wurden, ist für den Salzburger (1441) die Konfirmation durch das Basler Konzil urkundlich belegt und für den Magdeburger (1445) zwar chronikalisch, aber nicht zuverlässig überliefert.[133] Dagegen hatte sich Dietrich von Sierck zu-

130 Es handelt sich um die Mainzer Suffragane Halberstadt (1437!), Chur (1440), Eichstätt (1440) und Worms (1445). Vgl. PALM, Primat (wie Anm. 11) S. 258; HÜRTEN, Mainzer Akzeptation (wie Anm. 124) S. 72, und HELMRATH, Basler Konzil (wie Anm. 125) S. 346f. – Zu Halberstadt ist zu bemerken, daß Eugen IV. die Wahl des Domkapitels am 19. Juli 1437 kassierte und dessen Kandidaten providierte (Repertorium Germanicum 5 [wie Anm. 121], Art. Borchardus de Warberge). Die Mainzer Konfirmation war damit hinfällig. – Evtl. wurde auch Bischof Konrad (Kron) von Lebus 1439 von seinem Metropoliten (Gnesen oder Magdeburg) konfirmiert. Vgl. Siegmund Wilhelm WOHLBRÜCK, Geschichte des ehemahligen Bisthums Lebus und des Landes dieses Nahmens 2 (1829) S. 187f. Die Metropolitanfrage bedarf noch der Untersuchung. Vgl. Dietrich KURZE, Das Mittelalter. Anfänge und Ausbau der christlichen Kirche in der Mark Brandenburg (bis 1535), in: Tausend Jahre Kirche in Berlin-Brandenburg, hg. von Gerd HEINRICH (1999) S. 91.

131 Vgl. HELMRATH, Basler Konzil (wie Anm. 125) S. 292 und Paul-Joachim HEINIG, Zwischen Kaiser und Konzil: Die „Reformdiskussion" in der Mainzer Kirche, in: Reform von Kirche und Reich (wie Anm. 121) S. 116f. – Zur Frage, ob die Mainzer Akzeptation zu einer an nationalen Grenzen orientierten Kirchenverfassung tendierte, s. zusammenfassend BORGOLTE, Kirche (wie Anm. 1) S. 74f. SCHMIDT, Kirche (wie Anm. 1) S. 533–535 und passim.

132 Einen institutionell abgesicherten Primat hätten jeweils die anderen Erzbischöfe oder die Metropolitankapitel kaum akzeptiert. Vgl. unten Anm. 136 den Rechtsvorbehalt des Bremer Domkapitels.

nächst die Koadjutorie und dann die Nachfolge in Trier 1439 von Eugen IV. bestätigen lassen.[134] Während der im November 1439 vom Konzil gewählte (Gegen-)Papst Felix V. als Konfirmator eines deutschen Metropoliten nicht in Erscheinung trat, handelt es sich bei der Bestätigung des Bremer Elekten um den einzigen, von der Forschung bislang kaum bemerkten Fall einer weder von Konzil noch Papst vorgenommenen Konfirmation eines Metropoliten.[135]

[133] Salzburg: Heinz DOPSCH, Friedrich III., das Wiener Konkordat und die Salzburger Hoheitsrechte über Gurk, Mitteilungen des Österreichischen Staatsarchivs 34 (1981) S. 65f.; Magdeburg: Friedrich von Beichlingen wurde am 19. April 1445, zu diesem Zeitpunkt noch im Laienstand, vom Domkapitel postuliert. Gemäß seiner Wahlkapitulation vom 15. September 1445 (s. Anm. 51) sollte er sich nach Erhalt der Bestätigung zum Erzbischof weihen lassen. Im Widerspruch dazu stehen die Angaben der Schöppenchronik und der Bischofschronik, er sei vom Basler Konzil bestätigt und schon Ende August 1445 in Magdeburg geweiht worden (Gesta [wie Anm. 24] S. 447 und 466; Die Chroniken der niedersächsischen Städte: Magdeburg [wie Anm. 22] 1 S. 384; kein Beleg bei Konrad EUBEL, Die durch das Basler Konzil geschaffene Hierarchie, RQ 16 [1902] S. 269–286). Eventuell im Zusammenhang mit der von Erzbischof Friedrich 1447 geleisteten Obödienzerklärung gegenüber Eugen IV. wurde der Adressat im Konzept eines Gesuches um Bestätigung korrigiert: das Konzil wurde gestrichen, der Papst eingesetzt (LA Magdeburg -LHA-, Rep. Cop. 26, fol. 92r–93v) – vielleicht ein Hinweis darauf, daß die Bestätigung erst bei Eugen eingeholt wurde. Der in dieser Quelle gelieferte Bericht über den Wahlvorgang ist sichtlich bemüht, dem Wahlendekret des Konzils gerecht zu werden, aus dem offensichtlich einzelne Formulierungen übernommen wurden. Auch die Bischofschronik betont die Übereinstimmung des Wahlvorgangs mit den Konzilsbeschlüssen (Gesta [wie Anm. 24] S. 447); vgl. dazu jüngst MÜLLER, Bistumsgeschichtsschreibung (wie Anm. 23) S. 230f.

[134] Ignaz MILLER, Jakob von Sierck 1398/99–1456 (Quellen und Abh. zur mittelrheinischen Kirchengeschichte 45, 1983) S. 59.

[135] Es ist das Verdienst von Heinz Dopsch, auf die nach PALM, Primat (wie Anm. 11) und HINSCHIUS, System 2 (wie Anm. 110) S. 578 Anm. 2 in Vergessenheit geratene Bremer Bestätigung hingewiesen zu haben (DOPSCH, Legatenwürde [wie Anm. 2] S. 276f.). – Zu den Bestätigungen deutscher Bischöfe zwischen 1439 und 1448 s. Joachim W. STIEBER, Pope Eugenius IV, the council of Basel and the secular and ecclesiastical authorities in the Empire. The conflict over suprem authority and power in the church (Studies in the history of christian thought 13, 1978) S. 438f. (ohne Beleg zu 1441). Vgl. auch HELMRATH, Basler Konzil (wie Anm. 125) S. 189. – Erzbischof Balduin von Bremen war 1434 von Eugen IV. providiert worden (Regesten der in Niedersachsen und Bremen überlieferten Papsturkunden 1198–1503, hg. von Brigide SCHWARZ [Quellen und Untersuchungen zur Geschichte Niedersachsens im Mittelalter 15, 1993] Nr. 1689f.).

In dem Bestätigungsverfahren, das auf Bitte zunächst des Bremer Elekten und dann auch des Domkapitels in Magdeburg eingeleitet wurde,[136] orientierte sich Erzbischof Günther an den Vorgaben des Basler Wahlendekrets. In Magdeburg und Bremen wurde in Anschlägen dazu aufgefordert, eventuellen Widerspruch gegen die Wahl vorzubringen.[137] Zu Günthers – angesichts des vorbildlosen Handelns notwendigen – Legitimation wurde diesen Verlautbarungen das Privileg von 968 in der kürzeren Fassung inseriert.[138] Dem Erzbischof lag zunächst ein über den Wahlvorgang ausgestelltes Notariatsinstrument vor, in dem ausdrückliche Hinweise auf das Basler Dekret fehlen.[139] Auf Magdeburger Seite entstanden offenkundig Bedenken hinsichtlich des von den Wählern vor dem Wahlakt geleisteten ‚iuramentum', dessen Wortlaut 1433 in Basel vorgeschrieben und 1439 noch einmal als notwendiger Teil kanonischer Wahlen eingeschärft worden war. Jedenfalls sah sich das Bremer Domkapitel veranlaßt, einen Prokurator nach Magdeburg zu senden und zu versichern, daß dieser Eid und die Wahl insgesamt gemäß dem Basler Dekret abgehalten worden sei.[140] Auffälligerweise fehlt dann aber in der Konfirmationsurkunde jeglicher Bezug auf das Konzil und sein Dekret. Statt dessen wird allgemein angeführt, die Bestätigung sei im Sinne der *iusticia* und gemäß dem *ordo Romanus*, dem päpstlichen Konfirmationsverfahren, durchgeführt worden – mit der Absicht, die Entscheidung

[136] Zuerst hatte der Bremer Elekt in Magdeburg um Bestätigung nachgesucht. Am 5. Oktober 1441 bat auch das Domkapitel von Bremen darum, Erzbischof Günther möge die Konfirmation kraft primatialer Gewalt vornehmen. Die Domherren erklärten gleichzeitig, daß dies kein Präjudiz für die Rechte und Ehren ihrer Kirche nach sich ziehen dürfe, andernfalls sei der Bestätigungsakt als nichtig anzusehen (LA Magdeburg -LHA-, Rep. Cop. 26, fol. 63v–64r; PALM, Primat [wie Anm. 11] S. 270f.). Hierzu sowie zum folgenden: ebd. S. 254–260.

[137] LA Magdeburg -LHA-, Rep. Cop. 26, fol. 62r–63r (1441 September 28).

[138] Nur in der längeren Fassung steht der Primat *in confirmando*. Daß dem Primas das Konfirmationsrecht zustehe, wurde nicht mit dem speziellen Magdeburger Privileg begründet, sondern als allgemeines Primatsrecht angesehen. So wurde wohl die Wendung der kürzeren Fassung verstanden: *in omni ecclesiastico ordine primatum habere volumus*. Vgl. PALM, Primat (wie Anm. 11) S. 259f.

[139] LA Magdeburg -LHA-, Rep. Cop. 26, fol. 59r–61v (1441 August 19–21).

[140] Ebd. fol. 64r–65v (1441 November 9). Als Prokurator des Bremer Domkapitels wurde Hermann Pentel, Propst von St. Blasii in Braunschweig, beauftragt, der zuvor bereits von Gerhard von Hoya mit der Bitte um Konfirmation an Erzbischof Günther entsandt worden war. Zu Pentels Beziehungen zu den Grafen von Hoya s. Brigide SCHWARZ, Hannoveraner in Braunschweig. Die Karrieren von Johann Ember († 1423) und Hermann Pentel († nach 1463), Braunschweigisches Jb. für Landesgeschichte 80 (1999) S. 33–35. – Die Pflicht, den Wählern einen Eid abzunehmen, betont der zum Wahlendekret gelieferte Nachtrag vom 30. Oktober 1439 (s. Anm. 128).

in Übereinstimmung mit Gott zu treffen (*secundum deum dijudicaverimus fore faciendum*). Auf diesen berief sich Erzbischof Günther auch anläßlich der an einem festgesetzten Termin verlesenen und in die Bestätigungsurkunde inserierten Sentenz, mit der die unter Beiziehung von Rechtskundigen (*iurisperiti*) geprüfte Wahl für kanonisch befunden und bestätigt wurde: *Christi nomine invocato, pro tribunali sedentes et solum deum pro oculis habentes ... declaramus ...*[141] Auf Bremer Seite knüpften Gerhard von Hoya und das Domkapitel mit ihrem Vorgehen zwar an die strikte Neutralitätspolitik des verstorbenen Erzbischofs Balduin von Wenden an, doch wäre der ausdrückliche Bezug auf ein im Rahmen der Neutralität akzeptiertes Dekret des Basiliense wohl problematisch gewesen.[142] Denn angesichts der kirchenpolitischen Entwicklungen mußte unklar sein, wie lange man sich noch auf Konzilsentscheidungen berufen konnte, ohne daß damit der betreffende Rechtsakt eo ipso ungültig würde. Möglicherweise waren es also Bremer Wünsche, die den Wortlaut der Bestätigung beeinflußten. Vielleicht waren es aber auch Befürchtungen angesichts der eigenen Courage, die den Magdeburger Erzbischof dazu veranlaßten, sich beim höchsten Richter rückzuversichern. Die Tatsache, daß Günther von Schwarzburg dennoch den Konfirmationsakt vollzog, zeugt wohl nicht allein von Prestigebewußtsein, sondern ebenso von der Bereitschaft, die 1438 eingeschlagene Neutralitätspolitik mit allen Konsequenzen durchzuhalten.[143]

Für die Bestätigung eines deutschen Metropoliten durch den ‚Primas Germaniae' gab es kein historisches Vorbild und ihr kanonischer Charakter war durchaus anfechtbar. Und doch machte dieser Akt, mit dem die Magdeburger Primatsfiktion ihren größten Schritt in die Wirklichkeit der kirchlichen Hierarchie tat, offensichtlich keine erneute, legitimierende Bestätigung notwendig, zumal Eugen IV. 1447 in den sogenannten Fürstenkonkordaten die vorläufige Gültigkeit der 1438

[141] LA Magdeburg -LHA-, Rep. Cop. 26, fol. 66r–67v; PALM, Primat (wie Anm. 11) S. 271–274 (1441, ohne Tag). Die Konfirmationsformel findet sich wiederholt in LA Magdeburg -LHA-, Rep. Cop. 26, fol. 58v. – Zum Bestätigungsverfahren s. GANZER, Papsttum (wie Anm. 110) S. 20.

[142] Heinrich STUTT, Die nordwestdeutschen Diözesen und das Basler Konzil in den Jahren 1431 bis 1441, Niedersächsisches Jb. für Landesgeschichte 5 (1928) S. 45f. – Ende 1442 favorisierte der Bremer Domdekan Dethard Sleter den Papst Eugen IV., was jedoch zu seiner Taktik in einem Pfründstreit gehört haben könnte, jedenfalls nicht auf die generelle Obödienz schließen läßt. Vgl. Bremisches UB 7 (wie Anm. 104) Nr. 51 und 54.

[143] Die Fortsetzung der Neutralität wurde noch im Juli 1442 in einer Denkschrift verteidigt, die Heinrich Toke vermutlich als Gesandter des Magdeburger Erzbischofs den in Frankfurt versammelten Fürsten und Gesandten vorlegte (RTA 16 S. 557–567, Nr. 217). Vgl. HÖLZEL, Toke (wie Anm. 121) S. 88f.

akzeptierten Konzilsdekrete einräumte und pauschal die nach deren Maßgabe durchgeführten Kollaturen bestätigte.[144] Gerhard von Hoya führte sein Amt als vom Primas konfirmierter Erzbischof.[145]
Nach dem Wiener Konkordat und der Restituierung der päpstlichen Jurisdiktionshoheit über den deutschen Episkopat war der politische Spielraum, der dem ‚Primas Germaniae' zumindest in Ansätzen zur Wirksamkeit verholfen hatte, nicht mehr gegeben.[146] Jedoch wurde auch nach der Mitte des 15. Jahrhunderts wiederholt an den Magdeburger Primat erinnert, und zwar im Zusammenhang mit Bestrebungen, die Kirche einer wie auch immer abzugrenzenden deutschen ‚natio' in größerer Unabhängigkeit von der römischen Kurie zu strukturieren.[147] Konkrete Bemühungen um die rechtliche Aufwertung des primatialen Amtes sind von Kardinal Albrecht von Brandenburg bekannt. Dieser hatte als Erzbischof von Magdeburg und Mainz sowie Administrator von Halberstadt bereits enorme Macht innerhalb der Reichskirche übernommen. Um seine Kompetenzen zu erweitern, bemühte er sich zudem um die Übernahme einer vom Papst mit

[144] Noch am 25. November 1446, als Gerhard einen Prokurator zur Obödienzerklärung gegenüber Eugen IV. bevollmächtigte, nannte er sich *electus confirmatus* (Bremisches UB 7 [wie Anm. 104] Nr. 477). Die Tatsache, daß er sich später als *sedis apostolice gratia archiepiscopus Bremensis* bezeichnete, dürfte auf die allgemeine Anerkennung in den Fürstenkonkordaten und eine inzwischen erfolgte Bischofsweihe zurückzuführen sein (UB des Bistums Lübeck 3, bearb. von Wolfgang PRANGE [Schleswig-Holsteinische Regesten und Urkunden 14, 1995] Nr. 1682 [1449 November 4]). Vgl. DOPSCH, Friedrich III. (wie Anm. 133) S. 50 und STIEBER, Pope Eugenius IV (wie Anm. 135) S. 298f.

[145] Die in der Literatur (s. Anm. 104) vielfach wiederholte Behauptung, Gerhard von Hoya sei am 1. April 1442 päpstlich bestätigt worden, geht offensichtlich auf einen Fehler bei Konrad EUBEL, Hierarchia catholica medii (et recentioris) aevi 2 ([2]1914, ND 1968) S. 124, zurück. Weder für eine päpstliche Konfirmation noch für eine solche des Konzils liegen in der lokalen oder vatikanischen Überlieferung Anhaltspunkte vor. Vgl. Regesten Niedersachsen (wie Anm. 135); Repertorium Germanicum 5 (wie Anm. 121), Gerardus filius quond. Ottonis de Hoya; kein Beleg auch bei EUBEL, Basler Konzil (wie Anm. 133). – Chronikalisch wurde die Bestätigung von 1441 offensichtlich nicht kommentiert. Vgl. Wilhelm PÜCKERT, Die kurfürstliche Neutralität während des Basler Concils. Ein Beitrag zur deutschen Geschichte von 1438–1448 (1858) S. 126 Anm. 1.

[146] Vermutlich stellt die bereits genannte, urkundlich nicht nachgewiesene Appellation vom Mainzer Generalgericht in Erfurt an Erzbischof Ernst von Sachsen eine Ausnahme dar. Evtl. kam dabei die Besetzung des Erfurter Provisorenamtes mit Wettinern zum Tragen. Allerdings wurden den Provisoren die gerichtlichen Befugnisse zunehmend entzogen. Vgl. Georg MAY, Die geistliche Gerichtsbarkeit des Erzbischofs von Mainz im Thüringen des Späten Mittelalters. Das Generalgericht zu Erfurt (Erfurter Theologische Studien 2, 1956) S. 113f.

weitreichenden Fakultäten ausgestatteten Legation. 1518 strebte er die Legation ‚de latere' für ganz Deutschland und 1530 für die Kirchenprovinzen von Mainz und Magdeburg an.[148] Wie im ersten scheint der Hohenzoller auch im zweiten Fall mit seinen Wünschen an der Kurie nicht durchgedrungen zu sein. Seit 1531 nannte er sich aber ‚legatus natus', beanspruchte also die rangmäßig der Legation ‚de latere' nachgeordnete, ständige Legation.[149] Unter Berufung auf diese providierte Albrecht 1536 einen neuen Propst für St. Marien in Erfurt. Die Legation galt demnach mindestens für die Erzdiözese Mainz;[150] offensichtlich knüpfte der Hohenzoller an Mainzer Legatentraditionen an.[151] Albrecht wollte aber auch dem Primat in Deutschland, den er mit dem Magdeburger (und nicht, wie häufig mißverstanden, mit dem Mainzer) Erzbischofstuhl verbunden sah,

[147] Zu nennen sind hier Hans von Hermansgrün, Jakob Wimpfeling, Ulrich von Hutten und Martin Luther. Vgl. Albert WERMINGHOFF, Nationalkirchliche Bestrebungen im deutschen Mittelalter (Kirchenrechtliche Abh. 61, 1910, ND 1965) S. 117–119, S. 125–129 und S. 137–141; WILLICH, Rangstreit (wie Anm. 15) S. 34–36 und S. 85–87 (mit weiterer Literatur); ferner: Alfred ADAM, Die Nationalkirche bei Luther, Archiv für Reformationsgeschichte 35 (1938), bes. S. 51–53 und S. 60f.; Bernd MOELLER, Klerus und Antiklerikalismus in Luthers Schrift an den christlichen Adel deutscher Nation von 1520, in: Anticlericalism in Late Medieval and Early Modern Europe, hg. von Peter A. DYKEMA (Studies in medieval and reformation thought 51, 1993) S. 359f. – Albrecht von Brandenburg wurde sowohl von Luther als auch von Melanchthon als Primas angesprochen. Vgl. Bernhard LOHSE, Albrecht und Luther, in: Erzbischof Albrecht von Brandenburg (wie Anm. 64) S. 81.

[148] Aloys SCHULTE, Zwei Aktenstücke zum Leben des Kardinals Albrecht von Brandenburg, in: Studien aus Kunst und Geschichte. Friedrich Schneider zum 70. Geburtstag gewidmet (1906) S. 203–217; Alfred KOHLER, Antihabsburgische Politik in der Epoche Karls V. Die reichsständische Opposition gegen die Wahl Ferdinands I. zum römischen König und gegen die Anerkennung seines Königtums (1524–1534) (Schriftenreihe der Historischen Kommission bei der Bayerischen Akademie der Wissenschaften 19, 1982) S. 135 mit Anm. 60.

[149] WILLICH, Rangstreit (wie Anm. 15) S. 104f.; MAY, Erzbischof von Mainz (wie Anm. 3) S. 65f. – ‚Legati nati' hatten verglichen mit den ‚legati de latere' weitaus geringere Kompetenzen, die sich jedoch nicht generell auf Ehrenvorrechte reduzieren lassen. Vgl. HLEDÍKOVÁ, Prager Erzbischöfe (wie Anm. 44) S. 237–255; WILLICH, Rangstreit S. 48–50 (mit Literatur in Anm. 292) und S. 68f.; SCHMIDT, Kirche (wie Anm. 1) S. 88f.

[150] Josef PILVOUSEK, Die Prälaten des Kollegiatstiftes St. Marien in Erfurt von 1400–1555 (Erfurter Theologische Studien 55, 1988) S. 117.

[151] Zur Mainzer Legation s. MAY, Erzbischof von Mainz (wie Anm. 3) S. 54–63. Ergänzend ist darauf hinzuweisen, daß sich Erzbischof Dietrich von Erbach (1434–1459) 1441 ausdrücklich auf den Rang eines ‚legatus natus' seiner Provinz berief (RTA 16 S. 114f., Nr. 66).

die Rechte eines ‚legatus natus' hinzufügen.[152] Jedenfalls bemühte er sich 1521 beim Papst um die Verleihung einer ständigen Legation, deren Fakultäten auch für seine Magdeburger Nachfolger als ‚primates Germaniae' gelten sollten.[153] Die Kompetenzen des Primas sollten demnach durch die des Legaten vermehrt bzw. eindeutig definiert werden. Jedoch kam auch dieses Projekt nicht zur Durchführung.

In den Jahrzehnten nach 1521 schuf die Kirchenspaltung Tatsachen, die jeglichen Vorstellungen von einem Kirchenprimat im Reich den Boden entzogen. Zwar wurde in Magdeburg am primatialen Titel festgehalten und in verschiedenen Zusammenhängen auf den entsprechenden Rang verwiesen,[154] doch trat der Primat außerhalb des Erzstifts im wesentlichen noch als Sessionsargument auf den Reichstagen in Erscheinung. Wohl infolge dieser Entwicklung, in der der Titel ‚Primas Germaniae' gewissermaßen säkularisiert wurde, dürften die Salzburger Erzbischöfe, nachdem 1648 die Umwandlung Magdeburgs in ein Herzogtum sowie die Aufgabe der Session unter den geistlichen Fürsten endgültig beschlossen war, „aus dem Vorsitz auf der geistlichen Fürstenbank" den Primastitel abgeleitet haben[155]. Umso bemerkenswerter ist es, daß die Magdeburger Regierung nach Friedrichs des Großen Anfragen von 1742/44 den juristischen Bestimmungen gegenüber den historischen Argumenten den Vorzug gab und auf den kirchenrechtlichen Kern des Primats verwies, der in weltlichen Dingen keine Vorrechte vermitteln könne.

[152] Den Titel ‚Primas Germaniae' hat der Hohenzoller eindeutig auf seinen Magdeburger Erzbischofstuhl bezogen. Vgl. WILLICH, Rangstreit (wie Anm. 15) S. 90f. Weitere Belege: Provision zum Administrator vom 2. Dezember 1513 (Leonis X Pontificis Maximi Regesta [1513–1515], bearb. von Josef HERGENRÖTHER, fasz. 1–8 [1884–1891] Nr. 5573); Eintrag im Bruderschaftsbuch der Anima in Rom vom 18. Januar 1514 (Gustav SCHMIDT, Magdeburger in Rom, GbllMagd 27 [1892] S. 359). – Ungenau daher MAY, Erzbischof von Mainz (wie Anm. 3) S. 35 und S. 63–67.

[153] Paul KALKOFF, W. Capito im Dienste Erzbischof Albrechts von Mainz. Quellen und Forschungen zu den entscheidenden Jahren der Reformation (1519–1523) (Neue Studien zur Geschichte der Theologie und der Kirche 1, 1907) S. 139. Vermutlich in diesem Zusammenhang steht die chronikalische Nachricht, Albrecht von Brandenburg habe schon 1520 den Titel *legatus natus* geführt (Die Chroniken der niedersächsischen Städte: Magdeburg [wie Anm. 22] 2 S. 105).

[154] So wird in einem Gutachten zur Einrichtung des Konsistoriums (1569/80) damit argumentiert, daß die landesherrliche Sorge für die Magdeburger Kirche deshalb *hochnotigk* sei, weil *freunde und feinde ... auffs primatum Germaniae ein sonderlich aug haben* (SCHRADER, Gutachten [wie Anm. 11] S. 558).

[155] WILLICH, Rangstreit (wie Anm. 15) S. 111; DOPSCH, Primas (wie Anm. 2) S. 145 (mit dem Zitat).

Der Magdeburger Primat spielte als Fiktion wieder eine Rolle in den romantischen Vorstellungen, die Friedrich Wilhelm IV. von Preußen über eine an apostolische Grundlagen anknüpfende Neuorganisation der evangelischen Kirche entwickelte. Kurz vor seiner Thronbesteigung schrieb der Hohenzoller, der Magdeburger Erzbischof solle als ‚Primas Germaniae' den neuzugründenden preußischen Bistümern vorstehen, doch wußte er, daß diese ‚Sommernachtsträume' nicht zu realisieren waren.[156] Als katholisches Bistum erhielt Magdeburg 1994 wieder einen eigenständigen Status – von Primatsansprüchen ist indes nichts zu vernehmen.[157]

[156] Brief an Christian Bunsen vom 24. März 1840: Leopold von RANKE, Aus dem Briefwechsel Friedrich Wilhelms IV. mit Bunsen (1873) S. 63. Vgl. dazu David E. BARCLAY, Anarchie und guter Wille. Friedrich Wilhelm IV. und die preußische Monarchie (1995) S. 137f.; MAY, Erzbischof von Mainz (wie Anm. 3) S. 74. – Zum Mainzer Primat im 19. Jahrhundert s. ebd. S. 71–74; Hubert BECHER, Der deutsche Primas. Eine Untersuchung zu deutschen Kirchengeschichte in der ersten Hälfte des neunzehnten Jahrhunderts (1940); zu Salzburg: DOPSCH, Legatenwürde (wie Anm. 2) S. 281f.; DERS., Primas (wie Anm. 2) S. 145.

[157] Vgl. Franz SCHRADER, Überblick über die Geschichte des bischöflichen Amtes Magdeburg von der Reformation bis heute, in: DERS., Auf dem Weg durch die Zeit. Beiträge zur Geschichte der Kirche in Sachsen-Anhalt (1994) S. 81f.

Olaf B. Rader

Denkmal, Gräber, Wunderblut. Gebrochenes Gedächtnis und Geschichte am Beispiel der Mark Brandenburg

„Aus den Augen, aus dem Sinn"! So wie in dem Sprichwort verhält es sich mit einer einstmals weltberühmten Baulichkeit in Berlin. Vor ca. einhundert Jahren geschaffen, zählte sie damals zu den Orten allerhöchsten Sensationswertes in Deutschland. Doch wie eine Sternschnuppe verglühte ihre strahlende Popularität zu dunkler Bedeutungslosigkeit. „Bemoost wie alte Karpfen" befand eine große deutsche Tageszeitung den Zustand einiger Teile schon vor Jahren.[1] Reste des Monuments fristen heute ein weitgehend ignoriertes Dasein in einem alten Pumpenhaus in Kreuzberg, welches gutgemeint ‚Lapidarium' heißt, realitätsnäher aber besser ‚Abstellkammer entfunktionalisierter Gedächtnisse' genannt werden könnte. Die Rede ist von der Siegesallee oder genauer von den 32 marmornen Figurengruppen der Markgrafen von Brandenburg, die der Auftraggeber, Kaiser Wilhelm II., als „bleibenden Ehrenschmuck für meine Hauptstadt"[2] verstanden wissen wollte.

Worin könnte der Zusammenhang der von den Berlinern auch liebevoll-respektlos ‚Puppenallee' genannten Anlage mit dem entwicklungsgeschichtlichen Platz der Lande zwischen Elbe/Saale und Oder im Spätmittelalter[3] bestehen, der eine Behandlung an diesem Ort rechtfertigte? Was hat der „Ehrenschmuck" der Jahrhundertwende mit der Mark im Spätmittelalter zu tun? Und wie verhalten sich ‚Gräber' und ‚Wunderblut' dazu, wie der Titel anregen will?

1 Helmut CASPAR, Steter Tropfen höhlt das Sein, Frankfurter Allgemeine Zeitung vom 1. Oktober 1998 S. 46.

2 Ebd.: „Zum Zeichen Meiner Anerkennung für die Stadt und zur Erinnerung an die ruhmreiche Vergangenheit unseres Vaterlandes will ich einen bleibenden Ehrenschmuck für Meine Hauptstadt und Residenzstadt stiften." Zur Siegesallee vgl. zuletzt Uta LEHNERT, Der Kaiser und die Siegesallee. Réclame Royale (1998).

3 Zum entwicklungsgeschichtlichen Grundkonzept vgl. den Aufsatz von Peter MORAW in diesem Band; ferner DERS., Das Reich und die Territorien, der König und die Fürsten im späten Mittelalter, RhVjbll 63 (1999) S. 187–203.

Um gleich zu Beginn Mißverständnissen vorzubeugen: In den nachfolgenden Zeilen geht es mir nicht um Ergebnisse zu Forschungsfragen im Detail. Kein neues Faktum, gewonnen aus Urkunden des Spätmittelalters, wird hinzutreten. Grundlage meiner Betrachtungen ist praktisch ‚Handbuchwissen' über drei historische Phänomene. Diese allerdings möchte ich – und das ist das vornehmliche Ziel des Beitrags – als Beispiele von nachgeholter Konstruktion und Deutung spätmittelalterlicher Geschichte der Mark vorstellen. Alle drei Beispiele sollen als Belege dafür dienen, wie aus einer rückwärtsgewandten Perspektive Konstruktionshilfen für die Erinnerung geschaffen wurden und wie stark diese Erinnerungsprozesse in ihrer Funktionalität an eine Materialität gebunden sein können. Doch bevor ich diesen Fragen nachgehen kann, noch einige Bemerkungen zur theoretischen Basis der Überlegungen, denn, wie der französische Philosoph Jacques Rancière vor einigen Jahren formulierte: „Das Material ist nichts ohne die Architektur".[4]

I

Denkmale, Gräber und Rituale spielen in der politischen Semiotik eine hervorgehobene Rolle, da der Mensch sich ja nicht nur in einer natürlichen Umwelt bewegt, sondern in einer sinnhaften, bedeutungsgeladenen Zeichenwelt. Bei theoretischen Überlegungen zu dieser Semiosphäre sind es vor allem drei Dinge, die stark miteinander verknüpft sind: Eine spezielle Funktion von Zeichen, die gesellschaftskonstitutiv wirkt, ein Zusammenhang von Zeichenprozessen zu Herrschaft und Macht und die Wirksamkeit eines ‚symbolischen Kapitals', eines Mediums innerhalb dieser Herrschaftsverhältnisse.[5] Kulturgeschichtlich sind die Schaffung von ‚Denkmälern', die Entstehung individueller Namen[6] und To-

[4] Jacques RANCIÈRE, Die Namen der Geschichte. Versuch einer Poetik des Wissens (1994) S. 8.

[5] Vgl. Ernst CASSIRER, Der Begriff der symbolischen Form im Aufbau der Geisteswissenschaften, in: DERS., Wesen und Wirkung des Symbolbegriffs ([8]1994); Michel FOUCAULT, Der Wille zum Wissen (Sexualität und Wahrheit 1, 1983); DERS., Botschaften der Macht. Reader Diskurs und Medien (1999); Pierre BOURDIEU, Zur Soziologie der symbolischen Formen (1970); DERS., Die feinen Unterschiede. Kritik der gesellschaftlichen Urteilskraft (1982); DERS., Über die symbolische Macht, in: Österreichische Zs. für Geschichtswissenschaft 8 (1997) S. 556–564; Murray EDELMAN, Politik als Ritual. Die symbolische Funktion staatlicher Institutionen und politischen Handelns (1990); Thomas MEYER, Die Inszenierung des Scheins. Essay-Montage. Voraussetzungen und Folgen symbolischer Politik (1992); DERS., Politik als Theater. Die neue Macht der Darstellungskunst (1998); Andreas DÖRNER, Politischer Mythos und symbolische Politik. Der Hermannmythos: zur Entstehung des Nationalbewußtseins der Deutschen (1996), bes. S. 13–62.

tenkulte[7] im Zusammenhang zu sehen, da erst das Benennen einer Person ermöglichte, in Gegenwart des Grabes an den Toten als Person zu ‚denken'.[8] Mit dem Bedürfnis zur Erhaltung von Ordnungen sowie mit der Herausbildung politischer Organisationen kamen auch jene Kategorien hinzu, die von ebenso fundamentaler Bedeutung sind: Macht, Legitimität und Autorität.[9] Alle Gesellschaften sind als sich überschneidende und überlagernde Machtgeflechte vor allem von ideologischen, ökonomischen, militärischen und politischen Gegebenheiten und Zusammenhängen geprägt.[10] Autorität hingegen hat die Beherrschten zu ‚überzeugen', daß die Machthaber das ‚Recht' zur Machtausübung haben, und schafft somit erst die Legitimation der Macht. Da ein Legitimitätsglaube der Beherrschten die wichtigste Grundlage für eine Dauerhaftigkeit von Herrschaft ist, wird jeder Machthaber zur ‚Sichtbarmachung' der Rechtmäßigkeit seiner Stellung gezwungen,[11] und zwar seit es in menschlichen Gesellschaften überhaupt Herrschaft gibt.[12] Und hierin spielt die rechtfertigende Wirkung der Tradition eine zentrale Rolle, eine der drei Legitimitätsvorstellungen neben dem Glauben an gesetzte Ordnung und der charismatischen Herrschaft.[13]

6 Vgl. Christopher Robert HALLPIKE, Die Grundlagen des primitiven Denkens (1990); zum Zusammenhang von Grab und Eigenname Julian JAYNES, Der Ursprung des Bewußtseins durch den Zusammenbruch der bikameralen Psyche (1988), bes. S. 170f.

7 André LEROI-GOURHAN, Die Religionen der Vorgeschichte. Paläolithikum (1981), bes. S. 70–74; Herbert ULLRICH, Totenriten und Bestattung im Paläolithikum, in: Bestattungswesen und Totenkult in ur- und frühgeschichtlicher Zeit. Beiträge zu Grabbrauch, Bestattungssitten, Beigabenausstattung und Totenkult, hg. von Fritz HORST/ Horst KEILING (1991) S. 23–34.

8 Vgl. JAYNES, Bewußtsein (wie Anm. 6) S. 177ff.

9 Frank Robert VIVELO, Handbuch der Kulturanthropologie (^{2}1995) S. 193ff.; zur Geschichte der Begriffe vgl. Christian MEIER/Karl-Heinz ILTING/Karl-Georg FABER, Macht, Gewalt, in: Geschichtliche Grundbegriffe. Historisches Lexikon zur politisch-sozialen Sprache in Deutschland, hg. von Otto BRUNNER u.a. 3 (1982) S. 817–935; Horst RABE, Autorität, in: ebd. 1 (1972) S. 382–406; Thomas WÜRTENBERGER, Legitimität, Legalität, in: ebd. 3 (1982) S. 677–740.

10 Michael MANN, Geschichte der Macht 1 (Theorie und Gesellschaft 15, 1990) S. 15 benutzt für diese vier Faktoren den Begriff des IEMP-Modells: ‚**i**deological', ‚**e**conomic', ‚**m**ilitary' und ‚**p**olitical' seien die Verflechtungen der Macht, die sich zu überlagernden Netzen sozialer Interaktionen verknüpfen.

11 Vgl. dazu weiter Dolf STERNBERGER, Grund und Abgrund der Macht. Über Legitimität von Regierungen (^{2}1986), bes. S. 20ff.

12 Vgl. WÜRTENBERGER, Legitimität (wie Anm. 9) S. 678.

13 Max WEBER, Die drei Typen der legitimen Herrschaft, in: Gesammelte Aufsätze zur Wissenschaftslehre (^{7}1988) S. 475–488; DERS., Wirtschaft und Gesellschaft. Grundriß der verstehenden Soziologie 1 (^{5}1972) S. 124ff.

Denkmale nun gehören zu den Gedächtnisorten, sind also Orte, an die sich das Gedächtnis knüpft oder sogar zurückziehen kann und deren Erinnerungkraft nicht durch die Materialität des Ortes an sich, sondern erst durch seine symbolische Aufladung wachgerufen wird.[14] Diese ,lieux de mémoire' stiften über die Erinnerung eine Identität, einen Prozeß, der unter dem vielschichtigen Begriff der ,Memoria' zu fassen ist[15] und immer wieder gesellschaftskonstitutiv wirkt. Erinnerung ist als ein kollektives soziales Phänomen für viele Gesellschaften lebens- und mitunter überlebensnotwendig, da sie Gemeinschaft vermittelt. Erst ,Memoria' erzeugt Identität. Der Wert der Gedächtnisorte für eine Gesellschaft mißt sich daher am Angewiesensein einer Gemeinschaft auf Erzeugung und Wahrung einer kollektiven Identität. Alle diese angesprochenen Phänomene sind besonders gut im alten Ägypten zu beobachten, dem Land des Totenkults und der Denkmale schlechthin, an dessen Beispiel der Ägyptologe und Kulturwissenschaftler Jan Assmann die Kategorien des kulturellen und kommunikativen Gedächtnisses entwickelt hat,[16] Erinnerungskategorien, die für die Konstruktion mittelalterlicher Geschichte nicht weniger wichtig sind.

Zu den Bestandteilen kultureller und kommunikativer Gedächtnisinhalte gehören in großem Maße auch Mythen, die in ständig modifizierten Erzählungen Ursprünge von Gruppen, egal welcher Größe, erklären sollen.[17] Claude Lévi-Strauss schrieb in seiner „Strukturalen Anthropologie" dazu: „Der dem Mythos

[14] Vgl. Pierre NORA, Zwischen Geschichte und Gedächtnis (1998) S. 32ff.; ferner Jacques LE GOFF, Geschichte und Gedächtnis (1992); Peter BURKE, Geschichte als soziales Gedächtnis, in: Mnemosyne. Formen und Funktionen der kulturellen Erinnerung, hg. von Aleida ASSMANN/Dietrich HARTH (1991) S. 289–304; Geschichtszeichen, hg. von Heinz Dieter KITTSTEINER (1999).

[15] Memoria. Der geschichtliche Zeugniswert des liturgischen Gedenkens im Mittelalter, hg. von Karl SCHMID/Joachim WOLLASCH (Münstersche Mittelalter-Schriften 48, 1984); Memoria in der Gesellschaft des Mittelalters, hg. von Dieter GEUENICH/Otto Gerhard OEXLE (VMPIG 111, 1994); Memoria als Kultur, hg. von Otto Gerhard OEXLE (VMPIG 121, 1995); darin DERS., Memoria als Kultur S. 9–78; Michael BORGOLTE, Memoria. Zwischenbilanz eines Mittelalterprojekts, ZfG 46 (1998) S. 197–210; Faire Mémoire. Souvenir et Commémoration au Moyen Âge, hg. von Claude CAROZZI/Huguette TAVIANI-CAROZZI (1999).

[16] Kultur und Konflikt, hg. von Jan ASSMANN (1990); DERS., Stein und Zeit. Mensch und Gesellschaft im alten Ägypten (1991); DERS., Das kulturelle Gedächtnis. Schrift, Erinnerung und politische Identität in frühen Hochkulturen (1992); DERS., Kulturelles Gedächtnis als normative Erinnerung. Das Prinzip „Kanon" in der Erinnerungskultur Ägyptens und Israels, in: Memoria als Kultur (wie Anm. 15) S. 95–114; DERS., Ägypten. Eine Sinngeschichte (1996); DERS., Herrschaft und Heil. Politische Theologie in Altägypten, Israel und Europa (2000); DERS., Der Tod als Thema der Kulturtheorie (2000).

beigelegte innere Wert stammt daher, daß diese Ereignisse, die sich ja zu einem bestimmten Zeitpunkt abgespielt haben, gleichzeitig eine Dauerstruktur bilden. Diese bezieht sich gleichzeitig auf Vergangenheit, Gegenwart und Zukunft."[18] Politische Mythen existieren in drei Formen der Vermittlung, die sich wechselseitig verstärken: narrativ, rituell und ikonisch.[19] Die narrative Form ist immer das Fundament, auf dem rituelle und ikonische Formen aufbauen können. Die ikonische Form repräsentiert durch Denkmäler narrativ vermittelte Inhalte, verdichtet sie gleichsam im Bild. Menschliche Gesellschaften – nicht nur die des Mittelalters – gewinnen und verarbeiten „zentrale Erfahrungen geschichtlicher Überlieferung und damit auch Grundlagen ihrer Identitätsstiftung und deren historischer Legitimation durch Bilder, Symbole und Denkmäler".[20]

Die heutige moderne Gesellschaft hat in ihrem pluralistischen Grundzug ein starkes Interesse an der Betrachtung der Vielschichtigkeit vergangener Epochen. Einerseits erscheinen historische Zeiträume als Reflexionsflächen des Gegenwärtigen benutzbar und andererseits als Projektionsflächen des Zukünftigen, können also auf aktuelle Fragestellungen und Sehnsüchte zugleich Antwort geben. Die amerikanische Historikerin Barbara Tuchmann hat diese Gedanken schon im Titel ihres berühmtesten Buches anklingen lassen: „Der ferne Spiegel. Das dramatische 14. Jahrhundert".[21] In einem nicht ganz so fernen Spiegel möchte ich nun die Bilder von Memorialkategorien kommunikativer und kultureller Gedächtnisinhalte in ihrem Zusammenhang zu Zeichen, Gedächtnisorten, Macht, Legitimität und Mythos für die Mark an den Beispielen der Siegesallee,

17 Vgl. ASSMANN, Gedächtnis, Schrift, Erinnerung (wie Anm. 16) S. 52; ferner Hans BLUMENBERG, Arbeit am Mythos (1996), der in Anlehnung an Ernst Cassirers „Philosophie der symbolischen Formen" dem Mythos die Funktion einer Bewältigungsstrategie der Wirklichkeit gegeben hat, deren Geltung über archaische Gesellschaften weit hinausreicht; dazu auch Form und Funktion des Mythos in archaischen und modernen Gesellschaften, hg. von Peter RUSTERHOLZ/Rupert MOSER (Berner Universitätsschriften 43, 1999); Raina ZIMMERING, Mythen in der Politik der DDR. Ein Beitrag zur Erforschung politischer Mythen (2000), bes. S. 17–35.

18 Claude LÉVI-STRAUSS, Strukturale Anthropologie 1 (1991) S. 229f.

19 Vgl. Herfried MÜNKLER, Politische Mythen der DDR, BBAW Jb. 1996 (1997) S. 123–156, hier S. 139; ZIMMERING, Mythen (wie Anm. 17) S. 25f.

20 Peter JOHANEK, Historiographie, Bild und Denkmal in der Geschichtsüberlieferung des Mittelalters, in: Die Geschichtsschreibung in Mitteleuropa. Projekte und Forschungsprobleme, hg. von Jaroslaw WENTA (studia historiographica 1, 1999) S. 87–109, hier S. 99.

21 Vgl. Barbara TUCHMANN, Der ferne Spiegel. Das dramatische 14. Jahrhundert ([2]1991), bes. S. 9–16.

der Gräber der Hohenzollern und eines ehemaligen Wunderblutwallfahrtsortes entwerfen.[22]

II

„Der preußische Staat ist eine Schöpfung der Hohenzollern."[23] So lautet der erste Satz in Otto Hintzes berühmtem Werk, welches 1915 aus Anlaß des 500jährigen Regierungsjubiläums der Nürnberger Burggrafenfamilie in der Mark Brandenburg erschien. In diesem Sinne hatten die 32 Figurengruppen der Siegesallee – „ein Beispiel banalisierter Denkmalsplastik" – von Beginn der Planung an die eine Aufgabe zu erfüllen: Die Markgrafen von Brandenburg von Albrecht dem Bären bis hin zu Wilhelm I. als Ahnengalerie aus Stein und Träger von Geschichte in das öffentliche Bewußtsein zu rücken, ja buchstäblich „Geschichtsunterricht für das Volk zu sein – zu einer Zeit, als solch übersteigertes dynastisches Bewußtsein längst vom Geist auch der Normalgesellschaft überholt ist".[24]
Die konzeptionellen Gestalter der ‚Puppenallee' unter der historischen Beratung von Reinhold Koser, der seit 1896 Direktor der preußischen Staatsarchive war und 1905 auch den Vorsitz der Zentraldirektion der Monumenta Germaniae Historica übernahm,[25] konnten auf eine Reihe von Vorbildern solcher Anlagen zurückgreifen. Freiplastische Figuren von legendär-mythischen Vorfahren hatte schon Kaiser Maximilian I. seit 1502 in seiner geplanten Innsbrucker Grablege aufstellen lassen.[26] In Budapest schuf sich der nationalstaatliche Gedanke Ungarns bis 1906 eine Denkmalsanlage, die neben den Reiterdenkmälern Arpads und anderer Stammesfürsten bronzene ungarische Könige zu national-heldischer Geschichte vereint.[27] Zwischen Elbe und Oder ist dynastische Geradlinigkeit bereits Mitte der siebziger Jahre des 19. Jahrhunderts im Dresdener Fürstenzug dargestellt worden.[28] Hier reiten in einer Linie – so suggeriert die Darstellung –

[22] Zur Geschichte der Mark vgl. Johannes SCHULTZE, Die Mark Brandenburg 1–5 ([2]1989); Brandenburgische Geschichte, hg. von Ingo MATERNA / Wolfgang RIBBE (1995).

[23] Otto HINTZE, Die Hohenzollern und ihr Werk ([8]1916) S. 1.

[24] Thomas NIPPERDEY, Deutsche Geschichte 1866–1918, 1: Arbeitswelt und Bürgergeist ([3]1993) S. 739.

[25] Zu Reinhold Koser vgl. Horst FUHRMANN, „Sind eben alles Menschen gewesen". Gelehrtenleben im 19. und 20. Jahrhundert (1996) S. 56ff.

[26] Vgl. LEHNERT, Siegesallee (wie Anm. 2) S. 42; Thomas H. DUNK, Das deutsche Denkmal. Eine Geschichte in Bronze und Stein vom Hochmittelalter bis zum Barock (1999) S. 260–268.

[27] Vgl. LEHNERT, Siegesallee (wie Anm. 2) S. 44.

vom meißnischen Markgrafen Konrad, Zeitgenossen Albrechts des Bären, bis zum Brüderpaar der sächsischen Könige Albert (1873–1902) und Georg (1902–1904) die Wettiner ihrer herrschaftsgestaltenden Aufgabe entgegen. Allen diesen Anlagen ist eigen, daß sie einerseits Geschichte in Bildern ohne Worte vermitteln sollten, indem man durch das Abschreiten eine Geradlinigkeit historischer Entwicklung sinnlich erfahren konnte, als auch andererseits mit ihnen Verhältnisse des gegenwärtigen Betrachtungsstandpunkts in die Geschichte zurückzuprojizieren vermochte.
Wie wichtig die ikonische Übersetzung von narrativ vermittelten Inhalten des kulturellen Gedächtnisses in kommunikative Gedächtnisinhalte für die preußisch-deutsche Identitätsstiftung gewesen sein muß, zeigt sich unter anderem daran, daß Wilhelm II. als Auftraggeber der ‚Puppenallee' über eine Million Goldmark für die Denkmalanlage aufwandte. Die kostbare Ausführung der Figurengruppen in edlem Carrara-Marmor macht zudem deutlich, daß nicht nur Form und Inhalt, sondern auch die Materialität der 1898 bis 1901 geschaffenen Anlage in den dynastischen Anspruch der Hohenzollern integriert war. Marmor, das war das Material der Selbstdarstellung des perikleischen Griechenlands und des cäsarischen Roms. Marmor, das war jener Stoff, der den Figuren als sichtbaren Ausdruck kaiserliche Sieghaftigkeit und imperiale Größe verlieh.
Allerdings rangen die Denkmalgestalter seinerzeit mit vielen Problemen. So zog z.B. die Verlängerung des Herrschaftsursprungs der Hohenzollern bis zu den Askaniern einen Vorlagenmangel nach sich: Quellen über individuelles Aussehen der Askanier gab und gibt es nicht. So kommentierte Walter Schott, der Bildhauer Albrechts des Bären, das ihm als Vorlage zur Verfügung gestellte Siegel könne „ebenso ein Pfund Wurst wie ein Gesicht darstellen".[29] Da Schott mit dem Siegelbild Albrechts nichts anzufangen wußte, wählte er der „Einfachheit halber das eigene Konterfei" als Vorlage für das Gesicht des Markgrafen.[30]
Besondere Aufmerksamkeit verdient die Frage, wer überhaupt als spätmittelalterlicher Repräsentant der Mark erscheinen durfte und wer in der Reihe fehlt, da die drei Dynastiewechsel des 14. und 15. Jahrhunderts begreiflicherweise große Kontinuitätsfragen aufwerfen. Dazu ein Beispiel: Nach dem Tode des bekannten Markgrafen Woldemar 1319 hatte für wenige Monate als letzter brandenburgischer Askanier der zehnjährige Heinrich von Landsberg formal markgräfliche Würden inne, bis er im Sommer 1320 starb. Als Spielball anderer Mächte war er

[28] Karlheinz BLASCHKE, Der Fürstenzug zu Dresden. Denkmal und Geschichte des Hauses Wettin (1991).
[29] Zitiert nach LEHNERT, Siegesallee (wie Anm. 2) S. 100.
[30] Ebd. S. 101.

für die märkische Geschichte eigentlich völlig bedeutungslos.[31] Dennoch erhielt auch er einen Platz in der steinernen Dynastengeschichte. Sehr großzügig war man gegenüber den Luxemburgern. Kaiser Karl IV., der 1373 die Mark für sein Haus erwarb und die politischen Fäden zog, erhielt ein Denkmal, ebenso sein zweitjüngster Sohn Sigmund. Karls ältester Sohn Wenzel hingegen, der 1373 bis 1378 ja nominell der Markgraf von Brandenburg war, durfte nicht einmal als Nebenfigur erscheinen.[32] Auch Jobst von Mähren, der immerhin 23 Jahre lang die Mark besaß, von 1397 bis 1411 als offizieller Markgraf, kam ebenfalls in der Reihe nicht vor.[33] Koser, der es besser wußte, hatte immerhin eine Doppelgruppe vorgeschlagen.[34] Umsonst. Seine Majestät entschied sich gegen die beiden. Unbewußt zwar, aber aus gutem Grund, denn für den Eintrag in das kulturelle Gedächtnis zählt nicht die faktische Geschichte, sondern nur die erinnerte.[35] In der „preußischen Geschichte in Bildern“ waren Wenzel und Jobst offenbar unerwünscht. Verfielen sie einer speziellen ‚damnatio memoriae borussica‘? Oder hatten die im 19. Jahrhundert sehr populären und immer wieder propagandistisch instrumentalisierten Weissagungen aus Lehnin, die mit einem bestimmten Fürsten das Ende der hohenzollerschen Herrschaft über die Mark prophezeiten, einen Einfluß auf Auswahl und Anzahl der dargestellten Markgrafen? Über die Hohenzollern sahen sie voraus: *Und dieses Gift, es wird walten / zur elften der Herrschergestalten.*[36]

Noch ein Detail: Im Dresdener Fürstenzug reiten bekanntlich die Wettiner ihrer vermeintlichen historischen Aufgabe entgegen, während die Hohenzollern in der ‚Puppenallee‘ der ihren ‚entgegen stehen‘. Dieses Stehen trieb volkspädagogisch groteske Blüten: 1901 hatten die Primaner des Joachimsthalschen Gymnasiums das Aufsatzthema „Die Beinstellung der Standbilder der Siegesallee“ zu bewältigen.[37] Das Ergebnis des eigentlich Unmöglichen, aus der Beinstellung eines

[31] Vgl. SCHULTZE, Mark 1 (wie Anm. 22) S. 242; Ferdinand VOIGT, Der Ausgang des askanischen Hauses in der Mark, Märkische Forschungen 6 (1858) S. 103–121.

[32] Vgl. SCHULTZE, Mark 2 (wie Anm. 22) S. 161f.

[33] Ebd. S. 196ff.

[34] Vgl. LEHNERT, Siegesallee (wie Anm. 2) S. 56.

[35] Vgl. ASSMANN, Gedächtnis, Schrift, Erinnerung (wie Anm. 16) S. 52.

[36] Will-Erich PEUKERT, Lehninsche Weissagung, in: Handwörterbuch des deutschen Aberglaubens 5 (1938) Sp. 1019–1023 mit der älteren Literatur; Arthur HÜBSCHER, Die grosse Weissagung. Texte, Geschichte und Deutung der Prophezeiungen von den biblischen Propheten bis auf unsere Zeit (1952) S. 41–47 (Text) und S. 160–163 (Deutung), hier S. 45; zur propagandistischen Instrumentalisierung 1848/49 vgl. Stefan J. DIETRICH, Christentum und Revolution. Die christlichen Kirchen in Württemberg 1848–1852 (1996) S. 125ff.; Historisch-Politische Blätter für das katholische Deutschland 18 (1846) S. 257–271 sowie 25 (1850) S. 272–285.

Denkmals auf den Charakter des jeweiligen Fürsten zu schließen, interessierte sogar seine Majestät. Er kommentierte die Schüleraufsätze über die Beine der Hohenzollern mit „Donnerwetter! Kühn!" oder „Für einen Primaner auffallend vernünftig". Später nahm man die Hefte unter Verschluß, bis sie 1960 der ins Archiv strafversetzte SED-Spitzenfunktionär Rudolf Herrnstadt publizierte.[38]
Wie symbolisch aufgeladen die ‚Puppenallee' war und immer noch ist, zeigen die Ratlosigkeit und konzeptlosen Behandlungen nach dem Zweiten Weltkrieg (s. Tafel 7): Bis auf wenige Einzelteile war die gesamte, durch die Kämpfe um Berlin nur in Teilen zerstörte Anlage in jene Kategorie eingeteilt worden, deren Denkmale „abzutragen und zu vernichten waren", am besten durch Sprengen.[39] In dem bilderstürmerischen Taumel, in den sich Magistrat und Alliierte begeben hatten, fanden zuerst die Briten die Besinnung wieder. So wurde zwar 1947 der Abbruch beschlossen und 1950 durchgeführt, die Sprengung der Denkmale aber verhindert. 1954 wurden die Standbilder am Schloß Bellevue sogar vergraben,[40] ein im 20. Jahrhundert ungewöhnlicher Vorgang, der handgreiflich den seinerzeit gewünschten Aspekt des ‚Verbergens' zeigt, des Verbergens im Sinne einer ‚sozialen Amnesie'.[41] Offenbar versuchte man so, auch symbolisch die wilhelminische Epoche zu beerdigen. Ende der siebziger Jahre grub man die Reste wieder aus und lagerte die Plastiken zuerst außerhalb, später innerhalb des schon genannten Lapidariums ein. Dort schlummern sie heute vor der Öffentlichkeit verborgen ihren um jegliche Funktion als Gedächtnisort beraubten Schlaf und harren als wertvolle kulturpolitische Dokumente eines aufgeklärten Umgangs mit ikonographisch vermittelten Mythen der Geschichte.
Weder der preußische Staat noch das deutsche Kaiserreich sind als Produkte einer zielgerichteten historischen Entwicklung anzusehen. Ja, ganz im Gegenteil: Sie waren in ihrer Entwicklung von zahlreichen Wenden, Brüchen und Zäsuren gezeichnet. Die Vielfalt der Optionen in den historischen Entfaltungsmöglichkeiten zwang daher später, eine konstruierte Kontingenz politischer Entwicklung nun auch symbolisch zu übersetzen. Die Lücke, die – so Karl-Heinz Ahrens – das „Fehlen eines wirklichen märkischen Landesherren zwischen 1320 und

37 Vgl. LEHNERT, Siegesallee (wie Anm. 2) S. 275f.
38 Vgl. R.E. HARDT (Pseudonym für Rudolf Herrnstadt), Die Beine der Hohenzollern (1960); stark veränderte Neuausgabe: Die Beine der Hohenzollern. Schüleraufsätze von 1901 über die Figuren der Berliner Siegesallee, hg. von Helmut CASPAR (1990).
39 LEHNERT, Siegesallee (wie Anm. 2) S. 326.
40 Ebd. S. 338.
41 Vgl. BURKE, Geschichte (wie Anm. 14) S. 299f.

1440“[42] riß, konnte für den Betrachter der ‚Puppenallee‘ auf diese Weise bis zur Unkenntlichkeit verfüllt werden. Der Bruch zwischen den spätmittelalterlichen Entwicklungsdefiziten und der Vollendung des von Droysen formulierten „nationalen Berufes Preußens“ wurde damit aufgehoben. Das Denkmal als Medium der symbolischen Konstruktion des Kaiserreiches[43] hatte zu belegen, wie und warum die Hohenzollern den Höhepunkt einer geradezu heilsgeschichtlichen Entwicklung bildeten. Mit dem Grundgedanken, die Entwicklungslinie der brandenburgisch-preußischen Geschichte zur ‚nationalen‘ Einheit zu zeigen, sollte auch eine Antwort auf die Frage gegeben werden, warum gerade aus der unbedeutenden Mark, einer Region der dritten, vierten oder vielleicht sogar fünften ‚Bonität‘, wie Peter Moraw formulieren würde,[44] und warum gerade aus der Familie der Hohenzollern der Impuls zur Wiederbegründung des Reiches gekommen war.[45] Mit der Konstruktion, daß gerade *diese* Fürsten und *dieses* Herrschaftsgebiet Gründer und Ursprung des neuen mächtigen Deutschen Reiches waren, konnte der Betrachter den Herkunftsmythos bildhaft-symbolisch übersetzt erfahren. Das klingt auch ein wenig nach historischer Mission, zwar nicht einer Klasse, aber immerhin einer Familie.

III

Zu einem zweiten Beispiel: Nicht weit vom ehemaligen Standort der ‚Puppenallee‘, nahe des historischen Zentrums Berlins, ruhen über einhundert sterbliche Überreste prominenten menschlichen Daseins: Die Grablege der Hohenzollern im ehemaligen Domstift Cölln (s. Tafel 8). Obwohl die Familie zweifellos zu den bedeutendsten Herrschergeschlechtern Europas gehörte, hat der Ort bei weitem nicht die Prominenz von Saint-Denis vorzuweisen, der mit sechs Dutzend Herrschergräbern aus dem Zeitraum eines Jahrtausends bekannteste Prototyp einer dynastischen Grablege des Abendlandes.[46] Wie verhält es sich nun mit den

[42] Karl-Heinz AHRENS, Residenz und Herrschaft. Studien zu Herrschaftsorganisation, Herrschaftspraxis und Residenzbildung der Markgrafen von Brandenburg im späten Mittelalter (Europäische Hochschulschriften 3, 427, 1990) S. 335.

[43] Vgl. DÖRNER, Politischer Mythos (wie Anm. 5), bes. S. 143ff.; ferner Thomas NIPPERDEY, Nationalidee und Nationaldenkmal in Deutschland im 19. Jahrhundert, HZ 206 (1968) S. 529–585; DERS., Der Kölner Dom als Nationaldenkmal, HZ 233 (1981) S. 595–613; Droysens Diktum vom „Nationalen Beruf Preußens“ zitiert nach Thomas NIPPERDEY, Deutsche Geschichte 1800–1866. Bürgerwelt und starker Staat ([6]1993) S. 518.

[44] Vgl. MORAW, Reich und Territorien (wie Anm. 3) S. 194.

[45] Vgl. LEHNERT, Siegesallee (wie Anm. 2) S. 52.

[46] Vgl. Michel BUR, Saint-Denis, in: Lex. MA 7 (1995) Sp. 1145–1148.

Grablegen der Markgrafen? Welcher Stellenwert kommt ihnen bei der Legitimation der Hohenzollernherrschaft zu? Das sind Fragen von großer Wichtigkeit, weil Gräber einen zentralen Platz in der Gruppe der Gedächtnisorte einnehmen,[47] sie ungezählte Male bei der Brechung oder Auffächerung von Herrschaft, an den ‚Prismen der Macht' also, autoritäts- und legitimitätsstabilisierend wirkten und wirken.[48] Die in der Siegesallee aufgestellten Markgrafen möchte ich als

[47] Thomas H. MACHO, Todesmetaphern. Zur Logik der Grenzerfahrungen, ([2]1990); DERS., Der zweite Tod. Zur Logik doppelter Bestattungen, in: Paragrana. Internationale Zs. für Historische Anthropologie 7,2 (1998) S. 43–60; DERS., Tod und Trauer im kulturwissenschaftlichen Vergleich, in: ASSMANN, Tod als Thema (wie Anm. 16) S. 89–120; Edward L. BELL, Vestiges of mortality and remembrance. A bibliography on the historical archaeology of cemeteries (1994), besonders wertvoll und übersichtlich durch die bibliographische Teilung in 1. Friedhöfe, 2. Gräber und 3. Bestattungsriten und -zeremonien; Franz J. BAUER, Von Tod und Bestattung in alter und neuer Zeit, HZ 254 (1992) S. 1–31; Jürgen von UNGERN-STERNBERG, Das Grab des Theseus und andere Gräber, in: Antike in der Moderne, hg. von Wolfgang SCHULLER (Xenia. Konstanzer althistorische Vorträge und Forschungen 15, 1985) S. 321–329; Joachim EHLERS, Grablege und Bestattungsbrauch der deutschen Könige im Früh- und Hochmittelalter, Braunschweigische Wissenschaftliche Gesellschaft. Jb. 1989 (1990) S. 39–74; Rudolf J. MEYER, Königs- und Kaiserbegräbnisse im Spätmittelalter. Von Rudolf von Habsburg bis zu Friedrich III. (2000); Michael BORGOLTE, Petrusnachfolge und Kaiserimitation. Die Grablegen der Päpste, ihre Genese und Traditionsbildung (VMPIG 95, [2]1995); Der Tod des Mächtigen. Kult und Kultur des Todes spätmittelalterlicher Herrscher, hg. von Lothar KOLMER (1997); Der politische Totenkult, Kriegerdenkmäler in der Moderne, hg. von Reinhard KOSELLECK/Michael JEISMANN (1994); Wolfgang ERNST, Präsenz der Toten und symbolisches Gedenken: Das Völkerschlachtdenkmal zwischen Monument und Epitaph, in: Vom Kult zur Kulisse. Das Völkerschlachtdenkmal als Gegenstand der Geschichtskultur, hg. von Katrin KELLER/Hans-Dieter SCHMID (1995) S. 62–77; zu den Gräbern und ihrer Ikonographie selbst vgl. Erwin PANOFSKY, Tomb sculpture. Four lectures on its changing aspects from ancient Egypt to Bernini (1992); Kurt BAUCH, Das mittelalterliche Grabbild. Figürliche Grabmäler des 11. bis 15. Jahrhunderts in Europa (1976); Hans KÖRNER, Mittelalterliche Grabmonumente (1997).

[48] Vgl. UNGERN-STERNBERG, Das Grab des Theseus (wie Anm. 47); KOSELLECK/JEISMANN, Der politische Totenkult (wie Anm. 47); ferner Olaf B. RADER, Wettlauf um die Toten. Warum Grabbesuche den Mächtigen so wichtig sind, Frankfurter Allgemeine Zeitung, Beilage „Bilder und Zeiten" vom 7. März 1998 Nr. 56 S. VI; DERS., Der entführte Alexander. Über die Rolle von Leichen und Gräbern bei der Herrschaftslegitimation, ZfG 45 (1997) S. 1061–1085; DERS., Der Kampf um die Leiche oder Alexander der Große als Pfand des Schicksals. Beobachtungen über die Rolle von Leichen und Gräbern bei der Herrschaftslegitimation, Das Altertum 44 (1998) S. 273–300; DERS., Kaiser Friedrich II. und das Grab des Erlösers, Castrum Peregrini 244/245 (2000) S. 5–27; DERS., Prismen der Macht, HZ 271 (2000) S. 311–346.

Indikatoren dafür heranziehen, ob wir bei der fürstlichen Grablege im Berliner Dom von Kontinuität oder Diskontinuität dynastischer Bestattungspraxis sprechen können.[49]

Betrachten wir die Begräbnisplätze der 33 ausgewählten Markgrafen, die als Figuren der Siegesallee erscheinen, so ergibt sich folgender Befund: Die askanischen Markgrafen bestimmten Klöster zu ihren Bestattungsorten, aus denen die Zisterzienserklöster Lehnin und Chorin deutlich hervorstechen. Die Wittelsbacher, Luxemburger und frühen Hohenzollern hingegen fanden ihre letzte Ruhe vornehmlich in ihren Stammlanden und zeigen so noch nach Jahrhunderten, daß die Mark für sie immer ein Nebenland ihrer Herrschaft geblieben war.[50] Erst die Kurfürsten Johann Cicero (1455–1499) sowie Joachim I. Nestor (1484–1535) versuchten mit ihren Bestattungsplätzen wieder an das Kloster Lehnin anzuknüpfen. Deutlich können wir hier den Wunsch spüren, eine askanische Traditionslinie wiederzubeleben und fortführen zu wollen. Im Jahre 1536 bestimmte dann aber Joachim II. das Domstift in Cölln zur Grablege der Familie und ließ ein Jahrzehnt später den Vater und wahrscheinlich auch den Großvater aus Lehnin dorthin umbetten.[51] Nun hatte man die beiden frühesten in der Mark bestatteten Hohenzollern in der eigenen Residenz. Statistisch noch so viel: Von den 33

[49] Zu fürstlichen Grablegen und zur Literatur vgl. Kurt ANDERMANN, Kirche und Grablege. Zur sakralen Dimension von Residenzen, in: Residenzen. Aspekte hauptstädtischer Zentralität von der frühen Neuzeit bis zum Ende der Monarchie, hg. von Kurt ANDERMANN (Oberrheinische Studien 10, 1992) S. 159–187; zur Herausbildung des Residenzortes Berlin vgl. AHRENS, Residenz (wie Anm. 42).

[50] In der Gruppe fünf sind gemeinschaftlich Johann I. und Otto III. dargestellt; insgesamt sind also 33 Markgrafen abgebildet worden. Bestattungsplätze der Markgrafen: Albrecht der Bär (wahrsch. Hauskloster Ballenstedt), Otto I. (Kloster Lehnin); Otto II. (wahrsch. Kloster Lehnin); Albrecht II. (Kloster Lehnin); Johann I. (Kloster Mariensee/Chorin); Otto III. (Kloster Strausberg); Johann II. (Kloster Chorin); Otto IV. (Kloster Chorin); Woldemar (Kloster Chorin); Heinrich das Kind (wahrsch. Prenzlau); Ludwig I. d. Ä. (Dom München); Ludwig II. der Römer (Franziskanerkloster Berlin); Otto (Kloster Seligenthal); Karl IV. (St. Veit Prag); Sigmund (Großwardein); Friedrich I. (Kloster Heilsbronn); Friedrich II. Eisenzahn (Kloster Heilsbronn); Albrecht Achilles (Kloster Heilsbronn); Johann Cicero (Kloster Lehnin, ab 1545 Domstift Cölln); Joachim I. Nestor (Kloster Lehnin, ab 1545 Domstift Cölln); Joachim II. Hector (Domstift Cölln); Johann Georg (Domstift Cölln); Joachim Friedrich (Domstift Cölln); Johann Sigismund (Domstift Cölln); Friedrich Wilhelm (Domstift Cölln); Friedrich III./I. (Domstift Cölln); Friedrich Wilhelm I. (Garnisonskirche Potsdam, heute Mausoleum Potsdam), Friedrich II. (Garnisonskirche Potsdam, heute Sanssouci), Friedrich Wilhelm II. (Domstift Cölln), Friedrich Wilhelm III. (Mausoleum Charlottenburg), Friedrich Wilhelm IV. (Friedenskirche Potsdam), Wilhelm I. (Mausoleum Charlottenburg).

Tafel 7

Abbildung oben
Hunger gegen dynastische Repräsentation: Die Siegesallee und Gemüseparzellen im abgeholzten Tiergarten im April 1949, im Hintergrund die Siegessäule

Abbildung unten
‚Bestrafte' Fürsten im Exil: Figuren der Siegesallee nach dem Abbruch vor dem Schloß Bellevue im November 1950, hinten in der Mitte die Figur Kaiser Karls IV.

Tafel 8

Abbildung oben
Kenotaph und Tradition: Das bronzene Tischgrabmal Johann Ciceros (1455–1499) aus der Werkstatt Peter Vischers in Nürnberg um 1530 und das von Reinhold Begas geschaffene Marmordenkmal Kaiser Friedrichs III. (1831–1888) sind das älteste und das jüngste Grabdenkmal eines Herrschers im Berliner Dom

Abbildung unten links
Entdeckerehrfurcht: Epitaph der Pfarrer Cabbucz und Bielefeld, die Monstranz mit den Hostien anbetend; Detail vom nördlichen Querschiff der ehemaligen Wallfahrtskirche St. Nikolai in Wilsnack

Abbildung unten rechts
Metamorphose einer Dorfkirche: Südliches Querschiff der ehemaligen Wallfahrtskirche St. Nikolai in Wilsnack, das die Dimensionen erahnen läßt, wäre die Kirche nach den ursprünglichen Plänen vollendet worden

dargestellten Markgrafen der Siegesallee fanden nur acht außerhalb des märkischen Sandes ihre letzte Ruhe. Allerdings sind die 25 in der Mark bestatteten Markgrafen auf sieben verschiedene Begräbnisplätze verteilt. Das berechtigt, von einer diffusen Begräbnisplatzwahl zu sprechen.

Mitte des 18. Jahrhunderts wurden die hohenzollernschen Grablegen in den neuen Dom im Lustgarten verlegt. Der neue Dom mit den Gräbern der Hohenzollern hätte nun bis zum Ende der Monarchie und auch darüber hinaus als einer der zentralen Gedächtnisorte Preußens wirken können. Dazu ist es nicht gekommen, wie die Auffälligkeiten im deutschen oder sogar europäischen Vergleich zeigen. Die Herrscher der Mark, später Preußens und noch später des Deutschen Reiches schufen mit der Grablege im Dom nur im Ansatz so etwas, was Machtträger andernorts schon lange hatten: Einen hochwirksamen identitätsstiftenden Memorialfokus, wie ihn etwa das französische Königtum bis zur Großen Revolution mit Saint-Denis besaß und mit dem Wiederbeleben der Monarchie im 19. Jahrhundert wiederherstellen ließ oder wie ihn die englische Monarchie mit Westminster Abbey – zugleich Krönungs- und bis weit ins 18. Jahrhundert Grabkirche – noch heute hat.[52] Allerdings mit grundlegenden Unterschieden: Friedrich Wilhelm II. (1744–1797) war der letzte preußische König, der in der Hohenzollerngruft beigesetzt wurde. Seine Nachfolger ruhen in Charlottenburg, Potsdam, Doorn; die Tradition der herrscherlichen Grablege brach ab. Der Berliner Dom wurde nie zu einer Art deutschem Nationaldenkmal stilisiert wie der Kölner Dom etwa, obwohl es in den vierziger Jahren des 19. Jahrhunderts Überlegungen dazu gegeben hat.[53] Um keinen der Leichname entbrannten jemals Auseinandersetzungen, war deren Besitz eine ‚Frage der nationalen Ehre', wie die Gebeine z.B. Johanns des Blinden für die Legitimation einer luxemburgi-

[51] Vgl. Rüdiger HOTH, Die Gruft der Hohenzollern im Dom zu Berlin (Grosse Baudenkmäler 426, ^{2}1995) S. 4; Michael BORGOLTE, Die toten Könige im Berliner Dom, Frankfurter Allgemeine Zeitung vom 20. November 1999 BS. 1; ANDERMANN, Grablege (wie Anm. 49) S. 175; AHRENS, Residenz (wie Anm. 42) S. 302–307. Unklar bleibt bis heute, ob mit dem Grabmal Johann Ciceros auch dessen Gebeine überführt worden sind. Das um 1530 in Nürnberg geschaffene bronzene Tischgrabmal stellt daher vielleicht ebenso ein Kenotaph dar, wie das Marmordenkmal Kaiser Friedrichs III., dessen sterbliche Reste im Mausoleum Potsdam ruhen.

[52] Vgl. Richard B. DOBSON, Westminster, in: Lex. MA 9 (1998) Sp. 34–37. Der meines Wissens letzte in Westminster bestattete König war der 1760 verstorbene Georg II. Von diesem Zeitpunkt an sind bis heute sechs der acht gekrönten Häupter in Windsor bestattet worden.

[53] Vgl. NIPPERDEY, Kölner Dom (wie Anm. 43); DERS., Nationalidee und Nationaldenkmal (wie Anm. 43) S. 548f.

schen Nation instrumentalisiert wurden und über Jahrzehnte Zankapfel waren.[54] Und die Konfessionswechsel in Brandenburg zogen zugleich tiefgreifende Veränderungen in den Begräbnisritualen und Memorialpraktiken nach sich. Heute weist der Berliner Dom fast 100 Grabmäler ausschließlich der Hohenzollern auf und dokumentiert vordergründig fünfhundert Jahre aus der Geschichte einer Herrscherfamilie. Die Grablege ist keine dynastieübergreifende Funeralstätte eines Herrschaftsgebietes, sondern streng familiär gedacht. In ihrer Grundidee, sowohl der Entstehung als auch stilistischer Ausgestaltung, ähnelt die Domgrablege in Berlin der Kapuzinergruft in Wien, der Grablege der späteren Habsburger.[55]

Wenn wir aber nicht gleich bis Wien, Paris oder London blicken, sondern in die nähere Umgebung schauen, werden andere Differenzen im Vergleich deutlich. Mit den Fragen: Wie es z.B. die Mecklenburger Fürsten mit den Gräbern ihrer Vorfahren hielten und ob sie Anstrengungen unternahmen, einen funeralen Gedächtnisort auszuprägen, springt ein weiterer elementarer Unterschied hervor: Vom 13. bis zum 20. Jahrhundert diente das ehemalige Zisterzienserkloster Doberan als *die* zentrale Grablege der Herzöge von Mecklenburg, einschließlich einiger Nebenlinien.[56] Seit dem ersten christlichen Stammahnen Pribislaw/Heinrich haben 59 Angehörige der Familie hier ihre letzte Ruhe gefunden. Sogar die Reformation, die in protestantischen Gebieten oft die zentrale Bruchlinie in Begräbniskontinuitäten darstellt, konnte Doberan gegenüber der Residenzstadt Schwerin nicht aus dem Felde schlagen.[57] Im Vergleich werden auch hier erneut

[54] Vgl. Paul SPANG, Die Grabstätten Johanns des Blinden, Jb. für westdeutsche Landesgeschichte 19 (1993) S. 217–234; Jacques MAAS, Johann der Blinde, emblematische Heldengestalt des luxemburgischen Nationalbewußtseins im 19. und 20. Jahrhundert, in: Johann der Blinde, Graf von Luxemburg, König von Böhmen 1296–1346, hg. von Michel PAULY (1997) S. 597–622.

[55] Zu den Konfessionswechseln vgl. Brandenburgische Geschichte (wie Anm. 22) S. 268–275 und S. 288ff. Zur Grablege der Habsburger vgl. Magdalena HAWLIK-VAN DE WATER, Die Kapuzinergruft. Begräbnisstätte der Habsburger in Wien (^{2}1993).

[56] Ilka S. MINNEKER/Dietrich W. POECK, Herkunft und Zukunft. Zu Repräsentation und Memoria der Mecklenburgischen Herzöge in Doberan, Mecklenburgische Jbb. 114 (1999) S. 17–47. Ein so konsequentes Festhalten an einem Ort dürfte eher selten sein, vgl. z.B. zu den Pommernherzögen, deren Grablegen ebenfalls „diffus" zu nennen wären, Dietrich W. POECK, „Omnes stabimus ante tribunal christi" Stiftung, Gedenken und Gemeinschaft in Pommern, in: Land am Meer. Pommern im Spiegel seiner Geschichte. Roderich Schmidt zum 70. Geburtstag, hg. von Werner BUCHHOLZ/Günter MANGELSDORF (1995) S. 215–268, bes. S. 221–227; Jürgen PETERSOHN, Anfänge und Frühzeit der Greifenmemoria, in: ebd. S. 85–110.

[57] Vgl. MINNEKER/POECK, Herkunft und Zukunft (wie Anm. 56) S. 28f.

die spätmittelalterlichen Desiderata der markgräflich-brandenburgischen Grablegepraxis deutlich, denn erst für die Spanne der frühen Neuzeit kann eigentlich von einer zeitweise kontinuierlich benutzten Grablege gesprochen werden, deren Tradition als Herrschergrablege mit Beginn des 19. Jahrhunderts schon wieder erlosch.

IV

Zum letzten Fall: ‚Micrococcus prodigiosus' heißt in der Fachwelt ein Spaltpilz, der auf geeignetem Nährboden, wie etwa feuchtem Brot, schleimige, blutrote Flecken erzeugen kann.[58] Diesem Wunderpilz, oder besser dessen Lebensum- und -rückständen, die am Ende des 19. Jahrhunderts dank immens verbesserter Mikroskoptechnologien enthüllt werden konnten, verdanken wir ein Phänomen von gewaltiger kulturgeschichtlicher Bedeutung: Die Wallfahrten zu den „blutenden" Wunderhostien.[59] In ganz Europa hatten sich nach der Dogmatisierung der Brotverwandlungslehre im 13. Jahrhundert, die die geweihte Hostie als wirklichen Leib Christi und damit als Trägerin des sündentilgenden, göttlichen Blutes auffaßte, eine große Anzahl solcher Kultorte herausgebildet.[60] Auch in der Mark Brandenburg gab es eine Reihe dieser Gedächtnisorte. Die Gründungsursachen dafür sind vielschichtig, die Anlässe hingegen stereotyp: Geschändete, geschlagene oder gestochene, vergrabene oder verbrannte Hostien beginnen wundersam zu bluten.

In Paul Creusings „Märkischer Fürstenchronik" kann man über die Entstehung des Beelitzer Wunderbluts lesen: *Etzliche Juden handeln mit einer Dirnen oder Magd, daß sie zum Sacrament gehen soll, Ihren Gott in dem Brot empfangen, aus dem Munde in die Schlippe oder Balte fallen laßen, Ihnen zu bringen, so wollen*

58 Harry METHLING, Das Wunderblut von Wilsnack, Jb. für brandenburgische Landesgeschichte 2 (1951) S. 30–35, hier S. 34; Astrid DÄHN, Die Chemie des Übersinnlichen, Berliner Zeitung vom 21. Juli 1999, Wissenschaftsbeilage, nennt als Urheber vermeintlich blutender Hostien das Bakterium ‚Serratia marcescens'.

59 Vgl. Josef HASENFUSS, Wallfahrt, in: LThK 10 (^{2}1965) Sp. 941f.

60 Vgl. Alois DÖRING, Eucharistie, Eucharistiefeier, in: LThK 3 (^{3}1995) Sp. 944–968, bes. Eucharistische Frömmigkeit Sp. 965f.; DERS., Blutwunder, in: LThK 2 (^{3}1994) Sp. 5481; DERS., Hostie/Hostienwunder, in: TRE 15 (1986) S. 604–606; Walter MICHEL, Blut III: Blut und Blutglaube im MA, in: TRE 6 (1980) S. 737f.; Wolfgang BRÜCKNER, Blutwunder (Blut, Heiliges; Bluthostien), in: Lex.MA 2 (1983) Sp. 292f.; Bernhard STASIEWSKI, Wilsnack, in: Die Religion in Geschichte und Gegenwart 6 (^{3}1962), Sp. 1727; Miri RUBIN, Corpus Christi. The Eucharist in Late Medieval Culture (1991), bes. S. 243–271 zu den Corpus Christi-Prozessionen; Alfred ADAM, Lehrbuch der Dogmengeschichte 2 (1973) S. 48–52 zum Dogma der Transsubstantiation.

sie ihr darumb ein genantes Geld geben. Daß thut sie. Die Juden aber zu Schanden und Unehren dem Herrn Christo martern, hauen und stechen und verunehren die geweihete Hostien, als es vor Zeiten geheißen worden. Die fängt an zu bluthen, und als die Juden fürchteten, es möchte offenbahr werden und ihnen übel bekommen, bringen sie der Dirne wieder. Jene versteckte die Hostie. Kurz darauf wurde aber alles bekannt, die Magd und die Juden ließ man auf einem Berg vor der Stadt verbrennen und die *Ostien tregt man in einer herlichen Pompa und Proceß mit großen Klagen, Beten und Reverentz in die Kirche, setzet sie an einen besondern Ohrt. ... Darnach hatt man es alle Monath ausgetragen in einem hohen Cristall Glas, darin die Balten gesteckt gewesen, also daß man die Blutstropfen darin hat sehen können.*[61]

Wallfahrten, das „Aufsuchen einer bestimmten Kultstätte mit einem besonderen dorthin gebundenen Kultobjekt",[62] sind nun sowohl als erlebbares, aber auch als historisches Ereignis aus dem heutigen öffentlichen Bewußtsein in der Mark vollständig verschwunden. Die Wallfahrtsorte als Gedächtnisorte sind konsequent gelöscht. ‚Beelitz' – der Name evoziert eher ‚Spargel' als die Erinnerung an den Ort einer Wunderblutverehrung. Aber auch Marienfließ, Heiligengrabe, Zehdenick, Nauen und Buckow bei Nennhausen[63] sind als Orte frommer Heilig-Blut-Verehrung heute weitgehend unbekannt. Daß das so ist, liegt zum einen an der relativ späten Herausbildung solcher Phänomene in dieser Region überhaupt, zum anderen aber auch an der Radikalität der Tilgung der Institutionen durch die Reformation. Nur eine Gedächtnisspur ist heute noch teilweise präsent: Wilsnack. In diesem Prignitzort dürfte die wohl bekannteste Wunderblut-Wallfahrt der Mark Brandenburg bestanden haben.[64]

61 Creusings Märkische Fürsten-Chronik, hg. von Friedrich HOLTZE (1886) S. 82f.

62 HASENFUSS, Wallfahrt (wie Anm. 59) Sp. 941.

63 Felix ESCHER, Brandenburgische Wallfahrten und Wallfahrtsorte im Mittelalter, JGMOD 27 (1978) S. 116–137, hier S. 120f.

64 Zum Wilsnacker ‚Wunderblut' vgl. neben METHLING, Wunderblut (wie Anm. 58) Ernst BREEST, Das Wunderblut von Wilsnack (1383–1552). Quellenmäßige Darstellung seiner Geschichte, Märkische Forschungen 16 (1881) S. 131–301, hier S. 131f.; Hartmut BOOCKMANN, Der Streit um das Wilsnacker Blut – Zur Situation des deutschen Klerus in der Mitte des 15. Jahrhunderts, ZHF 9 (1982) S. 385–408, bes. S. 388ff.; Anne-Katrin ZIESACK, „Multa habeo vobis dicere ..." – eine Bestandsaufnahme zur publizistischen Auseinandersetzung um das Heilige Blut von Wilsnack, Jb. für Berlin-Brandenburgische Kirchengeschichte 59 (1993) S. 208–248; Claudia LICHTE, Die Inszenierung einer Wallfahrt. Der Lettner im Havelberger Dom und das Wilsnacker Wunderblut (1990), bes. S. 13–43; Rita BUCHHOLZ / Klaus-Dieter GRALOW, „De hystorie unde erfindinghe des hillighen Sacraments tho der Wilsnagk"

Nach einer Fehde des Ritters Heinrich von Bülow gegen das Hochstift Havelberg, in der die Dorfkirche in Wilsnack niedergebrannt worden war, entdeckte im August 1383 der dort ansässige Priester Cabbucz im halbverschütteten Altar eine Dose.[65] Als er sie öffnete, fanden sich drei schon vor dem Brand konsekrierte Hostien, alle vom Blut des Herrn gezeichnet. Die Geschichte der nach dem Frevel blutenden Hostien verbreitete sich extrem schnell in ganz Europa. Schon ein halbes Jahr später gaben erzbischöfliche und päpstliche Ablaßbriefe dem anwachsenden Zulauf weitere Impulse. Jährlich strömten über 100.000 Pilger aus allen Teilen des Reiches einschließlich Böhmens, aus Polen, Ungarn, Skandinavien, sogar aus Schottland herbei.[66] Die durch nichts aufzuhaltenden Pilgerscharen schwollen mitunter zu euphorisiert-psychotischen Massen an, so daß die öffentliche Ordnung in Gefahr zu sein schien.[67] Eine blühende Souvenirindustrie etablierte sich. Allein 17 namentlich bekannte Herbergen haben existiert.[68] Im 15. und 16. Jahrhundert überdeckte das Mirakel in kartographischen Werken sogar den herkömmlichen Ortsnamen. Wilsnack hieß darin nur noch „Daz Heilig Bluet“[69] und darf als Pilgerziel in jener Zeit für alle Stände der Gesellschaft gleich hinter Jerusalem, Rom, Santiago de Compostela und Aachen genannt werden.[70] Daß Herzog Wilhelm (III.) von Sachsen *die Mastrantzen in unserm namen in aigner person kürtzleich zu dem heiligen plut gen Welsnach, got dem almechtig(e)n zu lob bracht und geoppfert* hat, das habe er, Kaiser Friedrich III., *gern gehört und vernomen* und teilt dem Herzog in seinem Brief von 1455 weiter mit, er habe *auch uns daran ain gut gevallen getan, das wir mit gnaden und freuntlich gen dir erkennen und beschuld(e)n wellen.*[71] Die dargebrachten Opfer-

(Kleine Schriftenreihe zur Geschichte von Bad Wilsnack 1, 1992); DIES., Zur Geschichte der Wilsnacker Wallfahrt unter besonderer Berücksichtigung der Pilgerzeichen (Kleine Schriftenreihe zur Geschichte von Bad Wilsnack 2, 1992); Folkhard CREMER, Die St. Nikolaus- und Heiligblut-Kirche zu Wilsnack (1383–1552). Eine Einordnung ihrer Bauformen in die Kirchenarchitektur zwischen Verden und Chorin, Doberan und Meißen im Spiegel bischöflicher und landesherrlicher Auseinandersetzungen (Beiträge zur Kunstwissenschaft 63,1/2, 1996) mit der Literatur S. 338–371.

65 Vgl. auch für das folgende METHLING, Wunderblut (wie Anm. 58) S. 31; CREMER, Wilsnack (wie Anm. 64) S. 78ff.

66 METHLING, Wunderblut (wie Anm. 58) S. 33.

67 Beispiele bei ESCHER, Wallfahrten (wie Anm. 63) S. 129f.

68 Vgl. ebd. S. 128; METHLING, Wunderblut (wie Anm. 58) S. 33.

69 Vgl. BUCHHOLZ/GRALOW, Geschichte (wie Anm. 64) S. 16; DIES., Hystorie (wie Anm. 64) S. 8f.

70 Vgl. BOOCKMANN, Streit (wie Anm. 64) S. 385.

71 Zitiert aus einem Schreiben Kaiser Friedrichs III. vom 3. Juli 1455 an Herzog Wilhelm (III.) von Sachsen: HStA Weimar, EGA Reg. B n. 1502, Bl. 1; vgl. Regg. F. III. 10 S. 122 Nr. 136.

gaben flossen so reichlich, daß der Bischof von Havelberg, in dessen Zuständigkeit der Ort gehörte, zufrieden sein konnte und den Einwohnern ein ambitionierter Kirchneubau ermöglicht wurde. Im Jahr 1456 konnte man sogar den klammen Kurfürsten Friedrich II. eine Anleihe am *Godshuse tor Wilsnack* aufnehmen lassen.[72]

Wilsnack entwickelte sich nicht nur zu einem in Europa bekannten Wallfahrtsort, wirkte nicht nur als Ausstrahlungspunkt künstlerischer Entwicklungshilfe für das Umland,[73] sondern wurde auch zu einem hervorgehobenen Ort politischer Entscheidungsfindung. Die Markgrafen Friedrich II. und Albrecht Achilles weilten sehr oft, mitunter jährlich in Wilsnack. Hier wurde sich mit der Gründung des Schwanenordens beschäftigt,[74] hier fanden Fürstentage und Zusammenkünfte statt, in denen schwerwiegende politische Verhandlungen, wie die Erbteilungsfragen mit der Königin von Dänemark, die geplante Vereinigung Brandenburgs und Braunschweigs, die Sicherheit öffentlicher Straßen oder Landfriedensvereinbarungen mit Mecklenburg und Pommern, auf der Tagesordnung standen. Unter Markgraf Johann Cicero versammelten sich Abgesandte vieler Kommunen, darunter Hamburg, Lübeck, Wismar, Rostock und Stralsund, in Wilsnack zum Städtetag.[75] Kurzum, Wilsnack hat im 15. Jahrhundert den Charakter eines regionalen politischen Vororts erlangt. Es war auf dem Wege, Hauptstadt der Region zu werden. Ja, vielleicht noch mehr: War nicht 1442 Berlin-Cölln seiner politischen Rechte beraubt worden, Wilsnack jedoch Schauplatz des Fürstentages unter König Christoph von Dänemark, und fungierte als Ausrichter nicht jener Markgraf Friedrich II. ‚Eisenzahn', der die Doppelstadt gedemütigt hatte?[76]

Der steile und vor allem schnelle Aufstieg rief auch Gegner auf den Plan, darunter die Erzbischöfe von Prag und Magdeburg, namhafte Denker wie Jan Hus, Heinrich Toke und Nikolaus von Kues.[77] Sie brachten Wilsnack sogar mit den

[72] ESCHER, Wallfahrten (wie Anm. 63) S. 128.

[73] So ist z.B. eines der zukunftsweisendsten Bildprogramme der Zeit, der um 1400 entstandene Havelberger Lettner, ohne die Entwicklung in Wilsnack nicht zu verstehen, vgl. dazu LICHTE, Inszenierung (wie Anm. 64) S. 7.

[74] Vgl. BUCHHOLZ/GRALOW, Geschichte (wie Anm. 64) S. 8; dagegen AHRENS, Residenz (wie Anm. 42) S. 308.

[75] Vgl. ESCHER, Wallfahrten (wie Anm. 63) S. 129.

[76] CREMER, Wilsnack (wie Anm. 64) S. 85f.

[77] Zu Nikolaus von Kues vgl. Hans Gerhard SENGER, Nikolaus von Kues, in: VL 7 (1987) Sp. 1093–1113; zu Heinrich Toke vgl. Hildegund HÖLZEL, Heinrich Toke, in: VL 9 (1995) Sp. 964–971 und demnächst in: Mitteilungen der Toke-Gesellschaft 1 (in Vorbereitung).

häretischen Waldensern und Geißlern in Verbindung.[78] Mitte des 15. Jahrhunderts strebte der Kampf um Anerkennung einem Höhepunkt entgegen,[79] der zweifellos mit der gegenseitigen Exkommunikation des Erzbischofs von Magdeburg und des Bischofs von Havelberg erreicht wurde. Die Auseinandersetzungen um Wilsnack hatten eine starke politische Komponente: „Der von den hohenzollernschen Landesherren für Wilsnack geführte Streit war so zugleich ein Kampf mit dem einzigen Rivalen auf dem Weg zum landesherrlichen Kirchenregiment, dem Magdeburger Oberhirten."[80]
So glanzvoll die Hostienverehrungszeit war, so tief war auch der Fall, nachdem 1552 der nunmehr protestantische Pfarrer Joachim Ellefeld die Wunderhostien in einem Kohlebecken verbrannt hatte.[81] Der lange Atem der Wunderblutlegende, die ja auch ein Produkt der Volksfrömmigkeit war, mußte unter anderem der Disziplinierung bei der Herausbildung landesherrlich-absolutistischer Herrschaftsstrukturen schließlich weichen: Nach der Reformation wurde im gesamten Machtbereich der Hohenzollern der Landesherr Erbe des reichen Besitzes der Wallfahrtsorte.[82] Die Einschnitte in wirtschaftlicher, rechtlicher und konfessioneller Hinsicht ließen die Stadt Wilsnack in dörfliche Abgeschiedenheit zurückfallen.[83] Wer sich heute dorthin begibt, ahnt nur durch die überdimensioniert wirkende Kirche von der einstigen Bedeutung (s. Tafel 8).
Was ist in der Spiegelung an detaillierten Einzelbeobachtungen möglich, wenn sich der Rauch der verbrannten Hostien verzogen hat und Wilsnack nicht nur als ein allgemein kulturgeschichtlich beachtenswertes Phänomen betrachtet werden soll? Mit einer gesteigerten Heils- und Endzeiterwartung im Verlauf der Pestwellen, Kriege und viele andere Nöte des Spätmittelalters verstärkte sich im Menschen die Suche nach Sühne, Buße und Genugtuung.[84] Die Existenz von Flagellanten, Waldensern und anderen Sekten gibt darüber Auskunft, daß die

[78] Quellen zur Ketzergeschichte Brandenburgs und Pommerns, hg. von Dietrich KURZE (Veröffentlichungen der Historischen Kommission zu Berlin 45, 1975) S. 38 und S. 286.
[79] Vgl. BOOCKMANN, Streit (wie Anm. 64) S. 396ff.; zur Überlieferung der Streitschriften vgl. ZIESACK, Bestandsaufnahme (wie Anm. 64).
[80] ESCHER, Wallfahrten (wie Anm. 63) S. 134.
[81] Vgl. Jan PETERS, Wilsnack nach dem Wunderblut – Nachreformatorisches Kirchenleben in einer märkischen Mediatstadt, Jb. für Berlin-Brandenburgische Kirchengeschichte 61 (1997) S. 124–150.
[82] ESCHER, Wallfahrten (wie Anm. 63) S. 136.
[83] PETERS, Wilsnack (wie Anm. 81) S. 124f.; METHLING, Wunderblut (wie Anm. 58) S. 34.
[84] Vgl. dazu LICHTE, Inszenierung (wie Anm. 64) S. 129f.

bisherigen kirchlichen Lösungsstrategien stellenweise komplett versagt hatten. So konnten und mußten in dem gut entwickelten klerikalen Heilsapparat radikalere Formen der Erlösungserwartung und -befriedigung entstehen. Bemerkenswert an Wilsnack ist, wie die bildmediale Vermittlung von Heil und Heilung in seltener Deutlichkeit inszeniert wurde, eine ‚Schaumagie' als sinnliche Handlung den Gläubigen die erwarteten Heilsgaben besonders eindrucksvoll übertrug. Und hier in Wilsnack hat die erlösende Kraft des Wunderblutes eine besondere, überregionale Wirkung entfaltet.

V

Im entwicklungsgeschichtlichen Kontext bleiben leider viele Fragen offen: Wie lassen sich überhaupt solche Gedächtnisorte vergleichen?[85] Ist die Grablegepraxis der Mächtigen auch Ausdruck der Entwicklungsstände politischer Herrschaftsbereiche? Wie bestehen in den Geschichtskonstruktionen die narrativen, symbolischen und rituellen Formen nebeneinander? Welche Faktoren bestimmen die Auslöschung von Erinnerungen daran?

Ein Interpretationsangebot möchte ich mit den letzten Zeilen noch machen, indem wir noch einen Schritt auf die anfangs geäußerten theoretischen Überlegungen zugehen. Michel Foucault hat einmal anhand des Velazquez-Bildes ‚Las Meninas' gezeigt, wie sich verschiedene Repräsentations- und damit auch Appräsentationsdiskurse innerhalb der Kunst, der Philosophie und der Politik, also im Sinne der ‚Darstellung' von etwas, der ‚Vorstellung' von etwas und der ‚Stellvertretung' von etwas, verschränken können.[86] Diese Kategorien sind auch für meine drei Beispiele von hoher deskriptiver Deutungskraft. „Das kulturelle Gedächtnis", so formulierte Jan Assmann, „richtet sich auf Fixpunkte in der Vergangenheit. Auch in ihm vermag sich Vergangenheit nicht als solche zu erhalten.

[85] Vgl. Lieux de Mémoire – Erinnerungsorte, hg. von Etienne FRANÇOIS (1996); Steinbruch. Deutsche Erinnerungsorte, hg. von Constanze CARCENAC-LECOMTE u. a. (2000); Deutsche Erinnerungsorte, hg. von Etienne FRANÇOIS/Hagen SCHULZE, 1–3 (2001).

[86] Vgl. Michel FOUCAULT, Die Ordnung der Dinge. Eine Archäologie der Humanwissenschaften ([15]1999) S. 31–45, bes. S. 42f.; darüber hinaus vgl. Adalbert PODLECH, Repräsentation, in: Geschichtliche Grundbegriffe (wie Anm. 9) 5 (1984) S. 509–547; Carlo GINZBURG, Repräsentation. Das Wort, die Vorstellung, der Gegenstand, in: DERS., Holzaugen. Über Nähe und Distanz (1999) S. 97–119; zur Appräsentation vgl. Hans-Georg SOEFFNER, Appräsentation und Repräsentation. Von der Wahrnehmung zur gesellschaftlichen Darstellung des Wahrzunehmenden, in: Höfische Repräsentation, hg. von Hedda RAGOTZKY/Horst WENZEL (1990) S. 43–63; Horst WENZEL, Hören und Sehen, Schrift und Bild. Kultur und Gedächtnis im Mittelalter (1995).

Vergangenheit gerinnt hier vielmehr zu symbolischen Figuren, an die sich Erinnerung heftet." Und, so wieder Assmann, nur durch Erinnerung könne Geschichte zum Mythos werden. „Dadurch wird sie nicht unwirklich, sondern im Gegenteil erst Wirklichkeit im Sinne einer fortdauernden normativen und formativen Kraft."[87]

Die Figuren der Siegesallee sind bestechende Beispiele für einen aus spätmittelalterlichen Entwicklungsdefiziten nachgeholten, ikonisch übersetzten Gründungsmythos von der borussischen Führung in der deutschen nationalstaatlichen Entwicklung und Einigung und zugleich Beleg der drei unterschiedlichen Repräsentationsdiskurse. So z.B. dokumentiert das Vergraben der Figuren der Siegesallee Akte des Auslöschens von ‚Darstellung' im Neutralisieren dynastischer Geradlinigkeit, von ‚Vorstellungen' im Aufbrechen des konstruierten Herkunftsmythos und der ‚Stellvertretung' in der symbolischen Bestrafung militaristischer Entartungen preußisch-deutscher Geschichte. Die Wirkmächtigkeit der ‚Puppenallee' als Symbol des Mythologems ‚Mark Brandenburg – Keimzelle des Reiches' war zudem bedingt durch die einfache Struktur. Denn, so Hans Blumenberg, „die Grundmuster von Mythen sind ebenso prägnant, so gültig, so verbindlich, so ergreifend in jedem Sinne, daß sie immer wieder überzeugen, sich immer noch als brauchbarster Stoff für jede Suche nach elementaren Sachverhalten des menschlichen Daseins anbieten."[88]

Und die Gräber der Hohenzollern? Was Saint-Denis, Westminster oder das ‚mecklenburgische Jerusalem' Doberan[89] als Bekenntnisse zur Kontinuität von Herrschaft über die Brüche von Dynastiewechseln, Reformation und Konfessionsstreiten, ja sogar Revolutionen hinweg leisteten, hat die Grablege im Domstift Cölln nicht erfüllen können. Kenotaphe verlängerten nur unzureichend die Linie zwischen Beginn und Ende der herrscherlichen Bestattungstradition. Ein „deutsches Westminster", eine „Denkmals- und Festkirche der Nation" ist sie nie geworden.[90] In den Figuren der Siegesallee aber waren diese Brüche aufgehoben. Fast bin ich versucht zu formulieren, die Siegesallee diente als ikonischer ‚Ersatzbeleg' für die über konfessionelle und dynastische Brüche hinwegreichende Heraufkunft von Herrschaft in der Mark. Die Grablege selbst aber hat als rein historisches Zeugnis heute nach den Zerstörungen durch Krieg und jahrzehntelange Unachtsamkeit wieder einen symbolischen Bedeutungszuwachs erfahren. Bei der kürzlichen Eröffnung der neugestalteten Hohenzollengruft im

87 ASSMANN, Gedächtnis, Schrift, Erinnerung (wie Anm. 16) S. 52.
88 BLUMENBERG, Arbeit am Mythos (wie Anm. 17) S. 166.
89 MINNEKER/POECK, Herkunft und Zukunft (wie Anm. 56) S. 31f.
90 NIPPERDEY, Nationalidee und Nationaldenkmal (wie Anm. 43) S. 549.

November 1999 hob der Regierende Bürgermeister von Berlin, Eberhard Diepgen, nicht nur den ikonischen Geschichtsbuchcharakter für brandenburgische und preußisch-deutsche Geschichte hervor, sondern unterstrich unter Hinweis auf den historischen Zusammenhang von Brandenburg und Berlin, daß trotz gescheiterter politischer Fusion die Länderheirat noch nicht vom Tisch ist. Er sagte: „Wir wünschen uns das auch für die Zukunft". Und, gleichsam wie von der magischen Kraft des Ortes erschreckt: „Wir wollen das zwar hier nicht am Grab der Väter beschwören, ... an Berlin wird eine Familienzusammenführung jedenfalls nicht scheitern."[91] Die Gräber der ‚Väter' als ungewollt-gewollte Zeugen für die Pläne der Zukunft?
Wilsnack nun hat als Antwort auf ein breites Bedürfnis existentieller Natur, die Sehnsucht nach Seelenheil, Hervorragendes geleistet. Die in Massen dorthin getragenen Heilserwartungen erfüllten sich – nach der damaligen Auffassung – in der tatsächlichen Gegenwart des Leibes und Blutes Christi auf anschaulichste Art. Im Repräsentationsdiskurs haben wir es hier nicht nur mit einer ‚Stellvertretung' zu tun, sondern mit einer Vorstellung von wirklicher materieller Form, eigentlich sogar mit einer Art ‚Trans-' oder ‚Superrepräsentation': Die gezeichneten Hostien symbolisierten ihn nicht, sie waren der blutende Körper selbst; eine „Realpräsenz Christi in der Hostie als symbolische Substitution, die noch den Akt der Stellvertretung leugnet".[92] Im spätmittelalterlichen System der Befriedigung übersteigerter Heilssehnsüchte kam Wilsnack in Europa zeitweise ein Spitzenplatz zu. Davon ist nichts geblieben. Die verhinderte Hauptstadt war durch den konfessionellen Bruch auch aller weiteren Entwicklungsmöglichkeiten zur Metropole beraubt worden.
Alle drei sehr unterschiedlichen hier besprochenen Gedächtnisorte hatten und haben einen ambivalenten und zudem sich stark wandelnden Platz in der Geschichte der Mark Brandenburg inne. Als Gedächtnisorte im Sinne eines funktionalen Kultes sind sie gescheitert oder besser ausgedrückt: gebrochen. Sie sind selbst historisch geworden. Dennoch nahmen oder nehmen alle drei Funktionen im Erinnerungsprozeß über die Herausbildung und Entwicklung dieser Region wahr. Zudem trugen sie alle einem Schauverlangen Rechnung und wirkten oder wirken in unterschiedlichen Repräsentationstechniken. Darstellung, Vorstellung, Stellvertretung verwoben sich auf vielfältigste Art miteinander. Und die

[91] Rede des Regierenden Bürgermeisters von Berlin, Eberhard Diepgen, anläßlich der Wiedereröffnung der Hohenzollerngruft am Sonnabend, dem 20. November 1999, um 10.30 Uhr im Berliner Dom, Ms. der Pressestelle des Senats S. 3.

[92] MACHO, Tod und Trauer (wie Anm. 47) S. 105; vgl. ferner GINZBURG, Repräsentation (wie Anm. 86) S. 112.

heutige Erinnerung an die Dinge selbst? Die ‚Puppenallee': Weggeräumt und verschlossen ist sie dem öffentlichen Blick weitgehend entzogen und dient nur gelegentlich als Kulisse prominenter Selbstdarstellung.[93] Die Hohenzollerngräber: Erneuert und als Beleg dynastischer Geschichte können sie nur mühselig bei der Herausbildung eines politischen Raums benutzt werden. Am mnemotechnisch konsequentesten hat das als regionaler Vorort gescheiterte Wilsnack gelitten, das dem spätmittelalterlichen Apperzeptionsbedürfnis des Leibes Christi überhaupt seine Aufstiegschance und seine Erinnerungsspur verdankte. Denn hier haben, so scheint es, als sich die ‚Micrococci prodigiosi' und ihr Nährboden in Rauch auflösten, die Schwaden nicht nur Wilsnacks Bedeutung, sondern auch die Erinnerung an diese Zeit in alle Winde zerstreut.

93 So beging z.B. Melvin Lasky seinen achtzigsten Geburtstag im Lapidarium und speiste inmitten der Figuren, vgl. Jürgen KAUBE, Melvin Lasky feiert im Kreis seiner engsten Unrechthaber, Frankfurter Allgemeine Zeitung vom 17. Januar 2000 BS. 2.

Johannes Helmrath

Am Ende einer Tagung: Zusammenfassung und Ausblick

Zwölf Vorträge sehr unterschiedlichen Zugriffs legen ein ordnendes Resumé nahe.[1] Die Säulen der Tagung bildeten die vier traditionsreichen Forschungs- und Editionsprojekte der Mittelalterkommission der BBAW. Ihre Arbeitsstellen sind durch das gemeinsame Dach der Akademie vereint, zugleich gehören sie jeweils auch übergreifenden Projekten oder Institutionen an. Es sind: I. die Glasmalereiforschung (Corpus Vitrearum Medii Aevi), II. die Constitutiones Ludwigs des Bayern und Karls IV. (Monumenta Germaniae Historica), III. Die deutschen Inschriften des Mittelalters (interakademisches Projekt), und IV. die Regesten Kaiser Friedrichs III. (1440–1493) (Regesta Imperii). Diese zweifellos spezielle und segmenthafte Grundkonfiguration steckte von vornherein einen multidisziplinären Rahmen ab. Ein regional ausgerichtetes Tagungsthema, nämlich der „entwicklungsgeschichtliche Ort der Lande zwischen Elbe/Saale und Oder im Spätmittelalter“, bot sich allein schon deshalb an, als das Recherchegebiet der Inschriften-, Glasmalerei- und Regestenvorhaben ohnehin wesentlich auf diesen Raum konzentriert ist.
Die Beiträge sind in der Regel als Werkstattberichte konzipiert, demonstrieren exemplarisch Möglichkeiten, die der spezifische Quellentyp für die Forschung bietet, eröffnen aber auch grenzüberschreitende und durchaus überraschende Themen und Perspektiven.

Peter Moraw als Vorsitzender der Mittelalterkommission hatte die Tagung nicht nur angeregt und projektiert, sondern mit seinen einleitend vorgetragenen „entwicklungsgeschichtlichen Überlegungen im deutschen und europäischen Vergleich“[2] begriffliche und problematisierende Leitlinien gesetzt, dabei in gewohnt eindrucksvoller Form Abstraktion und Anschauung verbindend. Das

1 Die Vorträge werden im vorliegenden Band durch die Beiträge von Ulrike Hohensee und Thomas Willich ergänzt.

2 Siehe oben S. 13–36 mit dem Titel: Die Mark Brandenburg im späten Mittelalter. Entwicklungsgeschichtliche Überlegungen im deutschen und europäischen Vergleich.

entwicklungsgeschichtliche Raum-Modell hat Moraw nach und nach in zahlreichen Studien entfaltet. Es wurde in der Forschung vielfach bereitwillig rezipiert, die fruchtbare kritische Auseinandersetzung, die es verdient, fand hingegen nicht in angemessenem Maße statt. In diesem Modell mischen sich verschiedene Elemente – der klassischen Verfassungsgeschichte und politischen Geographie, der Kulturraumtheorie, der ‚Beziehungsgeschichte', des Interdependenztheorems von Zentralität und Peripherie sowie ein kräftiger Schuß Modernisierungstheorie. Einige allgemeine Grundgedanken seien im Rückblick noch einmal reflektiert:

1. Von ‚Entwicklungsdefiziten' und ‚Modernisierungsschüben', von ‚Aufholen' und ‚Ausgleich' sowie von ‚Beschleunigung' zu sprechen, setzt natürlich die Vorstellung gegebener zeitgenössischer Standards als Telos voraus, anhand derer überhaupt das Ob und Wie sowie die Dauer ihres Erreichens oder Nichterreichens zu bewerten ist. Diese Standards werden offenbar wesentlich aus einem in Westeuropa bzw. im westlichen, v. a. im rheinischen Deutschland erreichten ‚Niveau' abgeleitet – ein Niveau, von dem dann verschiedene Stufen eines ‚Gefälles', vor allem zwischen West und und Ost, auszumachen sind.

Handelt es sich da um autonome Prozesse? Der von Moraw verwendete Terminus des „dynastischen Wettbewerbs" (sc. letztlich auf dem Weg zum modernen Staat) scheint dem zu widersprechen. Ist aber tatsächlich von der Vorstellung potentiell gleicher Ziele auszugehen? Die Frage leitet zu einem zweiten Grundgedanken über:

2. Die Interdependenz zwischen a) der Vorstellung jeweils autochthoner und synchron verlaufender regionaler Entwicklungen, die dann gleichsam fermentiert werden, b) und der Wirkvorstellung, daß Phänomene „irgendwo in Europa" einen Ausgangspunkt haben und von dort dynamisch gerichtet – hier: vom Westen nach Osten – auf das jeweils in divergenten Aggregatszuständen befindliche Autochthone treffen. Hierauf stellt sich die Frage nach den wirkenden Kräften/Akteuren:

3. Interdependenz zwischen dem „Wirken determinierender Rahmenbedingungen aus der unwiderstehlich erscheinenden, ihre Fakten diktierenden Zivilisationsgeschichte Europas" einerseits und „der Leistung menschlichen Handelns", hier: dynastischen Handelns, andererseits. Es ist ein Ansatz, der einen fast an den machiavellianischen Gegensatz von ‚fortuna (necessità)' und ‚virtù' denken lassen mag; der einen andererseits auch heute nicht umhin kommen läßt – sozusagen in den Spuren von Otto Hintze –, von den „Hohenzollern und ihr(em) Werk" zu sprechen.

Brandenburg ist und war „nicht das Paradies“; und es hat angesichts seiner kargen Ressourcen in seiner Geschichte sehr verschiedenartige kompensatorische Anstrengungen, militärische wie kulturelle, unternommen. Für eine entwicklungsgeschichtliche Verortung Brandenburgs im Spätmittelalter bot Moraw vor allem folgende Untersuchungsfelder an:

1. Außenbesehene Politik (Verhältnis zum Reich, Nachbarn im Norden und Osten, fürstliche Heiratsmärkte).
2. Politische Akkulturation nach innen; hier wurde v. a. die Kurwürde als hilfreicher, wenn auch zu weiter Mantel hervorgehoben.
3. Kirche und Bildung (Bettelorden, Universitäten etc.).

Aus der Fülle subtiler Einzelbeobachtungen sind die folgenden Grundtatsachen festzuhalten, in die sich die Entwicklungsgeschichte Brandenburgs und in mancher Hinsicht, trotz aller Unterschiede im Einzelnen, diejenige ganz Mitteldeutschlands, ja Ostmitteleuropas im deutschen und europäischen Kontext einfügten:

- der sich vom Rhein bis ins Baltikum über tausend Jahre hin erstreckende Prozeß der Christianisierung und des kirchlichen ‚encadrements‘
- der für die östlichen Gebiete unaufholbare Romanisierungsvorsprung etwa der Rheinlande
- das, selbst gegenüber Bayern, fehlende Substrat der alten Orden (Benediktiner). Mitteldeutschland bekam nur die zweite Welle (der Zisterzienser und der Bettelorden) mit, aber auch diese in geringerer Dichte (insgesamt 14 Franziskanerklöster, nur drei Städte mit mehr als einem Bettelordenskloster)
- gewisse Gegenläufigkeiten in der Bildungsgeschichte, besonders das Vorpreschen des östlichen Prag als erster Universität des Reiches (vor dem rheinischen Köln) wurden wieder konterkariert: Frankfurt/Oder 1506 als letzte aller Kurstaats-Universitäten gegründet
- Auftreten und Anzahl von ‚Gelehrten Räten‘ als Kriterium von Staatlichkeit. Es ist nach Maßgabe des vorhandenen Pfründenaufkommens (kirchliches Substrat) zur Versorgung und nach dem juristisch-administrativen Bedarf zu gewichten (so erklärt sich die völlige Fehlanzeige für Pommern).
- Sonderbedingungen für einen Entwicklungsrückstand schuf die Situation Brandenburgs als Nebenland wechselnder Dynastien im 14. und 15. Jahrhundert.

Bewußt ausgeklammert blieb der städtisch-ökonomische, der agrarische und siedlungsgeschichtliche Aspekt, der die traditionell verbreitete Perzeption des Themas dominiert hatte (‚Ostsiedlung‘). Gerade das Problem des Autochthonen (‚Ursiedlung‘) und die Modalitäten der Expansion böten für den entwicklungs-

geschichtlichen Vergleich künftig noch sinnvolle, freilich auch sehr sensible Ansatzpunkte; etwa in der Beurteilung von Gewalt, die ja durchaus ‚ausgleichende' Funktionen und Folgen haben kann, sowie in der Analyse ethnischer und sprachlicher ‚Ausgleichsprozesse' zwischen Slawen und Deutschen bis in das 16. Jahrhundert hinein.
Der Verlauf der Tagung zeigte, daß Moraws Vorgaben nur verhalten auf regionalpatriotisch motivierte Einrede stießen. Sie wurden vielmehr in mancher Hinsicht bestätigt oder aber durch ‚Autochthones' bzw. durch Formen inter- und überregionaler politischer und kultureller Austauschbeziehungen modifiziert – quod erat exspectandum. Die Vorträge setzten regionale Schwerpunkte in einem Spektrum, das von Mecklenburg über die Altmark, Berlin-Brandenburg, Sachsen und die Lausitz bis Böhmen reichte. Die methodischen Zugriffsweisen der einzelnen Vorträge ergaben, wie im folgenden sichtbar wird, eine breite Palette. Variierende Quellengattungen, über die vier abteilungsspezifischen hinaus, wurden auch typologisch fruchtbar vorgeführt: etwa stiftische Rechnungsbücher (Hinz) und Stadtbücher (Müller-Mertens), zeitgenössische Privilegienregesten (Lindner), kaiserliche Schreiben (Holtz, Eibl).

I

Anders als bei vielen interdisziplinären Tagungen, wo die Kunsthistoriker, um das Publikum durch finale Augenlust für seine Geduld zu belohnen, oft am Schluß auftreten müssen, begann man hier mit Kunst und Bild, mit Glas- und Altarmalerei; die zeitlichen Schwerpunkte der drei Vorträge wurden dabei sinnvoll auf drei Jahrhunderte (13.–15. Jahrhundert) verteilt.

1. Monika Bönings Beitrag führte ins Mecklenburg des 13. Jahrhunderts, in das von Doberan aus gegründete Zisterzienserinnenkloster Sonnenkamp. Zeigt die Bauweise gegenüber den asketischen bernhardinischen Richtlinien eine – mecklenburgischer Kargheit geschuldete? – vereinfachte Form, so bieten die Glasmalereien fast eine Sensation: Sie weisen neben der ordensüblichen Ornamentverglasung auch figürliche Darstellungen auf – offenbar die frühesten in einer Zisterzienserkirche überhaupt. Dies erscheint – nach aktuellem Kenntnisstand – als autochthone Leistung, die dem Schema eines linearen Ost-West-Gefälles deutlich entgegenläuft, aber zugleich internationale Einflüsse der Gotik, byzantinisierende Tendenzen sowie Formen von Fenstern aufweist, die denen im gotländischen Barnigow ähnlich sind.[3]

[3] Siehe oben S. 37–82 mit dem Titel: Das Kloster Sonnenkamp und seine mittelalterlichen Glasmalereien.

2. Von der Analyse eines einzelnen lokalen Kunstwerks, dem Grabretabel des 1386 zum Tode verurteilten und hingerichteten Grafen Dietrich von Wernigerode ausgehend, kam Eva Fitz („Sachsen und der internationale Stil“[4]) durch vergleichende Studien zu einer deutlich früheren Datierung – um 1390 – als bisher, wodurch das Werk auch der herkömmlich angenommenen Nachfolge des Wildunger Altars und Conrads von Soest entzogen wird. Die Marienszenen greifen vielmehr Motive auf, die auch im südlichen Niedersachsen, in Westfalen und Köln geläufig waren. Das Retabel stellt damit kein provinzielles Echo auf den Wildunger Altar, sondern eines der frühesten Zeugnisse des sog. Internationalen Stils dar.

3. Glasmalereien sind Produkte der Kunst / des Handwerks. Etwas über die Ausführenden, die Glasmacher und Glasmaler, ihre Werkstätten und Vertriebssysteme zu erfahren, gelang Ulrich Hinz am Beispiel des altmärkischen Augustiner-Chorfrauenstifts Diesdorf[5] – bezeichnenderweise nicht durch Analyse der dortigen Fenstermalereien selbst, sondern indem er Archivalien hinzuzog. Die gut erhaltenen Rechnungsbücher des Stifts öffneten den Blick auf das spezialisierte städtische Handwerksgefüge – hier v. a. der nahegelegenen Hansestadt Salzwedel – und die darauf basierende Kunstproduktion, auf welche auch das Umland, hier das Stift Diesdorf, zurückgriff. Die Rechnungsbücher belegen seit der Mitte des 15. Jahrhunderts ‚glasewerter‘ und ihre erstaunlich regelmäßige Entlohnung; sie nennen aber auch die Objekte, u. a. zahlreiche, um 1500 wie fast überall zahlenmäßig stark steigende (Scheiben-) Stiftungen und Wappenscheiben. Im Fall Diesdorfs gewinnen die regionale Marktsituation, aber auch die überregionalen Verflechtungen Profil, insbesondere mit der – als Glasmalereizentrum schon bekannten – Stadt Lüneburg.

II

1. Die Trias der Berliner Monumentisten eröffnete der Leiter der Abteilung, Eckhard Müller-Mertens, mit einem quellentypologischen Beitrag über Stadtbücher.[6] Diese stellen wichtige Serien verschiedenartigen städtischen Geschäftsschriftguts von Recht bis Rechnung dar, zugleich sind es – und hier setzte der

[4] Siehe oben S. 83–98 mit dem Titel: Das Retabel aus der Schloßkapelle in Wernigerode. Ein Frühwerk des Internationalen Stils.

[5] Siehe oben S. 99–126 mit dem Titel: Mittelalterliche Glasmalerei im Stift Diesdorf? Zur Häufigkeit und Verbreitung von *glasewertern* in Rechnungsbüchern eines altmärkischen Augustiner-Chorfrauenstifts.

[6] Siehe oben S. 149–164 mit dem Titel: Stadtbücherinventar 1200 bis 1550. Aussagen über regionale Entwicklungsstände.

Vortrag an – Indikatoren des Entwicklungsstands pragmatischer Schriftlichkeit und der Ausdifferenzierung von Verwaltung. Systematisch wurden sie bisher nie erfaßt, doch war zumindest für die mitteldeutschen Bestände seit längerer Zeit ein Inventar in Arbeit, von dem einige Teile nun zur Publikation anstehen. Welche Möglichkeiten sich hier für den interregionalen Vergleich eröffnen, konnte eindrucksvoll demonstriert werden. Trotz einer hohen Verlustquote sind für den Zeitraum 1200–1550 circa 3.000 Bände von 207 Städten (davon 58 % allein für sieben Städte) erhalten. Aber, wie mehrfach im Verlauf der Tagung, es ergab sich entwicklungsgeschichtlich zunächst Überraschendes: hier ein deutliches Prae des Nordens, ein Entwicklungsvorsprung Mecklenburg-Vorpommerns um 1400 (dank des avancierten hansischen Schriftwesens), im Laufe des 15. Jahrhunderts. Dann ein allmählicher ‚Entwicklungsausgleich', bis mit dem 16. Jahrhundert die Städte der südlichen, besonders der wettinischen Länder, einen neuen Innovationsschub sowohl im Gewerbe wie in der Produktion von Stadtbüchern erlebten.

2. Mit dem paradoxen Titel ‚Der Süden im Osten' (sc. Sachsen/Böhmen) knüpfte Michael Lindner[7] mit einer Untersuchung zur fürstlichen Kanzleigeschichte an Forschungen an, die über die Analyse der Ausbreitung, Verwendung und Funktion von Schriftgut im politisch-administrativen Bereich der zivilisatorischen Entfaltung auf die Spur zu kommen suchen, und berührte sich so mit den Bemühungen seines Vorredners. Basis war ein sog. ‚Registrum litterarum', ein Amtsbuch, in welchem die Wettiner 46 Privilegien des böhmischen Königs und Kaisers Karls IV. aus den Jahren 1350 bis 1370 für die wettinischen Markgrafen regestenartig in Latein hatten zusammenfassen lassen. Es handelt sich um ein frühes Beispiel einer spezialisierten politischen Dokumentation, hier ein Arsenal wettinischer Ansprüche, bestimmt für das ‚Gefecht der Kanzleien'. Die Tendenz zur explosionsartigen Vermehrung von Geschäftsschriftgut erreichte also auch die östlichen Fürstenkanzleien. Über dieses markgräflich-meißnische Kanzleiprodukt stieß Lindner auf eine größere Anzahl ungedruckter und weitgehend unbekannter Herrscherurkunden (9 Karls IV. und 2 Ludwigs des Bayern). Sie werden gemeinsam mit dem ‚Registrum litterarum' im Anhang zur Schriftfassung des Vortrages ediert. Die Mark Meißen – sozusagen als der ‚Norden des Südens' an der Peripherie gelegen – fing dabei die Vorsprungsleistungen der nicht nur im Kanzleibereich vorbildhaften Zentrale Böhmen auf.

7 Siehe oben S. 173–255 mit dem Titel: Nähe und Distanz: Die Markgrafen von Meißen und Kaiser Karl IV. im dynastischen Wettstreit (mit Textedition).

3. Olaf B. Rader wandte sich in einem originellen Dreischritt, der sich vom Material der Arbeitsgruppe weit emanzipierte, sehr besonderen Phänomenen brandenburgischer Zentralörtlichkeit zu.[8] Er setzte bei der aktuell florierenden Memorialforschung an. a) Die in der wilhelminischen Zeit im Tiergarten angelegte Denkmäler-Promenade zur brandenburgischen Geschichte (die Berliner sagten dazu ‚Puppenallee') erscheint Rader als Musterbeispiel einer Kontinuitätskonstruktion. Beginnend mit Albrecht dem Bären wird Geschichte in volkspädagogischer Absicht als bruchlose Erfolgshistorie der Dynastie(n) inszeniert. Ebenso bemerkenswert ist dann ihre rasche und doppelsinnige Depot-‚Entsorgung' im Nachkriegsberlin. b) Mit der Verlagerung der Hohenzollerngrablege von Lehnin in das Berliner Domstift – heute die größte derartige Grablege Europas – vollzog die dynastische Memoria gleichsam die politische Hauptstadtbildung nach. Die Mecklenburger hingegen wahrten mit Kloster Doberan eine memoriale Kontinuität unabhängig von politischer Zentralörtlichkeit. c) Das ‚Wunder' der Bluthostie machte aus Wilsnack im 15. und 16. Jahrhundert einen Mittelpunkt der Frömmigkeit, der kurzfristig auch zu politischer Zentralität – als Versammlungsort – zu führen schien.

III

Inschriften bilden in ihrer Mittlerstellung zwischen Schrift- und Sachquellen ein besonders anspruchsvolles, multidisziplinäres und in der modernen Mediävistik zunehmend beachtetes Feld historischer Grundlagenforschung. Die drei Vorträge gewährten anschaulich Einblick in die ‚Werkstatt' des Vorhabens „Die deutschen Inschriften des Mittelalters".

1. Renate Johne untersuchte den 1375 entstandenen früheren Hauptaltar des Doms zu Brandenburg.[9] Diesmal wurden künstlerische Verbindungen nach Süden aufgewiesen, konnte doch durch ikonographische Analyse der dargestellten Heiligen die Herkunft der Arbeit aus Böhmen wahrscheinlich gemacht werden. Darüber hinaus taten sich durch prosopographische Nutzung von Inschriften auch enge personelle Verbindungen des vermutlichen Auftraggebers (Bischof Dietrich von der Schulenburg) zum Prager Hof Kaiser Karls IV. auf. So warf der Vortrag ein kurzes Schlaglicht auf jene Phase des persönlichen Regiments

[8] Siehe oben S. 391–413 mit dem Titel: Denkmal, Gräber, Wunderblut. Gebrochenes Gedächtnis und Geschichte am Beispiel der Mark Brandenburg.

[9] Siehe oben S. 127–137 mit dem Titel: Böhmische Einflüsse in der Stadt Brandenburg im 14. Jahrhundert.

Karls IV. in Brandenburg, das dadurch – mit Tangermünde als Residenz – mitten in seiner langen Existenz als Nebenland kurzzeitig eine Zentralfunktion erhielt.

2. Karl IV. stand auch im Zentrum des folgenden Beitrags, diesmal als Virtuose dynastischer Politik: Joachim Zdrenka brachte eine Facette des schon im Einleitungsvortrag angesprochenen fürstlichen Heiratsmarkts höchster Bonität zum Leuchten.[10] Das Datum der vierten und letzten Hochzeit Karls IV. mit Elisabeth von Pommern zu Krakau kann nun erstmals präzise auf den 21. Mai 1363 fixiert werden. Daß während des kaiserlichen Aufenthalts eine Sitzung des Hofgerichts in Krakau stattfand, verdeutlicht den erstaunlich weiten Aktionsradius dieses Monarchen – und mit ihm der Hofinstitutionen – innerhalb jenes ostmitteleuropäischen Mächtevierecks, bestehend aus Österreich, Ungarn, Polen und Böhmen.

3. Martina Voigt brachte ein weiteres Element regionaler und überregionaler Personenbeziehungen in Gestalt des aus dem sächsisch-thüringischen Raum stammenden Melchior von Meckau († 1509) ans Licht.[11] Meckaus erstaunliche Karriere brachte ihn in große Nähe zum habsburgischen Kaiserhof und auf den Brixener Bischofsstuhl. Doch blieben die Verbindungen zum Raum von Mittelelbe und Saale bestehen. Man begegnet ihm in den Ämtern eines Domherrn und -propsts von Meißen und, wie die Referentin nun anhand einer von ihr im jüngsten Band der Deutschen Inschriften edierten Inschrift von 1487 im Zeitzer Dom wahrscheinlich macht, auch als Propst von Wurzen.

IV

Ausgehend von den Brief- und Urkundenregesten Friedrichs III. (1440–1493) nutzten die beiden Mitarbeiter der Regesta Imperii ihr reiches Material als Basis für weitergespannte Überlegungen.

1. Eberhard Holtz griff in seiner Analyse der „politischen Kräfte und Entwicklungen Mitteldeutschlands" von ca. 1350 bis 1500 am konsequentesten einige der morawschen Begriffsprämissen auf.[12] Er konstatiert in der Mitte des 14. Jahrhunderts noch einen Pluralismus größerer Kräfte im dynastischen Wettbewerb, in erster Linie der folgenden fünf: der Wettiner, Böhmen-Luxemburgs, der

[10] Siehe oben S. 165–171 mit dem Titel: Zur Ehe Kaiser Karls IV. mit Elisabeth von Pommern (aufgrund archivalischer Quellen).

[11] Siehe oben S. 139–147 mit dem Titel: Zur Biographie des Zeitzer Propstes Melchior von Meckau († 1509).

[12] Siehe oben S. 287–309 mit dem Titel: Politische Kräfte und politische Entwicklungen in Mitteldeutschland während des 14./15. Jahrhunderts.

Askanier als sächsischer Kurfürsten in Wittenberg, des Erzbistums Magdeburg und – eingeschränkt – Brandenburgs, dazu jeweils der Grafen und Herren sowie der Städte. Bis zum Ende des 15. Jahrhunderts waren nicht nur die sekundären Kräfte der Grafen und Herren, Bischöfe und Städte als Machtfaktoren endgültig weggefallen, sondern es hatte auch unter den Großkonkurrenten eine Ausdünnung stattgefunden, im wesentlichen zugunsten der Wettiner. Die 1423 erworbene Kurwürde und die daraus resultierende Intensivierung der Reichsbeziehungen besaßen dabei kaum zu überschätzende Bedeutung. Aus Reichssicht, die Holtz anhand der Regesten Friedrichs III. (1440–93) besonders gut kennt, ist zwar seit Karl IV. keine persönliche Präsenz von Herrschern, wohl aber – durchaus kompensatorisch interpretierbar – deren beachtliche Schriftpräsenz auch in Mitteldeutschland festzustellen. Bei einer geschätzten Verlustquote von 2/3 der Schriftstücke zeigt sich zwar – insofern erwartungsgemäß – für die mitteldeutschen Reichsgebiete eine geringere Gesamtfrequenz kaiserlicher Schreiben als für die südlichen und westlichen, aber keineswegs eine dramatisch geringere. Die seit ca. 1470 steil ansteigende Schriftproduktion der kaiserlichen Kanzlei erstreckte sich proportional auch auf die mitteldeutschen Empfänger; dabei standen die von habsburgnahen Fürsten regierten Länder Brandenburg und Sachsen voran.

2. Mit den beiden Lausitzen kam man zuletzt im Südosten Mitteldeutschlands an. Diese wurden im plastischen Vortrag von Elfie-Marita Eibl[13] als transitorische Puffer-Gebiete zwischen Ost und West, Nord und Süd vorgestellt, welche als Objekte einmal mehr des ‚dynastischen Wettbewerbs‘ der Nachbarn – Sachsens im Westen, Brandenburgs, besonders gewaltsam, im Norden und Böhmens im Süden – fast immer fremdregiert war. Dabei gab man in den Lausitzen der böhmischen Herrschaft im Zweifelsfall den Vorzug, auch als Böhmen vom Ungarnkönig Matthias Corvinus dominiert war. Eibl stellte jedoch auch die starken ‚autochthonen‘ Kräfte (Städte und einheimische Adelsfamilien wie die Colditz und Polenz) unterhalb der fehlenden Fürstenebene und die durchgängig deutlichen Unterschiede zwischen Ober- und Niederlausitz heraus: erstere war in einer für Mitteldeutschland wohl singulären Weise ständisch, durch einen Städtebund (Sechsstädte) geführt, der auch den Adel dominierte, während letztere stärker ländlich geprägt und politisch uneinheitlicher strukturiert war. Wie im Beitrag des Vorredners wurden in einem zweiten Schritt auch die Lausitzen aus Reichssicht in der Zeit Friedrichs III. vorgeführt. Hierbei machte Eibl u.a. auf das bis-

[13] Siehe oben S. 311–346 mit dem Titel: Die Lausitzen zwischen Böhmen, Brandenburg und Sachsen in der Zeit Kaiser Friedrichs III. (1440-1493).

her unterschätzte Phänomen von Serien heute archivierter, aber damals offensichtlich nicht expedierter Briefe des Reichsoberhaupts aufmerksam.

Die Tagung bezog einen wesentlichen Reiz aus der Vielfalt der zugrundegelegten Quellengattungen, Methoden und Zugänge. Obwohl angesichts der Grundkonfiguration der beteiligten Forschungsstellen nur Segmentbilder der vielfältigen Territorien und Kulturzonen zwischen Elbe und Oder zu erwarten gewesen und systematische Strukturvergleiche der mitteldeutschen Länder und Territorien nicht beabsichtigt waren, zeigten sich im Gesamten doch zahlreiche weiterführende Ansätze.
Eine gelungene Tagung erfüllt nicht nur Erwartungen, sie weckt auch neue: Zum Beispiel wird man sich mehr von jenen mit festen Parametern angelegten Strukturvergleichen, etwa einer nördlichen, mittleren und südlichen Zone, wünschen. Der fruchtbare Zugang über die sehr unterschiedlich fokussierbaren Parameter ‚Zentrum/Peripherie‘ könnte durch stärkeren Einbezug der florierenden Residenzenforschung profitieren. Der Begriff des ‚Autochthonen‘, von ‚Empfangen‘ und ‚Geben‘ ist vor dem Hintergrund einer entwickelten Theorie des kulturellen Transfers sicherlich erneut zu reflektieren.
Sich nach dem Motto der Tagung nun wie ein Mönch ins Kloster wünschen, und sei es ins lausitzische Doberlug, wird man vielleicht nicht nur, wie Walther von der Vogelweide, um dem harten Winter zu entgehen, sondern um über viele Anregungen still und abgeschieden nachzudenken – bis zur nächsten Tagung.

Register

Personen[1]

[1] Personen, die ohne Eigennamen nur mit einer territorialen Bezeichnung angeführt werden (z. B. „Grafen von..."), sind unter dieser im geographischen Register zu finden. In den Urkundenanhängen wurden nur Kopfregest und Kommentarapparat berücksichtigt. Nicht aufgenommen wurden die Ausstellungsorte von Urkunden, Personen, die lediglich als Verfasser von Sekundärliteratur auftreten sowie generell die Namen lebender Personen.

B

C

D

E

F

G

J

K

L

M

Topographie

I

J

K

L

M

Q

R

S

Abbildungsverzeichnis

Abbildungen im Text

Abbildungen auf Tafeln